건국과 헌법

건국과 헌법

- 헌법논의를 통해 본 대한민국건국사 -

김 수 용

景仁文化社

서 문

　이 책은 저자의 법학박사학위논문인 「해방 후 헌법논의와 1948년 헌법제정에 관한 연구」를 가필한 것이다. 박사학위논문 이후 여러 연구자들에 의해 이와 관련된 몇 편의 연구결과물들이 나왔다. 이 책에서는 그것들을 반영하였고, 박사학위논문에서 제대로 다듬지 못한 생각들을 정리하였다. 박사학위논문에서는 우리나라 헌법이 어떠한 과정을 거쳐 제정되었고 그때마다 논의되었던 내용은 무엇이었는지를 중심으로 살펴보았다면, 이 책에서는 우리나라 헌법의 제정과정과 헌법논의를 넘어 새로운 국가가 수립되는 계기가 무엇이며 헌법은 왜 제정되는가에 대한 해답을 찾으려고 하였다. 즉, 해방(解放) - 헌법(憲法) - 국가(國家, 建國)의 관계를 정립하려고 하였다. 저자는 이 책에서 세 가지의 관계를 나름대로 논증하였으나, 여전히 미흡한 부분이 많이 존재함을 발견하게 된다. 박사학위논문 이후 제자리걸음만 하고 있는 저자의 모습을 확인하는 것 같아 부끄러운 마음뿐이다.

　지나온 역사를 해석하는 작업은 결코 간단한 것이 아니다. 이 책에서처럼 정치, 경제, 사회, 역사, 헌법 등이 복잡하게 얽혀 있는 경우에는 더욱더 그러하다. 일반적으로 대한민국건국사를 다룰 때, 정치학에서는 권력관계나 정부형태를 중심으로 다루고, 역사학이나 사회학에서는 당시의 역사적, 사회적 사실관계를 중심으로 다루는 경우가 대부분이다. 그리고 특정한 이데올로기나 사료에 입각하여 서술하는 경우가 많다. 그러나 그것들은 대한민국건국사 중 일부분만을 대상으로 하고 있고 편중된 시각으로 연구를 진행하고 있다는 점에서 문제가 있다고 생각한다. 그렇다면 대한민국건국사에 대한 연구는 어떻게 진행되어야 할까? 그것은 대한민국을 수립하기 위하여 진행되었던 당시의 헌법논의와 그러한 헌법논의가 전개될 수 있었던 정치, 경제, 사회, 역사 등을 함께 고찰하여야 한다고 생각한다. 왜냐하면 입헌주의가 정립된 이래로 신국가 수립(건국)은 헌법 제정을 통하여 이루어지기 때문이다. 이와 같은 모습은 대한민국의 수립 과정에서도 예외는 아니었다. 해방 이후 건국을 준비하던 사람들은 정부 (국가)수립을 위하여 공개적, 비공개적으로 헌법논의를 하였고 그때마다 헌법안을 마련하였다. 그러한 것이 가능할 수 있었던 배경에는 무엇보다도 대한민국임시정부의 입헌주의적 전통(立憲主義的 傳統)이 있었기 때문이다. 해방 이후 계속해서 진행되었던 헌법논의에서 입헌군주국(立憲君主國)에 대한 언급이 전혀 없었고, 모두 민주공화국(民主共和國)을 천명하였던 이유의 실마리도 대한민국임시정부의 입헌주의적 전통에서 찾을 수 있을 것이다. 신국가 수립을 위한 헌법논의, 그러한 헌법논의가 전개될 수 있었던 정치, 경제, 사회, 역사 등과 함께 중요한 것 중 하나는 다양한 사료를 여러 측면에서 해석하는 것이다. 어느 특정의 이데올로기나 특정의 사료에 매몰되지 않고 객관적이고 균형된 시각에서 다양한 사료를 해석하여야 한다. 저자는 이러한 방법에 입각하여 이 책을 서술하였지만, 여전히 단정적으로 해석한 부분이 눈에 띈다.

저자가 법학을 공부하면서 늘 염두에 두고 있는 것 중 하나는 대한민국의 법학자로서 외국의 문제가 아닌 우리의 문제를 어떻게 해결할 것인가이다. 이러한 문제의식은 박사학위논문의 주제를 선정하는 과정에서 더욱더 명확해졌다. 어느 날 문득 미국헌법이 제정된 과정에 대해서는 잘 알면서 우리나라 헌법의 제정과정에 대해서는 잘 모르고 있음을 알게 되었다. 그래서 이 문제를 해결해 보고 싶었고 박사학위논문의 주제로 선정하였다. 그러나 얼마 지나지 않아서 이것을 박사학위논문 주제로 선정한 것에 대하여 후회하기 시작하였다. 많은 사람들이 이 문제를 다루지 않았던 이유를 알 수 있었기 때문이었다. 그것은 바로 헌법제정과 관련된 자료의 부족이었다. 관련 자료가 존재하지 않는 가운데 진행되는 헌법제정사 연구는 특정인의 회고를 반복하거나 추측성 연구로 끝날 가능성이 많았다. 자료수집 등 많은 어려움을 극복하고 무사히 박사학위를 마무리할 수 있었던 것은 많은 분들의 도움이 있었기 때문이었다. 고려대학교 박물관에는 유진오 교수가 헌법안을 작성할 때 참고하였던 관련 자료들이 소장되어 있다. 당시 박물관장이셨던 崔光植 교수님을 비롯하여 金相德 학예연구사님 및 박물관 관계자들은 그것들을 열람하는데 많은 도움을 주었다. 서울대학교 법학연구소 내에 조직되었던 한국헌정사연구회에서는 미국 국립문서관(National Archives)에서 우리나라 헌법제정사와 관련된 자료들을 다량으로 복사해 왔다. 한국헌정사연구회 연구원분들은 자신들의 노고가 깃든 귀중한 자료들을 자유롭게 열람하게 해 주었다.

이 책이 나오기까지 많은 분들의 가르침과 도움이 있었다. 지도교수로서 학문과 인생의 길잡이가 되어 주고 계신 成樂寅 교수님, 법사학적 가르침을 주신 崔鍾庫 교수님, 늘 변함없는 관심과 격려를 아끼지 않으시는 鄭宗燮 교수님, 박사학위논문심사에서 세세한 부분까지 지도해 주신 李仁皓 교수님, 바이마르헌법과 학문하는 자세를 가르쳐 주신 宋石允 교수님 그리고 대학원 진학 시절부터 지금까지 법학방법론에 대하여 고민하고 있는 저자에게 격려와 함께 많은 가르침을 주고 계신 서울대학교 명예교수이신 崔大權 교수님이 그 분들이다. 이 분들로부터 배운 것에 잘못이 있다면 그것은 전적으로 저자의 우둔함 때문이다. 尹繼亨 학형은 바쁜 가운데에서도 교정작업을 성심성의껏 도와주었고, 경인문화사의 신학태 편집부장님은 난삽했던 저자의 원고를 보기 좋은 책으로 엮어주었다. 이 모든 분들께 진심으로 감사의 마음을 전한다. 마지막으로 늘 든든한 후원자이신 부모님, 각자의 삶을 열심히 살아가고 있는 동생들, 매제, 조카에게도 진심으로 감사의 마음을 전한다.

2008년 9월

김 수 용

차 례

제3장 미소공동위원회와 임시정부수립논의(1946. 1.-1947. 12.)

제1장 서론

제1절 연구의 목적과 범위

입헌주의가 정립된 이래로 새로운 국가는 헌법의 제정을 통하여 탄생하게 된다. 새로운 국가가 탄생하게 되는 계기에는 혁명(1789년의 프랑스 대혁명과 1919년의 러시아 혁명), 세계대전(제1차 세계대전과 제2차 세계대전), 식민지배로부터의 해방, 체제전환(미소냉전의 해체 이후에 동유럽 국가 등에서 전개되고 있는 사회주의국가에서 자유민주주의국가로의 체제전환) 등이 있다.

일본의 오랜 식민지배를 받고 있던 우리나라는 제2차 세계대전에서 연합국이 승리함에 따라 해방을 맞이하게 되었고, 전후(戰後)처리 과정에서 미국과 소련이 해방공간을 분할 점령함에 따라 남쪽 해방공간과 북쪽 해방공간으로 나뉘게 되었다. 해방을 맞이한 한반도는 조선총독부체제를 대체할 새로운 정부(국가)를 수립해야 하는 과제를 안게 되었다. 건국을 준비하는 사람들은 신국가를 수립하기 위해 헌법이 마련되어야 함을 인식하고 있었다. 그 결과 해방 후 3년의 시기는 신국가 수립을 위한 헌법논의의 실험장이었다. 건국을 준비하는 사람들은 한반도의 미래를 위하여 다양한 헌정구상을 전개하였다. 물론 거기에는 자신들의 이익이 반영되어 있기도 하였다.

이 연구는 해방 후 3년 동안 남쪽 해방공간에서 진행된 신국가 수립을 위한 헌법논의를 살펴보는 것을 목적으로 한다. 일반적으로 대한민국을 탄생시킨 헌법제정에 대한 연구는 해방공간의 신국가 수립문제가 미소공동위원회에서 유엔으로 이관되기 시작한 때부터 1948년 대한민국헌법이 제정되기까지로 그 시기를 한정하고 있다. 그리고 국회 헌법기초위원회에 유진오안을 원안으로 하고 권승렬안을 참고안으로 하여 대한민국헌법안이 만들어졌고, 이것이 국회에서 심의·통과되어 대한민국이 탄생하게 되었다고 평가하고 있다.[1] 이러한 평가는 대한민국 탄생과 그것을 위한 많은 헌법논의들 중 일부분만을 대상으로 하고 있고, 결과론적 접근방법을 사용하고 있다는 점에서 문제가 있다.

헌법제정과정을 결과론적으로 접근하게 되면, 대한민국헌법의 제정과 대한민국의 수립을 위하여 가장 많은 공헌을 한 사람은 이승만이다. 그는 건국에서 중요한 것 중 하나인 어떠한 정부형태를 채택할 것인가에 대한 문제에 있어, 국회 헌법기초위원회에서 처음 결정한 내각책임제를 대통령제로 바꾸는데 결정적인 역할을 하였기 때문이다. 그러나 1948년 대한민국헌법의 제정과 대한민국의 수립은 특정인에 의해 이루어진 것이 아니라 많은 사람들의 노력으로 이루어진 것이다. 그들의 노력을 제대로 이해하기 위해서는 연구범위를 해방 후부터 대한민국이 수립되기까지로 넓히고, 과정론적 접근방법으로 고찰할 필요가 있다. 이 연구는 해방 후 3년동안 전개된 건국을 준비하던 사람들의 헌법논의와 그것이 1948년 대한민국헌법에 반영되어 대한민국이 탄생하는 과정을 과정론적 접근방법을 통해 살펴보도록 한다.

---

1) 대체로 헌법교과서에서 이러한 평가를 하고 있다. 姜京根, 『憲法』(서울: 法文社, 2004), 357-359쪽; 桂禧悅, 『憲法學(上)』(서울: 博英社, 2005), 127쪽; 權寧星, 『憲法學原論』(파주: 法文社, 2008), 89-90쪽; 金榮秀, 『韓國憲法史』(서울: 學文社, 2000/2001), 399-402쪽; 金哲洙, 『韓國憲法史』(서울: 大學出版社, 1988), 74-76쪽; 金哲洙, 『憲法學槪論』(서울: 博英社, 2007), 113쪽; 成樂寅, 『憲法學』(파주: 法文社, 2008), 70-71쪽; 송우(編), 『韓國憲法改正史』(서울: 集文堂, 1980), 23-33쪽; 양건, 『헌법강의 Ⅰ』(파주: 法文社, 2007), 75쪽; 李準一, 『憲法學講義』(서울: 弘文社, 2007), 69-70쪽; 許營, 『韓國憲法論』(서울: 博英社, 2008), 99-100쪽; 洪性邦, 『憲法學』(서울: 현암사, 2008), 46쪽.

제2절 선행연구 검토

1948년 헌법의 탄생에 대하여 해방 후 3년의 시기를 대상으로 헌법논의를 체계적으로 분석한 주요한 연구로는 홍기태,[1] 이경주,[2] 이영록[3]의 것을 들 수 있다. 이들 외에 서희경,[4] 신우철,[5] 신용옥,[6] 정상우[7]의 최근

---

1) 洪起台, 「해방후의 헌법구상과 1948년 헌법성립에 관한 연구」, 碩士學位論文, 서울大學校 大學院, 1986. 2; 홍기태, 「해방후의 헌법구상과 1948년 헌법 성립에 관한 연구」『법과사회』창간호, 1989. 8.

2) 李京柱, 「日韓の占領管理体制の比較憲法的考察: 憲法と軍事條約との關係を中心に」, 博士學位論文, 一橋大學 大學院, 1997; 이경주, 「건국헌법의 제정과정: 미군정사료 등을 중심으로」『憲法學硏究』第4輯 第3號, 1998. 10; 이경주, 「미군정기의 과도입법의원과 조선임시약헌」『法史學硏究』第23號, 2001. 4; 李京柱, 「미군정사료와 헌정사」『公法硏究』第31輯 第4號, 2003. 5.

3) 李映錄, 「兪鎭午 憲法思想의 形成과 展開」, 博士學位論文, 서울大學校 大學院, 2000. 8; 이영록, 「兪鎭午의 法哲學思想: 헌법학과의 관련을 중심으로」『法史學硏究』第22號, 2000. 10; 이영록, 「'헌법 및 정부조직법 기초위원회'(1948)의 정치적·사상적 역학관계에 관한 분석」『憲法學硏究』제7권 4호, 2001. 12; 이영록, 「제헌국회의 '헌법 및 정부조직법 기초위원회'에 관한 사실적 연구」『法史學硏究』第25號, 2002. 4; 이영록, 「대한민국헌법의 제정과정: 불안한 입헌주의의 출발」『法學論叢』第8輯, 2002. 8; 이영록, 「「권승렬안」에 관한 연구」『법과사회』통권 제24호, 2003. 6; 이영록, 「제헌과정에서의 권력구조 논의에 나타난 대립의 전개과정과 결과에 관한 연구」『法史學硏究』第28號, 2003. 10; 이영록, 「제1공화국 헌법위원회제도의 형성: 사법제도 형성의 한 단면」『憲法學硏究』제11권 제2호, 2005. 6; 이영록, 「우리 헌법은 어떻게 제정되었나?」, 조지형·강원택·김종철·송석윤·오호택·이영록·홍성방, 『헌법개정의 필요성과 방향(Ⅰ)』, 서울: 미래한국재단, 2006; 이영록, 『우리 헌법의 탄생: 헌법으로 본 대한민국 건국사』, 파주: 서해문집, 2006; 이영록, 『유진오 헌법사상의 형성과 전개』, 파주: 한국학술정보, 2006.

4) 徐希慶, 「大韓民國 建國期의 政府形態와 政府運營에 관한 論爭 硏究: 制憲國會의 特別會期(1948.5.31-12.19)를 중심으로」, 博士學位論文, 서울大學校 大學院, 2001; 서희경, 「대한민국 건국기의 정부형태와 운영에 관한 연구: '대통령제'

에 관한 논쟁을 중심으로」『韓國政治學會報』第三十五輯 第一號, 2001. 6; 서희경, 「헌법의 제정과 운영: 대한민국 건국기의 정부형태에 관한 논쟁을 중심으로」『韓國政治研究』제10집, 2001. 12; 徐希慶, 「대한민국 건국헌법의 기초와 수정: 정부형태에 관한 논의를 중심으로」『公法研究』第31輯 第4號, 2003. 5; 서희경, 「韓國制憲國會의 政治勢力 形成에 관한 연구: 일제 식민지 시기의 社會 勢力과의 연관성을 중심으로」『韓國政治外交史論叢』第26輯 1號, 2004. 8; 서희경, 「대한민국 건국헌법의 역사적 기원(1898-1919): 만민공동회·3.1운동·대한민국임시정부헌법의 '민주공화'정체 인식을 중심으로」『한국정치학회보』제40집 제5호, 2006. 12; 서희경, 「현대 한국헌정과 국민통합, 1945-1948: '단정파'와 '중도파'의 정치노선과 헌정 구상」『한국정치외교사논총』제28집 2호, 2007. 2; 서희경·박명림, 「민주공화주의와 대한민국 헌법 이념의 형성」『정신문화연구』제30권 제1호, 2007. 3; 서희경, 「남한과 북한 헌법 제정의 비교 연구(1947-1948): 한국 근대국가와 입헌주의의 탄생, '진정한 민주주의'를 향한 두 가지의 길」『한국정치학회보』제41집 제2호, 2007. 6; 서희경, 「시민사회의 헌법구상과 건국헌법에의 영향(1946-1947): 해방후 시민사회헌법안·미소공위답신안 제정을 중심으로」『동양정치사상사』제6권 2호, 2007. 9.

5) 신우철, 「헌정사연구(抄): 건국헌법에서 현행헌법까지」『嶺南法學』제9권 제1호, 2002. 12; 신우철, 「중국의 제헌운동이 상해 임시정부 헌법제정에 미친 영향: 임시헌장(1919. 4. 11)과 임시헌법(1919. 9. 11)을 중심으로」『法史學研究』第29號, 2004. 4; 신우철, 「중국의 제헌운동이 상해 임시정부 헌법개정에 미친 영향: 1920년대의 헌법개정 과정에 나타난 정치제도의 규범과 현실」『법과사회』통권 제27호, 2004. 12; 신우철, 「헌법본질론 소묘: '타협의 결과물'로서의 헌법」『嶺南法學』제10권 제2호, 2004. 12; 신우철, 「임시약헌(1927. 3. 5) 연구: 제정 경위, 구조와 내용, 위원제 정부형태」『法史學研究』第31號, 2005. 4; 신우철, 「임시약헌(1940. 10. 9) 연구: 가려진 '정치적 의도'의 발굴」『法史學研究』第37號, 2008. 4; 申宇澈, 「건국강령(1941. 10. 28) 연구: '조소앙 헌법사상'의 헌법사적 의미를 되새기며」『中央法學』제10집 제1호, 2008. 4; 신우철, 「임시헌장(1944.4.22) 연구: 독립운동, 권력투쟁 그리고 '헌법'」『법과 사회』통권 제34호, 2008. 6; 신우철, 「해방기 헌법초안의 헌법사적 기원: 임시정부 헌법문서의 영향력 분석을 통한 '유진오 결정론' 비판」『公法研究』第36輯 第4號, 2008. 6.

6) 신용옥, 「대한민국 제헌헌법의 주권원리와 경제질서」『韓國史學報』제17호, 2004. 7; 辛容玉, 「大韓民國 憲法上 經濟秩序의 起源과 展開(1945-54年): 헌법 제·개정 과정과 국가자본 운영을 중심으로」, 博士學位論文, 高麗大學校 大學院, 2007; 신용옥, 「우파세력의 單政 立法 시도와 조선임시약헌 제정의 정치적 성격」『韓國史學報』제28호, 2007. 8; 신용옥, 「조선임시약헌의 경제체제 구

연구성과도 주목할 필요가 있다.

홍기태는 국내상황 뿐만 아니라 국제정세도 주목하고 있고, 미군정의 영향관계도 다루고 있는 등 당시로서는 상당히 진일보한 헌법제정사 연구를 진행하고 있다. 그는 헌법제정과정에 대해 미군의 주둔으로 인하여 한민족에 의한 자주적 이데올로기 선택가능성이 배제되었음, 반공주의를 위한 현상유지 때문에 구질서를 해체하려는 노력은 저지되었음, 기존질서의 유지에 존재기반을 가지고 있던 보수우익 일파가 헌법제정 주체로 등장하였음, 헌법제정 주체들이 헌법제정과정에서 관심을 집중시킨 부분은 누가 권력의 핵을 잡을 것인가의 문제를 다루는 정부형태에 관한 것이었음, 그 과정에서 지배층 내부의 이익 갈등을 적절히 타협시켜 나갔음, 따라서 제헌국회가 구성되기 이전까지 규범화의 초점이 되었던 토지개혁, 적산처리, 노동기본권의 보장 등 민중의 요구이자 민족의 과제는 주변적 문제로 전락되고 말았다고 한다. 즉, 그는 1948년 헌법제정에 국민의 의사가 제대로 반영되지 못하였고, 정치적으로 자기의 존재를 인정받은 세력들에 의한 통치구조를 둘러싼 헌법논쟁으로 왜곡되었다고 한다. 그리고 건국 후 40년간 계속 되어온 통치구조를 둘러싼 헌법논쟁은 당시의 왜곡된 헌법적 상황을 여전히 극복하지 못한 일단면을 나타내는 것이라고 한다.[8] 홍기태의 연구는 국내정세와 함께 국제정세 속에서 헌법제정과정을 다루고 있고, 당시 활용이 가능했던 자료를 이용하여 분석하고 있다. 그의

상」『韓國史硏究』140, 2008. 3; 辛容玉, 「8·15 후 좌우세력의 헌법 제정 시도에 대한 사실 관계 해석과 그 정치적 성격: 민주주의민족전선, 비상국민회의, 민주의원을 중심으로」『歷史敎育』第106輯, 2008. 6; 신용옥, 「제헌헌법 기초 주체들의 헌법 기초와 그 정치적 성격」『건국 60주년 기념 심포지엄: 대한민국 헌법의 제정과 헌민 유진오』, 고려대학교 법학연구원, 2008. 7. 15.

7) 鄭相宇, 「美軍政期 中間派의 憲政構想에 관한 硏究」, 博士學位論文, 서울大學校 大學院, 2007; 정상우, 「대한민국임시정부 헌법과 1948년헌법」『법과사회』통권 제32호, 2007. 6; 정상우, 「제2차 미소공동위원회 시기의 「조선민주주의임시정부 헌정안」에 관한 연구」『憲法學硏究』제14권 제2호, 2008. 6.

8) 洪起台(註 2, 1986. 2), 132-134쪽.

연구는 이전의 연구와 비교하여 상당히 진일보한 결과를 내고 있다. 그 결과 그것은 지금까지도 우리나라 헌법제정사 연구의 중요한 모델이 되고 있다. 그러나 그의 연구 이후에 발굴된 많은 자료들로 인하여 새롭게 보완되고 해석되어야 할 부분들이 존재한다.

홍기태의 연구 이후 11년이 지난 1997년에 이경주에 의해 우리나라와 일본국의 헌법제정을 다룬 박사학위논문이 나왔다. 이 논문은 그동안 2차 자료에 입각한 선행연구의 한계성을 극복하고 미국에서 공개된 많은 자료를 활용하여 헌법제정과정을 분석하고 있다. 그리고 유진오를 중심으로 진행된 헌법제정사 연구에 대해 유진오사관(兪鎭午史觀)에 기인한다고 비판하고 있다.[9] 이 연구는 그동안 유진오를 중심으로 전개된 편향된 헌법제정사 연구를 균형된 시각으로 바라보았다는 점에서 높이 평가할 수 있다. 그것이 가능했던 것은 헌법제정에 관한 많은 자료를 발굴하고 그것을 해석했기 때문이다. 이경주의 연구는 선행연구에서 부족했던 자료에 대해 미국이 비밀해제하여 공개한 자료로 보충하고 있다. 하지만 최근 국내에서 발굴된 자료들을 활용하지 못하고 있어 근거가 부족한 부분이 있고, 몇 가지 사실(史實)을 놓치고 있다.

2000년 8월에는 이영록에 의해 유진오의 헌법사상의 형성과 전개를 다룬 박사학위논문이 나왔다. 그는 박사학위논문 이후에도 계속해서 사실적 측면과 규범적 측면에서 헌법제정사 연구를 진행하여 많은 성과를 내었다. 그러한 연구성과의 결과물로 『우리 헌법의 탄생: 헌법으로 본 대한민국 건국사』[10]을 발간하였다. 그는 우리나라의 헌법제정과정이 정세론의 영향으로 결함이 존재함을 인정하고 있다. 그러나 첫 술에 배부를 수 없고, 아무리 외견적 입헌주의라 할지라도, 놀라운 점은 입헌주의를 표방하고 있는 한 그 실질화의 과정은 피할 수가 없었다고 한다. 정신 자체를 말살하지 않는 한, 정신이 현실에 미치는 영향을 피할 수는 없기 때문이

---

9) 李京柱(註 3, 1997), 244-245쪽 각주 29).
10) 이영록(註 4, 2006).

다. 많은 우여곡절을 거치면서도 우리의 입헌주의는 내실을 다져가고 있다고 한다. 입헌주의가 거의 가사(假死) 상태에 빠진 듯 하다가도 다시 놀라운 복원력을 발휘해 온 것이 우리 헌정사라고 하고, 그런 점에서 입헌주의를 향한 결단, 그 자체가 갖는 역사적 의의가 결함 때문에 과소평가되어서는 안 될 것이다라고 한다. 우리나라의 헌법제정은 입헌주의의 불안한, 아니 매우 결함 많은 출발이기는 하였지만, 확실히 출발은 출발이었다고 결론내리고 있다.11) 그는 국내 자료뿐만 아니라 미국 측 자료 등도 활용하고 있다. 그리고 국내외 정세 속에서 헌법제정과정을 파악하고 있다. 또한 사실적 역학관계와 헌법규범을 잘 조화시키고 있다. 그 결과 그의 연구는 현재 우리나라 헌법제정사 연구에서 단연 선두를 달리고 있다. 하지만 여전히 유진오를 중심으로 한 헌법제정사 연구에 편향되어 있는 점, 대한민국임시정부헌장이 어떠한 과정을 통해 제헌과정에 영향을 미쳤는가에 관한 것, 비상국민회의와 남조선대한국민대표민주의원과의 관계 및 헌법안 작성에 관한 것, 행정연구위원회안에 대한 구체적 분석이 결여되어 있는 점, 1947년 남조선과도입법의원에서 심의를 거친 조선임시약헌이 있었음에도 불구하고 왜 유진오안이 등장하게 되었는지에 대한 것, 사법부 법전기초위원회의 헌법개정요강·법전기초위원회안·권승렬안과의 관계에 관한 것, 헌법제정에 대한 미국의 영향에 관한 것, 헌법제정자들이 어떤 국가의 헌법을 어떠한 경로를 통해 참고하였는지에 대한 것, 왜 많은 헌법안이 내각책임제 정부형태를 취하고 있으면서 부통령을 두고 있는지 등 우리나라 헌법제정사 연구에서 다루어져야 할 문제들을 놓치고 있다.

---

11) 이영록(註 4, 2006), 192-193쪽.

제3절 책의 구성

이 책은 선행연구의 성과들을 반영하고 미흡한 부분을 보충하여 다음과 같이 전개하도록 한다. 해방 후부터 1948년에 대한민국이 수립되기의 시기를 신국가 수립을 위한 헌법논의를 기준으로 살펴보면, 크게 세 시기로 나눌 수 있다. 즉, 해방 후부터 제1차 미소공동위원회가 진행되기 전까지의 혼란기, 미소공동위원회에서 임시정부수립을 논의하던 시기, 제2차 미소공동위원회가 결렬되고 정부수립의 논의가 유엔으로 이관된 뒤 대한민국이 수립된 시기이다.

이 책은 이러한 시대적 흐름에 따라 전개된다. 제2장에서는 해방 직후 혼란기 동안 진행되었던 정부수립논의와, 대한민국임시정부가 자주독립국가를 수립하기 위하여 행정연구위원회를 조직하여 전개하였던 헌법논의를 살펴본다. 제3장에서는 모스크바 삼상회의의 결정에 따라 해방공간의 신국가 수립문제가 미소공동위원회를 중심으로 전개되던 시기의 헌법논의를 살펴본다. 이 시기는 제1차 미소공동위원회가 개최되던 때, 제1차 미소공동위원회가 무기휴회를 한 때, 제2차 미소공동위원회가 개최되던 때로 나눌 수 있다. 이 시기의 헌법논의는 비상국민회의, 남조선대한국민대표민주의원, 남조선과도입법의원 등에서 전개되었다. 제4장에서는 제2차 미소공동위원회마저 결렬되고 미국이 해방공간의 신국가 수립문제를 유엔으로 이관하여 해결하기로 결정한 시기의 헌법논의를 살펴본다. 이 시기는 1948년 국회가 개원되기 전의 공식적, 비공식적 헌법논의와, 국회(제헌국회)에서의 헌법논의로 나눌 수 있다. 그리고 마지막으로 대한민국헌법을 기초로 하여 대한민국이 탄생하는 과정을 살펴보도록 한다.

이상에서처럼 이 책은 해방 후 3년의 시기를 대상으로 하여, 신국가 수립을 위한 헌법논의를 기준으로 그 시기를 구분하고, 각 시기에 진행된 공식적, 비공식적 헌법논의를 살펴보는 방식으로 구성되어 있다.

제4절 주요참고 자료

선행연구의 부족한 자료를 보충한 주요한 1차 자료는 다음과 같다.

① 헌법안

현재 고려대학교 박물관에는 유진오가 헌법안을 작성할 때 참고한 자료와 민주의원안, 민주주의민족전선안, 유진오가 최초로 작성한 헌법안, 유진오안, 권승렬안, 조헌영이 가지고 사용하던 헌법안(국회 헌법기초위원회 내각책임제안) 등이 소장되어 있다. 이것은 유진오 사후에 그의 유족이 고려대학교 박물관에 기증한 자료들이다. 그동안 민주의원안은 그의 헌법기초회고록을 통하여 그가 헌법안을 작성할 때 참고했다는 사실만 알려져 있었을 뿐, 그 원문이 공개된 적은 없었다.[12] 지금까지 권승렬안은 국회보에 수록된 자료가 활용되었다. 그런데 이 자료는 장경근이 가지고 있던 것을 옮겨 적은 것으로 고려대학교 박물관에 소장되어 있는 것과 비교하면, 몇 군데 차이를 보이고 있다. 이것은 옮겨 적는 과정이나 인쇄하는 과정에서 그 내용이 변경된 것으로 보인다. 따라서 이 연구에서는 고려대학교 박물관본을 대상으로 분석하도록 한다.[13]

② 행정연구위원회·정치공작대·정치위원회, 비상국민회의, 민주의원

---

[12] 고려대학교 박물관에 소장되어 있는 민주의원안은 제74조까지만 존재하고 그 이후는 존재하지 않는다. 존재하지 않는 부분은 國學振興研究事業推進委員會(編), 『韓國獨立運動史資料集: 趙素昂篇(三)』(城南: 韓國精神文化研究院, 1997), 263-290쪽 참조.

[13] 우리나라 헌법제정사 연구에 귀중한 자료를 고려대학교 박물관에 기증하신 유진오의 유족분들, 그것을 열람하게 해 주신 최광식(崔光植) 전 박물관장님과 김상덕 학예연구사님, 고려대학교 박물관 직원분들께 감사의 마음을 전한다.

관련 자료

『現代史資料叢書 1: 美軍 CIC 情報 報告書 1』,『해외사료총서 6: 러시아연방국방성중앙문서보관소 소련군정문서, 남조선 정세 보고서 1946-1947』,『韓國獨立運動史資料集: 趙素昻篇(四)』,『梨花莊 所藏 雩南李承晩文書 東文篇 第十三卷: 建國期 文書 1』,『梨花莊 所藏 雩南李承晩文書 東文篇 第十四卷: 建國期 文書 2』,『梨花莊 所藏 雩南李承晩文書 東文篇 第十五卷: 建國期 文書 3』

③ 사법부에서 헌법안을 작성할 때 참고한 자료
『各國憲法叢輯 上卷 1』,『各國憲法叢輯 上卷 2』,『各國憲法叢輯 下卷 1』,『各國憲法叢輯 下卷 2』

④ 행정연구위원회, 사법부, 유진오 등이 참고한 세계 각국의 헌법자료
美濃部達吉(譯),『歐洲諸國 戰後の新憲法』, 東京: 有斐閣, 1922; 土橋友四郞(譯),『日本憲法 比較對照 世界各國憲法』, 東京: 有斐閣, 1925.

⑤ 사법부와 남조선과도입법의원 관련 자료
서울대학교 법학연구소 한국헌정사연구회의 자료[14]

---

14) 이 자료는 서울대학교 법학연구소 내에 조직되었던 한국헌정사연구회 회원들이 미국에서 복사해 온 것으로 그 분들의 노고가 깃들어 있는 것이다. 한국헌정사연구회는 자료수집과정에서 방선주(方善柱) 박사님의 도움을 많이 받았다. 이러한 자료를 활용할 수 있게 허락해 주신 전 한국헌정사연구회 회원분들과 방선주 박사님께 감사의 마음을 전한다.

제2장 해방과 정부수립논의
(1945. 8.-1946. 3.)

제1절 해방 직후 혼란기의 정부수립논의
(1945. 8.-1945. 12.)

일본의 오랜 식민지배를 받고 있던 우리나라는 연합국이 제2차 세계대전을 승리함에 따라 해방을 맞이하게 되었다. 조선총독부는 해방 이후의 치안유지를 위하여 국내 세력들과 사전교섭을 진행하였다. 그 결과 여운형이 치안유지를 담당하게 되었다. 그는 일제하의 지하단체였던 건국동맹을 중심으로 해방이 되던 1945년 8월 15일에 조선건국준비위원회를 결성하여 조직적으로 활동을 개시하였다.

중국에서 해방을 맞이한 대한민국임시정부는 9월 3일에 임시정부당면정책 14개항을 발표하여 과도정권이 수립되기 전까지 국내의 질서유지와 대외관계를 담당할 것임을 천명하였다. 이러한 임무를 담당하기 위해 대한민국임시정부는 임시정부당면정책 제1항에서 최대한 빠른 기간 내에 입국할 것임을 밝혔으나, 미국과의 귀국문제로 11월 말 이후에 귀국할 수 있게 되었다.

조선건국준비위원회는 9월 6일에 전국인민대표자대회(위원장: 여운형, 부위원장: 허헌)를 개최하였다. 이날 대회에서는 '조선인민공화국' 조직을 위한 기본법초안이 상정되었고, 다소의 수정을 거쳐 통과되었다. 인민위원의 선거에서 위원장, 부위원장을 포함한 5명의 전형위원이 선정되었다. 전형위원들은 전국인민위원 55명, 후보위원 20명, 고문 12명을 선정하여 발표하였다.[1]

---

1) 「國號는 朝鮮人民共和國 海內外網羅 委員顧問 等 選定, 六日 全國人民代表大會에서」『每日新報』(1945. 9. 7), 1면.

<표 1> 1945년 9월 6일의 전국인민대표자대회에서 선출된
전국인민위원, 후보위원, 고문

전국 인민위원	이승만, 여운형, 허헌, 김규식, 이관술, 김구, 김성수, 김원봉, 이용설, 홍남표, 김병로, 신익희, 안재홍, 이위상(李胃相), 조만식, 김기전(金起田), 최익한, 최용달, 이강국, 김용암(金龍岩), 강근(姜近), 이주하(李舟河), 하필원(河弼源), 김계림(金桂林), 박낙종(朴洛鍾), 김태준(金台俊), 이만규, 이여성, 김일성, 정백, 김형선(金炯善), 이정윤(李廷允), 김정권(金正權), 한명찬(韓明燦), 유축운(柳丑運), 이승엽, 강기덕(康基德), 조두원(趙斗元), 이기석(李基錫), 김철수(金綴洙), 김상혁(金相赫), 정태극(鄭泰極), 정종근(鄭鍾根), 조동우(趙東祐), 서중석(徐重錫), 박문규, 박광희(朴光熙), 김세용(金世鎔), 강병도(姜炳度), 이순근(李舜根), 김무정(金武亭), 장기욱(張基郁), 정진태(鄭鎭泰), 이순금(李順今), 이상훈(李相勳)(이상 55명)
후보위원	최창익(崔昌益), 황태성(黃泰成), 홍덕유(洪德裕), 이청원(李淸源), 최근우(崔謹愚), 김준연, 한빈(韓彬), 양명(梁明), 최원택(崔元澤), 안기성(安基成), 정재달(鄭在達), 김두성(金斗星), 권오직(權五稷), 김두수(金斗洙), 장순명(張順明), 이광(李珖), 최성환(崔星煥), 이임수(李林洙), 현준혁, 김덕수(金德泳)(이상 20명)
고문	오세창, 권동진, 김창숙, 정운수(鄭雲水), 이시영, 홍명희, 김항규(金恒奎), 김상은(金相殷), 장도빈(張道斌), 김용기(金容起), 김관식(金觀植), 이영(李英)(이상 12명)

미군 선발대는 9월 7일에 인천을 통하여 상륙한 뒤, 군정장관을 임명하는 등 군정청을 설치하였다. 그러나 아직 남쪽 해방공간의 신국가 수립 문제를 주도해 나가지는 못하였다. 한국민주당 발기인들은 9월 8일에 대한민국임시정부를 절대로 지지할 것을 결의하였다.[2]

9월 6일 전국인민대표회의에서 선출된 인민대표들은 연일 정부조각에 주력하여 14일에 조선인민공화국의 부서를 다음과 같이 발표하였다.[3]

<표 2> 조선인민공화국의 부서와 구성원

부 서	성 명	임시대리	부 서	성 명	임시대리
주 석	이승만		선전부장	이관술	
부주석	여운형		경제부장	하필원	
국무총리	허 헌		농림부장	강기덕	
내무부장	김 구	허 헌	보건부장	이만규	
외교부장	김규식	여운형	체신부장	신익희	이강국
군사부장	김원봉	김세용	교통부장	홍남표	

---

2)「大韓臨時政府 支持의 韓國民主黨을 結成」『每日新報』(1945. 9. 9), 1면.
3)「朝鮮人民共和國 組閣 完了」『每日新報』(1945. 9. 15), 1면.

재정부장	조만식		노동부장	이위상	
보안부장	최용달		서기장	이강국	
사법부장	김병로	허 헌	법제국장	최익한	
문교부장	김성수	이만규	기획국장	정 백	

미군정청은 10월 5일부로 각계의 명망있는 한인 지도자 11명을 군정 장관의 고문관으로 임명하였다. 고문들은 10월 5일 첫모임에서 고문관위 원회를 결성하였다. 조만식이 불참한 가운데 무기명투표로 진행된 위원장 선거에서 김성수가 선출되었다.[4]

〈표 3〉 미군정청 한인고문

성 명	직 업	소속정파
김성수	교육자	한국민주당
전용순	실업가(實業家)	
김동원	실업가(實業家)	한국민주당
이용설	의 사	
구영수	은행가	
송진우	정치가	한국민주당
김용무	변호사	한국민주당
강병순	변호사	
윤기익	광업가	
여운형	정치가	조선인민중앙위원회
조만식	정치가	평양인민정치위원회

조선건국준비위원회는 10월 7일에 중앙집행위원회를 개최하여 조선인 민공화국을 탄생시켰고 인민의 지지를 받았으므로 그것으로써 건준의 역 할을 다하였다는 이유로 해소를 결의하였다. 8일에는 위원장 이하 전원이 모여 건준 해소식을 거행하였다.[5]

해방 이후 남쪽 해방공간에서 질서유지자로서 우위를 점하고 있던 조

---

4) 「軍政長官顧問官에 十一氏를 任命發表, 各層各界 代表者 網羅」『每日新報』
   (1945. 10. 6), 1면.
5) 「"建準" 發展的 解消, 中央委員會에서 決定」『每日新報』(1945. 10. 8), 1면;
   「創生期 使命다한 建國準備委員會 解消」『自由新聞』(1945. 10. 9), 2면.

선인민공화국은 9월 7일 미군 선발대가 인천을 통해 상륙한 뒤, 미군정청을 설치하고 일본인 관리를 미국인으로 대체하였으며, 한인 지도자들을 군정장관의 행정고문관으로 임명하는 등 체계를 정비하자, 그 지위가 약화되어 갔다. 해방공간의 질서가 조선총독부 체계에서 미군정청 체계로 정비되어 가던 10월 10일에 미군정장관 아놀드(Archibold V. Arnold)는 북위 38도선 이남, 즉 남쪽 해방공간에서는 오직 하나의 정부만이 존재할 뿐임을 밝혔고 조선인민공화국을 부인하는 명령의 성질을 가지는 요구를 하였다.6) 이에 대하여 11일에 조선인민공화국 중앙인민위원회에서는 조선인민공화국 등의 활동은 조선의 완전독립을 위한 정치능력에 대한 표현임을 주장하는 담화를 발표하였다.7)

아놀드가 조선인민공화국을 부인하는 성명을 발표한 후 6일 뒤, 이승만은 미국에서 귀국하였다. 귀국 후 그는 10월 25일에 우리나라의 독립을 촉성한다는 의미에서 독립촉성중앙협의회를 결성하여 국내 정국을 정비해 나갔다. 9월 3일에 임시정부당면정책 제1항을 통하여 최대한 빠른 기간 내에 입국할 것임을 밝혔던 대한민국임시정부는 국내 질서가 미군정청을 중심으로 거의 정비되고 난 이후에 개인자격으로 귀국할 수 있었다. 대한민국임시정부요인 제1진은 11월 23일에 귀국하였고,8) 제2진은 12월 2일에 서울에 도착하였다.9)

대한민국임시정부는 임정요인 제2진이 서울에 도착한 다음날인 12월

---

6)「朝鮮엔 軍政府뿐, 軍政長官 아少將 發表」『每日新報』(1945. 10. 11), 1면.
7)「政治能力 表現에 不過, 人民共和國 委員會 談話 發表」『每日新報』(1945. 10. 11), 1면.
8) 제1진으로 귀국한 사람은 김구, 김규식, 이시영, 김상덕, 엄항섭, 유동열, 선우진, 민영완, 이영길, 백정갑, 장준하, 윤경빈, 유진동, 안미생, 김진동 15명이었다.「金九先生 一行 還國」『서울신문』(1945. 11. 24), 1면;「金九主席 一行 二十三日 午後 錦衣還國」『朝鮮日報』(1945. 11. 24), 1면.
9) 제2진으로 홍진, 조성환, 황학수, 장건상, 김붕준, 성주식, 유림, 김성숙, 조경한, 조완구, 조소앙, 김원봉, 최동오, 신익희 등이 귀국하였다.「還國領袖의 氏名」『서울신문』(1945. 12. 3), 1면.

3일 오전 11시에 경교장에서 귀국 이후 최초의 국무회의를 개최하고 정치정세에 관한 의견을 교환하였다.[10] 이후 연일 국내정세를 논의하기 위하여 국무회의가 개최되었다. 남쪽 해방공간의 질서유지자로 미군정청이 존재하고 있었음에도 불구하고, 개인자격으로 귀국한 대한민국임시정부는 임시정부의 역할을 자임하였다. 12월 말에 모스크바 삼상회의의 결정 내용이 국내에 알려지자 대한민국임시정부는 반탁시위를 전개하는 한편, 12월 31일에 포고에 상당하는 국자(國字) 제1호와 제2호를 발표하였다.[11] 이러한 행동은 자주독립국가를 수립하기 위한 노력이었지만, 그것 때문에 미군정과 마찰을 빚기도 하였다.

해방 직후 혼란기의 남쪽 해방공간의 정부수립논의는 이상에서 살펴본 것처럼 크게 네 갈래로 진행되었다. 제일 먼저 정부수립을 논의한 것은 여운형을 중심으로 한 조선건국준비위원회였다. 조선건국준비위원회는 조선인민공화국을 조직하여 해방공간의 신국가수립문제를 최초로 주도해 나갔다.[12] 하지만 제2차 세계대전의 승전국으로서 한반도 남쪽 지역

---

10) 「憧憬턴 故國서 歷史的 國務會議」『東亞日報』(1945. 12. 4), 1면;「全 領袖 一堂에 集合, 內外情勢 愼重 凝議, 三日 還國 最初의 國務院會議」『서울신문』(1945. 12. 4), 1면;「政治情勢報告 交換, 臨時政府 初國務會議」『朝鮮日報』(1945. 12. 4), 1면.

11) [國字 第一號]
   一. 現在 全國 行政廳 所屬의 警察機構及韓人職員은 全部 本 臨時政府 指揮 下에 隷屬케 함
   二. 託治反對의 示威運動은 系統的 秩序的으로 行할 것
   三. 暴力行爲와 破壞行爲는 絶對 禁止함
   四. 國民의 最低生活에 必要한 食糧, 燃料, 水道, 電氣, 交通, 金融, 醫療機關 等의 確保運營에 對한 妨害를 禁止함
   五. 不良商人의 暴利買占 等은 嚴重 取締함
   [國字 第二號 要旨]
   此 運動은 반드시 우리의 最後 勝利를 取得하기까지 繼續함을 要하며 一般國民은 今後 우리 政府 指導下에 諸般産業을 復興하기를 要望한다
   「臨政의 佈告로 不合作을 指令」『東亞日報』(1946. 1. 2), 1면.

12) 조선건국준비위원회와 조선인민공화국의 성립 및 활동 등에 대해서는 鄭相宇,

의 해방을 담당한 미군이 진주하여 미군정청을 설치하고 그것 이외에는
어떠한 정부도 인정하지 않음으로써 세력이 약화되어 갔다. 미군정청이
남쪽 해방공간의 유리한 질서유지자 지위를 점해가던 10월 16일에 이승
만은 미국에서 귀국하였다. 그는 귀국 이후에 독립촉성중앙협의회를 결성
하여 국내 정국을 정비해 나갔다. 9월 3일 임시정부당면정책을 통하여 최
대한 빠른 기간 내에 입국할 것임을 밝혔던 대한민국임시정부는 개인자
격으로 11월 말 이후에 귀국하였다. 귀국 후 대한민국임시정부는 과도정
부로서의 역할을 자임하였다. 한편 국내 최대의 세력이었던 한국민주당은
대한민국임시정부를 봉대할 뿐만 아니라 미군정 기관에 참가하였다.

조선인민공화국, 독립촉성중앙협의회, 대한민국임시정부를 중심으로
해방 직후 혼란기에 진행되었던 정부수립논의는 12월 28일 모스크바 삼
상회의의 내용이 국내에 전해지면서 새로운 국면을 맞이하게 되었다. 모
스크바 삼상회의의 내용 중 신탁통치문제를 놓고 해방정국에서는 우익과
좌익으로 나뉘어 격렬히 대립하였다. 이후 해방공간의 신국가수립문제가
미소공동위원회를 통한 임시정부수립으로 진행되면서 국내 세력들의 자
주적 독립국가수립논의에 대한 기반은 약화될 수밖에 없었다.

대한민국임시정부 내무부장 신익희는 귀국 후 건국을 대비하여 정치
공작대, 정치위원회, 행정연구위원회를 조직하였다. 그 중 행정연구위원
회 헌법분과위원회에서는 제1차 미소공동위원회 예비회담이 진행되고 있
던 1946년 1월과 2월에 정식정부 수립을 대비하여 헌법안을 작성하고 있
었다. 1945년 12월 28일에 모스크바 삼상회의의 내용이 국내에 전달되고
난 이후에는 미소공동위원회를 통하여 임시정부수립문제가 논의되었다.
따라서 이 시기에 행정연구위원회 헌법분과위원회가 정식정부수립을 위
하여 헌법논의를 진행하였다는 것은 주목할 부분이다. 이 부분에 대해서
는 다음 절에서 자세하게 살펴보도록 한다.

「美軍政期 中間派의 憲政構想에 관한 硏究」(博士學位論文, 서울大學校 大學
院, 2007), 28-39쪽 참조.

제2절 행정연구위원회에서의 헌법논의
(1945. 12.-1946. 3.)

Ⅰ. 행정연구위원회의 조직과 활동

1. 조직

1) 명칭

행정연구위원회는 대한민국임시정부 내무부장 신익희를 위원장으로 하고(행정연구위원회 간칙 제4호), 최하영을 총간사로 하며, 일제하의 고등문관 출신자들을 중심으로 하여 1945년 12월 초에 조직된 단체이다. 그 동안 이 연구회의 명칭을 '행정연구회(行政研究會)', '행정연구반(行政研究班)', '정경위원회(政經委員會)', '정경연구회(政經研究會)' 등으로 칭하였다. 그러나 해방 직후 남한에 들어와 1953년 한국전쟁 때까지 미국의 강력한 정보기관으로 활약했던 미군 방첩대(CIC) 수색대들이 독립촉성국민회 본부 내의 신익희 사무실과 신익희의 자택, 기타 관련 숙소를 수색하여 입수한 자료에 의하면, 정확한 명칭은 행정연구위원회(Administration Research Committee Association)였다.1)

2) 조직과정

행정연구위원회의 총간사를 담당한 최하영은 조직당시의 상황과 과정에 대하여 다음과 같이 회고하였다.

---

1) 중앙일보 현대사연구소(편), 『現代史資料叢書 1: 美軍 CIC 情報 報告書 1』(서울: 선인문화사(영인본), 1996), 416-421쪽.

내가 미군정청의 고문직을 그만두고 明倫洞집에서 쉬고 있던 12월 14일, 새벽 6시에 별안간 전화가 걸려왔다. 아직 잠이 덜 깬 채로 수화기를 들었다. 『최하영씨댁입니까?』『예. 그렇습니다. 거기 어디십니까?』『臨時政府 비밀연락소요』나는 잠이 후다닥 깨고 가슴이 덜컥 내려 앉았다. 지금까지 日政때의 관리는 親日派라 했고, 親日派를 처단한다는 소문이 나돌았는데 나는 총독부에 가장 오래 있었으니 이제 당하는구나 하고 느꼈다. 『오전 10시에 비밀연락소로 와주시오』『네. 틀림없이 나가겠읍니다』나는 그렇게 대답하는 수밖에 없었다.

…(중략)…

예정된 10시 정각에 雲泥洞에 있는 임시정부 비밀연락소에 갔다. 안내인을 따라 큰 기와집 앞에 이르니 70쯤 되어 보이는 백발이 성성한 노인이 나와 있었다. 나를 보자 노인은 『나는 임시정부 內政部次官 姜太東[2]이란 사람이오』하며 먼저 자기 소개를 했다. 나는 내가 불려온 목적부터 알고 싶은 조금한 마음에서 『무슨 용건으로 저를 부르십니까?』하고 물었다. 그러자 그는 뜻밖에도 『임시정부를 위해서 일해 주시오』라고 말하는 것이 아닌가.[3]

행정연구위원회 위원으로 많은 활약을 한 윤길중은 신익희와 최하영이 친분을 맺게 된 이유 중 하나는 최하영의 고향이 경기도 이천이었고 신익희의 고향이 경기도 광주였기 때문이었다고 한다.[4] 최하영은 1945년 12월 17일 사직공원 앞의 야전피복공장 건물 안에서 행정연구위원회의 첫 모임을 소집하였다고 한다.[5] 이 위원회에서는 총 6개조로 된 간칙을 마련하는데 그 내용은 다음과 같다.

---

2) 강태동(姜太東)은 정치공작대의 차장을 담당하였는데, 1946년 1월 19일에 작고하였다. 金濟瑞(編), 『大韓民國 建國을 爲한 政治工作隊의 活動主史』(서울: 駱山同志會, 1994), 74쪽; 申昌鉉, 『偉大한 韓國人 ⑫: 海公 申翼熙』(서울: 太極出版社, 1972), 234쪽; 「姜泰東氏 逝去」『東亞日報』(1946. 1. 22), 2면.

3) 崔夏永, 「政務總監, 韓人課長 呼出하다」『月刊中央』八月號(1968. 8), 133-134쪽.

4) 윤길중, 『靑谷 尹吉重 回顧錄: 이 시대를 앓고 있는 사람들을 위하여』(서울: 호암출판사, 1991), 72쪽.

5) 崔夏永(註 3), 134-135쪽.

一. 臨時政府建國綱領을 實踐함에 必要한 行政過程을 準備하기 爲하야 行政研究委員會를 置함

二. 學識, 力量 等 角度에서 行政 各 部門의 專門家를 委員으로 委聘함

三. 本 委員會에 左(원문은 세로쓰기로 되어 있음: 저자 보충설명)의 專門 委員을 置함

　　總務=國歌, 國旗, 國號, 國界, 行政區域

　　國土計劃=年次計劃, 國土建設, 産業建設, 文化建設計劃, 農工併進計 劃

　　行政組織=中央組織, 地方組織, 行政部門의 事務分掌及行政效率

　　法制=新憲章, 叛逆 懲治條例, 法制一般, 過渡期立法(民·刑·商·戶 籍·訴訟 等의 法)

　　鑛工=鑛業의 再編成, 電化計劃, 輕重工業建設 및 再編成

　　農林=土地 國有의 準備, 農業生産計劃, 綠化運動, 農村計劃

　　水産=水産物 增産計劃, 漁村計劃

　　財政=通貨計劃, 稅制整理

　　保安=治安計劃, 物價對策, 隣組(保甲制度)

　　學務=學制, 敎育宗旨, 敎育計劃, 技術敎育, 國史

　　社會敎育=文盲退治運動, 技術普及, 文化機關, 言論機關, 娛樂機關의 指導普及

　　厚生=衛生施設 年次計劃, 醫療機關 普及計劃, 國民住宅 建設計劃, 新生活運動, 國民體育運動, 保險·失業對策, 職業指導, 勞務計劃, 救恤

　　交通=陸上交通網計劃, 海運計劃, 鐵道·電化計劃, 道路政策

　　遞信=郵便網, 電信網, 航空路計劃, 造船·航空機 生産計劃

　　敵産=調査, 沒收, 處理

　　軍事=建軍計劃, 陸軍計劃, 海軍計劃, 空軍計劃

　　外交=外交計劃, 外交委員 養成

　　國民組織=國民總組織運動, 組織工作隊 編成

　　檢察=賣國奴, 民族反逆者, 建國妨害者의 規定, 調査, 處斷

　　貿易=貿易計劃(外國에 對하야)

四. 本 委員會 委員長은 臨時政府 內務部長(신익회: 저자 보충설명)이 이에 當任함

五. 專門委員會 委員長의 指囑에 依하야 當該 擔當 部門에 對한 調査, 硏究를 完遂하야 當該 專門部會를 열어 이를 檢討한 後 다시 全員委員

會에 提出討議한 報告書를 作成하야 委員長에 提出함
六. 本 委員會 進行에 必要한 事務를 執行키 爲하야 事務班을 置함6)

이처럼 신익희는 시정(施政)의 자료를 수집하고 연구하기 위하여 행정
연구위원회를, 그 결과를 의결하고 집행하기 위하여 정치공작대와 정치위
원회를 조직하였다.7) 그리고 자신은 대한민국임시정부 내무부장 명의로
행정연구위원회 위원장, 정치공작대 중앙본부장, 정치위원회 중앙정치위
원장직을 겸하였다.

3) 구성원

신창현은 다음과 같이 행정연구위원회 위원으로 참여한 인사가 70여
명이었다고 한다. "당시 행정연구반에 참여했던 인사들은 각계의 준재(俊
才)들로서 최하영(崔夏永)·윤길중(尹吉重)·전예용(全禮鎔)·전봉덕(田鳳德)·
한동석(韓東錫)·한통숙(韓通淑)·정구충(鄭求忠)·김용근(金龍根)·계광순
(桂珖淳)·옥선진(玉璿珍)·장철수(張哲壽)·윤백남(尹白南)·차윤홍(車潤
弘)·이종일(李宗日)·이문세(李文世)·정운근(鄭雲近)·이상규(李相圭)·강경
옥(康慶玉) 등 七〇여명이었다. 이 연구반은 농림·내무·치안·수산·광업·
상공·전기·보건·문화·교육·사회·법무·외교 등으로 세분되어 있었고, 각
분야에 대한 학술적 연구와 법 활동의 기초 자료를 수집하여 건국에 대비
한 임시 정부의 행정 기구이자 그 자문 기관의 구실을 동시에 수행해 나
갔다."8)

미군 방첩대(CIC) 수색대들이 입수한 자료에 따르면, 행정연구위원회
의 전문위원회와 위원들은 다음과 같다.9)

---

6) 중앙일보 현대사연구소(편)(註 1), 416-418쪽.
7) 정치공작대의 조직과 활동에 대해서는 박진희, 「해방 직후 정치공작대의 조직과
   활동」『역사와 현실』제21호, 1996. 9. 참조.
8) 申昌鉉(註 2), 232-233쪽.
9) 중앙일보 현대사연구소(편)(註 1), 419-421쪽.

〈표 4〉 행정연구위원회의 전문위원회와 위원

전문위원회	위 원
총 무	위원이 존재하지 않음(저자 보충 설명)
국토계획	차윤홍, 임문환, 노영빈, 강명옥, 장수길, 전봉덕, 윤길중, 김재하, 이동환
행정조직	최하영, 한희석, 이해익, 차윤홍
법 제	이상기, 장경근, 조평대,10) 유진오
광 업	노영빈, 김영년, 유복렬, 최윤식
공 업	임문환, 백봉제, 이승기, 이량, 최문경, 이종일, 안동혁
농림·수산	김영상, 채병석, 강석린, 정영○, 인정식, 정문기, 이태용, 강명옥
재 정	진염종, 장수길, 전지용
전 매	최창홍, 홍헌표, 김태동
보 안	한종건, 최경진, 전봉덕
학 무	정민명, 박이순, 황신덕, 조재호
사회교육	전예용, 윤길중
후 생	임헌평, 김성환, 김준보, 최동, 정구충
교 통	김진태, 최병원, 김재하,11) 김윤기, 김노수
체 신	길원봉, 김시명, 이동환
적 산	한동석, 서승표, 김봉호, 김홍식
국민조직	계광순, 이해익
검 찰	김광근
무 역	이병석, 현석호, 한통숙

　　신창현은 방첩대 자료에 존재하지 않는 김용근, 옥선진, 장철수, 윤백남, 이문세, 정운근, 이상규가 행정연구위원회 위원으로 참여하였다고 한다. 행정연구위원회에서 헌법안을 작성할 때 노용호, 박근영, 황동준이 참석하였다. 이들을 모두 합하면 총 74명으로 당시 행정연구위원회 위원들

　　이름순으로 나열하면, 다음과 같이 총 64명이다.

　　康明玉, 姜錫麟, 桂珖淳, 金光根, 金魯洙, 金鳳昊, 金聖煥, 金時明, 金永年, 金永祥, 金潤基, 金在荷, 金俊輔, 金鎭兌, 金泰東, 金弘植, 吉元鳳, 盧永斌, 朴彝淳, 白鵬濟, 徐承杓, 安東爀, 劉復烈, 兪鎭午, 尹吉重, 李東煥, 李樑, 李丙奭, 李相基, 李升基, 李宗日, 李泰鎔, 李海翼, 印貞植, 任文桓, 林憲平, 張曔根, 張壽吉, 全禮鎔, 田鳳德, 全智鎔, 鄭求忠, 鄭文基, 鄭民明, 鄭永○, 曺在浩, 趙平戴, 晋炎鍾, 車潤弘, 蔡丙錫, 崔慶進, 崔棟, 崔文卿, 崔秉源, 崔允植, 崔昌弘, 崔夏永, 韓東錫, 韓鍾建, 韓通淑, 韓熙錫, 洪憲杓, 黃信德, 玄錫虎.

10) 원자료에는 '趙平戴'로 되어 있으나, '趙平載'의 오기로 보인다.

11) 원자료에는 '金在荷'로 되어 있으나, '金在河'의 오기로 보인다.

이 70여 명이었음을 알 수 있다.

해방 후 좌익 뿐만 아니라 우익 측에서도 친일행위자를 처단해야 한다
는 분위기가 강했다. 그래서 일제 식민시기 동안 관료생활을 했던 사람들
은 자숙근신하는 상황이었다.12) 따라서 70여 명으로 이루어진 행정연구
위원회 위원들 중에는 명단에만 기재되어 있고 실제로 활동은 하지 않았
던 사람들이 많았던 것 같다. 활동한 행정연구위원회 위원들은 신익희의
브레인으로서 큰 역할을 담당하였다.13)

2. 활동

최하영에 따르면, 1945년 12월 17일에 사직공원 앞의 야전피복공장
건물 안에서 행정연구위원회의 첫 모임을 소집하였다고 한다. 이때 약 50
명의 고등문관 출신 사람들이 모였다. 동위원회에서 한 일은 반탁운동준
비사무, 자주시정포고, 미군정 중단, 독립촉성회 창설 및 추진사무(회장=
이승만, 부회장=신익희), 미·소공동위원회에 제출할 한국 측 全우익정
당·사회단체의 공동답신안을 작성(그 때 만든 답신안이 좌익계보다 항상
먼저 나가 좌익은 골탕을 먹었다고 한다), 이승만박사 도미 때의 정치교섭
자료 작성, 헌법·국회법·정부조직법 작성 등이었다. 활동시기는 1945년
12월에 발족하여 1948년 2월까지였다고 한다.14) 그러나 행정연구위원회

---

12) 申昌鉉(註 2), 232쪽.
13) 당시 소련이 입수한 자료에도 그들을 신익희의 그룹으로 인식하고 있다. 「레베제
    브가 소련 원수 메레츠꼬브 동지와 쉬띄꼬브 대장 동지에게 보낸 조선총독부 고
    위관리들의 활동에 대한 정보자료, 1947년 5월 14일」, 국사편찬위원회(편), 『해
    외사료총서6: 러시아연방국방성중앙문서보관소 소련군정문서, 남조선 정세 보고
    서 1946-1947』(과천: 국사편찬위원회, 2003), 325쪽.
14) 崔夏永(註 3), 134-135쪽. 이러한 사실을 고려할 때, 최하영의 "憲法草案의 起
    草 및 審議는 同志 몇사람이 自發的으로 한것이고 他로부터 付託을 받아서 한
    것은 아닙니다"라는 회고는 신뢰하기 힘들다. 「憲法起草 當時의 回顧談(崔夏永
    氏와의對談)」『國會報』第二十號(1958. 7), 39쪽.

제2단계 헌법안(공동안) 작성에서도 신익희가 관여한 점을 고려하면,[15] 1948년 2월 이후에도 활동한 것으로 볼 수 있다.

행정연구위원회 위원들은 반탁운동준비사무, 자주시정포고, 미군정 중단, 헌법안 작성, 이승만 도미 때 정치교섭 자료의 작성 등을 하였다. 이러한 활동은 대한민국임시정부의 정치활동과 관련을 맺고 있다. 특히 모스크바 삼상회의의 결정내용이 국내에 알려지자 행정연구위원회 위원들은 대한민국임시정부 내무부장(신익희) 명의로 된 국자 제1호와 제2호의 포고문을 작성하여 발표하였다.[16] 이 포고문이 대한민국임시정부 의정원의 의결을 거쳤는지에 대해서는 여러 가지 견해가 제시되고 있다.[17] 행정연구위원회와 더불어 신익희가 대한민국임시정부 내무부장의 명의로 조직한 정치공작대, 정치위원회의 활동에 김구나 조소앙 등 대한민국임시정부의 주요간부가 관여하고 있음을 고려할 때,[18] 다소 논란이 있긴 하지만

---

15) 黃東駿, 『黃東駿 論說集: 民主政治와 그運用』(서울: 韓一文化社, 1962), 327쪽.

16) 최하영은 한동석과 자신이 국자 제1호, 제2호, 제3호를 작성하여 제1호와 제2호는 발표하였으나, 제3호는 발표되지 않았다고 한다[曺圭河·李庚文·姜聲才, 『南北의 對話』(서울: 고려원, 1987), 223쪽].

17) 曺圭河·李庚文·姜聲才, 『南北의 對話』(註 16), 224쪽.

18) 1946년 3월 27일과 28일 양일간 한미호텔에서 정치공작대와 정치위원회의 각 도 대표대회가 개최되었다. 이날 김구, 조소앙, 신익희는 대회에 참석하여 국제정세와 각 지방정세 등을 보고받았다. 「第一回政治工作隊及政治委員會各道代表大會, 1946. 3. 27과 28.」, 國學振興研究事業推進委員會(編), 『韓國獨立運動史資料集: 趙素昻篇(四)』(城南: 韓國精神文化研究院, 1997), 887쪽; 「구두 정보 보고 No. C-9, 1946년 4월 1일」, 국사편찬위원회(편)(註 13), 30쪽; 「구두 정보 보고 No. C-11, 1946년 4월 3일」, 국사편찬위원회(편)(註 13), 36쪽; 「第一回政治工作隊及政治委員會全國大會報告集」, 國學振興研究事業推進委員會(編), 『韓國獨立運動史資料集: 趙素昻篇(四)』(城南: 韓國精神文化研究院, 1997), 888-915쪽. 또한 4월 28일과 29일에 김구는 이승만과 함께 정치공작대와 정치위원회의 임시대표회의를 소집하였다. 「SUMMARY OF RECENT INFORMATION CONCERNING THE NATIONAL SOCIETY FOR RAPID REALIZATION OF INDEPENDENCE, 28 September 46」, 申福龍(編), 『韓國分斷史資料集 Ⅵ』(서울: 原主文化社(영인본), 1993), 210쪽.

행정연구위원회, 정치공작대, 정치위원회의 활동은 직·간접적으로 대한민국임시정부와 관련을 맺고 있었음을 알 수 있다. 이러한 점들을 고려할 때 행정연구위원회안은 대한민국임시정부를 중심으로 정식정부가 수립될 때를 대비하여 작성된 헌법안이었을 것으로 생각된다.

최하영은 행정연구위원회 위원들이 헌법안 이외에도 정부조직법, 국회법을 작성하였다고 한다.[19] "國家로서 出發할 때에 最小限度로 必要不可缺한 法律은 卽 憲法 國會法 政府組織法인데 以上 三個 法律草案을 한꺼번에 모두 五月 三十一日날 午前 二時에 作成完了했지요. 그래서 國會法草案은 制憲國會의 國會法起草委員會에 政府組織法草案은 亦是 制憲國會의 政府組織法起草委員會에 提供되어 兩委員會에서는 우리들 草案을 거의 原案 그대로 形式的 審議만 하고서 制憲國會 本會議에 上程시켰지요. 憲法뿐이 아닙니다. … 그리고 또 第二段階審議時에는 張暻根議員 李相基氏 兪鎭午氏와 小生의 四名이 憲法을 主로 하고 나머지 사람은 國會法과 政府組織法을 主로 했지요."[20] 그러나 유진오는 "政府組織法草案은 훨씬 뒤에 國會에서의 憲法審議가 진행되고 있을 때, 나 자신이 그 骨子를 構想해 가지고 尹吉重氏에게 부탁하여 草案을 작성한 것이었다"[21]고 하고 있어 이 부분에 대해서는 검토가 필요하다.

국회법기초위원회의 전문위원은 전규홍(全奎弘), 노용호(盧龍鎬), 차윤홍(車潤弘), 김용근(金龍根), 윤길중(尹吉重) 5인이었는데,[22] 황동준은 차

19) 崔夏永(註 3), 135쪽; 최하영, 「朝鮮總督府最後の日」『アジア公論』八月號 (1973. 8), 145쪽; 윤길중(註 4), 82쪽.
  황동준은 공동안과 더불어 국회법초안도 작성하였다고 한다[黃東駿(註 15), 326쪽].
20) 崔夏永(註 14), 43-44쪽.
21) 兪鎭午, 『憲法起草回顧錄』(서울: 一潮閣, 1980), 44쪽.
  (헌법 및) 정부조직법기초위원회 전문위원은 兪鎭午, 高秉國, 任文桓, 權承烈, 韓根祖, 盧鎭卨, 盧龍鎬, 車潤弘, 金龍根, 尹吉重 10인이었다. 「1948년 6월 8일 제5차 회의」, 大韓民國國會(編), 『制憲國會速記錄 ①』(서울: 先仁文化社(영인본), 1999), 67쪽.
22) 「1948년 6월 8일 제5차 회의」, 大韓民國國會(編)(註 21), 67쪽; 「1948년 6월

윤홍이 거의 전담하여 초안을 작성하는 등 숨은 일을 많이 하여 참석자 일동의 깊은 신뢰를 받았다고 한다.[23]

윤길중은 "제헌의회를 구성하기 위한 중앙선거관리위원회가 조직되어 選擧法기초에 착수했다. 이때 미군정청에서는 "버글러"[24]라는 학자가 참여, 나와 함께 선거법작성에 착수했는데, 나는 이상규 씨를 법무사(法務士)로 기용하여 내 활동을 보조하도록 했다 미국학자와 선거법을 만들면서 나는 여러 가지 점에서 감명을 받았으며 유권자인 민중을 생각하는데 우리의 생각과 많은 차이가 있음을 알게 되었다."[25]고 한다.

이처럼 행정연구위원회 위원들은 헌법안 이외에도 정부조직법, 국회법, 선거법 등 신국가 수립에 필요한 법률의 초안 작성에 직·간접적으로 참여하였음을 알 수 있다. 그리고 공동안 작성에 참여하였던 사람들 중 노용호, 차윤홍, 김용근(행정연구위원회안, 공동안 작성에 모두 참여함), 윤길중 4인은 헌법과 국회법기초위원회의 전문위원으로도 활동하였다.

II. 행정연구위원회 헌법분과위원회에서의 헌법안 작성

1. 작성과정

행정연구위원회 헌법분과위원회의 헌법안 작성과정에 대해 알 수 있는 자료는 『국회보』가 거의 유일하다. 국회보의 회고를 중심으로 헌법안

9일 제6차 회의」, 大韓民國國會(編)(註 21), 75쪽.

23) 黃東駿(註 15), 326쪽과 341쪽.

24) 미국인 법률고문 퍼글러(Charles Pergler)를 말한다.

25) 윤길중(註 4), 79쪽.
   그는 신익희의 권유로 남조선과도입법의원 사무국으로 들어가서 총무과장과 법률기초과장을 겸해서 맡았고 입법의원 초창기의 조직과 직제 등, 입법의원의 개회식 식사(式辭)까지도 자신의 손으로 만들었다고 한다[윤길중(註 4), 77쪽].

작성과정을 정리하면 다음과 같다.

〈표 5〉 행정연구위원회 헌법분과위원회의 헌법안 작성과정

일 자	내 용
1946년 1월 10일-1월 14일(?)	헌법구상과 헌법기초요강의 작성 등
1월 14일-1월 30일	최하영이 헌법안을 작성함
2월 26일 오후 4시 30분- 2월 27일 오후 4시	장경근의 집에서 제5차 회의를 함
2월 28일 오후 5시- 3월 1일 오후 8시	최하영의 처갓집(趙寅燮의 집)에서 제6차 회의를 함

헌법기초요강, 헌법안 작성과정과 관련하여 최하영는 다음과 같이 회고하였다.

우리들이 한 憲法草案의 起草 및 審議에 있어서는 두 段階가 있었는데 第一段階에 있어서의 憲法起草 및 草案의 審議는 解放翌年인 檀紀 四二七九年 一月 十日부터 三月 一日까지인데 罪悚합니다마는 제가 學識不足의 남부끄럼을 참어가면서 그 해 一月 十四日부터 同月 三十日까지 사이에 草案을 作成했지요. 所謂 起草를 한 것이지요. 이 草案을 가지고 二月 初부터 꼭 二月 한달 동안을 걸려서 三月 一日까지 連日 審議를 거듭해서 第二案 第三案 第四案 第五案 第六案까지 六次나 審議를 거듭하여 第六案이 第一段階로서의 最終案으로 作成한 것입니다.26)

第一段階 審議 및 第二段階 審議를 通해서 場所는 明倫洞 三街 五一番地(최하영의 처갓집: 저자 보충설명)의 小生의 寓居에서 했는데 第一段階 審議 때에는 第六案까지 審議를 進行하여 나가는 동안에 明倫洞 三街 四六番地의 七號 張曠根氏宅에서도 徹夜해가면서 審議한 일이 있었죠.27)

如何튼 以上 말씀한 바를 骨子로 하여 憲法起草要綱을 作成하고 이에 따라 憲法草案을 起草作成 한 거죠.28)

---

26) 崔夏永(註 14), 40쪽.
27) 崔夏永(註 14), 41쪽.
28) 崔夏永(註 14), 42쪽.

장경근은 다음과 같이 회고하였다.

　　日帝 때에 法律工夫한 사람들이 憲法을 研究하고 이런 사람들이 行政研
究會를 만들어 가지고 憲法分科委員會를 했는데 거기에서 만들기 始作했읍
니다. 그것이 그때 여섯 번이나 했어요. 한번에 이틀이나 夜業을 하면서 했읍
니다. … 여섯 번 했는데 一九四六年 … 맨 마즈막會가 一九四六年 二月 二
十八日 午後 다섯時부터 다음날인 三月 初하룻날 午後 여덟時까지 해서 審
議完了했읍니다.
　　그 當時 한 곳이 明倫洞 三丁目입니다. 崔夏永氏 妻家宅인데 그전에 우리
집에서 한두차례 했읍니다. 우리집에서 한 것 여기 쓴 것이 있었어요.(書類를
보시면서)
　　二29)月 二十六日 午後 四時 半부터 … 第五次會 같어요 二月 二十七日
午後 네時까지 審議를 했어요 그것은 우리집입니다. 明倫洞 一丁目 四十六번
지 七 張暻根 房 … 거기에서 하고 그 다음에 마즈막에 三月 一日에 崔夏永
宅에서 했읍니다.30)

　　최하영과 장경근의 회고를 종합하면, 행정연구위원회의 헌법분과위원
회는 먼저 헌법기초요강을 작성하였고, 최하영이 그것을 토대로 하여 헌
법안을 기초하였음을 알 수 있다. 행정연구위원회 위원들은 그 헌법안을
가지고 총 6차례에 걸쳐 심의를 하였고 그 결과로 만들어진 것이 행정연
구위원회안이었음을 알 수 있다.

2. 참여자

　　행정연구위원회안의 작성에 참여한 사람은 강명옥, 김용근, 박근영(朴
根榮, 6·25 때 납북됨), 윤길중, 이상기(李相基, 6·25 때 납북됨), 장경근,

---

29) 국회보 원문에는 '三'으로 되어 있으나, 내용을 고려할 때, '二'에 대한 오기로
　　보인다.
30) 「憲法起草 當時의 回顧談(張暻根議員과의 對談)」 『國會報』 第二十號(1958.
　　7), 35쪽.

최하영(이상 7인)이었다.

3. 참고자료

장경근은 행정연구위원회안을 작성할 때 제2차 세계대전 후에 제정된 신헌법은 참고할 수 없었고, 대한민국임시헌장, 대한민국임시정부정책 14개조, 3·1 독립선언서, 행정조직법기초위원회안, 남조선과도약헌안, 일본국헌법, 프랑스헌법, 중화민국헌법을 참고하였다고 한다.[31] 그러나 행정조직법기초위원회안, 남조선과도약헌안, 일본국헌법, 프랑스헌법(제4공화국헌법), 중화민국헌법은 1946년 3월 이후에 논의되고 제정된 것들이다. 따라서 행정연구위원회가 행정연구위원회안을 작성할 때 그것들을 참고할 수 없었다. 다만 1948년 공동안을 작성할 때 참고한 자료와 혼동한 것 같다.

최하영은 독일 바이마르헌법과 중화민국헌법초안을 많이 참고하였다고 한다.[32] 강명옥은 참고자료를 모으는데 상당히 힘들었고, 정부형태는 미국헌법을 많이 참고하였으며, 국민의 자유에 대해서는 영미법을 많이 참고하였다고 한다.[33] 그러나 행정연구위원회안의 정부형태가 바이마르헌법의 정부형태와 상당히 유사한 점으로 보아 강명옥의 회고내용 중 정부형태는 미국헌법을 많이 참고하였다는 것은 신뢰하기 힘든 부분이다.

이상과 같이 행정연구위원회 위원들은 바이마르헌법, 중화민국헌법초안 이외에도 세계 여러 국가의 헌법을 참고하여 헌법안을 작성하였음을 알 수 있다. 그렇다면 그들은 어떠한 자료를 통해 세계 각국의 헌법을 접하였을까? 당시 세계 각국의 헌법자료를 구하기가 쉽지 않았음을 고려하면, 국내에 존재하고 있던 자료를 활용하였을 가능성이 높다. 당시 국내에

---

31) 張暻根(註 30), 35쪽.
32) 崔夏永(註 14), 41쪽.
33) 「憲法起草 當時의 回顧談(康明玉氏와의 對談)」『國會報』第二十號(1958. 7), 45쪽.

는 대일본제국헌법, 중화민국헌법초안 이외에 美濃部達吉이 제1차 세계대전 이후 공화국헌법을 번역한 자료집인 『歐洲諸國 戰後の新憲法』,[34] 土橋友四郞가 번역한 『日本憲法 比較對照 世界各國憲法』[35] 등이 존재하였다. 행정연구위원회에서는 두 가지 책을 통하여 세계 각국의 헌법을 참고한 것으로 생각된다. 그 이유는 행정연구위원회안의 내용이 이 책의 번역내용과 거의 비슷하기 때문이다. 즉, 행정연구위원회 위원들은 당시 세계 각국의 헌법원문을 직접 참고하지 않고, 이 책의 내용을 참고하여 헌법안을 작성한 것으로 생각된다.

지금까지 행정연구위원회안은 바이마르헌법과 중화민국헌법초안을 주로 참고하여 작성되었다고 알려져 있다. 그러나 이것 이외에도 1944년 대한민국 임시헌장, 3·1 독립선언서, 대한민국임시정부정책 14개조와 대일본제국헌법, 프랑스 제3공화국헌법,[36] 체코슬로바키아헌법, 프로이센헌법 (1920년 11월 30일) 등이 참고되었던 것 같다. 특히 세계 각국의 헌법은 『歐洲諸國 戰後の新憲法』과 『日本憲法 比較對照 世界各國憲法』을 참고한 것으로 생각된다. 보다 자세한 내용은 이하에서 살펴보도록 한다.

---

34) 이 책은 현재 서울대학교 법과대학 도서관에 2권이 소장되어 있다. 그 중 1권은 1922년 1월 20일에 발행되었고, 같은 해 4월 18일에 경성고등상업학교에서 구입한 것으로 되어 있다. 또 1권은 경성법학전문학교에서 같은 해 3월 31일에 구입한 것으로 되어 있다.

35) 이 책은 현재 고려대학교 중앙도서관과 국립중앙도서관에 소장되어 있다. 국립중앙도서관본은 조선총독부 도서관에 있던 것으로, 해방 이후 국립중앙도서관으로 이관된 것이다. 조선총독부 도서관은 1941년 7월 5일에 이 책을 구입하여 소장하였다. 국립중앙도서관은 이 책을 1947년 8월 19일에 도서과로 이관하였다. 국립중앙도서관본의 도서대출표를 보면, 1946년 11월 4일과 1948년 7월 12일 입법의원에서 이 책을 대출한 것으로 되어 있다. 그러나 반납기일은 기재되어 있지 않다.

36) 프랑스 제3공화국헌법은 하나의 헌법으로 구성된 것이 아니라 3개의 헌법적 법률(loi constitutionnelle: 「공권력 조직에 관한 1875년 2월 25일 법률」, 「원로원 조직에 관한 1875년 2월 24일 법률」, 「공권력 관계에 대한 1875년 7월 16일 헌법적 법률」)로 이루어져 있다.

4. 토의내용

최하영은 헌법기초요강을 작성할 때 헌법안을 어떻게 구성할 것인가, 어떠한 정부형태를 취할 것인가, 인권과 국가권력간의 순서를 어떻게 할 것인가 등이 논의되었다고 한다.

가. 헌법안의 구성

憲法草案의 起草 및 第一段階의 憲法草案의 審議는 이렇습니다. 憲法이라하는 것은 아시는 바와 같이 첫째는 國家의 構成要素 둘째는 國家權力의 構造 셋째는 國家의 基本權力의 行使節次 넷째로는 國家와 國民과의 關係 卽 所謂 國民의 基本權을 規定하는 것인데 이것이 各國憲法의 共通된 骨子입니다.[37]

나. 내각책임제를 채택한 이유

政治體制에 있어서는 內閣責任制를 採擇하였죠. 왜 內閣責任制를 採擇하였느냐에는 두 가지 理由가 있었어요. 첫째 理由는 우리나라 國民이 나라가 없었던 만큼 나라에 對한 그리운 마음이 切實하지 않았읍니까? 따라서 近代民主主義國家에 對한 關心이 컸었읍니다. 近代民主主義國家의 政治體制 그것을 法律化한 憲法은 어떤 憲法을 - 意識的이건 無意識的이건間에 - 生覺하고 있느야하면 大部分이 西歐式民主主義政治體制거든요. 「佛蘭西」「英國」 여기에서 發達된 政治體制와 憲法을 머릿속에 넣고 있거든요.

立法府가 行政府에 對해서 優位을 차지한다는 立場에서의 所謂 內閣責任制度 - 美國式에서 發達된 大統領中心制度도 있지만 - 를 國民의 大部分이 머리속에 生覺하고 있었다는 것이 內閣責任制度를 採擇하였다는 第一의 理由이지요. 그리고 그 第二의 理由로는 第二次大戰後의 國際情勢를 第一次大戰 後 繼續된 國際情勢와 類似할 것으로 判斷하고 - 이제 와서는 이 國際情勢判斷이 完全이 誤算이였다는 것이 分明하여졋지만 - 如斯한 國際情勢下에서는 內閣責任制度를 採擇함으로써 國際的으로 우리나라의 立場을 臨機應變으로 自動的으로 調整할 수 있지 않나 하는 見地에서 內閣責任制度를 採擇한 것입니다. 그런데 自由陣營과 共産陣營이 이렇게 서슬이 시퍼렇게 對立

---

37) 崔夏永(註 14), 41쪽.

하여 死鬪를 展開할 줄은 몰랐읍니다. 憲法草案起草當時에 如斯한 國際情勢
의 對立이 正確히 豫見되었다면 國家 草創期에 特히 議會를 運用할 政黨構
成이 脆弱한 狀態에 있어서 政權의 混亂을 惹起할 憂慮가 있는 內閣責任制
는 採擇하지 아니하였을 것입니다.38)

다. 인권과 국가권력간의 조문나열순서

憲法은 亦是 國家의 構成要素 國家權力의 構造 國家權力의 行使節次를
規定하는 것이죠. 그런데 「佛蘭西」나 「英國」은 人權이 所重하다고 해서 人
權規定을 憲法의 첫머리에 내놓고 있죠.39) 이러한 나라들은 歷史的으로 보아
서 國民들의 民權擁護鬪爭下에서부터 立憲民主國家가 出發한 것이므로 그
러한 憲法條文羅列體制가 意味가 있는 것입니다. 그러나 우리는 그런 人權擁
護鬪爭의 政治的 意義라고 할가 歷史的 意義는 稀少하고 오히려 喪失하였던
國家를 찾는다는 點 卽 光復한다는 點에 우리 大韓民國建國의 特殊性이 있
지 民權鬪爭에 依한 卽 民主革命에 依한 建國이 아닙니다. 民權擁護도 勿論
所重하지만 우리나라 獨立의 境遇에 있어서는 人權規定 自體를 憲法初頭에
내놓을만한 歷史的 또는 政治的 價値는 없는 것입니다. 그러한 見地에서 憲法
草案의 起草 및 第一段階의 審議로서 完成된 憲法草案은 條文羅列順序를 獨
逸 「바이말」憲法과 마찬가지로 卽 國家構成要素 國家權力의 構造 國家基本
權力의 行使節次 그리고 맨 끝에 國民의 基本權 이와 같은 條文羅列順序로
하였지요.40)

강명옥은 헌법안을 작성할 때 ① 국체, ② 권력분립(삼권분립), ③ 국
민의 자유, 권리, 평등문제, ④ 통제경제문제가 논란이 되었으며, 이 중
가장 논란이 되었던 것은 경제문제를 어떻게 할 것인가였다고 한다.41)

---

38) 崔夏永(註 14), 41-42쪽.
39) 프랑스 제3공화국헌법과 영국헌법은 인권규정과 국가권력에 대한 내용을 단일
    헌법에 규정하는 방식을 취하고 있지 않다. 따라서 이것은 최하영이 잘못 이해하
    고 있는 내용이다.
40) 崔夏永(註 14), 43쪽. 장경근도 같은 이유를 제시하고 있다. 張暻根(註 30), 37쪽.
41) 康明玉(註 33), 45쪽.

III. 행정연구위원회안의 내용과 특징

1. 내용

1) 정부형태

헌법안 작성에 주도적인 역할을 한 최하영은 정치체제를 프랑스(제3공화국)와 영국의 내각책임제를 염두에 두었다고 한다.[42] 그러나 행정연구위원회안은 최하영이나 장경근이 생각하고 있었던 것처럼 프랑스나 영국식의 내각책임제[43]가 아니라 바이마르헌법상의 정부형태(이원정부제)와 상당히 유사하다. 물론 당시 최하영이나 장경근은 바이마르헌법상의 정부형태를 내각책임제의 하나로 생각하고 있었다. 이하에서는 행정연구위원회 위원들이 구상한 정부형태를 이해하기 위하여 바이마르헌법상의 정부형태와 비교하여 살펴보도록 한다.[44]

(1) 대통령과 부통령

의원내각제도하에서는 일반적으로 대통령을 의회에서 간선하는데 반하여, 행정연구위원회안과 바이마르헌법은 모두 국민이 직접 선출하는 방식을 취하고 있다. 즉, 행정과 입법 모두에 국민적 정당성을 부여하고 있다.

---

42) 崔夏永(註 14), 41-42쪽.
43) 당시 헌법기초자들은 미국의 대통령제에 대비되는 정부형태를 '내각책임제'로 불렀다. 이러한 명칭은 정확한 것이 아니다. 그러나 이 글은 정부형태를 다루는 것이 주목적이 아니고 헌법제정자들의 의도를 파악하는 것에 초점이 맞추어져 있으므로 '의원내각제'와 '내각책임제'를 구별하지 않고 혼용하도록 한다.
44) 행정연구위원회안은 國會報編輯委員會(編), 『國會報』 第20號(서울: 大韓民國民議院事務處, 1958. 7), 59-64쪽을, 바이마르헌법의 번역문은 송석윤, 『위기시대의 헌법학: 바이마르 헌법학이 본 정당과 단체』(서울: 正宇社, 2002), 353-386쪽을 대상으로 분석한다.

행정연구위원회안의 대통령은 국가의 원수이며 한국을 대표한다. 임기는 6년이며 연임이 가능하도록 되어 있다. 그리고 권한으로 국가긴급권(제25조, 제30조), 법률집행 명령권(제26조), 문무관 임면권(제27조), 육해공군 통솔권(제27조), 외국과의 동맹권 등(제29조), 대사·특사·감형 및 복권(제31조), 영전 수여권(제32조), 국무총리·국무위원 임명권(제35조), 국회 소집권(제5조), 대의원 해산권(제6조), 법률안 재의회부권(제16조)을 가진다.

바이마르헌법의 라이히대통령은 국제법상 라이히를 대표한다. 임기는 7년이며 재선이 가능하다. 행정연구위원회안과 달리 라이히대통령은 임기 중에도 라이히의회가 제안한 국민표결에 의해 해임될 수 있다. 국민투표에 의해 해임이 부결되면 이는 새로운 선거로 간주되며 라이히의회는 해산된다. 국가긴급권을 행사한다. 법률에 다른 규정이 없는 경우 라이히공무원과 장교를 임면하고 임명권과 해임권을 다른 관청에 위임할 수 있다. 라이히의 전군대에 대한 최고명령권을 지닌다. 라이히의 이름으로 외국과 동맹을 맺고 기타 조약을 체결하며 외국사절을 신임접수함·선전포고와 강화를 행한다. 사면권을 행사한다. 행정연구위원회안과 달리 라이히수상과 라이히장관을 임명할 뿐만 아니라 면직할 수 있는 권한도 가진다. 라이히의회 소집을 요구할 수 있고 해산할 수도 있다. 법률안·법률·예산·조세법·공무원급료법에 대해 국무투표를 회부할 권한을 가진다.

바이마르헌법에는 대통령의 임기 중에도 라이히의회가 국민표결을 제안하여 해임을 할 수 있게 하고 있다. 따라서 바이마르헌법상의 대통령은 의회와의 관계에서 행정연구위원회안의 대통령보다 더 약한 권한을 가지고 있다. 그러나 라이히행정과의 관계에서는 라이히수상과 라이히장관을 임명할 뿐만 아니라 면직할 수도 있는 권한을 가지고 있기 때문에, 행정연구위원회안보다 더 강한 권한을 가지고 있다.

바이마르헌법과 비교할 때, 행정연구위원회안의 특징 중 하나는 대통령, 국무총리뿐만 아니라 부통령[45]을 두고 있다는 점이다.[46] 이것은 비교

헌법적으로 중화민국헌법초안(총통, 부총통, 행정원원장)의 영향을 받은 것으로 생각된다. 또 다른 이유는 헌법안을 체계정합성(대통령제나 의원내각제)에 맞춰 작성하였다기보다 인물을 염두해 두고 작성한 것으로 생각된다. 이와 같은 형태는 해방 이후에 많이 나타나고 있다. 그 예로 1945년 9월 14일에 발표된 조선인민공화국은 주석에 이승만, 부주석에 여운형, 국무총리에 허헌으로 내각을 구성하고 있다. 그리고 1946년 8월 29일 대한민국국민대회에서 발표한 임시정부 내각은 대통령에 이승만, 부통령에 김구, 국무총리에 김규식으로 하고 있다. 행정연구위원회안 이후 작성된 모든 헌법안에서 이와 같은 형태를 취하고 있으며, 1948년 헌법도 마찬가지이다.

부통령은 대통령선거법이 정하는 바에 따라 국민이 직접 선거하도록 하고 있다. 부통령은 대통령이 궐위된 경우에 그 잔임 기간 동안 대통령직을 수행할 수 있고 사고로 인하여 그 직권을 행사할 수 없을 경우에는 그 직권을 대행하는 권한을 가진다. 대통령과 부통령이 함께 궐위되거나 그 직권을 행사할 수 없을 경우에는 국무총리가 그 직권을 대행한다. 그 기간은 180일을 초과하지 못한다. 이러한 내용은 중화민국헌법초안 제51조와 제53조를 모방하여 작성한 것으로 생각된다.

(2) 대통령과 내각의 관계

의원내각제도하에서는 총리의 인선과 관련하여 의회가 관여를 하고 있다. 그러나 행정연구위원회안과 바이마르헌법은 의회의 관여 없이 대통령이 임명하도록 하여 대통령에게 내각을 통제할 수 있는 권한을 부여하고 있다. 바이마르헌법은 대통령이 임명뿐만 아니라 면직도 가능하게 하고 있다.

---

45) 행정연구위원회안의 용어는 '부대통령'으로 되어 있다.
46) 현재 인도가 이와 같은 구조의 정부형태를 취하고 있다.

행정연구위원회안은 대통령이 법률을 공포하며 명령을 발할 경우에 국무총리나 주관국무위원의 부서를 요하도록 하고 있다. 그리고 계엄안, 선전안, 강화안 등 대통령이 행사하는 중요한 사항에 대해서 내각회의의 의결을 경하도록 하고 있다. 대통령은 행정각부의 관제 및 문무관의 봉급을 정하며 문무관을 임면한다. 바이마르헌법은 라이히대통령의 모든 명령과 처분이 효력을 지니기 위해서는 라이히수상 또는 라이히장관의 부서를 요하며, 부서에 의해 책임이 이양되도록 하고 있다. 법률에 다른 규정이 없는 한 라이히공무원과 장교를 임면한다. 임명권과 해임권을 다른 관청에 위임할 수 있도록 하고 있다.

(3) 내각과 의회의 관계

행정연구위원회안의 내각은 국무총리와 국무위원으로 조직하고 국무총리는 국무위원의 수반으로서 내각회의의 의장이 된다. 내각은 대의원에 대하여 책임을 지고 대의원에 신임결의안을 제출한다. 대의원은 내각불신임결의를 행한다. 대의원에서 내각불신임결의가 성립되거나 내각이 제출한 신임결의안이 부결된 경우에 내각은 총사직해야 한다. 대통령은 대의원을 해산할 수 있다. 단 동일한 원인에 의한 해산은 1회에 한한다. 대의원이 해산된 경우에는 새로 의원을 선거하여 해산일로부터 90일 이내에 국회를 소집해야 한다. 대의원이 해산된 경우에는 참의원은 동시에 정회한다.

바이마르헌법의 라이히정부는 라이히수상과 라이히장관들로 구성한다. 라이히수상은 라이히정부의 의장으로서 라이히정부가 의결하고 라이히대통령이 인가한 업무규칙에 따라 정부의 업무를 지휘한다. 라이히수상은 정책의 기본방향을 정하고 라이히의회에 이에 대한 책임을 진다. 이러한 기본방향 내에서 각부장관들은 자신의 관할 업무영역을 자율적으로 지휘하며 라이히의회에 대해 독자적인 책임을 진다. 또한 라이히 수상과 라이히 장관은 직무의 수행을 위해 라이히의회의 신임을 필요로 한다. 라이히의회가 명시적인 결의로 신임을 철회하면 이들 중 누구라도 사임해야 한다. 라이히대통령은 라이히의회를 해산할 수 있다. 단 동일한 이유로는 1회에 한한다. 라이히의회가 해산된 경우 새로운 선거는 해산 후 늦어도 60일 이내에 실시되어야 한다.

행정연구위원회안의 내각은 연대책임을 지도록 되어 있으나, 바이마르헌법의 라이히정부는 개별책임을 지는 방식을 취하고 있다.

행정연구위원회안의 대의원은 국무총리 또는 국무위원을 탄핵소추할 수 있다. 국무총리 또는 국무위원에 대한 탄핵은 그 직무수행에 관하여 고의 또는 과실에 의하여 헌법 또는 법률에 위배한 경우에 한한다. 대의원에 탄핵결의가 성립된 경우에는 그 탄핵을 받은 국무총리 또는 국무위원은 당연 퇴직한다. 바이마르헌법의 라이히의회는 라이히수상 및 라이히장관이 라이히헌법이나 라이히법률을 위반했다는 이유로 독일라이히 국사재판소에 탄핵심판의 소를 제기할 수 있다.

(4) 대통령과 의회의 관계

행정연구위원회안의 대의원은 내각불신임 결의를 행한다. 대의원에서 내각불신임결의가 성립되거나 내각이 제출한 신임결의안이 부결된 경우에 내각은 총사직해야 한다. 행정부의 수반인 대통령은 대의원을 해산할 수 있다. 단, 동일한 원인에 의한 해산은 1회에 한한다. 대의원이 해산된 경우에는 새로 의원을 선거하여 해산일로부터 90일 이내에 국회를 소집해야 한다. 대의원이 해산된 경우에는 참의원은 동시에 정회한다. 바이마르헌법의 라이히수상과 라이히장관은 직무의 수행을 위해 라이히의회의 신임을 필요로 한다. 라이히의회가 명시적인 결의로 신임을 철회하면 이들 중 누구라도 사임해야 한다. 행정부의 수반인 라이히대통령은 라이히의회를 해산할 수 있다. 단, 동일한 이유로는 1회에 한한다. 라이히의회가 해산된 경우 새로운 선거는 해산 후 늦어도 60일 이내에 실시되어야 한다.

행정연구위원회안의 대의원은 대통령을 탄핵소추할 수 있다. 대통령에 대한 탄핵은 내란 또는 외환의 죄를 범한 경우에 한한다. 그 이외에는 그 직을 퇴임한 이후가 아니면 형사상의 소추를 받지 아니한다. 내란 또는 외환의 죄에 의한 소추는 대의원의 탄핵에 의하여 대의원 의장이 이를 행하고 참의원이 재판한다. 대통령은 탄핵소추에 의하여 해직된다. 바이마르헌법의 라이히의회는 라이히대통령이 라이히헌법이나 라이히법률을 위반했다는 이유로 독일라이히 국사재판소에 탄핵심판의 소를 제기할 수 있다.

그 밖에 행정연구위원회안은 대통령이 국가긴급권을 행사할 경우 국회의 사후승인을 받게 하고 있고 외국과의 동맹 및 조약으로서 입법범위에 속한 사항에 관한 것은 국회의 동의를 받도록 하고 있다. 바이마르헌법은 라이히의회에 알리도록 하고 있고 외국과의 동맹과 조약 중 라이히 입법의 대상과 관련되는 것은 라이히의회의 동의를 요하도록 하고 있다.

(5) 소결

행정연구위원회안과 바이마르헌법의 중요한 규정을 비교·분석한 결과 비슷한 정부형태를 취하고 있음을 알 수 있다. 비록 의회와 내각에서 대통령을 견제할 수 있는 장치가 마련되어 있지만, 고전적 의원내각제하의 대통령보다는 권한이 강하고 미국식 대통령보다는 약한 형태를 취하고 있다. 즉, 행정연구위원회 위원들이 구상한 정부형태는 프랑스와 영국과는 다른 형태이다. 그것은 바이마르헌법과 마찬가지로 국민에 의해 직접 선출된 대통령에게 강한 권한을 부여하고 있을 뿐만 아니라 의원내각제도의 요소도 지니고 있다. 따라서 행정연구위원회안의 정부형태는 순수한 의원내각제나 미국식의 대통령제가 아닌 형태를 취하고 있음을 알 수 있다. 물론 당시 행정연구위원회 위원들은 이러한 형태도 내각책임제로 이해하고 있었다.

2) 국회구성

국회구성을 단원제로 할 것인지, 양원제로 할 것인지의 문제는 이후의
헌법논의에서도 계속해서 논란이 되었다. 행정연구위원회안은 양원제를
채택하고 있다. 양원제를 채택할 경우, 양원제의 구성을 어떻게 할 것인지
가 문제된다. 행정연구위원회안은 대의원(하원에 해당)과 참의원(상원에
해당)으로 구성되어 있다. 대의원은 대의원의원선거법에 따라 보통, 평등,
직접, 비밀(무기명)투표의 방법으로 선출한 의원으로 조직하게 하고 있다.
참의원은 참의원의원선거법이 정하는 바에 의하여 선출된 의원으로 조직
하게 하고 있다. 즉, 대의원과 참의원의 선출방식이 다르게 되어 있다.

3) 사법제도

사법제도에 관하여 제1편 제4장 사법기관에서 규정하고 있다. 제51조
에서 "司法權은 國民의 名으로써 法律에 依하여 獨立인 裁判所 此를 行
함 裁判所의 構成은 法律로써 此를 定"하도록 한 규정은 대일본제국헌법
제57조를 참고하여 작성한 것으로 생각된다. 즉, 대일본제국헌법의 '천황
의 명으로써'라는 문구를 '국민의 명으로써'라고 변경한 것 이외에는 그
대로 번역하여 사용하고 있다. 사법제도의 내용에 대해서는 바이마르헌법
도 참고하고 있지만, 대일본제국헌법을 많이 참고하고 있다. 제58조에서
"國民은 法律에 定한 裁判官의 裁判을 받을 權利"가 있음을 규정하고 있
다. 이것은 대일본제국헌법 제24조에서 많은 영향을 받은 것으로 생각된다.

법관은 법률에 정한 자격을 가진 사람으로서 임명한다. 법관의 임기는
종신제이고, 형의 선고, 징계, 재판에 의하지 아니하면 그 의사에 반하여
면관, 전관, 휴직, 정직, 퇴직을 명하지 못한다. 법률에 의하여 법관이 당
연퇴직되는 연령을 정한다. 재판의 대심판결은 이를 공개한다. 단, 안녕
질서 또는 미풍양속에 해가 된다고 인정할 경우에는 법원이 대심의 공개
를 정지시킬 수 있다. 특별재판소를 설치하고, 행정청의 명령과 처분에

관한 소송을 관할하는 행정재판소를 설치한다.

행정연구위원회안에는 위헌법률심사제도 자체가 언급되어 있지 않지만, 행정연구위원회안 이후에 작성된 헌법안에는 위헌법률심사제도가 규정되어 있다: 민주의원안(제68조)은 법원에서, 남조선과도약헌안(제34조)은 법원에서, 임시헌법기초위원회안(제52조)은 법원에서, 조선임시약헌(제47조)은 최고법원에서, 유진오안(제89조)은 헌법위원회에서(정윤환 판사의 법원에 심사권한을 두도록 하는 유보의견이 있음), 공동안(제85조)은 대법원에서, 권승렬안(제96조)은 최고법원에서, 국회 헌법기초위원회안(제80조)은 헌법위원회에서, 대한민국헌법(제81조)은 헌법위원회에서 위헌법률심사를 하도록 규정되어 있다.

4) 국민의 권리와 의무

강명옥은 국민의 권리와 의무에 대해 영미법을 많이 참고하였다고 한다.[47] 하지만 제2편 제1장 국민 편을 살펴보면 영미법보다 대일본제국헌법, 중화민국헌법초안 등이 참고되었음을 알 수 있다. 특히 중화민국헌법초안 '제2장 人民之權利義務'의 순서와 내용 등이 거의 그대로 반영되어 있다. 다만 중화민국헌법초안에서 '인민'이라는 용어는 '국민'으로 변경되어 있다.

행정연구위원회안은 교육과 경제생활을 제2편 국민의 권리의무에서 규정하고 있다. 이러한 구조는 바이마르헌법에서 많은 영향을 받은 것으로 생각된다. 중화민국헌법초안은 제2장에서 인민의 권리와 의무를, 제6장에서 국민경제를, 제7장에서 교육을 규정하고 있다.

(1) 체계와 내용

국민은 '법률상' 일률 평등함을 규정하고 있다. 국민은 법률에 의하지

---

47) 康明玉(註 33), 45쪽.

아니하면 제한할 수 없는 신체의 자유(제57조), 거주의 자유(제59조), 이전의 자유, 언론·저작·출판의 자유, 통신의 자유, 종교·신앙의 자유, 집회·결사의 자유(제60조)를 가진다. 국민은 법률이 정하는 바에 의하여 재판관의 재판을 받을 권리(제58조), 청원권(제61조), 선거권과 피선거권(제62조)을 가진다. 기타 헌법상 열거되지 아니한 자유와 권리는 사회질서와 공공이익을 방해하지 않는 한 똑같이 헌법의 보장을 받으며, 법률에 의하지 아니하면 이를 제한하지 못한다. 자유와 권리를 제한 또는 박탈하는 법률의 제정은 국가안전을 보장하거나, 긴급위난을 피하거나, 공공이익을 보장함에 필요한 경우에 한한다. 공무원이 위법으로 국민의 자유 또는 권리를 침해한 경우에는 법령에 의하여 징계를 받는 이외에 형사책임과 민사책임을 져야 한다. 피해를 당한 국민은 그 손해에 대하여 법률에서 정한 바에 의하여 국가배상을 청구할 수 있다.

국민은 헌법, 법률, 명령을 준수할 의무와 법률의 정한 바에 의하여 납세와 병역의 의무를 진다. 국민은 법률, 명령의 정한 자격에 응하여 평등하게 문무관에 임명되며 기타 공직에 취임할 권리와 의무를 가진다.

(2) 교육

헌법안의 다른 내용이 당시 세계 각국의 헌법을 참고하여 작성된 것과는 달리 제2편 제2장 교육은 주로 중화민국헌법초안과 대한민국임시정부의 건국강령(1941년 11월 28일)이 많이 참고된 것으로 생각된다. 중화민국헌법초안과 대한민국건국강령의 교육내용은 거의 유사하다. 행정연구위원회 위원들은 중화민국헌법초안을 기본으로 하고 대한민국건국강령의 내용을 참고로 하여 교육내용을 작성한 것으로 생각된다. 예를 들면, 행정연구위원회안 제67조는 "한국의 교육종지는 민족정기를 발양하며 국민도덕을 배양하며 자치능력을 훈련하며 과학적 지식을 보편적으로 균등화함으로 생활지능을 증진하여써 건전한 국민을 조성함에 있음"이라고 규정되어 있다. 그러나 중화민국헌법초안에는 '民族精神'을 발양한다고 하고

'과학적 지식을 보편적으로 균등화함으로'라는 문구는 존재하지 않는다. 이것은 대한민국건국강령 7의 내용이 참고된 것으로 보인다.

교육목표는 민족정기를 발양, 국민도덕을 배양하고 자치능력을 훈련하며 과학적 지식을 보편적으로 균등화함으로 생활지능을 증진하여 건전한 국민을 육성하는데 있다.

국민은 평등하게 교육의 받을 권리를 가진다. 법률로써 정하는 균등의 무교육과 직업에 관한 보습교육을 받을 의무를 진다. 초등교육과 보습교육에서 사용되는 학용품과 기타 교육비는 무상으로 한다. 국가와 공공단체는 중등학교, 전문학교 또는 대학에 다니는 학생에 대하여 법률이 정하는 바에 의하여 학자금을 대여 또는 지급하도록 규정하고 있다.

대학과 전문학교의 설립은 지구(地區)의 수요에 주의하여 각 지구 국민의 고등교육을 향수할 기회를 균등하게 유지하게 하여야 한다. 그 결과 국민문화, 특히 과학의 균등적 발전을 촉진하도록 해야 한다. 공사립의 교육기관은 일률로 국가의 감독을 받고 국가가 정하는 교육정책을 수행할 의무를 진다.

행정연구위원회는 간칙을 정하여 행정 각 부문의 전문가로 구성된 전문위원회를 두도록 하고 있다. 그 중 교육과 관련하여 학무전문위원회에서는 "學制, 教育宗旨, 教育計劃, 技術教育, 國史"를 다루도록 하고 있고, 사회교육전문위원회에서는 "文盲退治運動, 技術普及, 文化機關, 言論機關, 娛樂機關의 指導普及"을 다루도록 하고 있다.[48]

(3) 경제

행정연구위원회의 간칙에 의하면, 행정연구위원회는 대한민국임시정부의 건국강령을 실천함에 필요한 행정과정을 준비하기 위하여 설치된 것이다. 대한민국임시정부의 건국강령은 조소앙이 작성한 것으로 삼균주

---

48) 중앙일보 현대사연구소(편)(註 1), 418쪽과 416쪽.

의사상이 담겨져 있다. 행정연구위원회안에서도 삼균주의사상을 찾아볼
수 있는데, 제2편 제2장 교육과 제3장 경제생활이다. 교육과 더불어 경제
생활도 대한민국건국강령의 내용이 참고되어 있다. 특히 경제질서원칙을
천명하는 제75조에서 "國民生活의 經濟秩序는 國民 各個의 均等生活의
確保 民族全體의 發展及國家保衛를 目的으로 하여 正義의 原則에 適合
함을 要함 各人의 經濟上의 自由는 此 限界에서 保障됨"이라고 하여 경
제질서의 균등화를 규정하고 있다. 그리고 제81조에서도 "國家는 國民 各
個의 均等生活의 確保 또는 民族全體의 發展 또는 國家保衛에 必要한 境
遇에는 法律에 依하여 相當한 補償으로써 私營事業을 臨時管理하며 또는
此를 公營에 移收함을 得함"이라고 하여 균등생활의 확보를 위하여 사영
사업을 임시로 관리하거나 공영으로 변경할 수 있음을 규정하고 있다.

　법률의 제한 내에서 계약과 영업의 자유가 보장된다. 소유권도 법률의
제한 내에서 보장된다. 소유권에는 의무가 포함되고 소유권의 행사는 공
공복리에 적합해야 한다. 공공복리를 위하여 소유권을 공용징수할 경우에
는 법률이 정하는 바에 의하여 상당한 보상을 하여야 한다.

　토지의 분배나 이용은 국가가 감독하고 그 남용을 방지한다. 토지의
분배나 이용에서 자작농이나 스스로 토지를 사용하는 사람을 도와주는
것을 원칙으로 한다. 이러한 목적을 달성하기 위하여, 주택 기타에 충당하
기 위하여, 척식개간을 장려하기 위하여, 농업을 발달시키기 위하여 필요
한 경우에는 법률에 정하는 바에 의하여 상당한 보상으로써 토지를 수용
하도록 한다. 국민이 취득하고 있는 소유권과 관계없이 토지에 부착되어
있는 광물이나 경제상 이용할 수 있는 자연력은 국가의 소유에 속한다.

　공공사업이나 기타 독점성이 있는 기업은 국가의 공영을 원칙으로 한
다. 그러나 필요가 있을 경우에는 국민의 사영을 허가할 수 있다. 국가는
국방상 긴급한 수요로 인하여 특허한 사영사업을 임시로 관리하거나 법
률에 의한 상당한 보상으로 공영으로 할 수 있다.

　국가는 국민의 생산사업과 대외무역에 대하여 장려, 지도, 보호를 한

다. 노동자의 임금협상과 생산사업의 발전을 목표로 노동조건을 유지, 개선하기 위하여 행하는 결사는 누구든지, 어떠한 직업이든지 그 자유를 보장한다. 농업의 발전과 농민의 복리를 도모하기 위하여 농촌경제를 넉넉하게 한다. 농림생활을 개선하고 과학적 방법으로 농민의 경작효능을 향상시킨다. 노동자의 생활을 개선하고 그 생산기능을 증진시킨다. 또한 실업을 방지하고 구제하기 위하여 노동자보호정책을 실시한다. 부녀 또는 아동이 노동에 종사하는 경우에는 그 연령, 신체상태를 고려하여 특별한 보호를 행한다. 국민의 건강과 노동력을 유지하고 임산부를 보호하여 노유병약(老幼病弱) 기타 생활의 성쇠(浮沈)에 기인한 경제상 빈곤을 방지하기 위하여 국가는 포괄적인 보험제도를 설치한다.

(4) 특징

제2편 국민의 권리의무에서 교육과 경제생활을 각각 다른 장에서 다루고 있다. 교육과 경제를 별개의 장으로 취급하는 것은 바이마르헌법과 중화민국헌법초안의 영향을 받은 것으로 생각된다. 그리고 국민의 권리의무에서 별개의 장으로 교육과 경제를 다루는 것은 바이마르헌법의 영향을 받은 것으로 보인다.

국민은 법률상 일률적으로 평등하다. 특히 교육을 받을 기회가 일률 균등하고, 국민생활의 경제질서는 국민 각개의 균등한 생활을 확보하는 것을 목적으로 하여야 한다. 개인의 경제상 자유는 그 한계 내에서 보장된다. 이러한 체계는 조소앙이 작성한 대한민국건국강령에서 영향을 받은 것으로 보인다.

제2편 제2장 교육에서 국민이 균등한 교육을 가질 기회(제70조, 제72조)와 직업에 관한 보습교육을 받을 의무(제72조)를 규정하고 있다. 제2편 제3장 경제생활에서는 계약의 자유와 영업의 자유(제76조), 소유권(제77조), 단결권(제83조)을 규정하고 있다.

5) 친일파 처벌의 문제

해방 이후 제기된 중요한 문제 중의 하나는 일제 식민기간 중 일본에 협력을 한 친일파[49]를 처벌하는 것이었다. 이 문제를 놓고 건국 이전에 해결해야 할 것인지, 이후에 해결해야 할 것인지에 대하여 논란이 되었다. 그리고 그것이 헌법사항인지, 아니면 법률로 다룰 사항인지에 대해서도 논란이 되었다.

이 문제와 관련하여 행정연구위원회안에는 어떠한 규정도 존재하지 않는다. 그것은 행정연구위원회 위원들이 이 내용을 법률로 규정해도 될 사항으로 인식하였기 때문으로 생각된다. 행정연구위원회의 간칙에 의하면, 법제전문위원회을 두어 "新憲章, 叛逆徵治條例, 法制一般, 過渡期立法(民·刑·商·戶籍·訴訟 等의 法)" 문제를 담당하도록 하고 있다. 즉, 친일파 처벌의 문제를 헌법이 아니라 반역징치조례를 통해서 다루도록 하고 있으며, 검찰전문위원회를 두어 "賣國奴, 民族反逆者, 建國妨害者의 規定, 調査, 處斷"을 다루도록 하고 있다.[50] 이에 따라서 행정연구위원회는 실제로 8월 15일 이전의 국내, 국외를 망라한 친일파 처벌에 관한 규정을 마련하였다.[51]

2. 특징

이상의 분석을 통하여 행정연구위원회안은 다음과 같은 특징을 가지고 있음을 알 수 있다.

① 행정연구위원회안은 정식정부를 수립하기 위하여 작성된 정식헌법

---

49) 일제 식민시기 일본에 협력한 사람들을 '친일파'라고 하는 것은 학문적 용어로 정확하지 못하다고 생각한다. 그러나 대부분의 관련 자료에서 그렇게 사용하고 있으므로 이 연구에서도 편의상 그렇게 사용하도록 한다.
50) 중앙일보 현대사연구소(편)(註 1), 418쪽과 416쪽.
51) 규정의 자세한 내용은 중앙일보 현대사연구소(편)(註 1), 443-445쪽 참조.

안으로, 비슷한 시기인 미소공동위원회가 개최되는 동안 작성된 헌법안이 임시정부(내지 과도정부)를 수립하기 위하여 작성된 임시헌법안이라는 점에서 차이를 보이고 있다.

② 헌법안의 내용은 세계 각국의 헌법문서에서 취사선택하여 작성되어 있다. 그 편장은 바이마르헌법에서 많은 영향을 받고 있다. 개별내용은 바이마르헌법, 중화민국헌법초안 뿐만 아니라, 대일본제국헌법, 체코슬로바키아헌법, 프로이센헌법, 프랑스 제3공화국헌법(「공권력 조직에 관한 1875년 2월 25일 헌법적 법률」,「원로원 조직에 관한 1875년 2월 24일 헌법적 법률」,「공권력 관계에 관한 1875년 7월 16일 헌법적 법률」) 등 당시 참고가 가능했던 세계 각국의 헌법에서 영향을 받고 있다.

제1편 제2장 국회는 양원제도를 취하면서 상원과 하원의 명칭을 참의원, 대의원으로 하고 있다. 이 내용은 대일본제국헌법 제3장 제국의회의 내용이 주로 참고되어 있고, 바이마르헌법, 체코슬로바키아헌법, 프랑스 제3공화국헌법 등도 참고된 것으로 보인다. 제1편 제3장 제1절 대통령은 중화민국헌법초안과 바이마르헌법이 참고되어 있는데, 기본적인 틀은 중화민국헌법초안에서 많은 영향을 받은 것으로 보인다. 그 결과 내각책임제를 취하면서 대통령, 부통령, 국무총리를 취하고 있다. 제1편 제3장 제2절 내각은 바이마르헌법, 중화민국헌법초안, 체코슬로바키아헌법을 참조하여 작성된 것으로 보인다. 내각 중 회계 내지 재정부분은 대일본제국헌법, 바이마르헌법, 프로이센헌법(1920년 11월 30일)을 참고하여 작성된 것으로 보인다. 그 중 대일본제국헌법의 영향을 가장 많이 받은 것으로 생각된다. 제1편 제4장 사법기관은 대일본제국헌법과 바이마르헌법을 참고하여 작성된 것으로 보인다. 그 중 대일본제국헌법의 영향을 많이 받은 것으로 생각된다. 제2편 제1장 국민의 내용은 대일본제국헌법도 참고되어 있으나, 중화민국헌법초안 제2장 人民之權利義務의 순서와 내용 등을 거의 그대로 번역하여 작성되어 있다. '인민'이라는 용어는 '국민'으로 변경되어 있다. 제2편 제2장 교육은 중화민국헌법초안을 기본으로 하고 대한

민국건국강령의 내용을 취사선택하여 작성되어 있다. 제2편 제3장 경제생활은 바이마르헌법, 중화민국헌법초안, 대한민국건국강령을 참고하여 작성된 것으로 보인다. 대한민국건국강령의 내용도 일부 참고되어 있으나, 주로 중화민국헌법초안과 바이마르헌법이 참고된 것으로 보인다.

③ 정부형태는 국민의 직접선거를 통해 민주적 정당성을 획득한 대통령에게 강한 권한을 부여하는 형태를 취하고 있다. 이것은 바이마르헌법의 영향을 많이 받은 것으로 생각된다.

④ 국회의 구성을 양원제로 하고 있다. 대의원은 대의원의원선거법에 따라 보통, 평등, 직접, 비밀(무기명)투표로 선거한 의원으로 조직하도록 하고 있고, 참의원은 참의원의원선거법이 정하는 바에 의하여 선거된 의원으로 조직하도록 하고 있다. 즉, 대의원과 참의원의 선출 방식을 다르게 하고 있다.

⑤ 위헌법률심사제도가 규정되어 있지 않다.

⑥ 제2편 국민의 권리의무에서 교육과 경제생활을 각각 다른 장으로 다루고 있다. 이것은 바이마르헌법과 중화민국헌법초안의 영향을 받은 것으로 보인다. 그리고 국민의 권리의무 편에 별개의 장으로 교육과 경제를 다루고 있는데, 이것은 바이마르헌법의 영향을 받은 것으로 보인다. 행정연구위원회안의 교육과 경제질서는 바이마르헌법이나 중화민국헌법초안을 주로 참고되어 있지만, 조소앙이 작성한 대한민국건국강령의 이념의 틀을 벗어나지 않고 있다. 그 결과 동헌법안은 교육과 경제에 관한 내용을 별개의 장으로 두고, 교육균등과 균등한 경제생활을 강조하는 형태를 취하고 있다.

⑦ 행정연구위원회는 조소앙이 작성한 대한민국건국강령을 실천함에 필요한 행정과정을 준비하기 위하여 조직된 단체이다. 그 결과 행정연구위원회안 제2편 제2장 교육과 제3장 경제생활은 대한민국건국강령의 내용이 참고되어 있고 삼균주의 중 균등교육과 경제질서의 균등화가 규정되어 있다.

⑧ 친일파 처벌에 관한 언급이 전혀 없다. 이것은 행정연구위원회 위원들의 헌법에 대한 인식에서 비롯된 것으로 보인다. 즉, 그들은 그와 같은 내용은 법률 등으로 처리할 수 있는 것으로 인식하였던 것 같다.

⑨ 각 조문이 '~함'으로 끝을 맺고 있다. 그리고 일본식 번역어가 많이 사용되어 있다. 예를 들면, president에 대한 번역을 중국에서는 보통 '총통(總統)'으로 하였고, 일본에서는 '대통령(大統領)'으로 하였는데 행정연구위원회안은 일본의 용례에 따라 대통령이라는 번역어가 사용되어 있다.

⑩ 중앙정부에 대해서만 규정되어 있고 지방자치제도에 대해서는 아무런 언급이 없다.

제3장 미소공동위원회와
임시정부수립논의(1946. 1.-1947. 12.)

제1절 제1차 미소공동위원회기의 헌법논의 (1946. 1.-4.)

I. 비상국민회의에서의 헌법논의

1. 비상국민회의의 탄생배경

대한민국임시정부는 1945년 9월 3일 귀국에 앞서 중국에서 임시정부 당면정책 14개항을 발표하였다. 임시정부당면정책과 행동방침에 따르면, 대한민국임시정부는 귀국 후 ① 과도정권이 성립되기 전에 국내 일체의 질서와 대외 일체의 관계를 유지함(혼란기에 질서유지자의 역할을 담당함)→ ② 국내과도정권을 수립하기 위하여 국내외 각 계층, 각 혁명당과, 각 종교집단, 각 지방대표와 저명한 각 민주영수회의를 소집함(비상정치회의)→ ③ 전국적 보통선거를 통하여 정식정부를 수립하려고 하였다. 모스크바 삼상회의의 결정내용이 국내에 알려지자 반탁시위를 통해 정권을 접수하려고 하였지만, 실패로 끝나고 말았다. 이후 대한민국임시정부는 두 번째 단계인 비상정치회의를 소집하여 과도정권을 수립하려고 하였다.

한편 당시 정치의 주변부에 머물러 있던 한민당은 미군정의 기관에 참가하였을 뿐만 아니라 대한민국임시정부봉대론을 주장하였다. 1945년 12월 16일(오후 2시-4시)에는 국민대회준비회에서 1946년 1월 10일에 국민대회를 개최하기 위하여 임시중앙집행위원회를 열고 대회에 제출할 사항으로 ① 대한민국임시정부의 봉대에 관한 건, ② 자주독립 즉시 승인의 연합국에의 요청에 관한 건, ③ 38도선의 급속 철폐에 관한 건, ④ 민족적 강기 숙청에 관한 건을 결정하였다. 국민대회 소집방법에 관해서는 일체를 부(部)회장에게 일임하기로 하였다.[1] 12월 18일에는 동회 부장회의(部

長會議)를 개최하고 국민대회에 참가할 대표인원을 결정하였다.2) 12월 23일에는 국민대회에서 대한민국헌법대강을 토의하기 위한 헌법연구위원으로 김병로, 김용무, 이인, 장택상, 서상일, 백남운, 김준연, 이극로, 정인보, 강병순, 송진우(이상 11명)을 선정하였다.3) 12월 27일에는 헌법연구위원으로 원세훈, 안재홍, 고창일, 김려식, 한근조, 조병옥, 윤보선, 백남훈, 함상훈, 김약수(이상 10명)를 추가로 선정하였다.4) 그러나 안재홍은 정부에서 헌법위원을 위촉, 진행함이 타당하다는 이유로 사퇴한다고 발표하였다.5) 12월 30일에는 국민대회준비회 중앙집행위원회를 개최하여 국민대회를 예정대로 개최하기로 결의하였다.6) 그러나 1946년 1월 4일(금)에 국민대회준비회 긴급부장회의를 개최하여 1월 10일에 소집할 예정이었던 국민대회를 연기하기로 결정하였다.7) 이후 한민당이 중심이 되어 준비하던 국민대회준비회는 비상정치회의에 합류하였다.

1946년 1월 4일에 김구는 과도정권을 수립하기 위하여 비상정치회의를 즉시 소집할 것 등에 관한 성명을 발표하였다.8) 이에 따라 1월 20일에는 당면정책 제6항의 규정에 의하여 장래에 과도정권 수립에 관한 권한을 향유하기 위하여 제1차 비상정치회의주비회를 개최하였다. 회의는 서상일의 사회로 진행되었는데, 대한민국임시정부측이 주비회에 대하여 ①

---

1) 「一月 十四日에 國民大會」 『自由新聞』(1945. 12. 18), 1면.
2) 「國民大會 召集, 一月 十日에」 『大東新聞』(1945. 12. 20), 1면.
3) 「國民大會準備會서 憲法研究委員 選定」 『大東新聞』(1945. 12. 23), 1면; 「憲法討議委員選定: 國民大會準備會에서」 『東亞日報』(1945. 12. 23), 1면; 「國民大會準備會서 憲法研究委員 選定」 『서울신문』(1945. 12. 23), 1면; 「大韓民國 憲法研究委員 選定」 『自由新聞』(1945. 12. 24), 1면.
4) 「憲法研究委員 十氏를 追加」 『大東新聞』(1945. 12. 27), 2면; 「憲法研究委員: 十氏를 또 追加 發表」 『東亞日報』(1945. 12. 27), 1면; 「憲研委員과 無關: 安在鴻氏 談」 『自由新聞』(1945. 12. 28), 1면.
5) 「憲研委員과 無關: 安在鴻氏 談」 『自由新聞』(1945. 12. 28), 1면.
6) 「國民大會準備會 中央執行委員會」 『大東新聞』(1946. 1. 1), 2면.
7) 「國民大會 延期: 內外情勢에 鑑하야」 『大東新聞』(1946. 1. 6), 1면.
8) 「非常政治會議召集」 『東亞日報』(1946. 1. 5), 1면.

비상정치회의는 대한민국의 과도적 입법기관으로서 임시의정원의 직권을
계승하고 임시의정원 의원은 당연 성원이 됨, ② 본회는 정식국회가 성립
될 때까지 존속함, ③ 본회에 참가한 각 집단의 대표는 각개 집단에서 選
派하되 국가를 방매한 자, 민족의 反徒, 독립운동 방해자, 친일분자를 제
거함, ④ 각 집단대표자는 각개 집단의 전권대표자로 함, ⑤ 비상정치회
의의 조직조례와 의사규정은 주비회에서 함이라는 5개조를 제의하여 축
조·검토하였다.9)

　1월 21일 제2차 회의에서는 장래 각계각층을 망라하여 개최될 비상정
치회의의 조직조례와 同회의에 각 당, 각 단체를 대표하여 선출, 출석한
단체별 대의원 수와 동회의의 의사안에 대하여 의견교환과 심의가 있었
다. 그 후 세안(細案)을 기초위원 이종현, 김붕준, 서상일, 유림, 권태석(이
상 5명)에게 일임하였고, 22일 오후 1시까지 본회의에 안을 제출하여 심
의하기로 결정하였다.10) 그리고 이승만이 이끌던 독립촉성중앙협의회(獨
立促成中央協議會)의 사업을 비상정치회의와 합류하기로 하였으며, 그
명칭은 비상국민회의주비회(非常國民會議籌備會)로 변경하였다.11) 이와

---

9) 「自律的 過渡政權 樹立의 非常政治籌備會議 開催: 人·共·獨立同盟 等은 不
　參」『自由新聞』(1946. 1. 21), 1면; 「臨政의 指示事項」『大東新聞』(1946. 1.
　21), 1면.

10) 「組織條例 等 三案件, 起草委員 選任」『自由新聞』(1946. 1. 21), 1면; 「起草
　委員 選出: 非常政治籌備會 二日」『大東新聞』(1946. 1. 22), 1면.

11) 「經過報告」『東亞日報』(1946. 2. 2), 1면; 「金, 李 兩氏를 領袖로 推戴: 臨政
　發表, 名稱은 國民會議로」『自由新聞』(1946. 1. 24), 1면. "別項 會議의 經過
　를 臨政 宣傳部에서 다음과 갓치 發表하엿다 會議 第二日에 李承晩博士의 中
　協까지도 同會議에 合流식히자는 意見이 잇서서 徐相日 金朋濬氏 等이 代表
　로 李博士에 交涉한 結果 雙方의 意見이 合致되여 李承晩博士는 中協을 代表
　해서 同會議에 參加하게 되엿다 그리하야 金九 李承晩 兩氏를 會議의 領袖로
　推戴하기로 決定하고 會議의 名稱을 非常「國民」會議로 改稱하기로 建議 可決
　하는 同時에 金李 兩領袖의 名義로 美國務省極東部長 빈센트氏가 十九日 放
　送으로 「境遇에 따라서는 信託을 實施치 안을 수 잇다」고 演說한 것을 贊同하
　는 聲明을 發表하얏다."

관련하여 이승만의 비상국민대회대표회[12]는 다음과 같이 회의를 진행하였다.

- 臨時政府 非常政治會議에서 經過報告委員 金朋濬, 李鍾鉉, 徐相日 三氏가 드르오니 다시 안져 듯게 되엿다
- 徐相日 오날 會議는 異論도 만앗지만 結論에 있어서는 非常政治會議와 中央協議會가 合○ 非常國民會議로 맨들고 李博士와 金九主席 두 분을 首領으로 推戴하기로 決定되엿읍니다 다음 問題는 國務院會議 通過뿐입니이다
- 李博士 感謝하다는 말밧게 업소 무엇 할 것 업시 合해야 하지요 나는 늘 말하이지만 金九主席을 推戴합니다 나는 晝夜協力하지요
- 元世勳 兩 會의 會合 有無如何
- 徐相日 두 先生겨서 大會를 招集하서서 獨裁的 非常處理을 提案하엿드니 趙素昂氏가 露骨的으로 말하는 것은 하고 云云합듸다
- 李博士 나라를 爲하야 萬孔○○의 情神으로 全國統一○○를 보여 쥬는 것이 第一의 要求입니다
- 金性洙 李博士겨서 金九主席은 念慮업다하신 말삼은 여러번 드렀읍니다마는 어져 金九主席의 말삼을 듯고 져는 感謝의 눈물이 흐을 듯 하엿습니다 金主席 말삼이 나는 安岳 金尊位의 아달노셔 오날 이 일홈이 참으로 過○한 줄 알고 잇습니다 나는 李博士를 領首로 推戴하고 나는 둘재 셋재 아무러케 해도 좃타하십듸다 져는 이 말삼을 듯고 李博士의 말삼과 相應하야 두 분의 合作은 完全無缺한 것으로 우리나라의 獨立完成은 반다시 되겟다고 確信하엿습니다 모든 것을 두 先生겨서 알아해 쥬십바랍니다 여기 안진 우리는 다 先生겨 一任하기로 盟誓하고 署名한 사람들입니다 무슨 異議가 잇슬 理가 잇겟습잇가
- 金朋濬 그런데 中協은 解體하고 臨政 非常國民會議準備會로 合流하

---

12) 이승만이 이끌던 독립촉성중앙협의회는 연일 회의를 진행하였다. 1946년 1월 18일에도 집행위원회 회의를 하였다. 이날 회의가 거의 끝날 무렵 이승만은 獨立促成中央協議會의 명칭을 '非常國民(大)會(議)'로 고칠 것을 제안하였고 만장일치로 가결되었다. 「大韓民國 二十八年 一月 十八日 獨立促成中央協議會 執行委員會 第五回 會議錄」, 雩南李承晩文書編纂委員會(編), 『梨花莊所藏 雩南李承晩文書 東文篇 第十三卷: 建國期 文書 1』(서울: 中央日報社/ 延世大學校 現代韓國學研究所, 1998), 305쪽.

는 形式이 있어야 하겟읍니다

▫ 許政   그것은 絶對로 안니되겟습니다 中協과 臨政의 非常政治會議가
合流하야 가지고 非常國民會議로 合流되어야 합니다 李博士 先生의 하
신대로 하여야 하겟습니다

▫ 李博士   ○그러면 人選을 고처 하여야 합잇가 이것은 발서 接手되어
잇는 것입니다

▫ 李鍾鉉   져는 率直히 오날 본 것을 말삼하겟습니다 오날 全部 잘 落着
될 것 이였엇는데 여기서 選擧人選의 말이 臨政側의 귀로 드러가서 多
少 ○○된 모양이나 큰 支障은 가져 오지 안으리고 봅니다 그러나 사람
인 以上 그럴 感情이 잇는 것도 當然하겟지요

▫ 李博士   그러면 엇더케 하란 말이오

▫ 安在鴻   先生님 하신대로 그대로○ 하면 法理論으로는 말할 수 잇겟지
만 非常處理로서의 先生하신대로 하시지요

▫ 金性洙   우리들은 다 先生겨 一任하고 우리 멧 사람이 補佐役으로   어
노혼 것이니 이겄은 두 분 先生님겨 參考하시라는데 不過한 겄입니다

▫ 諸員   그러치요

▫ 金性洙   그러니까 人選의 加減○○問題는 두 분 先生겨서 自由裁量해
서 하시기를 바랍니다 여기에 누가 異議與否가 잇겟습잇가

▫ 諸員   그럿습니다

▫ 李博士   그러면 그러케 알겟소 그리고 이겄이 이번 選提한 것이 아까도
말햇지이면 무슨 第一 놉다는 것도 아니요 初創時代의 한 階段으로 한
겄이오 第二次 三次가 또 잇슬겄이오 그래서 다 參例하게 됩니다 그러
나 모다 長만 바란다면 그것은 무슨 長이 그러케 만켓소 다 같이 나라
일을 하게 될 것이니 그리 아시오

▫ 報告會는 이에 終了하엿섯다[13]

비상국민회의주비회에서는 24일에 김돈, 이종현, 김관식, 서상일, 김붕
준, 남상철, 권태석(이상 7명)을 비상국민회의에 소집할 단체와 대표를 심
사, 결정할 심사위원으로 선출하였다. 이들이 결정한 단체와 대표에 대해
서는 이승만, 김구와 안재홍이 출석하는 심사부 회의에서 최종적으로 결

---

13) 「大韓民國 二十八年 一月 二十一日 非常國民大會代表會 第三回 會議錄」, 雩
南李承晚文書編纂委員會(編)(註 12), 401-417쪽.

정한 후 국민회의를 소집하게 되었다.[14]

1월 29일 비상국민회의주비회에서는 2월 1일에 개회될 본회의에 앞서 모든 법안의 기초에 관하여 ① 의사규정 및 일정의 기초위원 책임자로 안재홍, 장덕수를, ② 과도약헌의 기초위원 책임자로 신익희, 김붕준, 조경한, 김병로, 김준연, 한근조, 최동오, 조소앙, 장덕수, 안재홍, 서상일, 허영호, 김영택을 선임하였다.[15]

2. 비상국민회의 헌법수정위원회의 조직

1) 비상국민회의에서의 전형위원 선정

비상국민회의는 1946년 2월 1일에 제1회 회의를 개최하였다. 이날 오후 회의에서 의사규정 8개조와 비상국민회의 조직대강 15개조를 통과시켰다.[16] 김병로의 사회하에 의장에 홍진, 부의장에 최동오를 선임하였다. 조직대강 제4조의 위원 선정에 대해서 전형위원 9명을 선정하여 그들에게 위원 선정을 일임하기로 하였다. 전형위원 7명(의장, 부의장 제외)의 선정을 홍진, 최동오, 안재홍 3명에게 일임하여 김성수, 김관식, 이종현, 김붕준, 김법린, 김려식, 안재홍과 홍진, 최동오 9명이 선정되었다.[17]

---

14) 「召集團體와 代表 審査 後에 國民大會 開催: 籌備會의 役割은 完了」『自由新聞』(1946. 1. 25), 1면; 「審査委員 七名 選出」『大東新聞』(1946. 1. 25), 1면.

15) 「非常國民會議 事務 分擔」『自由新聞』(1946. 1. 30), 1면; 「非常國民大會 籌備會 各 委員 選定」『朝鮮日報』(1946. 1. 31), 1면.

16) 의사규정과 비상국민회의 조직대강은 國學振興研究事業推進委員會(編), 『韓國獨立運動史資料集: 趙素昂篇(四)』(城南: 韓國精神文化研究院, 1997), 869-870쪽 참조.

17) 「第一日의 經過」『東亞日報』(1946. 2. 4), 2면.
이날 의사규정은 원만하게 통과되었으나, 조직대강에 대해서는 논쟁이 있었다. "非常國民會議 組織大綱 十五條를 上程 逐條審議 第一條의 審議에 있어서 臨政 當面政策 十四箇條 六項에 依한 過政樹立을 爲한 會合은 非常政治會議인데 非常國民會議의 名稱으로 會議를 함은 非法會合이다 此의 治的 根據가

2) 법제위원에 의한 헌법수정위원회 위원 선정

2월 2일에는 제2회 회의가 개최되었다. 이 날은 각 위원이 선정되었는데, 법제위원으로 신익희(책임위원), 최동오, 김정설, 김준연, 한근조, 김병로, 이봉구(총 7명)가 선정되었다. 그리고 헌법·선거법기초위원 선거에 있어서는 그 방법에 대하여 장시간 동안 상당한 논쟁이 있었다.[18] 즉, 법제위원들이 대한민국임시정부에서 사용하던 헌장을 수정하는 형태로 할 것인지, 아니면 전문위원들을 선거하여 그들로 하여금 새로운 헌법을 제정하게 할 것인지 등이 논란이 되었다. 결국 여러 의견들을 종합하여, 법제위원을 전형위원으로 하여 비상국민회의 위원들 이외에 전문위원도 선임하고, 그들로 하여금 대한민국임시정부의 임시헌장을 수정하여 제정하도록 하는 방식으로 가결하였다. 이날 토의내용에 대해서는 동아일보가 비교적 자세하게 보도하고 있다.

> 憲法選擧法起草委員選擧에 드르가서 臨時政府에서 制定한 憲章이 잇스니 此에 基하여 制定할 것인가의 與否를 先決하여야 할 것이라고 柳林氏 發言이 잇자 法制委員이 選擧되였스니 法制委員에게 臨政의 憲章을 修正하야 制定하자는 意見을 李宗鉉氏 提議, 金炳魯氏 發言-臨政의 憲章修正云云하나

18) 那邊에 잇는가 하는 質問을 柳林氏 發言 此는 籌備會議의 決議로서 名稱을 改稱하야 臨政에 建議하야 金九 主席 承認을 어든 바라는 安在鴻氏의 答으로 原案대로 可決, 三條에 臨政 議政院 職能『繼承』을『擴大强化』로 修正함을 洪震氏 發言 趙琬九氏 原案 通過가 法論上 正當을 發言하야 洪趙 兩論이 모두 同意를 어더 可否決定에 絶對多數로 原案 通過 四條에 있어서 厚生委員 若干人의 附加를 朴允進氏 提議하야 議決, 同條의 修正이 있은 後 全 十五個條를 原案대로 通過"시켰다.

18) 「第二日 經過」『서울신문』(1946. 2. 3), 1면; 「憲法, 選擧法修正委員을 選擧」『自由新聞』(1946. 2. 4), 1면. "憲法選擧修正委員 選擧를 上程하야 憲法選擧法은 臨時政府의 臨時憲章을 繼承修正하느냐 또는 別個의 立場에서 創造하느냐가 論議되엿스나 委員會에 廣汎한 權限을 주어 臨政의 臨憲을 基礎로 現實에 適合한 憲法選擧法을 修正製作하기로 하고 同修正委員은 法制委員에게 一任하야 代議員 或은 그 外의 社會 各層의 權威者를 網羅 組織케 하기로 하"였다.

今日의 情勢에서 要求되는 眞正한 憲法選擧法을 起草하는 것이 何等 矛盾으 없는 것이다 中華民國에 있어서는 屢次에 亘하야 그 時 그 時 憲章을 起草하지 안는가 憲法選擧法의 制定은 建國의 基本이며 따라서 重要한 專門的 委員으로 選擧하야 委囑하자는 改意를 提議, 柳林氏 再發言-樹立될 過政의 憲法인가 將來 政權의 立法인가를 究明함이 可하고 過政의 立法이면 먼저 써오든 臨政의 憲章에서 發展的으로 連綴的으로 나오는 立法임이 可하다는 것을 强調, 이어서 元世勳氏 趙憲泳氏의 大同小異한 意見이 續出되엇는데 改意 同意 妥協으로 여러 意見이 綜合되어서 (김병로가 제안한: 저자 보충설명)[19] 法制委員을 詮衡委員으로 하야 代議員 外라도 專門的 人士를 選任하야 臨政憲章을 修正해서 制定하는 修正委員會를 組織하야 一任하기로 可決되엿다[20]

2월 8일에 비상국민회의에서는 헌법·선거법수정위원회 위원으로 신익희, 최동오, 김준연, 한근조, 이봉구, 김용무, 안재홍, 조병옥, 김병로, 원세훈, 고병국, 김붕준, 고창일, 조만식, 조경한, 이인, 김정설, 정인보, 강병순, 김약수, 유진오, 장택상(이상 총 22명)을 선정하였다.[21] 헌법·선거법수정위원회 위원의 구성을 살펴보면, 한민당이 국민대회에서 대한민국헌법대강을 토의하기 위하여 선정한 헌법연구위원들이 많이 선임되어 있다.[22] 대한민국임시정부 측에서는 김붕준과 조경한이, 전문가로는 고병국

---

19) 「法制委員을 選任」『朝鮮日報』(1946. 2. 4), 1면.

20) 「第二日의 經過: 分科會로 進行」『東亞日報』(1946. 2. 4), 2면;「正式政府樹立 基礎가 될 憲法, 選擧法 起草案: 法制部와 權威學者에 委囑」『大東新聞』(1947. 2. 3), 1면.

21) 「憲法, 選擧法 起草委員 選定」『大東新聞』(1946. 2. 9), 1면;「憲法修正員 選任」『東亞日報』(1946. 2. 10), 1면;「憲法 等 修正委員을 決定」『自由新聞』(1946. 2. 9), 1면.

22) 한민당이 중심이 된 국민대회준비회에서는 1945년 12월 23일에 대한민국헌법대강을 토의하기 위하여 金炳魯, 金用茂, 李仁, 張澤相, 徐相日, 白南雲, 金俊淵, 李克魯, 鄭寅普, 姜柄順, 宋鎭禹(이상 11명)를 헌법연구위원으로 선정하였다.「國民大會準備會서 憲法研究委員 選定」『大東新聞』(1945. 12. 23), 1면;「憲法討議委員選定: 國民大會準備會에서」『東亞日報』(1945. 12. 23), 1면;「國民大會準備會서 憲法研究委員 選定」『서울신문』(1945. 12. 23), 1면;「大韓民國憲

과 유진오가 그리고 일반위원으로 조만식이 선임되었다.

3) 제1차 헌법수정위원회

(1) 위원장과 부위원장 등 선정

1946년 2월 10일[23])에는 비상국민회의의 법제위원을 중심으로 각계 권위자 22명으로 구성된 헌법·선거법수정위원회에서 제1회 분과위원회가 개최되었다. 이 날 회의는 임시좌장에 김병로가 피선되어 위원장, 부위원장을 선정하였다. 김붕준은 헌법과 선거법에 각각 분과위원회를 설치하고 의원법도 새로 하나의 분과위원회를 설치하자는 의견을 제시하였다. 그 의견은 좌장이 채결(採決)한 결과 전원일치로 가결되었다. 피선된 위원장, 부위원장과 분과위원회 위원은 다음과 같다.[24]

〈표 6〉 비상국민회의의 분과위원회와 위원

위 원 장	김병로
부위원장	이인
헌법분과위원회(총 10명)	최동오, 김용무, 강병순, 김병로, 안재홍, 김약수, 조만식, 원세훈, 김붕준, 김준연(분과 소집책임자)

法研究委員 選定」『自由新聞』(1945. 12. 24), 1면.

12월 27일에는 元世勳, 安在鴻, 高昌一, 金麗植, 韓根祖, 趙炳玉, 尹潽善, 白南薰, 咸尙勳, 金若水(이상 10명)를 추가로 선정하였다.「憲法硏究委員 十氏를 追加」『大東新聞』(1945. 12. 27), 2면;「憲法硏究委員: 十氏를 또 追加 發表」『東亞日報』(1945. 12. 27), 1면;「憲硏委員과 無關: 安在鴻氏 談」『自由新聞』(1945. 12. 28), 1면.

그러나 안재홍은 정부에서 헌법위원을 위촉, 진행함이 타당하다는 이유로 사퇴한다고 발표하였다.「憲硏委員과 無關: 安在鴻氏 談」『自由新聞』(1945. 12. 28), 1면.

23) 대동신문은 '11일 오후 2시'에 회의를 가졌다고 보도하고 있다.「臨時政府憲法 繼承: 各 分科會를 設置 進行」『大東新聞』(1947. 4. 23), 1면

24)「臨時政府憲法 繼承: 各 分科會를 設置 進行」『大東新聞』(1946. 1. 13), 1면;「修正委員分科委員 選擧」『自由新聞』(1946. 2. 13), 1면;「臨時政府憲章 繼承: 非常國民會議 分科會에서 決定」『朝鮮日報』(1946. 2. 12), 1면.

선거법분과위원회(총 7명)	조경한, 이인, 장택상, 조병옥, 고병국, 유진오,[25] 한근조(분과 소집책임자)
의원법분과위원회(총 5명)	신익희, 고창일, 김정설, 정인보, 이봉구(분과 소집책임자)

(2) 헌법기초방법에 대한 논의

제1차 헌법수정위원회 회의에서 김붕준은 임시헌법은 대한민국임시정부헌장을 그대로 계승하고 그 외 다른 여러 나라의 헌법을 참작하여 기초할 것을 제안하였다. 이 제안은 전원일치로 가결되었다. 이러한 헌법기초방법은 2월 2일에 개최된 비상국민회의 제2회 회의에서 논의되었던 것이다.

3. 비상국민회의 헌법수정위원회에서의 헌법안 준비

지금까지 1946년 2월 10일에 비상국민회의의 헌법수정위원회가 조직되고 난 이후의 활동에 대해서 알려진 바가 거의 없다. 비상국민회의의 헌법수정위원회가 조직되고 난 후, 2월 14일에는 비상국민회의의 최고정무위원회가 민주의원으로 전환되었다. 이후 대부분의 신문에서 민주의원의 활동에 대해서만 보도할 뿐 비상국민회의의 활동은 전혀 언급하지 않고 있다. 그러다가 3월 11일과 3월 18일 한성일보에서 헌법과 선거법수정위원회가 개최되었다고 보도하고 있다.

非常國民會議 各 分科委員會에서는 그동안 數次 會議를 여고 擔當事項

---

25) 유진오는 자신이 위원회에 참석하지 않아서 자세한 내용은 모르겠으나, 행정연구위원회안이 헌법수정위원회에서 만들어진 것으로 생각하였다고 한다[「憲法起草 當時의 回顧談(俞鎭午氏와의對談)」『國會報』 第20號(1958. 7), 31쪽; 俞鎭午, 『憲法起草回顧錄』(서울: 一潮閣, 1980), 13쪽과 32쪽]. 그러나 앞에서 살펴본 것처럼 행정연구위원회안은 비상국민회의의 헌법수정위원회에서 작성한 것이 아니라 신익희가 조직한 행정연구위원회의 헌법분과위원회에서 작성한 것이다. 따라서 이 부분에 대한 유진오의 기억은 정확하지 않다.

에 對하야 審議 中이던 바 昨 十日에는 日曜日임에도 不拘하고 政務委員會 憲法選擧法修正委員會 常任委員會 等 三委員會를 韓美호텔 會議室에서 開催하얏다 그 內容에 對해서는 아직 發表가 없으나 大槪 成案이 다 되여 近日 中 非常國民會議를 開催할 것으로 觀測된다26)

非常國民會議에서는 十七日 午前 十時부터 韓美호텔에서 憲法修正委員會를 開催하고 憲法選擧法 等의 修正에 關하야 愼重 討議 中이라 한다27)

한성일보의 보도내용에 따르면, 2월 14일에 비상국민회의 최고정무위원회가 민주의원으로 전환되었음에도 불구하고, 2월 10일에 조직된 비상국민회의 헌법수정위원회에서는 계속해서 헌법수정 작업을 하였음을 알 수 있다.28)

그런데 3월 16일 동아일보에 따르면, 민주의원에서도 헌장을 기초하고 있는데, 그것은 곧 공포될 것이라고 하였다.

民主議院 議長 李承晩 博士은 十四日 午後 七時 十五分 中央放送局 마이크를 通하야 다음과 가튼 要旨의 放送을 하엿다 우리 民主議院은 하-지 中將을 贊助하야 하로밧비 우리 獨立回復을 成就하기에 奔走히 努力합니다 民國의 憲章을 起草하야 不久에 公佈될 것입니다 一般民衆이 이에 對한 意思를 說明할 機會가 있을 것입니다 이 憲章은 各國人의 耳目에 참 模範의 民主自治政府임을 表明하려 합니다 또 民主議院에서 補佐機關으로 高明한 志士들을 몃분 選擇해서 美蘇共同委員會의 모든 議案에 顧問으로 協助하려 합니다29)

---

26) 「非常國民會議서 三分科會 開催」 『漢城日報』(1946. 3. 11), 1면.

27) 「憲法修正委員會」 『漢城日報』(1946. 3. 18), 1면.

28) 비상국민회의의 의사규정 제4조는 "… 法的 性格이 有한 議案은 三讀會를 經하야 此을 議決함을 要함"이라고 되어 있다. 따라서 비상국민회의 헌법수정위원회는 독회제도에 따라 헌법안을 준비하였을 가능성이 높아 보인다.

29) 「李博士 放送要旨: 南北合一 政府樹立, 美蘇 서울 會談에 協調로」 『東亞日報』(1946. 3. 16), 1면; 「李承晩 博士의 放送要旨: 忍耐하고 結末보라」 『朝鮮日報』(1946. 3. 15), 1면.

한성일보, 동아일보, 조선일보의 보도내용을 종합하면, 비상국민회의의 헌법수정위원회 뿐만 아니라 민주의원에서도 1946년 3월 중순에 헌법(안)을 준비하고 있었음을 알 수 있다.

그렇다면 비상국민회의와 민주의원은 각각 별개의 헌법안을 준비하고 있었을까? 지금까지 비상국민회의에서 작성된 헌법안이 나타나지 않아 확신할 수 없지만, 두 헌법안은 서로 관련을 맺고 있었을 것으로 생각된다. 그리고 두 헌법안은 이하에서 살펴볼 민주의원안으로 탄생한 것으로 보인다. 보다 자세한 것은 이하에서 살펴보도록 한다.

II. 남조선대한국민대표민주의원에서의 헌법논의

1. 민주의원의 탄생배경과 활동

미군정은 미국무부의 다자간 국제신탁통치구상과 달리 남쪽 해방공간에 과도정부를 설립하려는 구상을 가지고 있었다. 그리고 그것은 랭던(William R. Langdon)의 정무위원회(governing commission) 구상으로 구체화되었다. 이 구상에 따라 이승만을 중심한 독립촉성중앙협의회가 결성되었다. 그러나 좌익과 대한민국임시정부 측이 독립촉성중앙협의회에 불참함으로써 그것은 제대로 실현될 수 없었다.[30]

대한민국임시정부는 모스크바 삼상회의 결정내용이 국내에 알려지자 반탁시위를 통해 정권을 접수하려고 하였다. 하지만 그것이 실패로 끝나자, 비상정치회의를 소집하여 과도정권을 수립하려고 하였다. 이처럼 1946년 1월 초의 국내정국은 미군정의 당초 계획과 달리 대한민국임시정부를 중심으로 진행되어 갔다. 그래서 미군정은 이승만이 이끌던 독립촉

---

30) 이에 대한 자세한 내용은 정병준, 「주한미군정의 '임시한국행정부' 수립 구상과 독립촉성중앙협의회」『역사와 현실』제19호, 1996. 3. 참조.

성중앙협의회와 대한민국임시정부를 중심으로 진행되던 비상정치회의를 합류시켜 비상국민회의로 전환하도록 하였다.

비상국민회의는 2월 1일에 첫 회의를 가졌다. 그리고 그 날 자주적 민주주의의 과도정권수립과 기타 긴급한 모든 문제의 해결에 관하여 관계 列國과 절충하며 필요한 모든 조처를 행하기 위하여 최고정무위원회를 설치하고, 그 인원수와 선정은 이승만과 김구에게 일임하기로 긴급결의하였다.[31] 그에 따라 2월 13일에는 이승만과 김구가 이승만, 김구, 김규식, 김준연, 이의식, 백관수, 최익환, 김법린, 김도연, 김려식, 박용희, 장면, 조완구, 황현숙, 백남훈, 백상규, 권동진, 황진남, 원세훈, 김선, 김붕준, 안재홍, 오세창, 여운형, 함태영, 김창숙, 정인보, 조소앙(이상 총 28명)을 지명하였다.[32] 하루 뒤인 14일에는 비상국민회의 최고정무위원회가 南朝鮮大韓國民代表民主議院(The Korean Representative Democratic Council of South Korea, 이하 '민주의원'이라고 함)으로 개칭되어 개원하였다. 이처럼 민주의원은 랜던의 정무위원회 구상을 중심으로 한 미군정의 과도정부 수립계획의 일환으로 탄생하게 되었다.

민주의원은 2월 23일에 민주의원의 조직내용을 규정한 규범 32개조를 통과시켰다.[33] 이 규범은 임시정부조직법에 상응하는 것으로 이후 작성된 민주의원안에 영향을 미쳤다. 2월 25일에는 민주의원규범 제4조에 따라 정·부의장, 총리, 15부장과 4국장을 전형한 결과, 의장에 이승만, 부의장에 김규식, 총리에 김구가 각각 선임되었다. 15부장과 부원 및 기획국, 통계국의 인선은 전형되는 대로 추후 발표하기로 하고 비서국[34]과 서무

---

31) 「緊急決議」, 國學振興研究事業推進委員會(編)(註 16), 871쪽.
32) 「最高政務委員 二十八人을 指名」『大東新聞』(1946. 2. 14), 1면.
　　이후 여운형, 백상규, 황진남이 참가를 거부함으로써 민주의원은 우익 통합기구가 되었다.
33) 「大韓國民代表民主議院規範」『東亞日報』(1946. 2. 26), 1면; 「大韓國民代表民主議院規範」『新朝鮮』 第1卷 第3號(1946. 3), 81-83쪽.
34) 秘書局長 윤치영(尹致暎), 同局員 허정(許政), 임영신(任永信), 장준하(張俊河),

국35)만 발표하였다.36) 3월 18일에는 비서국에서 27개조로 된 임시정책대강을 발표하였다.37) 4월 13일에는 4국 15부 중 이미 발표한 비서국 서무국 책임자를 제외하고 남은 2국(통계국 기획국)의 국장38)과 15부 중 우선 공보부장(함상훈)만 발표하였다.39)

4월 2일에 민주의원은 그 동안 창덕궁에서 거의 연일 본회의를 속개하고 각 방면의 여러 가지 문제를 토의하여 오던 중 당면한 긴급사항을 전문적으로 심의·연구할 각 소위원회의 활동을 보다 더 민활·신속하게 하기 위하여 그 주부터 정례전체회의를 매주 3회 즉, 화·목·토요일에 열기로 결정하였다. 그때까지 편성된 각 위원회와 위원은 다음과 같다.40)

〈표 7〉 민주의원의 각 위원회와 위원

위 원 회	위 원
임시정부수립예비방안위원회	조완구, 조소앙, 원세훈, 안재홍(자유신문에는 빠져 있음: 저자 보충설명), 백남훈, 최익환, 김려식, 황현숙
규범세칙제정연구위원회	김붕준, 원세훈, 김도연
헌법대책연구위원회	김붕준, 최익환, 김도연
일반의안심사위원회	함태영, 김선, 최익환, 백남훈, 조완구

정태근(鄭泰根).

35) 庶務局長 고희동(高羲東), 同局員 송필만(宋必滿), 고병남(高炳南), 이병헌(李炳憲), 김준설(金俊卨).

36) 「民主議院 副署決定」『東亞日報』(1946. 2. 26), 1면;「議長에 李承晚 博士, 副議長 金奎植 博士, 總理는 金九氏: 大韓國民代表民主議院에서 選任」『朝鮮日報』(1946. 2. 26), 1면.

37) 이승만은 2월에 過渡政府當面政策 三十三項을 발표하였다. 그 내용은 李承晚博士紀念事業會 雩南實錄編纂會(編),『雩南實錄: 一九四五-一九四八』(서울: 悅話堂, 1976), 382-385쪽;『大東新聞』(1946. 3. 4.-3. 9), 1면 참조.

38) 통계국장 조종구(趙鍾九), 기획국장 최익한(崔益翰).

39) 「民主議院 局部長 發令」『朝鮮日報』(1946. 4. 14), 1면.

40) 「定例全體會議 開催: 民議 部門委員會를 連繫」『서울신문』(1946. 4. 3), 1면;「民議分科會: 各委員部署 決定」『自由新聞』(1946. 4. 3), 1면;「緊急當面問題 討議에 民主議院서 小組委員會 組織」『朝鮮日報』(1946. 4. 3), 1면;「民議 專門委員會 設置: 每週 三次會合 審議決定」『漢城日報』(1946. 4. 3), 1면.

미곡대책연구위원회	안재홍, 원세훈, 김도연, 최익환, 김려식
시구급도로명칭개정위원회	김붕준, 조소앙, 정인보, 안재홍, 김려식, 백관수, 조완구
선전위원회	조소앙, 원세훈, 김려식
재외동포원호위원회	김려식, 조소앙, 엄항섭
학생운동지도위원회	김법린, 김려식, 박용희, 황현숙, 백관수
조선화물자동차회사 진정서에 관한 대책위원회	김준연, 백관수, 김도연

이상과 같이 민주의원은 2월 14일에 개원된 이래 계속해서 사실상 임시정부의 역할을 담당하였다. 그러나 5월 초에 제1차 미소공동위원회가 아무런 결론 없이 무기휴회되자 그 활동은 줄어들었고,[41] 참가자들은 또 다시 신국가의 수립방향을 모색하지 않을 수 없었다.

2. 민주의원의 성격

비상국민회의 최고정무위원회가 민주의원으로 전환하여 개원하자 "미군정의 자문기구화 되었다", "대한민국임시정부가 사실상 해산되었다" 등 여러 의견이 제시되었다. 그렇다면 민주의원은 어떠한 성격을 가진 기관이었을까? 결론부터 말하면, 복합적인 성격을 지니고 있다.[42] 먼저 당시 언어관행으로 지금의 국무위원에 해당하는 것을 정무위원이라고 하였다. 그렇다면 비상국민회의의 최고정무위원회를 전환하여 만든 민주의원은

---

41) 민주의원이 공식적으로 해산된 것은 1948년 5월 29일이다.

42) 최경옥은 "민주의원은 사실상 국민의 대표기관도 아니며, 대의기관도 아니며, 오히려 미군정의 정책을 집행하는 집행기관인 동시에 그러면서도 입법활동도 하는 이중적 과도적 성격을 지녔다"고 평가한다[崔京玉, 「制憲國會의 成立史: 美軍政 法令과 관련하여」 『公法研究』 第31輯 第5號(2003. 6), 102쪽].
한편 정상우는 "비상국민회의는 의회적 성격을 유지하고 최고정무위원·민주의원은 과도적 집행기관으로 설정하고자 했던 것으로" 평가한다[鄭相宇, 「美軍政期 中間派의 憲政構想에 관한 研究」(博士學位論文, 서울大學校 大學院, 2007), 84쪽].

임시정부의 국무회의에 해당하고, 민주의원의 의원은 국무위원에 해당한다고 할 수 있을까?

미군정은 민주의원을 임시정부의 국무회의로서뿐만 아니라 임시의회(특히 상원)의 역할을 담당하는 것으로 생각한 것 같다. 해방 후 대한민국임시정부는 개인자격으로 귀국할 수 있었음에도 불구하고, 귀국 후 계속해서 임시정부 역할을 자임하였다. 그것뿐만 아니라 과도정권을 수립하기 위하여 미군정과 이승만을 중심으로 진행되던 독립촉성중앙협의회에 참여하지 않고 독자적으로 비상정치회의를 소집하였다. 한편 북쪽 해방공간에서는 1946년 2월 9일에 북조선임시인민위원회가 수립되었다. 이러한 상황 속에서 미군정은 제1차 미소공동위원회를 앞두고 독자적으로 진행되던 비상정치회의를 포함한 좌우통합기구가 필요하게 되었다. 그래서 독립촉성중앙협의회를 중심으로 한 좌우통합기구계획을 포기하고, 비상국민회의 최고정무위원회를 민주의원으로 전환하는 방향으로 정책을 변경한 것으로 생각된다. 민주의원이 개원한 이후, 한인을 대표하는 임시정부 역할은 민주의원으로 넘어가게 되었다. 대한민국임시정부를 중심으로 진행되던 비상국민회의를 대신하여 임시의회의 역할을 담당하게 되었다.

한편 대한민국임시정부를 고수하는 측과 비상국민회의를 통해 신국가 수립을 논의하려는 측은 임시정부는 대한민국임시정부가 담당하고, 임시의회는 임시의정원을 계승한 비상국민회의가 담당하는 것으로 생각하였다. 그래서 민주의원의 존재를 인정할 수 없었다. 대한민국임시정부의 국무위원이었던 김성숙은 민주의원의 개원으로 대한민국임시정부가 사실상 해산되었다고 말하였다.[43] 이러한 지적은 타당한 것이었다. 민주의원이 개원하는 과정에서 좌우통합정부로 귀국한 대한민국임시정부는 분열되기 시작하였고, 이후 그 세력은 약화되어 갔다.

이러한 정황을 지켜보면서 비상국민회의 의장 홍진(洪震)은 비상국민

---

43) 金星淑, 「嗚呼! 臨政, 30年만에 解散하다」『月刊中央』八月號(1968. 8), 94쪽.

회의와 민주의원은 별개의 기관이라고 말하였으나,[44] 이후 남조선과도입법의원이 개원하기 전까지 민주의원과 비상국민회의는 임시정부(내지 상원)와 임시의회의 역할을 담당하게 되었다고 볼 수 있다.[45]

두 기관의 이러한 역할분담은 이하에서 살펴볼 민주의원안의 작성과정을 이해하는데도 상당한 도움을 준다. 즉, 민주의원안은 임시의회와 임시정부(내지 상원)의 연석회의를 통해 작성되었음을 추측할 수 있다. 자세한 분석은 이하에서 하도록 한다.

3. 민주의원에서의 헌법안 작성

1) 헌법안 작성 여부

고려대학교 박물관과 『韓國獨立運動史資料集: 趙素昻篇(三)』(국학진흥연구사업추진위원회(편), 성남: 한국정신문화연구원, 1997, 263-290쪽)에는 지금까지 알려진 바가 없는 「大韓民國臨時憲法」이 존재한다. 전자는 유진오가 소장하고 있던 것으로 그의 유족이 고려대학교 박물관에 기증한 것이다. 그것은 현재 제74조까지만 알 수 있고 제75조 이하의 조문은 존재하지 않는 상태로 남아있다. 후자는 조소앙 자료를 영인한 것으로 총 7장 83개조로 되어 있다. 두 헌법안은 행정회의 비서장에 관한 규정이 고려대학교 박물관본은 국무총리·행정회의 절에 포함되어 있는 반면, 조소앙 자료본은 법제장관·감찰장관·고시장관·행정회의 비서장의 절에 포함되어 있다. 이것을 제외하고는 거의 차이가 존재하지 않는다.[46] 따라

---

44) 「民議와 非常國民會議는 別個: 洪震氏 會見談」 『서울신문』(1946. 3. 21), 1면.
45) 김구 중심의 대한민국임시정부는 1946년 12월에 입법의원이 개원된 이후에도 비상국민회의를 임시의회로 생각하였다. 두 기관은 서로 다른 건물에 상주하였다. 민주의원은 군정청에서 개원하였다가 덕수궁 석조전과 창덕궁 인정전을 사용한 반면, 비상국민회의는 한미호텔을 사용하였다.
46) 신우철, 「해방기 헌법초안의 헌법사적 기원: 임시정부 헌법문서의 영향력 분석을

서 두 헌법안은 같은 시기에 작성된 것으로, 심의 내지 수정과정에서 내용이 다소 변경된 동일한 헌법안이라고 생각된다.

그렇다면 이 헌법안은 누가(기관) 작성하였을까? 대한민국임시헌법(大韓民國臨時憲法)은 다음과 같은 이유로 민주의원에서 작성한 것으로 생각된다. 첫째, 고려대학교 박물관본은 유진오가 소장하고 있던 것으로, 그는 이것을 민주의원안이라고 하고 있다.[47] 둘째, 조소앙 자료본의 제81조에서 "臨時政府組織은 國民代表民主議院에서 次를 行함"으로, 제82조에서 "臨時大統領 就任 後 六個月 內에 本 憲法에 依한 臨時國民議會를 召集하고 此臨時國民議會가 召集될 때까지는 非常國民會議가 臨時國民議會의 職能을 代行하고 此臨時國民議會가 召集된지 一年 以內에 國民投票에 依한 正式國民議會를 召集함"으로 규정되어 있다. 따라서 이 헌법안이 민주의원과 비상국민회의를 염두에 두고 작성된 것임을 알 수 있다. 셋째, 이기하는 민주의원이 개원된 이후 그 활동은 국가기초가 될 헌법을 위시하여 제반법령을 제정하였고, 미군정도 호의적인 대우로 모든 후원과 경비를 제공하며 헌법을 비롯하여 제반법령을 의뢰하였다고 한다.[48] 넷째, 1948년 6월 초의 주요 신문에서 국회 헌법기초위원회에서 '민주의원의 헌법'도 참고가 될 것이라고 보도하고 있다. 다섯째, 당시 민주의원 議事담당 비서를 역임한 김욱(金旭)은 민주의원에서 한 일 중에 생각나는 것은 헌법초안을 만든 것, 이박사를 미국에 가시게 하여 독립을 호소케한 것, 신탁통치 반대운동을 벌인 것, 임영신 씨를 유엔에 보낸 것 등이라고 한다.[49] 여섯째, 입법의원의 원세훈 의원은 1947년 3월 11일 입법의원 제29차 회의에서 남조선과도약헌(안)에 대한 제1독회를 하는 도중에 "이제 또 제가 거기에 「大韓民國臨時憲法」이 또 하나 왔습니다"[50]라고 하였

통한 '유진오 결정론' 비판」『公法硏究』第36輯 第4號(2008. 6), 407쪽 각주 40).

47) 兪鎭午(註 25), 22쪽.

48) 李起夏, 『韓國政黨發達史』(서울: 議會政治社, 1961), 164-165쪽.

49) 曺圭河·李庚文·姜聲才, 『南北의 對話』(서울: 고려원, 1987), 279쪽.

50) 「1947년 3월 11일(화) 제29차 회의, 元世勳 의원 발언」, 大韓民國國會(編), 『南

고, 1947년 11월 28일 제177차 회의에서 "美軍政이 여기다가 軍政을 實
施하고 맨 처음에 우리한테 만들어 준 것이 民主議院입니다 그래서 그때
에는 內政獨立이라도 먼저 되리라고 바랐든 것입니다 거기에서 憲法을
만들었고 大統領 뽑았고 副大統領 뽑았고 國務總理도 뽑았었습니다"[51]
고 발언하였다. 일곱째, 국회헌법기초위원회 위원장인 서상일 의원이 헌
법기초와 관련하여 "現民主議院에서 制定된 臨時憲章"[52]을 참고하였다
고 발언하였다. 이외에도 민주의원에서 헌법을 마련하였다는 증언(김준
연, 이인 등)이 많이 존재한다.

　이상의 내용을 종합해 볼 때, 민주의원에서 「大韓民國臨時憲法」을 작
성하였음을 알 수 있다. 고려대학교 박물관본과 조소앙 자료본은 거의 동
일한 것이지만, 심의 내지 수정 과정상의 차이를 보이고 있으므로 전자를
「民主議院案 ①」으로, 후자를 「民主議院案 ②」로 칭하도록 한다. 그리고
이하에서는 구별이 필요한 경우를 제외하고 「민주의원안 ②」를 대상으로
내용을 분석하도록 한다.

　　朝鮮過渡立法議院速記錄 ②』(서울: 先人文化社(영인본), 1999), 266쪽.
51) 「1947년 11월 28일(금) 제177차 회의, 元世勳 의원 발언」, 大韓民國國會(編),
　　『南朝鮮過渡立法議院速記錄 ④』(서울: 先人文化社(영인본), 1999), 413쪽.
52) 「1948년 6월 23일 제17차 회의, 徐相日 의원 발언」, 大韓民國國會(編), 『制憲
　　國會速記錄 ①』(서울: 先仁文化社(영인본), 1999), 108쪽. 유영익은 유진오가
　　참고했던 문건 가운데 포함되어 있는 「大韓民國臨時憲法(民主議院案)」과 1948
　　년 6월 23일 국회 본회의에서 서상일 헌법기초위원회 위원장이 헌법안 작성경위
　　를 보고할 때 언급한 '現 民主議院에서 制定된 臨時憲章'은 동일한 것이며, 이
　　들은 모두 민주의원의 「임시정책대강」(영문명: "National Program of the
　　Representative Democratic Council of South Korea")의 별칭(別稱) 내지 오칭(誤
　　稱)이라고 판단한다[柳永益, 「李承晩 國會議長과 大韓民國 憲法 制定」『歷史
　　學報』第189輯(2006. 3), 103쪽 각주 1]. 그러나 「大韓民國臨時憲法(民主議院
　　案)」과 「現 民主議院에서 制定된 臨時憲章」은 동일한 것이나, 「臨時政策大綱」
　　은 별개의 자료이다.

2) 작성과정

민주의원안의 작성과정에 대해서는 지금까지 알려진 바가 거의 없다. 따라서 관련자들의 회고와 신문 등을 통하여 그 과정을 파악할 수밖에 없는 실정이다. 그런데 관련자들의 회고와 신문의 보도내용도 서로 일치하지 않는 부분들이 많이 존재한다. 이하에서는 이러한 점을 감안하여 그 과정을 살펴보도록 한다.

『재남조선미군정청연감』과 2월 20일 대동신문, 동아일보를 고려할 때, 민주의원은 1946년 2월 19일에 헌법안을 마련하기 위하여 (남조선)헌법 기초위원회를 설치하였던 것 같다.

二月 十九日(火), 朝鮮憲法起草委員會 設置53)

大韓國民代表民主議院의 發表에 依하면 昨日(1946년 2월 19일: 저자 보충설명) 德壽宮에서 開催된 議院會에서 韓國憲法을 起草하고 米穀問題를 硏究하기 爲한 各 專門委員이 任命되였다고 한다 會議院에서는 常任委員長으로 李承晚 博士, 常任副委員長으로 金九氏 金奎植 博士의 任命을 發表하였다 議院會는 今日도 繼續한다고 한다54)

十九日 軍政當局을 通해서 發表된 公式聲明에 依하면 同議院會議는 常任委員長으로 李承晚 博士 常任副委員長으로 金九 主席과 金奎植 博士를 選定하고 韓國憲法의 起草와 食糧問題를 硏究하기 爲한 各 專門委員을 다음과 같이 任命하였다한다
(一) 組織條例作成委員-金俊淵 元世勳 安在鴻 鄭寅普 趙琬九 五氏
(一) 米穀對策委員-元世勳 安在鴻 金度演 崔益煥 金麗植 五氏55)

---

53) 『在南朝鮮美軍政廳年鑑』(1945년 9월 7일-1946년 12월 31일), 12쪽. 『재남조선미군정청연감』에는 발행처와 발행일이 기재되어 있지 않다. 그러나 내용을 고려할 때, 미군정청이나 그곳과 관련된 인물이 작성한 것으로 생각된다.
54) 「韓國憲法起草를 審議: 各 專門委員을 任命」 『大東新聞』(1946. 2. 20), 2면.
55) 「常任·專門委員 選定: 民主議院會議에 對한 公式發表」 『東亞日報』(1946. 2. 20), 1면.

그것이 설치되고 난 이후의 과정에 대해서는 비상국민회의 헌법수정위원회의 위원이자 소집책임자였던 김준연이 비교적 자세하게 회고하고 있다. 그는 민주의원이 성립하고 난 이후에 미군사령관 하지(John R. Hodge)가 임시정부를 조직하기 위하여 임시헌법의 기초를 위탁하였다. 기초위원은 대한민국임시정부의 조완구, 조소앙, 김붕준 3인이었다. 기초위원들은 임시헌법을 기초하여 민주의원 본회의에 제출하였다. 중요한 내용으로 정부 편에서 대통령은 30년 이상, 국무총리는 20년 이상, 각 부장관은 10년 이상 독립운동을 유일한 직업으로 알고 계속해서 활동한 사람이어야 된다는 것으로 되어 있었다. 이 부분에 대해서 김준연은 강력하게 항의를 하였지만, 그 초안은 그대로 통과되었다. 그래서 그는 분개하여 장택상에게 그 사실을 이야기하였다. 그랬더니 장택상은 하지가 그 초안을 받아 가지고 갈갈이 찢어 버렸다고 한다.

民主議院이 성립된 후에 美軍司令官 하지中將은 臨時政府를 조직하기 위하여 臨時憲法의 起草를 위탁하였다. 起草委員은 趙琬九, 趙素昻, 金朋濬의 3인이었다. 起草委員들은 臨時憲法을 起草하여 民主議院本會議에 제출하였다. 중요한 골자는 大統領은 30년 이상, 國務總理는 20년 이상 各部長官은 10년 이상 獨立運動을 유일한 직업으로 알고 계속해서 활동한 사람이라야 될 수 있다고 되어 있었다.

나는 항의하였다. 「大統領, 國務總理는 40년, 30년 이상이라고 하여도 좋겠고」라고. 그 때 사정으로는 大統領에는 李承晩博士, 國務總理에는 金九씨로 물망이 서 있는 때였다. 「그러나 各部長官에는 國內外를 막론하고 일할 수 있는 적당한 인재를 배치하여야 할 터인데, 문자 그대로 하면 國內사람으로는 그에 해당할 사람은 한 사람도 없겠소! 지금 이 자리에 앉아 있는 安在鴻씨라든지 韓國民主黨委員長 金性洙씨도 그 조건에는 합치되지 않소. 그러므로 各部長官任用規定은 修正하여야 되겠소」라고 하였던 것이다.

그 자리에 있던 鄭寅普씨와 金善女史는 그 규정에 贊意를 표하면서 처음으로 세우는 政府만큼은 깨끗한 사람만으로 組織하여야 되겠다고 하였다. 그리고 起草委員 趙素昻씨는 대답하여서 말하기를 「長官은 한 사람이지마는 次官은 두 사람씩 두기로 하였으니 國內人士는 얼마든지 등용할 길이 있다」고 하였다. 그래서 나는 大聲으로 이야기해서 말하기를 「重慶서 온 양반들로

만 政府를 組織하십시오. 나는 모르겠읍니다」하고 퇴장하여 버렸다.

나의 抗議는 하등의 고려도 가해지지 않은 채 그 草案은 그대로 통과되었다. 나는 분개해서 그 사실을 滄浪께 이야기하였다. 그랬더니 滄浪은 그 후에 내게 이야기하기를 「하지美軍司令官이 草案을 받아 가지고 갈갈이 찢어 버렸다」고 하였다. 그때에는 外地에서 온 분들은 물론이고 國內에 있는 사람들도 國內사람들을 下視하는 自虐意識에 사로잡혀서 理性을 잃고 權威에만 굴복하는 인상을 주었던 것이다. 나는 이것을 滄浪의 용기에 찬 행동이라고 존경한다.56)

이를 통해 볼 때, 대한민국임시정부 측의 기초위원들이 작성한 민주의원안의 내용이 독립운동가들에게 유리한 규정으로 되어 있어서 김준연(한민당)이 그 내용에 대해서 강력하게 항의하였던 것 같다.57) 이처럼 민주의원에서 초기에 작성한 헌법안은 대체로 대한민국임시정부 측에 유리한 내용으로 규정되어 있었던 것 같다.

그런데 현존하는 민주의원안은 김준연의 회고와 달리 대통령, 국무총리가 될 수 있는 자격요건으로 독립운동을 하였음을 요하지 않고 있다. 그렇다면 현존하는 헌법안은 민주의원에서 작성한 것이 아닌가? 이 부분과 관련하여 안재홍은 당시 민주의원에서 헌법안을 세 번씩이나 바꾸었다고 한다.

憲法은 草案을 세 번식 바꾸며 組織大綱을 맨든다 臨時政策大綱을 發表한다 正副領導者와 總理를 選擧한다하며 晝夜를 通하야 孜孜勤勤하였으며 …58)

---

56) 金俊淵, 「滄浪交遊錄」『世代』通卷 第七四號(1969. 9. 1), 194쪽; 허도산, 『建國의 元勳, 朗山 金俊淵』(서울: 자유지성사, 1998), 419-420쪽.

57) 이인도 정부 편의 그러한 내용 때문에 조소앙이 김준연한테 호되게 핀잔을 받았다고 한다[「憲法은 이렇게 制定되었다(制憲10周年맞아 回顧座談會)」『서울신문』(1958. 7. 17), 3면].

58) 安在鴻, 「民政長官을 辭任하고: 岐路에 선 朝鮮民族」『新天地』第四卷 第六號(1948. 7. 1), 11쪽.

즉, 현존하는 민주의원안은 초기에 작성된 것이 대한민국임시정부 측에 유리한 규정으로 되어 있어 김준연을 비롯한 한민당 측이 불만을 토로한 결과 몇 번의 수정을 거쳐 작성된 헌법안으로 생각된다.

그렇다면 비상국민회의 헌법수정위원회에서 준비하던 헌법안과 민주의원안은 어떠한 관계가 있을까? 2월 14일에 비상국민회의 최고정무위원회가 민주의원으로 전환하였고, 2월 18일 민주의원 제2차 회의에서는 비상국민회의의 모든 전문위원회를 민주의원으로 계승시키기로 사무처리방식을 토의하였다.59) 앞에서 언급한 것처럼 비상국민회의 헌법수정위원회는 3월 10일과 17일에 헌법안에 대한 토의를 진행하였다. 사실이 이러하다면, 비상국민회의 헌법수정위원회와 민주의원은 각각 별개로 헌법논의를 진행하였을까? 두 기관의 헌법작성과정에 대한 1차 자료가 남아 있지 않아 확신할 수 없지만, 다음의 신문내용을 고려하면 두 기관은 각각 헌법안을 준비하다가 최종적으로 연석회의를 통해 민주의원안을 마련한 것으로 생각된다. 즉, 민주의원과 비상국민회의의 기초위원들은 전문위원과 함께 헌법안을 작성한 뒤 그것을 민주의원에 상정하여 수정통과시켜 민주의원안을 탄생시킨 것으로 보인다.

> 朝鮮의 運命을 左右할 美蘇會談에서 莫府三相會議를 바더서 討議될 朝鮮問題에 있어서 朝鮮政府樹立은 朝鮮民族自體가 樹立할 것이며 따라서 堂々한 發言權을 갓고서 參席하여야 하겟다는 聲明書를 美蘇會談에 提出하야 前審豫備會談의 前轍을 되푸리 안키를 要望하였었다
>
> 美蘇兩代表도 世界史的 意義를 띤 重大會談인만치 誠意있는 會談을 展開하야 지난 三月 三十日 第三號의 共同聲明書의 發表로 朝鮮의 民主的 過渡政權 樹立의 具體的 方策을 明示하였고 이를 準備討議하기 위한 三分科會가 組織되엇다
>
> 民主議院에서는 誠意있는 美蘇會談에 對應하야 金奎植, 趙素昻, 安在鴻, 元世勳, 高昌一, 金俊淵, 白象圭 七氏의 代表者를 選擧하야 出席케 하기로

---

59) 「議院의 性格 闡明: 大韓國民代表民主議院, 第二次 會合의 成果」『大東新聞』 (1946. 2. 20), 1면.

決議하였으며 美蘇會談에 臨하야 討議할 問題로서 三八線撤廢問題, 臨政樹
立 後 美蘇兩軍撤退問題, 自主獨立國으로서 聯合國과의 友好的 通商問題 等
에 關한 問題를 審議하고 있는 것으로 觀測되며 南北을 通한 朝鮮民意의 如
何와 우리의 當面하여 있는 現實에 對하야 萬般準備로써 待期 中에 있으며
憲法起草도 起草委員 五名을 選定하야 非常國民會議에서 選定된 起草委員
과 專門家와 連絡하야 起草를 마치고 民主議院에 上程하야 修正通過되엿다
는데 內容은 嚴秘에 附하므로 全然 窺知할 수 없다60)

이상을 종합해 보면, 민주의원은 1946년 2월 19일에 (남조선)헌법기초
위원회를 설치하였던 같다. 그리고 헌법기초위원으로 대한민국임시정부
의 원로 법률가인 조완구, 조소앙, 김붕준 등을 선임하였던 것으로 생각된
다. 그들이 작성한 최초의 민주의원안은 대한민국임시정부 측에 유리한
규정으로 되어 있었던 것 같다. 이에 대해 김준연(한민당)은 불만을 토로
하였고 미군정은 그것을 받아들일 수 없었던 것으로 보이며, 그 결과 민
주의원에서는 헌법안을 수정하지 않을 수 없었던 것으로 생각된다. 이러
한 과정을 거치는 동안 한민당은 자신들에게 유리한 내용을 민주의원안
에 반영시킬 수 있었던 것으로 보인다. 즉, 민주의원안은 대한민국임시정
부 측과 한민당 측의 타협으로 탄생된 것으로 보인다. 최종적으로 작성된
민주의원안은 비상국민회의와 민주의원에서 선정된 각각의 기초위원들과
전문위원들이 헌법안을 마련하여 민주의원에 상정하였고, 민주의원에서
그것을 수정통과하여 완성된 것으로 생각된다.

3) 작성자와 작성시기

김준연(1895-1971)은 민주의원의 헌법기초위원이 조완구(1880-1954), 조
소앙(1887-1958), 김붕준(1888-)이었다고 한다.

---

60) 「美蘇共同會談과 民主議院: 政權樹立의 成案 完了」 『東亞日報』(1946. 4. 2),
1면.

民主議院이 성립된 후에 美軍司令官 하지中將은 臨時政府를 조직하기 위하여 臨時憲法의 起草를 위탁하였다. 起草委員은 趙琬九, 趙素昂, 金朋濬의 3인이었다.[61]

그런데 1946년 2월 20일과 4월 2일 동아일보에 따르면, 민주의원의 헌법기초위원은 조직조례작성위원을 겸한 김준연, 원세훈, 안재홍, 정인보, 조완구 5인이었음을 알 수 있다.

十九日 軍政當局을 通해서 發表된 公式聲明에 依하면 同議院會議는 常任委員長으로 李承晚 博士 常任副委員長으로 金九 主席과 金奎植 博士를 選定하고 韓國憲法의 起草와 食糧問題를 研究하기 爲한 各 專門委員을 다음과 같이 任命하였다한다
(一) 組織條例作成委員-金俊淵 元世勳 安在鴻 鄭寅普 趙琬九 五氏
(一) 米穀對策委員-元世勳 安在鴻 金度演 崔益煥 金麗植 五氏[62]

(민주의원에서는: 저자 보충설명) 憲法起草도 起草委員 五名을 選定하야 非常國民會議에서 選定된 起草委員과 專門家와 連絡하야 起草를 마치고 民主議院에 上程하야 修正通過되엿다는데 內容은 嚴秘에 附하므로 全然 窺知할 수 없다[63]

또한 1946년 4월 2일 동아일보에 따르면, 민주의원의 헌법기초위원 이외에 비상국민회의에서 선정한 기초위원과 전문가가 참여하였음을 알 수 있다. 비상국민회의 헌법수정위원회 위원들은 1946년 2월 10일에 결정되었는데, 최동오, 김용무, 강병순, 김병로, 안재홍, 김약수, 조만식, 원세훈, 김붕준, 김준연 10인이다.

이상의 회고와 신문내용을 종합해 보면, 김준연, 원세훈, 안재홍, 정인

---

61) 金俊淵(註 56), 194쪽; 허도산(註 56), 419쪽.
62) 「常任·專門委員 選定: 民主議院會議에 對한 公式發表」『東亞日報』(1946. 2. 20), 1면.
63) 「美蘇共同會談과 民主議院: 政權樹立의 成案 完了」『東亞日報』(1946. 4. 2), 1면.

보, 조완구, 조소앙, 김붕준 등이 민주의원안의 작성과정에 참여하였을 것으로 생각된다. 그리고 그들은 대부분 대한민국임시정부측 요인(조완구, 조소앙, 김붕준)이었거나 한민당 계열의 사람들(김준연, 원세훈)이 많이 참여한 것으로 생각된다. 이중 특히 김붕준이 주목된다. 그 이유는 그가 비상국민회의 헌법수정위원회 위원으로 선정되었을 뿐만 아니라, 1946년 4월 2일에는 민주의원 헌법대책연구위원회 위원으로 최익환, 김도연과 함께 편성되었기 때문이다. 그리고 민주의원의 규범세칙제정연구위원회 위원으로도 편성되었다. 또한 이후 입법의원의 임시헌법기초위원회 위원장으로서 민주의원안과 거의 동일한 헌법안(「임시헌법기초위원회안」)을 입법의원에 제출하였다.

조선일보(3월 15일)와 동아일보(3월 16일과 4월 2일)의 보도내용을 고려할 때, 작성시기는 1946년 3월 말에서 4월 2일 사이인 것으로 보인다.64) 그리고 민주의원안이 작성되던 시기에 제1차 미소공동위원회가 진행되고 있었기 때문에, 비밀리에 작성된 것으로 보인다.65) 그 결과 현재까지도 그것에 대하여 알려진 바가 거의 없었던 것으로 생각된다.

---

64) 「李承晩 博士의 放送要旨: 忍耐하고 結末보라」『朝鮮日報』(1946. 3. 15), 1면; 「李博士 放送要旨: 南北合一 政府樹立, 美蘇 서울 會談에 協調로」『東亞日報』 (1946. 3. 16), 1면; 「美蘇共同會談과 民主議院: 政權樹立의 成案 完了」『東亞日報』(1946. 4. 2), 1면.

65) 김선재는 "制憲國會는 大韓民國의 憲法을 制定했는데 이 憲法은 民主議院에서 秘密裡에 통과한 「憲法」에 그 基本情神을 두었음은 의심할 여지가 없을 것이다"라고 한다[金善再, 「『大韓國民代表民主議院』 時節」『思想界』 第八卷 第十一號(1960. 11), 306쪽]. 동아일보도 민주의원안이 비밀리에 작성되었다고 보도하고 있다[「美蘇共同會談과 民主議院: 政權樹立의 成案 完了」『東亞日報』(1946. 4. 2), 1면].

4. 민주의원안의 내용과 특징

1) 내용

(1) 편제

민주의원안에는 전문(前文)이 존재하지 않는다. 본문의 편제는 제1장 총강, 제2장 국민의 권리의무, 제3장 입법권, 제4장 행정권(제1절 대통령, 부대통령, 제2절 국무원·국무회의·국무회의 비서장, 제3절 국무총리·행정회의, 제4절 법제장관·감찰장관·고시장관·행정회의 비서장, 제5절 행정각부총장, 제6절 지방행정-도장관, 제7절 문무관 임면), 제5장 사법권, 제6장 회계, 제7장 보칙으로 총 83개조로 되어 있다. 이와 같은 편제는 1944년 4월 22일의 대한민국임시헌장과 상당히 유사하다.[66] 그 이유는 비상국민회의의 헌법수정위원회가 대한민국임시헌장을 계승하고 여러 나라의 헌법을 참고하여 임시헌장을 기초할 것을 결정하였는데, 그것이 민주의원안의 작성과정에서도 반영되었기 때문으로 생각된다.

(2) 국호

해방 이후 진행된 헌법논의에서 논란이 많이 되었던 것 중 하나는 국호문제였다. 민주의원안은 국호를 '대한민국'으로 하고 있다. 이것은 대한민국임시정부 측의 대한민국임시정부를 계승하려는 의지가 반영된 것이라 할 수 있다.[67]

---

[66] 대한민국임시헌장(1944년 4월 22일)은 전문(前文)이 존재한다. 본문의 편제는 제1장 총강, 제2장 인민의 권리의무, 제3장 임시의정원, 제4장 임시정부, 제5장 심판원, 제6장 회계, 제7장 보칙으로 되어 있다.

[67] 1948년 국회 헌법기초위원회에서 국호문제가 제기되었을 때, 한민당계 기초위원들은 대한민국보다 고려공화국을 더 선호하였다. 이를 통해 볼 때, 민주의원의 헌법논의 단계에서 한민당은 아직 국호문제를 결정하지 않았거나, 정치의 주변부에 머물러 있었기 때문에 자신의 입장을 관철시킬 수 있는 상황이 아니었을 것으

(3) 국민의 권리의무

용어와 관련하여 대한민국임시헌장에는 '인민'이라고 되어 있다. 인민
이라는 용어는 대한민국임시정부 헌법의 일반적 용어였다. 그러나 해방
이후 우익 측이 작성한 헌법안 중 유진오안과 공동안을 제외하고는 거의
대부분 '국민'이라는 용어를 사용하고 있다. 민주의원안도 '국민'이라는
용어를 사용하고 있다.

대한민국임시헌장과 달리 평등권(생활균등권, 문화균등권, 후생균등
권)을 대폭 추가하였다. 다른 권리보다 평등권을 우선적으로 규정하고 있
다. 국민의 권리를 자유권, 요구권, 참정권으로 나누고, 3가지 의무를 규
정하고 있다.

국민들이 누리는 생활균등권으로 ① 국민의 기본생활을 확보할 계획
경제의 수립, ② 주요한 생활필수품의 통제관리와 합리적 물가정책의 수
립, ③ 세제(稅制)의 정리와 누진율의 강화, ④ 토지 사유의 제한과 농민
본위의 경작권 확립, ⑤ 대규모의 주요공업과 광산의 국영 또는 국가관
리, ⑥ 노동자의 생활을 안정시키기 위한 최저임금제의 확립, ⑦ 공장의
경영·관리에 노동자대표를 참여, ⑧ 봉급자의 생활을 안정시키기 위한 가
족급여제를 확립, ⑨ 중요공장 내에 보건·위생·교육과 오락시설을 완비,
⑩ 실업보험, 폐질보험 기타 사회보험제도의 실시를 제시하고 있다. 이중
'토지 사유권을 제한'한 것은 국내 세력들이 중심이 된 한민당에게 상당
히 부담스러운 규정이었다. 그럼에도 불구하고 당시 정치의 주변부에 머
물러 있던 한민당 측은 대한민국임시정부 측의 구상대로 따라 갈 수밖에
없었던 것으로 생각된다.[68]

로 추측된다.
68) "토지의 사유를 제한"하는 내용은 남조선과도입법의원에 제출된 임시헌법기초위
원회안에서도 그대로 규정되어 있었다. 그러나 이 내용은 한민당이 중심이 되어
제출한 수정안과 절충하는 과정에서 삭제되었다. 그것이 가능할 수 있었던 것은
당시 한민당은 정치의 중심부로 진입하였기 때문으로 생각된다.

문화균등권으로 ① 의무교육제의 실시와 직업교육의 확충, ② 유능한 사람에 대한 특별교육의 확충과 교육비를 국고에서 부담하도록 하고 있다.

후생균등권으로 ① 주요문화기관과 오락기관의 공영, ② 체육시설의 적정분포와 공영, ③ 의료기관의 적정분포와 공영의 확충, ④ 조산원, 탁아소, 양로원의 공영, ⑤ 소년, 부녀자의 야간노동과 위험작업을 금지시키고 있다.

자유권으로 ① 신체의 자유(체포·구금·심문·처벌을 받지 아니할 자유), ② 주거침입과 수색을 받지 아니할 자유, ③ 거주와 이전의 자유, ④ 언론·저작·간행과 집회·결사의 자유, ⑤ 신서비밀의 자유, ⑥ 재산과 영업의 자유, ⑦ 신교의 자유를 인정하고 있다. 신교의 자유는 안녕과 질서를 방해하지 아니하는 한도 내에서 인정되고, 나머지 자유권은 법률에 의해서만 제한할 수 있게 하고 있다.

국민이 국가기관에 대하여 요구할 수 있는 권리로 ① 의회에 청원할 권리, ② 대통령과 행정관서에 진소(陳訴)할 권리, ③ 위법한 행정처분에 대하여 행정재판을 요구할 권리, ④ 법관의 심판을 받을 권리를 규정하고 있다.

참정권으로 ① 고시에 응하여 관공직에 임할 권리, ② 선거권와 피선거권을 인정하고 있다.

의무로 ① 교육의무, ② 납세의무, ③ 병역의무를 규정하고 있다.

(4) 의회의 명칭과 구성

의회의 명칭을 국민의회(國民議會)라 칭하고 있다. 해방 이후에 작성된 임시헌법안(미소공동위원회기의 헌법안)은 의회의 구성을 단원제로 하고 있다. 민주의원안도 국민의회의 구성을 단원제로 하고 있다.

(5) 정부형태

내각책임제 정부형태를 취하고 있지만,[69] 대통령에게 강한 권한을 주고 있다. 이것은 민주의원안이 대한민국임시정부와 한민당간의 타협으로 만들어졌기 때문으로 생각된다. 대체로 대한민국임시정부 측은 대통령제를 선호하였고, 한민당은 내각책임제를 선호하였다.[70] 민주의원안의 작성과정에서 대한민국임시정부측이 주도적 지위를 점하고 있었고, 한민당은 주변부에 머물러 있는 상황이었다. 앞에서 살펴본 것처럼 민주의원안은 몇 차례 수정을 거쳐 완성되었다. 초기단계의 헌법안은 대한민국임시정부 측에 유리한 내용(대통령, 국무총리 등의 자격요건으로 독립운동을 하였을 것)으로 작성된 것 같다. 이에 대해 한민당 측은 불만을 토로하였고, 미군정은 그 헌법안을 인정하지 않았다. 그래서 민주의원에서는 헌법안을 수정하지 않을 수 없었던 것 같다. 이러한 과정을 거쳐 최종적으로 작성된 민주의원안의 정부형태는 외형상 내각책임제 형식을 취하고 있지만, 실질은 대통령에게 강한 권한을 주는 형태를 취할 수밖에 없었던 것으로 생각된다.

대통령은 국민의회에서 간접 선거한다. 그 선거는 총의원 3분의 2 이상의 출석으로 무기명투표를 하는데, 출석의원 3분의 2 이상의 득표를 받은 자를 대통령으로 선출한다. 이와 같은 방식으로 대통령을 선출하지 못하였을 경우, 최고득표자 2인에 대하여 결선투표를 행하여 다수결로 결정한다. 부대통령도 그와 같은 방식으로 선출한다.

---

69) 해방 이후 헌법논의에서의 정부조직은 정치현실에 따라 혼합형태를 취하고 있는 경우가 대부분이다. 따라서 그것이 어떠한 정부형태를 취하는가를 구분하는 자체가 무의미할 수도 있다. 이 연구에서는 의회의 내각불신임권과 대통령의 의회해산권 유무를 가지고 정부형태를 판단하였다.

70) 지금까지 우리나라 헌법제정사 연구에서는 1948년 국회 헌법기초위원회에서 이승만은 대통령제를 선호하였고, 한민당은 내각책임제를 선호하였지만, 이승만의 강력한 주장에 의하여 대통령제 정부형태로 변경되었다고 알려져 있다. 그러나 해방 이후 민주의원의 헌법논의에서부터 이러한 모습은 나타났던 것으로 보인다.

대통령과 부대통령의 임기에 관한 규정이 존재하지 않는다. 대통령은 국민의회를 소집, 정회, 해산을 명한다. 그리고 법률안 제출, 법률의 표결과 공포, 위임명령과 집행명령의 발포, 육해공군의 통할, 조약체결과 선전강화, 외국 대사·공사·영사의 접수, 문무관의 임면, 훈장과 기타 영전의 수여, 대사·특사·감형과 복권의 명령, 법률의 정한 바에 의한 계엄을 선포할 권한을 가진다.

내각책임제 정부형태를 취하고 있으면서 국무총리뿐만 아니라 부대통령을 두고 있다. 부대통령은 대통령을 보좌하고 대통령이 유고할 때에는 그 직을 대행한다. 이와 같은 체제는 중화민국헌법초안에서 취하고 있는 방식으로 그것의 영향을 받은 것으로 보인다. 그리고 부대통령은 국무회의의 일원으로 회의에 참석한다. 부대통령과 국무총리의 관계에 관해서는 규정되어 있지 않다.

일반국책과 정무에 관하여 심의·결정하는 국무회의와 행정각부 주요 정무의 기획과 연락에 관한 사항을 결정하는 행정회의체제로 되어 있다.

국무회의는 대통령, 부대통령, 국무총리, 국무위원으로 조직하고 대통령이 의장이 된다. 국무총리와 국무위원은 대통령이 추천하고 의회에서 선거한다. 국무원 인원과 관련하여 하한(9인 이상)만 정하고 상한에 대해서는 언급하지 않고 있다. 행정회의는 국무총리와 행정각부총장으로 조직하고 국무총리가 의장이 된다.

대통령과 국무회의의 고문으로 법제장관, 감찰장관, 고시장관을 두고 있다.

(6) 사법제도

위헌법령심사제도를 두고 있다. 즉, 법원은 법령의 적용에 관하여 그것이 헌법에 위반되는지 아닌지를 심사할 권리를 가진다.[71] 법관의 임기

---

71) 이영록은 일본 식민지 시절 헌법교과서를 통해서 미국의 사법심사제가 소개되긴

에 관한 규정을 두지 않고 있다.

(7) 지방자치제도

민주의원안보다 먼저 작성된 행정연구위원회안은 중앙정부제도만을 규정하고 있다. 이에 대해 민주의원안은 제4장 행정권에서 중앙정부제도와 함께 지방자치제도를 규정하고 있다. 즉, 지방자치제도에 대한 인식은 하고 있었지만, 아직 개별 장으로 규정하지는 않고 있다.

해방 이후 남쪽 해방공간과 북쪽 해방공간, 우익과 좌익 사이에 격심한 대립이 진행되던 시기에 나온 헌법문서(예를 들면 제2차 미소공동위원회에 대한 답신안이나 조선임시약헌)에서는 지방자치단체의 장에 대해 선임하는 방식을 취하고 있다. 대체로 우익 측은 지방자치단체의 장을 중앙에서 임명하는 방식을 선호하였고, 중도나 좌익 측은 주민들이 직접 선거하는 방식을 선호하였다. 우익 측 기초위원들(조완구, 조소앙, 김붕준, 한민당계 법률가들)이 작성한 민주의원안도 임명방식을 취하고 있다. 즉, 군장, 시장, 부장, 도장은 도장관의 의견을 들어 내무총장이 임면하도록 하고 있다.

(8) 기타

영토와 관련하여 대한민국임시헌장(제2조)과 대한민국임시헌법(제3조)은 각각 "大韓의 固有한 版圖"와 "舊韓帝國의 版圖"로 한다고 하였다. 그런데 민주의원안(제4조)은 13개 道를 구체적으로 열거하는 방식을 취하고 있다. 유진오가 최초로 작성한 헌법안(제4조)[72]과 권승렬안(제4조)도 이와

하였지만, 미국법의 유입에 의해 촉발되기 전까지는 하나의 제도적 가능성으로 전혀 고려되지 않았다고 한다[이영록, 「제1공화국 헌법위원회제도의 형성: 사법제도 형성의 한 단면」,『憲法學硏究』제11권 제2호(2005. 6), 308-309쪽]. 그렇다면 미군정이 민주의원안의 작성에 영향을 끼친 것일까?

72) 兪鎭午(註 25), 111쪽. 원문에는 황해도가 빠져 있다. 그것을 포함해서 14개 도

같은 방식을 취하고 있다.

그 밖에 제6장에서 회계를 별개의 장으로 두고 있다. 친일파 처벌에 관한 내용은 규정되어 있지 않다.

2) 특징

민주의원안은 다음과 같은 특징을 가지고 있다.

① 임시정부를 수립하기 위하여 작성된 임시헌법안이다.

② 헌법안의 편제는 대한민국임시헌장(1944년 4월 22일)을 따르고 있다. 그 이유는 대한민국임시정부의 비상국민회의가 대한민국임시헌장을 수정하여 헌법안을 만들 것을 결정하였는데, 민주의원안을 작성하는 과정에서도 그것이 반영되었기 때문으로 생각된다. 그 결과 민주의원안은 이후 작성된 헌법안과 대한민국임시정부헌장을 연결시켜 주는 징검다리 역할을 담당하고 있다: 대한민국임시정부헌장(1944년 4월 22일)→민주의원안→임시헌법기초위원회안→조선임시약헌→헌법개정요강, 유진오안→공동안, 권승렬안(특히 권승렬안은 대한민국임시정부를 계승하려고 하였음)→국회 헌법기초위원회안→1948년 대한민국헌법.

③ 헌법안의 문장이 '~함'으로 되어 있다.

④ 헌법체계가 조잡하게 되어 있다. 정부조직법 등에서 다루어도 되는 내용이 규정되어 있어 다소 산만하다. 예를 들면, 제4장 제5절 행정각부총장이 이에 해당한다. 이것은 민주의원안이 임시정부를 수립하기 위하여 작성된 헌법안이었기 때문으로 생각된다.

⑤ 위헌법령심사를 법원에서 하도록 규정되어 있다.

⑥ 국호를 '대한민국'으로 하고 있고, 지방자치제도에 관한 규정을 두고 있다.

⑦ 민주의원안은 몇 차례에 걸쳐 작성된 것으로 보인다. 초기작성과정

_____

(道)이다.

에서는 대한민국임시정부 측 사람들이 자신에게 유리한 내용(국민의 권리
의무 내용을 자유권보다 평등권을 더 중시, 계획경제 등, 특히 정부형태)
을 관철시키려고 하였던 것 같다. 이에 대해 당시 정치의 주변부에 머물
러 있었던 한민당은 불만을 토로하였고, 미군정은 그것을 고려하지 않을
수 없었던 것으로 보인다. 그 결과 최종적으로 작성된 민주의원안은 한민
당에게도 유리한 내용이 많이 반영된 것으로 생각된다. 즉, 민주의원안은
대한민국임시정부 세력과 한민당간의 타협으로 작성된 임시헌법안이었던
것으로 생각된다. 그리고 현존하는 민주의원안은 그 중 하나였을 것으로
보인다.

제2절 제1차 미소공동위원회 무기휴회기의 헌법논의(1947. 2.-4.)

Ⅰ. 남조선과도입법의원의 탄생배경과 활동

제1차 미소공동위원회가 진행되는 동안 남쪽 해방공간에서는 민주의원을 중심으로 임시정부의 수립이 논의되었다.[1] 그러나 1946년 5월 초에 제1차 미소공동위원회가 아무런 결론없이 무기휴회하자, 김구 중심의 대한민국임시정부수립론, 이승만 중심의 남한단독정부수립론, 김규식과 여운형 중심의 좌우합작위원회로 분화되었다.[2]

국내 정국이 그렇게 진행되자, 미국은 새로운 대한정책을 구상하지 않을 수 없었다. 제1차 미소공동위원회를 준비하기 위해 조직된 민주의원은 그동안 우익통합기구로 전락하였다. 따라서 좌우를 아우르는 새로운 기구를 마련할 필요가 있었다. 그래서 김규식과 여운형이 주도하는 좌우합작위원회를 지원하였고, 그것을 입법기관으로 확대하는 방안을 모색하였다. 한편 김규식과 여운형은 미국의 구상과 다른 목표와 지향점을 가지고 있었다. 그것은 대체로 남쪽의 좌우합작에 이은 남북합작으로 진정한 민족통일을 이루고, 이를 바탕으로 임시정부 수립문제를 해결하겠다는 것으로 무엇보다 좌우합작을 통한 민족통일에 그 초점이 있었다.[3] 이상과 같이

---

1) 좌익 측은 민주의원이 개원한 다음날인 2월 15일에 민주주의민족전선(民主主義民族戰線)을 발족하였다. 이후 좌익 측은 이 기관을 중심으로 임시정부수립논의를 전개하였다.

2) 좌우합작위원회의 형성 및 활동 등에 대해서는 鄭相宇,「美軍政期 中間派의 憲政構想에 관한 硏究」(博士學位論文, 서울大學校 大學院, 2007), 116-133쪽 참조.

3) 정용욱,『해방 전후 미국의 대한정책: 과도정부 구상과 중간파 정책을 중심으로』(서울: 서울대학교출판부, 2003), 283쪽.

서로 다른 두 가지 구상이 만나 남조선과도입법의원(이하에서는 '입법의원'이라고 함)이 탄생하게 되었다.

입법의원이 개원한 이후, 자주적으로 임시정부를 수립하려는 움직임이 있었다. 1947년 1월 20일 제12차 입법의원 본회의에서는 반탁결의안이 가결(44 대 1, 반대자: 안재홍)되었다. 그리고 입법의원 밖에서는 김구를 중심으로 반탁시위가 진행되었다. 2월에는 입법의원에서 반탁진영이 김규식을 불신하고, 한국인에게 정부권력을 넘겨줄 수 있는 법률 제정을 계획 중이라는 소문이 계속해서 나돌았다. 대한민국임시정부 측, 이승만과 한민당은 반탁에는 한 목소리를 내었다.[4] 그러나 그들이 추구하는 신국가 수립구상에서는 차이를 보였다. 대한민국임시정부 측은 반탁을 달성한 후에 대한민국임시정부를 봉대하는 방법을 취하려고 하였다. 이에 반하여 이승만과 한민당은 남한단독정부수립을 구상하고 있었다. 그동안 대한민국임시정부봉대론을 주장하며 정치의 주변부에 머물러 있던 한민당은 보다 더 현실적인 이승만의 남한단독정부수립론에 편승함으로써 서서히 중심부로 이동하기 시작하였다.[5]

이승만은 입법의원이 개원하기 이전인 1946년 12월 초에 미국을 방문하였다. 그는 방미에 앞서 김구와 협의하여 ① 이승만이 미국에서 모스크바 협정의 폐기와 단독정부수립을 촉구하고, ② 국내에서는 김구와 대한민국임시정부 주도로 대대적인 반탁시위를 전개한다는 것 등에 대해 합의하였다. 그리고 국내의 정치상황을 김구에게 일임하였다.[6] 이승만의 방미 기간 중 김구 중심의 대한민국임시정부는 반탁시위를 전개하였고, 대한독립촉성국민회와 민족통일총본부를 비상국민회의에 통합시키려고 하였다.

---

4) 당시 대한민국임시정부는 김구와 한독당 중심으로 그 세력이 약화되어 있었다. 반면 한민당의 정치적 입지는 강화되어 가고 있었다.
5) 입법의원에서 유리한 지위를 점하고 있던 중간파들은 미소공동위원회 재개를 통한 남북임시정부수립을 구상하고 있었다.
6) 李相勳, 「해방후 대한독립촉성국민회의 국가건설운동 연구」(碩士學位論文, 延世大學校 大學院, 2002), 34쪽.

1947년 2월 27일에는 행정조직법기초위원회 위원장 신익희가 「행정
조직법기초위원회안」을 입법의원에 제출하였다.7) 이 법안은 대한민국임
시정부의 임시정부수립 기도와 연결되어 있었다. 대한민국임시정부 계열
은 반탁시위와 같은 직접행동을 통한 정부수립이 실패하면 입법의원에서
이 법안을 통과시킬 계획이었다. 그러나 신익희가 이 법안을 제출한지 얼
마 안된 시점에서 더 이상 대한민국임시정부를 위해 법안을 추진하지는
않을 것이라는 김규식의 제보가 있었다. 이렇듯 이 법안은 제안자인 신익
희 자신에 의해 적극적으로 추진되지 않았다. 또 입법의원 심의과정에서
법안의 비민주적 성격, 주한미군사령부의 권한 침해, 헌법채택을 기다려
야 한다는 점이 지적되었다. 그리고 그 법안을 법제사법위원회에 회부하
여 심사·보고하도록 하였다. 이 법안이 제1독회 질의응답을 기다리고 있
는 동안 서상일은 3월 3일에 「남조선과도약헌안」을 입법의원에 제출하였
다. 이것은 이승만과 한민당의 남한단독정부 수립기도와 연결되어 있었
다.8) 3월 31일에는 임시헌법기초위원회 위원장 김붕준이 「임시헌법기초
위원회안」을 김규식에게 제출하였다. 이것은 이승만과 한민당의 남한단
독정부수립론을 저지하고 중간파 중심의 임시정부 수립구상을 실현하려
는 것이었다.

---

7) 신익희는 대한민국임시정부로부터 정치공작대 해산령이 내려진 뒤, 김구 보다는
   이승만과 가까운 사람으로 평가받았다. 이러한 평가와 달리 그는 1947년 7월 중
   순까지 한독당 당원으로 활동하다가 탈당하였다. 탈당의 이유는 자유로운 입장에
   서 정치활동을 하기 위해서라고 밝혔다. 「申翼熙氏 韓獨黨 脫黨」『東亞日報』
   (1947. 7. 20), 1면.
8) 정용욱(註 3), 339-340쪽.

II. 입법의원 행정조직법기초위원회와
임시헌법기초위원회의 조직과 헌법안 작성

1. 조직

1) 입법의원에서의 전형위원 선출

1946년 12월 30일 제6차 입법의원 본회의에서 남조선과도입법의원법이 통과되었다.

입법의원법이 통과된 뒤 제7차 본회의에서는 각 위원회 위원을 선발하기 위하여 전형위원 15인을 선출하였다. 그 결과 안재홍(61인 중 44표, 소집책임자), 원세훈(40표), 오하영(36표), 이종근(30표), 김붕준(33표), 여운홍(31표), 최명환(30표), 장자일(29표), 정이형(27표), 김호(25표), 강순(24표), 박건웅(23표), 백관수(23표), 윤석구(22표), 홍성하(21표)(이상 15명)가 선출되었다.[9]

2) 전형위원에 의한 기초위원 선출

전형위원들이 전형한 결과 법제사법위원회 위원은 위원장 백관수, 제1분과회 윤기섭, 홍순철, 이응진, 신익희, 백관수, 이원생, 이봉구, 서상일, 변성옥, 황신덕(이상 10명)과 제2분과회 최동오, 양제박, 엄우룡, 황보익, 하상훈(이상 5명)이 선출되었다.[10] 특별위원회로 행정조직법기초위원회

---

9) 「1947년 1월 6일 제7차 회의, 金奎植 의장 발언」, 大韓民國國會(編), 『南朝鮮過渡立法議院速記錄 ①』(서울: 先人文化社(영인본), 1999), 273쪽.
10) 「1947년 1월 9일 제8차 회의, 安在鴻 의원 보고」, 大韓民國國會(編)(註 9), 286쪽; 「1947년 1월 10일 제9차 회의, 安在鴻 의원 보고」, 大韓民國國會(編)(註 9), 306쪽; 「1947년 1월 13일 제10차 회의, 李相壽 비서장 보고」, 大韓民國國會(編)(註 9), 332쪽.

와 임시헌법기초위원회를 구성하였다. 전자의 위원에는 위원장 신익희,
오하영, 천진철, 신중목, 문진교, 장연송, 정광조, 백남용, 서상일(이상 9명)
이 선출되었다.[11] 후자의 위원에는 위원장 김붕준, 손문기, 최동오, 김철
수, 이봉구,[12] 하경덕,[13] 박승호, 이주형,[14] 변성옥(이상 9명)이 선출되
었다.[15]

2. 헌법안의 작성

행정조직법기초위원회와 임시헌법기초위원회의 회의록이 남아 있지
않아 두 기초위원회에서 어떠한 절차와 논의를 통해 헌법안을 작성했는
지를 알 수 없는 실정이다.[16]

---

11) 「1947년 1월 9일 제8차 회의, 安在鴻 의원 보고」, 大韓民國國會(編)(註 9), 287
    쪽; 「1947년 1월 10일 제9차 회의, 安在鴻 의원 보고」, 大韓民國國會(編)(註 9),
    306쪽; 「1947년 1월 13일(월) 제10차 회의, 李相壽 비서장 보고」, 大韓民國國
    會(編)(註 9), 333쪽.
12) 대동신문사 부사장.
13) 서울신문사 사장.
14) 1947년 7월 10일 입법의원의 제106차 회의에서 이주형 의원의 사임서원(辭任書
    願)이 보고되었다.
15) 「1947년 1월 9일 제8차 회의, 安在鴻 의원 보고」, 大韓民國國會(編)(註 9), 287
    쪽; 鄭容郁(編), 『解放直後 政治·社會史 資料集 第十一卷: 과도입법의원 자료
    집(1)』(서울: 다락방(영인본), 1994), 39쪽.
    이 중 손문기, 박승호, 이주형, 변성옥 4명은 남조선과도약헌안의 제안자들이다.
16) 행정조직법기초위원회안은 정부조직법에 해당하기 때문에 형식적 의미의 헌법안
    이라고 할 수 없다. 그러나 여기서는 분석의 편의를 위하여 실질적 의미에서 헌
    법안이라고 칭하도록 한다.

Ⅲ. 입법의원 본회의에서의 헌법안 심의

1. 행정조직법기초위원회안에 대한 심의

1) 심의과정

1947년 2월 27일 제23차 입법의원 본회의에 「行政組織法起草委員會案」(5장 57개조)[17]이 상정되어 제1독회(보고와 대체설명)가 진행되었다. 이 법안의 제출이유에 대해 행정조직법기초위원회 위원장 신익희는 남쪽 해방공간의 행정조직을 규정하여 남북의 통일된 임시정부가 수립될 때까지 과도적 행정의 기초를 하기 위한 것이라고 밝혔다.[18]

　　이 草案의 要旨를 說明하는데 첫째 南朝鮮過渡行政組織法草案은 全部가 五章 五十七[19]箇條文으로 編成이 되었습니다 本 草案은 그 名稱에 表示된 거와 같이 北緯 三十八度 以南의 朝鮮의 行政組織을 規定해서 南北이 統一된 우리 臨時政府가 樹立될 때까지의 過渡的 行政의 基礎로 하자는 것이올시다 行政機能移讓에 關해서는 屢次 하-지 將軍으로부터도 言明이 있었지마는 우리는 이것을 實踐하는데에 必要한 法的 保障이 있어야 名實相符한 移讓이 되겠으므로 本 草案은 그 目的 아래서 起草된 것입니다[20]

---

17) 이 안은 신익희가 「南朝鮮過渡行政組織法草案」으로 제출한 것이다. 그가 제안하였다고 이유로 제안자의 이름을 따서 「申翼熙案」이라고도 칭해졌다. 이 연구에서는 위원회의 명칭에 따라 「行政組織法起草委員會案」이라고 칭하도록 한다. 원문은 『국회보』와 『남조선과도입법의원속기록』에 수록되어 있다. 이 연구에서는 속기록본(大韓民國國會(編), 『南朝鮮過渡立法議院速記錄 ②』(서울: 先人文化社(영인본), 1999), 61-64쪽)을 대상으로 분석한다.

18) 그는 2월 19일에 일주일 동안 휴회를 하면서 각 위원에게 공작을 진행하라고 하여 행정조직법초안을 작성하였다고 한다[「1947년 3월 10일(월) 제28차 회의, 申翼熙 의원 발언」, 大韓民國國會(編)(註 17), 61쪽].

19) 원문에는 '六'으로 되어 있으나, '七'에 대한 오기로 보인다.

20) 「1947년 2월 27일(목) 제23차 회의, 申翼熙 의원 발언」, 大韓民國國會(編)(註

신익희의 대체설명이 있은 뒤, 남조선과도입법의원법에 따라 제1독회를 마치고 법제사법위원회로 회부할 것인지의 문제에 대해 논란이 되다가 시간이 지나 휴회를 하였다.[21]

이후 3월 10일 제28차 본회의가 되어서야 다시 제1독회(질의·응답)를 시작하였다. 이날 회의에서는 법안의 비민주적 성격, 주한미군사령부의 권한 침해, 헌법채택을 기다려야 한다는 점 등이 지적되었다. 그리고 법제사법위원회에 회부하여 심사보고하도록 결정하였다.[22] 신익희는 이 법안을 가지고 미군정청의 책임자, 퍼글러 등이 함께 토의하기로 했다고 한다.[23]

행정조직법기초위원회안은 법제사법위원회에서 심사하여 보고하기로 하였지만, 이후 남조선과도약헌과 임시헌법기초위원회안이 제출되어 논의됨으로써 다시 상정되지 않았다.

2) 내용과 특징

이 법안은 남쪽 해방공간(북위 38도 이남의 남조선)의 행정을 미군정으로부터 이양을 받아 민주주의원칙에서 발전시키는 것을 목적으로 하고 있다. 그리고 남북이 통일된 임시정부가 수립되어 이것을 대신할 법률이 제정될 때까지 그 효력을 가진다.

미군정으로부터 행정을 이양하는 것만을 대상으로 하고 있다. 행정부 주석을 중심으로 중앙집권적 행정체제(대통령제)를 취하고 있다. 그래서 제1독회를 하는 동안 민주적이지 못하고 독재화의 우려화가 있다, 파쇼적이다라는 지적을 받았다. 행정부 주석의 임기를 남북이 통일되고 임시정

---

17), 65쪽.

21) 「1947년 2월 27일(목) 제23차 회의」, 大韓民國國會(編)(註 17), 64-68쪽.

22) 「1947년 3월 10일(월) 제28차 회의」, 大韓民國國會(編)(註 17), 207-229쪽.

23) 「1947년 3월 10일(월) 제28차 회의, 申翼熙 의원 발언」, 大韓民國國會(編)(註 17), 227쪽.

부가 수립되어 후계자가 결정될 때까지로 하고 있다. 그 결과 남북이 통일되지 못할 경우, 최초의 행정부 주석이 계속해서 행정을 운영할 우려가 있었다. 군정장관과 민정장관으로 구성된 당시의 미군정체계를 접수하여 한인화 하려는 의도로 작성된 법안이다. 이와 관련하여 신익희는 다음과 같이 설명하였다. "行政府 主席 以外에 行政各部를 總轄하는 機關으로 行政總長을 中間에 介在할 必要가 있을가 생각을 하는 問題는 美軍駐屯 下의 暫時的 措置로서는 南朝鮮의 行政權을 移讓받고저 하는 憂鬱한 이 段階에 있어서는 너무 奢侈스러운 機構가 아닐가도 생각했지마는 行政府 主席에 좀 큰일에 出馬를 해 가지고 우리 南北의 統一을 爲해서 모든 것을 促進시킨다는 意味에 있어서 이런 機關을 두는 것도 必要하지 않을가 생각했습니다."[24]

행정부의 장으로 주석, 부주석, 행정총장 3인 체제를 취하고 있다. 주석과 부주석은 남조선과도입법의원에서 선거한다. 이 선거는 무기명투표로써 하되 재적의원 4분의 3 이상의 출석과 출석의원 3분의 2 이상의 득표자로 당선을 결정한다. 단 2차 투표에서도 3분의 2 이상의 득표자가 없을 경우에는 3차 투표에서 최다득표자를 당선으로 한다. 남조선미주둔군사령관의 권한을 침해하지 못하도록 하고 있다.

3) 제출의 함의

신익희가 제출한 행정조직법기초위원회안은 대한민국임시정부 요인들이 주장하던 내용과 대체로 일치한다. 대한민국임시정부는 입법의원에서 반탁결의안이 통과된 후, 입법의원 밖에서 반탁시위를 진행하였다. 한편 합법공간인 입법의원에서 이 법안을 통과시켜 임시정부를 수립하려고 하였던 것 같다. 임시정부 요인들은 귀국 후 줄곧 대통령(주석)에게 강한 권

---

24) 「1947년 2월 27일(목) 제23차 회의, 申翼熙 의원 발언」, 大韓民國國會(編)(註 17), 65-66쪽.

한이 부여된 정부형태(대통령제)를 주장해 왔다. 이 점은 서상일 의원 외 53명이 제출한 남조선과도약헌안이 행정부보다 입법부에 강한 권한을 부여한 정부형태(내각책임제)를 취하고 있는 것과는 대조를 이룬다. 대한민국임시정부측에서 대통령제를 주장한 이유는 독립운동을 통해 알려진 몇몇 지도자들의 인지도는 높으나, 국내기반은 한민당보다 약하다고 판단하였기 때문으로 생각된다.

이 법안을 제출한 신익희는 그 통과를 적극적으로 추진하지 않았다. 그 이유는 행정조직법기초위원회안이 제출된 이후, 한민당을 중심으로 남조선과도약헌안이 입법의원에 제출된 점도 있지만, 보다 중요한 이유는 다른데 있었다. 그것을 이해하기 위해서는 이 시기 신익희의 활동상황을 주목할 필요가 있다.

신익희는 귀국 후, 대한민국임시정부 내무부장이라는 직함으로 정치공작대와 정치위원회를 조직하였다. 1945년 12월 28일 모스크바 삼상회의의 결정내용이 국내에 알려지자 우익 측은 반탁시위를 전개하였다. 그 과정에서 정치공작대의 실체가 표면적으로 드러나기 시작하였다. 미군정은 대한민국임시정부를 통해 그것의 해체를 지시하였다. 또한 한민당의 송필만도 신익희의 세력이 커지는 것을 보고 김구에게 그 사실을 알렸다고 한다. 이에 대한민국임시정부에서는 신익희에게 정치공작대를 해체할 것을 명령하였다. 그 뒤 정치공작대는 신익희의 사조직으로 전락하였다. 6월 10일에 개최된 제2회 전국대표대회에서 대한독립촉성국민회가 이승만 중심으로 개편되었다. 이때 신익희는 부의장에 임명되었고, 정치공작대원들은 기획부, 선전부, 조사부 등 여러 부서 부원으로 선발되어 정치공작대는 대한독립촉성국민회로 통합되었다. 통합된 이후에도 신익희는 대한민국임시정부와 완전히 결별한 것은 아니었지만 정치적 관심은 이승만 쪽으로 기운 상태였다. 그래서 그는 김구보다는 이승만 사람으로 평가되었다.25) 1946년 8월 17일에 대한독립촉성국민회 위원장 이시영이 여운형

---

25) 「SUMMARY OF RECENT INFORMATION CONCERNING THE NATIONAL

테러사건으로 사임할 것을 발표하였다. 이후 간부들이 총사퇴를 하는 등
어수선한 분위기가 계속되었다. 대한독립촉성국민회는 9월 7일에 제3회
전국대의원대회를 개최하였다. 그리고 임원을 새로 재편성하였다. 그 과
정에서 신익희와 정치공작대원들은 중앙에서 밀려나게 되었다. 중앙간부
직에서 탈락한 신익희는 민족통일총본부의 요직도 사양한 가운데, 1946
년 10월의 한성지부 개편대회를 통해 대한독립촉성국민회 한성지부를 장
악하였다. 이때 신익희가 위원장, 진헌식이 총무부장, 박문이 청년부장에
선임되었다. 그는 한성지부를 토대로 대한독립촉성국민회청년대를 재조
직·강화하는 한편, 임정추진회가 대한독립촉성국민회 중앙을 장악하고
대한민국임시정부봉대운동을 벌이는 것에 반대하였다.26)

　이승만은 김구와의 협의하에 12월 초에 미국으로 떠났다. 이승만의 방
미(訪美)기간 동안 김구 중심의 대한민국임시정부는 반탁시위를 전개하였
고, 대한독립촉성국민회와 민족통일총본부를 비상국민회의에 통합하고
대한민국임시정부를 중심으로 임시정부를 수립하려고 하였다. 1947년 3
월 3일에 대한민국임시정부가 중심이 된 국민의회에서는 대한민국임시정
부의 확대강화에 대하여 신중히 토의한 결과 우선 주석에 이승만, 부주석
에 김구를 추대하는 동시에 국무의원에 장건상(張建相), 김붕준(金朋濬),
차이석(車利錫), 김원봉(金元鳳), 김성숙(金星淑), 성주식(成周寔) 대신에
오세창(吳世昌), 김창숙(金昌淑), 박렬(朴烈), 이청천(李靑天), 조만식(曺晩
植), 이을규(李乙圭)를 보선하였다. 그리고 각 부장에 대한 새로운 선출은
주석, 부주석에게 일임하고 곧 그 인선을 결정하여 국무위원 회의에서 통

　　SOCIETY FOR RAPID REALIZATION OF INDEPENDENCE, 28 September
　　46」, 申福龍(編), 『韓國分斷史資料集 Ⅵ』(서울: 原主文化社(영인본), 1993),
　　211-212쪽.

26) 서재권, 『國民運動史』(미간행유고), 제12분책(李相動(註 6), 32쪽 각주 78)에서
　　재인용); 제27분책(李相動(註 6), 52쪽 각주 133)에서 재인용); 洪定完,「정부수
　　립기 大韓獨立促成國民會의 국민운동 연구」(碩士學位論文, 延世大學校 大學
　　院, 2006), 8쪽과 78쪽.

과시켜 발표하기로 하였다.[27] 이처럼 김구는 주석 자리를 이승만에게 내어 주면서 대한민국임시정부 중심의 임시정부를 수립하려고 하였던 것이다.

국내 정국이 이렇게 전개되는 동안 방미 중이던 이승만은 1947년 3월 내내 남한단독정부 수립이 가능하다는 소식을 국내에 전하였다. 그 진위 여부를 떠나 이렇게 함으로써 그가 귀국한 4월 21일까지 대한민국임시정부를 중심으로 한 임시정부 수립을 저지할 수 있었다. 이와 같은 상황 속에서 신익희는 김구 중심의 대한민국임시정부봉대론보다 이승만과 한민당의 남한단독정부수립론이 더 현실적이었다고 판단하였던 것 같다. 그래서 그는 행정조직법기초위원회안의 통과를 적극적으로 추진하지 않았던 것으로 생각된다.

2. 남조선과도약헌안에 대한 심의

1) 심의과정

서상일은 법률전문가 4, 5인이 각각 헌법안을 제출하였고, 그것을 가지고 여러 번 수정하고 검토하여 남조선과도약헌안을 만들었다고 한다. 그리고 영국, 프랑스, 일본, 중국, 심지어 필리핀 등 여러 나라의 헌법을 참고하였다고 한다. 헌법안의 내용으로 인민의 권리와 의무를 나열하지 않은 것은 그것이 임시정부를 수립하기 위한 약헌이기 때문이었다고 한다.[28]

1947년 3월 11일 제29차 입법의원 본회의에서 「南朝鮮過渡約憲案」(6장 45개조)[29]에 대한 제1독회(설명, 질의·응답)가 진행되었다.[30] 남조선

---

27) 「大韓臨政을 强化: 國民議會 緊急代議會」 『東亞日報』(1947. 3. 5), 1면; 「臨政國務員 補選?: 國民議會 代議員會議서」 『朝鮮日報』(1947. 3. 5), 1면.

28) 「1947년 3월 11일(화) 제29차 회의, 徐相日 의원 발언」, 大韓民國國會(編)(註17), 255쪽.

29) 이 헌법안은 제안자의 이름에 따라 「徐相日案」이라고도 한다. 그러나 그렇게 명

과도약헌의 제안자들은 남북통일정부가 수립될 때까지 행정은 6단계(純軍政 段階→軍民政合治 段階→民政 段階→過渡臨政 段階(남조선과도정부)→南北統一臨政 段階→正式政府樹立 段階)의 과정을 거쳐 이양될 필요가 있다고 인식하였다. 남조선과도약헌이 제출된 이유는 그 중 군민정합치 단계에서 민정 단계로 전환하기 위한 것이었다.

南朝鮮過渡約憲案提出理由 南北統一의 自主獨立政府의 樹立은 韓民族의 宿願이다 本 議員들이 夢寐에서도 不忘하는 바이며 또 그 最速한 期限內에 實現을 爲하야 全力을 傾注할 것 勿論이다 그러나 이것은 國際的 關聯性에 制約되어 吾人의 冀望만으로 解決될 問題가 아님에 統一政府가 樹立될 때까지 南朝鮮에 있어서 臨時措處가 必要하다 即 朝鮮人統治에 關한 限 軍政을 民政으로 轉換하는 體系를 確立하야 立法, 行政, 司法의 全 權限을 朝鮮人에게 移讓케 하고저 함이니 이는 目下 緊急한 民生問題의 解決에 있어서 뿐 아니라 널리 行政에 對한 人民의 信任을 昂揚하야 政局을 安定하고 官紀를 肅振하여 韓民族의 國家的 地位를 向上하야 統一獨立政府 樹立에 對한 關係 列國의 努力을 促進함에 絶大한 效果가 있을 것이다 本 議員들은 이러한 國內 國際의 必要性을 確認하고 이에 南朝鮮過渡約憲案을 提出하는 바이다 이는 決코 美軍長官의 絶大한 好意와 努力을 無視하며 美駐屯軍司令官의 司令官으로서의 權限을 侵害하는 것이 아니라 在來 軍政 當局이 累累

명할 경우, 서상일 개인이 작성한 것으로 오해할 수 있다. 따라서 이 연구에서는 「南朝鮮過渡約憲案」이라고 칭하도록 한다. 원문은 『국회보』와 『남조선과도입법의원속기록』에 수록되어 있다. 이 연구에서는 속기록본(大韓民國國會(編)(註 17), 241-243쪽)을 대상으로 분석한다.

30) 남조선과도약헌안의 제출자는 다음과 같이 총 54명이다. 姜益亨, 高光表, 金局泰, 金光顯, 金度演, 金法麟, 金尙德, 金永奎, 金溶模, 金益東, 金昌根, 文珍敎, 朴承浩, 朴容羲, 朴賢淑, 邊成玉, 白寬洙, 白南鏞, 徐相日, 徐商俊, 孫汶岐, 宋鍾玉, 愼重穆, 梁濟博, 嚴雨龍, 吳龍國, 吳夏英, 柳英根, 柳鼎浩, 兪鎭熙, 尹錫龜, 李甲洙, 李南圭, 李順鐸, 李源生, 李一雨, 李宗根, 李周衡, 李活, 張勉, 張連松, 鄭廣朝, 鄭鎭熙, 趙軒九, 千珍喆, 崔鳴煥, 河萬濮, 河相勳, 許侃龍, 洪性夏, 洪淳徹, 黃保翌, 黃信德, 黃喆性(이상 54명, 가나다 순) 「1947년 3월 11일 (화) 제29차 회의」, 大韓民國國會(編)(註 17), 249쪽. 김도연(金度演)은 두 번 기록되어 있다.

聲明한 바와 같이 南朝鮮 統治에 民主主義的 要素를 擴大하야 朝鮮人統治의 基礎를 朝鮮人의 一般意思에 두고자 함이니 今後에도 美軍長官과 意見을 臨時交換하야 一層 緊密한 連絡을 保持할 것은 吾人의 깊이 期待하는 바이다 檀紀 四二八〇年 二月 二十八日[31]

　이 헌법안을 놓고 이승만의 남한단독정부설과의 관계,[32] 내각구성을 어떻게 할 것인가, 이미 제출된 행정조직법기초위원회안과의 관계는 어떻게 되는가, 임시헌법기초위원회에서 새로운 헌법안이 제출되면 어떻게 되는가, 왜 국민의 권리의무가 존재하지 않는가 등에 대한 질의응답이 있었다. 그리고 이 헌법안을 법제사법위원회, 임시헌법기초위원회, 행정조직법기초위원회의 연석회의에 넘겨서 심사·보고하도록 결정하였다.[33]

　세 위원회의 연석회의에서 심사를 마친 수정안[34]은 3월 31일에 의장 김규식에게 제출되었다. 수정안에 대해 대동신문은 "大幅的인 修正과 文句를 變更하여 去 三十一日에 議長에게 廻附하였다"[35]라고 보도하였고, 동아일보는 "大體로 文句修正의 程度였고 다만 第二章(立法議院)에 있어서는 條文의 異動 削除及修改 等이 있었다"[36]라고 보도하였다.

---

31) 「南朝鮮過渡約憲提出理由, 1947. 2. 28.」, 國學振興研究事業推進委員會(編), 『韓國獨立運動史資料集: 趙素昻篇(四)』(城南: 韓國精神文化研究院, 1997), 1132쪽; 「1947년 3월 11일(화) 제29차 회의, 徐相日 의원 발언」, 大韓民國國會(編)(註 17), 248-249쪽. 두 자료 모두 탈·오자가 존재한다. 이 내용은 두 자료를 대상으로 문맥에 맞게 수정한 것이다.

32) 이에 대해 서상일은 단독국가(單獨國家)와 단독정부(單獨政府) 수립으로 나누어서, 국제정세로 볼 때, 단독국가 수립은 어렵다고 설명하였다. 또한 남조선과도약헌안은 단독정부를 수립하기 위한 것으로 단독국가 수립과는 관련이 없다고 주장하였다[「1947년 3월 11일(화) 제29차 회의, 徐相日 의원 발언」, 大韓民國國會(編)(註 17), 249-250쪽].

33) 「1947년 3월 11일(화) 제29차 회의」, 大韓民國國會(編)(註 17), 249-267쪽.

34) 1947년 3월 11일에 제1독회를 한 뒤, 법제사법위원회·임시헌법기초위원회·행정조직법기초위원회의 연석회의에서 심사를 한 남조선과도약헌안의 수정안을 말한다.

35) 「過渡約憲 修正 完了」 『大東新聞』(1947. 4. 2), 1면.

36) 「立議 本會議: 約憲修正 討議」 『東亞日報』(1947. 4. 19), 1면.

　수정안은 4월 17일 제53차 입법의원 본회의에 상정되었다.[37] 다음날
제54차 본회의에서는 임시헌법기초위원회가 수정안을 대체하기 위해 새
로운 헌법안을 작성했는지 여부가 논란이 되었다. 김학배(金鶴培) 의원의
"本案은 臨時憲法이 上程되어 討論하게 될 때까지 保留할 것"이라는 動
議가 있었으나, 미결되었다. 이어 윤석구(尹錫龜) 의원의 "南朝鮮過渡約
憲案은 第一讀會를 繼續하여 大體討論할 것"이라는 개의가 과반수로 가
결되었고, 6시에 휴회하였다.[38] 4월 19일 제55차 본회의에서는 재석의원

---

37) 「53立議 本會議」『京鄕新聞』(1947. 4. 18), 1면; 「立議 本會議」『大東新聞』
　　(1947. 4. 18), 1면; 「立議 本會議」『自由新聞』(1947. 4. 18), 1면.

38) 鄭容郁(編)(註 15), 374쪽; 「過渡約憲 修正案: 立議 激論 後 保留」『大東新聞』
　　(1947. 4. 19), 1면; 「立議 本會議」『大東新聞』(1947. 4. 20), 1면. 4월 19일
　　『大東新聞』에 따르면, "法制司法委員長 白寬洙議員의 南朝鮮過渡約憲修正
　　案의 審査報告가 있었다 同法案은 徐相日 外 五十餘議員의 連署로 起草된 것
　　인데 臨時憲法起草委員會에서도 臨時憲法을 起草한 바 있어 이 二法案의 關
　　係로 物議가 紛紛하여 徐相日 金朋濬 白寬洙 等 議員이 同修正案에 關하여
　　再次 同修正案의 經緯를 敷衍說明하였으나 前記 二起草案의 關係로 物議가
　　激烈하여 激論이 있는 後 同約憲은 臨時憲法案이 上程될 때까지 保留하기로
　　決定하였다." 그리고 4월 20일 『大東新聞』에 따르면, "十八日 午後 二時 半
　　以後의 第五十四次 本會議는 處理案件인 南朝鮮過渡約憲案에 關한 討論에
　　이어 「本案은 臨時憲法에 上程되어 討論하게 될 때까지 保留할 것」이라는 金
　　鶴培 議員의 動議가 있었으나 未決되었다 同 三時 三十五分부터 十五分間 休
　　憩한 後 同 三時 五十五分 繼續開議하고 尹錫龜 議員으로부터 「南朝鮮過渡
　　約憲案은 第一讀會를 繼續하여 大體討論할 것」의 改議를 過半數로 可決한 後
　　同 六時 休會하였다." 『自由新聞』에 따르면, "南朝鮮過渡約憲은 十八日의 立
　　議 第五十四次 本會議에 上程하야 討議에 드러갓다 이 法案은 過般 徐相日
　　外 五十餘 議員이 作成提案한 것으로 第一讀會 質疑應答을 마치고 法制司法
　　委員會에 廻附되엿다가 今般 다른 四個法案과 함께 심사結果가 報告된 것으로
　　다른 法案에 압서 上程을 본 것이다 그런데 同法案은 臨時憲法起草委員會서
　　起草提出하야 第一讀會 質疑를 마치고 亦是 심사報告된 民主臨時憲法案과
　　性質上 가튼 것으로 이 臨時憲法案이 上程討議될 때까지 討議를 保留하자는
　　提議도 잇섯스나 結局 多數可決로 過渡約憲을 第一讀會 大體討論에 부치기로
　　決定코 이날은 休會하고 十九日의 第五十五次 會議에로 넘어갓다." 「立議 本
　　會議」『自由新聞』(1947. 4. 19), 1면.

수의 미달로 수정안에 대한 심의가 중단되었다.[39] 4월 21일 제56차 본회
의에서도 수정안은 재석의원수의 미달로 심의되지 못하였고, 임시헌법기
초위원회안에 대한 제1독회가 진행되었다. 그것에 대한 제1독회가 끝난
후, 임시헌법기초위원회안과 수정안을 법제사법위원회와 임시헌법기초위
원회의 연석회의에 부쳐 절충안을 작성하고 그것을 1주일 이내에 보고하
기로 결정하였다.[40]

2) 내용과 특징

(1) 편제

남조선과도약헌안은 제1장 총강, 제2장 입법의원, 제3장 행정부(제1절
행정부주석·부주석, 제2절 정무회의, 제3절 감찰원, 제4절 지방제도), 제4
장 사법, 제5장 재정, 제6장 부칙으로 총 6장 45개 조문으로 이루어져 있다.

(2) 국민의 권리의무

제2조에서 "人民은 法律上 平等이며 民主主義의 모든 基本的 自由와
權利를 享有함 人民의 自由 또는 權利를 制限 或은 剝奪하는 法律의 制

---

39) 「55會議 後半」『京鄕新聞』(1947. 4. 22), 1면; 「立議 本會議」『大東新聞』
   (1947. 4. 22), 1면.
40) 鄭容郁(編)(註 15), 379쪽; 「56立議 本會議」『京鄕新聞』(1947. 4. 22), 1면; 「立
   議의 決議」『京鄕新聞』(1947. 4. 23), 1면; 「立議 本會議」『大東新聞』(1947.
   4. 22), 1면; 「立議 本會議」『大東新聞』(1947. 4. 23), 1면. 특히 4월 23일 『大
   東新聞』에 따르면, "二十一日 立議 第五十六次 本會議 後半期=金朋濬議員
   의 朝鮮民主臨時約憲의 逐條朗讀說明이 끝난 後 同案은 法制 및 臨時憲法起
   草委員會에 넘기어 同連席會議에서 統一案을 作成하여 一週日 內로 上程케
   할 것을 過半數로 可決하였다."
   1947년 4월 7일(월) 제46차 회의 이후부터 7월 10일(목) 제106차 회의 이전까지
   의 남조선과도입법의원 속기록은 존재하지 않는다. 따라서 이 부분과 관련된 내
   용은 미국 측 자료와 당시 발간된 신문을 대상으로 분석한다.

定은 社會安全을 保衛하거나 或은 公共의 利益을 增進함에 必要한 境遇
에 限함"이라고 하여 일반규정만 두고 있을 뿐, 개별적 권리의무에 대해
서는 아무런 규정을 두고 있지 않다.

(3) 입법의원의 구성

입법의원은 단원제로 구성하고, 그 의원은 선거법에 의하여 공선하도
록 하고 있다.

(4) 정부형태

내각책임제 정부형태를 취하고 있다. 그것은 다음과 같은 이유 때문인
것으로 생각된다. 첫째, 반관반민(半官半民)으로 구성된 입법의원은 좌우
를 아우르는 중간파 의원들이 다수를 점하고 있었다. 한편 한민당은 민선
에서 다수 의원을 당선시켰다. 그것은 국내에 기반을 둔 한민당에게 대중
적 인지도를 확인시켜 주는 계기가 되었다. 둘째, 입법의원이 개원된 이
후, 한민당계 의원들이 중심이 되어 반탁결의안을 가결시켰다. 이것은 특
별한 의미를 가지고 있다. 당시 대한민국임시정부, 이승만, 한민당은 반탁
시위에는 한목소리를 내었으나, 임시정부의 수립에서는 각각 다른 구상을
가지고 있었다. 반면 김규식 중심의 중간파들은 미소공동위원회를 통한
남북임시정부수립을 구상하고 있었다. 입법의원에서는 중간파들이 다수
를 점하고 있었다. 그러한 정세하에 한민당 의원들이 중심이 되어 반탁결
의안을 가결시킴으로써 한민당은 정치적 입지를 강화시킬 수 있었다. 셋
째, 그러한 과정을 거치는 동안 정치의 주변부에 머물러 있던 한민당은
중심부로 서서히 이동할 수 있었다. 하지만 한민당에는 김구나 이승만을
상대할 만한 인물이 존재하지 않았다. 그래서 그들은 대한민국임시정부
요인들이 주장하던 대통령제보다는 내각책임제를 더 선호하였던 것으로
생각된다.

　주석과 부주석은 입법의원에서 선거한다. 선거는 의원 3분의 2 이상의 출석으로 무기명투표에 의하여 출석의원 3분의 2 이상의 득표자를 당선으로 결정한다. 단, 3분의 2 이상의 득표자가 없을 때에는 최고점자 2인에 대하여 결선투표를 행하고 다점자를 선출한다. 주석과 부주석에 대한 구체적 임기가 규정되어 있지 않다. 그 대신 남북조선이 통일된 임시정부가 수립되어 후계자가 결정될 때까지로 하고 있다. 그 결과 최초에 선출된 주석과 부주석이 계속해서 그 직을 담당할 우려가 있었다.

　주석은 다음과 같은 권한을 가지고 있다. 입법의원에 법률안·예산안·결산안·기타 중요한 의안을 제출, 법률안을 공포, 위임명령과 집행명령을 발포, 입법의원에 대한 교서를 교부, 文試官의 임면과 감독, 영전의 수여, 대사·특사·감형·복권을 선포, 계엄과 해엄을 선포, 조약 또는 외교상 협정을 체결하고 외교관계를 처리하는 권한을 가진다. 매년 예산을 편성한다. 내란·외환 기타 비상재해로 인하여 긴급한 지출을 요하며 입법의원의 의결을 기다릴 여유가 없을 때에는 재정상 필요한 처분을 행할 수 있다. 헌법개정을 제안할 수 있다. 입법의원을 소집한다. 그리고 10일 이내에 정회 또는 해산을 선포할 수 있다. 단, 동일한 사유에 의한 해산은 1회에 한한다. 입법의원을 해산한 경우, 그 해산일로부터 40일 이내에 총선거를 행하고 총선거일로부터 20일 이내에 입법의원을 소집하여야 한다. 주석은 법률안을 제출할 수 있을 뿐만 아니라, 법률안에 대한 거부권의 행사도 가능하다. 즉, 주석은 성립된 법률안이 이송된 후 10일 이내에 이를 공포하여야 한다. 공포기간 내에 이유를 붙인 교서로써 입법의원에 대하여 재의를 구할 수 있다. 재의를 구함에도 불구하고 입법의원이 출석의원 3분의 2 이상의 찬성으로 원안대로 의결한 경우에는 다시 재의를 구할 수 없다.

　내각책임제 정부형태를 취하고 있음에도 불구하고, 주석, 정무총장과 함께 부주석도 두고 있다. 부주석은 주석을 보좌하고 주석이 사고가 있을 때에는 그 직권을 대행한다.

정무총장은 주석이 임명하고 입법의원의 동의를 받아야 한다. 정무위원은 정무총장이 추천하고 주석이 임명하되 입법의원의 동의를 받아야 한다. 정무위원은 10인 이상 15인 이내로 한다. 정무총장과 정무위원은 정무회의를 조직한다. 그리고 입법의원에 대하여 공동(連帶)으로 책임을 진다. 정무총장은 정무회의의 의장이 된다. 정무회의는 중요한 정책을 수립하며 행정각부 주요행정의 기획과 연락에 관한 사항을 결정한다. 정무총장은 주석의 명에 의하여 행정각부장을 통할한다. 주석이 서명한 법률, 명령 공포, 기타 정무에 관한 문서에는 정무총장과 정무위원, 주무부장이 부서를 하여야 한다.

입법의원은 정무총장과 정무위원에 대한 불신임 또는 탄핵을 의결한다. 또한 주석, 부주석에 대한 탄핵을 의결한다. 주석과 부주석의 탄핵이나, 정무총장과 정무위원의 불신임이나 탄핵은 의원 3분의 2 이상의 출석과 출석의원 3분의 2 이상의 찬성이 있어야 한다. 주석과 부주석은 내란·외환의 범죄 이외에는 재직 중 형사상 소추를 받지 아니한다. 내란·외환의 범죄에 대한 소추는 입법의원의 탄핵에 의하여 입법의원 의장이 이를 행하고 대법원이 심판한다. 주석은 소추에 의하여 해직된다. 주석은 조약 또는 외교상 협정체결과, 대사·특사·감형·복권에 대하여 입법의원의 동의를 얻어야 한다. 주석은 매년 예산을 편성하여 입법의원의 의결을 얻어야 한다. 입법의원에서 예산을 의정하지 않거나 예산이 성립되지 않은 때, 주석은 전년도 예산을 시행한다.

(5) 지방자치제도

도(道)에는 도장관, 군에는 군수, 도(島)에는 도사(島司)를 둔다. 도장관은 행정부 주석이 임명하고 입법의원의 동의를 요한다. 군수, 도사는 도장관의 추천에 의하여 행정부주석이 임명한다. 군수, 도사 이하의 선출방식에 대해서는 규정되어 있지 않다. 도장관, 군수, 도사를 중앙에서 임명하는 방식을 취하고 있다. 이것은 당시 아직도 좌익과 인민위원회가 존재하는 상황에서 선출방식을 채택하기가 힘들었기 때문으로 생각된다.

(6) 위헌법령심사제도

법원은 법령의 적용에 관하여 법령이 남조선과도약헌에 위반되는 여부를 심사할 권한을 가진다.

(7) 기타

남쪽 해방공간(북위 38도 이남 남조선)은 인민이 민주주의원칙에 의하여 통치하며 입법권, 행정권, 사법권은 이 법에 의하여 행사하도록 규정하고 있다. 이 법은 공포한 후 30일부터 시행한다. 그리고 남북이 통일된 임시정부가 수립될 때까지 그 효력이 있다. 이 법의 시행시에 재직하고 있는 공무원으로서 그에 상응한 지위가 이 법에 규정되어 있는 경우에는 이 법에 의하여 후임자가 선거 또는 임명될 때까지 계속 재직하도록 하고 있다.

(8) 특징

남조선과도약헌안의 주요특징은 ① 임시정부를 수립하기 위하여 작성된 임시헌법안이다. ② 국민의 권리의무에 관한 일반규정만 있을 뿐, 개별적 권리의무에 대해서는 규정되어 있지 않다. 그래서 비민주적 헌법안이라는 비판을 받았다. ③ 행정조직법기초위원회안(특히 제5조)이 참고되어 있다. ④ 이승만의 남조선단독정부수립(과도정부)과 연결되어 있다.

3) 제출의 함의

특별위원회로 행정조직법기초위원회와 임시헌법기초위원회가 조직되었음에도 불구하고 의원들이 남조선과도약헌안을 제출한 이유는 무엇이었을까? 입법의원 본회의에서는 이 문제로 한동안 논란이 되었다.

행정조직법기초위원회안은 미군정으로부터 행정만을 이양받기 위하여
작성된 것인데 반하여, 이 헌법안은 행정뿐만 아니라 입법과 사법도 이양
받게 규정되어 있다. 정부형태는 행정부보다 입법부에 강한 권한을 주고
있다. 그것은 한민당이 이승만의 남한단독정부수립론에 편승하여 임시정
부의 주도권을 자신들이 잡으려고 하였기 때문으로 생각된다. 그래서 그
들은 이승만이나 대한민국임시정부 요인들에게 유리한 대통령제보다는
내각책임제에 가까운 정부형태를 구상하였던 것 같다.

3. 임시헌법기초위원회안에 대한 심의

1) 심의과정

1947년 2월 27일에 행정조직법기초위원회안이 상정된 이후, 남조선과
도약헌안도 상정되어 논의가 진행되었다. 3월 11일에는 원세훈 의원이 「大
韓民國臨時憲法」을 제출하였다고 발언하였다.[41] 그러나 정작 임시헌법기
초위원회에서는 아무런 헌법안을 제출하지 않았다. 그래서 남조선과도약
헌안이 통과된 이후에 임시헌법기초위원회에서 새로운 헌법안을 제출하
면, 남조선과도약헌을 개정해야 하는지 여부가 논란이 되었다. 이에 대해
부의장 윤기섭은 다음과 같이 말하였다. "臨時政府樹立 되기 前에 우리
南部 朝鮮의 統治를 우리가 우리 朝鮮사람이 苦待한면 憲法도 거기에 起
草할 수 있고 지금 上程된 이러한 憲法도(남조선과도약헌안: 저자 보충설
명) 臨時憲法도 거기서 起草할 수 있습니다 그러니까 그것은 만일 起草가
없다면 아직 起草된 것은 없을 줄로 봅니다 이것을 數次 催促하였습니다
마는 내놓은 것이 없습니다 이들 案이 모이면 比較하서 第一 善美하게
맨들 것입니다."[42]

---

41) 「1947년 3월 11일(화) 제29차 회의, 元世勳 의원 발언」, 大韓民國國會(編)(註
17), 266쪽.

이와 같이 특별위원회로 임시헌법기초위원회가 존재하였지만, 임시헌법기초위원회에서는 3월 11일까지도 아무런 안을 제출하지 않았다. 이후 임시헌법기초위원회 위원장 김붕준은 3월 말에서 4월 초 사이에 「臨時憲法起草委員會案」[43]을 의장 김규식에게 제출하였다. 그러나 정확한 제출 날짜는 알 수 없다. 다만, 자유신문에서 김붕준이 3월 31일에 의장 김규식에게 헌법안을 제출하였다고 보도하고 있다.[44] 이 날에는 법제사법위원회, 임시헌법기초위원회, 행정조직법기초위원회의 연석회의를 통하여 심사보고하도록 한 수정안도 의장 김규식에게 제출되었다.[45]

이러한 과정을 통해 볼 때, 임시헌법기초위원회안은 남조선과도약헌안을 놓고 연석회의에서 심사하는 과정에서 임시정부의 수립이 이승만과 한민당 중심의 남한단독정부수립론 쪽으로 기울자 중간파 세력들은 새로운 헌법안을 마련할 필요가 있었고, 그 결과로 탄생한 것으로 보인다. 시

---

42) 「1947년 3월 11일(화) 제29차 회의, 尹琦燮 의원 발언」, 大韓民國國會(編)(註 17), 259쪽.

43) 이 헌법안은 제안자의 이름에 따라 「金朋濬案」으로 알려져 있다. 그리고 당시 신문에는 「朝鮮民主臨時約憲草案」, 「朝鮮民主臨時憲法案」, 「朝鮮民主約憲案」, 「臨時民主憲法案」, 「臨時憲法草案」, 「臨時約憲」 등으로 보도되었다. 이 연구에서는 헌법안을 작성한 위원회의 명칭에 따라 「臨時憲法起草委員會案」이라고 칭하도록 한다. 그 내용의 일부는 『서울신문』(1947년 4월 2일, 3일, 5일, 6일의 1면), 『自由新聞』(1947년 4월 2일과 3일 1면), 『朝鮮日報』(1947년 4월 2일 1면, 8일 2면과 3면)에서 확인할 수 있다. 그러나 아직까지 원문은 발견되지 않고 있다.

44) 「立議報告: 朝鮮民主臨時約憲草案」『自由新聞』(1947. 4. 2), 1면. 다만 펜달(Bill G. Fendall)이 로빈슨(Robinson)에게 보낸 메모에 따르면, "(1947년 4월 18일 제54차 입법의원 본회의로부터: 저자 보충설명) 거의 2주일 전에 비서에게 전달되었다." 鄭容郁(編)(註 15), 374쪽.

45) 「過渡約憲 修正 完了」『大東新聞』(1947. 4. 2), 1면. 대동신문은 동약헌이 "大幅的인 修正과 文句를 變更하여 去 三十一日에 議長에게 廻附하였다"라고 보도하였다. 반면 동아일보는 "大體로 文句修正의 程度였고 다만 第二章(立法議院)에 있어서는 條文의 異動 削除及修改 等이 있었다"라고 보도하였다. 「立議 本會議: 約憲修正 討議」『東亞日報』(1947. 4. 19), 1면.

간의 촉박함으로 인하여 민주의원안을 급하게 수정하여 제출한 것 같다. 그리고 행정조직법기초위원회안과 남조선과도약헌안의 취약한 부분, 즉 국민의 권리의무에 관하여 자세하게 규정하고 있다. 중간파 의원들은 이 헌법안을 통해 남한단독정부가 아니라 남북을 통한 임시정부 수립을 관철시키려고 하였던 것이다.

4월 21일 입법의원 제56차 본회의에서 김붕준이 임시헌법기초위원회안에 관하여 설명을 한 뒤, 질의응답이 진행되었다. 당시 상황에 대해 경향신문이 비교적 자세하게 보도하고 있는데, 그 내용을 살펴보면 다음과 같다.

> 二十一日 立議 第五十六次 本會議 後半 會議는 朝鮮民主臨時約憲案(臨時憲法起草委員會 起草)에 對한 質疑應答에 들어가서
> ◇ 李順鐸=臨時約憲案이 通過되면 南朝鮮에서 卽時 施行할 수 있다고 생각하는가
> ◇ 卓昌爀=大統領을 立議에서 選擧하며 監察 考試 法制 地方의 各 長官을 上部에서 任命하는 等 무엇이 直接的인 民主主義를 取한 것이 있는가 專制主義的 法案이며 南北統一을 前提로 起草하였다면 너무도 獨斷的이다
> 以上의 質疑가 있은 後 南朝鮮過渡約憲案 朝鮮民主臨時約憲案의 兩法案 處理로 들어갔는데
> 一. 臨時約憲案이 人民의 權利義務 卽 生活均等權 文化厚生의 均等權 自由權 義務 等을 規定한 만큼 軍政下에서 承認을 얻을 수도 없고 따라서 施行될 性質의 것이 아니라는 것
> 一. 過渡約憲案은 行政權의 移讓을 받아 緊急한 民生問題를 解決할 수 있도록 現實에 符合되도록 만들어진 것이라는 것의 相違點이 論議되어 臨時約憲案은 參考程度로 할 것 過渡約憲案과는 別個로 審査委員會에 回附하여 南北統一에 쓰도록 硏究케 할 것 二個 約憲案을 一括하여 第二讀會에 걸어 綜合審議할 것 等의 意見이 있었으나 『臨時約憲 過渡約憲 兩案을 法制司法委員會와 臨時憲法起草委員會의 連席會議에 부쳐 合併審査한 後 統一案을 作成하여 一週日 以內에 報告케 할 것』의 金光顯 議員 動議가 過半數로 可決되었다46)

2) 내용과 특징

(1) 내용

임시헌법기초위원회안은 제1장 총강, 제2장 국민의 권리의무, 제3장 입법권, 제4장 행정권(제1절 대통령·부대통령, 제2절 국무원·국무회의, 제3절 국무총리·행정회의, 제4절 법제장관·감찰장관·고시장관, 제5절 행정각부총장·차장, 제6절 지방행정-도장관, 제7절 문무관 임명), 제5장 사법권, 제6장 회계, 제7장 보칙으로 총 7장 67개 조문으로 이루어져 있다.

민주의원안과 비교하면, 이 헌법안은 국호(대한민국→조선)[47]와 정부형태 등 몇 가지를 제외하고 그 체계와 내용 등이 거의 동일하다. 그 이유는 무엇일까? 첫째, 그것은 김붕준이 두 헌법안 작성에 직·간접(기초 내지 심사)으로 참여하였기 때문으로 보인다. 임시헌법기초위원회안 곳곳에 민주의원안의 흔적이 남아 있다. 둘째, 이승만 측과 한민당이 남조선과도약헌안을 제출하여 남한단독정부(임시정부)를 수립하려고 하자 그것을 견제하기 위하여 중간파 측에서 민주의원안을 급하게 고쳐 제출하였기 때문으로 보인다. 하지만 미처 바꾸지 못한 부분이 존재하였던 것 같다. 즉, 민주의원안의 국호인 대한민국을 바꾸지 않고 그대로 사용하고 있다든지, 약헌이었음에도 불구하고 '헌법'이라는 용어를 그대로 사용하고 있는 점이다. 임시헌법기초위원회안 제11조 "議員은 大韓民國 公民資格이 有한 男女로 하되 年齡 二十五歲 以上임을 要함", 제20조 "「나는 힘을 다하여 大韓民國의 憲法을 守護하여 誠實히 大統領의 職務를 執行할 것을 盟誓함」", 제64조 "本憲法의 조항은 …"과 제67조 "本憲法은 …"이 그것이다. 이하에서는 민주의원안과 다른 점을 중심으로 그 내용을 살펴보도록 한다.

---

46) 「立議의 決議」『京鄕新聞』(1947. 4. 23), 1면.

47) 김붕준은 '조선'이 국호가 아니라 법안의 가명사일 뿐이라고 주장하였다[「1947년 7월 16일(수) 제109차 회의, 金朋濬 의원 발언」, 大韓民國國會(編), 『南朝鮮過渡立法院速記錄 ③』(서울: 先人文化社(영인본), 1999), 40쪽].

국민의 권리의무 내용은 민주의원안 제2장을 그대로 따르고 있다. 다만, 민주의원안 제10조에서 규정하고 있던 '병역의 의무'가 존재하지 않는다.

국민의회는 국무총리나 행정각부총장에 대한 불신임을 의결할 수 있는 반면, 대통령이 국민의회를 해산시킬 수 있는 권한을 두지 않고 있다(제14조와 제21조 참조. 이 안은 민주의원안 제23조 제11호를 삭제함). 그리고 민주의원안에서는 대통령이 국민의회를 소집하도록 하고 있는데, 이 안은 국민의회가 스스로 원을 소집하도록 하고 있다. 이와 같이 행정부와 입법부의 관계에서 입법부의 권한을 강화시킨 것이 민주의원안과 비교하여 제일 큰 변화이다.

국무원의 임무가 신설되어 있다. 즉, 국무원이 국무회의의 일원으로 국책을 의결하는 외에 국책과 법률이 정당한 시행을 감시하도록 하고 있다. 민주의원안은 정부조직법에서 다루어도 될 내용이 규정됨으로써 헌법체계상 상당히 조잡함을 보이고 있다. 이 헌법안은 그것을 보완하기 위하여 국무회의 비서장(민주의원안 제29조), 행정회의 비서장(민주의원안 제35조)에 대한 규정과 행정각부의 직무와 권한을 다루고 있는 민주의원안의 제41조에서 제53조까지의 규정을 삭제하였다.

이외에도 민주의원안 제3조의 "대한민국은 대한인민으로 조직함"이라고 되어 있는 규정이 이 헌법안 제3조에서 "조선의 국민은 국적법에 규정한 국적을 가진 자임"으로 변경되었고, 민주의원안 제4조에 규정되어 있던 영토조항이 삭제되었다.

중간파 측은 임시정부 수립구상을 관철시키기 위하여 민주의원안을 가지고 헌법안으로 다듬긴 하였지만, 급하게 진행하여 여전히 부족함을 보이고 있다.

남조선과도약헌안과 비교할 때, 그것은 38도 이남의 남조선 즉, 남쪽 해방공간만을 대상으로 하고 있다. 반면 임시헌법기초위원회안은 남북 해방공간을 그 대상으로 하고 있다. 그것은 남조선과도약헌안이 이승만과 한민당 측의 남한단독정부수립론을 관철시키기 위하여 마련된 것이었고, 임시헌법기초위원회안은 중간파의 남북을 통한 임시정부 수립을 구상하고 있었기 때문이다. 임시헌법기초위원회안에는 당시 논의되었던 민주개혁 등의 요구가 반영되어 있다.

(2) 특징

임시헌법기초위원회안은 다음과 같은 특징을 가지고 있다. ① 임시정부를 수립하기 위하여 작성된 임시헌법안이다. ② 민주의원안을 가지고 수정하여 작성된 것이다. ③ 헌법안의 문장이 '〜함'으로 되어 있다. ④ 임시정부를 수립하기 위하여 작성된 임시헌법안임에도 불구하고 헌법개정을 어렵게 하고 있다. ⑤ 민주의원안과 비교할 때, 입법부의 권한이 강화되어 있다. 즉, 국민의회는 국무총리나 행정각부총장에 대한 불신임을 의결할 수 있는 반면, 대통령이 국민의회를 해산시킬 수 있는 권한을 두지 않고 있다(제14조와 제21조 참조. 이 안은 민주의원안 제23조 제11호를 삭제함). 그리고 민주의원안은 대통령이 국민의회를 소집하도록 하고 있는데, 이 안은 국민의회가 스스로 원을 소집하도록 하고 있다. ⑥ 민주의원안은 정부조직법에서 규정해도 될 내용을 다룸으로써 그 체계가 조잡하게 되어 있다. 이 안은 그것을 보완하기 위하여 국무회의 비서장(민주의원안 제29조), 행정회의 비서장(민주의원안 제35조)에 대한 규정과 행정각부의 직무와 권한을 다루고 있는 민주의원안 제41조에서 제53조의 규정을 삭제하였다. ⑦ 누가 헌법개정을 제안할 수 있는지에 대한 내용이 존재하지 않는다. ⑧ 민주의원안을 대상으로 급하게 다듬는 노력을 보이긴 하였으나, 여전히 헌법체계상 미흡함을 보이고 있다.

3) 제출의 함의

이 헌법안은 임시헌법기초위원회 위원장 김붕준이 제출한 것으로, 입법의원 내외에서 남한단독정부수립론이 강해지자 이를 저지하고 중간파가 구상한 임시정부 수립을 관철시키기 위한 것으로 보인다. 그리고 당시 논란이 되었던 민주개혁 등의 요구를 반영시킴으로써 남조선과도약헌보다 우위를 점하려고 하였던 것 같다.

4. 세 헌법안의 비교

세 헌법안은 〈표 8〉처럼 다음과 같은 차이를 보이고 있다. 행정조직법기초위원회안은 특별위원회인 행정조직법기초위원회에서 작성된 것으로 반탁시위와 함께 대한민국임시정부봉대론을 주장하던 김구 중심의 대한민국임시정부와 관련을 맺고 있다. 따라서 이 안은 대한민국임시정부 요인들이 선호하였던 대통령제 정부형태를 취하고 있다. 그리고 임시행정부의 수립만을 목적으로 작성되었기 때문에 입법부와 사법부에 관한 내용이 결여되어 있다.

임시헌법을 작성하기 위해 임시헌법기초위원회라는 특별위원회가 조직되었음에도 불구하고 한민당을 중심으로 한 의원들은 남조선과도약헌안을 제출하였다. 이것은 반탁시위, 보선법 통과와 함께 남한단독정부수립론을 주장하던 이승만, 한민당과 관련을 맺고 있다. 국민의 권리의무에 관해서는 제2조에서 일반규정만을 두고 있다. 행정부뿐만 아니라, 입법부, 사법부에 대해서도 규정되어 있다. 내각책임제 정부형태를 취하고 있는데, 이것은 한민당의 입장이 강하게 반영된 것으로 보인다. 그러나 경제제도와 토지개혁에 관해서는 전혀 언급되어 있지 않다.

임시헌법기초위원회안은 특별위원회인 임시헌법기초위원회에서 제출된 헌법안이지만, 입법의원 내의 중간파의 입장(남북을 통한 임시정부 수립)과 연결되어 있다. 이 헌법안의 적용범위는 남북의 해방공간으로 하고 있다. 정부형태는 내각책임제와 대통령제를 혼합한 형태를 취하고 있다. 다른 두 안에 비하여 국민의 권리와 의무에 관한 내용이 자세하게 규정되

어 있다. 이것은 민주의원안의 내용에서 많은 영향을 받고 있다. 남조선과
도약헌안과 달리 계획경제제도를 취하고 토지사유를 제한하고 있다. 세
헌법안은 모두 행정부 수장으로 대통령, 부통령, 국무총리를 두고 있다.
대통령은 간선으로 선출된다. 친일파처벌에 관한 규정을 두고 있지 않다.
그리고 정도의 차이는 있지만, 지방자치단체의 장을 임명을 통하여 선임
하도록 하고 있다.

〈표 8〉 세 헌법안의 비교

헌법안 / 주요내용	행정조직법기초위원회안	남조선과도약헌안	임시헌법기초위원회안
작성자	행정조직법기초위원회 (신익희)	한민당 중심	임시헌법기초위원회 (김붕준)
논의기관의 성격	공적	사적(∵임시헌법기초위원회가 有)	공적
성향	우익	우익	중도
관련 정치상황	반탁·대한민국임시정부 봉대론	반탁·남한단독정부론·보선법	남북을 통한 임시정부수립
작성시기	47.2.27. (입법의원 상정)	47.3.11. (제1독회)	47.3.31. (의장에게 보고)
편장체계	5장 57조	6장 45조	7장 67조
전문		무	무
국호	남조선	남조선	조선
국민의 권리의무 존재여부	×	△ 개별규정을 두지 않고 일반규정을 둠(제2조)	○
정부형태	대통령제(12부)	내각책임제 (10인 이상 15인 이내)	혼합형태(12부)
대통령·부통령·국무총리	○	○	○
대통령 선출방식	간선	간선	간선
국회구성		단원제	단원제
위헌법률 심사권		법원	법원
지방자치단체장의 선임방식	임명제도 ◇道長: 주석 임명→道會 인준	임명제도 ◇道長官: 주석 임명→입법의원 동의	임명제도 ◇各道長官: 각 해당 장관 추천→국무회의 經→대통령 임명

	◇郡長: 도장 추천→내무 부장 經→주석 임명	◇郡守·島司: 도장관 추천 →주석 임명	◇郡長·市長·府長·島長: 각도장관의 의견 徵→ 내무총장 임명
경제제도		×	계획경제
토지개혁			토지사유 제한
친일파 처벌문제	×	×	×

제3절 제2차 미소공동위원회기의 헌법논의 (1947. 5.-12.)

Ⅰ. 제2차 미소공동위원회 개최 전후의 국내정국

1947년 4월 21일 제56차 입법의원 본회의에서는 임시헌법기초위원회 안과 수정안을 법제사법위원회와 임시헌법기초위원회의 연석회의에 부쳐 하나의 헌법안을 작성하여 1주일 이내에 보고하도록 결정하였다. 이후 4월 22일 제57차 입법의원 본회의에 「民族反逆者 附日協力者 戰爭犯罪者 及奸商輩에 대한 特別條例草案(수정안, 이하에서는 '반민족자처벌법'이라고 함)」이 상정되었고,[1] 5월 13일 제72차 입법의원 본회의에 보통선거법(수정안, 이하에서는 '보선법'이라고 함)[2]이 상정되었다. 두 안의 제출로 인하여 입법의원에서는 반민족자처벌법을 통과시키려는 중간파와 보선법을 통과시켜 남한단독정부를 수립하려는 한민당 측 사이에 논쟁이 시작되었다. 그 결과 임시헌법기초위원회안과 수정안을 하나의 헌법안으로 작성하여 1주일 이내에 보고하도록 한 결정은 뒷전으로 밀려나게 되었다.

입법의원에서 두 법안으로 논란이 전개되고 있는 동안 5월 21일부터 제2차 미소공동위원회가 개최되었다. 입법의원은 5월 22일에 긴급제의로 미소공동위원회대책위원회의 조직에 관하여 토의하였다. 먼저 전형위원 5명을 선정한 후, 그 전형위원들이 대책위원으로 신익희(위원장), 이종근, 김도연, 서상일, 최명환(민선), 김호, 장자일, 황신덕, 김법린, 박건웅(관선)을 전형, 결정하였다.[3] 6월 12일에 발표된 미소공동위원회의 공동결의 제

---

1) 鄭容郁(編), 『解放直後 政治·社會史 資料集 第十一卷: 과도입법의원 자료집(1)』 (서울: 다락방(영인본), 1994), 380쪽.
2) 鄭容郁(編)(註 1), 412쪽.

5호·제6호에 의한 자문에 관하여 그 응답내용을 입법의원 내 미소공위대
책위원회로 하여금 기초하게 하였다. 6월 23일 입법의원 본회의에서는 동
위원회가 기초한 전문(全文) 초안이 상정되어 토의되었다.4)

미소공위대책위원회와 별개로 임정수립대책협의회와 시국대책협의회
도 답신안을 작성하였다. 임시정부수립대책협의회는 한민당을 중심으로
결성되었는데, 7월 1일 오후 2시부터 한민당 회의실에서 정당, 사회단체
대표 170여 명(그 중 미소공동위원회 참가단체 140단체)이 출석하여 전체
회의를 개최하고 미소공동위원회에 제출할 건의서를 통과시켰다.5) 한민
당은 당초 입법의원에서 보선법을 통과시켜 남한단독정부를 수립하는데
집중하였다. 그러나 제2차 미소공동위원회가 개최되자 처음의 반대입장
을 변경하여 참가를 결정하였다. 7월 3일에는 김규식, 여운형, 안재홍을
중심으로 한 좌우합작위원회도 임시정부 수립을 촉진하기 위하여 시국대
책협의회 결성대회를 개최하였다.6)

한민당, 중간파 의원들로 구성된 입법의원의 미소공위대책위원회가 이
미 답신안 마련하였음에도 불구하고, 임시정부수립대책협의회와 시국대
책협의회가 또다시 답신안을 작성한 이유는 무엇일까? 그것은 입법의원
의 답신안이 한민당과 중간파의 타협으로 이루어졌기 때문으로 생각된다.
따라서 한민당이 중심이 된 임시정부수립대책협의회와 중간파가 중심이
된 시국대책협의회는 자신들이 구상한 임시정부의 수립방안을 담은 또
다른 답신안을 작성할 필요가 있었던 것이다. 그리고 그것은 미소공위대

---

3) 「공위대책회 입의에서 결정」『동아일보』(1947. 5. 24), 1면; 「『공위』대책위원 입
   의서 십명 선출」『서울신문』(1947. 5. 24), 1면; 정용욱(편)(주 1), 429쪽.
4) 「共委答申案 報告: 二十三日의 立議 本會議」『東亞日報』(1947. 6. 25), 1면;
   「立議의 共委諮問案 答申」『서울신문』(1947. 6. 25), 1면; 鄭容郁(編)(註 1),
   450쪽과 468-469쪽.
5) 「共委答申案 完成: "臨協" 傘下 各 團體會議로」『京鄕新聞』(1947. 7. 3), 1면.
6) 「答申案 問題 各黨 不統一: 時協 討議 經過」『東亞日報』(1947. 7. 6), 1면;
   「時局對策協議會를 結成」『서울신문』(1947. 7. 6), 1면.

책위원회의 답신안을 참고하여 작성한 것으로 생각된다. 그 결과 두 답신
안의 내용은 많은 부분에서 입법의원의 것과 동일하다. 그러나 중요한 내
용에서 차이를 보이고 있어 답신안을 통해 각 세력의 임시정부 수립구상
을 파악할 수 있다.

　제2차 미소공동위원회에 답신안이 제출된 뒤, 7월 7일 입법의원 제103
차 본회의에 절충안이 상정되었다. 그때는 이미 한민당이 중심이 되어 추
진하던 보선법이 통과된 상태였다. 그래서 한민당측 의원들은 절충안 심의
에 적극적으로 참여하지 않은 가운데, 중간파 의원들이 중심이 되어 절충
안에 대한 심의가 진행되었다. 그 결과 심의 법정수를 제대로 채우지 못하
여 회의를 진행하지 못하는 경우가 많았다. 따라서 절충안은 상정된지 거
의 한 달이 지난 8월 6일에야 겨우 제2독회를 끝마칠 수 있었다. 절충안은
제2독회가 진행되는 도중에 조선임시약헌안으로 법안명이 변경되었다.

II. 미소공동위원회에 제출된 각 정당과 사회단체의 답신안

1. 남조선과도입법의원 답신안의 내용

1) 임시정부의 구성

　대통령과 국회의원은 임시헌장에 기초하여 선출한다. 연방식 정부형태
는 배격하고 단일국가 정부형태를 취한다. 국회를 포함하여 임시정부는
총선거에 의해서만 구성된다. 따라서 총선거에 의한 입법기관을 창설하기
전에는 조선임시정부에 법률제정권을 부여할 필요가 없다. 총선거에 필요
한 선거법은 남북의 민의기관에서 남북 인구비례에 따라 대표자를 선출
한 뒤 그 대표자들이 제정한다.

2) 정부형태

대통령제를 취하고 있다. 대통령과 부대통령은 전국을 한 선거구로 하여 보통, 균등, 직접, 비밀투표의 방법으로 선출한다. 임기는 모두 2년으로 하고 연속 3선을 하지 못한다.

대통령은 외국에 대하여 국가를 대표하고 법률을 성실히 집행하고 다음과 같은 권한을 가진다: 일체 행정권의 총괄, 육해공군의 통할, 법률안의 제출, 법률안의 인준·공포, 법률에서 일정한 범위를 정하여 위임을 받은 명령과 법률시행에 필요한 명령의 발포, 외국대사·공사·영사의 접수, 조약체결과 선전강화, 법률에 별다른 규정이 없는 한 공무원[7]의 임면과 그 위임, 대사·특사·감형·복권안의 제출과 공포, 법률의 정한 바에 의한 계엄의 공포, 국무총장과 국무위원 등 국가기관을 임명.

부대통령은 대통령이 유고할 때 그 직권을 대리하고 대통령이 궐위한 때에는 그 직을 승계한다.

대통령직속하에 중요한 국책결의기관으로 국무위원회를 두고 다시 행정을 각 부문으로 나누어 부장제를 채용한다. 국무위원회는 국무총장과 국무위원 5인 이상 15인 이내로써 조직하고 국무총장이 그 위원장이 된다. 국무총장과 국무위원은 대통령이 임명하되 국회의 인준을 요한다. 국무총장과 국무위원의 임기는 대통령과 같이 2년이다. 국무위원이 집행할 행정각부의 지정은 대통령이 하되 국회의 인준을 요한다.

대통령이 그 권한을 행사함에는 반드시 국무위원회의 결의 또는 그것을 주관하는 국무위원의 부서가 있어야 효력이 있다. 국무위원회는 다음과 같은 사항을 의결할 권한이 있다: 법률에서 위임받은 명령과 법률시행에 필요한 명령의 제정, 국회에 제출할 의안과 국회에서 회부된 안건, 행정 각 부처의 권한 토의[8]와 연락사항, 기타 중요한 정책·정무의 수립운영

---

7) 원문에는 '官'으로 되어 있다.
8) 원문에 '爭議'가 아니라, '討議'로 되어 있다.

에 관한 사항.

대통령은 법률안 제출권뿐만 아니라 거부권도 가진다. 국회에서 제정한 법률안9)은 대통령에게 송부하여 공포하게 하되 대통령은 이유를 붙인 교서로써 1회에 한하여 거부권을 행사할 수 있다. 대통령이 거부한 법률안에 대해 다시 국회에서 출석의원 3분의 2 이상의 다수로써 가결할 경우, 대통령은 그 법률안을 공포하여야 한다.

국회는 행정 각 기관의 위법행위에 대하여 탄핵을 의결할 수 있고 대사·특사·감형·복권에 대하여 동의할 권한을 가진다. 그리고 대통령이 임명하는 일정한 자(국무총장과 국무위원 등)에 대하여 인준을 행한다.

행정을 담당하는 모든 국가기관은 임기만료 또는 사임이 되어도 그 후임자가 취임할 때까지 그 직무를 수행할 의무를 진다.

3) 국회구성과 국회의원의 임기

전국적 유일한 입법기관으로 국회를 둔다. 국회는 단원제로 하고 전국적으로 계급, 재산, 교육, 종교, 성별의 구별없이 보통, 균등, 직접, 비밀투표 방법으로 선거된 의원으로써 조직한다. 국회의원의 임기는 2년으로 한다.

4) 사법권

사법권은 법관으로 조직된 법원에서 행사한다. 법원은 2심제도를 채용한다. 법원의 설치, 명칭, 조직은 법률로써 정한다. 법관의 자격과 신분 보장은 법률로써 정한다. 사법검찰사무를 집행하기 위하여 각 법원에 검찰청을 부치(附置)한다. 검찰관의 자격은 법관과 동등한 자격이 있어야 한다. 법관은 헌법과 법령에 대해서만 구속되고 독립하여 심판한다. 위헌법령에 대한 심사를 최고법원에서 행하도록 하고 있다. 최고법원은 소송에

---

9) 원문에는 '법률'로 되어 있으나, '법률안'의 오기로 보인다. 이하에서도 마찬가지이다.

관한 절차, 재판소의 내부규율, 기타 사법사무처리에 관하여 규칙을 제정
할 수 있다. 검찰관은 최고법원이 정한 규칙을 준수할 의무가 있다.

최고법원의 장과 법관은 법률이 정한 법관의 자격을 구비한 자 중에서
대통령이 임명하되, 그 임명 후 최초로 시행하는 국회의원선거 때에 국민
의 심사를 받는다. 그 후 매년 경과할 때마다 국회의원선거 때에 국민의
심사를 받는다. 심사의 결과 투표자의 과반수가 그 파면을 可라고 한 경
우, 그 법관은 파면된다. 최고법원 이외의 법원의 법관은 최고법원의 지명
에 의하여 대통령이 임명한다. 그 임기는 10년으로 하고 원칙적으로 재임
한다. 최고법원의 법관은 70세가 되면 퇴직하고 기타 법관은 65세가 되면
퇴직한다.

인민재판제도를 채용하지 않는다. 배심제도는 그 이해득실을 충분히
연구한 후에 실시하도록 한다.

5) 국민의 권리

국민의 권리에 해당하는 민권은 자유권, 재산권, 선거권, 평등권, 국가
기관에 대한 권리로 구분하고 있다.

자유권으로 인신의 자유(체포·감금·심문·처벌을 당하지 않을 자유),
신앙·사상·학문의 자유, 언론·출판·집회·결사·통신비밀의 자유, 거주·이
전·가택안전의 자유를 열거하고 있다. 그리고 기타 인간의 천부적 자유에
해당하는 직업선택의 자유, 혼인의 자유, 복장의 자유, 여행의 자유 등도
헌법에 열거되지 않았다는 이유로 경시되거나 함부로 박탈당하지 않음을
규정하고 있다.

인신의 자유와 생명권의 안전은 확고하게 보장되어야 한다. 인신의 자
유를 제한함에는 전국민의 대표로 조직된 국회에서 제정된 법률에 의하
여야 한다. 인신의 자유를 제한하는 법률의 제정은 반드시 구체적인 범죄
행위가 발생한 경우 또는 사건을 열거하여야 하며, 일반적이고 포괄적 계

급 추방은 제정하지 못한다. 누구든지 현행범 이외에는 권한있는 사법기관의 적법한 영장에 의하지 않으면 체포를 당하지 않는다. 어떠한 경우라도 노예적인 구속이나 잔인한 학대를 받지 않는다. 해방 이후의 헌법문서 중 신체의 자유와 관련하여 최초로 영장제도를 두고 있다.

신앙·사상·학문의 자유권은 법률에 의한 제한을 받지 않는다. 어떠한 종교단체라도 국가의 특별한 권력이나 원조를 받지 못한다.

언론·출판과 통신비밀의 자유는 법률에 의한 제한을 받지 않는다. 평온한 집회·결사는 보장된다.

거주·이전의 자유는 공공복지에 반하지 않는 한 보장된다. 법률에 의하여 가택의 수색을 할 경우에는 반드시 권한있는 사법기관의 적법한 영장에 의하여야 한다.

재산권은 보장된다. 그 내용은 사회이익과 조화되도록 법률로써 정한다. 사유재산은 공공복리를 위하여 정당한 보상으로써 제한할 수 있다.

22세에 달한 국민은 계급, 성별, 재산, 교육, 종교를 불문하고 선거권을 가지고, 25세에 달한 국민은 국회의원 피선거권을, 만 40세 이상에 달한 자는 대통령과 부대통령의 피선거권을 가진다. 우리나라는 원래 고유한 단일민족이므로 소수민족문제는 전혀 존재하지 않음을 규정하고 있다. 외국 거류민은 국가기관에 참여하는 공민권을 설정하지 못하게 하고 있다. 그 이외에는 원칙적으로 우리나라 사람과 동일한 권리의무를 가진다. 단, 토지소유권, 광산권 기타 국가적으로 중요한 기업권은 금지 또는 제한한다.

모든 국민은 법률상 일체 평등함을 규정하고 있다. 남자와 여자는 원칙적으로 공민으로서 동일한 권리와 의무를 가진다. 출생 또는 신분으로 인하여 특권이나 불이익을 받지 않는다. 학위를 수여하거나 공무원 구별을 표시하는 이외에 특별한 존칭을 부여하지 못한다. 어떠한 경우에도 일반적으로 어느 계급특권을 부여하거나 어느 계급의 추방을 불허한다.

국민은 경제적, 문화적으로 평등한 기본생활권을 확보할 권리가 있다고 하여 경제적 평등권과 문화적 평등권만을 보호하는 것처럼 되어 있다. 그러나 이후 내용을 참고하면 후생(보건)적 평등권도 보호하고 있다. 즉, 국민의 법률상 평등은 적어도 경제적, 문화적으로 기본생활권의 평등이 확보되어야 하겠으므로 경제정책, 문교정책, 보건 내지 후생정책 등은 모두 이것을 목표로 하여야 한다고 규정하고 있다.

기본생활권 확보차원에서 권리와 의무를 규정하고 있다. 그 결과 국민이 근로하여 기본생활권을 확보하지 못하는 경우에는 국가기관이 그 책임과 의무를 지도록 하고 있다.

누구든지 평온하게 입법기관이나 행정기관에 대하여 청원을 할 권리를 가진다. 누구든지 법률에 정한 사법기관의 심판을 받을 권리를 가지며, 언제든지 새로운 변호인을 선임할 권리를 침해당하지 않는다. 국가기관에 의하여 이유없이 권리를 침해당하였을 때, 국가는 그 손해를 배상할 의무를 진다.

답신안 제6호 교육문화정책에서 초등의무교육과 균등한 교육의 기회를 제공하고 있다.

이 답신안의 민권은 다음과 같은 특징을 가지고 있다: ㉠ 천부인권성을 인정하고 있다. ㉡ 영장제도를 도입하고 있다. ㉢ 재산권을 자유권과 별개로 규정하고 있다. ㉣ 외국거류민의 국가기관 참여권을 인정하지 않고 있다. ㉤ 근로의 권리와 의무를 평등권에서 다루고 있다.

6) 지방자치제도

우리나라는 지역이 협소하고 민족이 단일함으로 미국식 또는 소련식의 연방제는 채택하지 않고 확실한 단일국가형태를 취한다. 道, 府(市), 郡(邑), 面, 里는 국가의 행정구역이다. 동시에 道, 府(市), (邑), 面은 지방자치단체의 단위가 된다.

道長은 도의회에서 선거한 2인의 후보자 중에서 대통령이 임명한다.

부(시)장은 부(시)의회에서 선거한 2인의 후보자 중에서 도장이 임명한다. 郡長은 도장의 추천에 의하여 내무부장이 임명한다. (邑)面장은 면의회에서 선거한 2인의 후보자 중에서 군장이 임명한다. 이(동)장은 里民이 직접 선거한 2인의 후보자 중에서 면장이 임명한다. 도, 부(시), 군(읍), 면, 리의 행정집행기관 최고책임자의 명칭은 각기 도장, 부장, 군장, 읍장, 면장, 이장으로 한다.

도, 시, 면, 리의 구역은 법률로써 정하되 당분간 종전의 구역에 의하고 종전의 府는 시로, 島는 군으로, 읍은 면으로 각각 개칭한다. 도, 시, 면은 지방자치단체로서 그 의결기관으로 도의회, 시의회, 면의회를 두고 각 주민의 직접선거로 의원을 선출한다. 지방자치단체는 그 재산을 관리하고 사무를 처리하며 법률의 범위 내에서 조례를 제정할 권리를 가진다.

7) 경제

토지개혁을 실시하여 農民本位의 土地再分配를 단행하고 농민착취의 폐해를 일소한다. 日本 國策本位의 모든 식민지 토지정책과 地主本位의 모든 법령, 제도는 전부 철폐한다. 그리고 우리 민족과 농민본위의 새로운 토지정책을 확립한다. 소작제는 自耕自農의 원칙하에 토지를 농민에게 적당히 분배함으로써 전면적으로 폐지한다.

토지는 농민에게 최고한정면적(예를 들면, 1호당 최고 3정보)까지 사유시키되 자유처분권은 제한한다. 단, 매도저당의 경우에 한하여 국가의 허가 혹은 국가가 우선 매상권을 보유함이 적당하다. 당시 우리나라의 경제에 있어 토지를 완전히 국유로 하여 영구히 사용권만을 부여하고 농민에게 소유권을 부여하지 아니하는 것은 농업생산력의 발달을 기하기 곤란하기 때문이었다. 따라서 지주의 토지를 국유화하여 농민에게 무상으로 영구사용권을 부여하는 방식을 인정하지 않고 있다.

일본국가, 개인, 단체 소속의 토지는 전부 몰수하여 농민에게 분배할 토지의 대상으로 한다. 우리나라 지주의 토지는 소작인에게 분배되어야 하고 분배의 방법은 大, 中 지주의 토지를 국가가 累進遞減의 방법에 의하여 정당한 보상으로 매수한다. 토지는 소작인에게 유상으로 분배한다.

생산과 분배정책은 계획경제체제를 원칙으로 한다. 생산조직은 종래의 기업가 본위의 방법을 지양하고 노동자, 기술자에 대하여 어느 정도 발언권을 허락함으로써 3자 협조정책을 취한다. 즉, 노동자나 기술자에게 경영참가권을 일정한 정도 허용하는 정책을 취하도록 하고 있다.

大産業(강철, 화학공업 등)은 원칙적으로 公有 혹은 共有로 하되 국가 경영으로 하고 업종에 따라서는 위탁경영제도 취할 수 있다. 中産業(섬유, 제화 등)은 원칙적으로 사유·사영으로 한다. 단, 국방상 혹은 국민생활상 절대 필요한 경우에는 공유·사영도 할 수 있다. 小産業(가구, 農具 등)은 사유·사영에 방임한다. 중앙은행은 전부 公有 혹은 共有로 하고 국영으로 한다. 보통은행이 필요한 경우에는 국가의 엄중한 감독하에 사유·사영을 허락할 수 있다. 도매업은 업종에 따라서 公有·국영으로 할 수 있되 국가의 감독하에 사유·사영을 허락한다. 광물(지하자원)은 공유한다. 삼림은 농가 소유의 최고한정면적(예컨대 10정보) 이외에는 공유로 함을 원칙으로 한다. 단, 우리나라 현상에 있어서 임업을 장려할 필요상 일정한 기간 허가제로 그 경영에 필요한 면적의 점유권을 허락한다. 철도는 公有·國營으로 한다. 선박회사는 국제항로에 있어서는 共有·私營으로 하고 기타는 사유·사영으로 한다. 보험업은 공유·국영으로 하되 필요한 경우에는 위탁경영을 할 수 있다. 어업에 있어서는 연안어업은 원칙적으로 공유로 하고 경영권은 허가제로써 국가의 감독 하에 사영으로 한다. 公利機關(전력, 수도, 통신기관 등)은 공유·국영으로 한다. 영세수공업은 사유·사영에 방임한다.

노동자와 그 가족의 기본생활에 요하는 비용 또는 건강과 행복을 유지하기에 족한 비용을 표준으로 하여 최저임금제도를 실시한다. 1일 8시간, 1주일 48시간제를 실시한다. 12세 미만과 국민학교에 재학 중인 아동의 취업을 금지한다. 18세 미만의 소년과 여자의 야간작업과 위험유해작업을 금지한다. 부녀의 산전산후 취업을 금지한다. 소년근로자의 교육시설을 확충한다. 민주주의적 노동조합의 발전을 장려하기 위하여 노동조합법을 제정한다. 노동조합의 단체교섭권을 보장한다. 그러나 단체행동권에 대해서는 언급되어 있지 않다. 사회보험을 제정하여 노동자의 사망, 노쇠, 폐질, 질병, 상해, 실직 등의 경우에 생활을 보장하는 강제보험제도를 실시하도록 하고 있다. 성적이 우수한 기업에 있어서는 상여금, 위로금 등 형태로 이익금 일부를 노동자에게 지급한다.

8) 친일파 처벌의 문제

일본의 통치가 근 40년간이나 계속되어 그 영향이 광범위하게 침투되어 있으므로 그 영향의 제거를 정치, 경제, 산업, 노동, 문화, 후생의 각 방면으로 민주주의적 정책을 단행하여 점진적으로 숙청하도록 하고 있다. 특별재판소를 설치하여 민중의 원성이 높은 극악한 친일분자에 한하여 엄정한 재판을 거친 후에 처벌한다. 일제잔재숙청문제는 민족정기에 비추어 一殺多生의 정책을 취한다. 어떠한 이유라도 계급투쟁·정략투쟁의 대상으로 하지 못한다.

우리나라와 우리나라 국민들에게 유해하게 하였고, 일본인들과 협력하였던 조선인들은 특별재판소를 설치하여 민족정기에 비추어 1년 이내에 처단하게 한다. 처단대상은 일본에 아부하여 악질적으로 민족에게 손해를 끼치고 민중의 원성이 높은 자로 하되 그 우두머리는 엄벌하고 협력한 자는 특사한다. 도, 군별로 특별조사위원회를 설치하여 처벌대상을 조사한다. 특별재판소와 특별조사위원회 구성과 부일반역자의 규정은 법률로써 정한다. 어떠한 경우라도 재판을 하지 않고 처벌을 하지 못한다. 재판은 반드시 그 범죄행위를 구명할 것이며 막연한 보복 또는 계급추방은 하지 못한다.

9) 임시헌장수정

임시헌장의 수정과 첨삭은 대통령(국무위원회의 결의를 요함) 또는 국회의원 4분의 1 이상의 제안과, 국회의원 4분의 3 이상의 출석과 출석의원 3분의 2 이상의 가결이 있어야 한다.

10) 기타

국호는 대한민국으로 하고 정체는 민주공화정체로 한다. 국토는 북위 43도 1분 이남의 예로부터 고유한 조선반도와 제주도, 울릉도를 포함한 연해도서로 한다. 우리나라 호적을 가진 자, 우리나라 양친 사이에 출생한 자, 우리나라 부친 하에 출생한 자로서 타국[10]의 국적 또는 시민권이 없는 자, 외국인으로서 외국국적 또는 시민권을 영원히 포기하고 우리나라에 귀화한 자를 조선인민이라 하고, 법률로써 국민의 요건을 정한다. 주권은 조선인민 전체에 속한다. 따라서 어떠한 권력이라도 조선인민으로부터 나오지 않은 것을 행사할 수 없다.

2. 임시정부수립대책협의회 답신안의 내용

1) 임시정부의 구성

대통령과 부통령은 남북 총선거를 통하여 선출한다. 대통령으로 하여금 내각을 조직하고 임시국회의원을 선거하게 한다. 그 후 임시국회를 소집하여 임시헌장과 임시선거법을 사후에 승인하게 한다. 행정부와 임시국회의 기본법이 되는 임시헌장과 선거법은 미소공동위원회의 협의단체를 통하여 발표되는 민족의 총의에 의하여 결정한다. 그것들은 미소공동위원회의 합의와 미·소·중·영 4개국 정부의 동의로써 효력이 발생한다.

---

10) 원문에는 '韓國'으로 되어 있으나, '他國'의 오기로 보인다.

2) 정부형태

정부형태와 관련하여 답신안에서 행정권은 임시대통령내각제의 행정부에 속한다고 규정하고 있는데, 대통령제 정부형태를 말한다.

대통령과 부대통령은 남북 총선거를 통하여 선출된다. 선출방식은 전국을 한 선거구로 하여 보통, 균등, 직접, 비밀투표로 한다. 임기는 정식정부가 수립될 때까지로 한다.

대통령은 외국에 대하여 국가를 대표하고 법률을 성실히 집행하며 다음과 같은 권한을 가진다: 일체 행정권의 총괄, 육해공군의 총괄, 법률안의 제출, 법률안의 인준·공포, 법률에서 일정한 범위를 정하여 위임을 받은 명령과 법률시행에 필요한 명령을 발포, 외국대사와 공사의 접수, 조약체결과 선전강화, 법률에 다른 규정이 없는 한 공무원의 임면과 그 위임, 대사·특사·감형·복권안의 제출과 공포, 법률의 정한 바에 의한 계엄령의 공포, 국무총장과 국무위원 등 국가기관을 임명.

부대통령은 대통령이 유고할 때 그 직권을 대리하고, 대통령이 궐위한 때에는 그 직을 승계한다.

국무총장과 국무위원은 대통령이 임명하고 국회가 사후에 승인을 한다. 대통령직속하에 중요한 국책을 결의하는 기관으로 국무위원회를 둔다. 국무위원회는 국무총장과 국무위원 10인 이상 20인 이내로써 조직한다. 국무총장은 대통령의 감독을 받고 국무위원회 수반으로서 행정각부를 총괄하는 책임을 진다.

국무위원회는 법률에서 위임받은 명령과 법률시행에 필요한 명령의 제정, 국회에 제출할 의안, 기타 중요한 정책정무의 수립, 운영에 관한 사항을 결의한다.

대통령은 법률안을 제안할 수 있을 뿐만 아니라 국회가 제출한 법률안에 대해 거부권도 행사할 수 있다. 즉, 국회에서 제정한 법률안[11]은 대통

---

11) 원문에는 '법률'로 되어 있으나, '법률안'의 오기로 보인다. 이하에서도 마찬가지

령에게 송부하여 공포하게 한다. 대통령은 이유를 붙인 교서로써 1회에 한하여 거부권을 행사할 수 있다. 대통령이 거부한 법률안을 다시 국회에서 출석의원 3분의 2 이상의 다수로써 가결한 경우, 대통령은 그 법률안을 공포하여야 한다. 국회는 선전강화에 대한 동의, 대사·특사·감형·복권에 대한 동의, 행정 각 기관의 위법행위에 대한 탄핵을 의결할 권한을 가진다.

모든 국가기관은 임기만료 또는 사임하여도 그 후계자가 취임할 때까지 그 직무를 수행할 의무가 있다.

법제위원장, 고시위원장, 감찰위원장 뿐만 아니라, 경제계획원장(經濟計劃院長)과 기술원장(技術院長)을 두고 있다. 경제계획원장은 대통령과 국무위원회를 보좌하여 국민경제발전에 관한 통계수집과 종합적 계획 수립에 관한 사항을 맡아서 처리한다. 기술원장은 대통령과 국무위원회를 보좌하여 기술향상과 과학발전에 관한 사항을 맡아서 처리한다.

3) 국회구성과 국회의원의 임기

입법의원 답신안과 동일한 내용으로 되어 있다.

4) 사법권

사법권은 법관으로 조직된 법원에서 행사한다. 법원은 3심제도를 채용한다. 법원의 설치, 명칭, 조직을 법률로써 정한다. 법관의 자격과 신분 보장은 법률로써 정한다. 사법검찰사무를 집행하기 위하여 각 법원에 검찰청을 설치한다. 검찰관의 자격은 법관과 동등한 자격이 있어야 한다. 법관은 헌법과 법령에 대해서만 구속되고 독립하여 심판한다. 위헌법령에 대한 심사를 최고법원에서 행하도록 하고 있다. 최고법원은 소송에 관한 절차, 재판소의 내부규율, 기타 사법사무처리에 관하여 규칙을 제정할 수 있

이다.

다. 검찰관은 최고법원이 정한 규칙을 준수할 의무가 있다.

최고법원의 장과 법관은 법률이 정한 법관의 자격을 가진 자 중에서 대통령이 임명하되 국회의 인준을 받아야 한다. 최고법원 이외의 법원의 법관은 최고법원장과 사법총장의 의견을 거쳐 대통령이 임명한다. 최고법원의 법관은 65세가 되면 퇴직하고 기타 법관은 60세가 되면 퇴직한다.

인민재판제도를 채용하지 않는다. 배심제도는 그 이해득실을 충분히 연구한 후에 실시하도록 한다.

5) 국민의 권리

국민의 권리에 해당하는 민권은 생명보장의 기본권, 자유권, 재산소유권, 국가기관에 대한 요구권, 참정권, 평등권으로 구분하고 있다.

국민의 권리에 관하여 입법의원 답신안과 시국대책협의회 답신안이 몇 가지를 제외하고 거의 동일한 형태를 취하고 있음에 반하여, 임시정부수립대책협의회의 답신안은 그것들과 다른 체제와 내용으로 되어 있다. 즉, 시국대책협의회의 답신안은 입법의원 답신안을 참고하여 작성되었음에 반하여, 이 답신안은 입법의원 답신안 뿐만 아니라, 민주의원안의 국민의 권리의무의 내용도 참고하여 작성된 것으로 보인다.

민주의원안과 비교하면, 민주의원안 제2장 국민의 권리의무 내용에다 새로운 권리를 첨가하여 작성되어 있다. 민주의원안이 평등권(균등권), 자유권, 요구권, 참정권, 의무의 체계를 따르고 있는데 반하여, 이 답신안은 평등권보다 자유권을 먼저 규정하고 있다. 그리고 새로 첨가된 권리로, 생명보장의 기본권, 사상·학문의 자유, 기타 인간 발달에 필요한 모든 자유(예, 혼인의 자유, 직업선택의 자유, 복장의 자유 등)를 인정하고 있다. 민주의원안과 비교하여 많은 변화를 보이고 있는 내용은 계약의 자유를 인정할 뿐만 아니라 자유권과 따로 재산소유권을 규정하고 있다는 점이다. 재산소유권은 불법하게 재산을 징발, 몰수 또는 세금을 징수하지 아니할 권리라고 하고 있다.

자유권으로 인신의 자유, 주택불가침의 자유, 거주이전의 자유, 언론·저작·간행·집회·결사의 자유, 신서비밀의 자유, 신앙·사상·학문의 자유, 영업·노동과 계약의 자유, 기타 인간발달에 필요한 모든 자유(혼인의 자유, 직업선택의 자유, 복장의 자유 등)를 인정하고 있다. 이러한 국민의 권리를 제한 혹은 박탈하는 법률은 국가의 안전, 사회질서, 공공이익을 보장할 필요가 있는 경우에 한한다.

국가기관에 대한 요구권으로 의회에 청원하는 권리, 대통령과 행정관서에 진정하는 권리, 위법한 행정처분에 대하여 행정재판을 요구하는 권리, 법원에 제소하며 법관의 심판을 받을 권리를 인정하고 있다.

성년 이상에 달한 국민은 성별, 계급, 재산, 교육, 종교를 불문하고 법에 의하여 평등한 공민권을 가진다. 만 25세에 달한 자는 국회의원 피선거권을, 만 40세 이상인 자는 대통령과 부대통령 피선거권을 가진다. 법률에 정한 바에 의하여 고시에 응하며 공직에 취임하는 권리도 참정권에서 규정하고 있다.

평등권의 내용은 입법의원 답신안과 거의 동일하다. 다만, 경제적 기본생활을 균등권으로, 문화와 후생을 균점권으로 인정하고 있다. 그리고 이상의 균등권과 균점권을 확보하기 위하여 국민의 기본생활을 확보할 계획경제를 수립, 의무교육의 실시, 노동권 보호의 국가시설을 비롯한 광범위의 경제·사회·문화·후생정책의 헌법적 보장이 필요함을 규정하고 있다.

입법의원 답신안처럼 제6호 교육문화정책에서 초등의무교육과 균등한 교육의 기회를 제공하고 있다.

이 답신안의 민권은 다음과 같은 특징을 가지고 있다: ㉠ 입법의원 답신안 이외에 민주의원안도 참고하여 작성되어 있다. ㉡ 계약의 자유와 재산소유권에 대한 보장을 중시하고 있다. ㉢ 경제적 기본생활을 균등권으로, 문화와 후생을 균점권으로 인정하고 있다.

6) 지방자치제도

道長과 특별시장은 내무총장의 추천으로 국무총장이 임명한다. 府(市), 郡長은 도장의 추천에 의하여 내무총장이 임명한다. (읍)면장은 군장의 추천으로 도장이 임명한다. 이(동)장은 이(동)민이 직접 선거한 2인의 후보자 중에서 면(구)장이 임명한다. 도, 시, 면, 리의 구역은 법률로써 정하되 당분간 종전의 구역과 명칭에 의한다. 그 이외의 내용은 입법의원 답신안과 동일하다.

다른 두 답신안과 비교하면, 이 답신안은 이(동)장을 제외하고 다른 지방자치단체의 장을 모두 임명을 통하여 선임하도록 하고 있다. 이것은 당시 아직도 각 지방에 좌익과 인민위원회가 존재하는 상황에서 지방자치단체의 장을 선출하기가 힘들다고 판단하였기 때문으로 보인다. 그래서 중앙에서 각 자치단체의 장을 임명하는 방식을 선호하였던 것이다.

7) 경제

토지제도의 개혁을 단행하되 自耕自農의 원칙하에 적산토지와 정부에서 매상한 대·중 지주의 토지는 경작농민에게 유상분배하여 소유하게 하고 있다. 일본인 본위로 하였던 토지이용방법은 폐지한다. 그리고 우리 민족본위의 국토계획을 실시하여 토지를 개발, 이용하도록 하고 있다. 농경지는 원칙적으로 농민의 소유로 함으로써 종래 소작제를 철폐하고 있다. 입법의원의 답신안은 지주 본위의 모든 법령, 제도도 전부 철폐하여 조선민족과 농민본위의 새로운 토지정책을 확립하도록 하였다. 그러나 이 답신안은 일본인 본위로 사용하였던 토지만으로 그 대상을 한정하고 있다. 지주의 토지는 그 대상에서 제외하고 있다.

토지는 농민이 사유하게 한다. 자작자농의 원칙하에 최고한정소유면적(1호당 최고 5정보)을 정하고 처분은 제한한다. 단, 국가 또는 공공기관의 허가가 있을 경우, 처분이 가능하게 하여 토지겸병의 폐를 방지한다. 토지의 사유권을 인정한다. 국가는 법령을 제정하여 토지의 매매 혹은 저당권을 제한한다. 지주의 토지를 국유화하여 무상으로 영구사용권만을 부여하는 것은 농민에게 소유권을 인정하지 않는 것이므로 농민의 생산의욕을 저감시킨다. 그 결과 농토보존과 농업생산력의 발달을 기하기 곤란할 뿐만 아니라 농민을 영구히 농노화(農奴化)하는 것이 된다. 또한 토지를 국유화함에 있어서 무상몰수하는 것은 사유재산제를 근본적으로 부인하는 것이고, 유상매수하는 경우에는 국가재정상 부담이 과중하기 때문에 불가능하다고 한다.

일본국가, 개인, 단체 소속의 토지는 전부 몰수하여 농민에게 분배할 토지의 대상으로 한다. 조선인 지주의 토지를 국가에서 매수하여 소작인에게 분할하는 경우, 지주에게 누진체감율에 의하여 보상한다. 토지는 소작인에게 유상으로 분할하되 매년 상환액을 연생산고의 4분의 1로 정하여 일정한 기한 내에 나누어서 납부하게 하고 있다.

토지개혁의 특징은 사유재산보호를 중시하고 있는 점이다. 소작제도를 폐지하고 있다. 입법의원의 답신안은 일본인 본위로 사용하던 토지뿐만 아니라, 지주 본위의 모든 법령, 제도도 전부 철폐하여 조선민족과 농민본위의 새로운 토지정책을 확립하도록 하고 있다. 그러나 이 답신안은 일본인 본위로 사용하였던 토지만으로 그 대상을 한정하고 있다. 또한 지주토지를 국유화할 경우 따르는 문제점에 대해 자세하게 다루고 있다.

산업전체에 대한 국가의 계획통제정책을 수립하도록 하고 있다. 산업전체에 대한 국가기획과 통제는 중앙정부의 경제기획원을 통하여 한다. 국가의 경제기획에 참여하게 하기 위하여 전국산업협의회를 구성하되 산업별 전국경영자협의회 대표와 산업별 전국노동자협의회 대표로써 조직한다. 생산조직은 종래의 기업가 본위의 방법을 개선하고 노무자, 기술자 대표에게 협의할 기회를 부여하여 경영, 자본, 기술, 노무의 적극적 공동협력을 기도한다. 다른 두 답신안과 달리 근로자의 경영참가권과 이익균점권을 인정하지 않고 있다.

大産業(銅鐵, 화학공업 등)은 원칙적으로 公有 혹은 共有로 하되 국가가 경영한다. 그리고 업종에 따라서는 위임경영제도를 취할 수 있다. 中産業(섬유, 제화 등)은 원칙적으로 사유·사영으로 한다. 단, 국방상 필요한 것은 예외로 한다. 小産業(가구, 農具 등)은 사유·사영에 방임한다. 중앙은행, 특수은행은 公有 혹은 共有로 한다. 보통은행은 국가의 감독하에 사유·사영으로 한다. 도매업과 소매업은 사영을 원칙으로 한다. 광물(지하자원)은 공유로 한다. 삼림은 농가 소유의 최고한정면적(예컨대 10정보) 이외에는 공유로 함을 원칙으로 한다. 단, 우리나라 현상에 있어서 임업을 장려할 필요상 일정한 기간 허가제로 그 경영에 필요한 면적의 점유권을 허락한다. 철도는 公有·國營으로 한다. 선박회사는 국제항로에 있어서는 共有·私營으로 하고 기타는 사유·사영으로 한다. 보험업은 국가 감독하에 公有 혹은 사유로 한다. 어업에 있어서 연안어장은 公有로 하되 경영은 허가제하에 사영으로 한다. 원양어업은 국가경영 또는 보조로써 사영을 장려하게 한다. 公利機關(전력, 수도, 통신기관 등)은 公有 또는 國有로 한다. 영세수공업은 사유·사영에 방임한다.

노동자와 그 가족의 기본생활에 요하는 비용 또는 건강과 행복을 유지하기에 족한 비용을 표준으로 하여 최저임금제도를 실시한다. 1일 8시간, 1주일 48시간제를 실시한다. 14세 미만과 국민학교에 재학 중인 아동의 취업을 금지한다. 18세 미만의 소년과 여자의 야간작업과 위험유해작업을 금지한다. 부녀의 산전산후의 각 2개월 취업을 금지하고 임금은 전액을 지불하게 한다. 소년근로자의 교육시설을 확충한다. 민주주의적 노동조합의 발전을 장려하기 위하여 노동조합법을 제정한다. 노동조합의 단체교섭권과 파업권을 인정한다. 노동조합이 국가의 산업기획에 참여하게 하기 위하여 전국산업협의회에 참가하게 한다. 사회보험법을 제정하여 노동자의 사망, 노쇠, 폐질, 질병, 상해, 실직 등의 경우에 생활을 보장한다. 보험료는 국가, 경영주, 노동자간에 적당한 비율로 부담하게 한다. 노동능률을 증진시키기 위하여 상여금, 위문금, 개수불임금(個數拂賃金) 지불방법 혹은 이익분배 등의 제도를 채용하게 한다.

　다른 두 답신안과 비교할 때, 주요 차이점은 다음과 같다: 취업금지 연령을 '14세 미만'으로 하고 있다. 산전산후 '각 2개월로' 그 기간을 한 정하여 취업을 금하고 있다. 또한 그 경우에도 임금 전액을 지불하도록 한다. 파업권을 인정하고 있다. 노동조합이 국가의 산업기획에 참여하게 하기 위하여 전국산업협의회에 참가하게 하고 있다. 사회보험법을 제정 하여 노동자의 사망, 노쇠, 폐질, 질병, 상해, 실직 등의 경우에 생활을 보 장하되 보험료는 국가, 경영주, 노동자간에 적당한 비율로 부담하게 하고 있다.

8) 친일파 처벌의 문제

　일제의 통치가 근 40년간이나 계속되어 그 영향이 광범위하게 침투되 어 있으므로 그 영향의 제거를 정치, 경제, 산업, 노동, 문교, 후생의 각 방면으로 민주주의적 정책을 단행하여 점진적으로 숙청하도록 하고 있다. 특별재판소를 설치하여 민중의 원성이 높은 악질친일분자에 한하여 엄정 한 재판을 거친 후에 처벌하도록 하고 있다. 일제잔재숙청문제는 민족정 기에 비추어 엄정한 정책을 취한다. 어떠한 이유라도 계급투쟁·정략투쟁 대상으로 하지 못한다.

　우리나라와 우리나라 국민들에게 유해하게 하였고 일본인들과 협력하 였던 조선인들은 특별재판소를 설치하여 민족정기에 비추어 1년 이내에 처단하게 하고 있다. 처단대상은 일본에 아부하여 악질적으로 민족에게 손해를 끼치고 민중의 원성이 높은 자로 한다. 도, 군별로 특별조사위원회 를 설치하여 처벌대상을 조사한다. 특별재판소와 특별조사위원회의 구성 과 부일반역자의 규정은 법률로써 정한다. 어떠한 경우라도 재판을 하지 않고 처벌을 하지 못한다. 재판은 반드시 그 범죄행위를 구명할 것이며, 막연한 보복 또는 계급추방은 하지 못한다.

9) 임시헌장수정

입법의원 답신안과 동일한 내용으로 되어 있다.

10) 기타

국호는 대한민국으로 하고 국체는 민주공화의 단일국가(비연방국가)로 하고 있다.[12] 정체는 삼권분립제를 취하고 있다. 입법권은 대한민국임시국회에, 행정권은 임시대통령내각제의 행정부에, 사법권은 사법원에 속한다. 국토는 대한의 고유한 반도로 한다. 대한민국 국민은 원칙상 한민족으로 한다. 주권은 국민 전체에 속한다. 따라서 대한민국 국민으로부터 나오지 않은 권력은 이를 행사할 수 없으며, 일부 계급만의 독재정치를 허용할 수 없다.

3. 시국대책협의회 답신안의 내용

1) 임시정부의 구성

임시정부의 구성은 미소공동위원회 대상의 각 정당·사회단체가 대표자협의로 산출하도록 하고 있다. 38선을 철폐하고 단일국가의 정부형태를 취한다. 임시정부는 자주독립국가로서 자주권을 가져야 한다. 미소공동위

---

12) 1948년 국회 헌법기초위원회에서 한민당 측 기초위원들은 대한민국이라는 국호보다 고려공화국을 더 지지하였다. 그런데 이 답신안에서는 대한민국으로 하고 있다. 그 이유는 무엇일까? 그것은 한민당이 그동안 반탁, 남한단독정부수립론 등을 통하여 정치의 주변부에서 중심부로 이동하였지만, 아직 주도권을 완전히 잡은 단계는 아니었기 때문인 것으로 생각된다. 따라서 이승만과 김구의 묵인하에 제2차 미소공동위원회에 답신안을 제출하기는 하였지만, 대한민국임시정부의 법통을 계승하고 국호를 대한민국이라고 하며, 헌장기구 등도 대한민국임시정부의 그것을 준수하지 않을 수 없었기 때문으로 생각된다. 咸尙勳,「美蘇共委와 우리 態度」『再建』第一卷 第四號(1947. 8), 34쪽.

원회 대상의 각 정당·사회단체 대표자회의로 임시입법권을 대행한다. 따라서 총선거에 의한 입법기관을 창설하기 전에는, 조선임시정부에 법률제정권을 부여할 필요가 없다. 단, 대행입법기구는 임시적인 만큼 단축한 기한 내에 헌법, 선거법 등을 제정하여 총선거에 의한 입법기구를 선출하여야 한다. 임시정부는 수립 후 최소 6개월, 최다 1년 이내에 정식정부의 수립을 완성하여야 한다.

2) 정부형태

대통령제를 취하고 있다. 대통령과 부대통령은 전국을 한 선거구로 하여 보통, 균등, 직접, 비밀투표의 방법으로 선거한다. 대통령과 부대통령의 임기는 2년으로 하고, 연속하여 3선을 하지 못하게 하고 있다.

대통령은 외국에 대하여 국가를 대표하고 법률을 성실히 집행하고 다음과 같은 권한을 가진다: 일체 행정권의 통괄, 육해공군의 통할, 법률안의 제출, 법률안의 인준·공포, 법률에서 일정한 범위를 정하여 위임을 받은 명령과 법률시행에 필요한 명령의 발포, 외국대사·공사·영사의 접수, 조약체결과 선전강화, 법률에 별다른 규정이 없는 한 공무원의 임면과 그 위임, 대사·특사·감형·복권안의 제출과 공포, 법률의 정한 바에 의한 계엄의 공포, 국무총장과 국무위원 등 국가기관을 임명.

부대통령은 대통령이 유고할 때 그 직권을 대리하고, 대통령[13]이 궐위한 때에는 그 직을 승계한다.

대통령직속하에 국가결의기관으로 국무위원회를 두고 다시 행정을 각 부문으로 나누어 부장제를 채용한다. 국무위원회는 국무총장과 국무위원 10인 이상 20인 이내로써 조직하고 국무총장이 그 위원장이 된다. 국무총장과 국무위원은 대통령이 임명하되 국회의 인준을 요한다. 국무총장과 국무위원의 임기는 대통령과 같이 2년이다. 국무위원이 집행할 행정각부

---

13) 원문은 '大統'이라고 되어 있으나, '大統領'에 대한 오기로 보인다.

의 지정은 대통령이 하되 국회의 인준을 요한다.

대통령이 그 권한을 행사함에는 반드시 국무위원회의 결의 또는 그것을 주관하는 국무위원의 부서가 있어야 그 효력이 있다. 국무위원회는 다음과 같은 사항을 의결할 권한이 있다: 법률에서 위임받은 명령과 법률시행에 필요한 명령의 제정, 국회에 제출할 의안과 국회에서 회부된 안건, 행정 각 부처의 권한쟁의와 연락사항, 기타 중요한 정책·정무의 수립운영에 관한 사항.

대통령은 법률안 제출권뿐만 아니라 거부권도 가진다. 국회에서 제정한 법률안14)은 대통령에게 송부하여 공포하게 하되 대통령은 이유를 붙인 교서로써 1회에 한하여 거부권을 행사할 수 있다. 대통령이 거부한 법률안을 다시 국회에서 출석의원 3분의 2 이상의 다수로써 가결한 경우, 대통령은 그 법률안을 공포하여야 한다.

국회는 행정 각 기관의 위법행위에 대하여 탄핵을 의결할 수 있다. 그리고 대통령의 대사·특사·감형·복권에 대하여 동의를 할 권한을 가진다. 또한 대통령이 임명하는 일정한 자(국무총장과 국무위원 등)에 대하여 인준을 행한다.

행정집행을 보좌·감시하는 법제·고시·감찰기관을 특별히 설치한다. 법제위원장은 대통령을 보좌하여 법령안 기초·심사에 관한 사항을 관리한다. 고시위원장은 대통령을 보좌하여 공무원의 자격·고시에 관한 사항을 관리한다. 감찰위원장은 대통령을 보좌하여 공무원의 징계·탄핵과 정부의 회계감사에 관한 사항을 관리한다.

3) 국회구성과 국회의원의 임기

입법의원 답신안과 동일한 내용으로 되어 있다.

---

14) 원문에는 '법률'로 되어 있으나, '법률안'의 오기로 보인다. 이하에서도 마찬가지이다.

4) 사법권

사법권은 법관으로 조직된 법원에서 행사한다. 법원은 3심제도를 채용한다. 법원의 설치, 명칭, 조직은 법률로써 정한다. 법관의 자격과 신분 보장은 법률로써 정한다. 사법검찰사무를 집행하기 위하여 각 법원에 검찰청을 부치(附置)한다. 검찰관의 자격은 법관과 동등한 자격이 있어야 한다. 법관은 헌법과 법령에 대해서만 구속되고 독립하여 심판한다. 위헌법령에 대한 심사를 최고법원에서 행하도록 하고 있다. 최고법원은 소송에 관한 절차, 재판소의 내부규율, 기타 사법사무처리에 관하여 규칙을 제정할 수 있다. 검찰관은 최고법원이 정한 규칙을 준수할 의무가 있다.

최고법원의 장과 법관은 법률이 정한 법관의 자격을 구비한 자 중에서 대통령이 임명한다. 그리고 임명 후 최초로 시행하는 국회의원선거 때에 국민의 심사를 받는다. 그 후 매 10년 경과한 때마다 국회의원선거 때에 국민의 심사를 받는다. 심사의 결과 투표자의 과반수가 그 파면을 可라고 한 경우, 그 법관은 파면된다. 최고법원 이외의 법원의 법관은 최고법원의 지명에 의하여 대통령이 임명한다. 그 임기는 10년으로 하고 원칙적으로 재임한다. 최고법원의 법관은 70세가 되면 퇴직하고 기타 법관은 65세가 되면 퇴직한다.

입법의원 답신안과 비교하면, 그 내용이 거의 동일하다. 다만, 최고법원의 장과 법관의 임명에 있어 최초로 시행하는 국회의원 선거에서 국민 심사를 받은 이후, '매 10년'를 경과한 때마다 국민의 심사를 받게 하고 있다.15) 이것은 최고법관 임기가 10년이고 재임이 가능함을 고려한 내용이다. 그리고 배심제도 뿐만 아니라 인민재판제도도 취하도록 하고 있다.

---

15) 입법의원 답신안 원문에는 '每年을'로 되어 있다. 그러나 내용과 문맥을 고려할 때, '每 十年을'의 오기일 가능성이 크다. 鄭珪鉉(編), 『새한판프레트 第一輯: 臨時政府樹立大綱 － 美蘇共委諮問案答申集』(서울: 새한민보社, 1947. 8), 83쪽.

5) 국민의 권리

국민의 권리에 해당하는 민권은 입법의원 답신안과 같은 체계로 되어 있다. 자유권, 재산권, 평등권, 국가기관에 대한 권리는 입법의원의 답신안과 동일하다.

다만, 선거권은 입법의원의 답신안과 달리 20세에 달한 국민에게 부여하고, 임시정부를 부일협력자, 친일파 간상배를 제외한 전국의 진정한 애국 혁명운동자 중심으로 조직하도록 하고 있다.

입법의원 답신안처럼 제6호 교육문화정책에서 초등의무교육과 균등한 교육의 기회를 제공하고 있다.

6) 지방자치제도

부(시)장은 부(시)의회에서 선거한 '3인'의 후보자 중에서 道長이 임명한다. 郡長은 도장의 추천에 의하여 내무부장이 임명한다. (邑)面長은 면의회에서 선거한 '3인'의 후보자 중에서 군장이 임명한다. 이(동)장은 里民이 직접 선거한 '3인'의 후보자 중에서 면장이 임명한다. 그 이외의 내용은 입법의원 답신안과 동일하다. 다른 두 답신안과 비교할 때, 가장 넓게 선거제를 채택하고 있다.

7) 경제

토지개혁을 실시하여 사유를 제한하고 농민본위의 경작권을 확립하도록 하고 있다. 日本 國策本位의 모든 식민지 토지정책과 地主本位의 모든 법령, 제도는 전부 철폐한다. 그리고 우리 민족과 농민본위의 새로운 토지정책을 확립하고 농민본위로 경작권을 확립하도록 하고 있다.

토지는 농민에게 최고한정면적(예를 들면, 1호당 최고 3정보)까지 사유경작시키고, 자유처분권은 제한한다. 단, 매도저당의 경우에 한하여 국가의 허가 혹은 국가가 우선 매상권을 보유하도록 하고 있다. 당시 우리나라 경제에 입각할 때, 토지를 완전히 국유로 하여 영구사용권만을 부여하고, 농민에게 소유권을 허락하지 않아야 한다고 하고 있다.

일본국가, 개인, 단체 소속의 토지는 전부 몰수하여 농민에게 분배할 토지의 대상으로 한다. 우리나라 지주의 토지는 경작인에게 분배되어야 하고 분배의 방법은 대, 중 지주의 토지를 국가가 누진체감의 방법에 의하여 정당한 보상으로 매수한다. 토지는 경작인에게 무상으로 분배한다. 단, 2할의 현물세를 징수하여야 한다.

토지개혁의 특징은 사유재산을 제한하고 있다. 토지를 국유로 하고, 농민에게 소유권을 허락하지 않고 영구사용권만을 부여하고 있다. 그리고 소작인제도를 두지 않고 있다.

생산과 분배정책은 계획경제체제를 원칙으로 한다. 생산조직은 종래의 기업가 본위의 방법을 지양하고 노동자, 기술자에 대하여 어느 정도 발언권을 허락함으로써 3자 협조정책을 취하고 있다.

大産業(銅鐵, 화학공업 등)은 원칙적으로 국가가 경영한다. 中産業(섬유, 제화 등)은 원칙적으로 官民合辦으로 한다. 小産業(가구, 農具 등)은 사유·사영에 방임한다. 중앙은행은 전부 국영으로 한다. 보통은행이 필요한 경우에는 국가의 엄중한 감독하에 사유·사영을 허락할 수 있다.16) 도매업은 업종에 따라서 公有·국영으로 할 수 있고, 국가의 감독하에 사유·사영을 허락한다. 광물(지하자원)은 공유로 한다. 삼림은 농가 소유의 최고한정면적(예컨대 10정보) 이외에는 공유로 함을 원칙으로 한다. 단, 우리나라 현상에 있어서 임업을 장려할 필요상 일정한 기간 허가제로 그 경영에 필요한 면적의 점유권을 허락한다. 철도는 公有·國營으로 한다. 선박회사는 국제항로에 있어서는 共有·私營으로 하고 기타는 사유·사영으로 한다. 보험업은 公有·국영으로 하되 필요한 경우에는 위탁경영을 할 수 있다. 어업에 있어서는 연안어업은 원칙적으로 公有로 하고 경영권은 허가제로써 국가의 감독하에 사영으로 한다. 公利機關(전력, 수도, 통신기

---

16) 원문에는 '許할 수 없다'고 되어 있으나, 내용상 '許할 수 있다'의 오기로 보인다.

관 등)은 공유·국영으로 한다. 영세수공업은 사유·사영에 방임한다.

노동자와 그 가족의 기본생활에 요하는 비용 또는 건강과 행복을 유지하기에 충분한 비용을 표준으로 하여 최저임금제도를 실시한다. 1일 8시간, 1주일 48시간제를 실시한다. 12세 미만과 국민학교 재학 중인 아동의 취업을 금지한다. 18세 미만의 소년과 여자의 야간작업과 위험유해작업을 금지한다. 부녀의 산전산후 취업을 금지한다. 소년노동자의 교육시설을 확충한다. 민주주의적 노동조합의 발전을 장려하기 위하여 노동조합법을 제정한다. 노동조합의 단체교섭권을 보장한다. 그러나 단체행동권에 대해서는 언급되어 있지 않다. 성적이 우수한 기업에 있어서는 상여금, 위로금 등의 형태로 이익금의 일부를 노동자에게 지급한다.

입법의원 답신안과 달리 사회보험을 제정하여 노동자의 사망, 노쇠, 폐질, 질병, 상해, 실직 등의 경우에 생활을 보장하는 강제보험제도에 대한 언급이 없다.

8) 친일파 처벌의 문제

일제의 통치가 근 40년간이나 계속되어 그 악영향이 광범위하게 침투되어 있으므로 그 영향의 제거를 정치, 경제, 산업, 노동, 문교, 후생의 각 방면으로 민주주의적 정책을 단행하여 점진적으로 숙청하도록 하고 있다. 특별재판소를 설치하여 민중의 원성이 높은 극악한 친일분자에 한하여 엄정한 재판을 거친 후에 처벌한다. 일제잔재숙청문제는 민족정기에 비추어 以一懲百의 정책을 취한다. 어떠한 이유라도 계급투쟁·정략투쟁 대상으로 하지 못한다.

우리나라와 우리나라 국민들에게 유해하게 하였고 일본인들과 협력하였던 조선인들은 특별재판소를 설치하여 민족정기에 비추어 1년 이내에 처단하게 하고 있다. 처단대상은 일본에 아부하여 악질적으로 민족에게 손해를 끼치고 민중의 원성이 높은 자로 한다. 그 우두머리는 처벌하고 그 죄질이 경한 자는 실정에 의하여 적당히 처벌하여야 한다. 도, 군별로 특별조사위원회를 설치하여 처벌대상을 조사하게 한다. 특별재판소와 특별조사위원회의 구성과 부일반역자의 규정은 법률로써 정한다.

9) 임시헌장수정

입법의원 답신안과 동일한 내용으로 되어 있다.

10) 기타

국호는 고려공화국으로 하고 정체는 민주공화정체를 취하고 있다. 국토는 북위 41도 1분 이남의 예로부터 고유한 조선반도와 제주도, 울릉도를 포함한 연해도서로 한다. 우리나라에 국적을 가진 자, 우리나라의 양친 사이에 출생한 자, 우리나라의 부친하에 출생한 자로서 타국의 국적 또는 시민권이 없는 자, 외국인으로서 외국국적 또는 시민권을 영원히 포기하고 우리나라에 귀화한 자를 조선인민이라 한다. 국민에 대한 요건은 법률로써 정한다. 우리나라의 주권은 인민 전체에 속한다. 따라서 어떠한 권력이라도 인민으로부터 나오지 않은 것을 행사할 수 없다.

4. 세 답신안의 비교

세 답신안은 〈표 9〉와 같이 중요한 내용에서 차이를 보이고 있다. 임시정부수립대책협의회와 시국대책협의회의 답신안은 입법의원의 것을 기본모델로 하여 작성되어 있다. 따라서 많은 내용에서 입법의원의 답신안과 일치한다. 그것은 임시정부수립문제에서 쉽게 타협이 가능한 것들이다. 하지만 임시정부의 수립방법, 사법제도, 지방자치단체 장의 선임방식, 토지개혁, 산업조직, 친일파 처벌의 문제 등에서는 상당한 차이를 보이고 있다.

입법의원은 대체로 다수의 중간파 관선의원과 민선에서 다수를 차지한 한민당계 의원으로 구성되었다. 그와 같은 구성은 입법의원 답신안에서도 나타나고 있다.

즉, 입법의원 답신안은 가장 먼저 작성되었지만, 그 내용은 한민당이 중심이 된 임시정부수립대책협의회와 합작위원회(중간파)가 중심이 된 시국대책협의회의 중간지점에 머물러 있다.

국호에 대해 입법의원과 임시정부수립대책협의회는 대한민국으로, 시국대책협의회는 고려공화국으로 하고 있다. 세 답신안의 정부형태는 내각책임제나 대통령제를 정확하게 따르고 있지는 않지만, 대체로 대통령에게 강한 권한을 주는 형태를 취하고 있다.

국민의 권리 중 선거권의 연령에 대해서는 입법의원 내에서 보선법을 통하여 첨예하게 논란이 되었던 부분이다. 이에 대해 입법의원은 22세로 하고 있다. 시국대책협의회는 20세로 하는 한편, 임시정부를 부일협력자·친일파간상배를 제외하고 전국의 진정한 애국적 혁명운동자 중심으로 조직할 것을 규정하고 있다. 임시정부수립대책협의회는 성년 이상에 달한 국민은 공민권을 가지고, 공민권이 있는 자는 법률의 정하는 바에 따라 선거권을 가지도록 하고 있다.

사법제도에서 입법의원과 임시정부수립대책협의회는 인민재판제도는 취하지 않으나, 배심제도는 이해득실을 충분히 연구한 후에 실시하도록 하고 있다. 이에 반해 시국대책협의회는 사법민주화의 측면에서 배심제도 뿐만 아니라 인민재판제도도 취하도록 하고 있다.

해방 3년 동안 진행된 헌법논의에서 중요한 문제 중의 하나는 지방자치제도를 둘 것인가, 둔다면 어떻게 조직하고 그 기관의 장을 어떻게 선임할 것인가였다. 그 중 가장 중요한 문제는 각 지방자치단체의 장을 어떻게 선임할 것인가였다. 즉, 주민의 선거로 할 것인지, 아니면 상부기관의 장이 임명하는 방식으로 할 것인가였다. 이에 대해 입법의원은 郡長만 道長의 추천에 의하여 내무부장이 임명하고, 나머지 道·府·市·邑·面·里·洞長은 각 의회나 주민이 선거한 2인의 후보자 중에서 1인을 상급기관이 임명하는 방식을 취하고 있다. 이에 반하여 임시정부수립대책협의회는 里·洞長만 이·동민이 직접 선거한 2인의 후보자 중에서 面·區長이 임명하도록 하고 있다. 시국대책협의회는 이 두 답신안의 중간지점에서 이 문제를 해결하고 있다. 즉, 郡長은 道長의 추천에 의하여 내무부장이 임명하고, 도장은 도의회에서 선거한 2인의 후보자 중에서 대통령이 임명한다. 나머지 府·市·邑·面·里·洞長은 각 의회나 주민이 선거한 3인의 후보자 중에서 1인을 상급기관이 임명하는 방식을 취하고 있다. 각 답신안에서 이와 같은 차이를 보이는 것은 당시 민주개혁이라는 이름하에 지방자치단체의 장의 선임문제가 논의되었지만, 아직 남쪽 해방공간에는 좌익과 인민위원회가 존재하고 있는 상황이었기 때문에 선거만으로는 불충분하였고, 임명방식도 함께 적용하였던 것으로 생각된다.

토지개혁문제에서는 입법의원과 시국대책협의회가 일본국책의 토지뿐만 아니라 지주의 토지도 그 대상으로 하고 있다. 그러나 임시정부수립대책협의회는 일본인이 소유하던 토지만을 대상으로 하고 있다.

산업조직문제에서는 입법의원과 시국대책협의회가 계획경제체제를 원칙으로 하고, 기업가 중심의 방법을 폐기하며, 기업가·노동자·기술자의 3자 협조정책을 취하도록 하고 있다. 이에 반해 임시정부수립대책협의회는 중앙정부의 경제기획원을 통하여 산업전체에 대한 국가기획과 통제를 수립하도록 하고 있다. 그리고 기존의 기업가 중심의 방법을 개선하며, 노동자·기술자 대표에게 협의할 기회를 부여하도록 하고 있다. 산업조직의 소유권 문제에서도 세 답신안은 차이를 보이고 있다.

친일파 처벌문제에 대해서는 세 답신안 모두 특별재판소를 설치하여 1년 이내에 처벌하게 하고 있고, 일본에 아부하여 악질적으로 민족에게 손해를 끼치고 원성이 높은 자를 대상으로 하는 점에서 일치한다. 그러나 처벌과 관련하여 입법의원은 우두머리는 엄벌하고 협력한 자는 특사하도록 하고 있고, 시국대책협의회는 우두머리는 처벌하고 죄질이 경한 자는 실정에 의하여 적당히 처벌하도록 하고 있으며, 임시정부수립대책협의회는 이에 대해 아무런 언급을 하고 있지 않다.

이처럼 세 답신안은 중요한 문제에서 차이를 보이고 있다. 그 내용을 민주개혁이라는 측면에서 평가할 때, 대체로 시국대책협의회 답신안≧입법의원 답신안>임시정부수립대책협의회 답신안 순으로 되어 있다.

〈표 9〉 세 답신안의 비교

주요내용\답신안	입법의원 답신안	임시정부수립대책협의회 답신안	시국대책협의회 답신안
작성자	미소공위대책위원회	한민당 중심	합작위원회 중심
성향	우익+중도	우익	중도
국호	대한민국	대한민국	고려공화국
정부형태	대통령제(12부)	대통령제(14부)	대통령제(15부)
임시정부 수립방법	임시헌장에 의한 총선거	남북한 총선거	미소공위 대상의 각 정당·사회단체가 대표자협의회로 산출
국민의 권리	자유권, 재산권, 선거권(22세), 평등권, 국가기관에 대한 권리	생명보장의 기본권, 자유권, 재산소유권, 국가기관에 대한 요구권, 참정권(성년 이상의 자로 법률에서 정함), 평등권	선거권의 연령: 20세 부일협력자, 친일파 간상배를 제외하고 전국의 진정한 애국 혁명운동자 중심으로 임시정부를 조직 이외에는 입법의원 답신안 내용과 동일함
사법제도	인민재판제도 × 배심제도 △	좌와 같음	인민재판제도 + 배심재판제도
지방자치단체장의 선임방식	선거제+임명제 道, 府(市), 邑(面), 里(洞)長: 2→1	선거제+임명제 里(洞)長: 2→1	선거제+임명제 道長: 2→1 府(市), 邑(面), 里(洞)長: 3→1
토지개혁	일본국책 본위 + 지주 본위	일본인 본위만	일본국책 본위 + 지주 본위
산업조직 문제	생산·분배정책: 계획경제체제원칙 생산조직: 기업가 본위방법 폐기, 기업가·노동자·기술자의 3자 협조정책 대산업: 公有·共有, 국영(원칙) 중산업: 사유·私營(원칙)	계획통제정책 중앙정부의 경제기획을 통하여 산업전체에 대한 국가기획과 통제를 수립 생산조직: 기업가 본위의 방법을 개선, 노무자·기술자 대표에게 협의할 기회를 부여	생산·분배정책: 계획경제체제원칙 생산조직: 기업가 본위방법 폐기, 기업가·노동자·기술자의 3자 협조정책 대산업: 국영(원칙) 중산업: 官民合辦(원칙) 소산업: 사유·사영

	국방상 또는 국민생활상 절대로 필요한 경우(예외) 소산업: 사유·사영	대산업: 公有·共有, 국영(원 칙) 중산업: 사유·사영(원칙) 국방상 필요한 경우(예외) 소산업: 사유·사영	
친일파 처벌문제	특별재판소 설치 1년 이내 처벌 처벌대상: 일본에 아부하여 악질적으로 민족에게 손 해를 끼치고 원성이 높은 자, 우두머리는 엄벌하고 협력한 자는 특사함 어떠한 경우라도 재판을 하지 않고 처벌하지 못하 며 반드시 그 범죄행위를 구명할 것이며 막연한 보 복 또는 계급추방은 하지 못함	특별재판소 설치 1년 이내 처벌 처벌대상: 일본에 아부하여 악질적으로 민족에게 손해 를 끼치고 원성이 높은 자 어떠한 경우라도 재판을 하지 않고 처벌하지 못하 며 반드시 그 범죄행위를 구명할 것이며 막연한 보 복 또는 계급추방은 하지 못함	특별재판소 설치 1년 이내 처벌 처벌대상: 일본에 아부하여 악질적으로 민족에게 손 해를 끼치고 원성이 높은 자, 우두머리는 처벌하고 죄질이 경한 자는 실정에 의하여 적당히 처벌함

III. 남조선과도입법의원에서의 헌법논의

1. 입법의원 법제사법위원회와 임시헌법기초위원회에서의 헌법안 작성

1947년 4월 21일 제56차 입법의원 본회의에서는 재석의원수의 미달로 수정안을 심의하지 못하고, 임시헌법기초위원회안에 대한 제1독회를 진행하였다. 그리고 그것에 대한 제1독회가 끝난 후, 임시헌법기초위원회안과 수정안을 법제사법위원회와 임시헌법기초위원회의 연석회의에 부쳐 절충안[17]을 작성하고 그것을 1주일 이내에 보고하도록 결정하였다.[18]

---

17) 당시에는 이 헌법안을 「朝鮮民主臨時約憲案(The Temporary Constitution of Democratic Korea(Chosen))」이라고 칭하였다. 이것은 「임시헌법기초위원회안」의 명칭을 따른 것으로 보인다. 이 연구에서는 법제사법위원회와 임시헌법기초위원회의 연석회의에서 「수정안」과 「임시헌법기초위원회안」을 절충하여 작성하였다는 의미에서 「절충안」이라고 칭하도록 한다.

그러한 결정이 있은 후, 제2차 미소공동위원회가 개최되는 등 정세변
화로 인하여 실제 그것이 입법의원에 상정된 것은 한참 뒤인 7월 7일 제
103차 입법의원 본회의였다.[19] 그러나 그때는 이미 한민당이 중심이 되

---

18) 鄭容郁(編)(註 1), 379쪽;「56立議 本會議」『京鄕新聞』(1947. 4. 22), 1면;「立
    議의 決議」『京鄕新聞』(1947. 4. 23), 1면;「立議 本會議」『大東新聞』(1947.
    4. 22), 1면;「立議 本會議」『大東新聞』(1947. 4. 23), 1면. 특히 4월 23일『大
    東新聞』에 따르면, "二十一日 立議 第五十六次 本會議 後半期＝金朋濬議員
    의 朝鮮民主臨時約憲의 逐條朗讀說明이 끝난 後 同案은 法制 및 臨時憲法起
    草委員會에 넘기어 同連席會議에서 統一案을 作成하여 一週日 內로 上程케
    할 것을 過半數로 可決하였다."
19) 이 날 상정된 절충안은 제1장 총강, 제2장 국민의 권리의무, 제3장 입법권, 제4장
    행정권(제1절 정부주석·부주석, 제2절 정무회의, 제3절 법제장관·고시장관·감찰
    장관, 제4절 지방제도), 제5장 사법권, 제6장 재정, 제7장 보칙으로 총 7장 57개
    조문으로 이루어져 있다.
    수정안, 임시헌법기초위원회안과 비교할 때, 절충안은 다음과 같은 특징을 가지
    고 있다. ① 서상일 측은 헌법의 체계, 용어의 대부분, 제2장 국민의 권리의무의
    내용을 김붕준 측에 양보하는 대신, 절충안의 전체내용을 대체로 자신들이 구상
    한 대로 관철시키고 있다. ② 임시헌법기초위원회안처럼 국호를 朝鮮으로 하고,
    同案 제1조 "朝鮮은 民主共和國임"을 "朝鮮은 民主共和政體임"으로 변경되어
    있다. ③ 임시헌법기초위원회안 제2장 국민의 권리의무 내용 중 제4조 제4호
    "土地私有制限과 農民 本位의 耕作權 確立"을 "農民 本位의 土地 再分配"로
    고치고, 제9조에 兵役의 義務를 삽입하는 것을 제외하고는 그대로 삽입되어 있
    다. ④ 절충안은 남조선과도약헌안과 임시헌법기초위원회안의 단순한 절충만으
    로 이루어진 것이 아니다. 그 예로, 同案 제29조 정무회의의 의결사항에 대해
    남조선과도약헌안 제22조와 임시헌법기초위원회안 제26조에는 자세하게 규정되
    어 있지 않다. 이것은 행정연구위원회안 제37조와 행정조직법기초위원회안 제22
    조를 참고하여 작성된 것으로 보인다. 그리고 주석의 권한을 정하고 있는 제22조
    도 두 안을 참고하여 작성된 것으로 보인다. 제4호 "職制及俸給基準의 制定"은
    행정연구위원회안 제27조를 참고하여 신설된 것으로 생각된다. ⑤ 국민의 권리
    의무 규정의 유무를 제외하고 남조선과도약헌안과 임시헌법기초위원회안의 차이
    점 중 하나는, 전자는 행정부보다 입법부의 권한을 강화한 반면, 후자는 행정부,
    특히 주석의 권한을 강화하고 있는 점이다. 절충안의 행정부는 두 안의 중간지점
    에서 타협을 하고 있다. ⑥ 법관의 임기를 정하고 있다(제44조). 최고법원이 법원
    내부규율이나 사법사무처리에 관하여 규칙을 정하도록 하고 있다. 그리고 검찰관

어 관철시키려고 했던 보선법이 통과된 상태였기 때문에, 절충안에 대한
심의는 지지부진하였고, 법정정족수의 미달로 회의가 진행되지 못하는 경
우도 많았다. 그 결과 상정된 후 거의 한 달이 지난 8월 6일에서야 제2독
회를 끝마칠 수 있었다.

2. 입법의원 본회의에서의 헌법안 심의

1) 제1독회

1947년 7월 11일 제107차 본회의에서는 7월 10일에 절충안에 대한 대
체토론을 하였으므로 별다른 의견이 없으면 그것을 제2독회로 넘기자는
결정을 하였다. 그러나 속기록에 의할 때 7월 10일에 대체토론을 하지 않
았다.[20] 이처럼 절충안에 대한 제1독회는 거의 이루어지지 않았다. 그 이
유는 이미 수정안과 임시헌법기초위원회안에 대한 제1독회를 마친 상태
였기 때문으로 생각된다.

2) 제2독회

입법의원 본회의에서는 7월 15일에 절충안에 대한 제2독회를 하려고

이 최고법원이 정한 규칙에 복종하도록 하고 있다(제47조). 위헌법령심사를 법원
이 아니라 최고법원에서 다루도록 하고 있다(제46조). ⑦ 남조선과도약헌안 제43
조는 "本法은 公布 後 三十日로부터 施行하야 南北朝鮮이 統一된 臨時政府가
樹立될 때까지 效力이 있"는 限時約憲으로 하고 있다. 그러나 절충안은 "本法
은 公布 後 三十日부터 施行"(제55조)하여 계속 효력을 가지도록 하고 있다. ⑧
절충안은 남조선과도약헌안과 임시헌법기초위원회안의 중간지점에서 타협한 결
과물이었지만, 그 타협과정이 쉽지 않았음을 보여준다. 이러한 결과는 입법의원
내 이승만과 한민당의 노선을 따르는 세력이 중간파 못지 않게 많이 있었음을
보여준다.

20) 「1947년 7월 11일(금) 제107차 회의」, 大韓民國國會(編), 『南朝鮮過渡立法議
院速記錄 ③』(서울: 先人文化社(영인본), 1999), 21쪽.

하였다. 그러나 다른 안건 때문에 하지 못하고 7월 16일 제109차 입법의원 본회의에서 제2독회를 진행하였다.21) 당일 제2독회를 하던 중 법안명을 「朝鮮臨時約憲(案)」으로 수정하였다. 이미 보선법이 통과된 뒤라 의사진행을 위한 재적의원수 3분의 2를 미달하는 경우가 많았고 제2독회는 날마다 이루어지지 못하였다. 제2독회에서는 다음과 같은 문제가 주로 논란이 되었다.

(1) 국호 문제: 남조선 대 조선

원세훈 의원은 국호는 정식국회에서 정할 문제이므로 조선이라는 용어를 사용하는 것에 대하여 반대하였다. 이에 김붕준 의원은 조선민주임시약헌 제1조의 '조선'이라는 용어는 법안의 가명사 밖에 안된다고 설명하였다.22)

이순탁 의원이 법안의 표제를 남조선임시약헌으로 할 것을 동의하였고, 남조선과동약헌안의 제안자인 윤석구, 이갑수, 백남용, 황보익 의원들은 찬성하였다. 이갑성 의원이 조선임시약헌으로 할 것을 개의하였다. 그것을 표결한 결과 재석의원 61명 중 가 31명, 부 8명으로 가결되었다.23)

(2) 노동자대표의 경영참여권

원안대로 공장으로 하자(김도연), 공장의 노동자를 주요기업의 종업원으로 고치자(이순탁, 신기언, 장연송, 이관구, 김국태, 여운홍), 주요 공장과 주요기업으로 하자(김학배, 원세훈), 생산률을 향상시키기 위하여 제4조 제7호를 삭제하자(안동원, 정이형, 변성옥, 이종철, 이갑성)는 의견이 제시되었다. 삭제하자는 의견은 표결결과 재석의원 66명 중 가 6명, 부

---

21) 제2독회는 7월 16일에 시작되어 8월 6일에 끝났다.
22) 「1947년 7월 16일(수) 제109차 회의, 金朋濬 의원 발언」, 大韓民國國會(編)(註 20), 40쪽.
23) 「1947년 7월 16일(수) 제109차 회의」, 大韓民國國會(編)(註 20), 40-43쪽.

31명으로 미결되었다. 공장의 노동자를 주요기업의 종업원으로 고치자는 이순탁 의원의 동의는 재석의원 66명 중 가 48명, 부 1명으로 가결되었다.[24] 이 규정에 대해 서상일은 국가사회주의를 실현하기 위한 것이라고 설명하였다.[25]

(3) 정부형태 문제: 내각책임제 대 대통령제

원세훈 의원이 조선임시약헌은 어떠한 정부형태를 취하는지에 대해 질문하였다. 이에 대해 서상일은 본래 의회해산권을 인정하여 책임내각제로 되었던 것인데, 대한민국임시정부 사람들이 반대하여 책임내각제가 되지 않았다고 설명하였다.[26] 그리고 신익희는 초안을 작성할 때 프랑스식과 미국식 모두 참고했지만, 프랑스식으로 많이 기울어졌다고 설명하였다.[27]

의사진행 인원수의 미달로 7월 21일에는 조선임시약헌에 대한 토의가 진행되지 못하였다. 7월 22일에 계속된 토의에서 표결결과 조선임시약헌 제14조는 재석의원 59명 중 가 34명, 부 0명으로 가결되었다.[28]

정부형태에 대해 김구 중심의 대한민국임시정부 측은 대통령제를 선호하였고, 서상일 등 한민당 측에서는 내각책임제를 선호하였다. 조선임시약헌의 정부형태는 이러한 양측의 주장이 절충되어 탄생되었다.

(4) 임시회의의 소집과 정부주석이 정회를 명하는 문제

조선임시약헌 제15조 제1항에「立法議院의 召集 開會 休會及閉會는

---

24)「1947년 7월 16일(수) 제109차 회의」, 大韓民國國會(編)(註 20), 45-48쪽과 「1947년 7월 17일(목) 제110차 회의」, 大韓民國國會(編)(註 20), 50-53쪽.
25)「1947년 7월 16일(수) 제109차 회의, 徐相日 의원 발언」, 大韓民國國會(編)(註 20), 47쪽.
26)「1947년 7월 18일(금) 제111차 회의, 徐相日 의원 발언」, 大韓民國國會(編)(註 20), 67쪽.
27)「1947년 7월 18일(금) 제111차 회의, 申翼熙 의원 발언」, 大韓民國國會(編)(註 20), 67쪽.
28)「1947년 7월 22일(화) 제113차 회의」, 大韓民國國會(編)(註 20), 92쪽.

院이 스스로 行함 但 議員任期 最初의 召集은 政府主席이 行함」이라고
하여 입법의원이 스스로 행하도록 하는 것을 원칙으로 하고 있다. 그런데
제3항에서 「政府主席은 政務會議의 決議로 會期를 定하야 立法議院의
召集을 要求할 수 있으며 十五日 以內에 停會를 命할 수 있음」이라고 하
여 정부주석이 명령으로 입법의원을 정회할 수 있도록 하고 있다.

이에 대해 신익희 의원은 삭제할 것을 주장하였다. 김붕준 의원도 "나
는 起草와 審査를 하였든 委員의 한 사람입니다 政府主席의 要請이나 議
員 四分之一의 要求가 있을 때에는 臨時議會를 召集할 수 있다고 하였는
데 어떻게 이렇게 根本的으로 틀려졌는지 알 수가 없습니다"라고 의문을
제기하였다. 신익희의 주장에 대해 백관수 의원은 "事實은 政府主席이 解
散을 主張할 수 있다는 主張이 있었습니다 그런데 解散을 認定할 수는
없으나 十五日間 停會는 命할 수 있다는 것"이라고 답변하였다. 그리고
서상일 의원은 정부와 의회 사이에 알력이 있고 정치적으로 미묘한 대립
이 있을 경우를 상정한 것이므로 원안대로 두기를 바란다고 하였다. 논란
끝에 원세훈 의원이 제15조 제3항을 「議員 四分之一 以上의 要求나 政府
主席의 要請에 依하야 臨時議會를 召集할 수 있음」으로 수정하고 제2항
단서를 삭제할 것을 동의하였다. 그것을 표결한 결과 재석의원 61명 중
가 36명, 부 1명으로 가결되었다.[29]

(5) 지방자치제도 문제: 임명제 대 선거제

조선임시약헌 제2독회에서 가장 첨예하게 대립되고 논의되었던 문제
였다.[30] 지방자치단체의 장을 중앙정부에서 임명할 것인지, 지방자치단체

29) 「1947년 7월 22일(화) 제113차 회의」, 大韓民國國會(編)(註 20), 92-94쪽.
30) 「1947년 7월 29일(화) 제118차 회의」, 大韓民國國會(編)(註 20), 152-154쪽; 「1947
년 7월 30일(수) 제119차 회의」, 大韓民國國會(編)(註 20), 177-179쪽; 「1947년
7월 31일(목) 제120차 회의」, 大韓民國國會(編)(註 20), 188-190쪽; 「1947년 8
월 1일(금) 제121차 회의」, 大韓民國國會(編)(註 20), 191-197쪽; 「1947년 8월

에서 선거를 통해 뽑을 것인지가 논란이 되었다. 결국 선거와 임명을 절충하는 방식을 취하였다.

(6) 기타 문제

이상의 문제 이외에 노동의 의무 규정 첨가문제(제9조 제4호),[31] 입법의원이 국권의 최고기관인지 여부 문제(제12조),[32] 주석과 부주석의 임기 문제(제20조),[33] 정부주석 맹서내용(제21조),[34] 국무총장과 국무위원 선임방식(제26조),[35] 법관임명 문제(제42조),[36] 헌법개정의 정족수 문제(제54조)[37] 등이 논란이 되었다.

3) 제3독회

조선임시약헌에 대한 제2독회가 1947년 8월 6일에 끝났지만 제3독회를 어떻게 할 것인가가 문제되었다. 토의결과 그것은 의장, 부의장과 법제사법위원에게 맡길 것이라는 내용이 동의되었다. 다음날 최동오 부의장은 속기록을 보고하면서 제3독회는 본래 원(院) 전체회의에서 치르는 것이지 일부 몇 사람에게 맡긴다는 것은 혹 법규에 어김이 없을까 생각된다. 그러므로 원의 의사로서는 제3독회를 생략하고 문구수정만 맡기자는 것이니까 제3독회를 생략한다는 것은 그 동의주문 위에 넣으면 된다고 하여

6일(수) 제124차 회의」, 大韓民國國會(編)(註 20), 221-223쪽.
31) 「1947년 7월 17일(목) 제110차 회의」, 大韓民國國會(編)(註 20), 57-58쪽.
32) 「1947년 7월 18일(금) 제111차 회의」, 大韓民國國會(編)(註 20), 62-64쪽.
33) 「1947년 7월 22일(화) 제113차 회의」, 大韓民國國會(編)(註 20), 95-96쪽과 「1947년 7월 23일(수) 제114차 회의」, 大韓民國國會(編)(註 20), 117-119쪽.
34) 「1947년 7월 23일(수) 제114차 회의」, 大韓民國國會(編)(註 20), 119-120쪽.
35) 「1947년 7월 25일(금) 제116차 회의」, 大韓民國國會(編)(註 20), 128쪽, 「1947년 8월 6일(수) 제124차 회의」, 大韓民國國會(編)(註 20), 223-224쪽.
36) 「1947년 7월 29일(화) 제118차 회의」, 大韓民國國會(編)(註 20), 156-161쪽.
37) 「1947년 7월 29일(화) 제118차 회의」, 大韓民國國會(編)(註 20), 162-164쪽.

접수, 통과시켰다.[38]

제3독회를 생략하는 대신 의장, 부의장, 법제사법위원장에게 일임하여 자구수정만 하기로 한 조선임시약헌은 최종적으로 조문 한 개가 더 늘어나 7장 58개조로 되었다.[39] 이 최종안은 군정장관의 인준을 받은 뒤, 보선법과 함께 1947년 9월 2일 공포식을 거행하기로 되어 있었다.[40] 그러나 군정청은 러취 군정장관의 입원과 기타 사정으로 인하여 수일간 조선임시약헌의 공포를 연기하기로 하였다.[41]

3. 조선임시약헌의 내용과 특징

조선임시약헌은 제3독회를 생략하는 대신 의장, 부의장, 법제사법위원장에게 일임하여 자구수정만 하기로 되어 있었다. 그러나 제3독회를 거친 조선임시약헌은 자구수정만 이루어진 것이 아니라 조문이 하나 더 첨가되어 총 7장 58개조가 되었다. 지금까지 조선임시약헌에 대해서는 제2독회만을 거친 것이 알려져 있다.[42] 그러나 당시 헌법안도 법률안과 마찬가지로 제3독회까지 진행되었다. 따라서 제3독회를 끝마친 조선임시약헌이

---

38) 「1947년 8월 7일(목) 제125차 회의」, 大韓民國國會(編)(註 20), 227쪽.

39) 제2독회를 마친 조선임시약헌 제37조 제1항의 내용이 제3독회를 거친 조선임시약헌 제38조에서 "道長 市長 郡長 面長은 法令을 執行하며 所管行政事務를 處理하고 管下地方自治行政을 監督함"으로 규정되어 한 조문이 더 늘어나게 되었다.

40) 「選擧法과 約憲法: 來週日에 公布할 豫定」『京鄕新聞』(1947. 8. 30), 1면;「普選法 約憲과 함께 九月 二日 發布式 擧行?』『東亞日報』(1947. 8. 28), 1면;「普選法 發布: 約憲과 同時 擧行」『서울신문』(1947. 8. 29), 1면.

41) 「立議 開會: 普選法 發表 延期」『東亞日報』(1947. 9. 2), 1면.

42) 저자는 석사학위논문에서 남조선과도입법의원 속기록을 대상으로 조선임시약헌을 복원한 바 있다. 그것은 제2독회만을 거친 것이다. 金壽用, 「逮捕·拘束適否審査制度에 관한 憲法史的 研究: 해방이후 1948년헌법의 제정 때까지의 입법배경과 법적 논의를 중심으로」(碩士學位論文, 서울大學校 大學院, 2004), 267쪽 각주 408).

최종안이다.

제3독회를 거친 최종의 조선임시약헌은 공보부 여론국 정치교육과에서 발간한 『민주조선』과 한국민주당 당보인 『한국민주당특보』에 수록되어 있다. 민주조선은 미군정청 공보부에서 발간된 것으로 공식문서라 할 수 있다. 따라서 이하에서는 민주조선본을 기본으로 하고 한국민주당특보의 내용을 참고로 하여 그 내용을 검토하도록 한다.

1) 내용

(1) 편제

조선임시약헌은 제1장 총강, 제2장 국민의 권리의무, 제3장 입법권, 제4장 행정권(제1절 정부주석·부주석, 제2절 국무회의, 제3절 법제위원장·고시위원장·감찰위원장, 제4절 지방제도43)), 제5장 사법권, 제6장 재정, 제7장 부칙으로 되어 있다. 전체 조문은 총 7장 58개로 되어 있다.

(2) 국민의 권리의무

임시헌법기초위원회안 제2장 국민의 권리의무 내용을 거의 그대로 따르고 있다. 다만, 가장 큰 변화는 「절충안」 단계에서 제4조 제4호 "土地私有制限과 農民 本位의 耕作權 確立"이 "農民 本位의 土地 再分配"로 수정되었다. 이것은 토지사유권을 유지하려고 한 한민당 측의 입장이 반영된 것으로 보인다.

(3) 입법의원의 구성

입법의원은 단원제로 구성하고, 그 의원은 선거법에 의하여 보통, 평

---

43) 원문에는 절의 제목이 없고 바로 제36조에서 지방자치제도를 규정하고 있다. 그러나 내용을 고려하면, 그것이 누락된 것으로 보인다.

등, 직접, 비밀(무기명)로 선출된다. 입법의원의 소집, 개회, 휴회, 폐회는
원이 스스로 행한다. 단 의원총선거 후의 최초 소집은 주석이 행한다.

(4) 정부형태

대통령제를 취하고 있다. 대통령에 해당하는 주석[44]은 별도로 정하는
법률에 의하여 국민이 직접 선거한다. 단, 약헌이 시행된 후 최초의 주석
과 부주석은 입법의원 의원들에 의하여 선출된다. 이 경우, 선거는 재적의
원 3분의 2 이상의 출석과 무기명투표에 의하여 출석의원 3분의 2 이상의
득표자로 당선을 결정한다. 만약 3분의 2 이상의 득표자가 없을 경우에는
최다점자 2명을 대상으로 결선투표를 행한다. 부주석도 그와 같은 방식으
로 선출한다.

주석과 부주석의 임기는 4년으로 한다. 단, 최초의 주석과 부주석의 임
기는 국민투표로 차기 주석과 부주석이 선출될 때까지로 한다.

주석은 국가의 원수이며, 행정부의 수반이다. 그는 다음과 같은 권한
을 가진다: 법률안 제출권, 법률안 공포권, 법률에서 일정한 범위를 정하
여 위임을 받은 명령과 법률의 집행에 필요한 명령을 제정·공포하는 권
한, 직제와 봉급기준의 제정권, 육해공군의 통할권, 조약체결과 선전강화
권, 외국의 대사·공사·영사의 접수권, 약헌과 기타 법률이 정하는 바에
의하여 공무원을 임명하고 감독하는 권한, 훈장 기타 영전의 수여권, 대
사·특사·감형·복권에 대한 명령권, 계엄선포권, 예산 편성권, 긴급재정처
분권, 헌법개정 제안권, 입법의원의 임시회 소집요청권.

대통령제를 취하고 있음에도 불구하고, 주석, 부주석 더불어 국무총장
도 두고 있다. 부주석은 주석을 보좌하고 주석이 사고가 있을 때에 그 직
권을 대행한다.

---

44) 「1947년 7월 18일(금) 제111차 회의, 徐相日 의원 발언」, 大韓民國國會(編)(註
  20), 67쪽.

국무총장과 국무위원은 주석이 임명하고 입법의원의 인준을 받아야 한다. 국무원은 10인 이상 15인 이내로 한다. 주석은 국무총장의 추천에 의하여 국무위원 중에서 행정 각 부장을 임명한다. 국무총장은 국무위원의 수반으로서 국무회의의 의장이 된다. 또한 행정 각 부장을 통할한다. 주석은 직제와 봉급기준을 제정하고, 공무원 임면과 감독을 행한다.

국무총장과 국무위원으로 조직하는 국무회의는 대통령이 집행하는 사항(법률안·위임명령안·집행명령안·예산안, 계엄안·해엄안·恩赦案, 조약안 기타 중요한 국제사안, 5등급 이상 공무원 임면에 관한 사항, 기타 중요한 정책의 수립과 운영에 관한 사항)을 의결한다. 주석이 서명한 법률·명령·조약의 발표, 기타 국무에 관한 문서에는 국무총장과 국무위원 또는 주무행정부장이 부서하여야 한다.

국무총장, 국무위원, 주무행정부장은 주석이 서명한 법률·명령·조약의 발표, 기타 국무에 관한 문서에 부서한다. 이 부서로써 입법의원에 대하여 책임을 진다. 입법의원은 국무총장과 국무위원에 대한 탄핵을 의결한다. 탄핵에는 재적의원 3분의 2 이상의 출석과 출석의원 3분의 2 이상의 찬성이 있어야 한다. 국무총장과 국무위원은 주석이 임명하고 입법의원이 인준을 행한다.

주석은 법률안 제출권뿐만 아니라 거부권도 가진다. 즉, 입법의원에서 성립된 법률안은 주석에게 송부하여야 한다. 주석은 송부를 받은 후 15일 이내에 이를 공포하여야 한다. 주석은 그 기간 내에 이유를 붙인 이의서로써 입법의원에 재의를 구할 수 있다. 재의를 구하였음에도 불구하고 입법의원이 출석의원 3분의 2 이상의 찬성으로 원안대로 의결한 경우에는 다시 재의를 구할 수 없다.

입법의원은 주석과 부주석에 대한 탄핵을 의결한다. 탄핵에는 재적의원 3분의 2 이상의 출석과 출석의원 3분의 2 이상의 찬성이 있어야 한다. 또한 입법의원은 주석의 조약체결, 선전강화와 대사·특사·감형·복권에 대한 동의를 행한다. 입법의원의 의결을 기다릴 여유가 없을 때, 주석은 재정상 필요한 처분을 행할 수 있다. 그러나 그 처분은 다음 입법의원에 제출하여 승낙을 받아야 한다. 주석은 매년 예산을 편성하여 입법의원의 의결을 얻어야 한다. 입법의원에서 예산을 의정하지 않거나 예산이 성립되지 않은 때, 주석은 전년도 예산을 시행한다. 세출세입의 결산에 대해 감사위원장의 심사를 받은 후에 그 심사보고와 함께 이를 입법의원에 제출하여야 한다. 주석은 법률이 정한 바에 의하여 계엄을 선포할 수 있다. 그러나 헌법상 입법의원이 주석의 계엄선포에 대해 통제할 수 있는 제도에 대해서는 아무런 규정을 두고 있지 않다.

법제위원장, 고시위원장, 감찰위원장은 주석이 임명하고 입법의원의 인준을 받아야 한다. 세 위원장은 주석을 보좌한다.

(5) 지방자치제도

좌익과 인민위원회가 존재하는 상황에서 지방기관의 장을 임명제로 할 것인지, 선거제로 할 것인지를 놓고 첨예하게 대립되었다. 이에 대해 중간파와 한민당의 타협으로 이루어진 조선임시약헌은 절충하는 방식을 취하고 있다. 즉, 道長은 도의회에서 선거한 3인의 후보자 중에서 정부주석이 임명한다. 군장은 도장이 道상임위원회에서 동의로 추천하여 정부주석이 임명한다. 시장은 시의회에서 선거한 3인의 후보자 중에서 정부주석이 임명한다. 면장은 면의회에서 선거한 3인의 후보자 중에서 도장이 임명한다.

(6) 사법권

법관의 임기는 10년으로 연임할 수 있다. 단 법률이 정하는 연령에 달한 때에는 퇴임한다. 최고법원은 법령의 적용에 관하여 해당 법령이 조선임시약헌에 위반되는지 여부를 심사할 권한이 있다. 최고법원은 법원내부규율과 사법사무처리에 관한 사항에 대하여 규칙으로 정한다. 검찰관은 최고법원이 정한 규칙에 복종하여야 한다.

2) 특징

조선임시약헌은 다음과 같은 특징을 가지고 있다. ① 임시정부를 수립하기 위하여 작성된 것으로, 한민당과 중간파 세력의 타협으로 이루어진 임시헌법안이다. ② 일반적으로 헌법은 공포와 동시에 시행되는데, 조선임시약헌은 공포 후 30일부터 시행하도록 되어 있다. ③ 민주의원안, 임시헌법기초위원회안 등을 거치면서 헌법체계가 많이 정비되긴 하였지만, 여전히 헌법안으로서 미흡한 부분이 존재한다.

4. 조선임시약헌의 인준보류와 함의

1947년 8월 6일 입법의원 본회의에서 조선임시약헌(7장 57개조)에 대한 제2독회가 종료되었다. 8월 21일에는 군정장관 러취(Archer L. Lerch)가 그 주 내로 보선법에 대한 공포식을 할 예정이라는 기자회견을 하였다.[45] 군정청은 (제3독회를 생략하고) 문구수정을 한 조선임시약헌(7장 58개조)을 9월 2일에 발표하기로 하였다.[46] 그러나 군정청은 러취 군정장관의 입원과 기타 사정으로 인하여 수일간 조선임시약헌의 공포를 연기하기로 하였다. 여기서 기타 사정이란 사실상 제2차 미소공동위원회가 결렬된 시점에서 미국과 미군정은 남쪽 해방공간의 신국가 수립문제를 새롭게 마

---

45) 「普選法 發布: 約憲과 同時 擧行」『서울신문』(1947. 8. 29), 1면.

46) 「朝鮮臨時約憲 全文(昨年 九月 二日 發表, 立議 通過分)」, 中央廳公報部輿論局 政治教育課(編), 『民主朝鮮』第六號(1948. 5), 40쪽; 「立議서 通過된 朝鮮臨時約憲全文」『韓國民主黨特報(二十三號)』(檀君紀元四二八〇年九月五日), 2면; 「普選法 約憲과 함께 九月 二日 發布式 擧行?」『東亞日報』(1947. 8. 28), 1면; 「選擧法과 約憲法: 來週日에 公布 豫定」『京鄕新聞』(1947. 8. 30), 1면; 「立議 開會: 普選法 發表 延期」『東亞日報』(1947. 9. 2), 1면.

련해야 했고, 아직 결정을 보지 못한 상태에 대한 변명이었다. 보선법은 다음날 공포되었다.

11월 20일에 군정장관 대리 헬믹(G. Helmick)은 "半官半民의 입법의원은 헌장제정에 대하여 국민으로부터 위임받았다고 하기 어렵고, 조선임시헌장이라고 하지만 남조선만을 대상으로 하는 것으로 그것을 채택하면 조선의 통일과정에 지장을 줄 것이다. 장차 조선통일의 영구한 헌장을 위하여 노력하기 바란다"는 취지의 인준보류 서한을 입법의원에 전달하였다. 이때는 이미 미국의 대한정책이 유엔을 통한 해결로 기운 상태였다. 11월 24일 제174차 입법의원 본회의에서 비서장 이상수가 조선임시약헌의 인준보류에 관한 헬믹 군정장관 대리의 공함이 왔음을 보고하였다.[47]

11월 27일 제176차 입법의원 본회의에서는 조선임시약헌의 인준보류에 관한 헬믹 군정장관 대리의 공함이 배부되었고, 군정장관을 불러서 두 가지(조선임시약헌과 부일협력자법안) 공함에 대한 설명을 듣고 질의응답을 하자는 의도하에서 휴회하기로 결정하였다.[48] 11월 28일 제177차 입법의원 본회의에서는 군정장관대리 헬믹의 설명이 있었고, 김호, 탁창혁, 여운홍, 김학배(포기), 이종근, 강순(포기), 원세훈, 장자일, 신기언, 김약수 의원들이 구두질문을 행하였다.[49]

12월 1일 제178차 입법의원 본회의에서 의원들은 제출한 질문서를 어떻게 정리하여 전달할 것인가에 대하여 논의하였다.[50] 12월 5일 제179차 입법의원 본회의에서 12월 3일에 군정장관에게 전달된 질문서에 대한 회

---

47) 「1947년 11월 24일(월) 제174차 회의, 李相壽 비서장 보고」, 大韓民國國會(編), 『南朝鮮過渡立法議院速記錄 ④』(서울: 先人文化社(영인본), 1999), 325쪽.
48) 「1947년 11월 27일(목) 제176차 회의, 이상수 비서장 보고」, 대한민국국회(편) (주 47), 371쪽.
49) 「1947년 11월 28일(금) 제177차 회의」, 大韓民國國會(編)(註 47), 397-422쪽.
50) 「1947년 12월 1일(월) 제178차 회의」, 大韓民國國會(編)(註 47), 423-441쪽. 입법의원 속기록에는 제178차 회의 일자가 '12월 5일(금)'로 되어 있으나, '12월 1일(월)'에 대한 오기로 보인다.

답을 12월 5일까지 해 달라고 하였으나, 12월 9일 이전에는 회답을 전달하기 불가능하다는 군정장관 대리 헬믹의 답변서가 전달되었다.[51] 12월 9일 제180차 입법의원 본회의에 군정장관 대리 헬믹의 서면답변서가 제출되었고, 입법의원에서는 조선임시약헌에 대해 더 이상 추궁하지 않기로 결정하였다.[52]

미군정장관이 조선임시약헌에 대하여 인준을 보류한 것에는 두 가지의 함의가 있다. 첫째, 미국이 해방공간의 신국가 수립문제를 더 이상 미소공동위원회를 통하지 않고 유엔을 통하여 해결하는 방법으로 정책을 전환하였음을 의미한다. 이것은 1947년 트루만(Harry S. Truman) 독트린 이후 미소냉전체제가 시작된 것과도 맞물려 있다.[53] 둘째, 이승만, 신익희, 한민당 측은 중간파와 타협으로 만들어진 조선임시약헌에 집착하기보다는 이미 통과되어 공포된 보선법을 정비하여 남한단독정부의 수립을 준비하면 되었다. 실제 조선임시약헌의 인준보류에 대해 한민당 측 의원들은 별다른 반응을 보이지 않았고, 중간파 의원들은 군정장관을 불러 질의응답을 하기로 결정하였다.

---

51) 「1947년 12월 5일(금) 제179차 회의」, 大韓民國國會(編)(註 47), 444쪽. 입법의원 속기록에는 제179차 회의 일자가 '12월 2일(화)'로 되어 있으나, '12월 5일(금)'에 대한 오기로 보인다.
52) 「1947년 12월 9일(화) 제180차 회의」, 大韓民國國會(編)(註 47), 464-468쪽.
53) 정상우는 조선임시약헌이 중간파의 헌정구상을 상당부분 반영하고 있었기 때문에 미군정으로서는 도저히 받아들일 수 없었고 별도의 헌법안을 준비하도록 지도하였다고 한다[鄭相宇, 「美軍政期 中間派의 憲政構想에 관한 硏究」(博士學位論文, 서울大學校 大學院, 2007), 194쪽].
신용옥은 한국에 대한 미국의 개입이 구체화된 시점에서 미군정은 미국 권력을 무시하며 그 포기를 요구하는 조선임시약헌을 받아들일 수 없었고, 약헌을 통해 단정을 수립하려는 우파세력의 소란도 한국문제의 유엔이관을 복잡하게 할 뿐이었으며, 항구적인 헌법과 항구적인 성격의 정부가 수립되어야 하기 때문에 대표성을 인정받을 수 없는 입법의원의 조선임시약헌은 승인될 수 없었다고 한다[신용옥, 「우파세력의 單政 立法 시도와 조선임시약헌 제정의 정치적 성격」『韓國史學報』 제28호(2007. 8), 114쪽].

제1차 미소공동위원회가 결렬된 이후 세 방향으로 진행되었던 국내정세는 이제 이승만, 한민당, 신익희의 남한단독정부수립론과 김구, 김규식 중심의 통일정부수립론으로 양분되었다.[54]

---

54) 통일정부수립론의 형성과 전개에 대해서는 鄭相宇(註 53), 229-246쪽 참조.

제4장 제2차 미소공동위원회의 결렬과 정부수립(1947. 8.-1948. 12.)

제1절 제2차 미소공동위원회 결렬 전후의 국내외 정국

1947년 국내외 정세는 대체로 다음과 같이 전개되었다. 제2차 세계대전을 처리하는 과정에서 협력하였던 미국과 소련이 냉전관계로 변화하였다. 그것은 해방공간의 신국가 수립문제에도 영향을 미쳤다. 그동안 미소공동위원회를 통하여 해방공간의 신국가를 수립하려고 하였던 미국과 소련은 그것이 불가능함을 재확인하였다. 그리고 같은 해 8월에는 제2차 미소공동위원회가 사실상 결렬되었다. 이후 미국은 유엔을 통하여 해결하는 방식으로 대한정책(對韓政策)을 전환하였다. 이것은 사실상 미국이 중간파를 통한 임시정부 수립에서 우익 세력 중심의 남한단독정부 수립으로 대한정책을 선회하였음을 의미하였다. 그리고 그동안 정읍발언(남한단독정부수립론)으로 미군정과 마찰을 일으키며 소원한 관계를 유지하던 이승만에게 관심을 보이기 시작하였다.

미국의 대한정책이 그러한 방향으로 진행되는 가운데, 국내세력은 이승만, 신익희, 한민당 측을 중심으로 한 남한단독정부수립론과 김구와 김규식을 중심으로 한 통일정부수립론으로 양분되기 시작하였다. 그동안 대한민국임시정부봉대론을 주장하며 정치의 주변부에 머물러 있던 한민당은 입법의원 시기를 거치면서 중심부로 이동하였고, 이제 주된 정치세력 중 하나로 부상하였다.

유엔에서는 해방공간의 신국가 수립문제에 대하여 논란 끝에 총선거를 통하여 해결하기로 결정하였다. 그리고 이를 위해 해방공간에 유엔한국임시위원단이 파견되었다. 그러나 소련은 임시위원단이 북쪽에 들어오는 것을 거부하였고, 해방공간의 신국가 수립문제는 선거가 가능한 지역을 대상으로 선거를 통하여 해결하는 것으로 결정되었다. 그 결과 남쪽 해방공간에서만 총선거가 단행되었다.

그동안 국내정국을 이끌던 세력 중 하나였던 김구와 김규식 측이 통일 정부수립을 주장하며 5월 10일 선거에 불참을 선언하였다. 좌익의 방해와 김구, 김규식 세력의 불참으로 진행된 선거에서 이승만, 신익희, 한민당계 의원들이 다수 당선하였다. 1948년 국회는 입법기관뿐만 아니라 헌법제 정기관의 역할까지 담당하게 되었다. 따라서 헌법제정에 당파적 이익이 작용할 가능성이 많았다. 실제 국회 개원 이전부터 이승만, 한민당, 신익 희 측은 헌법안을 작성하기 위한 물밑작업을 진행하였다. 이보다 앞서 남 조선과도정부 사법부에서는 제2차 미소공동위원회가 사실상 결렬된 뒤, 법전기초위원회를 설치하고 그 안에 헌법기초분과위원회를 조직하여 헌 법안의 준비작업을 진행하였다.

이상과 같이 제2차 미소공동위원회 결렬 이후 국내외 정국의 변화와 그 변화속에서 건국을 준비하던 사람들의 노력으로 1948년 국회 개원 이 전에 사법부의 헌법개정요강, 유진오안, 공동안이 마련될 수 있었다.

제2절 1948년 국회 개원 전후의 헌법논의 (1947. 9.-1948. 6.)

I. 사법부에서의 헌법논의

1. 해방 후 법무국에서 사법부로의 개편과정과 활동

1) 법무국

미군정은 해방 이후에도 조선총독부의 기구를 곧바로 개편하지 않고 지속하였다. 그러다가 1945년 9월 20일에 군정의 조직에 관한 성명을 발표하였다. 그러나 법무국은 특별한 조직개편 없이 일제말기와 마찬가지로 산하에 민사과(재판소의 설치·폐지, 관할구역·민사 및 비송사건 재판·조정·등기·호적·공증·공탁 등에 관한 사항을 관장), 형사과(형사사건 재판·검찰·변호사·은사(恩赦)와 형집행 지휘·범죄인 인도·보호관찰·예방구금의 청구와 재판·예방구금위원회·기타 등에 관한 사항을 관장), 행형과(형무소·형무관훈련소·가출옥·석방자 보호·범인의 異同 식별·형무직원 공제조합·예방구금소 등에 관한 사항을 관장)의 3개 과로 조직되었다. 10월 30일에는 법령 제20호(1946년 3월 2일 법령 제56호로 자구를 수정함)로 형사과 내에 있던 지문계의 제반직무와 직능 및 문서와 재산직원이 경무국으로 이관되었다.[1]

미군정은 9월 15일에 조선총독부 법무국장 일본인 早田福藏을 해임하였다.[2] 이후 우돌(Emery J. Woodall) 미군소령을 법무국장에 임명하였

---

1) 金炳華, 『韓國司法史(現世編)』(서울: 一潮閣, 1979), 11-12쪽; 法院行政處(編), 『法院史』(1995), 169쪽.

다.3) 10월 9일에는 임명사령 제9호로 한국인으로서는 최고위직인 법무국장 실행보좌관으로 김영희4) 박사를 임명하였다. 그리고 조선법전편찬부장에 장후영, 민사과장에 김영상,5) 형사과장에 구자관, 형무과장에 최병석, 특별범죄조사위원회 회장에 전규홍 박사를 임명하였다. 10월 11일에는 해임사령 제14호로 38도선 이남의 일본인 판·검사 전원을 면직하였다. 그리고 임명사령 제12호로 한인 판·검사(대법원 재판장 김용무, 검사총장 김찬영 등)를 임명하였다. 12월 10일에는 임명사령 제56호로 김영희를 법무국장 대리로 임명하였다.

2) 사법부

이상과 같이 미군정은 대법원 재판장과 검사장을 비롯하여 판·검사를 한인 법률가로 대체하였지만, 그 제도는 조선총독부의 그것을 그대로 사용하였다. 그러다가 1946년 초부터 그것을 개편하기 시작하였다. 3월 29

---

2) 「前 總督府 政務總監 以下 各 局長도 全部 解任」『每日新報』(1945. 9. 15), 1면.

3) 「前 總督府 日本人 局長 後任 美軍將校들 全部 任命」『每日新報』(1945. 9. 18), 1면. 그러나 실제 임명사령이 발령된 것은 1945년 9월 29일 임명사령 제3호를 통해서였다. 같은 날 임명사령 제4호로 총무과장에도 임명되었다. 그래서 그는 1945년 11월 20일까지 총무과장 겸 법무국장직을 담당하였다. 11월 20일 이후에는 테일러(M. Taylor) 소좌가 법무국장을 담당하였고, 우돌은 총무과장 겸 법제장관(Secretary of General Affairs and General Counsel)을 담당하였다. 1946년 4월 2일부터 법무국과 총무과가 통합되어 사법부가 된 후에는 우돌이 다시 사법부장직을 담당하였다.

4) 김갑수에 따르면, 김영희의 전임자는 (법전기초위원회 국제사법분과위원회 위원으로 임명된: 저자 보충설명) 서재원 변호사의 부친인 서광설이었다고 한다[金甲洙, 『法窓三十年』(서울: 법정출판사, 1970), 83-84쪽].

5) 김갑수에 따르면, (법전기초위원회 민사소송법기초분과위원회 위원으로 임명된: 저자 보충설명) 배정현 변호사는 경성제대를 졸업한 후, 花村교수 아래에서 형법을 연구하였고, 해방 후 법무국 민사과장으로 있었다고 한다[金甲洙(註 4), 84쪽].

일에는 법령 제64호(조선정부 각 부서의 명칭)로 법무국(法務局, Bureau of Justice)을 사법부(司法部, Department of Justice)로, 총무과를 총무처로 (직능은 그대로 둔 채) 명칭을 변경하였다. 그리고 4월 2일에는 법령 제67 호로 총무처를 폐지하고 모든 법적 직능을 사법부로 이전하고 통합시켰 다. 총무처의 직능은 정부의 법률자문, 법률조사, 법률기초, 법률심사(legal investigating), 번역, 문서작성, 관보의 세분화, 국회도서관의 활동이었다. 이와 같은 직능을 사법부 직속으로 통합한 이유는 우선 효율성 때문이었 다. 결국에는 모든 부서에 한인으로 대체함으로써 과도정부를 준비하기 위한 것이었다.6) 같은 날 임명사령 제83호로 우돌을 사법부장에 임명하 였다.7) 4월 3일에는 사법부장 테일러(M. Taylor)와 함께 대법원장 김용무 가 사임하였다.8) 그러나 5월 16일에 군정장관 러취는 김용무를 유임하기 로 결정하였다.9) 5월 16일에 법령 제67호가 법령 제85호로 개정되었는데, 개정된 내용의 제2조에서 "사법부장은 조선군정장관의 법률고문임"이 첨 가되었다. 그리고 제3조가 삭제되었으며, 나머지 조문은 자구를 수정하는 정도의 개정이 이루어졌다.

　5월 17일에 사법부장은 사법부 개편(reorganization)에 따라, 법제차장 (Deputy Director for Government Legal Counsel)에 권승렬, 법무차장 (Deputy Director for Court Administration)에 한근조, 행정차장(Deputy Director for Administration)에 전규홍, 사제(司制)차장(Deputy Director for Institutional Management)에 김영희, 변호사국장에 강병순, 대법원검사총 장 이인, 대법원차석검사에 정문모 등을 임명하였다.10) 이처럼 미국인 사

6) 임승남(편), 『駐韓美軍史 3』(서울: 돌베개(영인본), 1988), 510-511쪽.
7) USAMGIK, 『Official Gazette, Vol. No.2 Sept. 1945-Sept. 1946』(서울: 原主文化 社(영인본), 1993), 177쪽. 그는 1946년 5월 17일에 사법부장직을 그만 두었다.
8) 「大法院長 金用茂氏 辭任」『서울신문』(1946. 4. 4), 2면.
9) 「金大法院長은 留任: 러長官이 信任狀을 傳達」『東亞日報』(1946. 5. 19), 2면. 그는 대한민국정부가 수립될 때까지 대법원장직을 담당하였다.
10) USAMGIK(註 7), 545-546쪽. 그러나 임명사령(제2호.)은 5월 22일에 발령되었

법부장과 사법부장 밑에 차장들을 임명한 뒤, 차장 밑에 국장들을 임명하기 시작하였다. 5월 18일에는 사법부 임명사령 제3호로 사법부 감찰국장에 이태희, 총무국장에 김용월을 임명하였다. 7월 5일에는 사법부 임명사령 제7호로 민복기를 법률기초국장에 임명하였다. 7월 12일에는 한인 사법부장으로 김병로를 임명하였다.11) 11월 19일에는 사법부 임명사령 제13호로 김갑수를 법률조사국장에 임명하였다.12) 사법부가 한인으로 전환한 뒤, 미국인은 법률고문이 되어 한인과 미국인 양인체제를 유지하였다. 특히 미국인 사법부장은 군정장관의 법률고문으로서 사법행정에 관한 최종적인 책임을 지고 한국인 사법부장의 결정에 대하여 승인권을 가졌다.13)

1946년 5월 이후에 진행된 사법부 개편과정에서 가장 주목해야 할 기관은 법제(Government Legal Counsel)이다. 법제 밑에는 법률심의국(Legal

---

고, 5월 24일부터 직무를 수행하는 것으로 되어 있다.

11) 김병로의 사법부장 임명일에 대해 『법원사』와 『대한변협50년사』에는 '1946년 6월 27일'로, 『한국사법사(현세편)』과 『서울신문』에는 '1946년 7월 12일'로 기록되어 있는 등 여러 문헌에서 차이를 보이고 있다. 法院行政處(編)(註 1), 182쪽; 大韓辯護士協會(編), 『大韓辯協五十年史』(2002), 80쪽; 金炳華(註 1), 15쪽; 「司法部長에 金炳魯氏」 『서울신문』(1946. 7. 13), 1면.

   이와 관련하여 『미군정청관보』에 따르면, 1947년 3월 29일 임명사령 제118호로 '조선과도입법의원에서의 인준 조건하에' 같은 해 2월 15일부로 사법부장 김병로가 임명되었다. 그러나 '1946년 10월 17일' 사법부 임명사령 제11호와 사법부 해임사령 제10호부터는 미국인 고문과 함께 사법부장 김병로의 이름으로 사법부령이 발해졌다. 따라서 임명사령 제118호에도 불구하고, 실제로 김병로가 임명된 날은 1946년 10월 17일 이전일 것으로 생각된다. USAMGIK, 『Official Gazette, Vol. No.3 Oct. 1946-Aug. 1947』(서울: 原主文化社(영인본), 1993), 571-575쪽, 600쪽과 615쪽.

   이 연구에서는 『한국사법사(현세편)』와 『서울신문』을 기준으로 한다.

12) 그는 임명일자보다 빠른 9월부터 업무를 담당하였던 것 같다. 金甲洙(註 4), 저자 학력 및 경력 참조.

13) 申相俊, 『美軍政期의 南韓行政體制』(淸州: 韓國福祉行政硏究所, 1997), 336-341쪽과 666-667쪽; 임승남(편)(註 6), 512쪽.

Opinion Bureau), 법률기초국(Legal Drafting Bureau), 법률조사국(Legal Research Bureau)이 존재하였다.[14] 이 세 기관은 헌·법률의 제정과 개정에 중요한 역할을 담당하였다. 사법부 법제차장은 권승렬이 담당하였다. 그는 법률기초국장에 민복기를, 법률조사국장에 김갑수를 발탁하였다.[15] 민복기는 법률심의국장직도 겸하였다. 홍진기, 이호, 계창업은 법률조사국에서 활동하였다.[16]

각국이 한인으로 대체되면서 미국인들은 법률고문이 되었는데, 법률심의국에는 퍼글러(Charles Pergler), 프랭켈(Ernst Fraenkel), 스콧(Denny F. Scott), 스틸러스(Roy C. Stiles)가 활동하였고, 법률기초국에는 올바움(Stanley N. Ohlbaum), 로빙기어(Charles S. Lobingier)가 활동하였으며, 법률조사국에는 프랭켈이 활동하였다. 또한 이들은 11월 9일에 韓美法學協會(Korean-American Legal Academy)를 조직하였고 한인 법률가들과 함께 모임을 가졌다.[17]

이인에 따르면, 사법부는 미군정청을 통해 세계 각국의 헌법을 수집하여 번역, 인쇄하였다고 한다.[18] 이와 관련하여 당시 사법부 법률조사국장이었던 김갑수는 다음과 같이 회고하였다. "法律調査局 일은 單調로웠으나 建國에 이바지한다는 矜持는 누구나 가지고 있었다. 各國 法典의 飜譯

---

14) 세 기관에 대한 보다 자세한 내용은 金壽用, 「逮捕·拘束適否審査制度에 관한 憲法史的 硏究: 해방이후 1948년헌법의 제정 때까지의 입법배경과 법적 논의를 중심으로」(碩士學位論文, 서울大學校 大學院, 2004), 35-39쪽 참조.

15) 권승렬이 이들을 발탁한 과정에 대해서는 閔復基, 「나의 法官時節 〈7〉」『法律新聞』(1981. 9. 28), 3면; 金甲洙(註 4), 100-101쪽과 160쪽.

16) 홍진기, 이호, 계창업이 법률조사국에서 활동한 것에 대해서는 維民 洪璡基 傳記 간행위원회(編), 『維民 洪璡基 傳記』(서울: 中央日報社, 1993), 36-39쪽; 金甲洙(註 4), 100쪽.

17) 한미법학협회는 서울지방법원장 장경근, 사법부 법률조사국 법률고문 프랭켈의 도움하에 사법부장 김병로가 후원하여 1946년 11월 9일에 조직된 半官的 모임이었다. 보다 자세한 내용은 金壽用(註 14), 41-46쪽 참조.

18) 「20年만에 햇빛 본 憲法草案: 李仁씨가 말하는 「制憲」秘話」『京鄕新聞』(1967. 7. 17), 6면.

도 끝나고 原稿紙에 移記하는 作業을 始作했다. 憲法制定이 時急한 때이
였으므로 우선 各國憲法集을 出刊키로 했다. 印刷術이 미숙한 때였지만
册이 나오게 되니 기쁨은 대단했다. 權承烈次長도 차례로 出刊되는 各國
法典集을 보고 대견해 했다."19) 사법부 법률조사국은 번역한 각국의 헌법
을 가지고 1947년 5월 10일에 4권으로 된 『各國憲法叢輯』을 발간하였
다.20)

2. 사법부 법전기초위원회의 조직과 활동

1) 조직

사법부는 법제업무도 담당하였는데, 사법부장 김병로를 비롯하여 각
차장과 국장 등 조직이 정비되자 헌법과 법률 등을 작성하기 위한 준비를
시작하였다. 그 결과물로 1947년 5월 10일에 법률조사국에서는 각국 헌
법을 번역한 『각국헌법총집』을 발간하였다. 제2차 미소공동위원회가 개
최되기 얼마 전인 5월 17일에는 법령 제141호로 미군정청 한인기관이 남
조선과도정부로 개칭되었다. 이후 6월 30일에는 남조선과도정부의 행정
명령 제3호로 사법부 안에 'Code Drafting Commission'을 설치할 수 있는
근거가 마련되었다.21)

---

19) 金甲洙(註 4), 105쪽;「一九四七年 中 司法部 重要行事」『法政』第三卷 第一
    號(1948. 1), 95쪽.
20) 각 권에 수록되어 있는 헌법은 다음과 같다: 司法部法律調査局(編), 『各國憲法
    叢輯 上卷 1』-美國憲法, 瑞西憲法, 오-스트리聯邦憲法, 日本憲法;『各國憲
    法叢輯 上卷 2』-첵코스로바키아共和國憲法, 푸루시아憲法, 佛蘭西憲法;『各
    國憲法叢輯 下卷 1』-쏘聯邦憲法, 露西亞社會主義聯邦쏘베-트共和國憲法,
    露西亞社會主義同盟쏘베-트共和國憲法;『各國憲法叢輯 下卷 2』-獨逸憲
    法, 포-란드共和國憲法, 베루기憲法.
21) 행정명령 제3호의 내용은 韓國法制研究會(編), 『美軍政法令總覽: 國文版』(韓
    國法制研究會, 1971), 599-600쪽 참조.

'Code Drafting Commission'의 명칭과 관련하여 '法典起草委員會'뿐만 아니라 '(朝鮮)法制編纂委員會', '法典編纂委員會' 등으로 번역되어 불려졌다.[22] 이와 같이 공식 기관명이 여러 가지로 불려지게 된 이유는 첫째, 1947년 6월 28일 행정명령 제4호에 의하여 1947년 7월 1일부터 한국어가 공용어로 사용되었다. 그 이전에는 영어와 한국어의 불일치가 있을 경우에 영어를 중심으로 해석해야 했다. 법전기초위원회의 명칭이 여러 가지로 불려지게 된 이유는 이와 같이 영어를 한글로 번역하는 과정에서 나타난 현상이라고 생각된다.[23] 둘째, 대한민국 수립 이후인 1948년 9월 15일에 대통령령 제4호로 '법전편찬위원회'가 만들어졌는데, 법전기초위원회를 그것과 혼동한 것으로 생각된다. 그러나 당시 공식명칭은 '법전기초위원회'였다.[24] 이 연구에서는 관련자료를 인용하는 경우 이외에는 법전기초위원회라고 부르도록 한다.

특이한 점은 1947년 6월 30일에 법전기초위원회의 설치에 관한 행정명령이 내려졌음에도 불구하고, 주요 신문에서 (9월 5일 미군정청 공보부 발표에 따라서) 9월 초순에 관련 기사를 싣고 있다는 점이다.[25] 그리고 유진오도 법전기초위원회가 조직된 시기를 1947년 9월로 기억하고 있다.[26] 이 두 가지의 사실을 종합해 보면, 6월 30일 행정명령 제3호로 법전

---

22) 유진오는 '법전편찬위원회'라는 용어를 사용한다. 그는 그러한 용어를 사용하게 된 이유를 다음과 같이 말하였다. "(附記) 지금까지 過渡政府안에 設置되었던 憲法草案起草를 위한 機關을「法制編纂委員會」라 써왔는데 그 名稱은「法政」誌 一九四八年六, 七, 八月號의「法政資料」에 의한 것이었으나, 여러가지 다른 資料로 보아 역시「法典編纂委員會」가 옳은 것 같으므로 이곳에서 訂正해 둔다." 兪鎭午,「憲法起草回想錄④」『法政』第192號(1966. 6), 66쪽.
23) 梁彰洙,「民法案의 成立過程에 관한 小考」『서울대학교 法學』제30권 3·4호 (1989. 12), 192쪽 각주 24).
24) 韓國法制研究會(編)(註 21), 599쪽.
25)「法典起草委員會를 設置」『京鄕新聞』(1947. 9. 6), 1면;「司法行政民主化 企圖, 法典起草委員會 設置」『大東新聞』(1947. 9. 6), 2면;「法典起草會 設置코, 司法行政民主化」『東亞日報』(1947. 9. 9), 2면;「朝鮮實情에 맞는 基礎法典을 起草」『朝鮮日報』(1947. 9. 6), 2면.

기초위원회의 설치 근거가 마련되었지만, 동위원회가 실제로 조직된 시기
는 '1947년 9월초'였을 것으로 생각된다. 지금까지 법전기초위원회의 제1
차 모임이 언제 있었는지에 대해 알려져 있지 않다. 그러나 위의 사실로
보아 제1차 모임이 9월 초순(대부분 신문이 9월 6일에 그 내용을 보도하
고 있는 것으로 보아 '9월 6일 이전')에 있었을 것으로 생각된다. 그것을
설치한 목적은 이미 사법부에서 진행되었던 기본법전의 기초작업을 통합
하고 협력하여 그 작업을 진척시키기 위해서였다. 그러나 법전기초위원회
는 사법부와의 협력이 부족하다는 이유로 비판을 받았다.[27]

　　법전기초위원회는 10월 20일에 대법원 회의실에서 제2차 회의를 열
고 다음과 같이 기초분과위원회 위원의 임명을 결정한 것으로 보인다.

〈표 10〉 법전기초위원회의 기초분과위원회와 위원[28]

분과 \ 위원		司法部及法院	검찰청	변호사 기타
헌법	행정소송	○黃聖秀(헌법) 韓根祖	鄭文謨	○張厚永(선거소송) 兪鎭午, 申翼熙
	선거소송	○鄭潤煥(행정소송)		
민법1	총칙	○張暻根(총칙) 姜柄順(물권)	玉溙珍	崔丙柱
	재산법	○權承烈(채권) 梁大卿, 柳瑛		
민법2	신분법	○張暻根(친족) 金瓚泳, 朴彛淳	金永烈	○高秉國(상속)

---

26) 康秀雄, 『民事裁判의 解剖: 記者가 본 裁判의 理想과 實際』(서울: 韓國司法行
　　政學會, 1982), 241쪽.
27) 임승남(편)(註 6), 195쪽.
28) 「【法政 뉴-스】 法制編纂委員會 分委設置」『法政』第二卷 第十一號(1947. 11),
　　36쪽.
　　○표는 기초위원, 연락위원 및 조직소위원에 해당하는 자를 말한다.
　　※ 각 분과기초위원, 연락위원 겸 조직소위원: 황성수, 정윤환, 장후영, 장경근,
　　　강병순, 권승렬, 고병국, 김윤근, 김갑수, 민복기, 최병주, 김준평, 홍진기, 김
　　　태영, 양원일, 엄상섭, 이호, 최병석, 박종근(이상 19명).

민사수속법	민소 인소 비송 화의 파산	○金潤根(민소 인소) ○金甲洙(파산 화의) ○閔復基(강집 경매 비송), 李相基		裵廷鉉
상법1	총칙 상행위 해상보험	李相基	申彦瀚	○崔丙柱(해상 보험) ○金準枰 (총칙 상행위)
상법2	회사법	○洪璡基, 李相基	申彦瀚	金準枰
민사부속법	부동산등기법 호적법	○金泰瑛, 鄭潤煥 金又說, 韓格晩 李明燮		
형법		○梁元一(전반) 李天祥, 金讚泳	○嚴詳燮(후반) 曺在千	金光根
형사수속법		○鄭潤煥(전반) 陳泰龜, 張暻根 李相基, 盧鎭卨	○李澔(후반) 金溶瑑, 金潤壽	金溶植
감법(監法)		○崔秉錫	李炳瑢, 金完燮	
국제사법		○洪璡基, 金泰瑛		徐載元
각종 처벌법령		李天祥, 閔腫植	○朴宗根, 金潤壽	金寧在

헌법기초분과위원회에서 행정소송, 선거소송을 함께 다루고 있다. 헌법 기초위원·연락위원 겸 조직소위원에는 황성수, 행정소송 기초위원·연락위원 겸 조직소위원으로 정윤환, 선거소송 기초위원·연락위원 겸 조직소위원으로 장후영이 임명되었다. 기타 위원으로 사법부 및 법원, 검찰청, 변호사 등에서 한근조, 정문모, 유진오, 신익희가 임명되었다. 유진오에 따르면, 헌법기초분과위원회 위원장에 사법부장 김병로가 임명되었다고 한다.[29]

이상을 종합해 보면, 법전기초위원회의 헌법기초분과위원회는 위원장에 김병로, 헌법 기초위원에 황성수, 행정소송 기초위원에 정윤환, 선거소송 기초위원에 장후영으로 하고, 일반위원으로 한근조, 정문모, 유진오, 신익희[30]로 하여 헌법안을 작성하려고 하였던 것으로 생각된다.

29) 康秀雄(註 26), 241쪽. 당시 김병로는 법전기초위원회 위원장을 담당하고 있었다.
30) 신익희는 법전기초위원회가 조직되기 이전에 이미 장경근, 최하영 등을 중심으로 한 행정연구위원회를 통해 헌법안(행정연구위원회안)을 작성해 둔 상태였다.

그런데 특이한 점은 지금까지 우리나라 헌법제정사 연구에서 헌법의 기초자로 유진오를 주목해 왔던 것과 달리, 헌법기초위원으로 황성수가 임명되었다는 점이다. 이와 관련하여 추측할 수 있는 것은 그가 영어에 능통했다는 점,31) 군정장관 러취(Archer L. Lerch)와 미국 캘리포니아대학교의 선후배관계라는 점,32) 미국유학시절 헌법과 국제법에 대한 강의를 수강하였던 점33) 등이 고려되었던 것 같다.

---

31) 황성수의 영어회화실력과 관련하여 민복기는 다음과 같이 회고하였다. "해방직후 영어회화하면 당시 食糧行政處에 근무하던 崔圭夏 전대통령을 꼽았고 군정청 정식 통역이었던 전국회부의장 黃聖秀변호사를 들었다." 閔復基(註 15), 3면.

32) 그는 다음과 같이 회고하였다. "내가 귀국했을 때의 軍政長官(서리)은 헬믹장군이었고 司法部長은 대학교수이자 변호사인 카늘리소령이었다. 헬믹 다음으로는 부임해온 러치장관은 켈리포니아大 선배로 公的인 면에서나 사적인 면에서나 세심한 配慮로 나를 아끼고 사랑해 주었다. 나는 그의 보좌관과 통역을 겸하고 있었다. … 보좌관의 영향력은 막강했고 이들이 하는 주된 일이란 자문과 조사·번역·통역 등이었다. 당시 관리들 중에 영어를 구사하는 사람은 더러 있었다. 그러나 法律과 英語를 함께 할 수 있는 사람은 거의 없었다고 해도 과언이 아니다. 나의 英語가 빛을 본 것도 바로 이 때문이 아닌가 생각한다." 黃聖秀, 「黎明期〈5〉」『法律新聞』(1982. 9. 13), 3면.
황성수의 회고내용 중 러취가 헬믹 다음으로 부임하였다는 진술은 사실과 다르다. 1946년 1월 4일부로 러취가 군정장관으로 임명되었지만, 중간에 신병으로 인하여 입원하게 되었다. 그래서 챔퍼니(Arthur S. Champeny)와 헬믹이 군정장관 대리직을 수행하였다. 申相俊(註 13), 744쪽.

33) 미국유학시절 국제법과 헌법에 대한 연구와 관련하여 그는 "나는 미국정부의 권유로 在美韓人留學生會의 연구부장 일도 맡아보고 있었다. 일본이 한국을 식민통치하면서 藝術科學등 분야는 얼마쯤 개방을 했으나 유독 政治에 대해서만은 훈련을 시키지 않아 전쟁이 끝난뒤 독립국가를 수립할때 과연 어떤 형태의 국가를 만들것인가가 유학생들간에는 관심의 촛점이 되어있었다. 연구부는 이러한 문제들을 분야별로 연구하기위해 구성된 것이다. 내가 「켈리포니아」大 哲學科에서 政治學科로 轉科를 한것도 이때문이었다. 나는 國際法과 미국헌법분야를 맡고 있었다"라는 것과 "전쟁이 끝났으니 나도 애당초 계획했던대로 학교로 돌아갈 준비를 하고 있었다. 나와 함께일하던 존 휠스교수(노스웨스턴대)의 추천으로 NW大정치부장인 케네트 콜글로브교수에게 의뢰하여 그대학서 강사로 강의하면서 PHD과정을공부할수있는 특전을 받았고 켈리포니아大 에서도 한스 켈젠교

유진오는 법전기초위원회 모임과 관련하여 다음과 같이 회고하였다.

　　그해(1947년: 저자 보충설명) 六月 三日(5월 17일을 잘못 기억하고 있음: 저자 보충설명)에는 美軍政廳의 朝鮮人機關을 南朝鮮過渡政府로 改稱하여, 行政權을 朝鮮사람 손으로 넘겨주었는데, 얼마 후에(6월 30일: 저자 보충설명) 過渡政府 司法部 안에 「朝鮮法典編纂委員會」라는 것이 조직되고, 그해 가을 그 委員會 안에 憲法起草分科委員會가 설치되었다. 이번에도 또 나는 委員의 한 사람으로 委囑을 받았는데, 이번에는 委員을 수락하였다. 전에 左右政治團體에서 憲法草案을 作成한다고 하던 것과는 달리, 이번에는 政府機關(비록 아직 우리의 獨立政府는 아니지만)에서 하는 일이라 公的 性格을 띠고 있기 때문이었다.
　　그 첫 會合은 中央廳 안에 있던 司法部長室에서 열렸는데(月日未詳), 나가 보니 大法院長 金用茂氏, 司法部長 金炳魯氏, 檢察總長 李仁氏, 司法部次長 權承烈氏, 辯護士 姜柄順氏 그리고 그때 司法部 法律審議局 主席顧問이며 法典編纂局長이던 白髮의 퍼글러 박사(Dr. Pergler) 등이 나와 있었다. 그 밖에도 委員이 一, 二人 더 있던 것 같고, 司法部職員도 一, 二人 참석하였던 것으로 기억하나, 그 분들의 이름은 지금 생각나지 않는다.34)

『법정』 11월호에 실린 헌법기초분과위원회 위원과 유진오 회고에 의한 첫 모임의 위원과는 약간의 차이가 존재한다. 즉, 유진오는 사법부 법제차장 권승렬과 변호사 강병순이 첫 모임에 참여하였다고 한다. 이와 같이 헌법기초분과위원회에 참여한 위원의 명단에 차이가 존재하는 이유는 무엇일까? 이것에 대해 다음과 같은 두 가지 이유를 생각해 볼 수 있다. 첫째, 제2차 회의 이후 새로운 위원이 임명되었을 것이라는 점이다. 둘째, 권승렬과 강병순은 이미 민법의 채권과 물권의 기초위원, 연락위원 겸 조

─────────────

수아래 國際法관계 박사코스를 밟을 수 있게되어 있었다. 콜그로브교수는 후에 맥아더의 정치고문으로 활약했고 日本憲法을 제정한 사람이기도 하다"라고 회고하였다. 黃聖秀, 「黎明期〈2〉」『法律新聞』(1982. 8. 23), 3면; 黃聖秀, 「黎明期〈4〉」『法律新聞』(1982. 9. 6), 3면; 黃聖秀, 「한스·켈젠: 그의 生涯와 業績」『法政』第194號(1966. 8), 60쪽.
34) 兪鎭午, 『憲法起草回顧錄』(서울: 一潮閣, 1980), 19쪽.

직소위원으로 임명되었다는 점이다. 즉, 헌법기초분과위원회 위원이 아닌 다른 기초분과위원회 위원들도 헌법안 논의에 참여하였을 것이라는 점이다.[35)

2) 활동

지금까지 사법부 법전기초위원회의 활동에 대해서 알려진 바가 거의 없고 관련자료도 부족하여 자세한 활동경과를 알 수 없는 실정이다.『법정』과 관련자들의 회고를 참고하여 법전기초위원회의 조직과 활동과정을 정리하면 다음과 같다.

〈표 11〉 법전기초위원회의 조직과 활동과정

일 시		내 용
1947년	5월 10일	사법부 법률조사국에서 『각국헌법총집』을 발간함
	6월 30일	행정명령 제3호로 법전기초위원회의 설치근거가 마련됨
	9월 초	법전기초위원회가 실제로 조직됨
	10월 20일	법전기초위원회 제2차 회의에서 기초분과위원회 위원들이 임명됨
1948년	4월 20일-28일	법전기초위원회 제3차 회의에서 헌법과 개별기본법률에 대한 요강이 제출되고 결정됨
	5월 20일-24일	각 초안을 제출하기로 함

형법 후반부 기초위원이었던 엄상섭은 법전기초위원회의 활동이 저조함을 지적하였다. 그리고 저조한 이유로 첫째, 법전기초위원회 위원들이 당면한 법전기초사업의 특수성을 정당하게 파악하지 못하고 있다. 둘째, 자신들의 능력을 너무 과신하고 있다. 셋째, 법전기초의 대방침이 확립되어 있지 않다는 점을 들고 있다.[36) 이를 통해 볼 때, 1948년 4월 20일 제3차 회의 때까지도 기본 개별법률에 대한 요강 등이 작성되어 있지 않았음

---

35) 梁彰洙,「〈자료〉法典編纂委員總會 議事錄(抄)」『서울대학교 法學』제35권 2호(1994. 10), 300쪽.

36) 曉堂學人,「法典編纂에 對하여」『法政』第三卷 第六號(1948. 6), 10쪽.

을 추측할 수 있다. 선거소송의 기초위원이었던 장후영도 법전편찬의 활
동이 미진함을 다음과 같이 지적하였다. "現在 所謂 法制編纂委員會라는
것이 行政命令 第三號에 依하여 組織되어 있으나 그 實質에 있어서는 이
렇다 할만한 아무런 進捗도 보고 있지 않다. 그 罪責은 그의 組織構想과
아울러 그의 實踐方式의 過誤에 基因하는 것이라고 나는 믿는다."[37] 유
진오는 1947년 가을에 법전기초위원회가 처음 구성되었으나, 민법, 형법
은 생각도 못하였고, 우선 헌법분과위원회가 구성되었다고 한다.[38]

이러한 회고와 달리 최대용[39]은 법전기초위원회의 활동이 활발하게
진행되었고, 제3차 회의(4월 20일)에서 기본제법전의 요강이 결정되었다
고 한다.[40] 그리고 해상법과 보험법의 기초위원이었던 최병주는 5월 24
일에 요강과 원안을 법전기초위원회 위원장에게 제출하였다고 한다.[41] 또
한 경향신문에 따르면, 형사소송법을 비롯하여 형법, 헌법, 상법 등의 요

---

37) 張厚永, 「[法政時評] 國會構成에 關聯하여」 『法政』 第三卷 第六號(1948. 6),
　　30쪽.
38) 「憲法起草 當時의 回顧談(兪鎭午氏와의對談)」 『國會報』 第20號(1958. 7), 30쪽.
39) 당시 그는 『법정』의 주필을 담당하고 있었다.
40) 崔大鎔, 「새法典編纂에의움직임」 『石峰論說集 (第一輯)』(서울: 法律新聞社,
　　1951), 23-24쪽.
　　법전편찬의 기본방향 내지 이념과 관련하여 嚴詳燮, 「刑法要綱解說(一)」 『法政』
　　第三卷 第九號(1948. 9), 18쪽; 金準枰, 「商法總則及商行爲法要綱解說」 『法
　　政』 第三卷 第九號(1948. 9), 20쪽; 洪璡基, 「새會社法의要綱解說」 『法政』 第
　　三卷 第十一號(1948. 11), 13쪽; 金甲洙, 「民事訴訟法要綱解說」 『法政』 第三
　　卷 第十一號(1948. 11), 20쪽.
　　법전기초위원회 행정소송과 형사소송법 전반부의 기초위원, 민사소송법 위원이었
　　던 정윤환도 "過渡政府時代에 軍政長官의 直屬機關으로 出發한 法典編纂委員
　　會가 우리나라 憲法草案 其他 各法典編制要綱을 作成하여 活潑한 活動을 開始
　　하여 왔으나 大韓民國 政府樹立을 契機로 發展的 解消를" 하였다고 한다.
　　[鄭潤煥, 「新刑法과 保安處分」 『民主警察』 第三卷 第三號(1947. 9), 12쪽].
　　이 논문이 수록된 『민주경찰』 제3권 제3호가 1947년 9월에 발행된 것으로 되어
　　있으나, 내용 등을 고려할 때 1949년 4월에 발행된 것으로 추측된다.
41) 崔丙柱, 「海商法 保險法 起草所感」 『法政』 第三卷 第九號(1948. 9), 24쪽.

강이 완성되어 4월 28일 각 분과위원회에서 그 요강을 법전기초위원회에 회부하였고, 그것을 조문화하여 5월 20일까지 제출하기로 하였다.[42]

이상을 종합하면, 유진오가 법전기초위원회의 헌법안 작성에 참여한 시기는 1947년 10월 20일 제2차 회의에서 각 기초분과위원회 위원이 결정되고 난 이후일 것으로 생각된다. 법전기초위원회의 기초분과위원회 중에는 1948년 5월 말까지 요강과 안을 작성한 경우도 있었지만, 대부분 그 활동이 저조하였던 것으로 생각된다.

유진오는 헌법기초분과위원회가 첫 회합을 중앙청 안에 있던 사법부장실에서 열었다고 회고하면서 월일을 기억하지 못하고 있다. 이와 관련하여 이경주는 그 날을 1947년 9월 21일로 보고 그 이유를 다음과 같이 제시하고 있다. "유엔에 한반도 독립문제에 관한 미국 측 안이 제안되자, 미군정청에 설치된 헌법기초분과위원회도 본격적으로 활동을 개시하였다. 특히 마샬(George Marshall)의 제안, 즉 한반도 독립문제를 미소공동위원회의 결정에 구속받지 않고 유엔총회의 결정에 의해 해결해야 한다는 제안이 유엔에서 채택된 날인 1947년 9월 21일은 우리 헌법의 제정과 관련하여서도 중대한 분수령이 되는 날이었다. 이날을 기점으로 미군정청의 지도에 의해 설치된 헌법기초분과위원회도 헌법안 작성을 위한 구체적인 활동을 개시하였기 때문이다."[43] 그러나 법전기초위원회의 각 기초분과위원회 위원의 임명에 대한 결정이 10월 20일 제2차 회의에서 이루어졌다는 사실을 고려하면, '9월 21'에 헌법기초분과위원회가 구체적인 활동을 개시하였다는 이경주의 주장은 설득력이 약하다. 다만, 그 시기에 법전기초위원회의 제1차 회의가 개최되었을 가능성이 높다.

---

42) 「新朝鮮法의 搖籃: 司法部서 刑法要綱 等 決定」『京鄕新聞』(1948. 4. 29), 2면.
43) 이경주, 「건국헌법의 제정과정: 미군정사료 등을 중심으로」『憲法學硏究』第4輯 第3號(1998. 10), 160-161쪽.

3. 법전기초위원회 헌법기초분과위원회의 헌법개정요강

1) 작성시기와 명칭문제

최대용은 1948년 4월 20일에 법전기초위원회에서 모든 기본법률에 대한 요강이 결정되었다고 한다.[44] 그런데 그 날은 법전기초위원회 제3차 회의가 있었던 날이다. 그렇다면 모든 개별기본법률에 대한 요강이 이미 그 전에 작성되었고, 그 날 회의에서 최종적으로 결정되었을까?

법전기초위원회의 요강이 언제 작성되어 제출되었는지에 대한 직접적인 자료가 존재하지 않아 그 정확한 경과는 알 수가 없다. 다만 다음 몇 가지의 자료를 통해 그 시기를 추측해 볼 수 있다. 첫째, 1948년 6월호인 『법정』 제3권 제6호부터 '조선법제편찬위원회기초요강'이라는 제목 하에 '헌법개정요강(憲法改正要綱)'을 시작으로 개별기본법률의 요강을 수록하고 있다. 그런데 『법정』 6월호가 발행된 시기는 6월 1일이므로, 적어도 헌법개정요강은 5월 말 이전에 작성되었음을 알 수 있다. 둘째, 해상법과 보험법의 기초위원인 최병주는 '5월 24일'에 그 요강과 원안을 법전기초위원회 위원장에게 제출하였다고 한다.[45]

이상의 두 가지 사실과 최대용의 회고내용을 종합해 보면, 법전기초위원회는 5월 10일 총선거 후 신정부 수립을 위한 논의가 진행되었던 시점을 전후하여 기초위원들에게 빠른 시일 내에 각 법률의 요강을 작성하도

---

44) 『석봉논설집』에 수록되어 있는 이 글은 1948년 6월호 『법정』에 실렸다고 되어 있다[崔大鎔(註 40), 23-24쪽]. 그러나 그것은 사실과 다르다. 1948년 6월호는 『법정』 제3권 제6호를 말하는데, 그 어디에도 석봉논설이나 최대용의 글을 찾을 수 없다. 다만 법전편찬과 관련하여 '法典編纂에 대하여(4월 16일에 씀)'라는 글이 한 편 실려 있다. 그러나 그것은 필명이 '曉堂學人'으로 되어 있고 그 내용도 『석봉논설집』의 것과 완전히 다르다. 효당학인은 법전기초위원회 형법 후반부의 기초위원으로 임명된 엄상섭을 말한다. 『法政』 第三卷 第五號(1948. 5), 44쪽; 曉堂學人(註 36), 10-11쪽.

45) 崔丙柱(註 41), 24쪽.

록 한 것으로 생각된다. 그러나 5월 말까지 요강을 작성하지 못한 기초분
과위원회도 존재하였던 것 같다.

『법정』 6월호에 헌법개정요강이 실려 있는 것으로 보아 헌법기초분과
위원회는 1948년 5월 말 이전에 요강을 작성하였음을 알 수 있다. 그런데
왜 그 명칭을 '헌법기초(起草)요강'이나 '헌법제정(制定)요강'이라고 하지
않고 '헌법개정요강'이라고 하였을까? 그 이유는 남조선입법의원에서 통
과된 조선임시약헌을 개정하는 방식으로 헌법안을 마련하려고 하였기 때
문으로 생각된다.[46]

1946년 5월에 사법부의 한인화를 시작으로, 같은 해 12월 12일에는
입법의원이 개원하였고, 1947년 5월 17일 군정법령 제141호로 미군정청
한인 기관을 남조선과도정부로 개칭함으로써 한인을 중심으로 한 삼권분
립의 과도정부가 수립되었다. 그러한 상황에서 입법의원에서는 1947년 8
월 6일에 조선임시약헌에 대한 제2독회를 종료하고 제3독회까지 끝마쳤
다. 그러나 미군정장관은 그것을 인준하지 않고 보류하였다. 그 결과 조선
임시약헌은 효력을 발생할 수 없게 되었다. 비록 조선임시약헌이 미군정
장관의 인준을 받지 못하여 효력을 발생할 수는 없었지만, 남조선과도정
부의 사법부는 입법의원에서 작성한 그것을 무시할 수 없었던 것으로 생
각된다. 그래서 조선임시약헌을 개정하는 방식으로 헌법안을 작성하려고
하였던 것으로 생각된다. 그리고 헌법안을 작성하기 전에 요강을 마련하
였는데, 그것이 바로 헌법개정요강이었던 것으로 생각된다.

---

46) 헌법개정요강과 조선임시약헌을 비교·분석해 보면, 헌법개정요강은 조선임시약
   헌을 토대로 하고 있음을 알 수 있다. 다만, 다소 차이가 나는 점은 각 장의 세부
   적인 내용(예를 들면, 제1장 총강 편에서 제4조 영토, 제5조 국기, 제6조 사회기
   구 등 조선임시약헌에 규정되어 있지 않은 조항들이 첨가되어 있다), 제7장 국민
   경제, 제8장 교육에 관한 부분이다.

2) 참고자료

헌법개정요강의 각 장에는 참고할 국가명이 괄호 안에 기재되어 있다. 특히 일본, 중국, 미국, 체코슬로바키아, 스위스, 소련, 프로이센, 폴란드의 헌법을 많이 참고할 계획이었던 것으로 생각된다. 이러한 국가들의 헌법은 이미 사법부 법률조사국에서 발간한 『각국헌법총집』(발행일 미상, 1947년 5월 10일 추정)[47]을 통해 참고하려고 하였던 것 같다. 『각국헌법총집』은 총 4권(상권 1·2, 하권 1·2)으로 되어 있으며, 총 13개국의 헌법이 번역되어 있다.[48]

이상을 종합하면, 헌법기초분과위원회는 조선임시약헌을 기본으로 하고 세계 각국의 헌법을 참고로 하여 헌법안을 마련하려고 하였던 것 같다. 그리고 세계 각국의 헌법은 사법부 법률조사국에서 발간한 각국헌법총집을 참고하려고 하였던 것 같다.

그렇다면 사법부 법률조사국은 어떠한 자료를 이용·번역하여 『각국헌법총집』을 만들었을까? 이인에 따르면, 당시 각국가의 헌법을 구하기가 힘들었다고 한다. 그러한 상황에서 사법부 법률조사국은 어떤 자료를 어떻게 구하여 번역하였을까? 기존의 헌법제정사 연구는 1948년 헌법이 독일 바이마르헌법, 중화민국헌법초안, 미국헌법 등의 영향을 받아 작성된 것이라고만 할 뿐, 헌법제정자들이 헌법을 제정할 때 참고하였을 자료, 특히 외국헌법자료에 대해 주목하지 않았다. 그러나 사법부 법률조사국이

---

47) 이 자료의 표지에는 '中央廳 謄寫室 印刷納 五層 四三〇号室 電五四七番'라고 기재되어 있다.

법률조사국에서 이 책을 발간한 것과 관련하여 金甲洙(註 4), 105쪽; 「一九四七年 中 司法部 重要行事」『法政』第三卷 第一號(1948. 1), 95쪽.

48) 당시 대법원 검사총장과 법전기초위원회 위원이었던 이인은 1958년 제헌절에는 '17개국' 헌법을, 1967년 제헌절에는 '21개국' 헌법을 모아 번역하였다고 한다[「憲法은 이렇게 制定되었다(制憲 10周年 맞아 回顧座談會)」『서울신문』(1958. 7. 17), 3면; 「20年만에 햇빛 본 憲法草案: 李仁씨가 말하는 「制憲」秘話」『京鄕新聞』(1967. 7. 17), 6면].

외국헌법을 번역할 때 참고하였을 자료를 살펴보는 것은 외국헌법이 우리나라에 계수되는 과정의 한 단면을 알 수 있으므로 의미가 있다고 생각한다.

사법부 법률조사국이 『각국헌법총집』을 발간할 때 참고하였을 자료로 1922년 美濃部達吉이 제1차 세계대전 이후 공화국헌법을 번역한 자료집인 『歐洲諸國 戰後の新憲法』과 1915년 동경제국대학 법학과를 졸업한 土橋友四郎이 세계헌법을 번역한 『日本憲法 比較對照 世界各國憲法』이 주목된다.

전자에는 바이마르헌법(獨逸國憲法, 1919년 8월 12일), 프로이센헌법 (普漏西國憲法, 1920년 11월 30일), 체코슬로바키아헌법(「チェッコ, スロヴァキア」國憲法, 1920년 2월 29일), 폴란드헌법(「ポーランド」國憲法, 1921년 3월 17일), 오스트리아헌법(墺地利國憲法, 1920년 10월 1일)으로 총 5개의 공화국헌법이 수록되어 있다. 후자에는 美濃部達吉의 승낙하에 전자에 번역된 각국 헌법이 수록되어 있다. 그리고 그 이외에 영국헌법(英吉利國憲法: 대헌장, 권리청원, 권리장전, 왕위확정법), 미국헌법(北米合衆國憲法), 프랑스 제3공화국헌법(佛蘭西國憲法), 벨기에헌법(白耳義國憲法, 1831년 2월 7일 제정, 1921년 수정), 구독일제국헌법(舊獨逸帝國憲法, 1871년 4월 16일), 구프로이센국헌법(舊普魯西國憲法, 1850년 1월 30일), 구오스트리아국헌법(舊墺太利國憲法, 1867년), 헝가리헌법(匈牙利國憲法, 1848년, 1885년), 이탈리아헌법(伊太利國憲法, 1848년 3월 4일), 스위스헌법(瑞西聯邦憲法, 1874년 5월 29일), 스페인헌법(西班牙國憲法, 1876년 6월 30일), 포르투갈헌법(葡萄牙舊王國憲法, 1826년 4월 29일), 네덜란드헌법(和蘭國憲法, 1887년 11월 6일 수정헌법), 덴마크헌법(丁抹國憲法, 1849년 6월 5일 발포, 1866년 7월 8일 수정), 스웨덴헌법(瑞典國憲法, 1809년 6월 6일), 노르웨이헌법(諾威國憲法, 1814년 11월 4일), 러시아소비에트공화국헌법(露西亞「ソヴィエット」共和國憲法, 1918년 7월 10일), 러시아구제국헌법(露西亞舊帝國憲法, 1906년 5월 6일), 터키헌법(土耳古帝

國憲法, 1876년 12월 23일 발포, 1908년 8월 1일 부활), 유고슬라비아헌
법(「ユ-ゴスラヴィア」王國憲法, 1921년 6월 28일), 단치히자유시헌법(「ダ
ンチヒ」自由市憲法, 1920년 8월 14일), 핀란드헌법(芬蘭國憲法, 1919년 7
월 1일: 1906년 7월 20일 國會組織法), 에스토니아헌법(「エストニア」國憲
法, 1920년 6월 15일 제정), 멕시코헌법(墨西哥國憲法, 1857년 2월 5일),
브라질헌법(伯剌西爾國憲法, 1891년 2월 24일), 중화민국헌법(1923년 10
월 10일 선포)이 수록되어 있다.

   이 두 가지의 세계헌법 번역집은 해방 이후 세계 각국의 헌법을 구하
기 힘든 상황에서 유용한 자료로 활용되었던 것으로 보인다.[49]

3) 헌법개정요강의 내용과 특징

   헌법개정요강의 편제는 제1장 총강, 제2장 인민의 권리의무, 제3장 입
법권, 제4장 행정권(제1절 대통령, 제2절 국무회의, 제3절 법제위원장·고
시위원장·감찰위원장, 제4절 지방제도), 제5장 사법권, 제6장 재정, 제7장
국민경제, 제8장 교육, 제9장 헌법의 개정, 제10장 부칙으로 되어 있다.[50]

---

49) 행정연구위원회 위원들은 헌법안을 작성할 때, 이것들을 참고한 것으로 보인다.
  유진오는 후자의 번역집을 참고하고 있다. 兪鎭午, 『憲政硏究 第一集: 憲法의
  基礎理論』(서울: 一潮閣, 1950), 23쪽 각주 1). 그는 해방 이후 작성한 논문에서
  세계 각국의 헌법조문을 많이 표기하고 있다. 세계헌법을 구하기 힘들었던 당시
  상황을 고려할 때, 이 책을 참고하였을 가능성이 크다. 그러나 이 책의 번역을
  그다지 신뢰하지 않았던 것 같다.
50) 헌법개정요강에 나열되어 있는 항목을 가지고 조문화하면 다음과 같다. 제1장 총
  강은 6개 조문으로 되어 있다. 제2장 인민의 권리의무는 평등권 2개, 자유권 10
  개, 요구권 2개, 정당한 재판을 받는 권 8개, 참정권 4개, 의무 4개의 항목으로
  되어 있다. 제3장 입법권은 13개 항목, 제4장 행정권 제1절 대통령은 4개 항목,
  제2절 국무회의는 8개 항목, 제3절 법제위원장·고시위원장·감찰위원장은 5개
  항목, 제4절 지방제도는 4개 항목, 제5장 사법권은 11개 항목, 제6장 재정은 5개
  항목, 제7장 국민경제는 19개 항목, 제8장 교육은 8개 항목으로 이루어져 있다.
  하나의 항목으로 1개 이상의 조문을 만들 수 있다는 것을 고려한다면, 헌법개정
  요강으로 총 10개 장, 115개(제8장까지 항목수가 총 113개임) 이상의 조문으로

제1장 총강은 조선임시약헌처럼 제1조 국호와 국체, 제2조 주권의 소재, 제3조 국민으로 되어 있다. 제4조 영토, 제5조 국기, 제6조 사회기구가 첨가되어 있다. 당시 비교헌법적으로 영토와 국기는 중화민국헌법초안의 총강 제4조와 제6조에 각각 규정되어 있었고, 사회기구는 소련헌법 제1장에 규정되어 있었다. 총강에는 참고할 국가명이 기재하고 있지 않는데, 이 두 국가의 헌법을 참고하려고 하였던 것 같다.

제2장 인민의 권리의무는 조선임시약헌의 기본체계를 유지하면서 각국의 관련조항을 참고하는 형식을 취하고 있다. 참고대상의 국가는 일본, 체코슬로바키아, 스위스, 중국, 소련, 미국이다.

조선임시약헌 제2장 국민의 권리의무는 생활균등권(제4조), 문화·후생균등권(제5조), 자유권(제6조), 요구권(제7조), 참정권(제8조), 의무(제9장)로 되어 있다. 헌법개정요강은 '정당한 재판을 받는 권(1 재판청구권, 2 형사피고인의 권리, 3 영장, 변호인, 4 압수, 수색, 5 고문, 6 형벌제한, 7 일사부재리, 8 법률불소급)'에 대한 항목을 추가하고 있는 점 이외에는 대체로 조선임시약헌의 체계를 따르고 있다. '정당한 재판을 받는 권'에 대한 내용은 일본국헌법의 내용을 많이 참고한 것 같다. 일본국헌법은 제32조 재판청구권, 제37조 형사피고인의 권리, 제33조와 제34조의 영장, 변호인에 관한 규정, 제35조의 압수, 수색에 관한 규정, 제36조 고문, 제38조 형벌제한, 제39조의 법률불소급, 일사부재리로 되어 있다.

이처럼 제2장 인민의 권리의무는 조선임시약헌을 많이 따르고 있지만, 그것에 규정되어 있지 않은 개별항목들이 많이 추가되어 있다. 그 내용은 특히 체코슬로바키아헌법을 많이 참고한 것 같다. 그 이외의 항목에 대해서는 스위스, 중국, 소련, 미국헌법의 관련규정을 참고하여 헌법개정요강을 작성한 것 같다.

제3장 입법권은 조선임시약헌과 다소 차이를 보이고 있다. 이 부분은 일본, 프로이센, 소련, 중국, 미국, 폴란드헌법을 참고하려고 했던 것 같다.

_____

된 헌법안을 작성할 수 있음을 알 수 있다.

즉, 여러 국가의 관련 규정을 참작하여 입법권에 관한 규정을 작성하려고 하였던 것 같다. 조선임시약헌과 비교하여 첨가된 항목은 입법권의 소재, 일원제(전해 내려오는 귀족도 없고 이해가 상반되는 바도 없음. 세력균형은 좋으나 이원제는 난국에 분쟁을 일으킴), 선거권, 피선거권, 인구비례, 선거방법에 관한 규정은 법률로써, 의원의 보수, 다른 직업의 겸임 여하(의원내각제가 아니면 내각원의 출석발언권), 국회의 해산, 국회의 경비 등이다. 국회의 구성이 일원제로 되어 있다.

제4장 행정권 제1절 대통령에 관한 내용은 중화민국헌법초안의 총통에 관한 내용을 많이 참고한 것으로 보인다. 그러나 대통령의 권한 중 (命令의 制定, 公布), (職制俸給基準), (全權委任, 大公使 信任狀, 外國大公使의 接受), (國會召集, 解散, 總選擧公布)에 대한 규정은 중화민국헌법초안에 존재하지 않는다.

제2절 국무회의도 조선임시약헌의 국무회의 체계를 대체로 따르면서 일본과 중국헌법의 내용을 참고하여 보충하려고 했던 것으로 보인다. 그러나 조선임시약헌과는 달리 국무총리의 권한에 대한 내용을 자세하게 규정되어 있다. 이것은 일본헌법 제72조의 내각총리대신의 권한을 고려한 것으로 생각된다. 그리고 국무총리 및 국무위원의 임명과 정수에서 국회의원의 겸임문제를 결정하지 못하고 있다. 이것은 아직 이 단계에서 정부형태를 결정하지 못하였기 때문으로 생각된다. 정부형태와 관련하여 대통령과 부대통령뿐만 아니라 내각을 대표하고 각부를 지도, 감독하며 외교관계문제에 대한 권한을 가진 국무총리도 두고 있다.

제3절 법제위원장, 고시위원장 및 감찰위원장과, 제4절 지방제도는 조선임시약헌의 내용을 대체로 따르려고 했던 것 같다. 다만 임명신분과 관련하여 내각원 중에서 임명하려고 하였던 것으로 보인다.

제5장 사법권에서 참고하려고 했던 국가로 일본만 명시되어 있고, 조선임시약헌의 체계를 거의 그대로 따르고 있다. 따라서 이 부분은 조선임시약헌을 중심으로 하고 일본국헌법의 사법권에 관한 내용을 참고하여

헌법안을 작성하려고 하였던 것 같다.

'법원의 사법적 심사'라는 항목을 두고 있는 것으로 볼 때, 위헌법률심사를 헌법재판소나 헌법위원회 등 제3의 기관에서 하는 것이 아니라 법원에서 하도록 할 예정이었던 것으로 생각된다. 당시 헌법기초분과위원회 위원들이 대부분 판사나 검사로 활동하고 있었음을 고려한다면, 당연한 결과라고 할 수 있다.

제6장 재정은 조선임시약헌의 체계를 거의 그대로 따르고 있다. 다만 조선임시약헌 제50조는 "'정부주석'은 매년 예산을 편성하여 입법원의 의결을 얻어야 함"이라고 되어 있다. 헌법개정요강은 '대통령'과 '국무총리' 중 누구의 권한으로 할 것인지에 대하여 판단하지 못하고 둘 모두를 규정하고 있다. 그 이유는 헌법개정요강의 단계에서 아직 어떠한 정부형태를 취할 것인지에 대하여 결정하지 못하였기 때문으로 생각된다.

조선임시약헌에는 국민경제에 관한 규정이 존재하지 않는다. 따라서 제7장 국민경제는 각국 헌법에서 참고하였음을 알 수 있다. 이와 관련하여 중화민국헌법초안과 중화민국헌법 모두에 국민경제와 관련한 규정을 두고 있다. 하지만 그 내용은 다소 차이가 존재한다. 두 가지를 비교·분석한 결과, 법전기초위원회는 중화민국헌법초안 제6장 국민경제에 관한 규정을 참고하려고 하였던 것 같다.

국민경제와 마찬가지로 조선임시약헌에는 교육에 관한 독립된 장이 존재하지 않는다. 따라서 제8장 교육도 다른 국가헌법을 참고하였음을 알 수 있다. 이와 관련하여 중화민국헌법초안과 중화민국헌법 모두에 교육과 관련한 규정을 두고 있다. 하지만 국민경제와 마찬가지로 그 내용은 다소 차이가 존재한다. 헌법기초분과위원회는 두 가지 중 중화민국헌법초안의 규정을 참고하고 있는데, 다른 어떠한 규정보다도 체계와 내용을 거의 그대로 따르고 있다.

조선임시약헌에는 헌법의 개정에 관한 독립된 장이 존재하지 않고 제7장 보칙 제54조에서 그와 관련한 규정을 두고 있다. 그러나 중화민국헌법초안, 일본헌법, 미국헌법, 스위스헌법 등이 이와 관련하여 독립된 장을 두고 있는 것을 고려하여 개별 장을 신설한 것 같다. 제10장에 부칙을 두고 있다.

4. 사법부의 헌법안 작성 여부

사법부의 헌법기초분과위원회는 1948년 5월 말 이전에 헌법개정요강을 작성한 뒤, 이것을 가지고 헌법안을 완성하였을까? 사법부가 헌법안을 완성하였는지 여부는 국회 헌법기초위원회 참고안의 작성자가 누군인지를 밝혀 줄 중요한 요소이다. 이와 관련하여 당시 대법원 검사총장과 법전기초위원회 위원이었던 이인에 따르면, 사법부는 내각책임제(원안, 전문 104조 부칙 4조), 대통령중심제(참고안, 전문 124조 보칙 11조)와 내각책임제와 대통령중심제를 절충한 헌법안(전문 124조)을 작성하였다고 한다.51) 그는 이 세 가지의 헌법안을 1958년과 1967년에 걸쳐 공개하였다.52) 경향신문에 수록된 그의 회고내용을 살펴보면 다음과 같다.

---

51) 「20年만에 햇빛 본 憲法草案: 李仁씨가 말하는 「制憲」秘話」 『京鄕新聞』 (1967. 7. 17), 6면.

52) 그는 제헌 10주년을 맞이하는 1958년 7월 17일에 소장하고 있던 헌법안을 공개하였다. 서울신문에 "政府樹立 六個月 前 法典編纂委員會에서 起草된 憲法草案으로 現在 單一卷만이 남아 있을 뿐이다 이 草案은 우리나라 憲法制定에 크게 寄與하였는데 現在 이 草案은 李仁氏가 所藏하고 있다"라는 설명과 함께 사진이 개재되어 있다[「憲法은 이렇게 制定되었다(制憲 10周年 맞아 回顧座談會)」 『서울신문』(1958. 7. 17), 3면]. 그리고 그는 1967년 7월 17에 또다시 그것을 공개하였다. 경향신문에 "'제헌국회'가 탄생하기 전 우리법조인들이 이미 「헌법초안」을 만들어 놓았다. 李仁씨는 대한민국 헌법제정 때 모체(母體)가 된 이 「초안」을 20년만에 공개했다"라는 설명과 함께 사진이 개재되어 있다[「20年만에 햇빛 본 憲法草案: 李仁씨가 말하는 「制憲」秘話」 『京鄕新聞』(1967. 7. 17), 6면]. 그러나 현재 그 행방을 알 수 없는 실정이다.

제헌(制憲)국회가 구성되기 전에 「우리의 헌법초안」이 이미 있었다. 이 헌법초안은 해방을 맞은 우리 법조인들이 2년에 걸친 연구 끝에 완전 성안(成案), 제헌(制憲)국회의 헌법기초위원회가 헌법제정작업에 들어가기 직전 빛을 보았다는 사실이 밝혀졌다. 이 초안을 만드는데 관여한 이는 고 金炳魯씨(전 대법원장) 李仁씨(制憲동지회 회장) 등이 중심된 20여명. 이들의 손으로 다듬어진 헌법초안은 제헌국회가 구성되자 동국회의 「헌법기초위원회」에 참고자료로 제출되었으며 이는 제헌국회를 통과한 「대한민국헌법」의 원문과 큰 차이가 없음이 제헌절 열아홉돌을 맞아 우리 헌정사에 드러난 사실(史實)─.

…중략…

◇「초안」 탄생의 비화= 46년 5월 金炳魯 李仁씨 등이 중심되어 韓根祖(미군정청대법관) 李澔(당시 군정청고검검사·현 내무장관) 金瓚泳(당시 군정청대법관) 李相基(당시 군정청대법관) 權承烈(당시 사법부차장) 兪鎭午(당시 普成전문교수) 제씨 등 20여명으로 「법전편찬위원회」를 구성했다. 이 위원회는 번역된 20개국 헌법을 기초자료로 우리 헌법초안을 다듬어 갔다. 金씨 방인 군정청사법부장실 李씨 방인 동검찰총장실 또는 사법부 도서실 등에서 2일에 1회의 정기회의를 거듭했다. 위원이 20여명이었으나 金·李 양씨를 제외하고서는 4, 5명이 번갈아 참석하곤 했다.

헌법초안이 연구될 무렵 金炳魯씨가 신병으로 7개월간 입원했는데 그때 李仁씨는 군정청고검 검사였던 李澔씨(현 내무장관)를 대검검사직대리로 승격시켜 초안淨書에 일하도록 했다.

2년에 걸친 거듭된 연구 끝에 제헌의원 선거가 있었던 해인 48년 1월경 「초안」이 발표되었다. 내각책임제(원안 全文 104조 附則 4조) 대통령중심제(참고안 全文 124조 補則 11조)의 두 안을 만들어 한 권의 책으로 내각책임제와 대통령중심제를 절충한 또 하나의 「헌법초안」(全文 124조)을 각각 프린트했다.

이 헌법초안은 그 해 탄생한 제헌국회의 헌법기초위원회 위원장 徐相日씨의 요청에 따라 위원 20명(의원 10명 전문위원 10명)에게 배포되었다.

◇초안의 시련= 金炳魯씨 등이 만든 헌법초안은 대부분 분실되었는데 李仁씨 소장의 것이 현재까지 남아 있다. 李씨는 이 초안을 1·4 후퇴 때 자기집(서울 궁정동 77의 4) 마루 밑에 숨겨두었는데 수도 수복 후 찾아 서가에 비장해 왔다. 귀중한 사료가 될 이 헌법초안은 18×25·5㎝ 크기의 갱지에 프린트 된 것─. 「원안참고안」의 대조표로 된 「초안」은 69페이지(表紙 제외), 다른 한 책은 26페이지.53)

또한 그는 1948년 국회를 통과한 대한민국헌법 원문이 법전기초위원회에서 마련한 헌법안과 큰 차이가 없다고 한다. 그러나 이 주장은 1948년 대한민국헌법이 공동안을 많이 참고하여 작성되었음을 고려하면, 다소 과장된 것이다. 장경근도 법원과 검찰청에서 조직한 법전기초위원회 안에 헌법기초분과위원회가 있었고 거기에서 헌법안을 마련하였다고 한다. 그리고 그것은 국회 헌법기초위원회의 참고안으로 사용되었다고 한다.[54]

이상을 종합하면, 사법부에서는 헌법개정요강을 작성한 뒤, 그것을 가지고 세 종류의 헌법안을 완성하였음을 알 수 있다.

II. 유진오와 헌법논의

1. 해방 전후 유진오의 헌법관련논문과 참고자료

유진오은 그가 헌법학 강의를 계속하기는 해방 당시 벌써 18년이나 되었지만, 헌법학을 정말로 열심히 공부한 것은 해방 후 3년 동안이었다고 한다.[55] 그가 쓴 논문 중 헌법과 관련된 것은 1938년 동아일보에 수록된 것을 제외하고 모두 해방 이후에 작성된 것이다. 그는 이러한 글을 통하여 자신이 생각하는 신국가상을 밝히고 있다. 헌법안을 작성할 때, 양원제, 내각책임제, 농지개혁, 중요기업의 국영(기업의 자유를 전제로 한 통제경제) 등을 기본원칙으로 하고 있다.[56] 이러한 기본원칙은 이미 그가 발표한 논문을 통해서도 알 수 있다. 따라서 유진오안을 이해하기 위해서

---

53) 「20年만에 햇빛 본 憲法草案: 李仁씨가 말하는 「制憲」秘話」『京鄕新聞』
    (1967. 7. 17), 6면.

54) 「憲法起草 當時의 回顧談(張暻根議員과의 對談)」『國會報』第二十號(1958.
    7), 37쪽.

55) 兪鎭午(註 34), 8쪽.

56) 兪鎭午(註 34), 19쪽, 28쪽, 36쪽.

는 먼저 그가 발표한 논문을 살펴볼 필요가 있다. 이하에서는 그가 작성한 논문과 논문을 쓰면서 참고한 서적을 살펴보도록 한다.

1) 연구논문

유진오는 1948년 초 헌법안을 작성하기 전후로 다음과 같은 논문들을 발표하였다.

「獨逸國家學의 最近動向: 所謂 「指導者國家」에 對하야 ①-④」[57]
「社會와 法律」(9월 11일)[58]
「權力分立制度의 檢討: 特히 美國 憲法을 中心으로 하야」(1947년 1월 23
　　일)[59]
「우리 憲法의 輪廓: 十八世紀憲法과 二十世紀憲法」(1947년 8월 1일)[60]
「人民의 基本權」『經商學報』創刊號, 高麗大學校, 1947. 10.
「法과 힘」『高大新聞』, 1947. 11.
「選擧의 基本觀念」『自由新聞』, 1948. 3.
「國家의 社會的 機能 (一)」[61]
「國家의 社會的 機能 (二)」[62]
「國家의 社會的 機能 (三·完)」[63]
「憲法制定의 精神 (一)」[64]
「憲法制定의 精神 (二·完)」(2월 15일)[65]

이하에서는 이 논문들을 대상으로 일반론, 국회구성, 정부형태, 경제제

---

57) 『東亞日報』(1938. 8. 16.-19), 3면.
58) 『法政』第一卷 第二號(1946. 10), 23-24쪽.
59) 『法政』第二卷 第四號(1947. 4), 9-13쪽.
60) 『法政』第二卷 第九號(1947. 9), 11-16쪽.
61) 『法政』第三卷 第三號(1948. 3), 4-10쪽.
62) 『法政』第三卷 第四號(1948. 4), 24-26쪽.
63) 『法政』第三卷 第六號(1948. 6), 24-28쪽.
64) 『法政』第三卷 第八號(1948. 8), 4-6쪽.
65) 『法政』第四卷 第三號(1949. 3), 25-28쪽.

도와 인민의 기본권, 농지개혁에 관한 유진오의 헌정구상을 간단하게 살
펴보도록 한다.

(1) 일반론

그는 「社會와 法律」에서 한스 켈젠(Hans Kelsen)의 순수법학을 비판하
고 법률이 사회와 유기적 관계를 가질 것을 강조하고 있다. 일본이 서양
법제를 계수하여 자국의 법제를 건설하던 명치시대에는 이러한 인식을
가지지 않아도 되었지만, 당시 조선이 처해 있는 상황은 그와 달랐다. 즉,
당시의 자본주의는 이미 고전적 자본주의가 아닌지 오래되었고 미국과
소련의 대립으로 자본주의와 공산주의가 전세계적 규모로 널리 퍼져 있
었다. 이러한 세계사적 혼란기, 전환기에 새로 우리의 법제와 법학을 건설
하려면 밖으로는 세계정세의 동향을 정확하게 파악하고, 안으로는 국내의
모든 실정을 정확하게 인식하여야 한다. 또한 어느 특정한 국가의 법제를
기계적으로 수입하는 것은 금물이다. 따라서 조선의 법학도는 법률의 기
술적 방면에 정통해야 할 것은 물론이지만, 나아가 한 나라, 한 시대의
법률의 기본성격을 결정하는 역사적, 사회적 현실에 대한 정확한 과학적
인식을 갖추어야 한다고 하고 있다.[66]

(2) 국회구성

유진오안은 양원제 국회 구성을 취하고 있다. 그럴 경우 양원제를 어
떻게 조직할 것인지가 문제된다. 그는 「國家의 社會的 機能」에서 양원제
의 조직에 대해 다음과 같이 논하고 있다.

자유방임주의 시대의 국가는 아무런 경제적 활동도 할 필요가 없으며,
그렇게 하는 것이 당연하다고 생각되던 정치적 민주주의 시대에는 국가
에게 어떤 경제적 기능을 부여한다거나, 그 기능을 수행하기 위하여 어떠

---

66) 俞鎭午, 「社會와 法律」『法政』第一卷 第二號(1946. 10), 23-24쪽.

한 국가기관을 창설한다거나 하는 것을 생각할 수도 없는 일이었다. 그러나 경제적, 사회적 민주주의의 발달로 인하여 국가가 경제문제에 대하여 광범한 경제적 기능을 떠맡게 되었다. 이러한 새로운 기능을 수행하기 위하여 국가는 종래의 정치적 조직 이외에 경제적 조직을 가질 필요에 당면하게 되었다. 이러한 경제적 조직의 필요를 헌법학에서 도입한 것이 소위 직능대표의 이론과 실천이었다. 직능대표 사상은 지역대표주의의 결함을 시정하기 위하여 나타난 것이다.[67]

이러한 직능대표가 어떻게 국가사상의 구성에 참가하느냐에 대해서는 여러 의견이 대립되고 있다. 그 중 영국이나 프랑스 등의 입헌주의적 논자들은 지역대표에 기초하는 현존의 국가기구를 폐기하라고 하지 않고 그것을 개혁함으로써 그들의 개혁을 달성하려고 한다. 즉, 그들은 종래의 의회를 '정치의회'로 존속시키는 동시에, 따로 경제적, 사회적 문제를 처리할 권한을 가진 의회를 창설하거나, 종래의 의회를 개혁하여 그 일원을 직능적으로 구성하라는 것이다. 전자는 콜(G. D. H. Cole, Webb) 부부 등의 주장이고, 후자는 뒤기(Léon Duguit)의 주장이다. 그는 뒤기의 주장에 동조하여 의회를 이원제로 하고, 그 중 일원은 종래와 같이 지역적으로 선거된 대표로서 구성하고 다른 일원은 직능적으로 구성하는 것이 옳다는 결론에 도달하고 있다.[68]

직능대표에 대해서는 유력한 반대의견이 있는데, 그 중 하나로 인민의 이해관계는 경제적인 것에만 있는 것이 아니라, 정신적 이해관계도 중요한 의미를 가지고 있는 것임에도 불구하고 직능대표 사상은 오직 경제적 이해관계만을 고려하는 편면적인 관찰에 지나지 않는다는 점이다. 유진오는 이러한 비판을 받아들여 직능대표는 종교적 이해나 도덕적, 미적 이해의 존재를 부인하는 것이 아니라, 다른 모든 이해에 비하여 직능상 이해가 기본적인 것이라는 것을 주장하는 것뿐이라고 한다.[69] 유진오안 제33

---

67) 俞鎭午, 「國家의 社會的 機能 (二)」 『法政』 第三卷 第四號(1948. 4), 24쪽.
68) 俞鎭午(註 67), 24-26쪽.

조 참의원의 조직은 이러한 점이 반영되어 있다.

(3) 정부형태

미국은 현재 남조선에 군정을 펴고 미국식 문물제도를 많이 이 땅에 이식하려 노력하고 있다는 유진오의 말처럼[70] 헌법안이 미군정하에서 만들어졌음에도 불구하고, 당시 거의 모든 헌법안은 미국식 대통령제를 취하지 않고 있다. 이 점은 유진오안도 마찬가지다. 그 이유는 유진오가 미국식 대통령제는 독재정치의 가능성이 있고, 영국식 의회정부제도가 미국과 프랑스 혁명 이후 각국 헌법변천의 조류였다고 인식하였기 때문이다. 「權力分立制度의 檢討: 特히 美國 憲法을 中心으로 하여」에서 그의 이러한 인식태도를 발견할 수 있다.

근대에 있어 권력분립론의 선구자는 영국의 로크와 프랑스의 몽테스키외이다. 이들의 권력분립사상을 가장 충실히 실제 국가제도에서 실현한 것은 1787년 미국연방헌법이었다. 삼권분립이라 하여도 그 중에 제일 문제가 되는 것은 입법권과 행정권의 관계이다. 사법권은 어느 나라나 다같이 독립되어 있음에 반하여, 입법권과 행정권의 관계는 그렇게 간단히 분리되거나 결합되거나 할 수 없는 성질의 것이다. 나라에 따라 대단히 복잡한 양상을 띠고 있기 때문이다. 미국의 삼권분립제도를 검토함에 있어서도 우선 이 두 권력의 관계를 중심으로 고찰을 진행시키는 것이 당연한 순서이다. 권력분립을 최대한도로 바라는 미국헌법에서도 입법권과 행정권을 절대적으로 분리하지는 못하고, 그 예외로 세 가지를 인정하고 있다: 의회의 입법에 대한 대통령의 거부권(Veto Power), 대통령의 관리임명권과 조약체결에 대하여 의회의 간섭, 대통령에 대한 의회의 탄핵권(Impeachment). 이처럼 18세기 미국과 프랑스 혁명기 권력분립사상을 가

---

69) 俞鎭午, 「國家의 社會的 機能 (三·完)」 『法政』 第三卷 第六號(1948. 6), 24쪽.
70) 俞鎭午, 「權力分立制度의 檢討: 特히 美國 憲法을 中心으로 하야」 『法政』 第二卷 第四號(1947. 4), 9쪽.

장 충실히 국가조직법상에 반영시키려고 한 미국헌법으로도 그것을 제도로 실현하지 못하였다. 입법권과 행정권의 분립뿐만 아니라, 사법권의 독립도 결코 절대적인 것은 아니고 상대적인 것이다. 미국의 대통령이 원칙적으로 의회의 다수당이 추천하는 인물이 됨으로 입법권과 행정권의 분립은 상대적으로 그리 중요한 것은 아니다.71)

　이러한 의미에서 미국과 법계를 같이 하면서도 인민의 자유를 존중하고 있는 대표적인 영국이 의회제도를 취하여 입법권과 행정권을 밀접하게 관련시키는 제도를 가지고 있다는 점은 대단히 흥미로운 일이다. 영국식 의회정부제도는 미국의 권력분립제도에 비하여 솔직하고, 실제적이며, 미국과 프랑스 혁명 이후 각국 헌법변천의 조류였다. 관점에 따라서는 미국 대통령은 의회에 대하여 책임을 지지 아니함으로, 어떠한 경우에도 의회의 지지 없이는 행동할 수 없는 영국 수상에 비하여 독재정치를 행할 가능성이 있다. 미국식 권력분립은 법률적 형식에 지나지 아니한다. 이와 같이 미국식 권력분립제도가 비현실적이고 비현대적인 이유는 미국헌법 제정시대의 국가이념은 자유주의적 법치국가였음에 반하여, 현대국가는 광범위한 사회적, 경제적 기능을 가지지 않으면 안되게 변하였기 때문이다.72)

　유진오는 영(J. T. Young) 교수가 『The new American government and its work』에서 지적한 미국집행부의 우월과 모든 문제에 동조한다. 그리고 영 교수는 문제를 제기했을 뿐 그 문제에 대하여 적절한 해명을 하지 못하였다고 지적하고 있다. 이에 대해 그는 의회와 정부의 밀접한 관계를 강화시켜, 의회의 부단한 감시와 통제하에 정부가 독단적 조치를 하지 못하도록 하는 동시에, 영미법계에서 종래 부당하게 부인 내지 멸시해 오던 행정법 체계를 강화, 정비함으로써 어느 정도 해결될 것이라고 진단하고 있다. 그는 행정권을 입법권으로부터 분립하는 것은 민주주의를 확보하기

---

71) 兪鎭午(註 70), 9-11쪽.
72) 兪鎭午(註 70), 11-12쪽.

는커녕 도리어 독재정치로 추락할 위험성을 가지고 있다. 1인의 관청이 항상 회의제의 관청보다 독재적으로 기울 가능성을 더 가지고 있다. 그렇다면 의회의 통제를 제쳐두고라도 국가행정의 최고방침을 대통령 1인이 결정하는 경우와, 행정장관 또는 국무위원 회의에서 결정하는 경우 중 어느 것이 더 민주적인가. 그 대답은 명백하다고 한다. 그리고 '부장회의(部長會議)' 하나도 없는 미군정청 기구를 비판하고 단지 그것이 '군정'이기 때문이려니 자위(自慰)한다고 한다.[73]

이처럼 그가 미국식 대통령제보다 영국식 내각책임제를 더 선호한 이유는 전자의 독재가능성과 미군정청의 비민주성 때문이었다.

(4) 경제제도와 인민의 기본권

「우리 憲法의 輪廓: 十八世紀憲法과 二十世紀憲法」은 법정사(法政社)로부터 '우리 立法의 展望: 憲法篇'이라는 내용을 부탁받고 쓴 글이다. "展望이라는 것은 豫測 또는 豫想의 意味이므로 그 무엇을 勿論하고 어려운 것이지만, 特히 憲法의 展望이라 하면 지금 情勢下에서는 한층 困難하다 하지 않을 수 없다. 웨 그러냐하면 憲法은 다른 무엇보다도 가장 直接的으로 國家의 政治的 性格을 表現하는 것이라 할 것인데, 지금 우리는 아즉 統一된 정부를 가지지 못하였을 뿐 아니라, 樹立될 政府의 性格을 豫測할 資料가 될 各 政黨 社會團體의 見解는 實로 區區하여서, 지금 開催 中에 있는 美蘇共同委員會의 歸趨도 아즉 같어서는 容易히 豫斷을 許하지 않기 때문이다"[74]는 유진오의 말처럼 이 글이 쓰여진 시점이 제2차 미소공동위원회가 어떻게 될지 모르는 상황이었으므로 앞으로 진행될 헌법을 전망한다는 것은 쉽지 않았을 것이다. 그러한 상황하에 쓰여진 것임으로 그의 헌법안 작성의 기본원칙을 파악하는데 상당히 유용한 글이다.

---

73) 兪鎭午(註 70), 12-13쪽; 兪鎭午(註 49), 72-75쪽.
74) 兪鎭午, 「우리 憲法의 輪廓: 十八世紀憲法과 二十世紀憲法」『法政』第二卷 第九號(1947. 9), 11쪽.

내용 중 정부형태에 관한 것은 「權力分立制度의 檢討: 特히 美國 憲法을 中心으로 하여」와 거의 중복되므로 이를 제외하고 경제제도와 인민의 기본권을 중심으로 살펴보도록 한다.

18세기 헌법(근대헌법)이 개인주의, 자유주의를 중심으로 하는 정치적 민주주의였다면, 20세기 헌법(현대헌법), 특히 제1차 세계대전 이후에 새로 제정된 헌법은 경제적, 사회적 민주주의의 요구를 받아들이고 있다.[75] 18세기 헌법사상의 전형적 산물인 미국헌법도 실질적 의미의 미국헌법(노동입법, 실업보험, 사회보험 등의 발달, 특히 루즈벨트하의 여러 종류의 산업입법 등)을 가지고 논할 경우 최근에 이르러 지대한 질적 변환을 하였다. 이러한 경향으로 보아 앞으로 제정될 우리 헌법도 반드시 현대적 헌법의 범주에 속할 것이라는 사실을 추단할 수 있다. 좌익계통의 자료는 물론이고, 임시정부 건국강령, 조선임시약헌, 미소공동위원회 제5호와 제6호에 대한 한민당과 합작위원회 등의 답신을 보더라도 알 수 있다. 문제는 자본주의적 경제조직의 기본을 폐기하느냐, 하지 않느냐 또는 이를 점진적으로 수정해 나가느냐, 급격하게 변혁하느냐에 있다.[76]

현대적 헌법은 개인주의의 요청과 사회주의의 요청을 어떻게 조정, 통합할 것인가가 중요하다. 이러한 동향은 인권사상의 변천과 국가기능의 변천을 가져왔다. 18세기 헌법의 기본권은 각인이 국가나 법률 앞에서 향유하는 자연권이라고 생각되었으나, 현대헌법에서는 그 반대로 권리에 대한 법과 국가의 선행이 강조되어 각인의 기본권은 법률보다 선행하는 것이 아니라 법률에 의하여 비로소 인정되는 것이라고 생각하기에 이르렀다. 즉, 국가는 공공필요에 의하여 각인의 기본권을 제한할 수 있다. 다만 그 경우에 형식적 의미의 법률에 의하여야 한다는 의미로 관념화되게 되었다.[77]

75) 兪鎭午(註 74), 12쪽.
76) 兪鎭午(註 74), 12-13쪽.
77) 兪鎭午(註 74), 13-14쪽.

우리 헌법도 현대 여러 국가의 기본권 성질규정의 예를 따를 것이 명백히 추단된다. 기본권을 자유권, 수익권, 참정권 세 종류로 나누는 것은 옐리네크(G. Jellinek) 이후 통설이다. 기본권의 분류법은 전이나 지금이나 변동이 없지만, 중점의 소재는 실로 큰 이동이 있었다. 그 중 가장 큰 변천을 한 것은 수익권이다. 미소공동위원회에 제출된 각 정당 사회단체의 답신, 임시정부 건국강령, 조선임시약헌 등의 내용을 검토하면, 적극권 문제에 있어서도 앞으로 제정될 헌법이 현대적 헌법의 유형을 따를 것이 명백하다. 다만 다같은 사회적, 경제적 민주주의 요청의 반영이라 하더라도, 적극권이 인민의 기본권으로 인정되는 경우와 국가가 고도의 사회정책을 실시함으로 인하여 인민이 반사적으로 사실상 이익을 향유하는 경우는 구별되어야 한다.[78]

(5) 농지개혁

경제문제와 관련하여 헤드람 몰리(Agnes Headlam-Morley)의 저서 『The new democratic constitutions of Europe』에서 많은 영향을 받고 있다. 공산화를 막기 위하여 농지개혁이 필요하다는 것도 이 책에서 영향을 받았다고 한다.[79] 또한 그는 이러한 지식을 바탕으로 농지개혁에 대하여 김성수를 설득시켰다고 한다.[80]

2) 참고자료

유진오가 이상의 논문을 작성할 때 참고한 주요자료는 다음과 같다. 그는 이러한 책을 통해 헌법의 기본원칙을 세우는데 많은 도움을 받았던 것 같다.

---

78) 兪鎭午(註 74), 14쪽.
79) 兪鎭午, 「國家의 社會的 機能 (一)」『法政』第三卷 第三號(1948. 3), 10쪽 각주 2).
80) 兪鎭午(註 34), 28-30쪽.

(1) 영어서적

① Agnes Headlam-Morley, 『The new democratic constitutions of Europe』, London: Oxford Univ., 1928.[81]

② A. V. Dicey, 『Lectures on the relation between law and public opinion in England, during the nineteenth century(2nd ed.)』, London: Macmillan and Co., limited, 1914.[82]

『Lectures on the relation between law and public opinion in England during the nineteenth century』, 1926.[83]

③ C. F. Strong, 『Modern Political Constitutions』, London: Sidgwick & Jackson, 1930.[84]

④ James Thomas Young, 『The new American government and its work(4th ed.)』, New York: The Macmillan Company, 1940.[85]

⑤ Howard Lee McBain and Lindsay Rogers, 『The new constitutions of Europe』, New York: Double day, Page & Company, 1922.[86]

⑥ Wade, Emlyn Capel Stewart and Phillips, George Godfrey, 『Constitutional Law: an outline of the law and practice of the constitution, including english local government, the constitutional relations of the british empire and the church of england(2nd ed.)』, London: Longmans, Green & Co., 1935.[87]

---

81) 兪鎭午(註 74), 12쪽 각주 1); 兪鎭午(註 79), 7쪽 각주 1), 8쪽 각주 1), 10쪽 각주 1)-3); 兪鎭午(註 67), 24쪽 각주 2); 兪鎭午(註 69), 25쪽 각주 1), 26쪽 각주 4), 28쪽 각주 1).
82) 兪鎭午(註 74), 13쪽 각주 2).
83) 兪鎭午(註 79), 6쪽 각주 1).
84) 兪鎭午(註 79), 6쪽 각주 2); 兪鎭午(註 67), 24쪽 각주 1)-2), 25쪽 각주 2).
85) 兪鎭午(註 70), 12-13쪽; 兪鎭午(註 74), 13쪽 각주 1), 14쪽 각주 3), 16쪽 각주 1).
86) 兪鎭午(註 74), 12쪽 각주 1), 16쪽 각주 2); 兪鎭午(註 79), 10쪽 각주 3); 兪鎭午(註 67), 24쪽 각주 3).
87) 兪鎭午(註 69), 26쪽 각주 1).

(2) 불어서적

① Adhemar Esmein, 『Eléments de droit constitutionnel, francais et comparé: 1. La liberte moderne: principes et institutions(8. éd.)』, 1927-28.[88]

② Léon Duguit, 『Traité de droit constitutionnel: Tome 2, La théorie généralede l'état(3e éd.)』, 1928.[89]

(3) 독일어서적

① Gerhard Anschütz, 『Die Verfassung des deutschen Reichs: Vom 11. August 1919: Ein Kommentar für Wissenschaft und Praxis』, Berlin: G. Stilke, 1930.[90]

② Hans Kelsen, 『Allgemeine Staatslehre』, Berlin: Springer, 1925.[91]

③ Tartarin-Tarnheyden, Edgar, 『Die Berufsstände, ihre Stellung im Staatsrecht und die deutsche Wirtschaftsverfassung』, 1922.[92]

(4) 일본어번역서적 등

① 山之內一郞(譯)/ Julian Makowski(編), 『ソヴェ-ト法論 第一卷: 國法, 行政法, 財政法』, 東京: 希望閣, 1931.[93]

② 山之內一郞(譯)/ Agnes Headlam-Morley(著), 『歐洲新憲法論』, 東京: 有斐閣, 1932.[94]

---

88) 兪鎭午(註 67), 26쪽 각주 1); 兪鎭午(註 69), 27쪽 각주 1), 28쪽 각주 2).
89) 兪鎭午(註 67), 26쪽 각주 2)-4); 兪鎭午(註 69), 26쪽 각주 2).
90) 兪鎭午(註 74), 15쪽 각주 1).
91) 兪鎭午(註 69), 27쪽 각주 1), 28쪽 각주 2).
92) 兪鎭午(註 79), 10쪽 각주 1); 兪鎭午(註 69), 26쪽 각주 3).
93) 兪鎭午(註 70), 11쪽; 兪鎭午(註 74), 15쪽 각주 2); 兪鎭午(註 79), 8쪽 각주 1); 兪鎭午(註 67), 25쪽 각주 1)-2).
94) 兪鎭午(註 74), 12쪽 각주 1); 兪鎭午(註 79), 7쪽 각주 1); 兪鎭午(註 69), 24쪽 각주 2).

③ 淸宮四郞(譯)/ Hans Kelsen(著),『一般國家學』, 東京: 岩波書店, 1936.[95)]

④ 土橋友四郞(譯),『日本憲法 比較對照 世界各國憲法』, 東京: 有斐閣, 1925.[96)]

⑤ 朝鮮産業勞働調査所(譯編),『쏘聯邦憲法』, 京城: 우리文化社, 1945. 11.[97)]

3) 소결

유진오는 사법부 법전기초위원회 위원으로서 헌법안을 작성하는 도중에 한민당의 김성수로부터 한민당을 위한 헌법안을 기초해 줄 것을 제의 받았다. 이에 대해 그는 이미 법전기초위원회를 위하여 헌법안을 작성 중인데, 한 몸으로 두 가지 초안을 작성할 수는 없는 노릇임으로 그것이 완성되면 법전기초위원회에 제출할 때, 김성수에게도 한 벌 주겠다고 하였다.[98)] 유진오와 김성수의 각별한 사이를 고려하면, 김성수의 이러한 제의는 당시 내각책임제를 채택할 경우, 국무총리의 유력한 후보였던 김성수를 위하여 미군정하에서 유진오가 내각책임제 정부형태를 취하였다고 생각할 수도 있을 것이다. 그러나 이상에서 살펴본 것처럼 유진오는 헌법안을 작성하기 이전에 이미 내각책임제 정부형태를 구상하고 있었다.

또한 그는 헌법안을 작성하기 이전부터 양원제, 농지개혁, 중요기업의 국영 등에 관한 기본원칙을 구상하고 있었다. 이러한 기본원칙의 정립에는 헤드람 몰리(Agnes Headlam-Morley), 다이시(A. V. Dicey), 스트롱(C. F. Strong), 영(James Thomas Young), 맥베인(Howard Lee McBain)과 로저스(Lindsay Rogers), 뒤기(Léon Duguit) 등의 저서에서 많은 도움을 받은 것

---

95) 兪鎭午(註 69), 27쪽 각주 1).
96) 兪鎭午(註 79), 8쪽 각주 1).
97) 兪鎭午(註 79), 9쪽 각주 2).
98) 兪鎭午(註 34), 28쪽.

같다. 유진오는 이러한 학자들의 생각과 당시 존재했던 여러 자료들을 참고하여 헌법안을 만든 것 같다.

2. 유진오의 헌법안 작성

1) 작성이유

유진오가 헌법안을 준비하기 시작한 것은 제2차 미소공동위원회의 결렬이 거의 확정적인 때부터였다. 이보다 앞서 그는 대한민국임시정부의 비상국민회의, 신익희의 행정연구위원회, 좌익 측의 민주주의민족전선으로부터 헌법안의 작성과 관련하여 제의를 받았다. 하지만 그는 그 단체들이 모두 사적 정치단체라고 생각하였고 그래서 모든 제의를 거절하였다.[99]

그에 의하면, 1947년 6월 30일에 미군정청 사법부 내에 법전기초위원회가 설치되었고 그 해 가을 위원회 안에 헌법기초분과위원회가 설치되었다. 그는 위원으로 위촉을 받았고 그것을 수락하였다. 헌법기초분과위원회에 참석한 그는 초안작성위원으로 지명을 받고 그 책임을 수락하였다. 며칠 후 그는 양원제, 내각책임제, 농지개혁, 기업의 자유를 전제로 한 통제경제 등 몇 가지 기본원칙을 구상해 가지고 제2차 회의에 나갔는데 막상 토론을 해보니 곤란한 점이 한두 가지가 아님을 깨달았다. 그래서 그는 헌법안을 작성해 가지고 와서 토의하는 것이 좋겠으니 초안 작성에 필요한 시간적 여유를 달라고 하여 승낙을 얻었다. 그리고 그는 1947년 겨울방학 때부터 헌법안 작성을 착수하였다.[100]

이처럼 그가 헌법안을 작성한 이유는 미군정 사법부 헌법기초분과위원회의 위원직에 임명되었기 때문이다. 따라서 그가 작성한 헌법안은 사

---

99) 俞鎭午(註 34), 13-16쪽과 19쪽.
100) 俞鎭午(註 34), 19-22쪽.

안(私案)이라기보다는 공식안(公式案)의 성격을 가지고 있다. 유진오도 "이것(유진오안: 저자 보충설명)이 行政研究會 멤버들에 의하여 소위 「兪鎭午案」이라고 呼稱된 案인데(前記, 「國會報」, 六十四面 以下), 이 案에 나의 이름을 冠하는 것은 부당하다. 이 案은 어디까지나 法典編纂委員會 憲法分科委員會의 한 멤버로서 委囑을 받아 作成, 提出한 것에 지나지 않으므로 군이 이름을 붙인다면 「兪某가 起案한 法典編纂委 憲法分委의 最初草案」이라고는 할 수 있을망정 나 개인의 完成된 私案일 수는 없는 것이다"[101])라고 한다.

2) 작성과정과 참여자

유진오의 헌법기초회고록 내용을 가지고 헌법안 작성과정을 정리하면 다음과 같다.

<표 12> 유진오의 헌법안 작성과정

일 시		내 용
1947년	가을	미군정청 사법부 법전기초위원회의 헌법기초분과위원회 위원직을 수락함
	헌법기초분과위원회 제2차 회합 때	유진오의 헌법기본원칙(양원제, 내각책임제, 농지개혁, 기업의 자유를 전제로 한 통제경제 등)을 가지고 토론을 함
	겨울방학 때	헌법안 작성을 시작함[102)
1948년	1월경	황동준으로부터 헌법안 작성에 협력하겠다는 얘기를 듣고 거절함[103)
	2월 하순경	황동준, 윤길중, 정윤환의 협력을 받음[104)
	3월 중순경	한민당의 김성수로부터 헌법안 작성의 부탁을 받음[105)
	4월 어느 날	신익희로부터 헌법안 작성에 관하여 만나자는 요청을 받음[106)
	4월 어느 날 또는 5월 초	신익희의 면담요청을 수락하고 지정된 장소에서 만남[107)
	5월 초	사법부 법전기초위원회에 전문을 뺀 헌법안을 제출함[108)

---

101) 兪鎭午(註 34), 37쪽.
102) 兪鎭午(註 34), 19-20쪽.
103) 兪鎭午(註 34), 23-24쪽.

유진오는 사법부 법전기초위원회를 위하여 1947년 겨울방학 때부터 헌법안 작성을 시작하였다. 그는 헌법안 기초에 필요한 참고자료를 많이 가지고 있었다. 그러나 국민의 기본권에 관한 부분은 형사소송법에 관한 지식과 경험이 있어야 했는데, 형사소송법에 관해서는 대학교 때 들은 강의 이외에 별다른 지식이 없어서 자신이 없었다. 더군다나 인신보호영장제도 같은 것은 듣지도 보지도 못한 것이었다. 그리고 경제문제에 관해서는 그 대체방향에 관한 한 주장을 내세울 자신이 있었지만, 당시의 정치적·사상적 혼란 속에서 국영기업의 범위라든지, 사기업 및 개인의 경제활동의 자유를 어떻게 규정하여야 할 것인지에 대해서는 막연하였다. 또한 국가재정과 지방자치문제에 관해서는 지식부족을 통감하였다.[109]

헌법안 작성과 관련하여 고심하고 있던 그는 1948년 1월경, 우연히 황동준과 윤길중을 만나게 되었다. 초면이었음에도 불구하고 황동준이 먼저 헌법기초에 관한 이야기를 꺼내면서 그 일을 기꺼이 협력하겠다고 하였다. 당시 어수선한 상황이었으므로 대답을 얼버무렸다. 그러나 헌법안 전조문을 혼자서 기초한다는 것이 불가능하여 2월 하순경부터 두 명의 협력을 얻기 시작하였다. 황동준은 여러 나라의 입법례를 많이 조사해 주었고,[110] 윤길중은 이론을 명쾌하게 따졌다. 또한 그 무렵 법원 내에서 헌법에 가장 정통한 사람으로 알려진 정윤환도 그의 집에 와서 도움을 주었다.

---

104) 兪鎭午(註 34), 24쪽.
105) 兪鎭午(註 34), 28쪽.
106) 兪鎭午(註 34), 30-31쪽.
107) 兪鎭午(註 34), 32쪽.
108) 兪鎭午(註 34), 37-38쪽.
109) 兪鎭午(註 34), 22-23쪽.
110) 황동준은 공동안을 작성할 때, 의회제도와 관련하여 몇 가지 제안을 하였지만, 특별히 채택되었다고 기억되는 것은 국회에 국정감사권을 준 것이라고 한다 [黃東駿, 『黃東駿 論說集: 民主政治와 그運用』(서울: 韓一文化社, 1962), 330쪽]. 그런데 국회의 이 권한은 유진오안에 이미 존재한다[兪鎭午(註 34), 142쪽]. 따라서 그러한 황동준의 회고가 사실이라면, 유진오안을 작성할 때 그가 그것을 제안하여 첨가한 것으로 볼 수 있다.

정윤환은 각국 헌법을 열심히 공부하고 있던 중이어서 헌법전반에 관한 조예도 상당하였다. 특히 사법제도에 관해서는 유진오, 황동준, 윤길중 보다 훨씬 무게있는 의견을 들려주었다.[111]

이처럼 유진오가 헌법안을 작성하기 시작한 것은 1947년 겨울방학 때부터였다. 그는 처음에 자신의 딸의 도움을 받아가며 혼자서 헌법안을 작성하였다. 그러나 혼자서 헌법안의 전 조문을 작성하는 것이 불가능함을 느끼고 황동준, 윤길중, 정윤환의 도움을 받아 최종적으로 헌법안을 완성하였다. 그리고 1948년 5월 초에 완성된 헌법안을 사법부 법전기초위원회에 제출하였던 것이다.

3) 참고자료

(1) 회고

유진오는 헌법안을 작성할 때, 세계주요 각국의 헌법과 여러 학자들의 저서 외에 다음 등을 참고하였다고 한다.[112]

◇ 朝鮮臨時約憲(一九四七年 立法議院에서 通過된 것)
◇ 朝鮮人民의 權利에 關한 布告(一九四八年 四月 七日 하지中將 布告)
◇ 大韓民國建國綱領(民國二十三年 十一月 二十八日 臨時政府國務委員會에서 公布한 것)
◇ The Constitution of Korea(過渡政府 司法部 美人顧問 우드월案)
◇ 朝鮮民主共和國臨時約法(試案·一九四六年 第一回 美蘇共委에 提出次 準備되었던 民主主義民族戰線側의 試案)

---

111) 兪鎭午(註 34), 23-24쪽.
112) 兪鎭午(註 34), 22쪽. 유진오는 1953년에 출간된 『新稿 憲法解義』(26쪽)에서 행정연구위원회안도 참고하였다고 하고 있다. 그러나 헌법기초회고록에서는 행정연구위원회안을 포함시키지 않고 있다. 이에 대해 신우철은 행정연구위원회 멤버들과의 '불편한 관계'가 반영된 결과가 아닌가라고 추측한다[신우철, 「해방기 헌법초안의 헌법사적 기원: 임시정부 헌법문서의 영향력 분석을 통한 '유진오 결정론' 비판」, 『公法硏究』第36輯 第4號(2008. 6), 426쪽 각주 68].

◇ 大韓民國臨時憲法(民主議院案)
◇ 一九四七年 第二回美蘇共委에 提出된 諮問 五·六號에 對한 各政黨 社
  會團體의 答申
◇ 朝鮮民主主義人民共和國 憲法(傀儡政權案)
◇ 各政黨의 綱領과 政策

(2) 헌법문서를 통한 검토

유진오는 이상의 자료 외에도 세계주요 각국의 헌법을 참고하였다고
한다. 그가 최초로 작성한 헌법안에는 독일(바이마르헌법), 미국, 오스트
리아, 일본(대일본제국헌법과 일본국헌법), 중화민국, 필리핀, 프랑스, 프
로이센헌법이 표시되어 있는 것으로 볼 때, 이러한 국가들의 헌법을 참고
하였음을 알 수 있다.[113]

3. 유진오안의 내용과 특징

1) 내용

(1) 편제

유진오안[114]의 편제는 다음과 같은 수정과정을 거쳐 완성되었다. 먼저
유진오가 최초로 작성한 헌법안은 다음과 같이 구성되어 있다.

---

113) 兪鎭午(註 34), 113, 114, 115, 119, 122, 129, 141, 142, 143, 144, 153, 157,
    164, 169, 175쪽.
114) 1948년 5월 사법부 법전기초위원회에 제출된 유진오안은 兪鎭午(註 34), 181-
    193쪽; 國會報編輯委員會(編), 『國會報』第20號(서울: 大韓民國民議院事務
    處, 1958. 7), 64-70쪽; 「憲法草案(一九四八年 五月 司法部에 提出한 案)」(고
    려대학교 박물관 소장)이 있다. 유진오 회고록에 수록되어 있는 헌법안은 그가
    소장하고 있던 헌법안을 옮겨 적은 것이고, 국회보에 수록되어 있는 것은 장경
    근이 소장하고 있던 것을 옮겨 적은 것이다. 그리고 고려대학교 박물관에 소장
    되어 있는 헌법안은 유진오의 유족이 그가 소장하고 있던 것을 기증한 것이다.
    이 연구에서는 고려대학교 박물관 소장본을 대상으로 분석한다.

第一回 草稿
一九四八年 四月
編別
前文 憲法115)의 基本精神
第一章 總綱   一 - 十二
第二章 國(人)民의 (基本的) 權利義務   十三 -三十七
第三章 國民議會(國會)   三十八 - 六十二
第四章 政府   六十三 - 九十一
第五章 法院   九十二 - 九十八
第六章 財政   九十八116) - 百三
第七章 補則117)

이후 제6장 이하가 다음과 같이 수정되었다.

第六章 財政   九十八 - 百三
第七章 地方制度   百四 - 百八
第八章 補則

다시 제6장 이하가 다음과 같이 수정되었다.

第六章 經濟機構(制度)
第七章 財政   九十八 - 百三
第八章 地方制度   百四 - 百八
第九章 憲法改正
第十章 補則

최종적으로 완성된 유진오안은 다음과 같이 구성되어 있다.

前文이 존재하지 않음

---

115) 원문에는 ‘本’으로 되어 있다.
116) ‘九十九’가 되어야 하지만, 원문에 ‘九十八’로 되어 있다.
117) 兪鎭午(註 34), 108쪽.

총 10장 105개 조문으로 이루어져 있다.[118) 최초로 작성된 헌법안은 총 7장으로 구성되어 있는데 이것은 조선임시약헌의 체계와 동일하다. 최초로 작성한 헌법안 제4장 정부 제5절에 지방제도를 두려 하였다.[119) 이처럼 유진오는 조선임시약헌을 기본 모델로 하고 있고, 경제제도, 지방제도, 헌법개정을 별개의 장으로 두는 방식을 취하고 있다.

(2) 총강

제5조에서 "朝鮮民主共和國은 政治, 經濟, 社會, 文化의 모든 領域에 있어서 個人의 自由 平等과 創意를 尊重하고 保障하며 公共福祉의 向上을 爲하야 此를 保護하고 調整하는 義務를 진다"고 규정하고 있다. 이에 대해 유진오는 이 조문은 정치적 민주주의와 경제적 민주주의의 조화를 기도한 것으로 외국헌법에 그 유례가 없는 규정이다. 개인의 자유와 평등

---

118) 유진오가 혼자 작성하다가 1948년 2월부터 황동준, 윤길중의 협력을 얻어 최초로 작성한 헌법안은 전문(前文)이 존재하고 총 10장 124개 조문으로 이루어져 있다. 兪鎭午(註 34), 107-180쪽 참조.
119) 兪鎭午(註 34), 108과 162쪽.

과 창의를 될 수 있는 대로 존중하는 것은 개인의 발전을 위하여 나아가
서는 국가의 발전을 위하여 절대로 필요한 것이다. 그러나 자본주의의 폐
해가 노골적으로 발현된 현대에 국민에게 형식적 또는 법률적으로 자유
와 평등을 부여하고 그의 창의를 존중하는 것만으로 국민 전체의 건전한
발달과 행복을 바랄 수 없다. 그러므로 전단에 공공복지의 향상을 위하여
필요할 때에는 국민의 자유, 평등, 창의를 존중하고 보장하며, 후단에서
일보 나아가 적극적으로 국가권력을 가지고 그를 보호하고 조정할 의무
가 있음을 규정한 것이라고 한다.[120]

　　제2차 세계대전 이후에 제정, 개정된 일본국헌법 제9조, 필리핀헌법
제2조, 프랑스 제4공화국 전문을 참고하여 제6조에 "朝鮮民主共和國은
國策의 手段으로서의 모든 侵略的인 戰爭을 否認하고 抛棄한다. 國防軍
은 國土防衛의 神聖한 義務를 遂行함을 使命으로 한다"고 하고 있다. 바
이마르헌법 제4조, 프랑스 제4공화국헌법 제28조, 일본국헌법 제98조를
참고하여 제7조에 "正式으로 批准公布된 條約과 一般으로 承認된 國際法
規는 國內法으로서의 效力을 갖는다"고 하고 있다.

(3) 인민의 기본적 권리의무

① 체계와 내용

　　인민의 자유보다 평등이 먼저 규정되어 있다. 모든 인민은 법률 앞에
평등이며, 정치적·경제적·사회적 생활의 모든 영역에서 차별을 받지 않
는다고 하고 있다. 그리고 다시 한번 더 남자와 여자는 원칙적으로 동등
한 권리를 갖고 의무를 진다고 하여 남녀평등권을 강조하고 있다. 모든
인민은 신앙과 양심의 자유를 갖고 신앙의 차이로 인하여 사회상·법률상
어떠한 차별도 받지 않는다. 모든 인민은 평등하게 교육을 받을 권리가
있다. 초등교육은 의무이며 무상으로 한다. 모든 교육은 국가의 감독을 받

---

120) 兪鎭午, 『憲法解義』(서울: 明世堂, 1949), 23-24쪽.

으며 교육제도는 법률로써 정한다. 대한민국건국강령을 참고하였음에도 불구하고 교육제도를 별개의 항목으로 하는 방식을 취하지 않고 인민의 권리의무의 하나로 규정하고 있다.[121]

모든 인민은 신체의 자유를 가진다. 법률에 의하지 아니하고는 체포, 수색, 구금, 심문, 처벌되지 않는다. 범죄의 혐의 기타의 이유로 체포, 구금을 받은 자는 그 이유와 정당한 권한의 근거를 즉시 통고받을 권리가 있다. 신체의 자유에 대한 이와 같은 규정은 미군정법령 제176호 등을 통해 이미 논의되었던 영장제도에 대하여 제대로 인식하고 있지 못함을 보여준다.

거주·이전의 자유(제10조), 통신비밀의 자유(제11조), 신앙과 양심의 자유(제12조), 언론·출판·집회·결사의 자유(제13조), 학문과 예술의 자유, 저작자·발명가·예술가의 권리(제14조), 재산권 보장(제15조), 교육을 받을 권리(제16조), 근로의 권리(제17조), 근로자의 단결·단체교섭·단체행동의 자유(제18조), 노령·병약·기타 근로능력을 상실하여 생활을 유지할 능력이 없는 자의 국가보호를 받을 권리(제19조), 청원권(제20조), 법관의 심판을 받을 권리(제21조), 행위시법정주의·이중처벌금지(제22조), 형사피고인의 공개재판을 받을 권리·고문과 잔혹한 형벌금지(제23조), 선거권(제24조), 피선거권(제25조), 불법행위를 한 공무원의 파면권·손해배상청구권(제26조)을 가진다.

납세의 의무(제28조), 국토방위의 의무(제29조), 초등교육의무(제16조), 근로의 의무(제17조)를 진다.

이러한 자유와 권리 중 일부는 개별적으로 제한을 받을 뿐만 아니라, 질서유지와 공공복지를 위하여 필요한 경우에도 제한을 받는다.

---

121) 유진오가 최초로 작성한 헌법안 제23(16)조는 "모든 人民은 法律이 定하는 바에 依하야 敎育을 받을 權利가 있다. 初等敎育은 義務的이며 學費는 免除한다"고 되어 있었다. 그러나 유진오는 이러한 규정만으로는 불충분하다고 생각하여 유진오안 제16조처럼 수정하였다. 兪鎭午(註 34), 121쪽.

② 특징

신체의 자유에 대한 제한과 관련하여 이미 1947년에 논의되었던 영장제도에 대한 인식이 결여되어 있다. 「조선인민의 권리에 관한 포고」(1948년 4월 5일)의 영향으로 국교를 부인하고 정교를 분리하고 있다. 종교교육을 목적으로 하는 학교 이외의 학교에서 종교에 관한 학과를 강제하지 못하도록 하고 있다. 임시정부수립대책협의회 답신안에서는 '국가의 안전'에 필요한 경우에도 국민의 권리를 제한할 수 있다고 하였는데, 이 헌법안은 '질서유지'와 '공공복지'를 위하여 필요한 경우만으로 한정하고 있다.

유진오는 옐리네크의 영향으로 인민의 권리의무를 자유권(소극권), 수익권(적극권), 참정권과 의무로 분류한다.[122] 그리고 토마(Richard Thoma)의 영향으로 헌법상의 기본권 보장 정도는 동일하지 않다고 생각하고 있다.[123] 기본권 보장 정도에 따라 다음과 같이 구별하고 있다. 기본권은 법률 유보적 성질을 가진 것이 원칙이라 하겠지만, 평등권, 신앙과 양심의 자유, 학문과 예술의 자유 등은 헌법적 효력을 가진 것(헌법으로써 그 효력이 완성된 것), 신체의 자유, 거주·이전의 자유, 통신의 자유, 언론·출판·집회·결사의 자유, 재산의 자유, 근로자의 단결·단체교섭권 등은 그것을 구체화하는 법률이 제정되어야 비로소 그 한계가 확정되는 것이라 할 것이며, 교육권, 근로권, 생활무능력자에 대한 국가보호 같은 것은 그것을

---

122) 兪鎭午(註 49), 86-88쪽과 100-102쪽.
123) 그에 의하면, 토마는 바이마르헌법의 각종 기본권이 경찰권에 의하여 침해될 수 있는 가능성의 대소를 표준으로 하여 제1급의 헌법적 효력을 가진 기본권(헌법을 변경하는 법률로써 하는 이외에는 침해할 수 없고, 대통령의 긴급명령권으로도 침해할 수 없는 것), 제2급의 헌법적 효력을 가진 기본권(대통령의 긴급명령권으로 효력을 정지할 수 있는 것), 연방법률적 효력을 가진 기본권(각 支邦의 법률로는 제한할 수 없는 것), 행정의 법률적합성이라는 법치국가의 원리를 구체화한 것에 불과한 기본권의 네 가지로 나누고 있다. 그 구별의 표준을 그대로 우리 헌법상 기본권에 적용할 수는 없지만, 역시 참고로 할 수 있겠다고 한다[兪鎭午(註 49), 133쪽].

구체화하는 법률에 의하여 비로소 창조되는 것이라고 한다.[124] 유진오안의 인민의 기본적 권리의무는 이와 같은 그의 생각이 표현되어 있다.

공동안 제27조에서는 헌법에 열거되지 아니한 자유와 권리도 경시되지 않음을 규정하고 있으나, 유진오안에는 그러한 내용이 규정되어 있지 않다.

(4) 국회구성과 국회의원의 임기

국회는 代議[125]院과 參議院, 즉 양원으로 구성한다. 대의원은 보통, 직접, 평등, 비밀선거에 의하여 공선된 의원으로 조직한다. 대의원의원 선거와 참의원의 조직에 관한 사항은 법률로써 정한다. 참의원은 ㉠ 지방의회 의원에 의하여 선거된 의원, ㉡ 경제·교육·종교·사회·노동·문화의 각계에서 선임된 의원, ㉢ 국가에 공로가 있는 자 또는 학식덕망이 있는 자 중에서 선임된 의원으로 조직한다. 그 정원은 대의원의원 정원수의 3분의 1 이상 2분의 1 이하의 범위 내로 한다. ㉡과 ㉢의 의원총수는 ㉠의 의원 정원수의 3분의 2를 초과하지 못한다.[126]

---

124) 兪鎭午(註 49), 133쪽. 이 글은 유진오가 1948년 헌법이 제정되고 난 이후에 그것을 대상으로 쓴 것으로, 유진오안 이후에 새로 첨가된 기본권에 대해서도 분석하고 있다. 그러나 그 글을 통해 유진오가 헌법안을 작성할 당시 그의 기본 권관을 살펴보는 것이 목적이므로, 유진오안과 관련된 것만을 기준으로 하여 저자가 재정리한 것이다.

125) 원문에는 '理'로 되어 있으나, '議'에 대한 오기로 보인다.

126) 유진오가 최초로 작성한 헌법안은 다음과 같이 되어 있다[兪鎭午(註 34), 130-131쪽].

第三十五(四十一)條 參議會는 左의 議員으로써 組織한다.
　　一 人口 五十萬에 對하야 一人의 比例로써 道議會에서 選擧된 者
　　二 高級公務員, 實業家(各種 社)會 關係(產業 勞働 宗敎)及 文化關係의
　　　　指導者 敎育者 學者, 其他 學識德望있는 民間人 中에서 參議會의
　　　　認准을 經하야 大統領이 任命한 者
　　前項 第二號의 議員總數는 第一號의 議員數의 三分之二를 超過하지
　　못한다.

대의원의원의 임기는 4년으로 한다. 참의원의원의 임기는 6년으로 하고 3년마다 의원의 반수를 개선하도록 하고 있다.

(5) 정부형태

내각책임제를 취하고 있다. 대통령과 부대통령은 국회 양의원합동회의에서 무기명투표로써 선거한다. 선거는 재적의원 3분의 2 이상의 출석과 출석의원 3분의 2 이상의 찬성으로 당선을 결정한다. 단, 3분의 2 이상의 득표자가 없을 경우에는 최고점자 2인에 대하여 결선투표를 행하여 전 투표의 과반수를 얻은 자를 당선자로 한다. 대통령과 부대통령은 국회의원을 겸하지 못한다. 대통령과 부대통령의 임기는 6년으로 한다. 단 재선에 의하여 1차 중임할 수 있다.

대통령은 행정권의 수반이며 외국에 대하여 국가를 대표한다. 그는 다음과 같이 주요 권한은 가진다: 법률안 공포권(제60조), 대의원 정회와 해산권(제61조), 위임명령과 집행명령권(제63조), 국군통솔지휘권(제65조), 조약체결·비준권, 전쟁선포권, 외국 대사·공사 접수권(제66조), 국무총리와 국무위원 임명권(제74조), 공무원 임명과 감독권(제67조), 훈장·기타 영전 수여권(제68조), 사면·감형·복권(제69조), 긴급명령처분권(제62조), 계엄선포권(제70조), 임시국회소집 요구권(제36조), 헌법개정 제안권(제111조), 법률안 제안권(제43조). 그러나 법률안 거부권은 가지지 않는다.

내각책임제를 취하고 있음에도 불구하고, 부대통령을 두고 있다. 부대통령은 대통령이 사고로 인하여 직무를 행사할 수 없을 경우에 그 권한을 대행한다. 대통령과 부대통령 모두 사고로 인하여 직무를 행사할 수 없을 경우에는 국무총리가 그 권한을 대행한다. 대통령과 부대통령의 지위가 결원이 된 때에 국회는 즉시 양[127]원합동회의를 열고 새로 대통령을 선거한다. 회의에서 부대통령이 대통령으로 선거된 때에 양원합동회의는 계속

---

127) 원문에는 '再'로 되어 있으나, '兩'에 대한 오기로 보인다.

하여 부대통령 선거를 행한다. 참의원 의장은 부대통령이 임한다.

내각은 국무총리와 국무위원으로써 조직되는 합의체로서 대통령의 국무수행에 대하여 동의를 주고 국회에 대하여 책임을 진다. 국무총리는 국민의회[128]의 제천(提薦)으로, 국무위원은 국무총리의 제천으로 대통령이 임명한다. 군인은 현역을 면한 후가 아니면 국무위원이 될 수 없다. 국무총리는 국무위원의 수반으로서 내각회의의 의장이 되며 내각의 통일성을 유지하기 위하여 국무각위원을 통할한다.

대통령의 국무에 관한 모든 문서에는 국무총리와 관계국무위원의 부서를 요한다. 군사에 관한 것도 또한 같다. 부서로써 국무총리와 국무위원은 국회에 대하여 책임을 진다. 행정의 기본계획과 정책, 헌법개정안·법률안·대통령령안, 계엄안, 조약안·선전강화·기타 중요한 대외정책에 관한 사항 등을 대통령이 행사할 경우, 내각회의의 의결을 경하여야 한다.

국무총리와 국무위원은 국회에 대하여 책임을 진다. 국회에 대한 내각의 책임은 연대적이다. 국무 각 위원의 개별적 행동에 대한 책임은 위원 각자가 진다. 국무총리, 기타 국무위원과 정부위원은 양의원에 출석하여 의견을 진술하고 질문에 응답할 수 있다. 또한 각 의원의 요구가 있을 때에는 출석하여 답변하여야 한다.

국회는 내각의 구성원인 국무총리를 제천하고 대통령이 임명한다. 국회에서 내각에 대한 불신임결의안이 가결된 때에는 7일 이내에 내각은 총사직하거나 대통령의 명령에 의하여 국회가 해산된다. 단, 국회는 동일한 사건에 관하여 계속해서 두 번 해산되지 않는다. 내각에 대한 불신임결의는 공개투표로써 행한다. 국무총리, 국무위원이 그 직무수행에 관하여 헌법 또는 법률에 위배할 때에는 대의원이 탄핵을 소추하고 참의원이 심판한다. 탄핵의 판결은 공직으로부터 파면하는 이상으로 미치지 못한다. 단, 탄핵판결은 민사상, 형사상의 책임을 면제하는 것은 아니다.[129]

---

128) 사법부 법전기초위원회에 제출된 이 헌법안에는 '國民議會'가 '國會'로 고쳐지지 않은채 그대로 사용되어 있다.

국회의 내각에 대한 불신임결의안이 가결된 경우, 7일 이내에 내각이 총사직하거나, 대통령의 명령으로 국회가 해산된다. 단, 국회는 동일한 사건에 관하여 계속하여 두 번 해산되지 않는다. 대통령은 대의원이 해산된 때에 신대의원의 총선거를 명한다. 참의원의 회기는 대의원의 회기와 동시에 시종(始終)한다. 대의원이 해산된 때에는 참의원은 폐회된다. 국회가 해산된 때에는 해산된 날로부터 60일 이내에 총선거를 행하고 선거일로부터 15일을 경과한 이후의 최초 월요일에 새로운 국회는 집합한다. 전시 또는 비상사변시에 공공안녕질서를 유지하기 위하여 긴급한 처분을 할 필요가 있지만 대통령이 임시국회를 소집할 수 없는 때에 한하여 법률의 효력을 가진 명령을 발하여 필요한 처분을 할 수 있다. 이 명령은 차기 국회에 제출하여 그 승인을 얻어야 한다. 대통령은 입법, 외교, 재정, 경제, 국방, 기타 중요한 기본정책에 관하여 교서로써 국회와 연락한다.

대통령, 부대통령은 그 직무수행에 관하여 헌법 또는 법률에 위배할 때에는 대의원이 탄핵을 소추하고 참의원이 심판한다. 탄핵의 판결은 공직으로부터 파면하는 이상으로 미치지 못한다. 단 탄핵판결은 민사상, 형사상의 책임을 면제하는 것은 아니다. 국회는 국제조직에 관한 조약, 강화조약, 통상조약, 국가 또는 국민에게 재정적 부담을 지우는 조약, 입법사항에 관한 조약의 비준과 선전포고에 대하여 동의한다.

(6) 사법

사법권은 법관으로 조직된 법원이 행한다. 법원의 조직과 법관의 자격

---

129) 유진오가 최초로 작성한 헌법안 제53(60)조에는 "大統領 副大統領 公務員에 對한 彈劾은 國民議會의 議決로 成立하야 參議會의 審判으로써 終了한다. 彈劾의 議決은 出席議員의 三分之二 以上의 贊成을 要한다. 彈劾은 公職으로부터 追放하는 以上으로 미치지 못한다. 但 同一 事由에 因한 法律(上의)에 依한 責任을 免除하는 것이 아니다"라고 규정되어 있다. 兪鎭午(註 34), 142-143쪽.

은 법률로써 정한다. 법관은 헌법과 법률에 의하여 독립하여 심판한다. 최고법원장인 법관은 참심원의 동의로써 대통령이 임명한다. 법관은 탄핵에 의하는 외에는 형벌 또는 징계처분에 의하지 아니하면 파면, 정직 또는 감봉되지 아니한다. 최고법원은 법원의 내부규율과 사법사무처리에 관한 사항에 관하여 규칙을 정하는 권한이 있다. 법원의 대심과 판결은 공개한다. 단, 안녕질서를 방해하거나 풍속을 해할 염려가 있는 때에는 법원의 결정으로 공개를 아니할 수 있다. 검찰관의 자격과 징계에 관한 사항은 법률로써 정한다.

정윤환 판사가 유진오안 작성에 동참한 이후 제일 많이 논란이 되었던 것은 사법제도, 특히 법관의 임기제와 위헌법률심사기관에 대한 것이었다.[130]

법관의 임기는 10년이고 법률이 정하는 바에 의하여 연임할 수 있다. 정윤환 판사는 이 규정을 삭제하자는 의견을 제시하였다. 이것은 당시 종신제 채택을 바라던 법조계의 분위기를 반영하는 것이었다. 법원은 법률이 정하는 바에 의하여 모든 종류의 명령과 처분이 헌법과 법률에 위배되는 여부를 심사할 권한이 있다. 법률이 헌법에 위배되는 여부가 판결의 전제가 되는 때, 법원은 헌법위원회에 제청하여 그 결정에 의하여 판결한다. 헌법위원회는 대통령을 의장으로 하고 대법원장, 국회 양원의장과 참의원의 동의로써 대통령이 임명하는 3인의 위원으로 구성된다. 헌법위원회의 심사절차는 법률로써 정한다. 정윤환 판사는 모든 종류의 법률, 명령, 처분이 헌법 또는 법률에 위배되는 여부를 법원이 심사할 권한이 있다는 의견을 제시하였다. 유진오는 법원을 견제하기 위하여 오스트리아 헌법재판소와 프랑스 제4공화국 헌법위원회제도를 모방하여 헌법위원회 제도를 창설하였다.

이처럼 법관의 임기와 위헌법률심사기관을 놓고 법원을 견제하려는 유진오와 당시 법조계의 분위기를 반영하려는 정윤환 판사 사이에 의견

---

130) 俞鎭午(註 34), 24쪽과 38쪽.

대립이 존재하였음을 알 수 있다.

(7) 경제제도

경제질서는 모든 인민에게 생활의 기본적 수요를 충족할 수 있게 하는 사회정의의 실현과 균형있는 민족경제의 발전을 기함을 기본으로 삼는다. 각인의 경제상 자유는 이 한계 내에서 보장된다.

종래 일본정부와 일본인의 소유에 속하였던 모든 재산은 국유로 한다. 공공필요에 의하여 이를 불하하거나 그 사용을 특허함은 법률이 정하는 바에 의하여 이를 행한다. 재산권은 헌법에 의하여 보장된다. 그 내용과 한계는 법률로써 규정한다. 재산권의 행사는 공공복지에 적합하도록 하여야 한다. 공공필요에 의하여 인민의 재산권을 수용, 사용 또는 제한함은 법률이 정하는 바에 의하여 상당한 보상을 지불함으로써 행한다. 토지는 농민에게 분배함을 원칙으로 하며, 그 분배의 방법, 토지 소유의 한도, 토지소유권의 내용과 한계는 법률로써 정한다.

광물, 석탄, 기타 중요한 지하자원, 수력, 기타 경제상 이용할 수 있는 모든 자연력은 국유로 한다. 공공필요에 의하여 그 개발 또는 이용을 특허하거나 특허를 취소함은 법률이 정하는 바에 의하여 이를 행한다. 운수, 교통, 통신, 금융, 수도, 전기, 가스, 기타 독점성 또는 공공성을 가진 기업은 국영으로 한다. 공공필요에 의하여 그 공영 또는 사영으로 특허하거나, 그 특허를 취소함은 법률이 정하는 바에 의하여 이를 행한다. 대외무역은 국가의 감독하에 둔다. 공공필요에 의하여 사기업을 국유 또는 공유로 이전하거나, 그 경영을 통제관리함은 법률이 정하는 바에 의하여 행한다. 이 경우 제15조 제3항[131](공공필요에 의하여 인민의 재산권을 수용, 사용 또는 제한함은 법률이 정하는 바에 의하여 상당한 보상을 지불함으로써 행

---

131) 원문에는 '第十七條 第二項'로 되어 있으나, '第十五條 第三項'에 대한 오기로 보인다. 兪鎭午(註 34), 120쪽.

한다) 규정을 준용한다. 중소 상공업은 입법과 행정에서 보호를 받고 법률에 의하지 아니하면 그 자유를 제한받지 않는다.

경제와 사회문제에 관한 기본정책에 대하여 내각의 자문을 응하거나 그 입안한 바를 내각에 대하여 채용하도록 제안하기 위하여 국민경제회의를 설치하도록 하고 있다. 국민경제회의의 의장은 내각회의에 열석하여 의견을 진술한다. 이 제도는 바이마르헌법 제165조를 참고하여 만든 것으로 국가경제위원회라고 하였다가 국민경제회의로 개칭하였다.[132]

유진오는 농지개혁 등 경제제도에 관한 내용을 제1장 총강 제7조에서 제11조 사이에 규정하려고 했다가 새로운 장을 신설한 것으로 보인다.[133]

(8) 재정

조세법정주의, 계속비, 예비비, 전년도 예산제도를 두고 있다. 결산은 심계위원회에서 검사·확정하도록 하고 있다. 심계위원회에서 확정된 결산은 내각의 책임해제를 위해 국회에 제출된다.

(9) 지방자치제도

지방자치단체에는 각각 의회를 두고, 각급 지방회의의 조직과 권한 및 의원의 선거는 법률로써 정한다. 그러나 지방자치단체의 조직과 운영을 어떻게 할 것인지에 대한 규정은 두고 있지 않다.

(10) 헌법개정

헌법개정의 제안은 대통령의 명령 또는 국회 양의원의 재적의원 각 3분의 1 이상의 찬성으로써 행한다. 헌법개정의 의결은 양원 합동회의에서 재적의원 3분의 2 이상 출석과 출석의원 3분의 2 이상의 찬성으로 행한

---

132) 俞鎭午(註 34), 171쪽.
133) 俞鎭午(註 34), 162쪽과 168-169쪽.

다. 헌법개정은 대통령이 공포한다.

2) 특징

유진오안은 다음과 같은 특징을 가지고 있다.

① 정식정부를 수립하기 위한 헌법안이다. 유진오안 이전에 작성된 헌법안 중 행정연구위원회안을 제외하고는 모두 임시정부 수립을 위하여 작성된 임시헌법안이었다. 그래서 그러한 헌법안은 체계가 다소 조잡하고, 내용도 정부조직법 등 법률에서 다루어도 되는 것을 포함하고 있었다. 이에 반하여 유진오안은 체계가 정비되어 있고, 개별 법률(실질적 헌법)에서 다루어도 되는 내용은 거의 포함하고 있지 않다.

② 헌법체계는 조선임시약헌을 기본 모델로 하여 작성된 것 같다. 조선임시약헌이 입법의원을 통과되고 난 이후에 작성된 헌법안의 특징은 그것을 기본 모델로 하거나 많이 참고하고 있다. 그 이유는 조선임시약헌이 비록 미군정장관의 인준 보류로 인하여 약헌으로써 효력을 발하지 못하였지만, 해방 후 최초로 국민들의 대표로 이루어진 기관에서 작성된 것이었기 때문으로 생각된다. 유진오도 그것을 기본 모델로 하여 헌법안을 작성한 것으로 보인다. 그리고 조선임시약헌의 기본이 된 민주의원안도 참고한 것 같다.

최초로 작성한 헌법안이 조선임시약헌을 참고하고 있는 예로는 ㉠ 헌법체계가 조선임시약헌과 비슷하다. 즉, 전문없이 총 7장으로 구성된 조선임시약헌과 거의 비슷하게 되어 있다. 그리고 제4장 정부 제5절에서 지방제도를 두고 있다.[134] ㉡ 조선임시약헌 제12조를 모방하여 국회의 권한을 한 조문에 규정하는 방식을 취하고 있다.[135] 그러나 유진오안에서는 개별조문에 규정하는 방식을 취하고 있다. ㉢ 조선임시약헌 제21조를 모

---

134) 兪鎭午(註 34), 108과 162쪽.
135) 兪鎭午(註 34), 131-132쪽.

방하여 대통령취임선서 내용을 규정하고 있다.[136] ㉣ 제5장 법원의 내용도 조선임시약헌 제6장 사법권의 내용을 많이 따르고 있는 점이다.[137]

　최초로 작성한 헌법안이 민주의원안을 참고하고 있는 예로는 ㉠ 민주의원안 제4조를 모방하여 영토를 14개 도(제주도 포함)로 열거하고 있다.[138] ㉡ 민주의원안 제6조를 모방하여 "모든 人民은 國家의 文化厚生施設에 依하야 均等한 保護를 받(는다)을 權利가 있다"[139]는 것을 규정하려고 하였다가 삭제한 점이다.

　③ 유진오안 이전에 작성된 헌법안은 모두 '～함'으로 끝난다. 그러나 유진오안은 풀어서 쓴 문장으로 되어 있다. 이것은 유진오가 소설가적 안목과 능력을 발휘하여 솜씨있게 풀어낸 것으로,[140] 우리나라 헌법제정에 대한 그의 공헌이라고 할 수 있다.

　④ 용어가 제대로 정비되어 있지 않다. 유진오가 최초로 작성한 헌법안은 '國民議會'를 국회로 고치고 국회는 '국민의회'와 '參議會'의 양원으로써 구성되도록 하고 있다. 그러던 것을 국민의회는 '代議院'으로, 참의회는 '參議院'으로 용어가 변경되었다.[141] 그러나 사법부 법전기초위원회에 제출한 유진오안 제104조에서 "이 憲法을 制定한 國民議會는 이 憲法에 依한 參議會가 成立될 때까지 國會로서의 權限을 行하며 그 任期가 다할 때까지 이 憲法에 規定된 國民議會로써의 權限을 行한다"고 하여 국민의회와 참의회의 용어를 그대로 사용하고 있는 등 용어가 제대로 정비되어 있지 않다. 또한 제37조에서는 참의회로, 제38조에서는 국민의회로 사용하고 있는 등 유진오가 최초로 작성한 헌법안에서 유진오안으로

---

136) 兪鎭午(註 34), 147-148쪽.

137) 兪鎭午(註 34), 162-165쪽.

138) 兪鎭午(註 34), 111쪽. 원문에는 황해도(黃海道)가 빠져 있다. 그것을 포함해서 14개 도이다.

139) 兪鎭午(註 34), 120쪽.

140) 이영록, 『우리 헌법의 탄생: 헌법으로 본 대한민국 건국사』(파주: 서해문집, 2006), 83쪽.

141) 兪鎭午(註 34), 129쪽 이하.

변경되는 과정에서 용어를 일괄적으로 통일시키지 못하고 있다.

⑤ 유진오가 최초로 작성한 헌법안과 비교하면, 국회, 사법, 지방제도 부분이 많이 수정되어 있다. 그는 정부, 기본권(영장제도 등 형사절차 부분은 제외), 경제제도 등에는 어느 정도 확신을 가지고 있었던 것 같다. 실제 해방 후 3년 동안 그가 쓴 논문은 이와 관련된 것들이다. 그러나 의회제도와 사법제도에 대해서는 다소 자신이 없었던 것 같다. 그래서 그 부분에 대해 황동준, 윤길중, 정윤환의 도움을 받은 것으로 생각된다.

⑥ 제2차 세계대전 이후에 새로 제정, 개정된 다른 국가의 헌법이 참고되어 있다. 유진오안은 제1차 세계대전 이후에 제정된 바이마르헌법 뿐만 아니라, 제2차 세계대전 이후에 제정, 개정된 일본국헌법, 중화민국헌법, 프랑스 제4공화국헌법, 필리핀헌법, 조선민주주의인민공화국헌법에서도 영향을 받고 있다.

⑦ 헌법안이 몇 가지 기본원칙하에 작성되어 있다. 유진오는 사법부 법전기초위원회 위원으로 헌법안 작성에 참석하기 이전에 이미 대한민국 임시정부의 비상국민회의, 신익희의 행정연구위원회, 좌익 측의 민주주의민족전선으로부터 헌법안의 작성과 관련하여 제의를 받았다. 그러나 그는 그 단체들이 모두 사적 정치단체라고 생각하여 그것을 거절하였다. 이후 1947년 가을에 또다시 사법부 법전기초위원회로부터 위원으로 위촉을 받았고 그때는 위원직을 수락하였다. 그 이유는 이전의 단체와 달리 사법부는 임시정부의 한 기관이었기 때문이었다. 그는 사법부 법전기초위원회 이전 단체의 헌법안 작성에 참여하는 대신 헌법학을 열심히 공부하였다. 그리고 신국가를 수립하기 위한 헌법구상과 기본원칙에 관한 논문을 발표하였다. 이러한 헌법구상과 기본원칙(양원제, 내각책임제, 농지개혁, 중요기업의 국영(기업의 자유를 전제로 한 통제경제) 등)은 유진오안에 반영되어 있다.

⑧ 사법민주화, 형사소송법의 개정(미군정법령 제176호) 등 사법부와 법조계를 중심으로 진행되었던 논의들을 제대로 반영시키지 못하고 있다.

유진오가 헌법안을 작성할 당시에는 1948년 5월 10일 국회의원 총선거를 앞두고 자유로운 선거분위기를 조성하기 위하여 미군정법령 제176호로 형사소송법을 개정하였고, 조선인민의 권리에 관한 포고(1948년 4월 5일)를 발포하였다. 또한 사법부 내부에서 사법민주화를 위하여 법원조직법 제정논의가 한창 진행 중에 있었다.

유진오는 조선인민의 권리에 관한 포고는 참고하였지만, 형사소송법의 개정과 사법부의 법원조직법 제정논의는 제대로 반영하지 못한 것 같다. 유진오안에는 공동안에 존재하는 영장제도 등 형사소송법의 개정과 관련된 내용이 빠져 있다. 이것은 유진오 자신의 회고처럼 재학시절 배운 형사소송법에 대한 지식 밖에 없었던 것에도 원인이 있지만, 당시 활발하게 진행되고 있던 형사소송법의 개정에 대한 논의를 제대로 인식하지 못하고 있었기 때문으로 생각된다.

의회제도와 관련해서는 황동준의 도움을, 법원과 관련해서는 법원조직법초안을 작성한 정윤환 판사의 도움을 많이 받았다. 황동준이 의회제도와 관련하여 여러 가지 이견을 제시했지만, 그것은 거의 받아들여지지 않았다. 그에 반하여 사법제도와 관련하여 정윤환 판사의 견해는 유보의견으로 받아들여졌다.

영장제도 등과 법원조직법 작성 때 논의되었던 내용은 이후 행정연구위원회 위원들과 함께 공동안을 작성하는 과정에서 규범화되었다.

⑨ 전통적인 의원내각제의 모습을 보이고 있다(체계정합성). 행정연구위원회 위원들은 내각책임제 정부형태를 생각하고 헌법안을 작성하였다. 그러나 그것은 바이마르헌법의 영향으로 전통적인 의원내각제도의 모습과는 다른 형태였다. 즉, 이원정부제도의 모습을 띄었다. 그리고 민주의원안(대한민국임시정부 세력이 우월한 입장을 점하는 속에서 한민당과의 타협의 결과물)과 조선임시약헌(중간파와 한민당간의 타협의 결과물)은 헌법체계에 입각하여 작성되기보다는 각 세력간의 타협의 결과로 작성되었다. 그 결과 그 헌법안은 체계정합적이지 못하다.

이에 반해 유진오는 한민당과 김성수 쪽에 가까운 입장이었지만, 헌법안은 자신이 구상하고 있던 몇 가지 기본원칙하에 작성되었다. 그 결과 유진오안은 해방 이후 3년 동안 작성된 다른 헌법안과 달리 전통적 의원내각제 정부형태를 취하고 있다. 다만, 의원내각제 정부형태임에도 불구하고, 국무총리 뿐만 아니라 부대통령을 두고 있다. 이러한 형태는 대통령제 정부형태를 취한다고 평가되는 1948년 헌법에서도 마찬가지이다.

⑩ 정윤환의 유보의견이 있기는 하지만, 법원이 아닌 헌법위원회가 위헌법률을 심사하도록 하고 있다. 위헌법률심사제도와 관련하여 해방 후 최초로 작성된 행정연구위원회안에서는 전혀 언급되어 있지 않다. 그 후 나온 민주의원안, 남조선과도약헌안, 임시헌법기초위원회안, 미소공동위원회에 제출된 답신안, 조선임시약헌 등은 법원에서 위헌법률심사를 행사하도록 규정하고 있다. 이에 반해 유진오안에서는 헌법위원회에 그 권한을 부여되어 있다. 이것은 일제 식민지 시기의 법관 등에 대한 유진오의 불신이 반영된 것으로, 다른 헌법안과 비교할 때, 유진오의 독창적인 아이디어라고 할 수 있을 것이다.

⑪ 경제제도, 지방제도, 헌법개정을 별개의 장에서 규정하고 있다. 행정연구위원회안이 제2편 국민의 권리의무 속에 경제생활을, 민주의원안, 남조선과도약헌안과 조선임시약헌은 행정부 내지 행정권 속에 지방제도를 규정하는 방식을 취하고 있다. 그러나 유진오안은 경제제도와 지방제도를 별개의 장에서 규정하고 있다. 또한 헌법개정도 별개의 장으로 규정하고 있다. 유진오안의 이러한 체계는 1948년 헌법에서도 그대로 유지되고 있다.

⑫ 친일파 처벌에 관한 내용은 규정되어 있지 않다.

⑬ 해방 이후 헌법논의의 중간결산물이다. 유진오안은 유진오의 헌법기본원칙(양원제, 내각책임제, 농지개혁, 중요기업의 국영(기업의 자유를 전제로 한 통제경제) 등), 헌법관(민족주의, 경제적·사회적 민주주의), 세계 각국의 헌법을 비교하여 작성되었다. 그러나 유진오 자신도 회고하듯

이 혼자 헌법안을 작성하기에는 여러 가지 부족한 점이 많았다. 그래서 황동준, 윤길중, 정윤환의 도움을 받아 헌법안을 완성하였다.

해방 이후 민주의원안, 행정조직법기초위원회안, 남조선과도약헌안, 미소공동위원회 답신안, 조선임시약헌 등을 거치면서 많은 헌법논의가 있었고 많은 참고자료가 축적되었다. 유진오안은 이러한 헌법논의의 중간결산물로 이전 헌법안의 체계보다 더 완성된 형태를 취하고 있다. 그러나 여전히 미흡한 부분이 존재한다. 그것은 이후 행정연구위원회 위원들과 공동으로 작업을 하면서 더욱 완성된 형태로 다듬어진다.

III. 행정연구위원회 위원들과 유진오의 헌법논의

1. 1948년 5월 10일 총선거 전후의 헌법안 준비 움직임

1) 유진오에 대한 김성수의 헌법안 작성제안

총선거일이 결정되자 정치인들은 자신들에게 유리한 헌법안을 준비하기 위하여 물밑작업을 개시하였다. 유진오에 의하면, 국회의원선거일이 발표되고 난 이후인 1948년 3월 중순경에 한민당의 김성수가 찾아와서 헌법안을 하나 작성해 줄 것을 제안하였다고 한다. 그러나 당시 그는 법전기초위원회를 위하여 헌법안을 작성하고 있었기 때문에, 그 제안을 거절하였다. 그 대신 법전기초위원회의 헌법안이 완성되면 한 벌 주겠다는 약속을 하였다. 김성수는 유진오가 작성하고 있는 헌법안의 내용에 대해서 알고 싶어했다. 유진오는 양원제, 내각책임제, 농지개혁, 중요기업의 국영 등이라고 설명하였다. 김성수는 양원제와 내각책임제에 대해서는 찬성하였고, 농지개혁과 중요기업의 국영에 대해서는 망설였으나, 유진오의 설명을 듣고는 대체로 찬성하였다고 한다.[142]

2) 신익희에 의한 헌법안 작성 모임의 결성

1948년 5·10총선거를 전후하여 이승만과 신익희도 헌법안을 준비하기 위하여 물밑작업을 한 것으로 판단된다. 유진오에 의하면, 김성수가 헌법안을 작성해 줄 것을 부탁하러 온지 얼마 지나지 않은 4월 어느날 신익희로부터 헌법안 작성과 관련하여 만나자는 요청을 받았다고 한다. 유진오가 요청을 수락하고 지정된 장소를 찾아가자 신익희는 행정연구위원회 위원들을 소개하였다. 그리고 그들이 새로 수립될 정부를 위하여 헌법안을 작성해 왔으니 그들과 합작해서 헌법안을 작성해 줄 것을 부탁하였다. 또한 그것은 이승만의 뜻이라는 내용도 전하였다고 한다.143)

유진오는 김성수의 헌법안 작성제안을 거절한 것과 달리 신익희의 부탁을 받아들였다. 그 이유는 첫째, 이승만과 신익희의 세력은 한민당과 함께 5·10총선거를 추진하고 있는 양대산맥이었으므로 그들과 합작을 함으로써 쓸데없는 마찰을 피하고 손쉽게 헌법제정사업을 끝낼 수 있었기 때문이었다. 둘째, 행정연구위원회 위원들은 행정사법의 실무경험을 가진 사람들이어서 그들로부터 도움을 받을 수 있었기 때문이었다.144)

이렇게 하여 모인 사람은 김용근(金龍根), 노용호(盧龍鎬), 유진오(兪鎭午), 윤길중(尹吉重), 이상규(李相奎, 녹사로 참가함), 이상기(李相基), 장경근(張暻根), 차윤홍(車潤弘, 6·25 때 납북됨), 최하영(崔夏永), 황동준(黃東駿)(이상 10인)이었다.145) 행정연구위원회안의 작성자와 비교하여 강명옥,

---

142) 兪鎭午(註 34), 28-30쪽.

143) 兪鎭午(註 34), 30-34쪽.

144) 兪鎭午(註 34), 35쪽.

145) 황동준에 따르면, 이상기는 사법제도를 토론할 때에 몇 번 참석하였고, 신익희는 가끔 나타나 격려해 주었다. 또한 공동안 작성에 대해 이승만 박사도 알고 있었고 기대도 하고 있다고 이야기하였다고 한다[黃東駿(註 110), 326-327쪽]. 유진오는 황동준, 이상기가 때때로 참가하였다고 한다[兪鎭午(註 34), 40쪽]. 신창현은 이때 김중서(金重瑞)가 간사를 맡았다고 한다[申昌鉉,『偉大한 韓國人 ⑫: 海公 申翼熙』(서울: 太極出版社, 1972), 274쪽].

박근영(이상 2인)이 빠졌고, 노용호, 유진오, 이상규, 차윤홍, 황동준(이상 5명)이 새로 추가되었다. 모임을 주도한 신익희는 당시 입법의원 의장직을 맡고 있었고, 새로 추가된 사람들 대부분은 입법의원에 근무하고 있었다.

<표 13> 공동안 작성의 참여자

성명(연령)	직 업	주요경력	국회 헌법기초위원회의 전문위원
김용근(40)			○
노용호(45)	입법의원 부사무처장		○
유진오(43)	고려대학교 교수	사법부 헌법기초분과위원회 위원	○
윤길중(33)	입법의원 법무사		○
이상기(51)	대법관	사법부 민사소송법·형사소송법·상법기초분과위원회 위원	×
장경근(38)	서울지방법원장	사법부 민법1(총칙)·2(친족)기초분과위원회 기초위원과 형사소송법 위원	×
차윤홍(45)			○
최하영(41)		행정연구위원회 간사	×
황동준(37)	입법의원 법무사		×
이상규			×
신익희(55)	입법의원 의장, 독촉 부의장	행정연구위원회 위원장, 사법부 헌법기초분과위원회 위원	추천인

2. 행정연구위원회 위원들과 유진오에 의한 헌법안 작성

행정연구위원회 위원들과 유진오는 1948년 5월 14일부터 5월 31일 오전 2시까지 총 18일간에 걸쳐서 헌법안을 작성하였다. 모임은 주로 최하영의 장인(조인섭(趙寅燮))집에서 가졌다.

1) 심의안 결정논란

행정연구위원회 위원들과 유진오는 헌법안 작성을 위해 모였을 당시,

이미 자신들이 완성해 둔 헌법안을 가지고 있었다. 즉, 행정연구위원회는 1946년 3월 1일에 완성한 헌법안을 가지고 있었고, 유진오는 사법부 법전기초위원회를 위해 작성한 헌법안을 가지고 있었다. 해방 이후부터 1948년 5월 초까지 작성된 다른 헌법안과 비교할 때, 이 두 가지의 헌법안은 체계와 내용 등에서 어느 정도 완성된 형태를 취하고 있었다. 따라서 행정연구위원회 위원들과 유진오는 새로운 헌법안을 작성하기보다 이 두 가지의 헌법안을 가지고 수정, 첨가하는 방식으로 헌법안을 작성하면 되었다. 실제로 그들은 그러한 방식으로 헌법안을 작성한 것 같다.146) 그렇다면 어느 것을 중심안으로 하였을까?

이에 대해 최하영, 장경근과 유진오, 황동준이 서로 다른 주장을 하고 있다. 최하영과 장경근은 행정연구위원회안이 중심안으로 되었다고 한다.147) 특히 최하영은 "第一段階 憲法審議 時에 完成한 憲法起草要綱 및 憲法草案에 對한 再審議가 着手展開되었고 審議中間에 가서 兪鎭午氏가 自己私案이라고 하는 것을 急作히 내보인 일이 있었는데 再審議段階가 벌서 中間段階를 지냈고 또 一瞥하여 不充不備한 點이 많아서 憲法草案 再審議에는 全然 參考하지 않기로 하였지요"148)라고 한다. 반면 유진오와 황동준은 유진오안이 중심안으로 사용되었다고 한다.149) 누구의 주장이 타당한 것일까?

현재 이에 대한 기록이 남아 있지 않아 확신할 수는 없지만, 행정연구위원회 위원들과 유진오가 작성한 헌법안, 행정연구위원회안, 유진오안을 비교해 보면, 편제와 내용 등 대체로 유진오안을 따르고 있음을 알 수 있

---

146) 장경근은 헌법안을 작성하기 전에 헌법기본기초요강을 만들었다고 한다[張暻根(註 54), 36쪽과 38-39쪽]. 한편 최하영은 행정연구위원회 제1단계 헌법심의 때 완성된 헌법기초요강을 재심의하였다고 한다[「憲法起草 當時의 回顧談(崔夏永氏와의對談)」『國會報』第二十號(1958. 7), 42쪽].

147) 張暻根(註 54), 36쪽과 38-39쪽; 崔夏永(註 146), 42쪽.

148) 崔夏永(註 146), 42쪽.

149) 兪鎭午(註 34), 40-41쪽; 黃東駿(註 110), 326-327쪽.

다. 따라서 최하영이 유진오안은 불충분한 점이 많아서 전혀 참고하지 않았다는 주장은 과장된 것이다. 즉, 행정연구위원회 위원들과 유진오는 유진오안을 중심안으로 하고, 행정연구위원회안을 참고안으로 하여 헌법안을 심의·작성한 것으로 생각된다. 심의안 이외에 1946년 3월 이후 제정된 여러 국가의 헌법도 참고하였던 것으로 생각된다.[150]

2) 헌법안에 대한 심의와 작성

헌법안을 심의·작성하는 과정에서 주로 다음과 같은 내용이 논란이 되었거나 토의되었다.

(1) 헌법전문 추가

행정연구위원회안과 유진오안 모두에는 헌법전문이 존재하지 않는다. 그런데 행정연구위원회 위원들과 유진오가 공동으로 작성한 헌법안에는 헌법전문이 존재한다. 그렇다면 이 헌법전문은 누가 작성하였을까?

장경근은 3·1 독립선언서, 각국 헌법의 전문을 참조하여 자신이 만들었다고 한다.[151] 최하영도 장경근이 자기가 만들겠다고 주장하여 만들었는데 명문이어서 감탄했다고 한다. 너무나 명문이어서 심의 때 한 구절도 고쳐보지 못하였다고 한다.[152] 반면 유진오는 자신이 사법부 법전기초위원회에 헌법안을 제출할 때 전문을 빼고 본문만을 제출하였고, 행정연구위원회 위원들과 함께 헌법안을 작성할 때에도 그것을 사용하였다고 한다. 그 이유는 본문은 명확한 토론의 대상이 되기 쉽지만 전문은 사람에 따라 얼마든지 다른 견해가 나올 수 있고, 그 견해를 간단하게 조정하는 방법도 없기 때문이었다고 한다.[153]

---

150) 崔夏永(註 146), 42쪽.
151) 張暻根(註 54), 36쪽.
152) 崔夏永(註 146), 42쪽.
153) 兪鎭午(註 34), 37-38쪽.

유진오가 사법부 법전기초위원회에 제출하기 위해 1948년 2월부터 황동준, 윤길중의 협력을 얻어 최초로 작성한 헌법안의 전문은 다음과 같이 되어 있다.

前文

悠154)久한 歷史와 傳統155)에 빛나는 우리들 朝鮮人民은 우리들과156) 우리들의 子孫을 위하야 己未革命의 精神을 繼承하야 正義와 人道와 自由의 旗人발밑에 民族의 團結을 堅固히 하고, 民主主義諸制度를 樹立하야, 政治 經濟 社會 文化의 모든 領域에 있어서 各人의 機會를 均等히 하고 各人의 能力을 最高度로 發揮케 하야 안으로는 人民의 福祉를 向上하고 밖으로는 모든 侵略者의 野望을 擊○하야 國際平和를 增進할 것을 決意하고 一九四八 年 月 日 우리들의 自由로히 選擧된 代表로써 構成된 國民議會에서 이 憲法 을 議決한다.157)

공동안의 전문은 다음과 같은 이유로 유진오가 작성한 것으로 생각된다. 첫째, 전문의 내용을 살펴보면, 유진오가 최초로 작성한 헌법안의 것과 비슷하게 되어 있다. 둘째, 유진오가 최초로 작성한 헌법안의 내용 중 유진오안에는 포함되어 있지 않으나, 공동안 단계에서 삽입되는 내용이 존재한다. 전문도 그 중 하나일 것으로 보인다. 셋째, 행정연구위원회안은 '국민'이라는 용어를 사용하고 있다. 반면 공동안은 '인민'이라는 용어로 되어 있다. 따라서 공동안의 전문은 유진오가 작성하였을 것으로 생각된다. 만약 최하영이나 장경근의 얘기처럼 장경근이 작성하였다고 하더라도 독창적으로 만든 것이 아니라 유진오가 최초로 작성한 헌법안의 전문내

윤길중은 유진오의 헌법전문이 공법학자답게 명문으로 작성되어 그대로 채택 되었다고 한다[윤길중, 『靑谷 尹吉重 回顧錄: 이 시대를 잃고 있는 사람들을 위하여』(서울: 호암출판사, 1991), 79쪽].
154) '長'으로 했다가 지웠다.
155) '半萬年의 ○○있는 文化的 傳統'에서 '悠久한 歷史와 傳統'으로 고쳤다..
156) '民族의'를 '우리들과'로 고쳤다.
157) 兪鎭午(註 34), 109-110쪽.

용을 참고하였을 가능성이 높다.

(2) 헌법조문의 표현방식 변경 여부

최하영은 행정연구위원회안의 문어체 표현방식이 공동안 단계에서 구어체로 고쳐졌다고 한다.158) 이것은 공동안 작성 때, 행정연구위원회안이 중심이 되고 유진오안이 참고로 되었다는 것을 전제로 한다. 그러나 앞에서 살펴본 것처럼 공동안은 유진오안을 기본으로 하고 행정연구위원회안을 참고로 하여 작성된 헌법안이다. 따라서 이러한 주장은 타당하지 않다.

헌법조문의 표현방식과 관련하여 유진오는 행정연구위원회의 헌법안을 처음 받아보았을 때, 문체가 몹시 딱딱하였고 문장이 '함'으로 되어 있었으며, 용어는 대체로 대일본제국헌법의 것을 따른 것 같은 감을 받았다고 한다.159)

(3) 용어의 변경 여부

공동안의 국호는 유진오안과 달리 '한국'으로 변경되어 있다. 이와 같은 국호는 행정연구위원회안이 취하고 있는 것이다. 따라서 이 부분은 행정연구위원회 위원들의 의견을 받아들인 것으로 보인다. 그리고 '제2장 인민의 권리의무'라고 하는 등 국민이라는 용어 대신 인민이라는 단어를 사용하고 있다. 그러나 제3조에서는 "韓國國民의 要件은 法律로써 定한다"라고 규정하고 있다. 즉, 인민이라는 단어를 중심으로 하면서 그것을 국민이라는 단어와 구별하여 사용하고 있다. 이 문제에 대해 유진오는 다음과 같이 설명하고 있다.

「人民」이라는 用語에 대하여 후에 國會本會議에서 尹致暎議員은 人民이

---

158) 崔夏永(註 146), 42쪽; 黃東駿(註 110), 327쪽.
159) 兪鎭午(註 34), 34-35쪽.

라는 말은 共産黨의 用語인데 어째서 그러한 말을 쓰려 했느냐, 그러한 말을
쓰고 싶어 하는 사람의 「思想이 疑心스럽다」고 공박하였지만, 人民이라는 말
은 舊大韓帝國 絶對君權下에서도 사용되던 말이고, 美國憲法에 있어서도 人
民 people, person은 國家의 構成員으로서의 市民 citizen과는 구별되고 있
다. 「國民」은 國家의 構成員으로서의 人民을 의미하므로, 國家優越의 냄새를
풍기어, 國家라 할지라도 함부로 침범할 수 없는 自由와 權利의 主體로서의
사람을 표현하기에는 반드시 적절하지 못하다. 결국 우리는 좋은 단어 하나를
共産主義者에게 빼앗긴 셈이다.160)

(4) 조문나열 순서의 변경 여부

최하영에 의하면, 공동안 단계에서 조문나열 순서가 변경되었다고 한
다.161) 이것은 공동안이 행정연구위원회안을 중심으로 하고 유진오안을
참고로 하여 작성되었다는 것을 전제로 하는 것이다. 그러나 앞에서 살펴
본 것처럼 공동안은 유진오안을 중심으로 하고 행정연구위원회안을 참고
로 하여 작성되었다. 따라서 공동안 심의과정에서 조문나열 순서가 변경
되었다고 할 수 없다.

(5) 위헌법률심사기관 문제

법률의 위헌심사권을 어느 기관에 둘 것인가에 대해 유진오와 행정연
구위원회 위원들간의 상당한 논쟁이 있었다. 행정연구위원안에는 위헌법
률심사권에 대한 내용이 존재하지 않는다.162) 그러나 공동안을 작성할 때
이상기, 장경근 등은 미국식으로 법원에 위헌심사권을 주는 제도를 채용
할 것을 강경하게 주장하였다. 이것은 유진오가 유진오안을 작성할 때, 사
법부문에 관해서는 정윤환의 의견을 들었는데, 그때도 마찬가지였다. 정

---

160) 兪鎭午(註 34), 65쪽 각주 10).
161) 崔夏永(註 146), 43쪽; 張暻根(註 54), 37쪽.
162) 이에 대하여 장경근은 "우리가 맨 처음에 만들었던 憲法에 그 違憲裁判 … 法
    律이 憲法에 違背되느냐 안되느냐 하는 이 裁判權은 大法院에 주기로 했습니
    다. 第一段階의 草案 …"라고 하였으나[張暻根(註 54), 37쪽], 잘못된 주장이다.

윤환은 법관의 임기제와 위헌법률의 심사를 위한 헌법위원회제도에 대해 반대하였다. 그 대신 법관의 신분을 종신제로 할 것과 위헌법률의 심사권을 미국식으로 법원에 줄 것을 강경하게 주장하였다.163)

한편 유진오는 헌법위원회에 위헌법률심사권을 부여하는 제도를 구상하였다. 그 이유는 첫째, 당시 우리나라 법원에 그러한 권한을 맡기는 것에 대한 불안감 때문이었다. 둘째, 국가권력기구조직의 기본원리에 관한 자신의 견해 때문이었다. 그래서 그는 유럽의 헌법재판소제도와 제2차 세계대전 후 프랑스 제4공화국164)의 헌법위원회제도 등을 참작하여 미국식제도와 프랑스식제도의 절충이라고 볼 수 있는 헌법위원회를 구상하였다고 한다.165)

이상과 같이 어느 기관에 위헌법률심사권을 둘 것인가를 놓고 논란 끝에 결국 장경근이나 이상기의 의견에 따라 법원에 두도록 하였다.166) 이에 대해 유진오는 "아무리 討論을 거듭하여도 나는 나의 意見을 변경할 필요를 느끼지 않았으나, 國會의 憲法起草委員會도 아닌 그 자리에서 審議를 그 이상 遷延할 수 없었기 때문에 그 자리에서는 李相基氏나 張暻根氏가 주장하는 대로 草案을 만드는데 同意하였다. 그러나 그것은 나의 所信이 달라졌기 때문이 아니기 때문에, 國會에서 討議하는 마당에 나가서는 나는 다시 나의 所信을 내세울 것이라는 條件을 붙였다"167)라고 한다. 실제 국회 헌법기초위원회의 심의과정에서 헌법위원회로 변경되었다. 이에 대해 장경근은 유진오에게 "「여보 당신 우리하고 最終案에 大法院으로 하기로 多數決로 決定했는데 당신이 强硬히 主張할 수 있지 않소 私事로운 個人생각이 있어서 그러는 것이 아니요」"168)라고 따졌다고 한다.

(6) 농지개혁 문제

유진오는 자신이 행정연구위원회안을 받아보았을 때, 양원제, 내각책임제, 중요기업의 국가공영 등 기본원칙은 자신의 초안내용과 대개 같았으나, 신체의 자유보장에 관한 규정이 약한 점, 법률의 위헌심사제가 완전히 결여되어 있는 점, 농지에 관하여 '개혁'이 아니라 "其濫用兼倂을 防止하며 自作農及스사로 土地를 使用하는 者를 扶植함"(제78조)을 기본원칙으로 삼고 있는 점 등이 중요한 차이점이었다고 한다. 이러한 차이점은 급진적인 것 같은 인상을 주는 자신의 초안내용 중 경제조항도 農地改革條項을 제외하고는 당시의 status quo에 별다른 변혁을 가하려는 것이 아니었기 때문에 별다른 의견충돌 없이 심의는 다소의 문구수정 정도로 자신의 초안이 대개 그대로 넘어갔다고 한다.169) 실제 공동안 제6장 경제편은 유진오안 제6장 경제제도의 내용을 그대로 답습하고 있다. 즉, 공동안의 경제제도는 별다른 의견충돌 없이 유진오안대로 되었다. 이에 대해 최하영은 행정연구위원회안을 작성할 때 지식부족 내지 예견부족으로 인하여 토지개혁은 생각하지도 못했다고 할 뿐 공동안에 대해서는 전혀 언급하지 않고 있다.170)

3) 헌법안의 확정

총선거 직후인 1948년 5월 14일부터 진행된 헌법안 작성 작업은 5월 31일 새벽 2시가 되어서야 비로소 끝날 수 있었다. 총 18일간에 걸친 작업이었다. 그 날은 국회개원일로 헌법안 작성과정이 얼마나 촉박하게 진행되었는가를 보여준다.

그동안 헌법제정사 연구에서는 이 헌법안을 유진오안으로 불러왔다.

---

168) 張暻根(註 54), 38쪽.
169) 兪鎭午(註 34), 36쪽과 41쪽.
170) 崔夏永(註 146), 41쪽.

이와 관련하여 홍기태는 "이 명칭(세칭 유진오안: 저자 보충설명)은 자칫 俞鎭午씨 혼자서 만든 안으로 오해받기 쉬우므로 「行政硏究會와 俞鎭午 合同案」이라고 해야겠으나 이미 「俞鎭午案」이라는 명칭이 관용화되어 있으므로, 그대로 사용하기로 한다"171)라고 한다. 그리고 김철수도 헌법 초안원안, 국회헌법기초위원회기준안, 법전편찬위원회안을 유진오 헌법 초안으로 칭하고 있다.172) 신우철은 "유진오가 작성·제출한 헌법초안은 도합 네 개 존재한다. 첫째는 1947년 말(겨울방학)에 착수하여 1948년 2 월부터 황동준·윤길중의 도움을 받아 완성한 초안(유진오, 헌법기초회고 록, 108쪽 이하 소재). 둘째는 위 첫번째 초안을 정리하여 1948년 5월 법전편찬위원회에 제출한 초안(동, 182쪽 이하 소재). 셋째는 위 두번째 초안을 놓고 행정연구회 회원들과 토론하여 작성한 합작안(동, 208쪽 이 하 소재). 넷째는 국회헌법기초위원회로부터 본회의로 이송된 단계의 헌 법초안(동, 222쪽 이하 소재)"173)이라고 하고, 이것을 차례대로 유진오안 I, 유진오안 II, 유진오안 III, 유진오안 IV으로 지칭한다. 반면 이영록은 「유진오사안」과 유진오가 행정연구회 회원들과 함께 작성한 헌법초안을 「유진오·행정연구회 합작안」(「합작안」)이라고 구별하여 사용한다. 그 이 유로 "이 안은 제헌 당시부터 「유진오안」으로 통용되어 왔다. 이 안의 작성에 유진오의 역할이 주도적이었다는 점에서 「유진오안」이라는 명 칭은 이해할 수 있는 용어이기는 하지만, 이전부터 독자적으로 헌법안을 준비해 왔던 행정연구회와 합동작업의 결과 마련된 헌법안이고, 또 실제 행정연구회의 구상이 반영된 부분도 있으므로 가치중립적인 「유진오·행 정연구회 합작안」으로 부르는 것이 보다 합당할 것으로 생각된다"174)라

---

171) 洪起台, 「해방후의 헌법구상과 1948년 헌법성립에 관한 연구」(碩士學位論文, 서울大學校 大學院, 1986. 2), 80쪽 각주 40).

172) 金哲洙, 「俞鎭午의 憲法草案에 나타난 國家形態와 政府形態」『韓國史 市民 講座』제17집(1995. 8), 96쪽.

173) 신우철, 「헌정사연구(抄): 건국헌법에서 현행헌법까지」『嶺南法學』제9권 제1 호(2002. 12), 30쪽 각주 28).

고 한다.

그동안 이렇게 불리게 된 이유에 대하여 최하영은 일제 식민기에 관료 생활을 한 사람들로 구성된 행정연구위원회 위원들은 자신들의 이름으로 헌법안이 공개되는 것을 꺼렸다. 그래서 대학교에서 법률을 가르쳤던 유진오를 영입하였는데 이후 헌법안을 작성한 뒤, 그것을 유진오의 이름으로 국회 본회의에 제출하였기 때문이라고 한다.175)

그러나 행정연구위원회 위원들과 유진오가 함께 작성한 이 헌법안을 유진오안으로 부르는 것은 문제가 있다고 생각한다. 왜냐하면 이것은 행정연구위원회 위원들과 유진오가 공동으로 작성한 것으로 독자적 헌법안으로 인정받을 필요가 있다. 또한 '유진오 개인이 작성한 헌법안'과 '행정연구위원회 위원들과 유진오가 공동으로 작성한 헌법안'은 내용상 차이를 보이고 있다. 따라서 이 연구에서는 이것을 공동안이라고 칭하도록 한다.176)

3. 공동안의 내용과 특징

공동안은 전문(前文)이 존재하고, 제1장 총강, 제2장 인민의 권리의무, 제3장 국회, 제4장 정부(제1절 대통령, 제2절 내각, 제3절 행정각부), 제5장 법원, 제6장 경제, 제7장 재정, 제8장 지방자치, 제9장 헌법개정, 제10장 부칙으로 총 10장 108개 조문으로 구성되어 있다.

최하영이나 장경근이 공동안은 행정연구위원회안을 중심으로 하고 유진오안을 참고하여 작성되었다고 한다. 그러나 앞에서 살펴본 것처럼 그

---

174) 이영록, 「「권승렬안」에 관한 연구」, 『법과사회』 통권 제24호(2003. 6), 135쪽 각주 1). 이후 그는 공동안으로 명칭을 변경하고 있다. 이영록(註 140), 80-85쪽.
175) 崔夏永(註 146), 43쪽.
176) 공동안은 國會報編輯委員會(編)(註 114), 70-76쪽에 수록되어 있다. 이 연구에서는 그것을 대상으로 분석한다.

체계와 내용이 유진오안과 거의 동일하다. 따라서 그들의 회고와는 달리 공동안은 유진오안을 중심으로 하고 행정연구위원회안을 참고하여 작성되었음을 알 수 있다.

유진오안과 비교하면 공동안은 다음과 같은 주요한 차이점을 가지고 있다.

① 헌법전문이 존재한다.

② 용어가 변경되어 있다: 朝鮮→韓國, 法官→裁判官, 審判→裁判, 代議院→民議院, 副大統領→副統領, 第五章 司法→第五章 法院, 最高法院→大法院, 土地→農地, 審計委員會→審計院.

③ 문장이 간결하게 다듬어져 있고, 실질적 헌법(정부조직법, 국회법 등)에서 규정해도 될 사항 등은 삭제되어 있다.

④ 영장제도, 체포·구금 때 즉시 변호인의 조력을 받을 권리, 체포·구금 적부심사제도(제9조), 범죄피해자보상청구권(제23조)이 신설되어 있다: 유진오가 최초로 작성한 헌법안 제23조에 "刑事被告人으로서 拘禁되었던 者가 無罪判決을 받은 때에는 法律이 定하는 바에 依하여 國家에 對하여 報償을 要求할 수가 있다"는 내용이 포함되어 있었다.177) 그러나 유진오 안에서는 이 내용이 삭제되었고 공개재판을 받을 권리와 고문과 잔혹한 형벌을 금하는 것만 규정되어 있었다. 공동안 제23조에서는 이 내용을 살려 규정하고 있다.

⑤ 헌법에 열거되지 아니한 모든 자유와 권리도 경시되지 않는다는 규정(제27조)이 신설되어 있다: 공동안 제27조에 신설된 "人民의 모든 自由와 權利는 憲法에 列擧되지 아니한 理由로써 輕視되지는 않는다 人民의 自由와 權利를 制限하는 法律의 制定은 秩序維持와 公共福祉를 爲하여 必要한 境遇에 限한다"는 규정은 유진오가 최초로 작성한 헌법안에는 있었으나,178) 유진오안에서는 삭제된 것이다. 행정연구위원회안 제66조에

177) 兪鎭午(註 34), 123쪽과 124쪽.
178) 兪鎭午(註 34), 128쪽.

도 비슷한 규정이 존재한다.

⑥ 법률안의 제출과정이 정리되어 있다(제44조).

⑦ 탄핵대상자가 확대되어 있다(제50조).

⑧ 대통령보다 국회의 권한이 강화되어 있다(제66조 등). 신익희와 한민당은 내각책임제를 선호하였는데, 그들의 생각이 반영되었을 가능성이 있다.

⑨ 국무총리와 내각의 권한이 강화된 반면, 대통령의 권한이 약화되어 있다: 예산안을 정부가 아니라, 내각이 제출하도록 되어 있다.

⑩ 내각회의의 권한이 강화되어 있다(제77조).

⑪ 재판관의 임기(10년) 조항이 삭제되어 있고, 대법원에 위헌법률심사권이 부여되어 있다.

⑫ 검찰관은 대법원이 제정한 규칙을 준수하도록 되어 있다(제86조).

⑬ 중소상공업은 입법과 행정에 있어서 보호를 받고 법률에 의하지 아니하면 그 자유를 제한받지 않는다는 규정(유진오안 제99조)이 삭제되어 있다.

⑭ 헌법을 제정한 국회의 의장이 헌법을 공포하도록 되어 있다(제105조). 즉, 국회의장이 헌법의 공포권자로 되어 있다. 이것은 헌법을 제정·공포하고 난 이후에 대통령을 선출할 것을 고려한 조항이다.[179] 그렇게 함으로써 미군정장관이 헌법을 선포하는 것을 방지하려고 한 것 같다.

⑮ 유진오안은 총 10장 115개 조문으로 되어 있는데, 공동안은 총 10장 108개 조문으로 되어 있다.

⑯ 친일파 처벌에 관한 규정이 존재하지 않는다.

행정연구위원회안과 유진오안이 공동안으로 새롭게 탄생하면서 체계와 내용면에서 더욱더 정비된 형태를 보이고 있다.

---

179) 兪鎭午(註 120), 206쪽.

IV. 권승렬과 헌법안

1. 권승렬의 헌법안 작성

권승렬안은 유진오안과 많은 부분에서 닮아 있다. 그렇다면 과연 권승렬안은 독자적 헌법안으로 인정받을 수 있을까? 이에 대해 유진오와 권승렬은 서로 상반된 주장을 하고 있다.

유진오는 권승렬안은 자신이 작성하여 사법부에 제출한 헌법안으로 그것을 가지고 문구를 약간 변경하고 조문을 몇 개 추가하였다고 한다. 그러나 헌법의 기본정신, 권력구조, 심지어 문체나 용어까지도 대동소이하기 때문에 독자성을 인정할 수 있을지 의문스럽다고 한다.[180) 이에 대해 권승렬은 자신이 헌법안을 작성할 때, 유진오안을 본 적이 없고 민복기의 도움을 받아 여러 자료를 참고하여 자신이 독자적으로 작성하였다고 한다.[181) 이런 두 사람의 주장은 모두 타당해 보인다. 왜냐하면 공동안은 유진오의 영향으로 당시 사법부의 이익이 제대로 반영되어 있지 않다. 또한 해방 이후 신국가가 해결해야 할 과제 중 하나인 식민잔재를 청산하고 민족정기를 바로 세우는 내용을 담고 있지 못하다. 그밖에 대한민국임시정부의 승계, 교육제도의 정비 등의 문제가 빠져 있다. 이에 반하여 권승렬안은 그러한 내용을 담고 있다. 따라서 권승렬안이 유진오안과 많이 닮아 있음에도 불구하고, 그 독자성을 인정할 수 있다. 또한 그러한 이유 때문에 국회 헌법기초위원회의 참고안으로 채택될 수 있었던 것으로 생각된다.

이상을 종합하면, 권승렬은 민복기의 도움을 받아 헌법안을 작성하였음을 알 수 있다. 그 때 민복기가 챙겨준 자료에는 유진오가 사법부에 제

---

180) 兪鎭午(註 34), 48-49쪽.
181) 李鍾求, 「大韓民國憲法이 制定되기까지」『新東亞』8月號(1965. 8), 297쪽.

출한 유진오안도 포함되어 있었을 가능성이 높다. 그 결과 권승렬안의 내용이 유진오안과 상당히 비슷하게 된 것으로 생각된다. 그럼에도 불구하고 권승렬안은 유진오안에서 빠뜨리고 있는 몇 가지 내용을 규범화하고 있어 독자성을 인정받을 수 있다고 생각된다.

2. 권승렬안과 국회 헌법기초위원회의 참고안과의 관계

1948년 국회 헌법기초위원회는 두 개의 헌법안을 가지고 헌법기초위원회안을 작성하였다. 그 중 하나는 유진오와 행정연구위원회 위원들이 작성한 공동안이었고, 다른 하나는 당시 사법부 법제차장이었던 권승렬이 제출한 헌법안이었다. 국회 헌법기초위원회는 전자를 원안으로, 후자를 참고안으로 하여 헌법안을 마련하였다. 그동안 공동안은 '(소위) 유진오안'으로 불려져 왔고, 참고안은 '권승렬안'으로 불려지기도 하였다. 이와 같은 명칭은 헌법안 제출자의 이름에 따른 것이었다.

당시 참고안으로 사용되었던 헌법안은 현재 두 개가 남아 있다. 즉, 유진오가 소장하고 있다가 그의 사후에 유족들이 고려대학교 박물관에 기증한 것과 장경근이 소장하고 있던 것을 국회보 관계자들이 1957년 국회보 제20호에 소개한 것이다.[182] 그런데 이 두 가지의 내용은 정확하게 일치하지 않는다. 특히 제86조의 내용은 차이를 보이고 있다.[183] 고려대학교 박물관에 소장되어 있는 참고안은 겉표지에 '憲法草案 法典編纂委員

---

182) 고려대학교 박물관의 참고안은 〈자료: 헌법안〉; 국회보의 참고안은 國會報編輯委員會(編)(註 114), 80-87쪽 참조.
183) 〈고려대학교 박물관의 참고안〉第八十六條 代議院에서 國務總理 其他 國務員에 對한 不信任案이 可決된 때는 不信任을 받은 者는 辭職하여야 한다
〈국회보의 참고안〉第八十六條 代議院에서 國務總理 其他 國務委員에 對한 不信任案이 可決된 때는 不信任 받은 者는 十日 內에 代議院이 解散되지 않으면 辭職하여야 한다
解散 後 成立된 國會에서 다시 不信任案이 可決된 때는 辭職하여야 한다

會 憲法起草分科委員會案'으로 되어 있다.

참고안의 작성자에 대해서는 사법부라는 입장(공식안)과 전문위원이었던 권승렬이라는 입장(사안)으로 나뉘어 있다.

1) 참고안=사법부안(공식안)이라는 입장

사법부의 헌법안과 관련하여 이인은 몇 가지 회고를 남기고 있다. 그 중 경향신문에 수록된 회고가 비교적 자세하다. 그것을 살펴보면 다음과 같다.

> 제헌(制憲)국회가 구성되기 전에 「우리의 헌법초안」이 이미 있었다. 이 헌법초안은 해방을 맞은 우리 법조인들이 2년에 걸친 연구 끝에 완전 성안(成案), 제헌(制憲)국회의 헌법기초위원회가 헌법제정작업에 들어가기 직전 빛을 보았다는 사실이 밝혀졌다. 이 초안을 만드는데 관여한 이는 고 金炳魯씨(전 대법원장) 李仁씨(制憲동지회 회장) 등이 중심된 20여명. 이들의 손으로 다듬어진 헌법초안은 제헌국회가 구성되자 동국회의 「헌법기초위원회」에 참고자료로 제출되었으며 이는 제헌국회를 통과한 「대한민국헌법」의 원문과 큰 차이가 없음이 제헌절 열아홉돌을 맞아 우리 헌정사에 드러난 사실(史實) -.
>   …중략…
> ◇「초안」 탄생의 비화= 46년 5월 金炳魯 李仁씨 등이 중심되어 韓根祖(미군정청대법관) 李澔(당시 군정청고검검사·현 내무장관) 金瓚泳(당시 군정청대법관) 李相基(당시 군정청대법관) 權承烈(당시 사법부차장) 兪鎭午(당시 普成전문교수) 제씨 등 20여명으로 「법전편찬위원회」를 구성했다. 이 위원회는 번역된 20개국 헌법을 기초자료로 우리 헌법초안을 다듬어 갔다. 金씨 방인 군정청사법부장실 李씨 방인 동검찰총장실 또는 사법부 도서실 등에서 2일에 1회의 정기회의를 거듭했다. 위원이 20여명이었으나 金·李 양씨를 제외하고서는 4, 5명이 번갈아 참석하곤 했다.
> 헌법초안이 연구될 무렵 金炳魯씨가 신병으로 7개월간 입원했는데 그때 李仁씨는 군정청고검 검사였던 李澔씨(현 내무장관)를 대검검사직대리로 승격시켜 초안淨書에 일하도록 했다.
> 2년에 걸친 거듭된 연구 끝에 제헌의원 선거가 있었던 해인 48년 1월경 「초안」이 발표되었다. 내각책임제(원안 全文 104조 附則 4조) 대통령중심제(참고안 全文 124조 補則 11조)의 두 안을 만들어 한 권의 책으로 내각책임제와 대통령중심제를 절충한 또 하나의 「헌법초안」(全文 124조)을 각각 프린

트했다.

이 헌법초안은 그 해 탄생한 제헌국회의 헌법기초위원회 위원장 徐相日씨의 요청에 따라 위원 20명(의원 10명 전문위원 10명)에게 배포되었다.

◇초안의 시련＝ 金炳魯씨 등이 만든 헌법초안은 대부분 분실되었는데 李仁씨 소장의 것이 현재까지 남아 있다. 李씨는 이 초안을 1·4 후퇴 때 자기집(서울 궁정동 77의 4) 마루 밑에 숨겨두었는데 수도 수복 후 찾아 서가에 비장해 왔다. 귀중한 사료가 될 이 헌법초안은 18×25·5㎝ 크기의 갱지에 프린트 된 것—.「원안참고안」의 대조표로 된「초안」은 69페이지(表紙 제외), 다른 한 책은 26페이지.

◇이 헌법초안의 정신＝ 李仁씨는 16일 하오「민주주의 구현」이 이 헌법초안의 기본정신이었다고 말했다. 李씨는 이 초안에서「주권이 국민에 있다」(主權在民)는 헌법정신을 밝혀 놓았으며 침략전쟁을 일체 부인하고 있음을「헌법총칙」에서 밝게 적었다고 말했다. 이러한 헌법의 기본정신 설정(設定)은 제헌국회에서 통과한 대한민국헌법 제1장 총칙에 그대로 반영되어 있었다.184)

이인은 1948년 국회를 통과한 대한민국헌법 원문이 법전기초위원회에서 마련한 헌법안과 큰 차이가 없다고 한다. 그러나 국회 헌법기초위원회안은 원안인 공동안을 많이 참고하여 작성되었음을 고려하면, 그것은 다소 과장된 주장이다.

장경근은 법원과 검찰청에서 조직한 법전기초위원회 안에 헌법기초분과위원회가 있었고 거기에서 헌법안을 마련하였다고 한다. 그리고 그것은 헌법기초위원회의 참고안으로 사용되었다고 한다.185)

2) 참고안＝권승렬안(사안)이라는 입장

이종구에 의하면, 권승렬은 국회 헌법기초위원회가 활동을 개시할 때까지도 법전기초위원회안(＝사법부안)으로 준비된 것은 없었다고 한다. 다만 자신이 전날 밤에 다음날 회의에서 심의될 조문을 정리해서 회의에

---

184)「20年만에 햇빛 본 憲法草案: 李仁씨가 말하는「制憲」秘話」『京鄕新聞』(1967. 7. 17), 6면.
185) 張暻根(註 54), 37쪽.

가져가곤 했으며, 그 때의 모든 자료준비는 민복기가 맡아서 했다고 한다. 자신은 민복기에게 그가 낮에 준비한 적당한 분량의 자료를 받아서 저녁 늦게까지 조문을 정리해서 다음날 회의에 참석했다고 한다.

> 당사자인 權承烈씨는 法典編纂委에 제출된 兪씨의 草案을 본 일이 없다고 말하고 있다. 당시 起草委에서 法典編纂委案이 參考案으로 채택되었지만 실상 起草委가 活動을 개시할 때까지도 法典編纂委案은 준비되어 있는 것이 없었다. 다만 權씨는 전날 밤에 다음날 會議에서 심의될 條文을 정리해서 會議에 가져가곤 했으며 그때의 모든 자료준비는 지금 法務長官인 閔復基씨가 맡아서 했다. 權씨는 閔復基씨에게 그가 낮에 준비한 적당한 분량의 資料를 받아서는 저녁 늦게까지 條文을 정리해 가지고 다음 날 會議에 참석했다고 말하고 있다.186)

유진오도 법전기초위원회에 자신이 제출한 초안을 가지고 주로 권승렬이 외국법전도 참고해서 가감한 것이라고 하고 있다.187)
그렇다면 어느 입장이 타당하고 권승렬안과 사법부안의 관계는 어떻게 되는 것일까?

3) 검토

이 문제에 대하여 이영록은 참고안이 공식적인 정부기관의 안으로 불릴 만큼 형식과 절차를 갖추고 진행되었는지와, 국회 헌법기초위원회의 심의가 진행되고 있는 중에 법전기초위원회 위원장 김용무가 신문지상을 통하여 참고안과는 전혀 다른 의견을 말하고 있는 점을 근거로 참고안이 정부기관의 공식적인 안이 아니었음을 분명히 할 필요가 있다고 한다.188)

---

186) 李鍾求(註 181), 297쪽.
187) 兪鎭午(註 38), 32쪽.『新稿 憲法解義』에서는 "權承烈氏의「參考案」이라는 것은 著者가 法典編纂委員會에 提出한 草案을 土台로 하여 다시 權承烈氏가 修正을 加한 것이었다"고 한다[兪鎭午,『新稿 憲法解義』(서울: 一潮閣, 1953), 26쪽].

그러나 그것만으로 참고안이 사법부의 헌법안이 아니라고 하기에는 근거가 다소 부족하다. 그러한 것뿐만 아니라 다음과 같은 이유로 참고안은 권승렬 개인이 작성한 사안이라고 생각한다.

첫째, 사법부 헌법기초분과위원회는 먼저 헌법개정요강을 작성한 뒤, 그것을 토대로 헌법안을 작성하려고 계획하였던 것 같다. 만약 참고안이 사법부 헌법기초분과위원회에서 작성된 공식안이라고 한다면, 헌법개정요강과 비슷한 체계와 내용으로 이루어져 있어야 할 것이다. 그러나 헌법개정요강과 참고안을 비교·분석해 보면, 그 체계와 내용 면에서 많은 차이를 보이고 있다. 둘째, 참고안은 공동안도 참고하여 작성된 것으로 보인다. 그런데 공동안은 1948년 5월 31일 오전 2시에 작성이 완료되었다. 이러한 사실은 권승렬이 국회 헌법기초위원회가 활동을 개시할 때까지도 법전기초위원회 헌법안으로 준비되어 있는 것이 없었고, 자신이 민복기의 도움을 받아 작성하였다는 주장에 신빙성을 더해 준다. 셋째, 국회 헌법기초위원회에서 헌법안을 작성하여 본회의에 상정하였을 때, 법전기초위원회는 이견서를 제출하였다. 이것은 당시 법전기초위원회의 헌법구상을 알게 해 주는데, 총 12가지 항목으로 되어 있다.[189] 이 이견서의 내용은 참고안과 많은 부분 일치한다. 그러나 법원에 대한 검찰의 독립문제에서 차이를 보이고 있다. 이것은 그 문제에 대한 권승렬 개인의 인식 차이에서 나온 것으로 그것이 참고안에 반영된 것으로 보아야 한다. 넷째, 1948년 헌법이 제정되고 난 이후, 법전기초위원회에서 헌법안을 작성했음을 가장 많이 강조하고 있는 사람이 이인이다. 그에 따르면, 당시 법전기초위원회에서는 원안으로 전문 104조, 부칙 4조로 이루어진 내각책임제 헌법안, 참고안으로 전문 124조, 보칙 11조로 된 대통령중심제 헌법안을 각각 한

---

188) 이영록(註 176), 139-140쪽.

189) 내용은 「法典編纂委員會異見書(國會憲法起草委員會에서 決定한 憲法草案에 對한 異見書)」『國會報』第二十號(1958. 7), 76-80쪽; 編輯部, 「【法政資料】國會憲法起草委員會에서 決定한 憲法草案에 對한 異見(大法院側)」『法政』第三卷 第八號(1948. 8), 33-35쪽 참조.

권의 책으로 만들었고, 이 두 헌법안을 절충한 또 하나의 전문 124조로 된 헌법안을 작성하였다고 한다. 법전기초위원회의 원안은 18×25.5㎝의 책으로, 참고안은 표지를 제외하고 69쪽 책으로, 두 헌법안을 절충한 것은 26쪽으로 되어 있다고 한다. 그런데 고려대학교 박물관에 소장되어 있는 참고안은 본문 124조, 보칙 11조로, 본문내용이 총 25쪽으로, 책자의 크기는 17.7×25.1㎝로 되어 있다. 만약 참고안이 법전기초위원회의 공식안이라면, 고려대학교 박물관에 소장되어 있는 것은 대통령중심제 헌법안에 해당할 것이다. 그러나 그것은 표지를 제외하고 69쪽이 아니라 25쪽으로 되어 있어 이인의 회고내용과 일치하지 않는다. 다섯째, 이인이 서울신문(1958년 7월 17일)과 경향신문(1967년 7월 17일)을 통해 공개한 법전기초위원회의 세 종류의 헌법안이 1948년 1월경에 이미 작성되어 있었다면, 권승렬이 민복기의 도움을 받아가면서 헌법안을 작성할 때 참고한 자료 중의 하나였을 가능성이 있다. 여섯째, 1948년 6월 5일과 6월 7일 사이에 진행된 국회 헌법기초위원회의 전문위원 회의[190]에서, 공동안 작성에 참가하지 않은 전문위원 권승렬은 그동안 누구들이 어디서, 어떻게 모여 무엇을 해 왔는지에 대해 의문을 제기하였다. 그리고 공동안이나 권승렬안이 하나의 사안일 뿐임으로 그것을 가지고 전문위원회에서 다시 새로운 헌법안을 작성할 것을 강경하게 주장하였다. 이 문제를 가지고 전문위원들끼리 옥신각신하다가 두 가지 헌법안을 헌법기초위원회에 제출하기로 결정하였다. 이후 헌법기초위원회에서는 공동안을 원안으로 하고, 권승렬안을 참고안으로 하여 심의를 진행할 것을 결정하였다.[191] 즉, 권승렬은 참고안을 제출할 때 사법부의 공식안으로 제출하기보다는 자신이 작성한 사안으로 제출하였다. 일곱째, 국회 헌법기초위원회 전문위원으로 활동한

---

190) 신문마다 보도내용이 조금씩 달라서 그 일자를 정확하게 확정할 수 없지만, 회의의 전개과정을 고려할 때, 1948년 6월 5일 헌법기초위원회의 전문위원 회의에서 이 내용이 토의되었던 것 같다.
191) 兪鎭午(註 34), 48-50쪽.

윤길중은 권승렬 자신이 직접 작성한 헌법안 뿐만 아니라, 사법부 법전기
초위원회에서 작성한 헌법안도 제출되었다고 한다. 그런데 국회 헌법기초
위원회에서 참고안이 된 것은 권승렬이 제출한 헌법안이었다고 한다.192)
즉, 사법부 법전기초위원회의 헌법안은 대한민국임시정부헌장, 민주의원
안, 조선임시약헌 등처럼 단지 참고자료로 활용되었을 것으로 생각된다.

　이상의 내용을 종합하면, 국회 헌법기초위원회의 참고안은 사법부에서
작성한 헌법안이 아니라, 권승렬이 작성한 사안이었음을 알 수 있다. 그리
고 권승렬이 헌법안을 작성할 때, 민복기가 준비해 준 적당한 분량의 자
료에는 사법부안도 포함되어 있었을 가능성이 높다. 사법부에서도 헌법안
을 국회에 제출하였지만, 그것은 단지 참고자료로만 활용되었을 뿐이었
다. 참고안(=권승렬안)에는 법원의 권한을 강화하는 등 당시 법조계의 입
장이 반영되어 있다.193) 이러한 사실은 사법부안이 아직 발굴되지 않아
확신할 수는 없지만, 권승렬안과 사법부안이 상당히 비슷했을 것으로 생
각된다.194) 이와 같은 이유로 국회 헌법기초위원회의 참고안을 「권승렬안」
이라고 칭하도록 한다.

3. 권승렬안의 내용과 특징

　권승렬안은 전문(前文)이 존재하지 않고, 제1장 총칙, 제2장 국민의 권
리의무, 제3장 입법, 제4장 행정(제1절 대통령, 제2절 국무회의, 제3절 행

---

192) 윤길중, 「윤길중 전 대한민국헌법기초위 전문위원과의 대담」『國會報』통권
　　　357호(1996. 7), 49쪽.
193) 이영록(註 174), 149쪽.
194) 권승렬안의 내용이나 편제는 사법부 헌법기초분과위원회의 헌법개정요강보다
　　　유진오안이나 공동안과 많은 부분 닮아 있다. 그러나 법원의 권한 등에서는 유
　　　진오안이나 공동안과 다르게 규정되어 있다. 이러한 사실들을 종합하면, 권승렬
　　　안은 유진오가 사법부에 제출한 유진오안과, 공동안, 사법부안 등을 참고하여
　　　작성되었을 것으로 생각된다.

정각부), 제5장 사법, 제6장 재정, 제7장 경제제도, 제8장 교육, 제9장 지
방제도, 제10장 보칙으로 총 10장 135개(보칙이 11개 조문으로 되어 있
음) 조문으로 구성되어 있다.

　유진오안과 비교하면, 다음과 같은 주요 차이점을 가지고 있다.

　① 권승렬안이 작성될 때, 공동안도 참고되었던 것 같다.[195] 서병조는
"이 초안(권승렬안: 저자 보충설명)은 1946년 초, 임정계의 신익희 선생
후원 아래 일제 때 고등문관 시험에 합격한 사람들이 중심이 되어 조직된
정경연구회에서 다듬어 진 것을 권승렬씨가 현실에 알맞게 손질을 가한
것이었다"[196]고 한다. 그러나 권승렬안은 행정연구위원회안을 가지고 손

---

195) 공동안도 참고가 되었을 것으로 생각되는 몇 가지 예를 들면 다음과 같다.

〈표 14〉 권승렬안, 유진오안, 공동안의 비교

권승렬안	유진오안	공동안
動章과 其他 榮典의 授與는 …(제9조)	動章, 學位 其他 榮典의 授與는 …(제8조)	動章 其他 榮譽의 授與는 …(제9조)
財産權은 此를 保障한다(제19조)	財産權은 憲法에 依하야 保障된다(제15조)	財産權은 保障된다(제15조)
行政各部의 組織, 그 職能 및 任務는 …(제91조)	行政各部의 種類 그 職務의 範圍의 構成은 …(제83조)	行政各部의 組織과 職務範圍는 …(제80조)
最高法院의 法官은 參議院의 承認을 얻어 大統領이 任命한다(제94조)	最高法院長인 法官은 參議院의 同意로써 大統領이 任命한다(제86조)	大法院長인 裁判官은 參議院의 承認으로서 大統領이 任命한다(제83조)
年度를 繼續 支出할 國費는 미리 年限을 定하야 繼續費로 國會의 議決을 받어야 한다(제101조)	特別한 必要가 있는 때에는 一定한 年限 繼續되는 支出을 議決할 수 있다(제103조)	特別히 繼續하여 支出의 必要가 있을 때에는 年限을 定하여 繼續費로서 國會의 議決을 얻어야 한다(제97조)
歲入, 歲出의 決算은 每年 審計院에서 檢査確定한다(제107조)	決算은 審計委員會에서 檢査確定된다(제107조)	國家의 收入支出의 決算은 每年 審計院에서 檢査한다(제101조)
本 憲法을 制定한 國會는 憲法에 規定된 代議院으로 看做하며 現 國會議員은 檀紀 四千二百八十三年 五月 三十日까지 憲法에 規定된 代議院 議員의 職能을 行한다(제128조)	이 憲法을 制定한 國民議會는 이 憲法에 依한 參議會가 成立될 때까지 國會로서의 權限을 行하며 그 任期가 다할 때까지 이 憲法에 規定된 國民議會로써의 權限을 行한다(제104조)	이 憲法을 制定한 國會는 參議院이 成立될 때까지 이 憲法에 依한 國會로서의 權限을 行하며 參議院이 成立된 後에는 二年의 任期가 다할 때까지 이 憲法에 依한 民議院으로서의 權限을 行한다(제107조)

질해서 작성된 것이라기보다는 공동안을 참고하여 만들어진 것 같다. 그 외 국민의 권리의무에서 영장제도(제12조), 범죄피해자구조청구권(제25조) 등이 규정되어 있다. 그러나 이것은 공동안이 아니더라도 형사소송법 개정 등 당시의 분위기로 신설될 수 있는 내용이다.

② 용어가 변경되어 있다: 조선→대한민국, 인민→국민, 부대통령→부통령, 심계위원회→심계원. 국호를 대한민국으로 한 것은 대한민국임시정부를 계승하려고 하였음을 보여준다.

③ 문장이 간결하게 되어 있다. 유진오안은 여러 문장을 계속하여 나열하는 경우가 많다. 그러나 권승렬안은 한 문장씩 간결하게 쓰여 있다.

④ 유진오안보다 국민의 권리가 더 제한되어 있다. 유진오안은 평등 다음에 개별권리를, 마지막에 제한규정을 두고 있다. 그러나 이 헌법안은 평등 다음에 바로 국민의 자유제한(제10조)과 자유와 권리 행사의 제한(제11조) 규정을 두고 있다. 그리고 개별권리에 대해서는 '법률에 의하여(법률에 의하지 아니하면)' 제한할 뿐만 아니라 '공공의 복리와 선량한 풍속을 해하지 않는 범위에서' 보호받도록 하고 있다.

⑤ 영장제도(제12조), 범죄피해자구조청구권(제25조) 등이 신설되어 있다.

⑥ 직업선택의 자유(제18조)가 신설되어 있다.

⑦ 보육하는 아동에게 국민교육을 받게 하는 의무규정(제32조)이 신설되어 있다.

⑧ 국회의 내용은 거의 차이가 나지 않는다.

⑨ 대통령의 권한이 다소 강화되어 있긴 하지만, 정부형태에서 거의 차이가 나지 않는다. 유진오안과 달리 대통령은 국무총리, 기타 국무위원을 참의원의 승인을 얻어 임명할 뿐만 아니라 면직시킬 수도 있도록 하고 있다(제85조). 또한 국회에서 회부된 법률안의 재의를 요구할 수도 있다(제70조).

---

196) 徐丙珇, 『改憲是非: 8차 개헌에 얽힌 憲政秘話: 내일을 위한 어제의 증언』(서울: 現代文藝社, 1986), 32쪽.

⑩ 국무회의 의결사항이 다소 늘었다(제87조).

⑪ 최고법원의 법원장뿐만 아니라 법관도 참의원의 승인을 얻어 대통령이 임명하도록 하고 있다(제94조).

⑫ 법관의 임기규정이 삭제되어 있고 최고법원에 위헌법률심사권을 부여하고 있다(제96조).

⑬ 법원 소속으로 되어 있던 검찰기관을 법원과 별개로 독립시키고 있다. 이것은 법원조직법 등에서 논의되었던 내용을 반영한 것으로 보인다. 공동안은 제86조에서 검찰관은 대법원이 제정한 규칙을 준수하도록 하였다. 이 규정은 당시 법원조직법 제정에서 논의되었던 사항을 반영하지 못한 것이었다. 그러나 권승렬안은 그것을 반영하여 법원과 검찰을 분리하여 규정하고 있다. 국회 헌법기초위원회안도 이와 같다. 이에 대해 사법부 법전기초위원회에서는 의견서를 제출하였다[197].

⑭ 국민교육을 받게 할 의무(제32조)와 함께 독립된 장(제8장)에서 교육이 규정되어 있다.

⑮ 지방제도가 자세하게 규정되어 있다. 그리고 지방의회 의원과 공공단체의 장은 그 구역 내 주민이 선거하도록 하고 있다(제121조).

⑯ 헌법실시 전의 반역행위를 처벌할 수 있게 규정되어 있다. 재판법규의 효력은 그 시행 전으로 소급하지 못하도록 하고 있다(제10조). 그러나 헌법을 실시하기 이전의 반역행위는 소급하여 처벌할 수 있게 하고 있다(제132조).

⑰ 대한민국임시정부를 계승하려는 의지가 담겨져 있다.

⑱ 사법부의 이익을 많이 대변하고 있다. 그러나 그렇지 못한 경우(예, 법원에 대한 검찰의 독립)도 존재한다. 이것은 권승렬이 법전기초위원회에서 논의된 사항도 참고하여 헌법안을 작성하였지만, 그와 다른 의견도 가지고 있었음을 보여준다.

---

197) 「法典編纂委員會異見書(國會憲法起草委員會에서 決定한 憲法草案에 對한 異見書)」『國會報』第二十號(1958. 7), 80쪽.

V. 이승만과 헌법

1. 헌법안 작성의 요청

유진오에 따르면, 이승만은 미국에서 귀국할 때 한국에 헌법을 기초할 사람이 없을 것 같아서 프린스턴대학교의 슬라이 박사(Dr. Sly)에게 이다음 자기가 부탁하면 한국을 위해 헌법을 기초해 달라는 말을 해 놓았다고 한다.[198] 이에 대해 유영익은 "그의 일기에 따르면, 그는 1944년 4월 프린스턴대 정치학과의 슬라이(John F. Sly, 1893-1965) 교수를 접촉하여 그에게 전후(戰後) 한국에서 실시될 총선거에 필요한 선거법과 헌법을 기초해 줄 것을 의뢰했다. 슬라이 교수는 1936년에 하버드대에서 정치학 박사 학위를 취득한 다음 1940년부터 1961년까지 프린스턴대 정치학과에서 '미국정부론'을 강의한 정치학자였다. 그는 프린스턴대에 봉직하는 동안 미국 웨스트버지니아 주(州)와 뉴져지주의 입법부 내지 주지사(州知事)의 고문으로 활약한 바 있으며, 또 라이베리아 공화국 몬로비아 자유항(The Free Port of Monrovia)의 조세제도를 연구한 공로로 라이베리아 정부로부터 '아프리카의 별(Star of Africa)'이라는 훈장을 받기도 했다. 그러니까 이승만은 조국이 해방되기 1년 4개월 전에 자기 모교의 저명한 정치학 교수에게 신대한 헌법의 기초를 맡기려 했던 것이다"[199]고 한다.

또한 이인은 "이해(1947년: 저자 보충설명) 가을, 李박사는 定例面談을 끝내고 물러나오는 나에게 「다음 올 때는 憲法문제를 준비해주오」했다. 나는 부탁에 따라 그에게 比較憲法論을 講義했다. 講義의 결론은 한마디로 內閣責任, 兩院制가 적합하다는 것이다. 나는 上院이 民主後退요

---

198) 兪鎭午(註 34), 61쪽.

199) 柳永益, 「李承晚 國會議長과 大韓民國 憲法 制定」 『歷史學報』 第189輯 (2006. 3), 112쪽.

屋上架屋이라는 말을 듣기는 하나 法律案이나 豫算案을 上院에 다시 附
議하는 것은 下院의 輕率과 多數黨의 橫暴를 막고 일층 신중을 기하자는
데 뜻이 있다고 설명했다. 그랬더니 李박사는 內閣責任制의 可否는 아무
말도 아니하고 「上院은 새 憲法에 꼭 설치하도록 하오」하면서 내 손을
잡았다. 그러나 박사는 이 태도와는 달리, 制憲國會에 대하여 大統領中心
制를 고집하여 결국 그의 뜻대로 된 것이다."[200]라고 한다.

이상의 내용을 종합하면, 이승만은 해방이 되기 이전부터 신국가를 수
립하기 위하여 헌법안 작성을 고려하고 있었던 것 같다. 그렇다면 그는
어떠한 내용의 헌법안을 구상하고 있었을까? 그동안 헌법제정사 연구에
서는 국회 헌법기초위원회에서 이승만이 내각책임제 정부형태를 대통령
제로 변경한 것만 논했을 뿐, 그가 구상했던 국가조직에 대해서는 별다른
주목을 하지 않았다. 그러나 1948년 5월 10일 총선거 이후, 한민당, 신익
희 측과 함께 이승만 측도 헌법제정의 중요한 세력이었다. 그는 실제로
헌법 제정과정에서 직·간접적으로 많은 영향을 끼쳤다. 따라서 이 부분에
대한 검토가 필요하다. 이하에서는 그가 구상한 국가조직에 대해서 살펴
보도록 한다.

2. 국가조직의 구상

1) 정부형태

이승만은 국회가 개원되기 전인 1948년 5월 26일 오전 10시 이화장에
서 국회소집 후 정부수립 기타 고문단 설치 문제 등에 대하여 기자단과
회견하였다. 그 내용 중 앞으로 수립될 정부형태가 책임내각제로 될 것인
가 혹은 대통령에게 광범한 권한을 부여하는 대통령제로 할 것인가라는
질문이 있었는데, 그는 그 문제는 국회에서 작성되는 헌법에 의해서 규정

---

200) 李仁, 『半世紀의 證言』(서울: 明知大學出版部, 1974), 180-181쪽.

될 것이나 자신은 대통령이 행정책임자가 되는 그러한 제도를 채택하겠다고 답변하였다.201) 국회 개원 후 6월 7일에 가진 기자단 회합에서도 대통령제 정부형태를 더 선호함을 피력하였다. 국회에서 논의 중인 책임내각제헌법이 본회의에서 통과되면 어떻게 할 것인가에 대한 질문에 대해서는 그렇게 되더라도 할 수 없으나 될 수 있는 한 대통령제 정부형태가 되도록 노력하겠다고 답변하였다.202)

1948년 국회에서 대통령제를 채택한 것에 대하여 유영익은 1948년 국회에서 내각중심제를 택할 것이냐 대통령중심제를 택할 것이냐를 놓고 의견이 갈렸을 때, 신생국의 경우 효율성과 안정을 위해 권력과 책임을 행정부에 집중시키는 것이 필수라는 의견을 정한경(鄭翰景)이 '강력하게' 개진함으로써 1948년 국회가 대통령중심제의 헌법을 채택하는데 크게 기여했다고 한다.203)

이승만은 내각책임제보다 대통령제를 더 선호하였지만, 당시 돌아가는 국내외 정세를 감안할 때, 헌법안을 마련하기 이전 단계에서부터 정부형태 등을 가지고 국내 세력이 분열되면, 신국가의 수립이 어렵게 될 것이라고 판단하였던 것 같다. 그래서 행정연구위원회 위원들과 유진오가 작성하는 헌법안이 내각책임제를 취하고 있다는 사실을 알고 있었음에도 불구하고,204) 일단 관망하였던 것으로 생각된다. 한편 한민당과 신익희

---

201) 「政府樹立 後에 오는 諸問題로 李博士 談」『京鄕新聞』(1948. 5. 27), 1면; 「政府樹立 後의 統一方略: 世界情勢에 順應」『朝鮮日報』(1948. 5. 27), 1면.
202) 「責任內閣은 非民主的, 大統領 選擧는 國會서: 李承晩 議長 記者와 問答」『大東新聞』(1948. 6. 8), 1면; 「內閣制는 贊成 못하나 國會서 通過되면 追從: 李博士 思想行動統一을 强調」『東亞日報』(1948. 6. 8), 1면; 「責任內閣 不可, 大統領은 國會가 選出」『朝鮮日報』(1948. 6. 8), 1면; 「責任內閣은 非民主的, 大統領은 國會選擧가 適當: 李博士 記者團과 問答」『現代日報』(1948. 6. 8), 1면.
203) 柳永益(註 199), 113-114쪽.
204) 유진오에 따르면, 그는 행정연구위원회 위원들과 공동으로 헌법안을 준비하기에 앞서 신익희에게 자신이 구상하고 있던 헌법기본원칙에 대하여 이승만의 동

측은 이승만이 대통령제 정부형태를 더 선호함에도 불구하고 내각책임제 정부형태를 관철시키려고 하였던 것 같다.[205]

2) 대통령선출방식

대통령선출방식에 대하여 이승만은 당초에 국회에서 선출하는 방식을 선호하였다.[206] 그 이유는 미군정의 탄압으로 좌익과 지방의 인민위원회가 거의 소멸되긴 하였지만, 5월 10일 총선거에서 나타난 것처럼 아직도 일부 존재하고 있는 상황에서 다시 국민의 직접선거로 대통령을 선출한다면 그와 같은 상황이 재연될 수도 있었고, 그렇게 될 경우 신국가의 수립이 늦어질 수도 있었기 때문으로 생각된다.

그러나 이승만은 국회 헌법기초위원회에서 한민당계 기초위원들의 주장대로 내각책임제 정부형태로 흘러가자 입장을 변경한 것으로 보인다. 즉, 그는 6월 15일 국회 헌법기초위원회에 참석하여 이미 기초된 내각책임제보다 직접선거에 의한 대통령책임제로 하는 것이 현 정세에 적합하

의를 받아달라고 하였다. 이에 대해 신익희는 찬성의 뜻을 표시했다. 그래서 유진오는 행정연구위원회 위원들과 공동으로 헌법안을 준비하였다. 행정연구위원회 위원들과 두, 세 차례 모임을 가지고 있던 1948년 5월 17일 내지 18일 경, 신익희는 그 회의장에 나타나서 이승만이 유진오가 제시한 헌법기본원칙에 대해 전적으로 찬성하더라고 전했다. 그리고 내각책임제가 되면 대통령은 할 일이 적어지지만 부득이 한 일이라는 말까지 전했다고 한다[兪鎭午(註 34), 36쪽과 40쪽]. 그러나 이승만은 5월 26일 기자단 회견에서 대통령제가 더 나음을 주장하고 있어 신익희의 발언에 대해서는 검토가 필요하다.

205) 신익희는 내각책임제를 선호하였던 것으로 보인다. 任文桓, 『友村 任文桓 回顧錄: 江물은 흘러간다』(서울: 新藝苑, 1982), 77쪽.

206) 「責任內閣은 非民主的, 大統領 選擧는 國會서: 李承晚 議長 記者와 問答」 『大東新聞』(1948. 6. 8), 1면; 「內閣制는 贊成 못하나 國會서 通過되면 追從: 李博士 思想行動統一을 强調」 『東亞日報』(1948. 6. 8), 1면; 「責任內閣 不可, 大統領은 國會가 選出」 『朝鮮日報』(1948. 6. 8), 1면; 「責任內閣은 非民主的, 大統領은 國會選擧가 適當: 李博士 記者團과 問答」 『現代日報』(1948. 6. 8), 1면.

다는 의사를 표시하였다.[207] 그가 이와 같이 입장을 변경한 이유는 국회
의 주도권을 한민당이 잡고 있는 상황에서 한민당의 주장대로 내각책임
제가 되어 그가 대통령이 된다고 하더라도 명목상일 뿐 권한을 제대로 행
사할 수 없게 될 것이라고 판단하였기 때문으로 생각된다. 초대 대통령으
로 누가 될 것인가에 대한 여론조사에서 계속해서 1위를 차지하고 있었
던[208] 그는 국민의 직접선거를 통해 민주적 정당성이 강한 대통령이 되려
고 하였던 것으로 생각된다.

3) 국회구성

이승만은 5월 26일 오전 10시 이화장에서 가진 기자단 회견내용 중
국회의 상하 양원제도에 대하여 어떠한 견해를 가지고 있는가라는 질문
에 대하여 정부가 수립되고 난 이후에는 양원제가 타당하나, 수립과정에
서는 단원제가 낫다는 입장을 피력하였다. 양원의 구성에 대해서는 상원
은 인물 본위로 민의와 공론으로 결정되어야 할 것이라고 하였다.[209] 이
처럼 신정부 수립과정에서는 단원제가 더 낫다고 주장하였던 이승만은
국회 헌법기초위원회안이 본회의에 상정될 쯤 양원제가 더 낫다고 입장
을 변경하였다.[210] 이와 같이 그가 입장을 변경한 이유는 국회 헌법기초

---

207) 「憲法草案 再修正?: 大統領責任制로 飜案論 擡頭」『大東新聞』(1948. 6. 17),
   1면;「經濟條項을 論議: 憲法 八十五條까지 起草」『東亞日報』(1948. 6. 17),
   1면; 「大統領責任制로 飜案氣勢: 憲法起草業務 遲延」『朝鮮日報』(1948. 6.
   17), 1면; 兪鎭午(註 34), 58-59쪽.

208) 「初代 大統領은 누구?」『東亞日報』(1946. 7 .23), 3면;「初代 大統領은?」『朝
   鮮日報』(1948. 6 .25), 2면.

209) 「政府樹立 急先務: 上院, 國防에 李博士 抱負 披瀝」『大東新聞』(1948. 5.
   27), 1면.

210) 「1948년 6월 30일(수) 제21차 회의, 趙憲泳 의원 발언」, 大韓民國國會(編),
   『制憲國會速記錄 ①』(서울: 先仁文化社(영인본), 1999), 321쪽;「起草는 依
   然 難航: 政府形態, 單院制 異論 紛紛」『大東新聞』(1948. 6. 22), 1면;「政府
   形態 國會構成 等 憲法作成에 波瀾: 大統領 普選도 新提案」『現代日報』

위원회에서 공동안과 권승렬안 모두 양원제로 되어 있던 것이 한민당계 기초위원들의 주장으로 단원제로 수정되자 양원제를 통하여 한민당 세력을 견제할 필요가 있음을 느꼈기 때문으로 생각된다.

유영익은 이승만의 강력한 주장에 따라 헌법기초위원회가 6월 22일 오전 회의에서 양원제를 단원제로 번안 처리하였다고 한다.[211] 그는 그 근거로 조용중의 『미군정하의 한국정치현장』156쪽과 162쪽을 제시하고 있다. 그러나 그가 인용한 부분은 사실과 다르다. 앞에서 살펴본 것처럼 국회 헌법기초위원회에서 공동안의 양원제가 단원제로 변경된 것은 6월 10일 회의에서였다. 이날 헌법기초위원회에서는 논란 끝에 표결에 부친 결과 12대 10(내지 11대 9)의 근소한 차이로 단원제를 채택하였다.[212] 한민당계 기초위원들이 양원제를 반대한 이유는 의사의 지연과 경비의 팽창 때문이었고, 조봉암은 참의원은 특권귀족제도의 유물로서 보수세력의 집결체라 하여 반대하였다.[213] 당초 유진오안의 양원제를 지지하였던 한민당이 이처럼 단원제로 입장을 변경한 이유는 내각책임제를 관철하여 한민당 중심으로 정부를 조직할 경우를 대비하여 국회에서의 의사지연을 막기 위한 것으로 생각된다. 6월 10일 회의에서 변경된 내용은 6월 22일 회의에서도 그대로 채택되었고, 6월 23일 국회 본회의에 상정되었다. 따라서 조용중의 책을 근거로 양원제의 국회 구성이 단원제로 변경된 것은 이승만의 강력한 주장 때문이라는 유영익의 지적은 타당하지 않다.

(1948. 6. 22), 1면.

211) 柳永益(註 199), 122-124쪽.

212)「國會는 單院制로: 憲法起草委會서 決定」『大東新聞』(1948. 6. 12), 1면;「一院制를 採擇: 大統領選任方法에 論爭, 憲法起委 五十五條까지 起草 完了」『東亞日報』(1948. 6. 12), 1면;「憲法은 어데로: 單院·大統領責任制 指向 兪氏案 大幅 修正 傾向」『朝鮮日報』(1948. 6. 12), 1면; 兪鎭午(註 34), 52-53쪽과 56-57쪽.

213) 兪鎭午(註 34), 52쪽.

제3절 1948년 국회에서의 헌법논의
(1948. 6.-7.)

Ⅰ. 1948년 국회의 성립

좌익의 방해공작과 김구, 김규식 세력이 불참한 가운데 1948년 5월 10
일에 국회의원총선거가 이루어졌다. 총선거의 결과에 대한 정부의 공식적
인 기록은 다음과 같다.[1]

〈표 15〉 1948년 5월 10일 총선거의 각 정파별 후보자와 당선자 상황

정당과 단체	후보자수 및 당선자수	계	비율(%)
무소속	후보자수	417	44.0
	당선자수	85	42.5
대한독립촉성국민회	후보자수	235	24.9
(이승만, 신익희)	당선자수	55	27.5
한국민주당	후보자수	91	9.6
(김성수)	당선자수	29	14.5
대동청년단	후보자수	87	9.2
(이청천)	당선자수	12	6
조선민족청년단	후보자수	20	2.1
(이범석)	당선자수	6	3

당선자 중 무소속이 85명으로 제일 많은 의석을 차지하고 있다. 당시
한민당 당원들 중에서는 한민당에 대한 국민의 나쁜 이미지를 고려하여
무소속으로 등록한 경우가 있었고, 한독당이나 중간파 계열의 인사가 단
선 불참이라는 당명을 어기고 무소속으로 출마한 경우가 있었다. 따라서
무소속 의원들을 정파별로 분류하는 것은 쉽지 않다. 85명에 이르는 무소

---

1) 中央選擧管理委員會(編), 『大韓民國選擧史(1968年 增補版)』(1964/1968), 863쪽.

속 의원을 다시 정파별로 분류한 국회선거위원회의 발표에 의하면, 한국
민주당 76명, 대한독립촉성국민회 61명, 한국독립당 17명, 대동청년당 16
명, 민족청년단 10명, 중도계 10명, 기타 10명 등이었다.[2] 이러한 분류에
따르면, 당시 정계의 중심세력이었던 한국민주당과 대한독립촉성국민회
가 국회의원 총수의 3분의 2 이상을 차지함으로써 자파에 유리한 헌법제
정을 추진할 수 있는 여건이 마련되었음을 알 수 있다.

국회의원 선거가 있은 후 최초의 간담회가 5월 22일 오후 2시부터 독
촉국민회의 회의실에서 비공식적으로 개최되었다. 이날 모임에는 이승만
을 비롯하여 약 40여 명의 의원들이 참석하였다. 이승만의 사회로 진행된
회의에서 국회소집에 관한 절차문제, 지방의원의 숙소 및 연락 등이 논의
되었다. 그리고 이러한 문제를 원활하게 진행하기 위해 국회준비위원회
(가칭)를 조직할 것을 결정하였다. 전형위원으로 신익희, 백관수, 김도연
이 선정되었는데, 그들은 다음과 같이 각 준비부서와 준비위원을 선출하
였다.[3]

<표 16> 국회준비위원회의 각 부서와 위원

부서	성 명
위 원 장	신익희
준비위원	백관수, 김도연, 이윤영, 장면, 오용국, 이훈구, 김경배, 이항발, 김상돈, 이청천, 장기영
서무부장	이윤영 위원: 백관수, 김상돈, 김경배
통신부장	김도연 위원: 신익희, 이청천, 이항발
연락부장	장면 위원: 장기영, 이훈구, 오용국

---

2) 박찬표, 『한국의 국가 형성과 민주주의: 냉전 자유주의와 보수적 민주주의의 기
원』(서울: 후마니타스, 2007), 394쪽.
3) 「國會準備委員會發足」『東亞日報』(1948. 5. 25), 1면; 「27日, 國會議員非公
式會議」『서울신문』(1948. 5. 25), 1면; 「國會準委構成」『朝鮮日報』(1948. 5.
25), 1면.

〈표 17〉 국회준비위원회 위원들의 지역, 소속정파, 기초위원 여부

성명	지역	소속정파	기초위원
신익희	경기	독촉	국회부의장
김경배	경기	무	○
김도연	서울	한민	×
김상돈	서울	무	×
백관수	전북	한민	○
오용국	제주	무	○
이윤영	서울	조민·독촉	○
이청천	서울	대청·독촉	○
이항발	전남	무	×
이훈구	충남	무	○
장기영	강원	무	×
장 면	서울	무	×

5월 27일에는 국회준비위원회에서 31일의 국회개원을 앞두고 오후 2시부터 국회의사당에서 국회의원 제1차 예비회의를 비공식적으로 개최하였다. 준비위원장 신익희의 사회로 진행된 회의에서는 개원식 절차에 대한 문제, 선서문 수정통과, 임시의장(이승만) 선출, 국회준비위원회에서 작성한 국회구성과 국회준칙에 관한 결의(안) 등에 대한 논의가 있었다.4)

5월 31일에는 국회개원식이 진행되었다. 개원식은 국회선거위원회 사무총장 전규홍의 개회선언으로 시작되었다. 애국가 제창, 국기에 대한 경례, 순국선열을 위한 묵염, 전규홍으로부터 의원출석수에 대한 보고가 있은 뒤, 국회선거위원회 위원장 노진설의 인사말이 있었다. 이어서 노진설이 추천한 이승만을 국회의원 일동이 박수로써 임시의장으로 추대하였다. 이후 이승만의 사회로 국회구성과 국회준칙에 관한 결의(안)에 대한 논의가 진행되었다. 그 결의안에 대한 논의를 끝마치지 못한 상태에서 이승만은 의장과 부의장 선거를 진행하였다. 선거결과 의장에는 이승만 188표, 이청천 4표, 김약수 2표, 신익희 2표, 이윤영 2표, 무효 1표로 앞도적인

---

4) 「三十一日 午前會議에서 國會議長을 選出」『東亞日報』(1948. 5. 29), 1면; 「國會準則 等은 國會準委에 一任」『서울신문』(1948. 5. 29), 1면; 「政府樹立을 盟誓」『朝鮮日報』(1948. 5. 28), 1면.

표 차이로 이승만이 국회의장에 당선되었다. 의장이 쉽게 선출된 것과는
달리 부의장은 결선투표를 통해 신익희와 김동원이 선출되었다. 국회 의
장과 부의장의 인사가 있은 후, 제1차 회의는 휴회하였다.[5]

II. 국회 헌법기초위원회의 조직과 헌법안 작성

1. 조직

1) 국회에서의 전형위원 선출

국회 개원 둘째 날인 6월 1일 제2차 국회 본회의에서는 의석배정방식
으로 논란이 되었던 국회구성과 국회준칙에 관한 결의(안)을 통과시킨 뒤,
곧바로 헌법기초위원회의 조직에 관한 논의가 전개되었다. 전형위원의 선
정방법과 관련하여 당일 투표를 통해 선정할 것이냐 아니면 도별로 한 명
씩 뽑을 것이냐를 놓고 오전, 오후를 통하여 논란이 계속되었다. 최종적으
로 도별로 한 명씩 택하기로 결정하였다. 38선 이북의 도를 어떻게 할 것
인지에 대해서는 완전히 38선이 해결될 때 논의할 문제로 보고 제외하였
다. 그런데 제주도는 오용국 의원 혼자였으므로 의원이 많이 선출된 다른
도와의 형평성 문제가 논란이 되었다. 그리고 10개의 도를 어떻게 할 것이
냐가 논의되었다.

결국 서울시와 제주도를 각각 하나의 도로 인정하여 10개의 도에서 한
사람씩 전형위원을 택하도록 결정하였다. 그 결과 각도별 전형위원으로 이
윤영(서울시), 신익희(경기도), 유홍렬(충청북도), 이종린(충청남도), 윤석구
(전라북도), 김장렬(전라남도), 서상일(경상북도), 허정(경상남도), 최규옥(강

5) 「1948년 5월 31일(월) 제1차 회의」, 大韓民國國會(編), 『制憲國會速記錄 ①』
(서울: 先仁文化社(영인본), 1999), 1-9쪽.

원도), 오용국(제주도)으로 총 10명의 의원이 선발되었다.[6]

〈표 18〉 국회 헌법기초위원회 전형위원들의 지역, 소속정파, 기초위원 여부

성명	이윤영	신익희	유홍렬	이종린	윤석구	김장렬	서상일	허정	최규옥	오용국
지역	서울	경기	충북	충남	전북	전남	경북	경남	강원	제주
소속 정파	조민·독촉	독촉	무소속	무소속	무소속	무소속	한민	한민	독촉	무소속
기초 위원	○	국회 부의장	○	○	○	×	○	○	○	○

2) 전형위원에 의한 기초위원 선출

헌법 및 정부조직법기초위원회(이하에서는 특별히 강조할 필요가 없을 경우 '헌법기초위원회'로 칭함) 위원에 대한 전형은 다음과 같은 원칙 하에서 이루어졌다. 첫째, 각 지역을 평균적으로 대표하도록 하고 당시의 국회의원 198명을 도별로 나누어서 그 비율에 따라서 그 지역을 대표하는 사람을 선발하였다. 둘째, 각 방면을 참고해서 일할 만한 역량 그리고 어떤 층 혹은 어떤 단체를 참고하여 선발하였다. 셋째, 각 지역의 전형위원이 대표를 배수로 추천하여 전형위원 전체의 평정을 통하여 결정하였다. 넷째, 전형위원도 각 지역의 배수공천에 포함을 시켰다.[7]

6월 2일 오후에 전형위원 이윤영 의원으로부터 국회법 기초위원 15명과 헌법 기초위원 30명에 대한 보고가 있었다. 이 중 선출된 헌법 및 정부조직법기초위원회 위원은 유성갑, 김옥주, 김준연, 오석주, 윤석구, 신현돈, 백관수, 오용국, 최규옥, 김광준,[8] 이종린, 이훈구, 유홍렬, 연병

---

6) 「1948년 6월 1일(화) 제2차 회의」, 大韓民國國會(編)(註 5), 17-26쪽.
7) 「1948년 6월 2일(수) 제3차 회의, 李允榮 의원 발언」, 大韓民國國會(編)(註 5), 45쪽.
8) 국회속기록, 1948년 6월 3일의 조선일보, 1948년 6월 4일의 경향신문, 동아일보, 서울신문에는 '金命仁'으로 되어 있다. 하지만 1948년 국회의원 명부에서 그러한 이름을 발견할 수가 없다. 그 대신 『국회사(제헌국회⇔제6대국회 자료편)』,

호, 서상일, 조헌영, 김익기, 정도영, 김상덕, 이강우, 허정, 구중회, 박해 극, 김효석, 김경배,[9] 홍익표, 서성달, 조봉암, 이윤영, 이청천이다.[10] 이

『헌법기초회고록』에는 '김광준(강원도-울진군)'으로 기록되어 있다. 또한 서울신 문 1948년 6월 20일에 반민족행위자처벌과 관련하여 김광준이라는 이름으로 보 도되어 있다. 그런데 1948년 5월 15일 동아일보 2면의 국회의원 당선자 명단을 보면, 강원도 울진군 후보 중 김명인(33세, 변호사, 무소속)이 당선된 것으로 보도 되어 있다. 그 기사에 따르면, 김명인의 직업은 변호사로 당시 나이는 33세로 되 어 있다. 그 당시 변호사명부에 기재되어 있는 이름은 김광준으로 1915년 11월 15일 생이고 경북 출신이며 일본국 고등문과시험 사법과에 합격하여 1946년 7월 8일 서울지방변호사회에 등록한 것으로 되어 있다. 이상을 종합해 볼 때, 김명인 과 김광준은 동일 인물임을 알 수 있다. 大韓民國國會事務處(編),『國會史(制憲國會⇔第6代國會 資料編)』(1971), 134 쪽; 大韓辯護士協會(編),『韓國辯護士史』(1979), 253쪽; 兪鎭午,『憲法起草回 顧錄』(서울: 一潮閣, 1980), 46쪽.

9) 국회속기록에는 '김병회(전남-진도군)'라고 되어 있다. 그러나 이것은 '金庚培(경 기-연백갑)'의 오기로 보인다. 그 이유는 첫째, 국회속기록의 기초위원의 성명을 분석해 보면, 각 도별 기초위원을 함께 서술하고 있다. 따라서 '경상남도'의 김효 석과 '경기도'의 홍익표 사이에 '전라남도' 출신인 김병회(1916년 생)를 기초위 원으로 서술한 것은 경상남도와 경기도 출신의원 중 한 명과 착각하여 기록한 것 으로 생각된다. 둘째, 첫 번째의 이유와 관련하여 전형위원들이 기초위원 선정과 정에서 고려하였던 사항으로 각 지역을 평균적으로 대표하도록 하고 당시의 국회 의원 198명을 도별로 나누어서 그 비율로 적당한 의원을 선정하도록 하였다는 사 실이다. 셋째, 국회사무처에서 발행한『국회사』에 경기도 연백갑 출신의 김경배 (1895년 생)를 기초위원으로 기록하고 있다. 넷째, 경향신문, 동아일보, 서울신문, 조선일보에 모두 김경배로 보도되어 있다. 따라서 국회속기록에 기록되어 있는 '김병회'는 '김경배'의 오기로 보인다. 大韓民國國會事務處(編)(註 8), 134쪽. 그런데 국회사무처가 발행한 다른 국회사에는 김경배와 김병회를 함께 기초위원 으로 기록하고 있다. 또한 헌법기초위원회 전문위원으로 활동한 유진오가 쓴 그 의 회고록에도 김병회로 되어 있다. 大韓民國國會事務處(編),『國會史(制憲國 會, 第2代國會, 第3代國會)』(1971), 19-20쪽; 兪鎭午(註 8), 46쪽.

10) 이상을 가나다순으로 정리하면, 구중회, 김광준, 김경배, 김상덕, 김옥주, 김익기, 김준연, 김효석, 박해극, 백관수, 서상일, 서성달, 신현돈, 오석주, 오용국, 유성갑, 유홍렬, 윤석구, 연병호, 이강우, 이윤영, 이종린, 이청천, 이훈구, 정도영, 조봉암, 조헌영, 최규옥, 허정, 홍익표이다.

것은 전형위원 중 신익희와 김장렬을 제외한 모든 의원들이 기초위원에 포함된 결과였다.

이윤영 의원에 의하여 헌법기초위원들에 대한 보고가 있은 후, 근로자, 농민, 6대 종교 등 각계각층의 지도자가 빠져 있는 점 등에 대한 이의가 제기되었다. 이 문제에 대해서는 이날 결정을 하지 못하였다. 그래서 다음 날인 6월 3일에도 계속해서 논의가 진행되었고, 결국 거수표결에 부쳐졌다. 그 결과 재석의원 193명 중 가 150명, 부 39명으로 가결되었다.[11] 이처럼 기초위원의 선정은 쉽지 않았다.

기초위원은 지역별로 전라남도 4명, 전라북도 3명, 제주도 1명, 강원도 2명, 충청남도 2명, 충청북도 2명, 경상북도 5명, 경상남도 5명, 경기도 4명, 서울특별시 2명이 선출되었다. 당시 기초위원들 중 한민당 소속이었음에도 불구하고 무소속으로 되어 있거나, 독립촉성국민회와 한민당에 함께 소속되어 있는 경우 등이 있어서 기초위원을 정당별로 분류하기는 쉽지 않다.

이에 대해 현대일보는 한민당계 위원으로 조헌영, 백관수, 김준연, 서상일, 박해극, 정도영, 허정, 김효석(이상 8명)을, 독촉국민회계 위원으로 김익기, 신현돈, 최규옥, 서성달, 오석주(이상 5명)를, 무소속 위원으로 오용국, 김경배, 김옥주, 이종린, 조봉암, 윤석구, 연병호, 구중회, 이강우, 홍석표, 이훈구, 김광준, 유홍렬(이상 13명)을, 기타 위원으로 이청천(대동청년단), 김상덕(민족통일본부), 이윤영(조선민주당), 유성갑(단민당)(이상 4명)을 분류하고 있다.[12] 한편 김준연은 헌법기초위원 30명 중 14명이 한국민주당 소속위원이었다고 한다.[13] 이를 당시의 정파별로 살펴보면, 다음과 같다.[14]

---

11) 大韓民國國會(編)(註 5), 27-59쪽.
12) 「憲法起草委員 三十名을 正式 選任: 國會 七日까지 休會」 『現代日報』(1948. 6. 4), 1면.
13) 金俊淵, 『나의 길』(1966), 26쪽.
14) 國會選擧委員會(編), 『國會議員當選人及候補者名簿』를 대상으로 정리한 것이다.

〈표 19〉 국회 헌법기초위원회 전형위원들의 소속정파, 인원, 연령

소속정파	인원	성명	연령	비　고
한국민주당	5	김준연	53	
		백관수	60	
		서상일	63	국회 헌법기초위원회 위원장
		조헌영	47	
		허　정	53	
대한독립촉성 국민회	7	김익기	33	
		김효석	54	한민당 발기인, 중앙상무집행위원
		서성달	57	한민당 발기인
		신현돈	45	독촉과 대청에 모두 관여함
		오석주	61	
		정도영	46	한민당 경북 당상무위원
		최규옥	48	
조선민주당	1	이윤영	59	국회 헌법기초위원회 부위원장 독촉에 관여함 (독촉 부위원장, 1948.3.19.)
무소속	14	구중회	51	
		김경배 (≠김병회)	53	
		김명인 (=김광준)	33	
		김옥주	33	
		박해극	65	한민당 경북도지부 위원장, 상무집행위원
		연병호	54	대한민국임시정부의정원 의원 한독당에 관여함
		오용국	44	
		유홍렬	42	
		윤석구	57	독촉에 관여함
		이강우	59	
		이종린	66	
		이훈구	53	한민당 발기인
		조봉암	50	
		홍익표	32	독촉에 관여함
민족통일본부	1	김상덕	56	독촉에 관여함
대동청년단	1	이청천	61	독촉에 관여함 (독촉 부위원장, 1948.3.19.)
단민당	1	유성갑	39	독촉에 관여함

3) 제1차 헌법기초위원회

(1) 위원장과 부위원장 호선 및 절차문제 논의

6월 3일 오전 국회 본회의에서는 논란 끝에 헌법기초위원들이 선정되었다. 그리고 6월 7일(월요일)까지 헌법기초위원회가 헌법안을 마련하기 위한 시간을 주기 위하여 휴회를 결정하였고 오후 12시 5분에 산회하였다.15) 오후 2시부터는 제1차 헌법기초위원회가 개최되었다. 이 회의에서는 위원장과 부위원장이 호선되었고, 추천을 받은 사람들 중에서 전문위원 10명이 선임되었으며, 헌법안 기초에 대한 절차문제가 논의되었다.16)

(2) 전문위원 선정과 위촉

「국회구성과 국회준칙에 관한 결의(안)」 제8조에 의하면, 국회에서 전형위원 10인을 선출하고, 선출된 전형위원이 헌법 및 정부조직법기초위원 30인, 국회법 및 국회규칙기초위원 15인을 선임하도록 되어 있다. 그리고 각 위원회에는 전문지식을 가진 직원(이를 전문위원이라 칭함)과 녹사(서기)를 두도록 하고 있다. 전문위원의 정원은 5인 내지 10인으로 하고 녹사는 각 3인으로 하고 있다.17) 하지만 누가 전문위원을 선정할 것인지와 선정기준에 대해서는 아무런 규정을 두지 않고 있다. 그렇다면 전문위원은 어떠한 원칙하에 선발되었을까?

윤길중에 의하면, 전문위원은 미군정청의 지원을 받아 한민당에서 추천한 사람 3분의 1, 신익희가 추천한 사람 3분의 1, 기타 중간파 3분의 1 등으로 구성되었다고 한다.18) 최하영은 행정연구위원회 위원들은 이름을

---

15) 「1948년 6월 3일(목) 제4차 회의」, 大韓民國國會(編)(註 5), 59-64쪽.
16) 「憲法起草에 着手: 兩分委 昨午後 첫 會議」『東亞日報』(1948. 6. 4), 1면; 「兩分科委員長 決定: 憲法起草業務 進行 法曹界 權威로 專門委員 網羅」『東亞日報』(1948. 6. 5), 1면.
17) 「國會構成과 國會準則에 關한 決議(案)」은 大韓民國國會(編)(註 5), 3쪽 참조.
18) 윤길중, 「윤길중 전 대한민국헌법기초위 전문위원과의 대담」『國會報』 통권

내기를 꺼렸을 뿐만 아니라 원하지도 않았다. 그런데 공동안을 기초한 사람과 심의한 사람들의 명단을 헌법기초위원회 위원장 서상일에게 제출한 인사가 있었다고 한다.19) 임문환은 김성수와 김준연이 자신을 전문위원으로 추천하였다고 한다.

이보다 2개월 전인 6월엔, 창건되려는 대한민국의 制憲國會의장 李承晩 박사로부터 憲法起草전문위원에 위촉을 받았다. 나를 이 소중한 자리에 추천한 분은 金性洙선생과 六高선배인 金俊淵씨였다. 10명의 전문위원 중에는 兪鎭午박사와 尹吉重군도 끼어 있었다. 날이 감에 따라 국회의원인 起草委員들의 파벌이 내 눈에도 선하게 보이기 시작했다.

金俊淵씨가 이끄는 韓民黨의 세력이 제일 컸고, 申翼熙가 대표하는 上海임시정부측 세력도 만만한 것은 아니었다. 許政씨만이 고군분투하면서 시종여일하게 李承晩 국회의장의 충실한 제자로서 大統領中心制를 추구했다. 전문위원들은 대부분이 韓民黨계열이었으나, 유독 尹吉重만이 철두철미 申翼熙씨를 대변했다. 전문위원 중에 許政씨를 대변해서 대통령중심제를 지원하는 사람은 1명도 없었다. 이런 3대 세력의 분립 중에서 內閣責任制를 채택하자는 방침에는 金俊淵씨와 申翼熙씨간에 뜻이 일치되었다.20)

유진오에 의하면, 전문위원들은 국회의장으로부터 사령장을 받았다고 한다.21) 그이상의 회고내용을 고려할 때, 헌법기초위원회에서는 전문위원의 추천을 받았고, 추천된 인사 중에서 10명을 선정하였으며, 국회의장이 선정된 전문위원으로 최종적으로 위촉한 것으로 생각된다.22)

19) 「憲法起草 當時의 回顧談(崔夏永氏와의對談)」『國會報』第二十號(1958. 7), 43쪽. 유진오는 '사실상 기초한 자와 심의한 자들의 명단'을 서상일 의원에게 제출한 사람이 신익희라고 추측하고 있다[兪鎭午(註 8), 47-48쪽].

20) 任文桓, 『友村 任文桓 回顧錄: 江물은 흘러간다』(서울: 新藝苑, 1982), 76-77쪽. 또한 임문환은 미군정청 중앙경제위원회(NEB) 경제위원으로 천거한 사람도 六高선배이고 한국민주당의 중진이었던 김준연이었다고 한다[任文桓, 『友村 任文桓 回顧錄: 江물은 흘러간다』(서울: 新藝苑, 1982), 74쪽].

21) 兪鎭午, 『養虎記: 普專·高大 三十五年의 回顧』(서울: 高麗大學校 出版部, 1977), 217쪽.

전문위원들의 구성을 살펴보면, 먼저 신익희의 주도하에 공동안을 작성하였던 사람들(김용근, 노용호, 유진오, 윤길중, 차윤홍)이 절반을 차지하고 있다.23) 나머지는 한민당이나 미군정 사법부와 관련된 사람들(고병국, 권승렬, 노진설, 임문환)이었거나, 조선민주당과 관련된 사람(한근조)이었을 것으로 생각된다. 따라서 윤길중이 전문위원 중 중간파가 3분의 1을 차지하였다고 한 주장은 신뢰하기 힘들다. 이와 같은 전문위원의 구성은 대한독립촉성국민회(조선민주당 포함)와 한민당이 기초위원의 선정에서는 우위를 점하지 못하였지만, 전문위원의 선정은 자파에 유리한 인사들로 하였음을 알 수 있다.

전문위원 중에는 국문학자가 포함되어 있지 않고, 헌법과 관련이 없는 사람도 포함되어 있다. 이에 대해 황동준은 전문위원 중에는 타 분야의 업적으로는 존경할 만한 인물이 많았으나, 평소에 헌법이라고는 거의 만져보지 못한 인물들이 대부분이었다고 한다. 그리고 그와 같은 위원회의 태도로 보아 그때 헌법기초의 곤란성과 중요성을 잊고 누구든지 헌법을 기초할 수 있다는 우리나라 정치인들의 생각이 시작되었다고 한다.24)

〈표 20〉 국회 헌법기초위원회 전문위원들의 이력과 추천인

성명	연령	출생지	직 업	주요경력	추천인
고병국	40	평북	서울대학교 교수	사법부 민법2(상속)기초분과위원회 기초위원	
권승렬	54	경북	사법부 법제차장	한민당 발기인, 사법부 민법1(채권)기초분과위원회 기초위원	
김용근	40	평북	국회선거위원회 사무국장, 국회법 전문위원	행정연구위원회안과 공동안 심의	신익희

---

22) 1948년 국회법(법률 제5호) 제20조에 따르면, 각 위원회에는 국회의원이 아닌 전문위원을 둘 수 있고, 전문위원은 각 위원회의 추천으로 의장이 임명하도록 되어 있다.

23) 최하영은 전문위원 대부분이 한민당계 인사라고 한다[崔夏永(註 19), 43쪽].

24) 黃東駿, 『黃東駿 論說集: 民主政治와 그 運用』(서울: 韓一文化社, 1962), 336-337쪽.

노용호	45	충남	국회선거위원회 사무국장, 국회법 전문위원	공동안 심의, 국회 사무차장 (1948. 6. 18.-)	신익희
노진설	49	평남	국회선거위원회 위원장	한민당 선전부원, 대법관, 사법부 형사소송법기초분과위원회 위원	
유진오	43	서울	고려대학교 교수	한민당 발기인, 사법부 헌법기초분과위원회 위원, 공동안 심의	신익희
윤길중	33	함남	국회선거위원회 사무국장, 국회법 전문위원	행정연구위원회안과 공동안 심의, 입법의원 법무사, 국회 법제조사국장(1948. 6. 18.-1950. 3.)	신익희
임문환	42	전북 (충남)	미군정청 중앙경제위원회 위원	고등문관시험 행정과 합격, 동경제대 법학과 졸업	김준연 김성수
차윤홍	45	전남	국회선거위원회 사무국장, 국회법 전문위원	공동안 심의, 국회 의사국장 (1948. 6. 18.-)	신익희
한근조	54	평남	변호사	대법관, 사법부 법무차장, 사법부 헌법기초분과위원회 위원, 조선민주당 부당수	

2. 헌법안의 작성

국회 헌법기초위원회는 1948년 6월 3일부터 6월 22일까지 총 16차에 걸쳐 회의를 진행하여 국회 헌법기초위원회안을 마련하였다. 「국회구성과 국회준칙에 관한 결의(안)」 제8조에 의하면, 헌법기초위원회에 서기를 두도록 하고 있다. 따라서 헌법기초위원회의 회의내용을 기록한 공식문서가 존재할 가능성이 있다. 그러나 현재까지 그것에 대해서 알려진 바는 없다. 이하에서는 당시에 발행된 신문(경향신문, 대동신문, 동아일보, 서울신문, 자유신문, 조선일보, 현대일보 등), 회고록(유진오, 김준연 등), 헌법안이 국회 본회의에 상정되고 난 이후의 전문위원과 기초위원의 발언 등을 중심으로 헌법기초위원회의 활동을 재구성하도록 한다.25) 국회 헌법기초위원회안은 전원일치로 통과되지 않았다. 그 결과 그 내용에 반대하

25) 이에 대한 선행연구로 이영록, 「'헌법 및 정부조직법 기초위원회'(1948)의 정치적·사상적 역학관계에 관한 분석」『憲法學硏究』제7권 4호, 2001. 12; 이영록, 「제헌국회의 '헌법 및 정부조직법 기초위원회'에 관한 사실적 연구」『法史學硏究』第25號, 2002. 4.가 있다.

는 헌법기초위원들이 본회의에서 자신들의 견해를 피력할 가능성이 존재
하였다. 이것을 방지하기 위하여 국회 헌법기초위원회에서는 헌법안이 본
회의에 상정된 이후에는 기초위원의 권위나 연대적 의무를 실행하기 위
해 의견대립이 있을지라도 가부 여부에 대한 거수만 하고 찬부는 논하지
않기로 결의하였다.[26] 그럼에도 불구하고 본회의 곳곳에서 자신들의 견해
를 피력하고 있어서 헌법기초위원회에서 진행된 논의사항을 간접적으로
알 수 있게 해 준다.

어떠한 방식으로 회의를 진행시켜 나갈 것인가에 대한 규정은 존재하
지 않았다. 이 문제는 6월 3일 헌법기초위원회 제1차 회의에서 내부적으
로 결정한 것 같다. 그것은 보통 본회의에서 운영되는 독회제 방식이었던
것 같다. 전문위원은 기초위원과 연석회의를 통하여 헌법안의 심의에는
참여할 수 있었지만, 표결은 할 수 없었다. 이하에서는 독회제 절차에 따
라 헌법기초위원회의 회의를 살펴보도록 한다.

1) 제1독회

(1) 헌법대강에 대한 논의

「6월 4일(금요일) 제2차 회의」 국회에는 유진오와 행정연구위원회 위
원들이 작성한 공동안을 비롯하여 민주의원안, 조선임시약헌, 대한민국임
시헌법 등이 참고자료로 제출되었다. 헌법기초위원회는 이날 오후 2시부
터 제2차 회의를 개최하고 헌법대강(원칙, 국호, 정부형태, 국회구성 등)과
대체토론 등 제1독회를 진행하였다.[27] 토의 내용 중 한국과 고려의 국호
문제, 인민과 국민의 용어문제에 대한 격론이 있었다. 또한 제3장 국회에
들어가 민의원, 참의원을 설치하는 것과 관련하여 한민당 의원은 의사의

---

26) 「1948년 6월 29일(화) 제20차 회의, 徐相日 의원 발언」, 大韓民國國會(編)(註
5), 283쪽.
27) 「專門委員을 選任: 憲法, 國會法 起草 着手」 『서울신문』(1948. 6. 5), 1면.

지연과 경비의 팽창을 이유로, 조봉암 의원은 봉건적 잔재라고 반대하였다. 그리고 김준연 의원은 내각의 불신임안을 철폐할 것을 주장하였다.[28]

(2) 전문위원회에서의 심의안 결정논란

「**6월 5일(토요일) 제3차 회의-7일(월요일) 제4차 회의**」 6월 5일 오전 10시부터 제3차 헌법기초위원회 회의가 진행되었다. 이날 전문위원들은 국회에 제출된 많은 헌법안 등 참고자료를 검토하여 헌법기초위원회에 하나의 헌법안을 제출하기 위하여 별실에 따로 모였다. 그동안 행정연구위원회 위원들과 유진오가 작성한 공동안이 전문위원회에서 마련한 헌법안으로 될 것이라는 소문이 공공연하게 나돌았다. 그러나 그러한 예상과 달리 전문위원 권승렬은 이 날 회의에 새로운 헌법안을 제출하고 이의를 제기하였다. 그는 그동안 누구들이 어디서, 어떻게 모여 무엇을 해왔는지 모르지만, 국회의 전문위원들끼리는 그날 처음으로 모인 것이니, 공동안과 권승렬안을 가지고 처음부터 다시 심의해서 하나의 헌법안을 작성할 것을 강경하게 주장하였다. 타당한 주장이었다. 그러나 당시 신정부 수립을 8월 15일로 계획하고 있었기 때문에, 새로운 헌법안을 마련하기에는 시간적으로 촉박하였다. 기초위원들이 회의실에 기다리는 가운데 전문위원들은 계속해서 옥신각신하다가 두 헌법안을 헌법기초위원회에 넘겨 거기서 심의안을 결정하도록 합의하였다.[29]

---

28) 「國號·韓國? 高麗?: 兩院制 創設에 曹議員이 異議, 金議員은 內閣不信任 撤廢 主張」『京鄕新聞』(1948. 6. 8), 1면; 「專門委員을 選任: 憲法, 國會法 起草 着手」『서울신문』(1948. 6. 5), 1면; 「各界網羅 專門委 新設: 起草業務를 開始」『朝鮮日報』(1948. 6. 5), 1면; 兪鎭午(註 8), 52쪽.

29) 兪鎭午(註 8), 48-50쪽; 「民議, 參議 兩院制: 土地는 農民에게 分配」『서울신문』(1948. 6. 6), 1면; 「憲法草案 專門委案: 起草委員會서 審議 中」『朝鮮日報』(1948. 6. 6), 1면.

(3) 헌법기초위원회에서의 심의안 결정

「6월 5일(토요일) 제3차 회의-7일(월요일) 제4차 회의」 헌법기초위원회에서는 먼저 공동안에 대한 심사를 진행하였고, 그것이 끝난 뒤에 권승렬안에 대한 심사를 행하였다. 한민당계 기초위원들은 공동안을 지지하였고, 비한민당계 기초위원들은 광범한 수정을 요구하는 분위기였다.[30]

두 헌법안을 표결한 결과, 공동안을 원안으로 하고, 권승렬안을 참고안으로 하여 새로운 헌법안을 작성할 것을 결정하였다.[31] 표결결과에 대하여 김영상은 '13대 11'로 결정되었다고 한다.[32] 이것은 한민당계 기초위원들이 공동안을 지지하였고, 비한민당계 의원들은 그것을 광범하게 수정하자는 분위기 속에서 공동안과 권승렬안 중 어느 것을 원안으로 할 것인가에 대한 결정이 쉽지 않았음을 보여준다. 공동안과 비교하여 체계와 내용이 비슷함에도 불구하고 권승렬안이 참고안으로 채택될 수 있었던 것은 비한민당계 기초위원들의 지지가 있었기 때문으로 생각된다.

회의록이 남아 있지 않아서 심의안이 언제 결정되었는지에 대하여 확신할 수는 없지만, 6월 5일에서 6월 7일 사이에 결정된 것으로 생각된다. 6월 8일 동아일보와 김영상에 의하면, 6월 7일에 결정되었다고 한다.[33]

2) 제2독회

「6월 7일(월요일) 제4차 회의」 오전 10시부터 제4차 회의가 개최되어

---

30) 「兩分科委員會 第二讀會로」『東亞日報』(1948. 6. 6), 1면; 「民議, 參議 兩院制: 土地는 農民에게 分配」『서울신문』(1948. 6. 6), 1면; 「憲法草案 專門委案: 起草委員會서 審議 中」『朝鮮日報』(1948. 6. 6), 1면; 「民議 參議 兩院制 等 草案을 逐條審議: 八日 本會議 提出은 困難視」『現代日報』(1948. 6. 6), 1면.
31) 兪鎭午(註 8), 48-50쪽.
32) 金永上, 「憲法을 싸고 도는 國會風景」『新天地』七月號(1948. 7), 22쪽.
33) 「國會法 起草 完了: 今日 第五次 本會議에 上程, 憲法은 繼續 審議 中」『東亞日報』(1948. 6. 8), 1면; 「專委案을 採擇: 本會議 提出 延期」『現代日報』(1948. 6. 8), 1면; 金永上(註 32), 22쪽.

국회 헌법기초위원회안에 대한 제2독회가 시작되었다.[34] 공동안을 중심
으로 하고 권승렬안을 참고로 하여 첨삭·토의한 결과 제7조까지 완성되
었다.[35]

이 날 회의에서 가장 논란이 되었던 문제는 국호를 어떻게 정할 것인
가였다. 여러 가지 의견이 제시되었는데, 그것을 표결한 결과 대한민국이
17표, 고려공화국이 7표, 조선공화국이 2표, 한국이 1표로 대한민국으로
결정되었다. 이청천을 비롯하여 대한독립촉성국민회계 기초위원들은 국
회의장 이승만의 국회 개원식사에서 대한민국을 천명하였는데, 그에 대한
이의가 없었던 만큼 그대로 추진시키는 것이 당연하다는 이유로 대한민
국을 지지하였다. 한편 한민당계 기초위원들은 고려공화국으로 할 것을
지지하였다.[36]

---

34) 여기서 제2독회라 함은 원안인 공동안을 중심으로 개별조문에 대한 축조심의를
한 뒤 그것을 기초하는 과정을 말한다. 즉, 국회 헌법기초위원회는 공동안의 한
조문씩을 축조심의한 뒤, 그것을 기초하는 방식을 취하였다.

35) 「國號는 大韓民國: 憲委, 逐條討議 進行」『朝鮮日報』(1948. 6. 9), 1면; 「憲法
起草 進行: 八日까지의 經過」『朝鮮日報』(1948. 6. 10), 1면.

36) 「國號는 大韓民國: 憲委, 逐條討議 進行」『朝鮮日報』(1948. 6. 9), 1면. 서울신
문에는 국호를 '한국'으로 하자는 것에 2표가 나왔다고 보도하였다. 「國會스냎:
『大韓民國』으로 決定」『서울신문』(1948. 6. 9), 1면.
해방 후 고려대학교의 전신인 보성전문학교가 개명될 때, '조선', '한국', '안암'
등 몇 가지 안이 나왔지만, 김성수는 서슴지 않고 단연 '고려'로 할 것을 주장하
여 관철시켰다. 그 이유는 '조선'이나 '한국'은 외세에 시달린 상처 때문에 개운
치 못하다는 것, 이 '고려'도 거란·여진·몽고 등의 외침에 시달리긴 했으나 '고
구려'의 씩씩한 기상과 그 자강자주의 영광을 계승하였을 뿐 아니라 문화도 찬란
하였고, 삼국 통일의 위업을 계승한 왕조로서 대고구려의 웅비하는 민족의지를 대
표하고 있어 마음에 들었기 때문이었다. 김성수는 이 이름을 정해놓고, 그때 막
발족되려는 국립대학인 서울대학교에게 빼앗길까봐 조바심하며 기선을 잡기 위해
서둘러 인가신청을 내도록 하였다['고려' 교명의 유래」『고려대학교 박물관』].
한민당계 기초위원들이 고려공화국을 지지한 이유는 이러한 김성수의 의견이 반
영된 것으로 보인다[仁村紀念會(編), 『仁村 金性洙傳』(서울: 仁村紀念會, 1976),
525쪽].
그런데 한민당이 중심이 된 임시정부수립대책협의회의 답신안에서는 국호를 대

「**6월 8일(화요일) 제5차 회의**」 이날은 헌법기초위원회가 국회 본회의
에 헌법안을 상정하기로 한 날이었다. 그러나 쉽게 헌법안이 마련될 것이
라는 당초의 예상과는 달리 그때까지 겨우 제7조까지 축조심의를 마쳤다.
이에 헌법기초위원회 위원장 서상일은 국회의장에게 다음과 같은 보고서
를 제출하여 기일연기를 신청하였다.

報告書

檀紀 四二八一年 六月 七日

憲法及政府組織法起草委員長 徐相日

國會議長 李承晩 貴下

憲法起草에 關한 件

第四次 本會議에서 委囑하온 標題의 件에 關하여 第四次까지 委員會
를 開催하온 結果 左記와 如히 中間報告하나이다

記

一. 委員長 副委員長을 互選한 結果 委員長에 徐相日議員 副委員長에 李
允榮議員이 各各 當選함

二. 專門委員을 俞鎭午 高秉國 任文桓37) 權承烈 韓根祖 盧鎭卨 盧龍鎬
車潤弘 金龍根 尹吉重 以上 十人을 決定함

三. 本 起草委員과 專門委員과의 連席會議를 開催하고 俞鎭午專門委員

한민국으로 하였다. 그렇다면 한민당이 국호명을 이와 같이 바꾼 이유는 무엇일
까? 제2차 미소공동위원회의 답신안을 제출할 당시 한민당은 반탁, 남한단독정부
론 등을 통하여 정치의 주변부에서 중심부로 이동하고 있었다. 하지만 아직 주도
권을 완전히 잡은 것은 아니었다. 따라서 이승만과 김구의 묵인하에 제2차 미소
공동위원회의 참가를 결정한 한민당으로서는 대한민국임시정부의 법통을 계승하
고, 국호를 대한민국이라고 하며, 헌장기구 등도 대한민국임시정부의 그것을 준
수하지 않을 수 없었던 것으로 보인다[咸尙勳, 「美蘇共委와 우리 態度」『再建』
第一卷 第四號(1947. 8), 34쪽 참조]. 그러나 제2차 미소공동위원회가 결렬된
뒤, 남쪽 해방공간의 신국가 수립문제가 남한단독정부론으로 기울었다. 그리고
5월 10일 총선거에서 한민당은 많은 의원을 당선시키지 못하였지만, 주도세력으
로 등장할 수 있었으므로 대한민국임시정부의 법통에 연연할 필요가 없었던 것
으로 생각된다.

37) 국회 속기록에는 '任文桓'으로 되어 있으나, '任文桓'에 대한 오기로 보인다.

　　外 一部專門家의 起草提出한 憲法草案을 中心으로 하고 法典編纂委
　　員會에(서: 저자 보충설명) 提出한 憲法草案을 參考案으로 하여 兪鎭
　　午專門委員의 立法趣旨 說明과 各 章別의 質疑應答을 完了한 後 第
　　一章 第二條부터 第七條[38])까지는 逐條的으로 審議決定되였음
　四. 憲法은 國家萬年大計의 母法인만치 愼重에 愼重을 期하기 爲하여서
　　는 到底히 期日까지 提出키 困難하여 今後 十日間을 要하리라 思慮
　　되온 바 本委員會로서는 起草完了時까지 本會議는 午前 中으로 끄치
　　고 午後에는 委員會를 開催하게 하여 주심을 要望함[39])

　국회 본회의에서 헌법기초위원회의 이상과 같은 보고가 있은 후, 회의
가 계속 진행되었다. 회의에서 본회의를 오전 중에 하고 위원회를 오후에
개최하자는 의견에 대하여 표결에 붙인 결과, 재석의원 191명 중 가에
129명, 부에 17명으로 가결되었다. 그리고 본회의에 헌법안을 제출하는
기한도 10일간 연장되었다.

　이 날 오후 2시부터 제5차 헌법기초위원회 회의가 진행되어 공동안 제
8조부터 제16조까지의 축조심의를 마쳤다. 이 날 토의에서 주로 문제가 된
것은 종교와 의무교육, 범인체포 및 구금에 있어 영장발부 여부였다.

　영장발부와 관련하여 조봉암과 한민당계 기초위원간에 격론이 있었다.
이날 상황에 대해 김영상에 따르면, "一. 체포, 구금, 수사에 사후영장을
발할 수 있게 하느냐 영장 없이는 절대로 못하게 하느냐, 二. 내란, 외환,
또는 '此에 준할 비상사태'의 경우에는 법률로서 영장 없이도 구금, 체포
할 수 있다고 규정한 유씨안을 채택하느냐 안 하느냐, 三. 고문과 잔악한
형벌은 금한다는 조항을 널 것인가 뺄 것인가 이 세 가지에 집중되었던
것이다. 유씨안은 第一問題에 있어서 영장 없이 범죄인을 체포, 구금할
수 없고 第二問題에 있어서는 영장 없이 체포할 수 있다고 하였으며 第三
問題는 금한다고 규정하였든 것이다. 그런데 한민당 김준연씨는 第二問

---

38) 국회 속기록에는 '章'으로 되어 있으나, '條'의 오기로 보인다.
39) 「1948년 6월 8일(화) 제5차 회의, 憲法起草委員會 報告書」, 大韓民國國會(編)
　　(註 5), 67쪽.

題는 당연한 규정이나 第一問題는 범인의 도피 또는 증거소멸의 염려가
없으리라고 단정키 어려운 만큼 사후영장발행을 조건으로 영장 없이 체
포할 수 있다고 해야 된다고 주장하였고 또 第三問題는 헌하 실정에 비추
어 헌법에 규정하여서는 안 된다고 한민당의 서성달, 허정, 김준연 三氏와
정도영씨가 맹렬히 반대하였다. 이에 대하여 조봉암 위원은 김준연씨에게
"법률은 강자에게나 약자에게나 공평하여야 한다. 민주주의국가에 있어
서는 사후영장이라는 것이 있을 수 없으며 또 고문과 잔혹한 형벌은 당연
히 금해야 될 것이다. 그리고 김준연씨는 第二問題규정은 당연하다고 하
나 此에 준할 비상사태의 경우 운운은 집회에도 적용될 우려가 다분히 있
는 것이니 어찌 이것을 당연하다고 하는가 이 천하는 언제나 너의 천하가
될 줄 아느냐"라고 욕설을 섞어 항변하였다. 그러나 결국은 기초위원회의
헌법초안이나 제정된 헌법에는 第三問題만이 삭제되었고 사후영장제가
규정되었으며 고문과 잔혹한 형벌은 금한다는 조항은 표결한 결과 11대
10표 즉 1표 차로서 넣지 않기로 되었다. 이러한 사실이 있은 후, 조봉암
위원은 일절 헌법기초위원회에 출석하지 않았던 것이다."40) 제9조 사후
영장제도와 관련하여 조봉암은 다음과 같이 주장하였다. "'모든 國民은
身體의 自由를 가진다 法律에 依하지 않고는 逮捕 拘禁 搜索 處罰과 强
制勞役을 받지 아니한다 逮捕 拘禁 搜索에는 法官의 令狀이 있어야 한
다' 했으니 이만하면 所謂 文明人으로의 最小限度의 權利가 規定된 세음
인데 그 아래에 덧붙이 것이 變입니다 다음으로 '犯罪의 現行犯人의 逃避
또는 證據人滅의 念慮가 있을 때에는 搜査機關은 法律의 定하는 바에 依

40) 金永上(註 32), 24쪽. 관련기사로 「國會스냅: 國敎는 存在치 안는다, 犯罪人에
事後令狀 發行?」『서울신문』(1948. 6. 10), 1면; 「憲法起草 進行: 八日까지의
經過」『朝鮮日報』(1948. 6. 10), 1면. 영장제도 등과 관련하여 윤길중은 기본권,
특히 인권조항에서 영장없이 체포되지 않는 권리 등을 포함시키려고 할 때, 많은
의원들이 그것은 형사소송법 사항이라고 반대했다고 한다. 이때 조봉암 의원은
다른 의원들을 설득시켜 통과시켰다고 한다[윤길중,『靑谷 尹吉重 回顧錄: 이
시대를 앓고 있는 사람들을 위하여』(서울: 호암출판사, 1991), 84쪽].

하여 事後에 令狀의 交付를 請求할 수 있다' 했으니 이러한 蛇足的인 文句는 現行 警察行政의 非民主性을 承認하려는 努力 外에 아무것도 아닙니다 지금 南朝鮮에 있어서는 警察이 하고저 하면 如何한 口實로든지 우리들 良民을 하로 이틀쯤은 留置場 속에 넣을 수 있어서 우리 人民은 언제나 身體의 自由라는 安全感은 全혀 없는 形便입니다 그런 즉 이 但書는 오직 現行犯에 局限하여야 할 것으로 봅니다."41) 이처럼 한민당 측은 인권보다는 치안유지에 더 치중하였고, 조봉암은 일제 식민시기와 미군정 당시의 경찰행정의 비민주성에 대한 경험을 토대로 인권의 중요성을 역설하였다.

제12조는 "모든 인민은 신앙과 양심의 자유를 가진다 국교는 존재하지 않으며 종교는 정치로부터 분리된다"로 되어 있는데, 국교 유무와 관련하여 상당한 논의가 있었다. 기독교 목사인 이윤영 의원은 동조항의 삭제를 강력하게 주장하였다. 그리고 제16조 "모든 인민은 균등하게 교육을 받을 권리가 있다 초등교육은 의무적이며 무상으로 한다"는 규정에 대하여 정도영 의원은 농촌 빈농가 자녀는 도저히 중학교육의 혜택을 받기 어려우므로 의무교육을 중등교육으로 하자고 열변하였다.42)

「6월 10일(목요일) 제6차 회의」 헌법기초위원회는 헌법안 작성이 시급하였음에도 불구하고 9일에는 회의를 진행하지 않았다. 제6차 헌법기초위원회 회의는 6월 10일 오후 2시부터 진행되었다. 이 날은 근로자의 권리의무 문제(제17조), 근로자의 단결·단체교섭·단체행동권 인정(제18조)

---

41) 「1948년 6월 30일(수) 제21차 회의, 曺奉岩 의원 미발언 원고」, 大韓民國國會(編)(註 5), 333쪽; 제2독회에서도 인권옹호를 위하여 제출된 수정안을 찬성하는 발언을 하였다. 「1948년 7월 2일(금) 제23차 회의, 曺奉岩 의원 발언」, 大韓民國國會(編)(註 5), 381-382쪽.

42) 「國會스냎: 國敎는 存在치 안는다, 犯罪人에 事後令狀 發行?」『서울신문』(1948. 6. 10), 1면; 「憲法起草 進行: 八日까지의 經過」『朝鮮日報』(1948. 6. 10), 1면.

여부, 국회구성의 문제 등 논란이 될 만한 주제들이 많이 있었다.[43] 그럼에도 불구하고 공동안 제17조에서 제55조(대통령의 권한문제)까지 많은 내용에 대한 축조심의가 이루어졌다.

헌법안 제23조 제2항 "고문과 잔혹한 형벌은 금한다"와 관련하여 상당히 오랜 시간 논쟁이 전개되었는데, 서성달, 허정, 김준연은 이를 삭제하자고 주장하였다. 반면 이청천은 민주주의 정치에 당연히 있어야 할 것이라고 주장하였다. 백관수는 이청천의 견해에 찬성하였다. 의견이 분분한 가운데 표결한 결과 11대 10, 즉 1표 차이로 삭제하기로 가결되었다.[44] 당시 헌법기초위원회의 분위기와 관련하여 조봉암은 "二十三條에 '殘忍한 刑罰의 拷問은 禁한다' 이런 條項이 있는데 이것은 最初에 兪鎭午氏 外 其他 專門委員 起草委員 中에 그런데 그것은 빠졌어요 그것을 主張했었는데 그것은 亦是 除해 내기를 第九條에 '身體의 自由'의 條項이 있기 때문에 結局 '殘忍한 刑罰이라든지 拷問은 할 수가 없다' 그렇게 解釋하였읍니다 그렇기 때문에 이런 重要한 條文을 여기에다가 넣지 않는 것이"[45]라고 한다.

당시 신문들은 제3장 국회구성과 관련하여 공동안에는 민의원과 참의원으로 한 양원제로 되어 있었는데, 헌법기초위원회에서 토의한 결과, 12

---

43) 6월 14일에 대한독립노동 총연맹위원장 전진한(錢鎭漢) 의원 외 10명 의원들은 連名으로 국회 본회의에 제18조, 제19조 등과 관련하여 이해 당사자인 대한노총, 대한농총, 대한노자협회의 의견으로 제안서를 제출하였다. 이 내용에 대해 각 신문마다 조금씩 틀리게 보도하고 있다. 「勤勞者 意見 參酌을 要請: 錢鎭漢 等 提案」『東亞日報』(1948. 6. 15), 1면; 「大韓勞總 提案: 勞動者 農民의 福利保障, 憲法條文에 編入要請」『서울신문』(1948. 6. 15), 1면; 「憲法에 特請: 農地는 農民에게 分配, 勞動과 資本을 同格視」『朝鮮日報』(1948. 6. 15), 1면. 6월 16일에는 이러한 노동헌장을 채택하도록 하는 성명서를 발표하였다. 「「勞働憲章」을 採擇하라: 大韓勞總 等 對國會 鬪爭 聲明」『朝鮮日報』(1948. 6. 17), 1면.

44) 「國會스냎: 國會構成은 單院制『拷問은 禁한다』條項 削除」『서울신문』(1948. 6. 12), 1면.

45) 「1948년 7월 7일(수) 제27차 회의, 曹奉岩 의원 발언」, 大韓民國國會(編)(註 5), 513쪽.

대 10으로 단원제로 가결되었다거나,[46] 정도영, 허정, 조헌영, 서성달 등
의 주장대로 단원제로 할 것을 11대 9로 가결되었다고 보도하였다.[47] 국
회 구성과 관련하여 한민당계 기초위원은 대체로 단원제를 주장하였다.
그 이유는 양원제를 채택할 경우 의사의 지연과 경비의 팽창이 문제되기
때문이었다. 이 부분과 관련하여 유영익은 이승만의 강력한 주장에 의해
헌법기초위원회가 6월 22일 오전 회의에서 양원제를 단원제로 번안 처
리하였다고 한다.[48] 그 근거로 조용중의 『미군정하의 한국정치현장』

---

46) 「一院制를 採擇: 大統領選任方法에 論爭, 憲法起委 五十五條까지 起草 完了」
   『東亞日報』(1948. 6. 12), 1면; 「憲法은 어데로: 單院·大統領責任制 指向 兪氏
   案 大幅 修正 傾向」 『朝鮮日報』(1948. 6. 12), 1면; 兪鎭午(註 8), 56-57쪽.
47) 「國會스냅: 國會構成은 單院制 『拷問은 禁한다』條項 削除」 『서울신문』(1948.
   6. 12), 1면.
48) 柳永益, 「李承晩 國會議長과 大韓民國 憲法 制定」 『歷史學報』 第189輯
   (2006. 3), 122-124쪽. 그러나 조헌영 의원은 이승만이 양원제를 주장하였으나,
   헌법기초위원회 위원들이 단원제를 주장하여 그것이 채택되었다고 한다[「1948
   년 6월 30일(수) 제21차 회의, 趙憲泳 의원 발언」, 大韓民國國會(編)(註 5), 321
   쪽]. 그리고 6월 22일 현대일보도 한민당 측은 단원제를 주장한 반면에 이승만
   은 양원제로 할 것을 역설하였다고 보도하고 있다[「政府形態 國會構成 等 憲
   法作成에 波瀾: 大統領 普選도 新提案」 『現代日報』(1948. 6. 22), 1면]. 대동
   신문도 다음과 같이 보도하고 있다. "現在 憲法草案을 圍繞하고 첫째 李博士는
   政府形態는 大統領責任制를 採用할 것과 國會構成을 兩院制로 할 것을 力說
   하고 있으나 憲委로서는 一旦 作成된 草案을 變更할 수 없다는 見地에서 이에
   應하지 않고 있으며 더욱 大同靑年團 出身 議員을 비롯하여 各種의 國會議員
   連名으로 憲委草案 修正이 要求되고 있는 바 가장 注目되는 것은 大靑으로부
   터 大統領을 全國 普選에 依할 것과 國務總理 및 各 國務員을 國會에서 選出
   할 것 等을 提示한 것으로 이는 無所屬俱樂部의 支持를 받고 있으며 이리하여
   憲法 作成에는 一波瀾이 있을 것을 豫想하고 있다 한편 憲法 作成에 對한 國會
   內의 動向을 보면 大統領責任制에 對해서는 李博士 支持 議員은 黨派를 莫論
   하고 이를 推進시킬랴고 하고 있는데 反하여 一部(현대일보는 大部分으로 보도
   하고 있음: 저자 보충설명) 議員은 責任內閣制의 必要性을 力說하고 있다 그리
   고 兩院制에 對하여서는 憲委에서 韓民系 委員이 單院制를 主張하여 이것이
   可決되었으나 本會議에서는 兩院制를 贊同하는 傾向이 있음으로 大勢는 兩院
   制로 變更될 可能性이 많다고 한다"「起草는 依然 難航: 政府形態, 單院制 異

156쪽과 162쪽을 들고 있으나 그가 인용한 부분은 사실과 다르다. 6월 10일에 헌법기초위원회는 논란 끝에 표결에 부친 결과 12대 10(내지 11대 9)의 근소한 차이로 단원제를 채택하였다.[49] 한민당계 기초위원들은 의사의 지연과 경비의 팽창을 이유로, 조봉암은 참의원은 특권귀족제도의 유물로서 보수세력의 집결체라 하여 양원제를 반대하였다.[50] 그리고 이날 변경된 내용은 6월 22일에도 그대로 채택되어 6월 23일 국회 본회의에 상정되었다. 따라서 조용중의 책을 바탕으로 하여 양원제 국회 구성이 단원제로 변경된 것은 이승만의 강력한 주장 때문이라는 유영익의 지적은 타당하지 않다.

제4장 정부조직과 관련하여 대통령책임제냐 내각책임제냐에 대하여 논의되었다. 대통령책임제론이 우세를 점하여 유진오 등 전문위원 전부가 사임할 기세를 보였다.[51] 이 날 분위기에 대해 유진오는 다음과 같이 회고하였다. "原案 第三十九條 民議院의 解散을 규정한 부분(그러니까 大韓民國이 內閣責任制를 採擇하느냐를 決定짓는 部分)을 審議하는 단계에 이르자 예상한 대로 許政議員이 이를 반대하고 나섰는데 이에 대하여 내가 필사적으로 內閣責任制를 방어한 것은 물론이다. 그런데 그때 뜻밖에 國會議長 李承晩氏가 副議長 申翼熙氏를 대동하고 憲法起草委員會 會議場으로 들어왔다. 들어와서 한참 內閣責任制를 채택해야 한다고 열띤 演說을 하고 있는 나를 바라보더니 李承晩氏는 턱으로 나를 가리키며 무엇

論 紛紛」『大東新聞』(1948. 6. 22), 1면.

49) 「國會는 單院制로: 憲法起草委서 決定」『大東新聞』(1948. 6. 12), 1면; 「一院制를 採擇: 大統領選任方法에 論爭, 憲法起委 五十五條까지 起草 完了」『東亞日報』(1948. 6. 12), 1면; 「憲法은 어데로: 單院·大統領責任制 指向 兪氏案 大幅 修正 傾向」『朝鮮日報』(1948. 6. 12), 1면; 兪鎭午(註 8), 52-53쪽과 56-57쪽.

50) 兪鎭午(註 8), 52쪽.

51) 「一院制를 採擇: 大統領選任方法에 論爭, 憲法起委 五十五條까지 起草 完了」『東亞日報』(1948. 6. 12), 1면; 「憲法은 어데로: 單院·大統領責任制 指向 兪氏案 大幅 修正 傾向」『朝鮮日報』(1948. 6. 12), 1면.

인가 申翼熙氏에게 물었다. 저것이 누구냐고 묻는 것이리라 나는 생각하였으나 나는 그대로 演說을 계속하였다. 나의 말이 끝나자 徐相日委員長은 오늘은 특히 國會議長이 여러분한테 할 말이 있어서 이 자리에 나오셨으니 議長의 말씀을 듣기로 하겠다고 宣言하여 李承晩氏가 일어섰는데, 뜻밖에도 그는 內閣責任制를 반대하는 演說을 시작하였다. 전에 나는 申翼熙氏를 통해 李承晩氏는 內閣責任制에 贊成이라는 말을 들었고 또 그 말을 믿고 있었기 때문에 그의 돌연한 反對發言은 나로서는 몹시 의외였으나 어쨌든 李承晩氏는 자기는 內閣責任制에는 반대다. 반드시 '大統領責任制'로 하여야 한다는 演說을 끝마치고 그대로 퇴장하였다."52) 이와 같은 분위기로 인하여 헌법기초위원회는 이 날 정부형태를 결정하지 못하였다.

　「6월 11일(금요일) 제7차 회의」 오후 2시부터 제7차 헌법기초위원회 회의가 진행되었다. 회의에서는 제4장 정부 편 제57조(대통령 선서)만 보류하고 제56조부터 제76조까지에 대한 축조심의가 이루어졌다. 그 과정에서 문제가 되었던 것은 대통령선출 방식과 정부형태였다. 제56조 대통령선출 방식에 대해서는 전일에 이어 이 날도 상당한 논쟁이 있었다.

　윤석구, 이훈구 등은 직접선거로 선출할 것을 강조하였다. 전날 직접선거제를 주장하였던 허정은 국회에서 간접 선출할 것을 주장하였다. 그 내용을 표결한 결과 18대 9(내지 18대 7)로 국회에서 대통령을 선출하는 원안이 가결되었다. 대통령의 임기 6년은 1년을 단축하여 5년으로 하였다. 그리고 재선에 의하여 1차에 한 해 중임할 수 있게 하였다(「국회 헌법기초위원회 내각책임제헌법안」53) 제55조). 국무총리는 국무의 통일을 저

---

52) 兪鎭午(註 8), 58-59쪽.
53) 이것은 김준연이 6월 21일 저녁 김성수 집에서 몇 가지 조문을 삭제하고 몇 가지 문구를 가감·수정하여 변경시키기 전의 헌법안으로, 국회 헌법기초위원회에서 사실상 제2독회를 마친 헌법안을 말한다.

해하는 국무위원을 대통령에게 제청하여 파면할 수 있게 하였다(「국회 헌법기초위원회 내각책임제헌법안」제71조 제2항).54) 정부형태를 내각제책임제로 할 것인지 대통령제로 할 것인지에 대해 상당한 논의가 있을 것이라는 예상과는 달리 아무런 이의도 없이 내각책임제로 결정되었다. 그 명칭은 국무원으로 개칭되었다.55)

6월 13일 조선일보는 "大統領이 國務에 關한 文書에 署名한 後 國務總理와 國務委員이 副署하게 된 것은 削除하여 大統領만 署名하게 되"었다고 보도하고 있는데, 이것은 오보로 생각된다.56)

「**6월 12일(토요일) 제8차 회의**」오후 2시부터 5시까지 제8차 헌법기초위원회 회의가 진행되었다. 회의에서는 제4장 정부 편 제77조부터 제80조까지와 보류 중에 있던 제3장 국회 편 제30조부터 제40조까지에 대한 축조심의가 이루어졌다.57) 이미 국회 구성과 정부형태에 대해 결정된 상태였기 때문에, 그와 관련하여 보류되었던 내용은 아무런 어려움 없이 대

---

54) 「국회 헌법기초위원회 대통령제헌법안」에는 이 조항이 삭제되어 있다.
55) 「大統領 國會서 選擧: 政府는 責任內閣制」『東亞日報』(1948. 6. 13), 1면;「行政은 國務院責任制 大統領의 任期는 五年」『서울신문』(1948. 6. 13), 1면;「大統領은 國會서 選出 內閣責任制 採擇」『朝鮮日報』(1948. 6. 13), 1면.
   이와 관련하여 6월 23일에 이윤영 의원은 "國家建設은 國民의 總意總力을 集結 推逸하여야 할 것이며 政治組織에는 人材를 總網羅하여 擧國一致協力 態勢를 完備하여야 할 現實을 直視한다면 內閣責任制보다 大統領責任制가 가장 適當한 것이다", 조헌영 의원은 "大統領責任制나 責任內閣制나 다 一長一短이 있다 過渡期에 있어서 政局을 收拾하는데는 大統領責任制가 좋고 國民의 輿論을 反映시키는 政治를 해 나아가려면 責任內閣制가 좋으나 朝鮮의 現實에 비추어 볼 때는 前者가 必要하지 않을까 生覺한다", 전문위원 윤길중은 "原則的으로 責任內閣制가 좋다 原則的으로 좋으니 이 原則을 살리는 方法을 講究함이 必要하다고 生覺한다"라고 하였다. 「擧皆 內閣責任制 反對 各界 人士가 말하는 是是非非」『京鄕新聞』(1948. 6. 23), 1면.
56) 「大統領은 國會서 選出 內閣責任制 採擇」『朝鮮日報』(1948. 6. 13), 1면.
57) 서울신문은 이 날 제3장 국회 편 중 제30조부터 제34조까지 기초를 하였다고 보도하고 있다. 「憲法草案內容②」『서울신문』(1948. 6. 15), 1면.

체로 공동안대로 통과되었다.[58]

「6월 14일(월요일) 제9차 회의」 오후 2시부터 제9차 헌법기초위원회 회의가 진행되었다. 회의에서는 공동안 제3장 국회 편 중 잔류조항(제41조-제53조)과 제5장 법원 편 제81조에서 제83조까지에 대한 축조심의가 이루어졌다.[59] 제1차 기일연기신청으로 6월 18일 국회 본회의에 헌법안이 상정되어야 했다. 그러나 그 다음 날인 19일에 상정될 것으로 예상되었다.[60]

「6월 15일(화요일) 제10차 회의」 오후 2시부터 제10차 헌법기초위원회 회의가 진행되었다. 이날은 공동안의 제5장 법원 편 제87조까지에 대한 축조심의가 완료되어 제85조까지 기초되었다. 한편 제6장 경제는 자유경제로 하느냐 강력한 통제경제로 하느냐라는 문제, 토지분배 문제로 의견이 분분하여 토의가 진행되지 못하였다.[61]

이 날 회의에서 가장 문제가 되었던 것 중 하나는 위헌법률심사를 어느 기관에서 다룰 것이냐였다. 공동안(제85조 제2항)에는 이상기, 장경근

---

58) 「憲法은 十九日頃 上程」『大東新聞』(1948. 6. 15), 1면;「憲法逐條審議: 來十七日 頃에 完了, 本會議 上程 十九日 頃」『東亞日報』(1948. 6. 15), 1면;「憲法草案內容②」『서울신문』(1948. 6. 15), 1면;「憲法起草委 業務 急進捗」『朝鮮日報』(1948. 6. 15), 1면;「憲法草案: 十九日頃 上程」『現代日報』(1948. 6. 15), 1면.

59) 「憲法은 十九日頃 上程」『大東新聞』(1948. 6. 15), 1면;「憲法草案全文(1)」『東亞日報』(1948. 6. 16), 1면.

60) 「憲法은 十九日頃 上程」『大東新聞』(1948. 6. 15), 1면;「憲法逐條審議: 來十七日 頃에 完了, 本會議 上程 十九日 頃」『東亞日報』(1948. 6. 15), 1면;「憲法草案: 十九日頃 上程」『現代日報』(1948. 6. 15), 1면.

61) 「憲法草案 再修正?: 大統領責任制로 飜案論 擡頭」『大東新聞』(1948. 6. 17), 1면;「經濟條項을 論議: 憲法 八十五條까지 起草」『東亞日報』(1948. 6. 17), 1면;「大統領責任制로 飜案 氣勢: 憲法起草 業務 遲延」『朝鮮日報』(1948. 6. 17), 1면.

등의 의견이 반영되어 대법원에서 다루도록 되어 있었다. 그런데 이 날 회의에서 헌법위원회로 변경되었다. 이것은 일제 식민시기 판·검사를 불신하여 헌법위원회제도를 만든 유진오의 입장이 반영된 것이다.62) 그가 헌법위원회에 위헌법률심사권을 부여한 이유는 첫째, 당시 우리나라 법원에 그러한 권한을 맡기는 것에 대한 불안감 때문이었다. 둘째, 국가권력기구조직의 기본원리에 관한 자신의 견해 때문이었다. 이러한 이유로 그는 유럽의 헌법재판소제도와 제2차 세계대전 이후 프랑스 제4공화국의 헌법위원회제도 등을 참작하여 미국식제도와 프랑스식제도의 절충이라고 볼 수 있는 헌법위원회를 구상하였다.63) 그러나 공동안을 작성하는 과정에서 장경근과 이상기의 강경한 주장에 따라 법원에 두도록 하였다.64) 이에 대해 유진오에 따르면, "아무리 討論을 거듭하여도 나는 나의 意見을 변경할 필요를 느끼지 않았으나, 國會의 憲法起草委員會도 아닌 그 자리에서 審議를 그 이상 遷延할 수 없었기 때문에 그 자리에서는 李相基氏나 張曝根氏가 주장하는 대로 草案을 만드는데 同意하였다. 그러나 그것은 나의 所信이 달라졌기 때문이 아니기 때문에, 國會에서 討議하는 마당에 나가서는 나는 다시 나의 所信을 내세울 것이라는 條件을 붙였다."65) 그리고 그는 실제 헌법기초위원회에서 그것을 관철시켰던 것이다. 이에 대해 장경근은 유진오에게 사사로운 개인 생각이 있어서 그러는 것이라며 따졌다.66)

이 날 국회의장 이승만은 또다시 헌법기초위원회 회의에 참석하여 이미 기초된 내각책임제보다 직접선거에 의한 대통령책임제로 하는 것이

---

62) 이와 관련하여 유진오는 국회 헌법기초위원회 제1독회(대체토론) 때, 조헌영(趙憲泳) 의원이 중심이 되어 헌법위원회에 위헌법률심사권을 줄 것을 주장하였고, 자신이 맞장구를 쳤다고 한다[兪鎭午(註 8), 53-54쪽].
63) 兪鎭午(註 8), 41-43쪽.
64) 黃東駿(註 24), 327쪽.
65) 兪鎭午(註 8), 43-44쪽.
66) 「憲法起草 當時의 回顧談(張曝根議員과의 對談)」『國會報』第二十號(1958. 7), 38쪽.

당시 정세에 적합하다는 의사를 표시하였다.[67]

　이승만은 15일에 토요일(19일)까지 국회 헌법기초위원회안이 마련되면, "議長과 副議長과 連席해가지고서 다시 한번 檢討해서 그래 가지고서 本會議에 내놓게 하면 모든 가지 時間의 情熱을 經濟하고 잘 通過할 수 있는 것"[68]이라는 견해를 피력하였다. 이것은 헌법기초위원회가 제1차 기일연기로 6월 18일에 헌법안을 국회 본회의에 상정해야 하는 상황에서 분위기가 계속 내각책임제로 흘러가자 이승만, 신익희, 김동원 등의 연석회의를 통하여 대통령제로 변경하기 위한 것으로 보인다. 이승만은 일요일(20일)에 신익희, 김동원, 서상일 등과 회합을 가지고 내각책임제를 대통령제로 고칠 것을 주장하였다. 그러나 이미 이 문제는 국회 헌법기초위원회에서 가결된 사항이었다. 또한 한민당도 쉽게 양보할 수 없는 부분이었다. 그래서 그 날 회합은 별다른 결론 없이 끝났다.

　「6월 16일(수요일) 제11차 회의」 오후 2시부터 제11차 헌법기초위원회 회의가 진행되었다. 헌법기초위원회는 전날에 이어 제6장 경제 편에 대한 축조심의를 마치고 제86조[69]부터 제88조까지 대체로 원안대로 기초하였다.

　제86조[70] "경제질서는 모든 인민에게 생활의 기본적 수요를 충족할 수 있게 하는 사회정의의 실현과 균형 있는 국민경제의 발전을 기함을 기본으로 삼는다 각인의 경제상 자유는 이 한계 내에서 보장된다"와 관련하여 각인의 자유, 한계 운운은 삭제하자는 의견이 있었다. 그러나 전문위

---

67) 「憲法草案 再修正?: 大統領責任制로 飜案論 擡頭」『大東新聞』(1948. 6. 17), 1면; 「大統領責任制로 飜案 氣勢: 憲法起草 業務 遲延」『朝鮮日報』(1948. 6. 17), 1면; 兪鎭午(註 8), 58-59쪽.

68) 「1948년 6월 16일(수) 제12차 회의, 申翼熙 의원 발언」, 大韓民國國會(編)(註 5), 160쪽.

69) 공동안 제88조에 해당한다.

70) 공동안 제88조에 해당한다.

이 한계 규정은 법률로 정하지 않으면 자유경제를 위축하는 것이 되므로 앞으로 자유경제의 일면을 보장하려면 필요한 항목이라고 주장하여 원안 대로 가결되었다. 또한 토지문제에서 농민이 토지에 대한 자유매매의 권한이 있는지 없는지에 대한 문제와 관련하여 제88조[71] 중 "농지는 농민에게 분배함을 원칙으로 하며 그 분배의 방법, 소유의 한도, 소유권의 내용과 한계는 법률로서 정한다"라는 규정에 대하여 논의가 있었다. 김준연, 조헌영, 허정 의원은 소유권의 내용과 한계를 규정하지 말고 완전한 소유권을 두도록 하자고 주장하였다. 이에 반해 이청천, 김명인(김광준) 등 여러 의원은 현재 ○[72]○○○에게 완전 소유권을 ○○하면 분배받은 농민은 자유 경작도 할 수 있고 ○○도 할 수 있을 것임에 결국 자본가에게 다시 농지를 專有케 하는 ○○됨으로 근본○○에 ○○하는 것이다. 따라서 분배받은 농민은 일정한 연한은 경작하는 동시에 자유처분을 못하도록 하여야 되므로 내용과 한계는 법률로 정할 필요가 있다고 주장하였다. 그리하여 표결한 결과 김준연 의원 등의 주장은 재석위원 24명[73] 중 19대 7로 부결되었고 이청천 의원 등의 주장이 가결되었다. 결국 원안대로 결정되었다.[74]

「**6월 17일(목요일) 제12차 회의**」 오후 2시부터 제12차 헌법기초위원회 회의가 진행되었다. 이 날은 기업체의 이익배당과 관련하여 격전이 전개되었다. 그 결과 겨우 한 조문(제89조) 밖에 기초되지 못하였다.

기업체 운영에 노자합작(勞資合作)을 전제로 하여 기업체의 순이윤을

---

71) 공동안 제90조에 해당한다.
72) ○ 표시는 신문상태가 좋지 않아 그 내용을 알 수 없는 부분을 나타낸다.
73) 표결 결과와 재석의원수에 차이가 존재한다. 표결결과에 의하면, 재석위원이 '26 명'이어야 한다.
74) 「憲法起草委員會: 農土는 農民에 分配 統制經濟와 自由經濟 倂行을 決議」『서울신문』(1948. 6. 18), 1면. 관련기사로 「憲法草案 今週 中 完成」『東亞日報』(1948. 6. 18), 1면.

노동자에게 균등하게 배당하는 조문을 삽입할 것을 윤석구 외 다수가 제안하였다. 이에 대해 주로 한민당의 서상일 위원장, 조헌영, 백관수 등은 당시의 사태를 고려할 때 그러한 조문을 명기하면 기업을 할 수 없다는 이유로 맹렬한 반대를 하였다. 그 내용은 표결한 결과 부결되었다. 그리고 주목을 끌어온 "적산은 국가재산으로 귀속한다"(공동안 제94조)는 것은 법률로써 제정하도록 하고 삭제되었다.75)

「**6월 18일(금요일) 제13차 회의**」 이날은 헌법기초위원회가 제1차 기일연기로 헌법안을 국회 본회의에 상정하기로 한 날이었다. 그러나 이날까지도 헌법안은 국회 본회의에 제출되지 못했다. 이에 대해 헌법기초위원회 위원장 서상일은 국회 본회의에 참석하여 18일 금요일 오전 현재 경제 편에 있어서 한 3개 조문의 검토가 남았고, 재정, 회기, 부칙 등 몇 장이 남아 있으므로 또다시 기일을 연기해 줄 것을 요청하였다.76) 그것은 표결한 결과, 재석의원 184명 중 가에 148명, 부에는 0명으로 절대다수로 가결되었고, 21일(월요일) 국회 본회의에 헌법안을 제출하도록 하였다. 그런데 6월 16일 국회 본회의에서 행한 신익희 부의장의 발언내용을 고려할 때, 제2차 기일연기에 대해 이미 15일 이전에 합의가 이루어진 것으로 보인다.

---

75) 「勞資配當問題로 論戰: 憲法起草 不進으로 上程 遲延」『大東新聞』(1948. 6. 19), 1면; 「國會스냎: 勞資同等視는 否認」『서울신문』(1948. 6. 19), 1면; 「憲法起草 遲遲: 經濟條項에 異論」『朝鮮日報』(1948. 6. 19), 1면.

76) 「1948년 6월 18일(금) 제14차 회의, 徐相日 의원 발언」, 大韓民國國會(編)(註 5), 186쪽.
서상일 의원은 18일 오전 현재 경제 편에 3개조 가량과 재정, 회기, 부칙 등 몇 장이 남았다고 보고하였다. 17일까지 공동안 제91조까지 축조토의를 한 상태였다. 따라서 18일 이후에 검토해야 할 것은 공동안 제92조부터 제108조(제6장 경제 편 3개 조항과 제7장 재정, 제8장 지방자치, 제9장 헌법개정, 제10장 부칙)까지였다.

　시방 實狀의 意見을 들어보니 이 今週 內에 오는 土曜日날까지는 起草委
員會에서 다 바쳐준다고 합니다 시방 말하자면 各 分科委員이라든지 여러 委
員會에 對한 任命을 一旦 起草委員會에서 人員을 다 配置한 다음에는 議長
과 副議長과 連席해가지고서 다시 한번 檢討해서 그래 가지고서 本會議에 내
놓게 하면 모든 가지 時間의 情熱을 經濟하고 잘 通過할 수 있는 것이였어서
그렇게 한다는 것을 어저께(15일 화요일: 저자 보충설명) 議長이 말씀을 하였
다고 합니다 極히 妥當한 意見의 말씀이며 그러므로 우리는 이 憲法案에 있
어서 條項이 本會議에 上程되여 오는 週日 月曜日날에는 正式으로 提出되리
라고 생각합니다[77]

　오후 2시부터 헌법기초위원회 회의가 진행되었다. 회의에서는 국민경
제회의제도(공동안 제95조)를 삭제하였다. 그리고 제54조(대통령 취임선
서 내용), 제83조 제3항(헌법위원회 구성), 제103조(반민족행위 처벌 규정)
를 보류한 채, 공동안의 전 조문에 대한 축조심의를 끝마쳤다.[78]

　헌법기초위원회는 공동안 제94조에 있던 "종전 일본정부와 일본인의
소유에 속하였던 모든 재산은 국유로 한다"는 내용을 삭제하기로 결정하
였다. 그 이유는 한일간의 배상문제가 결정되지 않았기 때문이었다. 이와
관련하여 7월 6일(화) 국회 본회의에서 김준연은 "起草委員會에서 어째서
이 條文을 憲法에 넣지 않았다는 것을 說明하려고 합니다 하-지 將軍이라
든지 여러분들이 늘 說明하신 것 같이 日本敵産이라는 것은 朝鮮國民의
것이라는 것을 몇 번 說明하는 것을 봤읍니다 日本사람이 가졌든 것은
分明히 朝鮮사람의 것이라는 것은 分明합니다 分明하지 않은 까닭에 憲
法에 넣지 않은 것이 아니라 分明하지만 이것은 憲法에 넣지 않트라도
當然히 우리 物件이므로 해서 넣지 않었읍니다 왜 그러냐 하면 이것 問題

---

77) 「1948년 6월 16일(수) 제12차 회의, 申翼熙 의원 발언」, 大韓民國國會(編)(註
　　5), 160쪽.
78) 「憲法明日遂上程: 非公開全院委員會召集乎」『東亞日報』(1948. 6. 20), 1면;
　　「憲法起草를 完了: 正副議長과 連席會議」『서울신문』(1948. 6. 20), 1면; 「大
　　統領責任制 優勢?: 國會의 激論 難色」『朝鮮日報』(1948. 6. 20), 1면; 「憲法起
　　草 完了: 二十一日 本會議에 上程」『現代日報』(1948. 6. 20), 1면.

가 多少갈려있단 말이에요 이 갈려있는 國際關係를 생각 않하고 憲法에 넣면 우리에게 未及하지 않을까 해서 넣지 않은 것뿐이고 決코 우리의 所有가 아니기 때문에 넣지 않은 것은 아닙니다 또 日本사람의 것이 아니고 當然히 우리 民族의 것입니다"79)라고 삭제이유를 설명하였다.

6월 20일 경향신문은 18일에 "이 憲法을 制定한 國會는 八·一五 以前에 惡質的인 反民族的 行爲者를 處罰하는 特別法을 制定하여야 함"이라는 규정이 헌법기초위원회 내각책임제헌법안 제103조에 삽입되었다고 보도하고 있다.80) 반면 6월 20일 동아일보는 18일 이 조항이 유보되었다고 보도하고 있다.81) 이와 관련하여 당시 조헌영 의원이 사용하던 헌법안으로 현재 고려대학교 박물관에 소장되어 있는 국회 헌법기초위원회 내각책임제헌법안에는 제103조가 유보되어 있다.82) 따라서 6월 20일 경향신

---

79) 「1948년 7월 6일(화) 제26차 회의, 金俊淵 의원 발언」, 大韓民國國會(編)(註 5), 494쪽; 「1948년 7월 6일(화) 제26차 회의, 서상일 의원 발언」, 大韓民國國會(編)(註 5), 492-493쪽.

80) 「處斷받을 親日·叛逆徒輩: 特別法으로 規定」『京鄕新聞』(1948. 6. 20), 1면. 관련 기사로 「國會스냅: 案件업스니 고만두자, 開會 三十分만에 本會議 閉會」『서울신문』(1948. 6. 20), 1면; 金永上(註 32), 26쪽. 대동신문에 따르면, "仄聞한 바에 依하면 지난 十七日 會議에서 第十章 附則 第百三條로 「이 憲法을 制定한 國會는 解放 前의 惡質的 反民族的 行爲를 嚴罰하는 特別法을 制定해야 한다고 金光俊 議員의 動議가 可決되어 이 條文을 揷入하기로 되었다." 「憲法起草 一旦 完了: 二十一日에 本會議 上程」『大東新聞』(1948. 6. 20), 1면.

81) 「憲法明日逡上程: 非公開全院委員會召集乎」『東亞日報』(1948. 6. 20), 1면.

82) 국회 헌법기초위원회에서 결정된 내각책임제 정부형태가 이승만의 주장에 의해 대통령제로 변경된 것은 잘 알려진 사실이다. 그동안 이 사실은 유진오의 회고록을 통해 비교적 자세하게 알려졌다[兪鎭午(註 8), 76-79쪽]. 그런데 최근 유진오의 유족이 고려대학교 박물관에 기증한 것 중 당시 조헌영이 가지고 사용하던 헌법안이 포함되어 있어 그 내막을 보다 더 자세하게 알 수 있게 되었다. 먼저 이 자료가 어느 단계의 헌법안인지를 검토할 필요가 있다.
이 헌법안은 원래 한민당의 조헌영 의원이 가지고 쓰던 것으로 유진오가 그의 아들인 조지훈 교수로부터 얻은 것이다[兪鎭午(註 8), 76쪽, 84쪽]. 헌법안에는 당시 조헌영 의원이 연필로 헌법조문 내용을 가감·삭제한 흔적이 남아 있다. 조헌영 의원이 연필로 가감·삭제하기 전의 헌법안은 헌법기초위원회의 18일 제2독

문은 19일에 토의된 내용을 부정확하게 보도한 것으로 보인다.

　「6월 19일(토요일) 제14차 회의」 오후 1시부터 제14차 헌법기초위원회 회의가 진행되었다. 이승만 국회의장, 신익희 국회부의장, 김동원 국회부의장의 참석하에 중앙청 제1회의실에서 최종검토회의가 진행되었다.[83] 이 날은 헌법안 기초과정에서 보류되었던 제54조(대통령 취임선서 내용), 제83조 제3항(헌법위원회 구성), 제103조(반민족행위 처벌 규정)에 대한 토의가 진행되었다.[84]

　　회가 끝난 후에 인쇄한 것으로 보인다. 그 이유는 첫째, 18일 회의에서 김광준 의원이 "이 법을 제정한 국회는 8·15 이전에 악질적인 반민족적 행위자를 처벌하는 특별법을 제정하여야 함"이라는 조문을 헌법에 넣자고 주장하였지만 보류되었다[「憲法明日遂上程: 非公開全院委員會召集乎」『東亞日報』(1948. 6. 20), 1면]. 이 헌법안 제103조에는 그 조문에 대한 보류표시가 남아있다. 그리고 연필로 "이 憲法을 制定한 國會는 檀紀 四二七八年 八月 十五日 以前의 惡質的인 反民族行爲를 處罰하는 特別法을 制定할 수 있다"고 적어 두고 있다. 둘째, 이 헌법안은 제105조까지 인쇄가 되어 있다. 그런데 제105조는 18일에 원안 제108조를 축조심의하여 기초한 조문이다. 따라서 이 헌법안은 18일 회의가 끝난 후에 인쇄된 것으로 볼 수 있다. 그리고 최초의 헌법안 위에 연필로 가감·삭제한 흔적은 21일 저녁 김성수 집에서 대통령제 정부형태로 변경한 것과 제3독회에 참석하여 자구를 수정한 것이다. 즉 그는 18일 제2독회가 끝난 후에 인쇄된 유인물을 가지고 21일 저녁 김성수 집에서의 정부형태 변경모임과, 제3독회에 참석하였음을 알 수 있다.

　　따라서 이 연구에서는 조헌영 의원이 가지고 있던 원래 헌법안을 「국회 헌법기초위원회 내각책임제헌법안」이라고 부르고, 원래 헌법안에다 연필로 정부형태를 대통령제로 변경시킨 부분을 「국회 헌법기초위원회 대통령제헌법안」이라고 하며, 이 두 헌법안을 합쳐서 「국회 헌법기초위원회 제2독회 헌법안」이라고 하도록 한다. 그리고 연필로 자구수정 등 정부형태와 관계없는 부분에 대해 가감·삭제한 것을 「국회 헌법기초위원회 제3독회 헌법안」이라고 하고, 그것을 정리하여 23일 국회 본회의에 제출된 헌법안을 「국회 헌법기초위원회안」(=「대한민국헌법안」)이라고 부르도록 한다.

83)「憲法起草를 完了: 正副議長과 連席會議」『서울신문』(1948. 6. 20), 1면.
84) 6월 20일 조선일보와 현대일보는 "原案(공동안: 저자 보충설명) 五十七及八十七條"가 보류되었다고 보도하고 있는데, 공동안 제87조가 아니라 제85조(위헌법

헌법기초위원회의 19일 일정과 관련하여 동아일보와 조선일보에서 이날 제3독회를 완료하였다고 보도하고 있어[85] 이 부분에 대한 확인이 필요하다. 그러나 21일 국회 본회의에서의 서상일, 이승만 발언과 이후 진행과정을 고려하면, 그러한 보도내용은 오보인 것으로 보인다. 즉, 국회 헌법기초위원회는 19일 회의에서 그동안 보류 중이었던 모든 내용에 대한 축조심의를 끝마침으로써 사실상 제2독회를 완료하였다.[86]

「6월 20일(일요일)」 제1차 제출기일신청에 따라 국회 본회의에 헌법안을 상정해야 하는 날짜가 6월 18일이었다. 그러나 헌법기초위원회는 그날까지 헌법안을 마련하지 못하였다. 그래서 서상일 헌법기초위원회 위원장은 다시 한번 더 21일(월)까지 연기를 해 줄 것을 요청하였다. 즉, 19일(토)까지 헌법안을 마무리 지어 21일 국회 본회의에 제출한다는 것이었다.

그와 같은 일정에 따라 19일에 헌법안(국회 헌법기초위원회 내각책임 제헌법안)에 대한 사실상 제2독회를 끝마쳤다. 20일에는 헌법기초위원회 위원장 서상일 등이 헌법기초에 대한 전후경과보고를 하기 위하여 이화장으로 이승만, 신익희, 김동원을 방문하였다.[87] 이날 모임에서 이승만은

　　　　률심사기관과 그 구성)에 대한 착오로 보인다.「大統領責任制 優勢?: 國會의 激論 難色」『朝鮮日報』(1948. 6. 20), 1면;「憲法起草 完了: 二十一日 本會議에 上程」『現代日報』(1948. 6. 20), 1면.

85)「憲法明日遂上程: 非公開全院委員會召集乎」『東亞日報』(1948. 6. 20), 1면; 「全院委員會案 否決: 憲法上程 二十三日로 延期」『東亞日報』(1948. 6. 22), 1면;「大統領責任制 優勢?: 國會의 激論 難色」『朝鮮日報』(1948. 6. 20), 1면.

86) 6월 23일 경향신문은 "第二讀會를 지난 十九日로서 끝마"쳤다고 한다.「大統領責任制로 國會의 大勢 歸一: 三一·無所屬·韓民도 太半 支持」『京鄕新聞』(1948. 6. 23), 1면.

87)「起草는 依然 難航: 政府形態, 單院制 異論 紛紛」『大東新聞』(1948. 6. 22), 1면;「全院委員會案 否決: 憲法上程 二十三日로 延期」『東亞日報』(1948. 6. 22), 1면;「國會스냎: 건듯 지난 秘密會議論, 結局 憲法은 本會議에 上程 決定」『서울신문』(1948. 6. 22), 1면;「政府形態 國會構成 等 憲法作成에 波瀾: 大統領 普選도 新提案」『現代日報』(1948. 6. 22), 1면. 6월 22일 현대신문의 보도내

대강령(정부형태문제)에 다소간 의견차이가 있으므로 "지금 이 草案을 이 모양대로 내놓으면 아직도 印刷도 못되었고 三讀會도 못될 念慮도 있지마는 또 따라서 充分히 協議가 못되고 國會 속에 내놓으면 多大한 時日을 要할 念慮가 있을 것이니까 지금 이 草案을 가지고 이 草案에 對한 細節目은 다 折衝해놓고 그 中에서 第一 重大한 問題만 가지고 非公式으로 協議를 해서 이렇게 하든지 저렇게 하든지 協議를 얻어 가진 뒤에 이 草案을 完成해 만들어 가지고 提出하는 것이 며칠 時間을 虛費하드라도 그렇게 해 가지고서 協議를 얻어 가지고 進行해 나가는 것이 協議 못되고 全體 여기에 내놓아서 國會全體에서 討論을 가지고서 길게 歲月가지고 같이 혼자 하는 것보다도 낫겠다"[88]는 취지의 내용을 서상일과 협의하였던 것으로 보인다.

「6월 21일(월요일) 제15차 회의」 이 날은 제2차 기일연기로 국회 본회의에 헌법안을 상정하기로 한 날이었다. 하지만 이 날도 헌법안은 상정되지 못하였다. 이에 대해 서상일 위원장은 이미 토요일에 제2독회를 끝냈고, 월요일 현재 제3독회와 기타 조금 더 협의할 조항[89] 혹은 자구수정만 하면 모든 것이 끝난다고 하였다. 또한 어제가 일요일이어서 인쇄할 시간이 없었다. 그래서 오늘 국회 본회의에 헌법안을 상정할 수 없다고 그 이유를 설명하였다. 그리고 그것을 인쇄하여 배포하려면 화요일이나

　　용은 대동신문의 것과 동일하다; 「1948년 6월 16일(수) 제12차 회의, 申翼熙 의원 발언」, 大韓民國國會(編)(註 5), 160쪽; 「1948년 6월 21일(월) 제16차 회의, 徐相日 의원 발언」, 大韓民國國會(編)(註 5), 194쪽; 「1948년 6월 21일(월) 제16차 회의, 李承晩 의원 발언」, 大韓民國國會(編)(註 5), 197-198쪽; 金永上(註 32), 25쪽.

88) 「1948년 6월 21일(월) 제16차 회의, 李承晩 의원 발언」, 大韓民國國會(編)(註 5), 197-198쪽.

89) 21일 오후 헌법기초위원회에서 진행된 회의 내용을 고려할 때, 서상일 의원이 말한 '조금 더 협의할 조항'은 정부형태를 어떻게 할 것인가를 의미한다. 그것은 이미 일요일 이화장에서 가진 이승만과의 모임에서 이미 합의를 본 사항이다.

수요일 정도에 상정이 가능할 것 같다고 설명하였다.[90] 이에 대해 김병회 의원은 제2독회가 토요일에 끝났고 제3독회만 하지 않았다고 하는 한편, 헌법안이 다 되어 인쇄만 하면 된다고 하는데, 어느 말이 옳은지는 모르겠다고 지적하였다. 또한 인쇄문제만 남아 있다면 인쇄하여 배부하지는 못하더라도 그 내용을 낭독하여 토의하기를 바란다고 주장하였다.[91]

이후 서상일은 21, 22일 본회의를 휴회하고 그 휴회할 동안에 대개 비공개회의로써 전원회의를 열어 헌법의 원칙문제를 토론할 것인지,[92] 아니면 21일과 22일 휴회하고 인쇄한 초안을 23일에 국회의원들이 보고 충분히 연구한 뒤 그 원칙문제를 토의할 것인지에 대해 결정해 줄 것을 제안하였다. 이러한 제안은 국회의장 이승만, 헌법기초위원회 위원장 서상일 외 위원 몇 명의 협의에서 나온 것이었다.[93] 이 제안은 많은 토의 끝에 표결에 붙여졌다. 그 결과 헌법안을 전원위원회에 상정하여 토의하는 문제에 대해서는 재석의원 175명 중 가에 12명, 부에 130명으로 부결되었다. 그리고 헌법안을 인쇄하여 정식으로 본회의에 상정하기 위하여 기일까지 휴회할 것에 대해서 재석의원 175명 중 가에 145명, 부에 9명이 거수하여 가결되었다. 서상일은 국회가 폐회하기 바로 직전에 방송을 통해 산업노동위원회 소속 의원들을 회의실에 모이게 하였다. 이날 회의는 오전 11시 20분에 산회하였다.

헌법기초위원회는 오후 1시 30분부터 6시까지 국회 정·부의장 참석하에 정부형태를 내각책임제로 할 것이냐 대통령제로 할 것이냐를 놓고

---

90) 「1948년 6월 21일(월) 제16차 회의, 徐相日 의원 발언」, 大韓民國國會(編)(註 5), 194쪽과 195쪽.

91) 「1948년 6월 21일(월) 제16차 회의, 金秉會 의원 발언」, 大韓民國國會(編)(註 5), 196-197쪽.

92) 그 이유에 대해서는 「全院委員會案 否決: 憲法上程 二十三日로 延期」 『東亞日報』(1948. 6. 22), 1면.

93) 「1948년 6월 21일(월) 제16차 회의, 李承晩 의원 발언」, 大韓民國國會(編)(註 5), 197-198쪽.

토의하였다. 이 날 회의에서도 이승만은 대통령책임제를 채택할 것을 주장하였다.94) 이에 허정(한민당),95) 정도영(대한독립촉성국민회) 등의 의원들은 찬성의 뜻을 표하고 헌법안을 수정하여 본회의에 상정하자고 주장하였다. 서상일(한민당), 조헌영(한민당),96) 윤석구(무소속) 등의 의원은 대통령책임제로 하든지 책임내각제로 하든지간에 초안을 그대로 본회의에 상정시키자고 주장하여 아무런 결말을 짓지 못하였다. 그러나 이날 회의의 분위기는 대통령책임제로 거의 낙찰이 되었다.97)

「**6월 21일(월요일) 저녁**」 한민당과 헌법기초위원회 위원들은 더 이상 내각책임제 헌법안을 고집할 수 없게 되었다. 하지만 한민당은 내각책임제 정부형태를 쉽게 포기할 수 없었다. 그래서 마지막 희망을 가지고 이날 저녁에 대표로 허정, 윤길중, 유진오를 뽑아 이화장으로 보냈다.98) 서상일은 실은 자기는 전날 이화장을 갔다 왔는데 또 가는 것은 아무 의미가 없으니 다른 사람들끼리만 가는 것이 좋겠다고 하여 대표들과 함께 가기를 사퇴하였다. 이화장에 도착한 유진오는 30분 남짓에 걸쳐 필사적으

---

94) 「大統領責任制로 國會의 大勢 歸一: 三一·無所屬·韓民도 太半 支持」『京鄉新聞』(1948. 6. 23), 1면; 「起案 經緯: 大統領制와 內閣制 折衝案 採擇」『東亞日報』(1948. 6. 24), 1면; 「大統領은 任期制: 議會는 單院制로 決議」『서울신문』(1948. 6. 23), 1면; 「大統領責任制 可決: 憲法草案 突然 轉換」『朝鮮日報』(1948. 6. 23), 1면; 兪鎭午(註 8), 61-62쪽.

95) 유진오은 그가 내각책임제를 주장하였고 한다[兪鎭午(註 8), 65쪽].

96) 6월 6일에 조헌영은 국호는 고려민국, 정부형태는 순수한 미국식도 아니고, 순수한 프랑스식도 아닌 책임내각제, 국회구성은 기본적으로 양원제를 찬성하나 당분간은 단원제로 할 것을 주장하였다[「憲法制定에 臨한 私案」『京鄉新聞』(1948. 6. 6), 2면].

97) 「大統領責任制로 國會의 大勢 歸一: 三一·無所屬·韓民도 太半 支持」『京鄉新聞』(1948. 6. 23), 1면.

98) 윤석오는 이날 김준연도 참석하였다고 한다[尹錫五·高在鳳·黃圭冕·禹濟夏·金相來, 『남기고 싶은 이야기들 ②: 景武臺四季』(서울: 中央日報社, 1973), 77쪽].

로 내각책임제를 채택하여야 할 필요성을 역설하였다. 뒤이어 윤길중도 30분 가량 내각책임제의 필요성을 역설하였다. 허정도 자신은 본래 우리나라에 대통령책임제가 맞을 것이라고 생각하였지만 헌법기초위원회에서 여러 날을 토론하다가 보니 자기도 역시 내각책임제로 하여야 할 것으로 생각이 들었다고 30분 가량 자신의 소신을 피력하였다.[99] 하지만 이승만의 입장은 너무나 확고하였다.

김구와 김규식이 빠진 상황에서 이승만마저 참여하지 않는다면 신국가 수립의 정당성이 약해질 것을 우려한 한민당 간부들과 한민당 소속 헌법기초위원들은 이 날 저녁에 김성수 집에 모였다.[100] 제출기일(23일)이 촉박하여 새로운 헌법안을 작성한다는 것은 사실상 불가능하였다. 그래서 여러 해결책을 고심하고 있는데, 김준연이 "그것이 그리 어려울 것이 없으니 내가 三十分內에 고쳐 놓겠소"라고 하였다. 그리고 그는 연필을 들어서 몇 군데 죽죽 그어놓고 "자! 이만하면 되었읍니다"라고 하였다. 그러자 김성수가 말하기를 "朗山이 이렇게 했지마는 起案者인 兪鎭午教授를 불러다가 물어보아야하겠소!"하고 김준연에게 유진오를 청해 올 것을 부탁하였다. 그래서 김준연은 자동차로 유진오를 청해왔다.[101]

유진오가 김성수 집에 도착한 후, 김준연은 연필로 이곳저곳 개필해 넣은 심의용 초안유인물을 손에 들고 와서 "그렇게 어렵게 생각할 것 없지 않아요? 簡單한 일이에요. 몇 條文만 빼고 앞뒤 連絡이나 맞추면 되거든요. 우리끼리 案을 만들어 보았지만, 專門家의 意見을 한번 들어보자는 거죠"라고 하였다. 유진오는 내각책임제를 바탕으로 해서 기초된 헌법안을 대통령제로 바꾸는 일이 그렇게 간단하지 않음을 설명하였다. 설명내용은 국회의 내각불신임결의권이나 정부의 국회해산권 이외에도 헌법안

99) 兪鎭午(註 8), 63-65쪽.

100) 유진오는 당시 김성수 집에 김성수를 비롯하여 백관수, 김도연, 서상일, 조병옥, 김준연, 조헌영, 정광호 등 30명 가량의 한민당 간부들이 있었다고 한다[兪鎭午(註 8), 73쪽].

101) 金俊淵, 『나의 길』(1966), 26-27쪽.

에는 국무원, 정부의 법률안 및 예산안 제출권, 국무위원의 국회출석 및
발언 또는 답변의 권리의무 등 내각책임제를 전제로 한 조문이 상당히 많
은데, 대통령제로 바꾸기 위해서는 그런 것을 모두 어떻게 할 것인지를 차
분하게 앉아서 여러 날 연구도 하고 토론도 하여야 한다는 것이었다.[102]

이에 대해 김준연은 자기도 그것을 알지만, 지금 국회 본회의에서 왜
헌법안을 빨리 넘기지 않느냐고 독촉이 성화같아서 21일 오전 국회 본회
의에서 23일 아침에는 세상없어도 헌법안을 상정시키겠다고 약속을 했는
데, 언제 천천히 앉아서 이 조문, 저 조문을 연구, 검토할 틈이 있느냐 하
면서 자신이 들고 있던 유인물을 유진오 앞에 내밀었다. "우리들이 위선
이렇게 만들어 보았으니 急한 대로 앞뒤 意味가 통하는지 안 통하는지나
보아 주시오. 重大한 矛盾이나 없는지"라고 하였다.[103]

유진오는 유인물을 받아들고 쭉 훑어보니 제35조(공동안의 제39조, 조
문수의 차이는 공동안의 양원제가 단원제로 변경됨으로써 생긴 것이었
다), 제57조(공동안 제60조), 제72조, 제73조(공동안 제75조, 제73조, 이상
직접 국회해산과 정부불신임에 관한 조문) 등을 삭제한 외에 국무총리임
명에 국회의 동의를 얻게 한 것과 국무위원 임명에 국무총리의 제청을 요
하게 한 것을 삭제하고 기타 몇 조문의 문구를 가감수정한 것이었다. 김
준연은 앞뒤 연락은 되냐고 물었다. 이에 유진오는 그렇다고 답변하였다.
그리고 그는 "그러나 앞으로는 나는 憲法制定事業에는 관계하지 않겠읍니
다. 來日부터 國會에는 안 나가겠읍니다"라고 말하고 집으로 돌아갔다.[104]

「**6월 22일(화요일) 제16차 회의**」 오전 10시부터 제16차 헌법기초위원
회 회의가 진행되었다. 이 날은 국회의장 이승만이 참석하였고, 기초위원
20여명만이 모여서 헌법안 제2독회 형식으로 회의를 진행하였다. 12시

---

102) 兪鎭午(註 8), 74-75쪽.
103) 兪鎭午(註 8), 75쪽.
104) 兪鎭午(註 8), 75-80쪽.

55분에 마친 오전 회의에서는 21일 저녁 김성수 집에서 헌법기초위원회 대통령제헌법안[105]으로 변경된 헌법안의 번안동의가 가결되었다.[106] 대통령 임기는 4년으로 수정되었으나, 국회는 여전히 단원제로 두었다. 헌법안의 번안이 가결되고 난 후, 오전 회의에서 제69조까지 토의하였다. 그리고 오후 2시부터 계속된 회의에서는 나머지 조항에 대한 토의가 진행되었다.[107]

이상과 같이 국회 헌법기초위원회의 헌법안에 대한 제2독회는 6월 7일부터 6월 22일까지 진행되었다. 그러나 사실상 제2독회는 6월 19일에 이미 끝난 상태였다. 다음날 서상일은 이화장으로 가서 이승만, 신익희, 김동원 등과 모임을 갖고 헌법기초에 대한 전후 경과보고를 하였다. 이날

---

105) 이것은 김준연이 6월 21일 저녁 김성수 집에서 몇 가지 조문을 삭제하고 몇 가지 문구를 가감·수정하여 변경시킨 헌법안으로, 22일 국회 헌법기초위원회에 제출되어 번안동의된 것을 말한다.

106) 6월 23일 서울신문에는 '17대 0'으로 가결되었다고 보도하고 있으나, 서상일 의원은 '22대 0'으로 가결되었다고 한다. 그런데 국회속기록에 의하면, 서상일 의원이 "二十二 對 一로서 反對가 없었읍니다 二十二人이 出席해서 二十一 對로 全員可決로서 飜案動議가 成立"되었다고 기록되어 있다. 전체 문맥을 고려할 때, 이날 22명의 기초위원이 회의에 참석하여 전원 가결한 것으로 보인다. 「1948년 6월 30일(수) 제21차 회의, 徐相日 의원 발언」, 大韓民國國會(編)(註 5), 320쪽.
당시 분위기에 대해 유진오에 따르면, "그때 憲法起草委員 三十名中 韓國民主黨 關係者는 十四名(金俊淵氏의 記憶)으로 過半數가 안되었지만 李承晩氏의 强硬한 態度로 韓國民主黨側이 態度를 變更하자 飜案動議로 問題없이 通過되었다는 것이다." 兪鎭午(註 8), 84쪽.

107) 「大統領責任制로 國會의 大勢 歸一: 三一·無所屬·韓民도 太半 支持」 『京鄉新聞』(1948. 6. 23), 1면; 「憲法案 今日 上程: 大統領責任制로 飜案 起草, 激烈한 論戰 展開 豫想」 『大東新聞』(1948. 6. 23), 1면; 「起案 經緯: 大統領制와 內閣制 折衝案 採擇」 『東亞日報』(1948. 6. 24), 1면; 「大統領은 任期制: 議會는 單院制로 決議」 『서울신문』(1948. 6. 23), 1면; 「大統領責任制 可決: 憲法草案 突然 轉換」 『朝鮮日報』(1948. 6. 23), 1면.

모임에서도 정부형태 문제가 논란이 되었다. 그 결과 21일에도 국회 본회의에 헌법안은 상정될 수 없게 되었다. 그래서 서상일은 헌법안에 대한 인쇄가 아직 되지 않았다, 제3독회와 기타 조금 더 협의할 사항(정부형태: 저자 보충설명)이 있다는 등의 이유로 제3차 기일연기신청을 하여 받아들여졌다. 한민당은 국회 개원 전부터 그 날까지 이승만의 반대에도 불구하고 내각책임제 헌법안을 추진하였다. 그러나 그러한 정부형태하에서는 신정부 수립에 참석하지 않겠다는 이승만의 강변으로 더 이상 내각책임제를 고집할 수 없게 되었다. 그래서 한민당의 간부와 기초위원들은 그 날 저녁 김성수 집에 모여 대통령에게 보다 더 강한 권한을 주는 정부형태로 수정하였다. 이 수정안은 22일 헌법기초위원회에서 번안동의되어 가결되었다.108) 이후 그 헌법안을 토의함으로써 국회 헌법기초위원회의 제2독회가 완전히 끝났다.

6월 7일부터 6월 22일까지 진행된 국회 헌법기초위원회의 제2독회 과정에는 세 번의 기일연기신청(6월 8일, 18일, 21일)이 있었는데, 그 이유는 조금씩 다르다. 6월 8일과 18일의 기일연기신청은 헌법안의 내용을 놓고 국회 헌법기초위원회 내부의 대립(특히 한민당계와 비한민당계 기초위원들 사이의 대립)이 있었기 때문이었다. 한편 6월 21일의 기일연기신청은 국회 헌법기초위원회(특히 한민당)와 이승만간의 정부형태 문제를 놓고 대립이 있었기 때문이었다.

6월 19일 사실상 제2독회가 끝나기까지 헌법기초위원회에서 주로 논란이 되었던 것은 ㉠ 국호(대한민국, 고려공화국, 조선공화국, 한국), ㉡ 영장제도와 고문·잔혹한 형벌 금지 문제(인권 대 치안),109) ㉢ 국교 유무,

---

108) 헌법기초위원회는 6월 19일에 사실상 제2독회를 끝마쳤음에도 불구하고, 22일에 번안동의하여 헌법안을 변경하였다. 이러한 절차는 (헌)법적으로 전혀 문제가 없는 것일까? 그러나 이 부분에 대한 (헌)법적 절차가 존재하지 않는다. 따라서 당시 헌법기초위원회는 법률안의 번안절차를 준용하였다.

109) 한민당계 기초위원들은 치안유지에 더 치중하였고, 조봉암은 인권을 더 중시하였다.

② 의무교육의 범위, ㉢ 국회구성(양원제 대 단원제),110) ㉤ 정부형태(내각책임제 대 대통령제),111) ㉥ 대통령의 선출방식(간선제 대 직선제),112) ㉣ 위헌법률심사기관(법원 대 헌법위원회), ㉧ 경제제도(자유경제 대 통제경제), ㉨ 토지소유권 문제(소유권의 일부제한 대 완전자유),113) ㉩ 기업의 이익배당 문제,114) ㉪ 적산문제(헌법사항 대 법률사항), ㉫ 국민경제회의제도 삭제 여부, ㉬ 반민족행위자 처벌문제였다.115)

3) 제3독회

6월 22일 헌법기초위원회는 오전과 오후에 회의를 가지고 헌법안의 제2독회를 끝마쳤다. 이후 자구수정 등 제3독회를 거쳐 국회 헌법기초위원회안(대한민국헌법안)이 최종적으로 마련되었다.

---

110) 한민당계 기초위원들은 양원제를 채택할 경우 의사의 지연과 경비의 팽창이 문제된다고 하여 대체로 단원제를 주장하였다. 조봉암은 참의원은 특권귀족제도의 유물로서 보수세력의 집결체라는 이유로 양원제를 반대하였다.

111) 6월 10일 이승만이 헌법기초위원회에 참석하여 대통령제로 할 것을 주장한 뒤, 헌법기초위원회의 분위기는 대통령제로 기우는 듯 하였다. 그러나 다음날 회의에서 아무런 이의 없이 내각책임제로 결정되었다.

112) 상당한 논쟁이 있었던 문제로 헌법기초위원회에서 18 대 9(내지 18대 7)로 간선제가 채택되었다.

113) 한민당계 기초위원들은 소유권의 내용과 한계를 규정하지 말고 완전한 소유권으로 두도록 하자고 주장하였다. 반면 이청천과 김광준은 소유권의 내용과 한계를 법률로 정할 필요가 있다고 주장하였다.

114) 한민당계 기초위원들은 기업을 제대로 할 수 없다는 이유로 헌법에 기업의 이익배당과 관련된 내용을 두는 것을 반대하였다.

115) 헌법기초위원회 위원장 서상일은 1948년 6월 23일 국회 본회의에서 ① 국호문제, ② 특권과 특수계급 일체를 부인, ③ 근로자의 권리의무 문제(제17조), ④ 근로자의 단결·단체교섭·단체행동권 인정(제18조), ⑤ 국회 문제(양원제냐 단원제냐), ⑥ 정부형태 문제(내각책임제냐 대통령제냐), ⑦ 위헌법률심사기관 문제(헌법위원회를 설치하기로 함), ⑧ 경제질서 문제(제83조), ⑨ 반민족행위자처벌문제(제100조)가 국회 헌법기초위원회에서 중요하게 토론되었다고 설명하였다. 「1948년 6월 23일(수) 제17차 회의, 徐相日 의원 발언」, 大韓民國國會(編)(註 5), 209쪽.

III. 국회 본회의에서의 헌법안 심의

1. 헌법안에 대한 각 정당의 입장

제1독회가 시작되기 하루 전인 6월 25일에 한민당 선전부에서는 국내 정세론에 입각하여 국회 헌법기초위원회안을 지지하는 담화를 발표하였다.116) 신익희 측과 무소속 국회의원들도 대체로 국회 헌법기초위원회안을 지지하였다. 반면 중간파나 좌익계 의원들의 반대가 예상되었다. 이러한 국회 내의 분위기에 대해 동아일보는 "國會 內에 三大勢力이라고 할 韓民系 三一系 無所屬系 議員들은 國會 休會期間 中 各各 會合하고 草案을 審議하여 이에 對한 態度를 講究하여 왔다고 하는데 韓民系 議員은 同黨 幹部와의 連席會議에서 大體로 草案을 是認하자는데에 意見의 一致를 보앗다고 하며 三一系에서도 申翼熙氏派는 今般 憲法起草에 主動的 役割을 해온 만큼 同草案에 對한 態度는 明白한 것으로 內閣制를 强硬히 主張해 오던 李靑天氏派도 韓民系와 申氏派의 草案을 支持하고 잇슴으로 이 大勢에 順應하야 同一한 步調를 取하기로 決定하엿다 한다 그리고 無所屬系에서는 多數 議員은 草案을 大體로 容認할 것이라 하나 國會 內의 中間及左翼系列만은 大勢에 對抗하야 相當한 論戰을 展開할 것이라고 하는데 特히 政府條項에 잇어서 內閣責任制를 强調하는 한편 經濟 財政條項에 잇어서도 草案을 反對할 것으로 보이어 압흐로 憲法審議를 압두고 本會議는 相當한 論爭이 豫想되는 바이나 이미 國會 內의 大勢는 決定的인 것으로 原案의 通過는 豫想外로 빠를 것"117)이라고 보도하였다.

---

116) 「中央政府樹立이 時急: 憲法草案 上程에 韓民黨 談話」『東亞日報』(1948. 6. 26), 1면; 「憲法草案을 支持: 韓民黨 見解 發表」『朝鮮日報』(1948. 6. 26), 1면.

117) 「大勢는 草案 支持: 憲法案 早速 通過 豫想」『東亞日報』(1948. 6. 26), 1면.

2. 제1독회

국회 헌법기초위원회안은 6월 23일 제17차 국회 본회의에 상정되었다. 헌법기초위원회 위원장 서상일은 이후 일정에 대해서 질의응답과 대체토론의 제1독회, 축조심의 제2독회, 자구수정 등 제3독회 순으로 진행될 것임을 설명하였다. 이어 조헌영 의원의 헌법안 낭독이 있었다. 낭독 이후에 서상일에 의해 그동안 헌법기초위원회의 진행과정과 헌법의 유래, 논쟁이 되었던 사항에 대한 설명이 있었다. 뒤이어 전문위원 유진오에 의해 헌법의 기본정신에 대한 설명이 있었다.

김동원 부의장에 의하면, 헌법안은 22일 오후까지 심의를 하면서 한편으로는 인쇄를 하였기 때문에 23일 오전에 겨우 인쇄가 완료되었다. 그래서 그것을 배부할 시간적 여유가 없었다. 김동원과 헌법기초위원들은 헌법안에 대한 토의를 충분히 하기 위하여 그것을 숙독할 시간을 주자고 결정하였다. 이에 대해 논란이 계속 진행되다가 25일까지 국회를 휴회하고 서면으로 질의를 준비하여 국회 사무국에 제출하도록 하자는 동의가 만장일치로 결정되었다.[118] 그리고 제17차 국회 본회의를 12시 10분에 산회하였다.

6월 26일 제1독회 질의응답에서는 질의내용이 전문지식을 요하기 때문에 두 번의 설명을 하지 않기 위해 전문위원 유진오와 권승렬로부터 답변을 듣기로 하였다. 답변은 정치문제와 법률문제로 나누어서 정치문제는 주로 유진오가, 법률문제는 주로 권승렬이 하기로 하였다.[119] 이후 진행된 회의에서 국호문제, 인민과 국민의 차이문제 등 많은 질의가 행해졌다.

6월 29일 오전 10시부터 헌법안에 대한 대체토론이 진행되었다. 대체

---

118) 「1948년 6월 23일(수) 제17차 회의, 金東元 부의장 발언」, 大韓民國國會(編)(註 5), 217쪽.
119) 「1948년 6월 26일(토) 제18차 회의, 徐相日 의원 발언」, 大韓民國國會(編)(註 5), 224쪽.

토론의 발언시간에 대해 논란이 계속되었는데, 그것을 5분으로 제한하고 특별한 문제에 한해서 의장의 허락을 얻어서 조금 더 발언할 수 있도록 하였다.[120]

곧이어 순서대로 조봉암 의원의 대체발언이 예정되었다. 그런데 김준연 의원은 헌법기초위원회 기초위원들은 반대발언을 할 수 없다고 하여 조봉암이 반대발언을 하지 못하도록 막았다. 이에 헌법기초위원회 위원들의 발언문제를 놓고 논란이 계속되었다. 헌법기초위원회 위원장 서상일은 이미 헌법기초위원회에서 헌법안을 통과시킬 때, 국회 본회의에서 가부거수를 할 수 있을지언정 찬부의 논의를 하지 않기로 결의를 하였음을 보고 하였다.[121]

이어서 진행된 대체토론에서는 국호문제, 정부형태, 국회구성 문제에 대해 많은 토의가 있었다. 배헌, 이문원 의원이 헌법안 자체를 부인하였지만, 이 날 분위기는 대체로 국호를 대한민국으로, 정부형태를 대통령제로, 국회 구성을 단원제로 하자는 것이었다. 그리고 원칙적으로 내각책임제와 양원제에 찬성하는 의원들도 국내외 정세에 따라 신정부의 수립에는 대통령제와 단원제가 타당하다고 주장하였다. 이후 이 문제는 제2독회에서 크게 논란이 되지 않은 채 그대로 통과되었다.

3. 제2독회

제2독회는 7월 1일부터 시작되었는데, 7월 6일까지 예정되어 있었다.[122] 7월 3일 회의에서 제17조를 근로자의 이익균점권과 경영참가권을

---

120) 「1948년 6월 29일(화) 제20차 회의」, 大韓民國國會(編)(註 5), 282쪽.
121) 「1948년 6월 29일(화) 제20차 회의, 徐相日 의원 발언」, 大韓民國國會(編)(註 5), 283쪽.
122) 「1948년 7월 1일(목) 제22차 회의, 申翼熙 의원 발언」, 大韓民國國會(編)(註 5), 360쪽과 「1948년 7월 6일(화) 제26차 회의, 李承晩 의원 발언」, 大韓民國國會(編)(註 5), 457쪽.

보장하는 내용으로 하자는 수정안을 놓고 하루 종일 논의가 진행되었다. 이 문제에 대한 논의는 7월 5일까지 계속되었다. 그때까지 겨우 16개 조문에 대한 제2독회를 마친 상태였다. 그래서 다급해진 이승만은 7월 5일 오전 회의에 참석하여 일단 제17조를 원안대로 통과하고 신국가가 수립된 이후에 새로 개정할 것을 주장하였다. 그는 오후 2시 30분에 속개된 회의에서 직접 사회를 보았다. 그리고 그는 "우리가 지금 憲法을 速히 通過하는 것은 第一 緊要한 일이니까 다른 일은 그만두고 다른 意思를 表示하지 말고 第一 重要한 일을 먼저 해야 할 터이니까 이 憲法은 憲法起草委員으로 하여금 專門委員들이 있어 가지고 얼마동안을 始作을 해서 다해 논 것이니까 여기에 質疑를 하고 討議하고 通過시키는데 條件을 하나를 가지고 修正案이 자꾸 나오면 한 條 가지고 하로 이틀 열흘 걸린다 하면 이것은 百日 以上의 걸린지 모름니다 그럼 우리는 이것을 鄭重하게 討議해야 하지만 우리는 이 國會法이라는 것은 이 國會法을 살리기 爲하야 된 것이 아니고 나라 建設히기 爲하야 國會法을 만듭시다 그러므로 因해서 이 國會法에 違反된 것이 있다 할지라도 우리는 빨리빨리 나갑시다 지금 이것 動議해 가지고 再請해 가지고 修正案이라는 것은 再請해 놓고 條件條件 逐條해서 얼른얼른 通過시켜 가지고 누구든지 動議 再請해 가지고 修正案이라는 것을 停止시켜 놓지 않으면 안되겠소이다 지금은 委員長이 다음 條件 읽을 테니까 아츰에 議長은 上程된 것을 모르는 까닭으로 해서 十七, 十八, 十九條가 決定된 줄 알았는데 暫間 얘기를 마세요 지금 알어 보니까 第十八, 十九條 作定이 없다니까 그 條件에 對해서 얘기하시면 좋겠는데 委員長 第十八條를 朗讀해 주시고 여기에 對해서 速히 速히 作定해 주시기 바랍니다 지금은 錢鎭漢 議員이 나와서 말씀하는 것이 順序라고 합니다 우리에게 萬若에 우리 한 部分이 利益있어야 되겠다는데 한 사람의 意見이라도 固執 마시고 全體를 速히 通過하는 것을 主張합시다"[123]라고 하여 수정안을 철회하거나 정지하여 헌법안을 빨

<hr />

123) 「1948년 7월 5일(월) 제25차 회의, 李承晩 의원 발언」, 大韓民國國會(編)(註

리 통과시키도록 유도하였다.

이후 진행에서 제18조의 수정안을 제출했던 전진한 의원은 앞으로 법률제정을 통해서 충분히 할 것을 전제로 수정안을 철회하였다. 이에 이승만은 "錢鎭漢 議員 大端히 고맙습니다 서로서로 意見을 讓步해 나가면 우리 일이 速히 될 것입니다 지금 錢鎭漢 議員의 말 言論에 對해서 다른 意見없으시면 이것을 取消합니다 原案에 對한 可否를 묻겠읍니다('撤回의 可否를 물어야 합니다' 하는 이 있음) 撤回에 再請이 있나요 나는 지금 하라는대로 합니다 잘못 되드라도 말씀 마십시요 取消하라는대로 했으니까(笑聲) 表決합니다 錢鎭漢 議員의 撤回입니다 萬一 法의 違反인지 모르지만 내가 볼 때에는 이러리라고 생각합니다 議長이 擧手하시오 할 때 數효가 적으면 大多數可決이라 그리고 半만이면 多數可決이다 그리고 한 분도 없으면 全數可決이다 그렇습니다(笑聲) 그러니 어떤 분이 議長이 잘못 되었으니 다시 해달라고 그러면 그때에는 일어나서야 될 것입니다 그러니 일어나서 決定하고 또 不分明하다면 여기 呼名을 하시라 그리겠읍니다 勿論 呼名을 하면 나는 可요 누구는 좀요 그렇게 나가야 될 것입니다 세는 동안 보기도 구찮고 時間도 가니 그만큼 알어 주시기 바라고 무슨 다른 일이 없거든 그대로 해나가기 바"[124]라는 입장에서 간단하고 속전속결로 회의를 진행시켜 나갈 것을 주장하였다. 이 후 회의는 일사천리로 진행되었다. 그 결과 7월 5일 오후 2시 30분부터 4시 55분까지 제18조에서 제42조까지 통과시켰다.

이승만이 정세론으로 분위기를 몰고 갔음에도 불구하고 제2독회 중에 많은 수정안이 제출되었다. 그 중 특히 헌법전문의 수정, 국호·국기의 문제, 국민과 인민의 용어문제, 인권옹호 대 치안유지의 문제, 종교 문제, 교육 문제, 근로자의 이익균점권과 경영참가권, 혼인규정을 첨가, 국회구성

5), 440-441쪽.

124) 「1948년 7월 5일(월) 제25차 회의, 李承晚 의원 발언」, 大韓民國國會(編)(註 5), 441쪽.

문제, 대통령선출방식 문제, 국무총리 임명 때 국회동의 문제, 사법권의 독립문제, 중요자원의 국유화 문제, 농지와 산림분배의 문제, 반민족행위자 처벌문제, 적산처리 문제가 주로 논의되었다. 하지만 제2독회를 통해 변경된 내용은 거의 없다.

1) 헌법전문의 수정

헌법안 전문에 대한 제2독회를 먼저 시작해야 할 것이나 아직 국호가 결정되지 않았기 때문에 그 문제가 해결된 이후에 전문에 대해 토의하기로 하였다. 전문과 관련하여 이승만은 다음과 같이 주장하였다.

> 朝鮮에 와서도 美國은 民主主義 原則에 任하여 自己네가 세워주겠다고 하고 있는 터입니다 그러나 우리는 우리의 情神을 우리 憲法에 作定할 생각이 있어서 말씀하는 것입니다 그런 까닭에 여기서 우리가 憲法劈頭에 前文에 더 써 널 것은 「우리들 大韓國民은 悠久한 歷史와 傳統에 빛나는 民族으로서 己未年 三一革命에 蹶起하여 처음으로 大韓民國政府를 世界에 宣布하였으므로 그 偉大한 獨立精神을 繼承하여 自主獨立의 祖國再建을 하기로 함」 이렇게 넣었으면 해서 여기 提議하는 것입니다 무엇이라고 하든지 맨 꼭대기에 이런 意味의 文句를 넣어서 우리의 앞길이 이렇다 하는 것을 또 三一革命의 事實을 發布하여 歷史上에 남기도록 하면 民主主義라는 오늘에 있어서 우리가 自發的으로 日本에 對하여 싸워 가지고 입때 盡力해 오던 것이라 하는 것은 우리와 以後의 우리 同胞들이 알도록 잊어버리지 않도록 했으면 좋겠다 하는 것을 무슨 말에든지 좋으니 그 劈頭에 民主國이다 하는 것 三十五年 前의 情神을 쓰는 것이 잘 表示되어서 좋으리라고 아니 이것이 나의 要請이며 또 付託하는 것입니다[125]

계속해서 보류 중이던 전문에 대한 제2독회는 제102조까지 토의를 마친 뒤인 7월 7일에 진행되었다. 전문에 대하여 윤치영 외 10명 의원들이

---

125) 「1948년 7월 1일(목) 제22차 회의, 李承晩 의원 발언」, 大韓民國國會(編)(註 5), 348쪽.

"悠久한 歷史와 傳統에 빛나는 우리들 大韓民國은 己未年 三月 革命으로써 大韓民國을 樹立하여 世界에 宣布한 그 偉大한 獨立精神을 繼承하여지금 獨立民主政府를 再建함에 있어서 民族의 統一을 鞏固히 하고 모든古來의 弊習을 打破하여 政治, 經濟, 社會, 文化의 모든 領域에 있어서各人의 機會를 均等히 하고 能力을 最高度로 發揮케 하여 各人의 責任과義務를 完遂케 하며"라는 수정안을 제출하였다. 이에 대해서는 '革命'이라는 문구를 '抗爭'(趙國鉉), '獨立運動'(李承晚), '光復'(尹致暎)으로 하자는 제안 등과, '政府'라는 문구를 '國家'(洪熺種)로 하자는 제안 등이 제시되었다.

문구에 대한 의견이 분분하자 전문에 대해 특별한 의견을 가진 의원5명을 지정해서 오후 2시부터 속개되는 회의에 제출하기로 하였다. 그래서 5명의 특별의원으로 白寬洙, 金俊淵, 崔國鉉, 李鍾麟, 尹致暎이 선정되었다. 특별의원들은 "悠久한 歷史의 傳統에 빛나는 우리들 大韓民國은己未 三一運動으로 大韓民國을 建立하여 世界에 宣布한 偉大한 獨立精神을 繼承하여 이제 民主獨立國家를 再建함에 있어서 正義人道와 同胞愛로써 民族의 團結을 鞏固히 하며 모든 社會的 弊習을 打破하고 民主主義 諸制度를 樹立하여 政治·經濟·社會·文化의 모든 領域에 있어서 各人의 機會를 均等하고 能力을 最高度로 發揮케 하며 各人의 責任과 義務를完遂케 하여"로 내용을 수정하였다. 이 수정안은 표결에 붙인 결과 재석의원 157명 중 가 91명, 부 16명으로 가결되었다.126)

2) 국호·국기의 문제

제1조에 대한 제2독회에서 이승만은 우선 신국가를 수립하는 것이 시급하므로 국가수립 이후에 국호를 개정하든지 하자고 제의하였다. 그 결

---

126) 「1948년 7월 7일(수) 제27차 회의」, 大韓民國國會(編)(註 5), 502-505쪽과
　　 511-512쪽.

과 대한민국을 국호로 하는데 큰 이의가 없었다. 원문은 표결결과 재석의원 188명 중 가 163명, 부 2명으로 무난히 통과되었다.[127]

제2조에 '國旗는 現在 使用하는 太極旗를 國旗로 한다'는 것을 삽입하자는 金德烈 외 12명 의원의 수정안이 제출되었다. 이 문구를 어느 조항에 삽입할 것인지, 앞으로 논의하기로 하고 헌법안에는 넣지 말자는 제의 등이 있었다. 이 수정안은 표결결과 재석의원 188명 중 가 40명, 부 102명으로 부결되었다.[128]

3) 국민과 인민의 용어 문제

권리의무의 주체와 관련하여 국민과 인민에 대한 용어문제는 계속해서 논란이 되었던 것이다. 제2독회에서도 제기되었다. 제2장 국민의 권리의무 편에 들어가서 陳憲植 외 44명 의원들은 '제2장의 國民이라는 용어를 人民으로 수정하자'[129]는 수정안을 제출하였다. 그 이유에 대해 진헌식 의원은 "國民이라고 하면 國家의 構成問題로서 國家와 利害關係가 一致되는 面에서 보는 呼稱같이 생각됩니다 그러나 第二章에서는 國家라는 團體가 各 個人에게 對하여 權利義務를 保障한다는 말하자면 國家와 個人의 面에서 立脚해서 規定된 것이라고 하겠읍니다 그러므로 第二章의 國民은 人民이라고 修正하면 適切하다고 하겠읍니다 中華民國憲法에도 다른 點에는 全部 國民이라고 했지만 第二章 各條에 있어서는 全部 人民이라고 하였읍니다 이것을 添附해서 말씀합니다"[130]고 설명하였다. 이후

---

127) 「1948년 7월 1일(목) 제22차 회의」, 大韓民國國會(編)(註 5), 346-349쪽.
128) 「1948년 7월 1일(목) 제22차 회의」, 大韓民國國會(編)(註 5), 349-352쪽.
129) 서상일 의원은 수정안이 「제2장 중 제16조, 제28조, 제29조에서 國民이라고 하는 이외에는 전부 人民으로 고치자」라는 내용이라고 낭독했다. 그러나 이것은 인쇄가 잘못된 것이었다. 「1948년 7월 1일(목) 제22차 회의, 徐相日 의원 발언」, 大韓民國國會(編)(註 5), 368쪽.
130) 「1948년 7월 1일(목) 제22차 회의, 陳憲植 의원 발언」, 大韓民國國會(編)(註 5), 365-366쪽.

이에 대해 찬반론이 전개되다가 표결에 부쳤다. 그 결과는 재석의원 167
명 중 가 32명, 부 87명으로 부결되었다.

유진오안과 공동안 제2장은 인민이라는 용어를 사용하고 있다. 반면
권승렬안 제2장은 국민이라는 용어를 사용하고 있다. 공동안과 권승렬안
을 가지고 작성된 국회 헌법기초위원회안 제2장은 국민이라는 용어를 사
용하고 있다. 두 가지 용어 사용에 대해 전문위원 유진오와 권승렬은 다
른 시각을 가지고 있다. 유진오는 이론상 인권의 견지에서 인민이라고 하
는 것이 타당하고 그렇게 사용하더라도 국민에게만 적용되는 것과 모든
사람에게 적용되는 것을 해석을 통해 판단해야 한다고 주장하였다.131) 반
면 권승렬은 헌법은 어느 국가의 법으로써 그 구성원과의 약속이므로 국
민이라고 하는 것이 옳다고 주장하였다.132)

제2장 국민이라는 용어를 권승렬처럼 해석할 경우, 외국인의 법적 지
위가 문제되었다. 그래서 7월 1일 제2독회에서 제2장의 국민이라는 용어
를 인민으로 수정하자고 제안했다가133) 부결된 진헌식 외 44명 의원들은
이 문제와 관련하여 제7조 제2항에 '外國人의 法的 地位는 國際法 國際
條約과 國際慣習의 範圍 內에서 保障된다'는 수정안을 7월 7일에 제출하
였다. 이 수정안을 표결에 부친 결과 재석의원 157명 중 가 109명, 부 2명
으로 가결되었다.134)

---

131) 「1948년 7월 1일(목) 제22차 회의, 兪鎭午 전문위원 발언」, 大韓民國國會(編)
    (註 5), 367-368쪽.
132) 「1948년 6월 26일(토) 제18차 회의, 權承烈 전문위원 발언」, 大韓民國國會
    (編)(註 5), 225쪽; 「1948년 7월 1일(목) 제22차 회의, 權承烈 전문위원 발언」,
    大韓民國國會(編)(註 5), 369-370쪽.
133) 국회 속기록(「1948년 7월 7일(수) 제27차 회의」, 大韓民國國會(編)(註 5), 501
    쪽)에 진헌식 의원이 '7월 5일 제25차 본회의'에서 제2장 중 국민이라는 용어를
    인민으로 수정하자는 수정안을 제출하였다고 기록되어 있으나, 이것은 '7월 1
    일 제22차 본회의'에 대한 오기로 보인다.
134) 「1948년 7월 7일(수) 제27차 회의」, 大韓民國國會(編)(註 5), 501쪽

4) 인권옹호 대 치안유지의 문제

제9조에 대해서는 세 개의 수정안이 제출되었다. 첫째, 조병한 외 10명 의원들은 원안 단서의 내용을 명확하게 하고 '犯人의 逃避 또는 證據 湮滅의 念慮가 있을 때'라는 문구의 주관성을 객관화하기 위하여 '현행범을 발견했을 때 범인의 도피 또는 증거를 인멸할 염려가 충분할 때'로 수정하였다. 둘째, 백형남 외 10명 의원들은 '모든 國民은 身體의 自由를 가진다 法律에 依하지 아니하고는 逮捕 拘禁 審問 搜索 處罰을 받지 않는다 但 現行犯으로 逮捕되는 境遇를 除하고는 逮捕 拘禁 搜索에는 法官의 令狀이 있어야 한다'라는 수정안을 제출하였다. 그러나 박해정 외 19명 의원들은 수정안을 제출하였다가 철회하였다. 이 수정안에 대해 기초위원 중 조봉암은 인권옹호를 위해 백형남 외 10명 수정안을 찬성하였다. 반면 오용국, 박해극, 조헌영은 치안유지를 이유로 하여 반대하였다. 조봉암이 수정안을 찬성하는 것과 관련하여 조헌영 의원은 "그런데 여기에 한 가지 論點 重要한 것을 빼놓고 일을 한다고 하면 이것을 제가 指摘하고저 합니다 過去에 獨立運動하든 사람이 倭帝의 搜査로서 苦生했든 그것을 생각하고 憲法을 쓸 때 그것을 想像하고 하는 感이 없지 않으므로 그것을 分明히 指摘하고저 합니다"[135]라고 비판하였다. 표결결과 백형남 외 10명의 수정안은 재석의원 177명 중 가 26명, 부 105명으로 부결되었다. 조병한 외 10명의 수정안도 재석의원 177명 중 가 2명, 부 125명으로 부결되었다. 원안은 재석의원 177명 중 가 130명, 부 6명으로 가결되었다.[136]

인권옹호와 관련하여 제23조 제3항에 '拷問과 殘酷한 刑罰을 禁한다'는 내용을 삽입하자는 조종승 외 10명, 백형남 외 10명 의원의 수정안이 제출되었다. 이 수정안과 관련하여 공동안 제23조 제2항에는 동일한 내용이 규정되어 있다. 그리고 권승렬안 제24조 제3항에는 '公務員의 拷問과

---

135) 「1948년 7월 2일(금) 제23차 회의, 趙憲泳 의원 발언」, 大韓民國國會(編)(註 5), 382쪽.

136) 「1948년 7월 2일(금) 제23차 회의」, 大韓民國國會(編)(註 5), 378-383쪽.

殘虐한 行爲는 禁止한다'로 규정되어 있었다. 그러나 국회 헌법기초위원회에서 작성한 헌법안에는 빠져 있다. 수정안에 대해 배헌 의원은 사법 측면에 대해서만 표시하고 행정 측면은 고려하지 않은 것 같으니 '公務員'이라는 글자와 잔혹한 형벌을 다음에 '絶對로'를 넣어 강조할 것을 주장하였다. 표결결과 재석의원 166명 중 가 41명, 부 81명으로 부결되었다.[137]

5) 종교문제

종교문제에 대해서 이남규 외 12명, 강욱중 외 11명, 원용한 외 11명, 서용길 외 11명 의원들의 수정안이 제출되었다. 이남규 외 12명 수정안에 대해 장면 의원은 제2항에 '國家는 宗敎上 모든 行爲를 保護한다'는 내용을 첨가하는 조건하에 찬성한다고 하였다. 이에 이남규 외 12명이 찬성하여 수정안 내용 일부가 변경되었다. 강욱중 외 11명의 수정안은 제2항을 삭제하자는 것이었다. 서용길 외 11명 의원들의 수정안 내용은 '모든 國民은 信仰과 良心과 思想의 自由를 가진다'였다. 각 수정안에 대해 표결한 결과 강욱중과 원용한의 수정안은 부결되었고 서용길과 이남규의 수정안은 미결되었다. 원안은 재석의원 169명 중 가 115명, 부 65명으로 가결되었다.[138]

6) 교육문제

국회 헌법기초위원회안 제16조에 대해 주기용 외 49명, 이종근 외 10명, 최태규 외 11명, 김경도 외 16명, 홍순옥 외 12명, 조국현 외 10명 의

---

137) 「1948년 7월 5일(월) 제25차 회의」, 大韓民國國會(編)(註 5), 444-445쪽.
138) 국회 속기록의 원안에 대한 표결결과는 재석의원이 169명이고, 가가 115명, 부가 65명으로 되어 있다. 그런데 가와 부의 인원수를 합치면, 180명이 되어 재석의원수와 일치하지 않는다. 「1948년 7월 2일(금) 제23차 회의」, 大韓民國國會(編)(註 5), 390쪽; 「1948년 7월 2일(금) 제23차 회의」, 大韓民國國會(編)(註 5), 383-390쪽.

원들이 수정안을 제출하였다. 주기용 외 49명 의원들이 수정안을 제출한 이유는 '一項에 있어서 義務敎育을 初等敎育에 限하게 된 것은 張次 우리의 國力이라든지 民度가 向上되어서 그 以上 發展할 그런 必要性에 닥처 있을 때에는 이 憲法을 修正하기 前에는 義務敎育을 延長할 수 없는 伸縮性이 없고 融通性이 없는 그러한 法案이기 때문에 融通性이 있고 伸縮性이 있도록 이것을 改正'139)하기 위하여 초등교육 앞에 '적어도'를 삽입하자는 것이었다. 이종근 외 10명의 수정안은 '無償으로'라는 말이 月謝金을 면제하는 정도라면 대다수를 차지하고 있는 가난한 집의 자녀들은 학교를 다니기 힘들 것이기 때문에 교과서나 학용품까지도 국가에서 책임을 지도록 하기 위하여 '一切 學費를 國家에서 負擔을 한다'라는 문구로 수정하자는 것이었다. 최태규 외 11명 의원들은 세 가지 점에 대해 수정할 것을 제안하였다. 첫째, 초등교육만을 의무제로 할 것이 아니라 보통교육까지를 국가가 책임지도록 하자, 둘째, 평등교육을 실천하자, 셋째, 중등교육과 고등교육을 지방에 집중하지 않게 하고 인구와 모든 산업을 고려해서 설치하고, 도시나 지방학생들이 차별없이 교육을 받도록 하자는 것이었다. 김경도 외 16명 의원들은 '中等 및 高等敎育機關은 各 地域의 需要에 應하여 施設의 均衡을 期하여야 한다'는 내용을 제16조에 삽입하자는 수정안을 제출하였다. 홍순옥 외 12명 의원들의 수정안은 홍순옥 의원이 출석하지 않아서 그에 대한 설명은 생략되었다. 조국현 외 10명 의원들은 제16조를 삭제하고 교육 장을 특설하여 제1항은 '모든 國民은 均等하게 敎育을 받을 權利가 있다 적어도 中等敎育까지는 義務的이며 無償으로 할 것을 期한다'로, 제2항은 '敎育의 宗旨는 國民道德을 涵養하고 國家禮儀를 釋明하여서 民族的 情神을 統一한다'로 수정하고, 제3항은 원안과 동일하게 할 것을 제안하였다. 6개의 수정안에 대해 표결한 결과 나머지 수정안은 모두 미결되었고, 주기용 외 49명 의원들의 수정안이 재

---

139) 「1948년 7월 2일(금) 제23차 회의, 朱基瑢 의원 발언」, 大韓民國國會(編)(註 5), 396쪽.

석의원 169명 중 가 87명, 부 41명으로 가결되었다.[140)

7) 근로자의 이익균점권과 경영참가권: 근로자의 이익 대 기업가의 이익

제17조에 대해 여러 수정안이 제출되었는데 그것들은 타협하고 절충한 결과 두 개의 수정안이 만들어졌다. 즉, 문시환 외 18명, 조종승 외 12명, 강욱중 외 11명의 수정안이 하나의 수정안으로 만들어졌고, 다른 하나는 조병한 외 10명의 수정안이 제출되었다. 문시환 외 의원들이 제출한 수정안은 제17조 제1항을 '모든 國民은 勤勞의 權利와 義務가 있으며 勤勞者는 勞資協助와 生産增加를 爲하여 法律의 定하는 範圍 內에서 企業의 運營에 參加할 權利가 있다'로, 제2항은 원안대로, 제3항을 '企業主는 企業利益의 一部를 法律의 定하는 바에 依하여 賃金 以外의 適當한 名目으로 勤勞者에게 均霑시켜야 한다'로 고치자는 내용이었다. 조병한 외 의원들이 제출한 수정안은 제17조 제2항에 단서 조항으로 '勤勞者는 利益配當의 均霑權을 갖인다'라는 내용을 삽입하자는 것이었다.[141)

수정안에 대해 그 자리에서 계속 토의를 하면 시간이 많이 걸리기 때문에 제17조, 제18조, 제19조는 수정안을 제출한 의원과 그 조문에 관심을 가진 의원 및 전문위원이 합석하여 수정안을 제출하자는 김도연 의원의 동의가 있었다. 이에 정해준 의원은 김도연 의원의 동의가 구체적으로 상정되지 않았다고 지적하였다. 그래서 김도연 의원은 의장이 수정할 의원 3명을 포함하여 10명의 의원을 선정하고 전문위원과 합석해서 충분히 검토한 다음 화요일까지 수정안을 제출하자는 동의를 하였다. 이 동의에 대해 찬반논의가 많았다. 대체로 수정안을 반대하는 의원들 대다수가 찬성하였고, 수정안을 지지하는 의원들은 그 자리에서 바로 토의하여 표결

---

140) 「1948년 7월 2일(금) 제23차 회의」, 大韓民國國會(編)(註 5), 394-400쪽.
141) 「1948년 7월 3일(토) 제24차 회의」, 大韓民國國會(編)(註 5), 406-426쪽.

에 부치기를 원하였다. 이에 대해 김병회 의원은 동의에 반대의견을 제시하였다.[142] 반면 기초위원인 조헌영 의원은 동의에 찬성하였다.[143] 조헌영의 찬성의견이 있은 뒤, 수정안 제안자인 문시환 의원은 반론을 제기하였다.[144]

이처럼 첨예하게 토의되다가 신성균 의원이 토의종결을 동의하였다. 그것을 표결한 결과 재석의원 174명 중 가 144명, 부 4명으로 가결되었다. 그럼에도 불구하고 또다시 토의는 진행되었다. 오석주 의원이 다시 한 번 더 토론종결을 동의하였다. 회의시간이 아직 40분이나 남아 있어서 토론종결 동의에 대한 가부결정이나 이후 회의를 진행할 수 있었음에도 불구하고, 신익희는 "시방 討論終結動議가 들어왔는데 勿論 取扱합니다 그런데 한 가지 말씀드릴 것 같으면 시방 많은 議員들이 議論하신 그 問題에 있어서는 大端히 緊要하고 重大하다고 생각합니다 討論終結은 합니다만은 그러나 오날은 下午까지 많은 時間을 보내고 …(원문에 있는 생략표시임: 저자 보충설명) 여러분들이 이 問題가 大端히 緊要하고 重大하다고 하셨읍니다 그러면 여러분이 萬一 許諾하신다면 나의 意思를 말씀드리겠는데 오날이 土曜日인데 여러분이 오래 동안 一週日 동안 繼續해서 많이 疲困하시고 하니까 우리의 남은 時間이 한 四十分 있읍니다 그러면 이 討論終結하는 動議는 成立되었읍니다 그러나 오늘은 그대로 散會하는 것이 어떠할가 하는 생각이 있읍니다 ('좋습니다' '反對요' 하는 이 있음) 그러면 여러분이 許諾하시면 사會하는 사람의 權利를 한번 行使하십시다 進行하다가 休會한다든지 會議를 中止하는 것은 사會하는 사람의 權利이므로 그것이 過히 不合理한 일이 없겠고 여러분에게 損害를 끼치지 않을

---

142) 「1948년 7월 3일(토) 제24차 회의, 金秉會 의원 발언」, 大韓民國國會(編)(註 5), 418쪽.

143) 「1948년 7월 3일(토) 제24차 회의, 趙憲泳 의원 발언」, 大韓民國國會(編)(註 5), 421쪽.

144) 「1948년 7월 3일(토) 제24차 회의, 文時煥 의원 발언」, 大韓民國國會(編)(註 5), 421쪽.

것 같으면 한번 들어주시고 오날은 여기까지 會議를 進行하였으니 成立 된 動議는 오는 月曜日에 하기로 하"[145]고 산회하였다. 김도연의 동의는 세 번에 걸쳐 표결에 부쳤다. 첫 번째 표결에서는 재석의원 174명 중 가 62명, 부 79명으로 미결되었다. 두 번째 표결결과는 재석의원 177명 중 가 67명, 부 84명으로 부결되었다. 그럼에도 불구하고 신익희 부회장은 다시 한번 더 표결에 부쳤다. 이번에는 기립으로 하였는데, 그 결과는 재 석의원 174명 중 가 62명, 부 103명으로 부결되었다.

7월 3일은 회의 시간이 40분이나 남았음에도 불구하고 4시 20분에 토 론을 종결하고 산회하였다. 따라서 7월 5일의 회의 절차는 토론종결 동의 에 대해서 가부를 묻고 만약 그것이 통과되면 제17조 수정안에 대한 가부 를 묻는 것이었다. 7월 3일의 분위기는 수정안이 통과될 것이었다. 그런 데 7월 5일에 제2독회가 시작되자말자 이윤영 의원은 조금 더 충분한 토 의를 하기 위하여 토론종결을 보류하자는 동의를 하였다. 이에 토론종결 을 동의하였던 오석주 의원은 토론종결을 취소하였다. 그러나 再請, 三請 한 윤석구 의원과 신현돈 의원 중 윤석구 의원은 토론종결 동의에 대해서 가부를 물어 그것이 부결되면 토의를 계속할 수 있다는 이유로 취소하는 것을 반대하였다. 이 문제를 표결한 결과 재석의원 172명 중 가 108명, 부 25명으로 가결되었고, 토의를 계속 진행하였다. 이날도 문시환 의원에 의해 수정안 하나가 제출되었다. 그것은 문시환 의원이 근로자의 경영참 가권에 대해 7월 4일에 전문위원 한 명과 의논한 결과, 제17조는 원문대 로 두고 제19조에 그 내용을 삽입하는 것이었다. 그리고 근로자의 이익균 점권에 대해서는 7월 3일에 진행되었던 토의내용(국영사업이나 공영사업 은 그 성질상 영리를 도모하는 것이 아니다. 또한 전매사업 같은 것은 이 익이 없더라도 세금을 첨가하므로 균점하는 것이 재미없다)을 참작하여 영리를 목적으로 하는 사업권에 국한하는 것이 좋겠다고 의견의 일치를

---

145) 「1948년 7월 3일(토) 제24차 회의, 申翼熙 부의장 발언」, 大韓民國國會(編)(註 5), 426쪽.

보았고, 그것을 경제 장에 넣기로 의견일치를 보아서 작성한 수정안이었다.[146] 수정안에 대한 토의로 회의가 계속 늦어지자 이승만은 원안대로 빨리 통과시키고 헌법을 빨리 제정할 것을 재촉하였다.[147] 이후 계속해서 논의되다가 문시환 의원의 수정안을 표결에 부쳤는데, 그 결과는 재석의원 180명 중 가 81명, 부 91명, 포기 5명, 무효 3명으로 부결되었다. 그리고 이어서 조병한 외 10명의 수정안에 대해 표결했는데, 그 결과는 재석의원 180명 중 가 91명, 부 88명, 기권 1명으로 가결되었다. 그리고 오후 1시 5분에 오전 회의를 마쳤다.[148]

7월 7일 오후 2시 제3독회를 하기 전에 조병한 의원의 제17조 제2항 단서('但 勤勞者는 利益配當의 均霑權을 가진다')에 대한 번안동의가 제출되었다. 그 이유는 동 내용을 제17조 제2항 단서에 규정하게 되면 장래 혹은 입법자라든지 기타 일반국민들이 그것을 해석할 때 여러 가지로 곤란을 당할 수 있기 때문이었다. 그래서 문구수정 정도와 법률체제상으로 제18조 제2항에 '營利를 目的으로 하는 企業에 있어서는 勞動者는 法律의 定하는 바에 依하여 利益을 分配하고 均霑한 權利가 있다'라는 내용을 규정하도록 번안동의를 한 것이었다. 이에 대해서 전진한 의원은 이미 제2독회가 종료되었기 때문에, 번안동의가 성립될 수 없다고 주장하였다. 서상일 의원은 제3독회가 끝난 뒤에 번안을 규정하면 개정안으로 나올 것이지만 제3독회가 끝나기 전에는 국회법 제38조에 의해 수정동의는 할 수 없으나, 번안동의는 할 수 있다고 주장하였다. 이 번안동의는 표결결과 재석의원 156명 중 가 120명, 부 36명으로 가결되었다. 번안동의가 가결되고 난 뒤 장면 의원은 영리를 목적으로 하는 기업이라는 것은 국영이나 공영을 포함하지 않는다는 의미로 해석된다. 그러나 공영으로 하는 것 중

---

146) 「1948년 7월 5일(월) 제25차 회의」, 大韓民國國會(編)(註 5), 428-431쪽. 국회 속기록 428쪽과 429쪽의 쪽수가 서로 바뀌어 있다.
147) 「1948년 7월 5일(월) 제25차 회의, 李承晩 의장 발언」, 大韓民國國會(編)(註 5), 431-434쪽.
148) 「1948년 7월 5일(월) 제25차 회의」, 大韓民國國會(編)(註 5), 434-440쪽.

에서도 영리를 목적으로 하는 것이 많이 있으므로 제안자의 본 뜻과 배치된 해석이 있을 수 있다. 그럼으로 그 뜻을 명백하게 한다는 의미에서 '營利를 目的으로 하는 企業'이라고 하지 말고 '營利를 目的으로 하는 私企業'으로 할 것을 제안하였다. 김병회 의원은 번안동의를 한 것부터 잘못되었지만, 다수결로 결정한 이상 그것에 대해서는 말을 하지 않는다. 다만 제17조 제2항 단서로 규정되어 있던 내용 그대로를 제18조 제2항으로 변경시키면 그만이지 문구를 첨가하는 것은 그 기본정신을 달리 말하는 것이 되므로 제17조 제2항 단서로 결정된 내용 그대로를 제18조 제2항으로 가져가야 한다고 주장하였다. 이에 대해서는 논란이 계속되다가 제18조 제2항을 '營利를 目的으로 하는 私企業에 있어서는 勞動者는 法律의 定하는 바에 依하여 利益의 分配에 均霑할 權利가 있다'라는 내용으로 고쳐 표결한 결과 재석의원 157명 중 가 87명, 부 38명으로 가결되었다.[149]

제18조와 제19조에 대해 수정안이 제출되었으나, 제18조에 대한 수정안은 제안자인 전진한 의원이 철회하였고, 제19조에 대한 수정안은 대다수로 부결되었다.[150]

8) 혼인규정을 첨가함

권태희 외 38명 의원들이 제19조 다음에 '婚姻은 男女同等을 基本으로 하며 婚姻의 純潔과 家族의 健康은 國家의 特別한 保護를 받는다'[151]

---

149) 「1948년 7월 7일(수) 제27차 회의」, 大韓民國國會(編)(註 5), 507-511쪽.
150) 「1948년 7월 5일(월) 제25차 회의」, 大韓民國國會(編)(註 5), 440-442쪽.
151) 이날 제안된 안의 내용과 관련하여 7월 5일 제25차 속기록에는 「婚姻은 男女同等을 基本으로 하며 家族의 純潔과 健康에 關하여서는 法律에 定하는 바에 依하여 國家의 特別한 保護를 받는다」로 기록되어 있다. 그러나 제3독회 논의 내용을 고려할 때 「婚姻은 男女同等을 基本으로 하며 婚姻의 純潔과 家族의 健康은 國家의 特別한 保護를 받는다」는 것의 오기로 보인다. 그리고 제3독회 속기록에 이 내용의 제안자로 '權泰羲'가 아니라 '權泰郁'으로 기록되어 있다. 「1948년 7월 5일(월) 제25차 회의」, 大韓民國國會(編)(註 5), 442쪽과 「1948

는 내용을 삽입할 것을 제안하였다. 이 제안은 두 번에 걸쳐 표결되었는데 모두 미결(첫번째 표결결과는 재석의원 162명 중 가 66명, 부 61명이고, 두 번째 표결결과는 재석의원 166명 중 가 64명, 부 62명으로 나왔다)되었다. 이후 이 제안에 대해 조헌영, 이윤영, 이승만이 지지하는 발언을 하였다. 그리고 다시 한번 더 표결한 결과 재석의원 166명 중 가 102명, 부 19명으로 가결되었다.[152]

7월 12일 제3독회에서 장면 의원은 제2독회를 통과한 '婚姻의 純潔과 家族의 健康은'이 아니라 '家族의 純潔과 健康은'으로 변경된 것은 전혀 의미를 몰각하였고, 관련성이 없으며, 국회에서 표결된 것을 아무런 절차 없이 한 두 사람의 의견으로 고친 것은 잘못이라고 지적하였다. 이에 대해 전문위원 유진오는 '혼인의 순결'이라고 하면 여자나 남자나 모두 결백해야 한다는 의미를 강조하고 혼인을 한 이후의 부부는 포함하지 않는 인상을 준다. 그러나 '가족의 순결'이라고 하면 혼인도 들어가고 혼인을 한 이후의 부부관계도 들어갈 것이므로 혼인과 가족을 명백하게 나타내는 것이 좋다고 생각해서 혼인을 가족으로 권태욱 의원과 의논해서 고쳤다고 주장하였다. 이 논의는 장면 의원이 지적한 원문대로 낭독함으로써 끝맺었다.[153]

9) 국회구성 문제

제3장 국회 편에서 국회의 구성과 관련하여 양원제를 할 것인지, 단원제를 할 것인지에 대해서 계속해서 논란이 되었다. 이 날도 양원제로 하자는 윤재욱 의원의 수정안이 제출되었다. 그러나 사회를 보고 있던 이승만이 "오날 우리의 政府를 樹立하자고 하는 것이 우리 全民族의 渴望하는 하나입니다 四十年 동안이나 政府 없이 살은 百姓들이 지금 어떻게

년 7월 12일(월) 제28차 회의」, 大韓民國國會(編)(註 5), 523쪽.
152) 「1948년 7월 5일(월) 제25차 회의」, 大韓民國國會(編)(註 5), 442-444쪽.
153) 「1948년 7월 12일(월) 제28차 회의」, 大韓民國國會(編)(註 5), 523-524쪽.

되어왔든지 어찌어찌 되어서 이렇게 되었든지 오늘 우리가 이런 形便을 우리가 우리 民衆의 政府를 樹立해서 우리의 政府를 세워 가지고서 여러분도 그때에 다시 利用하시면 좋겠지만 遲滯하면 무슨 일이 있을는지 모르니까 政府를 하로 바삐 樹立해야 하겠다고 하는 것이 全民族의 渴望하는 것이요 여러분이 여기에 와서 할려고 하는 第一 重要한 責任입니다 … 注意하자고 하는 것은 많은 支障이 있을 것을 없애고 우리가 兩院制로 組織할 處地가 있든지 없든지를 莫論하고 兩院制度를 해야겠다고 하는 사람은 여기에 說明할 必要가 있다면 그것은 政府를 組織해 가지고서 國家를 세우는 것을 생각에 빠저 가지고 있는 사람으로 아니까 그렇게들 잘 아시고서 直接 여기에 兩院制라고 하는 것은 政府樹立해 놓고 그 政府에서 憲法 여기에다가 添附해 놀 때에 上院이라고 하는 것을 무슨 代表로 되는 것이고 누가 選擧해서 되는 것이라고 하는 것을 이 다음 選擧부터 그 兩院制를 맨든다면 좋겠지만 지금은 되기 어려운 이 問題를 가지고서 十餘日 보내고 또 討議하실 사람은 政府를 樹立에 同意 않하시는 분으로 우리가 알 수 있겠어요"[154]라고 정세론을 주장하며 분위기를 단원제로 몰고 갔다. 이에 수정안 제출자인 윤재욱 의원은 수정이유에 대한 설명을 들어보지 않고 바로 가부에 부치자는 것은 제2독회 절차에 모순되지만, 가부로 결정하기로 하였다. 표결결과 재석의원 176명 중 가 14명, 부 119명으로 부결되었다.[155]

10) 대통령의 선출방식 문제

대통령을 직선으로 선출할 것인가, 국회에서 간선으로 선출할 것인가에 대해서 많이 논란이 되었다. 이것과 관련하여 많은 의원들이 수정안을 제출하였다가 철회한 것에 반하여 박종남 외 19명 의원들은 대통령 직선

---

154) 「1948년 7월 5일(월) 제25차 회의, 李承晩 의원 발언」, 大韓民國國會(編)(註 5), 447-448쪽.
155) 「1948년 7월 5일(월) 제25차 회의」, 大韓民國國會(編)(註 5), 446-448쪽.

제의 수정안을 제출하였다. 수정안에 대해서는 그동안 충분히 설명되고
토론되었다고 하여 바로 표결에 붙인 결과 재석의원 189명 중 가 16명,
부 132명으로 부결되었다.[156]

11) 국무총리 임명 때 국회동의의 문제

이 문제는 내각책임제에서 대통령제로 정부형태가 변경되면서 계속해
서 논란이 되었던 것으로 진헌식 외 44명, 안준상 외 10명, 홍범희 외 11
명, 권태욱 외 10명, 조병한 외 10명, 이원홍 외 15명, 황두연 외 10명,
조종승 외 12명, 서이환 외 11명 의원들이 수정안을 제출하였다. 이 중
진헌식 의원은 '第六十八條 國務總理는 大統領이 任命하고 國會의 承認
을 받아야 한다 國會議員 總選擧 後 新國會가 開會되였을 때에는 國務總
理 任命에 對한 承認을 다시 받아야 한다 國務委員은 國務總理의 堤薦으
로 大統領이 任命한다'라는 수정안을 제출하였다. 이 수정안에 대해서는
논란 끝에 국무총리와 국무위원의 임명방식을 나누어서 표결하였다. 그
결과 '第六十八條 國務總理는 大統領이 任命하고 國會의 承認을 받아야
한다 國會議員 總選擧 後 新國會가 開會되였을 때에는 國務總理 任命에
對한 承認을 다시 받아야 한다'는 부분은 재석의원 165명 중 가 117명,
부 19명으로 가결되었다. 그리고 '國務委員은 國務總理의 堤薦으로 大統
領이 任命한다'는 부분은 재석의원 165명 중 가 39명, 부 90명으로 부결
되었다.[157]

12) 사법권의 독립 문제: 대법원장과 대법관 임명 때 국회동의 문제

대통령이 대법원장인 법관을 임명할 때에만 국회의 승인을 얻도록 한
규정에 대해 강욱중 외 11명 의원들이 '大法院長 및 大法官은 法律에 依

---

156) 「1948년 7월 6일(화) 제26차 회의」, 大韓民國國會(編)(註 5), 457-459쪽.
157) 「1948년 7월 6일(화) 제26차 회의」, 大韓民國國會(編)(註 5), 463-471쪽.

하야 選定된 者를 大統領이 任命하고 國會에서 承認을 얻어야 한다'라는 수정안을 제출하였다. 이에 대해 조헌영 의원과 이윤영 의원은 반대했다. 김동준 의원은 "大法院長을 大統領이 任命한다고 하면 萬若에 大統領이 自己의 마음에 드는 사람을 任命한다고 하면 사법계에서 良心的 裁判을 할 수가 없다고 생각합니다 結局에 있어서는 大統領이 自己 마음에 드는 大法院長을 任命하게 되면 大法院長을 大統領의 意見과 大同할 것입니다 그러므로 神158)聖한 裁判을 못할 것입니다 그러므로 사법權과 行政權에 矛盾이 있읍니다 그러므로 大法官을 任命하는 어떠한 法律下에서 大統領이 任命하고 國會에 承認을 받는다고 하는 것이 좋다고 생각해서 修正案을 贊成하는 바입니다"159)라고 하였다. 이 문제에 대해 표결을 한 결과 재석의원 169명 중 가 23명, 부 102명으로 부결되었다.

13) 중요자원의 국유화 문제

이것은 어떤 종류의 자원을 국유화할 것인가의 문제로 계속해서 논란이 되었던 부분이다. 이와 관련하여 황병규 외 15명('鑛物' 다음에 '漁場'을 삽입하자), 박윤원 외 12명, 이유선 외 12명, 최헌길 외 10명('水産資源'을 삽입하자) 의원들의 수정안이 제출되었다. 그 중 최헌길 외 10명의 수정안이 재석의원 173명 중 가 126명, 부 2명으로 가결되었다.160)

14) 농지와 산림분배 문제

제85조 '農地는 農民에게 分配함을 原則으로 하며 그 分配의 方法 所有의 限度 所有權의 內容과 限界는 法律로써 定한다'에 대해 전진한 외 10명, 윤석구 외 10명, 황윤호 외 11명 의원의 수정안이 제출되었다. 전진

---

158) 국회 속기록에는 '新'으로 되어 있으나 '神'에 대한 오기로 보인다.
159) 「1948년 7월 6일(화) 제26차 회의, 金東準 의원 발언」, 大韓民國國會(編)(註 5), 474쪽.
160) 「1948년 7월 6일(화) 제26차 회의」, 大韓民國國會(編)(註 5), 475-477쪽.

한 의원 외 10명이 제출한 수정안은 '農地는 農民에게 分配함을 原則으로 하며'에서 '原則으로 하며'를 삭제하고 '農地는 農民에게 分配하며'로 고치자는 것이었다. 그 이유는 원칙으로 한다고 할 것 같으면, 원칙을 해놓고 다른 방법을 사용할 가능성이 있기 때문이었다. 이 수정안은 재석의원 172명 중 가 94명, 부 65명으로 겨우 과반수를 넘었다.[161)

제85조 제2항에 '山林은 國有 또는 公有를 原則으로 하되 法律에 定한 바에 依하야 農民의 私有를 容認할 수 있다'는 내용을 삽입하자는 수정이 제출되었고, 그것에 대해 표결한 결과 재석의원 173명 중 가 47명, 부 112명으로 부결되었다.[162)

15) 반민족행위자 처벌의 문제

반민족행위자 처벌에 관하여 국회 헌법기초위원회의 원안인 공동안에는 관련 내용이 존재하지 않는다. 참고안인 권승렬안에는 '憲法實施前의 叛逆行爲에 對하여는 法律로써 그 行爲 當時에 遡及하여 處罰할 수 있다'(제132조)라고 규정되어 있다. 국회 헌법기초위원회안에는 '이 憲法을 制定한 國會는 檀紀 四二七八年 八月 十五日 以前의 惡質的인 反民族行爲를 處罰하는 特別法을 制定할 수 있다'(제100조)라고 규정되어 있다. 그러나 1945년 8월 15일 이전의 반민족행위만을 처벌할 수 있도록 규정하고 있어서 8월 15일 이후 헌법제정 전까지의 간상배들을 어떻게 처벌할 것인가에 대해 논란이 계속되었다.

이 문제는 헌법안 제2독회 단계에서도 여전히 제기되었다. 즉, '이 憲法을 制定한 國會는 이 憲法 制定 以前에 惡質的인 反民族的 行爲를 處罰할 特別法을 制定한다'는 수정안과, '이 憲法을 制定한 國會는 檀紀 四二七八年 八月 十五日 以前에 惡質的인 反民族的 行爲者와 檀紀 四二七

161) 「1948년 7월 6일(화) 제26차 회의」, 大韓民國國會(編)(註 5), 477-480쪽.
162) 「1948년 7월 6일(화) 제26차 회의」, 大韓民國國會(編)(註 5), 480-484쪽.

八年 八月 十五日 以後의 惡質的인 奸商輩를 處罰하는 特別法을 制定할 수 있다'라는 수정안이 제출되었다. 이 두 수정안에 대해 표결한 결과 전자는 재석의원 155명 중 가 48명, 부 63명으로 미결되었고, 후자는 재석의원 154명 중 가 31명, 부 68명으로 미결되었다. 그 후 국회 회의장은 소란이 심해졌다. 그 해결책으로 이문원 의원은 두 안을 합쳐서 다시 한 번 표결에 부치자고 하였다. 한편 조헌영 의원은 원안을 먼저 표결에 부친 뒤 제출된 안을 다시 표결하자고 하였다. 조헌영 의원의 의견대로 원안을 표결하였다. 그 결과 재석의원 154명 중 가 85명, 부 34명으로 원안이 가결되었다.163)

16) 적산처리 문제

신성균 외 13명의 의원들이 제103조에 '檀紀 四二七八年 八月 十五日 現在의 日本政府 또는 日本人의 所有 財産은 國有로 한다'라는 규정을 삽입해 달라는 수정안을 제출하였다. 이 수정안의 내용을 헌법에 넣을 필요가 있는지, 없는지에 대해서 토의가 진행되었다. 김준연은 국회 헌법기초위원회에서 이 내용을 헌법에 규정하지 않은 이유는 국제문제가 남아있기 때문이라고 설명하였다.164) 이에 덧붙여 유진오는 적산이 우리의 것으로 된 것은 사실이다. 그것을 처리하는 절차문제가 남아있다. 그것은 신정부가 수립되면 해결될 것이므로 빼는 것이 좋다고 생각하여 그렇게 되었다고 설명하였다.165)

김병회 의원은 이 문제를 가지고 국회에서 반대 혹은 찬성하고 있으면 외부 사람들이 보기에 국회 내에는 적산을 조선사람의 소유로 하는 것을

---

163) 「1948년 7월 6일(화) 제26차 회의」, 大韓民國國會(編)(註 5), 489-492쪽.
164) 「1948년 7월 6일(화) 제26차 회의, 金俊淵 의원 발언」, 大韓民國國會(編)(註 5), 494-495쪽.
165) 「1948년 7월 6일(화) 제26차 회의, 兪鎭午 전문위원 발언」, 大韓民國國會(編)(註 5), 495쪽.

반대하는 사람이 있었다고 오해할 염려가 있을 것이므로 수정안을 제안한 사람이 철회하는 것이 옳다고 주장하였다. 그러나 신성균 의원은 수정안을 철회하지 않았다. 그것은 표결 결과 재석의원 154명 중 가 39명, 부 85명으로 부결되었다.[166]

17) 기타

이상의 문제 이외에 국토방위(국회 헌법기초위원회안 제6조),[167] 비준 공포된 국제조약과 일반적으로 승인된 법규효력(국회 헌법기초위원회안 제7조),[168] 학문과 예술의 자유(국회 헌법기초위원회안 제14조)[169]에 대한 수정안이 제출되어 토의되었다.

IV. 헌법의 확정과 공포

1948년 7월 7일에 제2독회가 끝난 뒤, 제3독회를 어떻게 할 것인지에 대해 논의되었다. 이윤영 의원은 "三讀會에 關한 것은 修正에 關한 決議든지 자句에 對한 修正이라든지 그것은 議長에 一任해서 議長이 그것을 作定하고 그것을 修正해 가지고 오는 月曜日에 여기에 報告케"[170] 하자는 동의를 하였다. 이에 대해 유성갑 의원은 그 날 바로 제3독회를 시작하자는 개의를 하였다. 동의와 개의에 대해 표결한 결과 개의는 부결되었고, 동의는 재석의원 152명 중 가 88명, 부 12명으로 가결되었다.

---

166) 「1948년 7월 6일(화) 제26차 회의」, 大韓民國國會(編)(註 5), 495-496쪽.
167) 「1948년 7월 1일(목) 제22차 회의」, 大韓民國國會(編)(註 5), 360-364쪽; 「1948년 7월 5일(월) 제25차 회의」, 大韓民國國會(編)(註 5), 446쪽.
168) 「1948년 7월 1일(목) 제22차 회의」, 大韓民國國會(編)(註 5), 364-465쪽.
169) 「1948년 7월 2일(금) 제23차 회의」, 大韓民國國會(編)(註 5), 390-393쪽.
170) 「1948년 7월 7일(수) 제27차 회의, 李允榮 의원 발언」, 大韓民國國會(編)(註 5), 514쪽.

7월 12일 오전에 국회의장 이승만의 사회로 제3독회가 진행되었다. 회의는 의원들의 동의를 거의 무시한 채 일사천리로 진행되었다. 토의된 내용 중 제101조의 반민족행위를 처벌하는 특별법을 제정 '할 수 있다'는 것에 대하여 이종근 의원이 '한다'로 고칠 것을 동의하였다. 이에 대해 재청, 삼청이 있었음에도 불구하고 그것에 대한 가부결정 없이 넘어갔다. 제103조까지 모두 낭독한 후, 기립으로 통과여부를 결정하기로 하였고, 전원기립으로 헌법안을 통과시켰다.[171] 그리고 12시 35분에 산회하였다.[172]

이러한 과정을 거쳐 제정된 대한민국헌법은 1948년 7월 17일에 국회의장 이승만이 서명, 공포함과 동시에 헌법으로써 효력을 발생하게 되었다.[173]

---

171) 국회 속기록에는 전원기립으로 헌법안이 통과되었다고 기록되어 있다. 그러나 석봉생이 유진오 전문위원에게 들은 바에 의하면, 한 명(李모 의원이라 함)이 기립하지 않았지만, 이승만 국회의장은 그 사실을 알았는지 몰랐는지 '全員一致 通過'라고 선언하였다고 한다[石峰生, 「憲法第三讀會를傍聽하고」, 『法政』 第三卷 第八號(1948. 8), 31쪽]. 이에 대해 유진오와 조선일보는 그 한 명이 이문원(李文源) 의원이라고 한다[俞鎭午(註 8), 104쪽; 「大韓民國憲法 通過」, 『朝鮮日報』(1948. 7. 13), 1면]. 조용중은 이문원, 임석규(林奭奎, 대동청년단, 보령), 이종근(李鐘根, 국민회, 청양) 세 사람은 자리에 앉은 채로 있었다고 한다[趙庸中, 『美軍政下의 韓國政治現場』(서울: 나남, 1990), 172쪽].

172) 「1948년 7월 12일(월) 제28차 회의」, 大韓民國國會(編)(註 5), 518-533쪽.

173) 1948년 대한민국헌법은 국회 헌법기초위원회안과 비교하여 다음과 같은 내용이 변경되었다. ① 용어가 변경되거나 문장이 문법에 맞게 고쳐졌다. 국회 헌법기초위원회안은 국회 헌법기초위원회에서 자구수정의 과정(제3독회)을 거쳤다. 그러나 여전히 어법과 용어가 이상한 부분이 존재한다. 이 부분은 국회 본회의의 제2독회와 제3독회를 거치면서 많이 고쳐졌다. 그럼에도 불구하고 몇 군데 수정할 곳이 존재한다. 예를 들면, 제52조에 '모다', 제57조 제1항에 '기달릴', 제57조 제3항에 '此를', 제91조에 '豫算'이라고 표현하고 있다. 이것은 '모두', '기다릴'(국회 헌법기초위원회안에는 이렇게 표현되어 있다), '이를', '豫算案'으로 고쳐야 한다. ② 헌법전문의 내용이 수정되었다. 이것은 제2독회에서 변경된 내용이다. ③ 한 개의 조문과 몇 가지 항목이 신설되었다. 제20조 혼인에 관한 규정이 신설되었다. 제7조 제2항(외국인의 법적 지위)과 제18조 제2항(근로자의 이익균점권)이 신설되었다. 제42조에 '相互援助에 關한 條約'이, 제85

조에 '水産資源'이, 제87조에 '水利'가 첨가되었다. 제57조 제1항 긴급명령과 긴급재정처분을 할 수 있는 요건이 수정되었다. 국무총리와 국무위원 모두 대통령이 임명하지만, 국무총리는 국회의 승인을 얻도록 하였다(제69조 제1항, 제2항, 제3항). 제94조에서 전년도예산제도에서 가예산제도로 변경되었다.

이처럼 1948년 대한민국헌법은 용어가 변경되거나 문장이 문법에 맞게 고쳐진 것 이외에는 국회 헌법기초위원회안과 비교하여 크게 달라진 부분이 없다.

1948년 대한민국헌법은 관보에 수록된 내용을, 국회 헌법기초위원회안은 국회 속기록에 수록된 내용을 대상으로 분석하였다. 大韓民國政府公報處(編), 『官報』第一號(1948. 9. 1), 1-6쪽; 「1948년 6월 23일(수) 제17차 회의」, 大韓民國國會(編)(註 5), 204-208쪽.

제4절 대한민국의 수립(1948. 7.-12.)

1948년 7월 17일 오전에 국회에서는 국회의장 이승만을 비롯하여 198명의 국회의원, 유엔한국임시위원단 각국 대표, 미군정 측의 하지(John R. Hodge)와 딘(William F. Dean) 등이 참석한 가운데 대한민국헌법의 공포식이 거행되었다. 대한민국헌법은 부칙 제99조에 따라 국회의장 이승만이 서명, 공포함과 동시에 효력을 발생하게 되었다. 이날 오후 본회의에서는 「대통령·부통령 선거일 결정에 관한 결의안」과 「대통령·부통령 선거절차에 관한 결의안」이 논의되었다. 대통령과 부통령의 선거일을 19일 월요일로 할 것인지, 20일 화요일로 할 것인지에 대하여 논의되었는데, 표결 결과 20일에 하는 것이 재석의원 179명 중 가 117명, 부 11명으로 가결되었다.[1]

대통령과 부통령의 선거를 앞두고 대통령에 이승만이 당선될 것은 거의 확실시 되었다. 문제는 누가 부통령과 국무총리로 될 것인가였다. 각 정파에서는 대체로 다음과 같은 인물들을 지지하였다.[2]

〈표 21〉 대통령·부통령·국무총리에 대한 각 정파별 입장

구분	이승만	한국민주당	독립촉성국민회	무소속
대 통 령	이승만	이승만	이승만	이승만
부 통 령	조만식	이시영	이시영	김 구
국 무 총 리	이시영	김성수	신익희	조소앙

---

1) 「1948년 7월 17일(토) 제32차 회의」, 大韓民國國會(編), 『制憲國會速記錄 ①』(서울: 先仁文化社(영인본), 1999), 608-620쪽.
2) 「各人各色으로 推戴: 副統領과 總理物望에 오른 諸氏」, 『京鄕新聞』(1948. 7. 20), 1면; 「注目되는 今日 正副大統領 選擧」, 『朝鮮日報』(1948. 7. 20), 1면.

7월 20일에 국회에서는 대통령과 부통령에 대한 선거가 치러졌다. 먼저 오전에 대통령에 대한 선거가 있었다. 선거결과는 재석의원 196명 중 이승만 180표, 김구 13표, 안재홍 2표, 무효 1표로 이승만이 대통령에 당선되었다. 오후 회의에서는 부통령에 대한 선거가 행해졌다. 선거에 앞서 이승만은 각계에서 이시영, 오세창, 조만식을 부통령으로 하자는 얘기를 많이 들었고, 자신은 누가 부통령으로 당선되더라도 좋다고 말하였다. 그리고 비록 조만식이 이북에 있지만, 그도 부통령 후보에 포함하여 선거를 할 것을 주장하였다.3) 선거결과는 재석의원 197명 중 이시영 113표, 김구 65표, 조만식 10표, 오세창 5표, 장택상 3표, 서상일 1표로 아무도 재석의원의 3분의 2에 해당되지 않았다. 헌법 제53조에 따라서 제2차 투표를 하였는데, 그 결과는 재석의원 197명 중 이시영 133표, 김구 62표, 이구수 1표, 무효 1표로 이시영이 부통령에 당선되었다.4) 이시영의 부통령 당선은 어느 정도 예상이 가능하였다. 그 이유는 부통령 후보로 거론된 김구는 신정부 수립에 불참을 선언하고 있는 상태였고, 조만식은 이북에 있는 상태였기 때문이다. 대통령과 부통령에 대한 취임식은 24일에 거행되었다.

이승만은 20일에 대통령으로 당선된 후 국무총리를 지명하기 위하여 1주일간의 시간을 줄 것을 국회에 요청하였다. 비록 정부형태가 내각책임제에서 대통령제로 변경되었지만, 여전히 국무총리에게 많은 권한이 부여되어 있었다. 대통령과 부통령이 누가 될 것인가에 대해서는 어느 정도 예상이 되었다. 하지만 국무총리는 각 정파에서 김성수(한국민주당), 신익희(독립촉성국민회), 조소앙(무소속)을 지지하고 있는 상태여서 그 귀추가 주목되었다.

7월 22일 기자단과의 회합에서 이승만 대통령은 의외의 인물이 국무총리로 지명될 것이라고 답변하였다. 그 인물이 누구인지에 대해 추측이 난무한 가운데 이승만 대통령이 7월 27일 국회에서 발표를 하기 전까지

---

3) 「1948년 7월 20일(화) 제33차 회의」, 大韓民國國會(編)(註 1), 630쪽.
4) 「1948년 7월 20일(화) 제33차 회의」, 大韓民國國會(編)(註 1), 631쪽.

아무도 그 내용을 알 수 없었다. 이처럼 국무총리에 대한 인선은 극비리에 이루어졌다. 이승만은 7월 27일 국회에서 직접 적어온 내용을 발표하였다. 국무총리 피지명자는 뜻밖에도 이윤영이었다. 이 발표 이후 국회 본회의장은 다소 소란스러워졌다.

이승만은 물망에 올랐던 세 인물을 국무총리로 지명하지 않은 이유에 대해 다음과 같이 설명하였다. 첫째, 김성수는 '국무총리보다 덜 중대하지 않은 책임'을 지는 자리를 맡기기 위해서였다. 둘째, 신익희는 삼권분립하에 국회가 가장 중요한 기관이고, 앞으로 제정되어야 할 법령이 많이 남아 있어서 그것을 처리할 지도자가 필요하기 때문이었다. 셋째, 조소앙은 5·10총선거 이후 노선이 갈려서 건국에 다소간 방해가 되었고, 그 이유로 민심이 다소 현혹되었다. 이후 건국에 협력하는 태도를 보였지만 아직 그를 의심하는 민중이 남아 있었기 때문에 그것이 모두 풀린 이후에 등용할 생각이었다.[5] 이윤영을 국무총리로 지명한 이유에 대해서는 다음과 같이 설명하였다. 첫째, 국무총리를 국회의원 중에서 임명할 생각이었다. 둘째, 남북통일을 고려하여 이북대표를 생각한 것이었다. 정부를 조직할 때, 이북에 남아 있던 조만식을 부통령으로 추대하려고 하였지만, 신변상의 이유로 하지 못하고 있었다. 그래서 조만식의 유일한 정치단체인 조선민주당의 부위원장 이윤영을 국무총리에 지명하게 된 것이었다.[6] 국무총리 승인투표 결과는 재석의원 194명 중 이윤영이 기권을 하여 총 193명 중 가 59명, 부 132명, 기권 2명으로 부결되었다.[7]

7월 31일에 이승만은 제2차로 이범석을 국무총리로 임명하였다. 8월 2일 국회에서는 이범석의 국무총리 임명승인 여부에 대하여 투표를 하였다. 투표결과는 재석의원 197명 중 가 110명, 부 84명, 무효 3명으로 국무총리 임명에 대한 승인이 이루어졌다.[8] 이범석이 국무총리로 임명될 수

---

5) 「1948년 7월 27일(화) 제35차 회의」, 大韓民國國會(編)(註 1), 645-646쪽.
6) 「1948년 7월 27일(화) 제35차 회의」, 大韓民國國會(編)(註 1), 646-647쪽.
7) 「1948년 7월 27일(화) 제35차 회의」, 大韓民國國會(編)(註 1), 649쪽.

있었던 것은 그가 비공식적으로 국무총리로 지명을 받은 뒤인 7월 30일에 김성수를 방문하여 지지약속을 받아두었기 때문이었다. 한국민주당은 이승만의 태도로 보아 김성수가 국무총리에 임명될 가능성이 없다고 판단하였고, 이범석에 대한 임명승인에 협조하는 대신 내각의 절반을 자파 인사들로 구성하도록 타협을 보았던 것이다.[9]

8월 4일에 국회에서는 이승만이 대통령에 당선됨으로서 공석이 된 국회의장에 대한 선거를 행하였다. 그 결과는 재석의원 176명 중 신익희 103표, 김동원 56표, 이청천 7표, 서정희 3표, 김약수 2표, 이윤영 1표, 이훈구 1표, 이종린 1표, 기권이 2표로 국회부의장 신익희가 의장에 당선되었다. 신익희가 국회의장으로 당선됨에 따라 두 명의 부의장 중 한자리가 공석으로 되었고, 계속해서 부의장 선거를 진행하였다. 부의장 선거는 쉽게 결정을 보지 못하였다. 제1차 선거결과는 재석의원 181명 중 김약수 38표, 이윤영 17표, 김준연 39표, 이청천 28표, 오석주 4표, 조헌영 4표, 이종린 13표, 이훈구 20표, 정해준 8표, 이항발 2표, 장면 2표, 서우석 1표, 노일환 1표, 무효 4표로 나왔다. 제2차 선거결과는 재석의원 178명 중 김준연 59표, 김약수 46표, 이청천 33표, 이훈구 20표, 이종린 2표, 이윤영 14표, 정해준 1표, 무효 3표로 나왔다. 2차 투표에서도 과반수를 얻은 의원이 나오지 않아 국회법 제6조에 따라 다수득표자 2명에 대한 결선투표를 하게 되었다. 그 결과는 재석의원 176명 중 김약수 87표, 김준연 74표, 기권 11표, 무효 4표로 김약수가 국회부의장에 당선되었다.[10]

8월 5일에 국회에서는 사법부의 수장인 대법원장 임명승인에 대한 투표가 이루어졌다. 그 결과는 재석의원 157명 중 가 117표, 부 31표, 무효

8) 「1948년 8월 2일(월) 제37차 회의」, 大韓民國國會(編)(註 1), 687쪽.
9) 仁村紀念會(編), 『仁村 金性洙傳』(서울: 仁村紀念會, 1976), 552쪽; 文昌星, 「韓民黨은 어데로 가나?」 『新天地』 第三卷 第七號(1948. 8), 29쪽; 許政, 『내일을 위한 證言: 許政 回顧錄』(서울: 샘터사, 1979), 156쪽; 「李範奭氏 金性洙氏 訪問」 『東亞日報』(1948. 7. 31), 1면.
10) 「1948년 8월 4일(수) 제39차 회의」, 大韓民國國會(編)(註 1), 733-735쪽.

6표, 기권 3표로 김병로의 대법원장 임명이 국회에서 승인되었다.[11] 이것
으로서 입법부, 행정부, 사법부의 장들이 모두 선출되었다.

〈표 22〉 초대 내각과 구성원

부서명	성명	소속정파	출신지역	비　　고
국무총리	이범석	민족청년단 단장	서울	
내무부	윤치영	한국민주당	서울	1948년 8월 2일 한국민주당 탈당 전 민주의원 비서국장
외무부	장택상		경북	남조선과도정부 수도경찰청장
국방부	이범석	민족청년단 단장	서울	
재무부	김도연	한국민주당	서울	
법무부	이　인		경북	남조선과도정부 대검찰청장
문교부	안호상		경남	서울대학교 교수
농림부	조봉암	무소속	경기	
상공부	임영신	여자국민당 당수	전북	중앙대학 학장
사회부	전진한	대한노총	경북	전 민통 노농부장
교통부	민희식		서울	남조선과도정부 운수부장
체신부	윤석구	무소속	충남	독립촉성국민회에 관여함
총무처	김병연	조선민주당		
공보처	김동성			합동통신사 사장
법제처	유진오		서울	고려대학교 교수
기획처	이순탁			

8월 2일에 국회에서 국무총리에 대한 임명을 승인하자, 조각본부에서
는 당일 저녁부터 각 부 장관을 결정발표하기 시작하였다. 먼저 재무부장
관에 김도연, 법무부장관에 이인, 농림부장관에 조봉암, 교통부장관에 민
희식이 발표되었다.[12] 3일 오후에는 내무부장관에 윤치영, 문교부장관에
안호상, 사회부장관에 전진한이 발표되었다. 4일 오후에는 외무부장관에
장택상, 상공부장관에 임영신, 체신부장관에 윤석구, 국방부장관(국무총리

---

11) 「1948년 8월 5일(목) 제40차 회의」, 大韓民國國會(編)(註 1), 755-758쪽.
12) 「財農交法長官 決定」 『東亞日報』(1948. 8. 4), 1면.

와 겸임)에 이범석, 공보처장에 김동성, 법제처장에 유진오가 임명발표되
었다.[13] 기획처장과 총무처장에 대해 5일에 각각 허정과 이교선이 발표되
었으나, 7일에 이순탁, 김병연이 변경되어 임명이 결정되었다. 이것으로
11부 3처의 장이 임명되었다.

조각인선과 관련하여 국회에서 미군정의 고관들을 등용하지 않을 것을
건의하였음에도 불구하고[14] 미군정 관리로 일했던 인사들이 등용되었다.

이상의 조각인선에 대해 '약체내각'이라고 칭하는 등 곳곳에서 불만을
토로하였다.[15] 부통령 이시영은 내각구성 때 이승만이 자기에게 아무런
사전협의를 하지 않은 것에 항의하여 첫 국무회의에 불참하였다.[16] 이러
한 그의 행동은 언론의 관심을 모았다. 이범석 국무총리의 인준에 찬성하
는 대신 내각의 절반이 자파 인사들로 구성될 것이라는 기대를 가지고 있
었던 한민당은 재무부장관 김도연만 입각하게 되자 불만을 가지게 되었
다. 그래서 8월 6일에 '신정부에 대하여 시시비비주의로써 임할 것'을 주
장하였다.[17] 같은 날 조선민주당에서도 모임을 갖고 "이번의 국무위원 구
성은 이승만이 이북인에 대한 약속을 어긴 것은 물론 비서진을 강화한 것
에 불과하며 적재적소의 인물 배치를 무시한 약체내각"이라고 비판하고
강력한 내각개조운동을 전개할 것을 다짐하였다.[18] 국회의원들 사이에서
는 정식으로 대한민국정부가 수립되기도 전에 헌법개정움직임을 보이기
도 하였다.[19]

13) 「長官 全員을 決定」『東亞日報』(1948. 8. 5), 1면.
14) 大韓民國國會(編)(註 1), 689-712쪽.
15) 「初代內閣과 各 政黨反響」『京鄕新聞』(1948. 8. 6), 1면; 「組閣完了와 各界評」
    『朝鮮日報』(1948. 8. 6), 1면.
16) 「組閣人選問題에 不滿, 李副統領 日間 辭職?」『京鄕新聞』(1948. 8. 6), 1면;
    「國務會議 不參: 李副統領 突然 水原에」『東亞日報』(1948. 8. 6), 1면.
17) 「南北統一, 民生解決에 專力하라」『東亞日報』(1948. 8. 7), 1면; 「是是非非主
    義로 本黨參加 一人뿐, 韓民新政府에 聲明」『서울신문』(1948. 8. 8), 1면; 「民
    主建國을 監視, 韓民黨談」『朝鮮日報』(1948. 8. 7), 1면.
18) 「弱體內閣 糾彈, 改造運動 展開」『東亞日報』(1948. 8. 8), 1면.

이러한 각계각층의 비판을 무마하기 위하여 8월 6일 제2차 국무회의에서는 김성수(한민당 대표), 이청천(대청 대표), 이윤영(이북 대표)을 무임소 국무위원으로 내정하고 취임을 교섭하였다. 처음에는 모두 거절하였으나, 계속된 교섭 끝에 이청천과 이윤영은 수락하였고 김성수는 끝까지 거절하였다.[20]

일본 식민지배로부터 해방을 맞이한지 3년이 되던 1948년 8월 15일에는 드디어 대한민국 정부의 수립이 선포되었다. 연합군총사령관 맥아더(Douglas MacArthur), 유엔한국임시위원단 각국 대표, 미군정 요인 등 각계각층의 인사들이 참석한 가운데 오세창의 사회로 선포식이 거행되었다. 마지막 식순으로 오세창의 선창으로 만세삼창을 하였고, 대한민국이 독립국가임을 세계만방에 알렸다.

정식으로 수립된 대한민국은 행정권 이양 등을 위하여 8월 16일부터 미국과 한미회의를 개최하였다. 그 결과 9월 11일에 정식조인식을 거행하게 되었다. 그 내용은 9월 13일 정오부터 미군정의 행정권이 대한민국 정부로 이양된다는 것이었다. 이러한 절차에 따라 13일에는 재무부와 상공부를 제외한 미군정의 모든 행정권이 대한민국정부로 이양되었다.[21] 같은 날 대한민국정부는 대통령령 제3호로 남조선과도정부기구의 인수에 관한 건을 발표하였다.

1948년 12월 12일에는 유엔 총회에서 대한민국이 한반도의 유일한 합법정부임을 가 48표, 부 6표, 기권 1표로 승인하였다. 이것으로서 대한민국은 국제적으로 완전한 자주독립국가임을 인정받게 되었다.

---

19) 「多大數 國會議員間에 憲法改正運動 展開」『東亞日報』(1948. 8. 13), 1면; 「內閣責任制로 轉換乎: 國會內에 憲法改正運動 擡頭」『朝鮮日報』(1948. 8. 12), 1면.

20) 「問題의 無任所國務委員 李靑天, 李允榮 兩氏 受諾」『京鄕新聞』(1948. 8. 13), 1면; 「無任所國務委員에 李靑天, 李允榮 兩氏」『東亞日報』(1948. 8. 13), 1면.

21) 「敵產까지 完全移讓」『東亞日報』(1948. 9. 14), 1면.

제5장 결론

일본의 오랜 식민지배를 받고 있던 우리나라는 연합국이 제2차 세계 대전을 승리함에 따라 해방을 맞이하게 되었다. 해방을 맞이한 해방공간에서는 조선총독부체제를 대체할 새로운 정부(국가)를 수립하여야 했다. 해방공간에서 이 문제를 가장 먼저 준비하고 실행에 옮긴 것은 일제하에서 건국동맹으로 활동한 여운형이었다. 그는 조선총독부와의 사전교섭을 통하여 해방 후의 치안유지를 담당하는 역할을 맡게 되었다. 해방이 되던 날에 여운형은 조선건국준비위원회를 결성하였고, 조직적으로 활동을 개시하였다. 조선건국준비위원회는 해방공간의 치안유지라는 역할을 넘어 하나의 국가, 즉 조선인민공화국(朝鮮人民共和國)으로 발전시켰다.

미국과 소련이 전후(戰後)문제를 처리하는 과정에서 해방공간을 분할 점령함으로써 남쪽 해방공간은 미국의 영향하에 놓이게 되었다. 미국은 남쪽 해방공간에 미군정청을 설치하였고, 남쪽 해방공간에는 오직 하나의 정부, 즉 미군정청만이 존재할 뿐이라고 하였다. 그리고 이미 존재하고 있던 조선인민공화국을 부인하였다.

모스크바 삼상회의에서는 한반도의 신국가 수립문제를 미소공동위원회를 통하여 해결한다는 결정을 하였다. 이후 한반도의 신국가 수립문제는 두 차례에 걸친 미소공동위원회에서 논의되었다. 한편 개인자격으로 귀국한 대한민국임시정부는 신탁을 내용으로 하는 모스크바 삼상회의가 국내에 전해지자 반탁시위를 전개하였고, 전국의 행정권 이양을 선언하는 포고를 발표 등 남쪽 해방공간에서 임시정부의 역할을 자임하였다. 이러한 대한민국임시정부의 활동은 미군정과 마찰을 빚기도 하였다.

대한민국임시정부 내무부장 신익희는 신국가 수립에 필요한 자료를 수집하고 연구하기 위하여 일제하의 고등문관시험 출신자들을 중심으로 1945년 12월에 행정연구위원회를 조직하였다. 행정연구위원회의 헌법분과위원회 위원들은 자주독립국가를 수립하기 위하여 1946년 1월 10일부터

헌법안 작성에 돌입하였고, 해방 후 첫 3·1절에 행정연구위원회안을 완료
하였다. 하지만 남쪽 해방공간의 신국가 수립문제가 미소공동위원회를 중
심으로 진행됨에 따라 행정연구위원회안은 책상서랍 신세가 되고 말았다.

제1차 미소공동위원회를 앞두고 북쪽 해방공간에서는 대표기관으로
북조선임시인민위원회(北朝鮮臨時人民委員會)를 수립하였다. 이에 미국
은 남쪽 해방공간의 대표기관을 설치할 필요성을 느꼈다. 그래서 이승만
이 이끌던 독립촉성중앙협의회와 대한민국임시정부가 중심이 되어 진행
되던 비상정치회의를 합쳐 비상국민회의로 전환하게 하였고, 비상국민회
의 최고정무위원회를 남조선대한국민대표민주의원으로 전환하여 개원하
게 하였다.

제1차 미소공동위원회가 개최되는 동안 민주의원에서는 미군사령관
하지의 후원을 받아가면서 임시정부를 수립하기 위한 헌법안을 작성하였
다. 헌법안 작성에는 대한민국임시정부 측과 한민당 측 인사들이 참여하
였다. 당시 한민당은 대한민국임시정부봉대론을 내세우며, 정치의 주변부
에 머물러 있었다. 이러한 상황하에서 마련된 초기의 헌법안은 대한민국
임시정부 측의 주장이 많이 반영되었다. 이에 한민당은 불만을 토로하였
고, 미군정은 그 헌법안을 채택하지 않았다. 민주의원에서는 헌법안을 다
시 작성할 수 밖에 없었고, 최종적으로 작성된 민주의원안은 대한민국임
시정부 측과 한민당 측의 주장이 절충된 형태로 탄생되었다. 민주의원에
서의 헌법논의 이전에, 대한민국임시정부를 중심으로 한 비상국민회의에
서는 이미 임시정부를 수립하기 위한 헌법안을 마련하려고 계획하고 있
었다. 비상국민회의 헌법분과위원회에서는 대한민국임시정부헌장을 계승
하고 세계 각국의 헌법을 참고하여 작성한다는 방침을 세우고 헌법안 작
성을 위한 회의를 진행하였다. 그러나 이후 비상국민회의의 최고정무위원
회가 민주의원으로 전환됨에 따라 비상국민회의에서의 헌법논의는 민주
의원과 함께 진행되었다.

1946년 5월 초에 제1차 미소공동위원회가 아무런 결론없이 무기휴회

를 하자 국내정국은 대한민국임시정부봉대론, 남한단독정부수립론, 좌우
합작위원회로 분화되었다. 미소공동위원회를 통한 해방공간의 신국가 수
립문제가 마무리되지 않은 상황에서 대한민국임시정부봉대론과 남한단독
정부수립론은 미국을 당황하게 만들었다. 그래서 미국은 새로운 대안을
모색하지 않을 수 없었는데, 그 대안은 바로 좌우합작위원회를 지원하여
남조선과도입법의원을 개원하는 것이었다. 그것은 또한 제1차 미소공동
위원회를 앞두고 개원한 민주의원이 우익통합기구로 전락하였기 때문에,
그것을 대체한다는 의미도 지녔다.

입법의원이 개원하기 전에 이승만은 김구와의 합의하에 남한단독정부
수립을 주장하기 위하여 미국으로 떠났다. 입법의원이 개원하자 한민당을
중심으로 반탁결의안이 제출되어 가결되었다. 입법의원 밖에서는 김구를
중심으로 한 대한민국임시정부가 반탁시위를 전개하였다. 국내정국이 이
렇게 흘러가고 있는 동안, 입법의원에서는 행정조직법기초위원회안을 시
작으로 남조선과도약헌안, 임시헌법기초위원회안이 상정되어 심의되었
다. 그리고 보선법과 반민족자처벌법도 논의되었다. 세 헌법안은 각각 대
한민국임시정부봉대론, 남한단독정부수립론, 남북을 통한 임시정부수립
론과 연결되어 있었다. 특히 남조선과도약헌안을 수정한 수정안과 임시헌
법기초위원회안, 보선법과 반민족자처벌법을 놓고 한민당과 중간파간에
논쟁이 진행되었다. 그러는 동안 제2차 미소공동위원회가 1947년 5월에
재개되었다.

제2차 미소공동위원회에서는 각 정당과 사회단체에게 임시정부 수립
과 관련된 공동결의 제5호, 제6호의 질의에 대한 답신안을 제출하게 하였
다. 이에 각 정당과 사회단체는 답신안을 마련하여 제출하였다. 답신안의
제출마감일이 지난 7월 7일에 입법의원에는 수정안과 임시헌법기초위원
회안을 가지고 법제사법위원회와 임시헌법기초위원회가 연석회의를 통하
여 작성한 절충안이 상정되었다. 그러나 이미 한민당이 중심이 되어 추진
하던 보선법이 통과된 상태였기 때문에, 절충안에 대한 심의는 정족수 미

달로 진행되지 못하는 날이 많았다. 그 결과 상정된지 거의 한 달이 지난 8월 6일에야 제2독회를 끝낼 수 있었다. 절충안은 제2독회가 진행되는 도중에 조선임시약헌안으로 법안명이 변경되었다. 제2독회 이후 자구를 수정한 조선임시약헌은 보선법과 함께 공포될 예정이었다. 당시 미국은 해방공간의 신국가 수립문제가 미소공동위원회를 통하여 해결되기 어렵다고 판단하였고, 이 문제를 유엔으로 이관할 것을 결정하였다. 이에 따라 미군정장관은 조선임시약헌의 인준을 보류하였다. 그 결과 조선임시약헌은 효력을 발생할 수 없게 되었다.

해방공간의 신국가 수립문제가 유엔으로 이관되자, 국내정국은 통일정부수립론과 남한단독정부수립론으로 양분되었다. 그러한 분위기 속에서 미군정 사법부는 법전기초위원회를 조직하여 헌법논의를 진행하였다. 법전기초위원회의 위원으로 임명된 유진오는 법전기초위원회를 위하여 1947년 겨울부터 헌법안 작성을 시작하였다. 유엔은 해방공간에 한국임시위원단을 파견하였다. 그러나 소련은 유엔 한국임시위원단이 북쪽 해방공간에 들어가는 것을 거부하였다. 이후 많은 논란 끝에 유엔은 선거가 가능한 남쪽 해방공간에서만 총선거를 통하여 신국가를 수립하기로 결의하였다. 국내외 정세가 남한단독정부 수립 쪽으로 흘러가자 이승만, 한민당, 신익희는 헌법안 작성을 위하여 물밑작업을 추진하였다. 그래서 그동안 각각 헌법안을 작성하고 있었던 행정연구위원회 위원들과 유진오가 만나게 되었다. 행정연구위원회 위원들과 유진오는 공동으로 남한단독정부 수립에 필요한 헌법안을 제헌국회 개원일에 완료하였다.

1948년 5월 10일 총선거는 좌익의 방해와 김구, 김규식 등 통일정부수립론의 세력들이 불참한 가운데 성공적으로 치러졌고, 이승만, 한민당, 신익희 측 사람들이 다수 당선되었다. 1948년 국회는 입법기관뿐만 아니라 헌법제정기관의 역할까지 담당하고 있었기 때문에, 국회가 개원하자 국회 내에 헌법기초위원회가 조직하여 헌법안 작성을 진행하였다. 이미 행정연구위원회 위원들과 유진오를 통하여 헌법안을 마련한 이승만, 한민당, 신익희는 공동안을 국회에 제출하였다. 이 헌법안에 대해 한민당계 기초위 원들은 찬성하였고, 비한민당계 기초위원들은 광범한 수정을 요구하였다. 그러한 분위기 속에서 전문위원인 권승렬은 또 다른 헌법안, 즉 권승렬안 을 제출하였는데, 그것은 비한민당계 기초위원들의 지지를 받았다. 권승 렬안이 제출되기 전의 분위기는 국회 헌법기초위원회에서 공동안을 중심 으로 헌법안이 작성될 것으로 예상되었다. 그러한 상황에서 권승렬안의 등장으로 전문위원들 사이에서는 헌법안을 어떻게 작성할 것인가를 두고 논란이 있었다. 전문위원들은 이 문제를 헌법기초위원회에서 결정하는 것 으로 합의하였다. 헌법기초위원회에서는 공동안을 원안으로 하고 권승렬 안을 참고안으로 하여 헌법안을 작성하기로 결정하였다.

헌법기초위원회는 6월 3일부터 6월 22일까지 총 16회에 걸쳐 회의를 진행하였다. 그 과정에서 한민당계와 비한당계 기초위원들간, 헌법기초위 원회와 이승만간의 대립이 있었다. 그와 같은 대립이 타협하여 국회 헌법 기초위원회안이 탄생하였다. 이 헌법안은 6월 23일 국회 본회의에 상정되 어 6월 26일부터 7월 12일까지 심의가 진행되었다. 국회 본회의에는 많은 수정안이 제출되었지만 그것들은 정세론에 파묻혀 버렸고, 국회 헌법기초 위원회안은 별다른 변경없이 7월 12일에 대한민국헌법으로 제정되었다. 이것으로 해방 후 3년 동안 신국가 수립을 위하여 진행되었던 헌법논의는 마무리되었다. 7월 17일에는 이승만 국회의장이 대한민국헌법에 서명·공 포함으로써 효력을 발생할 수 있게 되었다. 이 헌법에 기초하여 1948년 8월 15일에 신생독립국가인 대한민국이 탄생하게 되었다. 1948년 12월 12일에는 유엔 총회에서 대한민국이 한반도의 유일한 합법정부임을 승인 하였다. 유엔의 승인으로 대한민국은 국제적으로 완전한 자주독립국가임 을 인정받게 되었다.

이상과 같이 일본 식민지배로부터의 해방은 한반도에 신국가 수립의 과제를 안겨주었다. 1948년 8월 15일에 대한민국이 수립되기까지 해방 후 3년은 어떠한 국가를 수립할 것인가, 어떠한 방법으로 수립할 것인가가 논의되었던 시기였다. 입헌주의가 정립된 이후로 국가의 수립은 헌법의 제정을 통하게 된다는 인식을 가지고 있었던 건국을 준비하던 사람들은 신국가 수립을 위하여 자신들의 헌정구상을 담은 헌법안을 마련하였다.

해방 후 3년의 시기 동안 작성된 많은 헌법안들은 국내외의 정세와 제정주체가 누구인가에 따라 그 내용이 달랐다. 그러나 모든 헌법안에서 '民主共和國'과 '國民主權'을 규정하고 있다. 즉 해방 후의 신국가 수립논의에서 입헌군주국(立憲君主國)을 규정하고 있는 헌법안은 찾아 볼 수 없다. 이것은 우리나라 헌법제정사에서 중요한 부분이다. 이것을 설명할 수 있는 이유에는 여러 가지가 있을 수 있지만, 제일 중요한 것은 대한민국임시정부의 입헌주의적 전통(立憲主義的 傳統)이 해방 후의 신국가 수립논의에 강한 영향을 미쳤기 때문이라고 할 수 있다. 1948년 대한민국헌법이 제정되기까지의 헌법안의 체계와 내용을 비교분석해 보면, 대한민국임시정부헌장(1944년 4월 22일)→민주의원안→임시헌법기초위원회안→조선임시약헌→헌법개정요강, 유진오안→공동안, 권승렬안→국회 헌법기초위원회안→1948년 대한민국헌법으로 계승되고 있음을 알 수 있다. 그리고 헌법기초자들이 참고한 세계 각국의 헌법도 우리나라 헌법제정에 영향을 미쳤지만, 대한민국헌법의 기본체계는 대한민국임시정부의 헌법에서 영향을 받은 것이라고 할 수 있다.

대한민국헌법은 헌법제정주체가 우익에 편중되는 등 다양한 세력의 의견을 제대로 반영시킬 수 없었던 점, 국회 헌법기초위원회에서 이승만의 강한 영향으로 정부형태가 무체계적으로 변경된 점, 정세론에 입각하여 국회 본회의의 토론과정이 많이 생략된 점 등의 문제점을 내포한 속에 탄생되었다. 그러나 대한민국임시정부를 통해 싹트기 시작한 입헌주의에 대한 출발을 선언하였다는 점에서 의의가 있다. 대한민국헌법에 기초한 대한민국의 수립은 미소냉전과 국내 세력들의 분열로 인하여 통일된 국가로 수립되지 못한 한계를 가지고 있지만, 한반도에 자유민주주의의 꽃이 필 수 있는 계기를 마련하였다는 점에서 의의를 찾을 수 있을 것이다.

〈표 26〉 바이마르헌법·중화민국헌법초안·행정연구위원회안의 주요내용 비교

헌법(안) 주요내용	바이마르헌법	중화민국헌법초안	행정연구위원회안
시기	1919.8.11.(시행일)	1936.5.5.(선포일)	1946.3.1.(완성일)
전문유무	○	○	×
편제	제1편 라이히의 구성과 권한 제1장 라이히와 각주 제2장 라이히의회 제3장 라이히대통령과 라이히정부 제4장 라이히상원 제5장 라이히입법 제6장 라이히행정 제7장 사법 제2편 독일인의 기본권과 기본의무 제1장 개인 제2장 공동체생활 제3장 종교와 종교단체 제4장 교육과 학교 제5장 경제생활 경과규정 및 부칙 총 181조	제1장 총강 제2장 인민의 권리의무 제3장 국민대회 제4장 중앙정부 제1절 총통 제2절 행정원 제3절 입법원 제4절 사법원 제5절 고시원 제6절 감찰원 제5장 지방제도 제1절 성 제2절 현 제3절 시 제6장 국민경제 제7장 교육 제8장 헌법의 시행 및 수정 총 148조	제1편 국가의 조직 제1장 국가 제2장 국회 제3장 대통령과 정부 제1절 대통령 제2절 내각 제3절 회계검사원과 고사원 제4장 사법기관 제2편 국민의 권리의무 제1장 국민 제2장 교육 제3장 경제생활 부칙 총 88조
정부형태	내각책임제(이원정부제)	대통령제	내각책임제(이원정부제)
대통령·부통령·국무총리	부통령 ×	○	○
대통령 선출방식	직선	직선	직선
대통령의 권한대행 순서	대통령→수상→ 법률로 정한 자	총통→부총통→ 행정원원장	대통령→부대통령→ 국무총리
국회구성	양원제	단원제	양원제
위헌법률 심사제도	×	○	×
지방자치 제도	연방제도	○	×

참 고 문 헌

Ⅰ. 국내문헌

1. 1차 자료

1) 일반자료

(1) 단행본

高麗大學校 中央圖書館(編), 『高麗大學校藏書目錄 第25輯: 玄民文庫目錄』, 서울: 高麗大學校出版部, 1991.

국사편찬위원회(편), 『해외사료총서6: 러시아연방국방성중앙문서보관소 소련 군정문서, 남조선 정세 보고서 1946-1947』, 과천: 국사편찬위원회, 2003.

국사편찬위원회(편), 『쉬띄꼬프 일기: 1946-1948』, 과천: 국사편찬위원회, 2004.

國際問題調査研究所(編), 『各國憲法典』, 서울: 國際問題調査研究所, 1980.

國會報編輯委員會(編), 『國會報』 第20號, 서울: 大韓民國民議院事務處, 1958. 7. 15.

國會選擧委員會(編), 『國會議員當選人及候補者名簿』

國學振興研究事業推進委員會(編), 『韓國獨立運動史資料集: 趙素昂篇(三)』, 城南: 韓國精神文化研究院, 1997.

國學振興研究事業推進委員會(編), 『韓國獨立運動史資料集: 趙素昂篇(四)』, 城南: 韓國精神文化研究院, 1997.

金俊淵(編), 『韓國民主黨小史』, 서울: 韓國民主黨宣傳部, 1948. 9.

金哲洙(編), 『(增補版) 立法資料敎材 憲法』, 서울: 博英社, 1980/ 1985.

大韓民國國會(編), 『南朝鮮過渡立法議院速記錄』, 서울: 先仁文化社(영인본), 1999.

大韓民國國會(編), 『制憲國會速記錄 ①』, 서울: 先仁文化社(영인본), 1999.

大韓民國國會圖書館(編), 『大韓民國 臨時政府議政院文書』, 서울: 大韓民國國會圖書館, 1974.

大韓民國臨時政府 宣傳部(編), 『大韓民國臨時政府에 關한 參考文件 第一 輯』, 1946. 2. 1.

대한민국임시정부자료집 편찬위원회(편), 『대한민국임시정부자료집 1: 헌법·공보』, 과천: 국사편찬위원회, 2005.

대한민국임시정부자료집 편찬위원회(편), 『대한민국임시정부자료집 2: 임시의정원 I (홍진 기증자료)』, 과천: 국사편찬위원회, 2005.

대한민국임시정부자료집 편찬위원회(편), 『대한민국임시정부자료집 3: 임시의정원 II (홍진 기증자료)』, 과천: 국사편찬위원회, 2005.

대한민국임시정부자료집 편찬위원회(편), 『대한민국임시정부자료집 4: 임시의정원 III (홍진 기증자료)』, 과천: 국사편찬위원회, 2005.

대한민국임시정부자료집 편찬위원회(편), 『대한민국임시정부자료집 5: 임시의정원 IV (홍진 기증자료)』, 과천: 국사편찬위원회, 2005.

대한민국임시정부자료집 편찬위원회(편), 『대한민국임시정부자료집 6: 임시의정원 V (홍진 기증자료)』, 과천: 국사편찬위원회, 2005.

도산안창호선생기념사업회·도산학회(편), 『미주 국민회 자료집: 제21권 대한민국임시정부 및 기타 단체·중국 발간 자료』, 서울: 景仁文化社, 2005.

독립기념관·한국독립운동사연구소(편), 『한국독립운동사자료총서 제19집: 大韓民國臨時政府公報』, 천안, 2004.

『美軍政廳 官報』, 서울: 原主文化社(영인본), 1993.[1]

民主主義民族戰線宣傳部(編), 『議事錄: 民主主義民族戰線結成大會』, 서울: 朝鮮精版社, 1946. 2. 25.

民主主義民族戰線(編), 『朝鮮解放年報 一九四六年版』, 京城: 文友印書舘, 1946. 10.

朴熙永(編), 『解放以後 朝鮮內主要日誌』, 京城: 現代文化프린트社, 1946. 8.

法制處法制調查局(編), 『法制資料 第一輯: 現行各國憲法典』, 서울: 法制處 法制調查局, 1949.

北朝鮮民主主義民族統一戰線 中央委員會 書記局(編), 『쏘美共同委員會에

---

1) United States Army Military Government in Korea(USAMGIK), 『OFFICIAL GAZETTE』 Vol. No. 1 Sept. 1945-Sept. 1946 Part. 1; Vol. No. 2 Sept. 1945-Sept. 1946 Part. 2; Vol. No. 3 Oct. 1946-Sept. 1947; Vol. No. 4 Oct. 1947-Aug. 1948을 영인한 자료이다.

關한 諸般資料集』, 1947. 金南植·李庭植·韓洪九(엮음), 『韓國現代史 資料叢書 13(1945-1948)』, 서울: 돌베개, 1986.

司法部法律調查局(編), 『各國憲法叢輯 上卷 1』, 발행일미상(1947년 5월 10일 추정)

司法部法律調查局(編), 『各國憲法叢輯 上卷 2』, 발행일미상(1947년 5월 10일 추정)

司法部法律調查局(編), 『各國憲法叢輯 下卷 1』, 발행일미상(1947년 5월 10일 추정)

司法部法律調查局(編), 『各國憲法叢輯 下卷 2』, 발행일미상(1947년 5월 10일 추정)

三均學會(編), 『素昂先生文集』(上·下), 서울: 횃불사, 1979.

서울大學校 韓國敎育史庫(編), 『韓國政黨史·査察要覽』, 1994.

서재권, 『國民運動史』(미간행유고).

신문(『京鄕新聞』, 『大東新聞』, 『東亞日報』, 『法律新聞』, 『서울신문』, 『自由新聞』, 『朝鮮日報』, 『現代日報』 등).

雩南李承晩文書編纂委員會(編), 『梨花莊 所藏 雩南李承晩文書 東文篇 第十三卷: 建國期 文書 1』, 서울: 中央日報社/ 延世大學校 現代韓國學研究所, 1998.

雩南李承晩文書編纂委員會(編), 『梨花莊 所藏 雩南李承晩文書 東文篇 第十四卷: 建國期 文書 2』, 서울: 中央日報社/ 延世大學校 現代韓國學研究所, 1998.

雩南李承晩文書編纂委員會(編), 『梨花莊 所藏 雩南李承晩文書 東文篇 第十五卷: 建國期 文書 3』, 서울: 中央日報社/ 延世大學校 現代韓國學研究所, 1998.

林命三(譯), 『UN朝鮮委員團報告書』, 서울: 國際新聞社出版部, 1949.

임승남(편), 『駐韓美軍史 1』, 서울: 돌베개(영인본), 1988.[2]

임승남(편), 『駐韓美軍史 2』, 서울: 돌베개(영인본), 1988.

임승남(편), 『駐韓美軍史 3』, 서울: 돌베개(영인본), 1988.

『在南朝鮮美軍政廳年鑑』(1945년 9월 7일-1946년 12월 31일), 발행처·발행일 미상[3]

---

2) United States Armed Forces in Korea(USAFIK), 『History of the United States Armed Forces in Korea』를 영인한 자료이다.

鄭珪鉉(編), 『새한판프레트 第一輯: 臨時政府樹立大綱-美蘇共委諮問案答申集』, 서울: 새한민보社, 1947. 8.

鄭時遇(編), 『獨立과 左右合作』, 서울: 三義社, 1946. 11. 20.

鄭容郁(編), 『解放直後 政治·社會史 資料集 第十一卷: 과도입법의원 자료집(1)』, 서울: 다락방(영인본), 1994.

鄭容郁·李吉相(編), 『解放前後 美國의 對韓政策史 資料集·6: 美蘇共同委員會 資料(1)』, 서울: 다락방(영인본), 1995.

鄭容郁·李吉相(編), 『解放前後 美國의 對韓政策史 資料集·7: 美蘇共同委員會 資料(2)』, 서울: 다락방(영인본), 1995.

鄭容郁·李吉相(編), 『解放前後 美國의 對韓政策史 資料集·8: 美蘇共同委員會 資料(3)』, 서울: 다락방(영인본), 1995.

鄭容郁·李吉相(編), 『解放前後 美國의 對韓政策史 資料集·9: 美蘇共同委員會 資料(4)』, 서울: 다락방(영인본), 1995.

鄭宗燮(校勘·編), 『韓國憲法史文類』, 서울: 博英社, 2002.

朝鮮産業勞働調査所(譯編), 『쏘聯邦憲法』, 京城: 우리文化社, 1945. 11.

趙一文(譯註), 『韓國獨立運動文類』, 서울: 建國大學校 出版部, 1976.

중앙일보 현대사연구소(편), 『現代史資料叢書 1: 美軍 CIC 情報 報告書 1』, 서울: 선인문화사(영인본), 1996.

崔鍾健(譯編), 『大韓民國 臨時政府文書輯覽』, 서울: 知人社, 1976.

秋憲樹(編), 『資料 韓國獨立運動 第二卷』, 서울: 延世大學校出版部, 1972.

韓國法制研究會(編), 『美軍政法令總覽: 國文版』, 서울: 韓國法制研究會, 1971.

韓國法制研究會(編), 『美軍政法令總覽: 英文版』, 서울: 韓國法制研究會, 1971.

한국 자료개발원(편), 『美 國務省 韓國關係 文書 INTERNAL AFFAIRS OFKOREA 1945-1949 (Ⅰ)』, 서울: 아름출판사(영인본), 1995.

한국 자료개발원(편), 『美 國務省 韓國關係 文書 INTERNAL AFFAIRS OFKOREA 1945-1949 (Ⅸ)』, 서울: 아름출판사(영인본), 1995.

한국 자료개발원(편), 『美 國務省 韓國關係 文書 INTERNAL AFFAIRS OFKOREA 1945-1949 (Ⅹ)』, 서울: 아름출판사(영인본), 1995.

한림대학교 아시아문화연구소(편), 『美軍政期情報資料集: 법무국·사법부의 법해석 보고서(1946. 3-1948. 8)』, 춘천: 한림대학교 출판부(영인본), 1997.

---

3) 내용으로 보아 미군정청의 관련 기관에서 작성된 것 같다.

韓詩俊(編), 『大韓民國臨時政府法令集』, 서울: 國家報勳處, 1999.

咸尙勳(編), 『臨時政府樹立大綱』, 서울: 臨時政府樹立對策協議會, 1947. 7. 8.

(2) 단행본 이외

① 사법부

「【法政 뉴-스】 法制編纂委員會 分委設置」 『法政』 第二卷 第十一號, 1947. 11.

「一九四七年 中 司法部 重要行事」 『法政』 第三卷 第一號, 1948. 1.

編輯部, 「【法政資料】 朝鮮法制編纂委員會起草要綱(一): 憲法改正要綱」 『法政』 第三卷 第六號, 1948. 6.

編輯部, 「【法政資料】 國會憲法起草委員會에서 決定한 憲法草案에 對한 異見(大法院側)」 『法政』 第三卷 第八號, 1948. 8. 1.

編輯部, 「【法政資料】 司法機構獨立에 關한 建議(大法院側)」 『法政』 第三卷 第八號, 1948. 8. 1.

「法典編纂委員會(分科委員會事務分掌)」 『法政』 第三卷 第十號, 1948. 10.

② 독립촉성국민회

「獨立促成中央協議會·非常國民大會」, 雩南李承晩文書編纂委員會(編), 『梨花莊所藏 雩南李承晩文書 東文篇 第十三卷: 建國期 文書 1』, 서울: 中央日報社/ 延世大學校 現代韓國學研究所, 1998.

「Summary of Recent Information Concerning the National Society for Rapid-Realization of Independence」, 鄭容郁(編), 『第五卷 解放直後政治·社會史資料集: 政黨·社會團體 資料(2)』, 서울: 다락방(영인본), 1994.[4]

「SUMMARY OF RECENT INFORMATION CONCERNING THE NATIONAL-SOCIETY FOR RAPID REALIZATION OF INDEPENDENCE」, 申福龍(編), 『韓國分斷史資料集 Ⅵ』, 서울: 原主文化社(영인본), 1993.[5]

「The national society for rapid realization of independence」, 鄭容郁(編), 『第五卷 解放直後政治·社會史資料集: 政黨·社會團體 資料(2)』, 서울: 다락방(영인본), 1994.[6]

---

4) 513-530쪽.
5) 209-214쪽.

「기타 관련 자료」, 申福龍(編), 『韓國分斷史資料集 Ⅵ』, 서울: 原主文化社
　　　(영인본), 1993.[7]

③ 비상국민회의
「非常國民會議組織大綱」, 國學振興硏究事業推進委員會(編), 『韓國獨立
　　　運動史資料集: 趙素昂篇(四)』, 城南: 韓國精神文化硏究院, 1997.
「議事規程: 비상국민회의 의사규정」, 國學振興硏究事業推進委員會(編), 『韓
　　　國獨立運動史資料集: 趙素昂篇(四)』, 城南: 韓國精神文化硏究院,
　　　1997.
「緊急決議: 비상국민회의 최고정무위원회 員數와 선정을 이승만과 김구에게
　　　일임하는 건(1946. 2. 1)」, 國學振興硏究事業推進委員會(編), 『韓國
　　　獨立運動史資料集: 趙素昂篇(四)』, 城南: 韓國精神文化硏究院, 1997.
「非常國民會議委員名簿」, 國學振興硏究事業推進委員會(編), 『韓國獨立
　　　運動史資料集: 趙素昂篇(四)』, 城南: 韓國精神文化硏究院, 1997.
李康國, 「非常國民會議의 解剖」 『新世代』 第一卷 第二號, 1946. 5. 10.

④ 정치공작대·정치위원회
「第一回 政治工作隊及政治委員會各道代表大會(1946. 3. 27과 28)」, 國學
　　　振興硏究事業推進委員會(編), 『韓國獨立運動史資料集: 趙素昂篇
　　　(四)』, 城南: 韓國精神文化硏究院, 1997.
「第一回 政治工作隊及政治委員會全國大會報告集」, 國學振興硏究事業推
　　　進委員會(編), 『韓國獨立運動史資料集: 趙素昂篇(四)』, 城南: 韓國
　　　精神文化硏究院, 1997.
金明浩(역), 「1946년 김일성 암살기도사건 眞相: 대한의열단원 김정의 審問
　　　調書」 『세계와나』 제6권 제8호, 1994. 8.

⑤ 이승만과 남한과도정부(임시정부) 구상
「A SOLUTION OF THE KOREAN PROBLEM by Syngman Rhee(1947. 2. 14)」,
　　　한국 자료개발원(편), 『美 國務省 韓國關係 文書 INTERNAL AFFAIRS
　　　OF KOREA 1945-1949 (Ⅸ)』, 서울: 아름출판사(영인본), 1995.[8]

---

6) 531-539쪽.
7) 215-221쪽.

「Supporting Brief for Proposed Interim Government for South Korea by Emery J. Woodall(1947. 2. 14)」, 한국 자료개발원(편), 『美 國務省 韓國關係 文書 INTERNAL AFFAIRS OF KOREA 1945-1949 (Ⅸ)』, 서울: 아름출판사(영인본), 1995.9)

「Mr. Williams, Mr. Woodall's "Supporting Brief for Proposed Interim Government for South Korea"(1947. 2. 19)」, 한국 자료개발원(편), 『美 國務省 韓國關係 文書 INTERNAL AFFAIRS OF KOREA 1945-1949 (Ⅸ)』, 서울: 아름출판사(영인본), 1995.10)

「Political Program for Korea(1947. 2. 20)」, 한국 자료개발원(편), 『美 國務省 韓國關係 文書 INTERNAL AFFAIRS OF KOREA 1945-1949 (Ⅰ)』, 서울: 아름출판사(영인본), 1995.11)

⑥ 남조선과도입법의원과 헌법안

「Temporary Constitution of Korea(1947. 9. 3)」, 한국 자료개발원(편), 『美 國務省 韓國關係 文書 INTERNAL AFFAIRS OF KOREA 1945-1949 (Ⅹ)』, 서울: 아름출판사(영인본), 1995.12)

「Temporary Constitution of Korea(1947. 12. 10)」, 한국 자료개발원(편), 『美國 務省 韓國關係 文書 INTERNAL AFFAIRS OF KOREA 1945-1949 (Ⅹ)』, 서울: 아름출판사(영인본), 1995.13)

「Temporary Constitution of Korea(1947. 12. 15)」, 한국 자료개발원(편), 『美國 務省 韓國關係 文書 INTERNAL AFFAIRS OF KOREA 1945-1949 (Ⅹ)』, 서울: 아름출판사(영인본), 1995.14)

「EXAMINATION OF "INTERIM CONSTITUTION" AND "ADMINISTRATION OF GOVERNMENT" BILLS NOW BEFORE THE LEGISLATURE」(서울大學校 法學研究所 한국헌정사연구회 복사본)

「Excerpts from Charles Pergler, Dept. of Justice, M.G., to the Commanding

---

8) 103-106쪽.
9) 107-117쪽.
10) 133쪽.
11) 169-175쪽.
12) 144-155쪽.
13) 159-167쪽.
14) 168-169쪽.

General, dtd. 20 March, 1947, SUBJ: Interim Constitution in Korea」, 『RG554(332)/ B37』(서울大學校 法學硏究所 한국헌정사연구회 복사본)15)

⑦ 1948년헌법과 헌법안

「Telegram: Seoul→Secretary of State(1948. 6. 14)」, 한국 자료개발원(편), 『美 國務省 韓國關係 文書 INTERNAL AFFAIRS OF KOREA 1945-1949 (Ⅹ)』, 서울: 아름출판사(영인본), 1995.16)

「International Legal Aspects of the Draft Constitution by Ernst Fraenkel (1948. 6. 30)」『RG554/ EA1-1403/ B306-4』(서울大學校 法學硏究所 한국헌정사연구회 복사본)17)

「Comments of Dr. Charles Pergler on New Korean Constitution(1948. 7. 16)」, 한국 자료개발원(편), 『美 國務省 韓國關係 文書 INTERNAL AFFAIRS OF KOREA 1945-1949 (Ⅹ)』, 서울: 아름출판사(영인본), 1995.18)

「Dr. Ernst Fraenkel's Comments on Govt. Organization Law(1948. 7. 23)」, 한국 자료개발원(편), 『美 國務省 韓國關係 文書 INTERNAL AFFAIRS OF KOREA 1945-1949 (Ⅸ)』, 서울: 아름출판사(영인본), 1995.19)

「Government Organization Law by Charles Pergler(1948. 7. 26)」, 『RG554/ EA1-1403/ B306-4』(서울大學校 法學硏究所 한국헌정사연구회 복사본)20)

「Dean Pergler's Views on the Recognition of the Republic of Korea(1948. 8. 2)」, 한국 자료개발원(편), 『美 國務省 韓國關係 文書 INTERNAL AFFAIRS OF KOREA 1945-1949 (Ⅸ)』, 서울: 아름출판사(영인본), 1995.21)

「Economic Provisions of the Constitution of the Republic of Korea and the Government Organization Law(1948. 8. 3)」, 한국 자료개발원(편), 『美 國務省 韓國關係 文書 INTERNAL AFFAIRS OF KOREA

---

15) 43쪽.
16) 223-224쪽. 헌법안에 대한 논평이다. 대한민국헌법 번역문은 225-256쪽.
17) 29-32쪽.
18) 257-268쪽.
19) 505쪽.
20) 12-15쪽.
21) 587-590쪽.

1945-1949 (Ⅹ)』, 서울: 아름출판사(영인본), 1995.[22)]

⑧ 기타

「憲法이 制定되기까지의 諸資料」『國會報』第20號, 1958. 7. 15.

「자료중심: 정부가 수립되기까지」『朝鮮日報』, 1959. 8. 8.-10. 13.

「韓國獨立黨中央黨部各部會幹部名單」, 國學振興硏究事業推進委員會(編), 『韓國獨立運動史資料集: 趙素昻篇(四)』, 城南: 韓國精神文化硏究院, 1997.

「韓國獨立黨中央部署」, 國學振興硏究事業推進委員會(編), 『韓國獨立運動史資料集: 趙素昻篇(四)』, 城南: 韓國精神文化硏究院, 1997.

「左右合作委員會議事規程」, 國學振興硏究事業推進委員會(編), 『韓國獨立運動史資料集: 趙素昻篇(四)』, 城南: 韓國精神文化硏究院, 1997.

「韓國民主黨決議文: 대한민국임시정부 이외에 다른 단체와 행동을 배격함(1945. 9. 8)」, 國學振興硏究事業推進委員會(編), 『韓國獨立運動史資料集: 趙素昻篇(四)』, 城南: 韓國精神文化硏究院, 1997.

「韓國民主黨綱領政策」, 國學振興硏究事業推進委員會(編), 『韓國獨立運動史資料集: 趙素昻篇(四)』, 城南: 韓國精神文化硏究院, 1997.

「國民大會準備會趣旨書(1945. 9. 7)」, 國學振興硏究事業推進委員會(編), 『韓國獨立運動史資料集: 趙素昻篇(四)』, 城南: 韓國精神文化硏究院, 1997.

「南朝鮮過渡約憲提出理由(1947. 2. 28)」, 國學振興硏究事業推進委員會(編), 『韓國獨立運動史資料集: 趙素昻篇(四)』, 城南: 韓國精神文化硏究院, 1997.

「쏘米共委 南朝鮮 主要 反動政黨의 答申比較」, 國史編纂委員會(編), 『北韓關係史料集 ⅩⅣ』, 1992.

2) 기관사류

監査院(編), 『監査院史』, 1973.

監査院(編), 『監査五十年史』, 1998.

大檢察廳(編), 『韓國檢察史』, 1976.

---

22) 271-276쪽.

大韓民國國會事務處(編), 『國會史(制憲國會, 第2代國會, 第3代國會)』, 1971.

大韓民國國會事務處(編), 『國會史(制憲國會⇔第6代國會 資料編)』, 1971.

大韓民國國會事務處(編), 『大韓民國國會五十年史』, 1998.

大韓辯護士協會(編), 『韓國辯護士史』, 1979.

大韓辯護士協會(編), 『大韓辯協五十年史』, 2002.

法務部史 編纂委員會(編), 『法務部史』, 法務部, 1988.

法院行政處(編), 『韓國法官史』, 서울: 六法社, 1981.

法院行政處(編), 『法院史』, 1995.

法院行政處(編), 『法院史(資料集)』, 1995.

法制處(編), 『法制處史』, 1983.

法制處(編), 『法制處四十年史』, 1988.

서울地方檢察廳(編), 『서울地方檢察史』, 1985.

서울地方辯護士會(編), 『서울地方辯護士會八十年史』, 1989.

中央選擧管理委員會(編), 『大韓民國選擧史(1968年 增補版)』, 1964/ 1968.

韓國國會人物史編纂會(編), 『歷代國會議員總覽(制憲國會-第11代國會)』, 서울: 租稅公論社, 1983.

3) 자서전·회고록·평전·전기류 등

(1) 단행본

康秀雄, 『民事裁判의 解剖: 記者가 본 裁判의 理想과 實際』, 서울: 韓國司法行政學會, 1982.

金鳳基·徐容吉(編), 『愛山餘適 第一輯』, 서울: 世文社, 1961.

김진배, 『가인김병로』, 서울: 三和印刷株式會社, 1983.

김학준, 『가인 김병로 평전: 민족주의적 법률가, 정치가의 생애』, 서울: 민음사, 1988/ 2001.

桂哲淳, 『四柱: 내가 지낸 이야기』, 대구: 中外出版社, 1987.

고재호, 『法曹半百年: 고재호 회고록』, 서울: 박영사, 1985.

郭尙勳·宋堯讚·尹潽善·李範奭·李在鶴·張建相·張勉·張澤相·許政, 『事實의 全部를 記述한다: 歷代 主役들이 實吐한 未公開 政治裏面 秘史』, 서울: 希望出版社, 1966.

權五琦(編), 『仁村 金性洙: 인촌 김성수의 사상과 일화』, 서울: 東亞日報社, 1985.

金甲洙, 『法窓三十年』, 서울: 법정출판사, 1970.

金度演, 『나의 人生 白書: 常山 回顧錄』, 서울: 康友出版社, 1965/ 1967.

金仁鎬, 『死線을 넘어서』, 서울: 진흥문화사, 1984.

金濟璿(編), 『大韓民國 建國을 爲한 政治工作隊의 活動主史』, 서울: 駱山 同志會, 1994.

金俊淵, 『獨立路線』, 서울: 興韓財團, 1948.

金俊淵, 『나의 小傳(附·副統領 出馬의 辯)』, 서울: 時事時報社, 1959.

金俊淵, 『나의 길』, 1966.23)

裵恩希, 『나는 왜 싸웠나』, 서울: 一韓圖書株式會社, 1955.

白南薰, 『나의 一生』, 서울: 新現實社, 1968/ 1973.

법조50년 야사 편찬위원회(편), 『해방이후 법조50年野史 (上)』, 서울: 法律新 聞社, 2002.

법조50년 야사 편찬위원회(편), 『해방이후 법조50年野史 (下)』, 서울: 法律新 聞社, 2002.

徐容吉(編), 『愛山餘適 第三輯』, 서울: 英學社, 1970.

孫世一, 『李承晩과 金九』, 서울: 一潮閣, 1970.

孫忠武, 『漢江은 흐른다: 承堂 任永信의 生涯』, 서울: 東亞出版社, 1972.

宋南憲, 『시베리아의 투사: 元世勳』, 서울: 천산산맥, 1990.

新聞學會(編), 『申翼熙: 海公先生傳記』, 서울: 京鄕新聞社, 1956.

申昌鉉, 『偉大한 韓國人 ⑫: 海公 申翼熙』, 서울: 太極出版社, 1972.

申昌鉉, 『海公 申翼熙: 그 생애와 사상 및 일화』, 서울: 海公申翼熙先生紀 念會, 1992.

申昌鉉, 『내가 모신 海公申翼熙先生』, 서울: 人物研究所, 1992.

心山記念事業準備委員會(編), 『躄翁一代記: 心山 金昌淑先生鬪爭史』, 서 울: 太乙出版社, 1965.

심지연, 『송남헌회고록』, 서울: 한울, 2000.

심지연, 『이강국 연구』, 서울: 백산서당, 2006.

양우조·최선화(지음)/ 김현주(정리), 『제시의 일기』, 서울: 혜윰, 1999.

維民 洪璡基 傳記 간행위원회(編), 『維民 洪璡基 傳記』, 서울: 中央日報社, 1993.

23) 「朗山 金俊淵 編」, 弘字出版社編輯部(編), 『政界夜話(後篇)』(서울: 弘字出版 社, 1966), 61-118쪽에 수록된 글이 책으로 발간된 것이다.

俞鎭午,『俞鎭午 隨想錄: 구름 위의 漫想』, 서울: 一潮閣, 1966.

俞鎭午,『젊은날의 自畵像』, 서울: 博英社, 1976.

俞鎭午,『養虎記: 普專·高大 三十五年의 回顧』, 서울: 高麗大學校 出版部, 1977.

俞鎭午,『未來로 向한 窓: 歷史의 分水嶺에 서서』, 서울: 一潮閣, 1978.

俞鎭午,『憲法起草回顧錄』, 서울: 一潮閣, 1980.

柳致松,『海公 申翼熙 一代記: 民主韓國의 大道』, 서울: 海公 申翼熙先生 紀念會, 1984.

윤길중,『靑谷 尹吉重 回顧錄: 이 시대를 앓고 있는 사람들을 위하여』, 서울: 호암출판사, 1991.

尹錫五·高在鳳·黃圭冕·禹濟夏·金相來,『남기고 싶은 이야기들 ②: 景武臺四季』, 서울: 中央日報社, 1973.

尹致暎,『尹致暎의 20世紀: 東山回顧錄』, 서울: 삼성출판사, 1991.

李敬南,『雪山 張德秀』, 서울: 東亞日報社, 1981.

李承晩博士紀念事業會 雩南實錄編纂會(編),『雩南實錄: 一九四五-一九四八』, 서울: 悅話堂, 1976.

이 욱(편),『멀고 먼 영광의 길: 동암 서상일 선생 유고(遺稿)를 중심으로』, 대구: 동암 서상일 선생 기념사업회, 2004.

李允榮,『국무총리서리 白史 李允榮 回顧錄』, 서울: 史草, 1984.

李應善(編),『東恩 李在鶴 回顧錄』, 서울: 梨花文化史, 2004.

李 仁,『半世紀의 證言』, 서울: 明知大學出版部, 1974.

李哲承,『남기고 싶은 이야기들 ③: 全國學聯』, 서울: 中央日報·東洋放送, 1976.

李哲承·朴甲東(共著),『건국 50년 大韓民國, 이렇게 세웠다』, 서울: 啓明社, 1998.

李泰九(編),『愛山餘適 第二輯』, 서울: 文善社, 1965.

仁村紀念會(編),『仁村 金性洙傳』, 서울: 仁村紀念會, 1976.

任文桓,『愛と民族: ある韓國人の提言』, 東京: 同成社, 1975.

任文桓,『友村 任文桓 回顧錄: 江물은 흘러간다』, 서울: 新藝苑, 1982.

林炳稷,『臨政에서 印度까지: 林炳稷外交回顧錄』, 서울: 女苑社, 1964/1966.

張炳惠,『常綠의 自由魂: 滄浪 張澤相 一代記』, 경산: 嶺南大學校博物館, 1973.

錢鎭漢, 『政治·協同組合論說: 이렇게 싸웠다』, 서울: 무역연구원, 1996.

趙炳玉, 『나의 回顧錄』, 서울: 民敎社, 1959.

崔大鎔(編), 『石峰論說集 (第一輯)』, 서울: 法律新聞社, 1951.

崔大鎔(編), 『石峯論說集 (第二輯)』, 서울: 法律新聞社, 1953.

黃東駿, 『黃東駿 論說集: 民主政治와 그運用』, 서울: 韓一文化社, 1962.

黃聖秀, 『黃聖秀論說集』, 新潮出版社, 1954/ 1955.

허도산, 『建國의 元勳, 朗山 金俊淵』, 서울: 자유지성사, 1998.

許 政, 『偉大한 韓國人 ⑪: 雩南 李承晚』, 서울: 太極出版社, 1972.

許 政, 『내일을 위한 證言: 許政 回顧錄』, 서울: 샘터사, 1979.

玄錫虎, 『한 삶의 告白』, 서울: 探求堂, 1986.

Oliver, Robert T., 『Syngman Rhee: The Man Behind the Myth』, New York: Dodd, Mead, 1954.[24]

Oliver, Robert T., 『SYNGMAN RHEE AND AMERICAN INVOLVEMENT IN KOREA, 1942-1960: A PERSONAL NARRATIVE』, Seoul: Panmun Book Company Ltd., 1978.[25]

(2) 단행본 이외

康明玉, 「憲法起草 當時의 回顧談(康明玉氏와의對談)」『國會報』第20號, 1958.7. 15.

權承烈, 「謹菴 權承烈공의 미망인 柳賢淑여사: 잠시 신선과 같이 살았던 것만 같은 인생」『安東權氏大宗報 陵洞春秋』第19號, 2000. 7.

金大坤, 「制憲에서 維新憲法까지」『新東亞』6월호, 1986. 6. 1.

金炳魯, 「法曹生活半世紀記」『三千里』第一卷 第三號, 1956. 11.

金善再, 「『大韓國民代表民主議院』 時節」『思想界』 第八卷 第十一號, 1960. 11.

---

24) 이 책의 번역서로 로버트 올리버(지음)/ 황정일(옮김), 『이승만: 신화에 가린 인물』, 서울: 건국대학교출판부, 2002가 있다.

25) 이 책의 번역서로 로버트 T. 올리버(저)/ 박일영(역), 『李承晚秘錄』, 서울: 韓國文化出版社, 1982; 로버트 T. 올리버(著)/ 박일영(譯), 『大韓民國 建國의 秘話: 李承晚과 韓美關係』, 서울: 啓明社, 1990; 로버트 티. 올리버(著)/ 朴日泳(譯), 『大韓民國 建國의 內幕(上)』, 서울: 啓明社, 1998; 로버트 티. 올리버(著)/ 朴日泳(譯), 『大韓民國 建國의 內幕(下)』, 서울: 啓明社, 1998이 있다.

金星淑,「嗚呼! 臨政, 30年만에 解散하다」『月刊中央』八月號, 1968. 8.

金永上,「憲法을 싸고 도는 國會風景」『新天地』七月號, 1948. 7.

김영수·김형성·박상철·김일환·지성우·김명식,「實甫 金榮秀 教授의 憲法學과 生涯」『成均館法學』第17卷 第3號, 2005. 12.

金俊淵,「民主議院과 立法議院」『再建』第一卷 第一號, 1947. 1.

金俊淵,「反託鬪爭總覽」『再建』第一卷 第二號, 1947. 3.

金俊淵,「滄浪交遊錄」『世代』通卷 第七四號, 1969. 9. 1.

김진배,「초대대법원장 가인 김병로」『新東亞』5月號, 1983. 5.

金珍培,「名工 기다린다던 尹吉重」『月刊中央』8월호, 1988. 8.

閔復基,「나의 法官時節〈1〉-〈31〉」『法律新聞』, 1981. 8. 17.-1982. 5. 10.

閔復基/ 閔庚宅,「法曹界 異聞: 父·子 法官의 實務對話」『司法行政』第四卷 第二號, 1963. 2.

朴運大,「獨立促成中央協議會時節」『思想界』第八卷 第八號, 1960. 8.

白雲山人,「『民主議院』은 어데로」『人民』4월호, 1946. 4.

徐相日,「改憲論」『國會報』創刊號, 1949. 11.

徐相日,「險難할 망정榮光스런 먼길」, 洪命三·金夕影(編),『新太陽 別册: 내이 걸어온 길 내가 걸어갈 길』, 서울: 新太陽社, 1957. 4. 1.

石峰生,「憲法第三讀會를傍聽하고」『法政』第三卷 第八號, 1948. 8.

申翼熙,「議長六年間의 回顧」『議會公論』創刊號, 1954. 4.

申翼熙,「내가 걸어온 길: 青年들의 指針이 될가 하여」『新太陽』第四卷 第七號, 1955. 7. 1.

申翼熙,「憲法精神과 民主主義: 第7週制憲節을 맞으면서」『새벽』第2卷 第4號, 1955. 7. 1.

申翼熙,「青春의 넋을 海外에 묻고: 나의 上海亡命時節의 追憶」『新太陽』第五卷 第四號, 1956. 4. 1.

安在鴻,「民政長官을 辭任하고: 岐路에 선 朝鮮民族」『新天地』第四卷 第六號, 1948. 7. 1.

俞鎭午,「憲法起草 當時의 回顧談(俞鎭午氏와의對談)」『國會報』第20號, 1958.7. 15.

俞鎭午,「憲法起草回想錄①」『法政』通卷 第189號, 1966. 3.

俞鎭午,「憲法起草回想錄②」『法政』通卷 第190號, 1966. 4.

俞鎭午,「憲法起草回想錄③」『法政』通卷 第191號, 1966. 5.

俞鎭午,「憲法起草回想錄④」『法政』通卷 第192號, 1966. 6.

俞鎭午, 「憲法起草回想錄⑤」 『法政』 通卷 第193號, 1966. 7.

俞鎭午, 「憲法起草回想錄⑥」 『法政』 通卷 第194號, 1966. 8.

俞鎭午, 「憲法起草回想錄⑦」 『法政』 通卷 第195號, 1966. 9.

俞鎭午, 「憲法起草回想錄⑧」 『法政』 通卷 第196號, 1966. 10.

윤길중, 「윤길중 전 대한민국헌법기초위 전문위원과의 대담」 『國會報』 통권
        357호, 1996. 7.

李承晩, 「政府樹立과 그 構想」 『白民』 第四卷 第四號, 1948. 7. 10.

李要漢, 「特輯 憲政17年: 制憲當時의 이모저모」 『國會報』 第46號, 1965. 7.

李 仁, 「解放前後 片片錄」 『新東亞』 8月號, 1967. 8.26)

李鍾求, 「大韓民國憲法이 制定되기까지」 『新東亞』 8月號, 1965. 8.

林光浩, 「申翼熙」 『自由世界』27) 第一卷 第三號, 1952. 4. 1.

張暻根, 「憲法起草 當時의 回顧談(張暻根議員과의 對談)」 『國會報』 第20
        號, 1958. 7. 15.

張厚永, 「[法政時評] 國會構成에 關聯하여」 『法政』 第三卷 第六號, 1948. 6.

張厚永, 「[法政時評] 憲法草案 中에서」 『法政』 第三卷 第七號, 1948. 7.

鄭 濬, 「制憲國會回顧記: 議政初年生 時節의 獨白」 『新太陽』 第五卷 第
        八號, 1956. 8.

鄭濬, 「制憲國會 回顧記」 『政友』 第3卷 7號, 1983. 7. 1.

曺奉岩, 「憲法草案總評」 『民政』 創刊號, 1948. 9. 1.

崔奎峰, 「나는 KLO部隊長이었다」 『新東亞』 6월호, 1982. 6.

崔錫采, 「申翼熙論」 『政經研究』 第八號, 1965. 9. 1.

崔夏永, 「憲法起草 當時의 回顧談(崔夏永氏와의 對談)」 『國會報』 第20號,
        1958. 7. 15.

崔夏永, 「政務總監, 韓人課長 呼出하다」 『月刊中央』 八月號, 1968. 8.

崔夏永, 「朝鮮總督府最後의 日」 『アジア公論』 八月號, 1973. 8.

韓雄吉, 「制憲秘話」 『自由春秋』 第一卷 第一號, 1957. 2. 1.28)

黃山德, 「講壇雜感: 훔처내온 民法草案과 敎授生活」 『新太陽』 第7卷 第12
        號, 1958. 12.

黃聖秀, 「黎明期 〈1〉-〈13〉」 『法律新聞』, 1982. 8. 16.-1982. 11. 8.

---

26) 徐容吉(編), 『愛山餘適 第三輯』(서울: 英學社, 1970), 249-299쪽에 수록되어 있다.
27) 조병옥(趙炳玉)이 편집 겸 발행인이었다.
28) 1956년 12월 28일에 작성된 원고이다.

黃聖秀,「한스·켈젠: 그의 生涯와 業績」『法政』第194號, 1966. 8.
晩堂學人,「法典編纂에 對하여」『法政』第三卷 第六號, 1948. 6.

「當時主役들의 座談會: 制憲國會를 말한다」『政友』第3卷 8號, 1983. 8. 1.
「憲法受難九年(第九回 制憲節을 맞아 本社서 座談會)」『한국일보』, 1957.
    7. 14., 4면.
「憲法은 이렇게 制定되었다(制憲 10周年 맞아 回顧座談會)」『서울신문』,
    1958. 7. 17., 3면.29)
「憲法은 이렇게 制定되었다(制憲 10周年 맞아 回顧座談會)」『서울신문』,
    1958. 7. 18., 3면.
「憲法은 이렇게 制定되었다(制憲 10周年 맞아 回顧座談會)」『서울신문』,
    1958. 7. 19., 3면.
「20年만에 햇빛 본 憲法草案: 李仁씨가 말하는「制憲」秘話」『京鄕新聞』,
    1967. 7. 17., 6면.
「建國 30년 元老와의 對話〈18〉: 前高麗大總長 兪鎭午 박사①-26세의 公法
    敎授」『서울신문』, 1978. 9. 13., 3면.
「建國 30년 元老와의 對話〈19〉: 前高麗大總長 兪鎭午 박사②-混亂 속의
    制憲작업」『서울신문』, 1978. 9. 14., 3면.
「建國 30년 元老와의 對話〈20〉: 前高麗大總長 兪鎭午 박사③-무너진 內閣
    責任制」『서울신문』, 1978. 9. 15., 3면.
「建國 30년 元老와의 對話〈21〉: 前高麗大總長 兪鎭午 박사④-建國의 混沌」
    『서울신문』, 1978. 9. 18., 3면.
「建國 30년 元老와의 對話〈22〉: 前高麗大總長 兪鎭午 박사⑤-官界外道 1
    년」『서울신문』, 1978. 9. 19., 3면.
「建國 30년 元老와의 對話〈23〉: 前高麗大總長 兪鎭午 박사⑥-書畫에 능한
    才童」『서울신문』, 1978. 9. 21., 3면.
「建國 30년 元老와의 對話〈24〉: 前高麗大總長 兪鎭午 박사⑦-京城高普 시
    절」『서울신문』, 1978. 9. 25., 3면.
「建國 30년 元老와의 對話〈25〉: 前高麗大總長 兪鎭午 박사⑧-京城帝大 시
    절」『서울신문』, 1978. 9. 26., 3면.

---

29) 金鳳基·徐容吉(編),『愛山餘適 第一輯』(서울: 世文社, 1961), 93-107쪽에 수록
    되어 있다.

「建國 30년 元老와의 對話〈26〉: 前高麗大總長 兪鎭午 박사⑨-判事냐 學者
　　냐」『서울신문』, 1978. 9. 28., 3면.
「建國 30년 元老와의 對話〈27〉: 前高麗大總長 兪鎭午 박사⑩-同伴者 作家」
　　『서울신문』, 1978. 10. 10., 6면.
「建國 30년 元老와의 對話〈28〉: 前高麗大總長 兪鎭午 박사⑪-文壇交友錄」
　　『서울신문』, 1978. 10. 11., 6면.
「建國 30년 元老와의 對話〈29〉: 前高麗大總長 兪鎭午 박사⑫-仁村과의 因
　　緣」『서울신문』, 1978. 10. 12., 6면.
「建國 30년 元老와의 對話〈30〉: 前高麗大總長 兪鎭午 박사⑬-普專敎授 시
　　절」『서울신문』, 1978. 10. 14., 6면.
「建國 30년 元老와의 對話〈31〉: 前高麗大總長 兪鎭午 박사⑭-高大總長 시
　　절」『서울신문』, 1978. 10. 17., 6면.
「建國 30년 元老와의 對話〈32〉: 前高麗大總長 兪鎭午 박사⑮-韓·日會談」
　　『서울신문』, 1978. 10. 18., 6면.
「建國 30년 元老와의 對話〈33〉: 前高麗大總長 兪鎭午 박사⑯-政治와의 因
　　緣」『서울신문』, 1978. 10. 19., 6면.
「建國 30년 元老와의 對話〈34〉: 前高麗大總長 兪鎭午 박사⑰-民衆黨 大統
　　領候補」『서울신문』, 1978. 10. 24., 6면.
「建國 30년 元老와의 對話〈35〉: 前高麗大總長 兪鎭午 박사⑱-新民黨 總裁」
　　『서울신문』, 1978. 10. 25., 6면.
「建國 30년 元老와의 對話〈36〉: 前高麗大總長 兪鎭午 박사⑲-鬪病記」『서
　　울신문』, 1978. 10. 27., 6면.
「建國 30년 元老와의 對話〈37〉: 前高麗大總長 兪鎭午 박사⑳끝-한世代를
　　돌아보며」『서울신문』, 1978. 11. 2., 6면.
「제헌국회를 회상한다」『國會報』통권 357호, 1996. 7.

4) 기타

姜竣植,「美軍政 극비문서를 통해 본 解放政局의 政治人들 上: 解放政局,
　　美軍政의 李承晩 옹립 드라마」『新東亞』1월호, 1989. 1.
姜竣植,「美軍政 극비문서를 통해 본 解放政局의 政治人들 中:「하지」와 李
　　承晩·金九·呂運亨의 암투」『新東亞』2월호, 1989. 2.
강준식,「신익희는 우익쿠데타를 기도했었다」『월간다리』제5권 제3호, 1990. 2.

강준식, 「해방정국 제정치단체들의 세력분포」『월간다리』제5권 제4호, 1990. 3.

金道鉉, 「李承晩과 獨立促成會」『月刊朝鮮』8월호, 1985. 8.

金東鉉, 「李承晩 史料의 비밀」『月刊朝鮮』1월호, 1992. 1.

文昌星, 「韓民黨은 어데로 가나?」『新天地』第三券 第七號, 1948. 8.

裵振榮, 「(증언)金日成 암살 기도 白衣社 행동대원 李聖烈씨:『安斗熙는 白
衣社요원이 아니다』」『月刊朝鮮』10월호, 2001. 10.

李敬南, 「梨花藏과 京橋莊」『政經文化』10월호, 1985. 10.

이기봉, 「평양 역전의 김일성 암살계획: 백범 김구 휘하의 '백의사' 의거」『새
물결』3월호, 1997. 2.

李度珩, 「건국의 아버지 李承晩 〈3〉: 공산당도 포용한 대한독립촉성국민회」,
『한국논단』통권 103호, 1998. 3.

李東炫, 「「사설정보대」혼미정국 이승만의 눈과 귀 역할」『WIN』9월호,
1996. 9.

鄭昌鉉, 「「비밀 내각명단」대통령 이승만, 부통령 김구 계획 세워」『WIN』
9월호, 1996, 9.

2. 단행본

1) 일반단행본

姜萬吉(編), 『趙素昻』, 서울: 한길사, 1982.

권영설, 『헌법이론과 헌법담론』, 파주: 법문사, 2006.

김광운, 『북한 정치사 연구: 건당, 건국, 건군의 역사 1』, 서울: 선인, 2003.

김국후, 『비록 평양의 소련군정: 기록과 증언으로 본 북한정권 탄생비화』, 파
주: 한울, 2008.

金炳華, 『韓國司法史(近世編)』, 서울: 一潮閣, 1976/ 1980.

金炳華, 『韓國司法史(現世編)』, 서울: 一潮閣, 1979.

김석준, 『미군정 시대의 국가와 행정: 분단 국가의 형성과 행정 체제의 정비』,
서울: 이화여자대학교 출판부, 1996.

김수자, 『이승만의 집권초기 권력기반 연구』, 서울: 景仁文化社, 2005.

金榮秀, 『大韓民國臨時政府憲法論』, 서울: 三英社, 1980.

金榮秀, 『韓國憲法史』, 서울: 學文社, 2000/ 2001.

金雲泰, 『美軍政의 韓國統治』, 서울: 博英社, 1992.

김인식, 『안재홍의 신국가건설운동(1944-1948)』, 서울: 선인, 2005.

김일영, 『건국과 부국: 현대한국정치사 강의』, 서울: 생각의 나무, 2004.

김재명, 『한국현대사의 비극: 중간파의 이상과 좌절』, 서울: 선인, 2003.

金正實, 『各國憲法論』, 서울: 金龍圖書文具株式會社, 1946. 10. 18.

金鎭學·韓徹永, 『制憲國會史』, 서울: 新潮出版社, 1954.

金哲洙, 『韓國憲法史』, 서울: 大學出版社, 1988.

김학준, 『북한의 역사 제1권: 강대국권력정치 아래서의 한반도분할과 소련의 북한군정개시(1863년-1946년 1월)』, 서울: 서울대학교출판부, 2008.

김학준, 『북한의 역사 제2권: 미소냉전과 소련군정 아래서의 조선민주주의인민공화국 건국(1946년 1월-1948년 9월)』, 서울: 서울대학교출판부, 2008.

金赫東, 『美軍政下의 立法議院』, 서울: 汎友社, 1970.

김현우, 『한국국회론』, 서울: 을유문화사, 2001.

金喜坤·韓相禱·韓詩俊·兪炳勇, 『대한민국임시정부의 좌우합작운동』, 서울: 한울, 1995.

김희곤, 『대한민국임시정부 연구』, 서울: 지식산업사, 2004.

盧景彩, 『韓國獨立黨研究』, 서울: 신서원, 1996.

盧明植, 『프랑스 第三共和政 研究: 그 確立問題를 中心으로』, 서울: 探求堂, 1981.

도진순, 『한국민족주의와 남북관계: 이승만·김구 시대의 정치사』, 서울: 서울대학교출판부, 1997.

민두기, 『辛亥革命史: 중국의 共和革命(1903-1913)』, 서울: 민음사, 1994.

박찬표, 『한국의 국가 형성과 민주주의: 냉전 자유주의와 보수적 민주주의의 기원』, 서울: 후마니타스, 2007.

샘터 출판부(편), 『우리들의 헌법: 새공화국 탄생을 앞두고』, 서울: 샘터사, 1980.

서동만, 『북조선사회주의 체제성립사: 1945-1961』, 서울: 선인, 2005.

徐丙珇, 『主權者의 證言: 韓國代議政治史』, 서울: 母音出版社, 1963.

徐丙珇, 『改憲是非: 8차 개헌에 얽힌 憲政秘話: 내일을 위한 어제의 증언』, 서울: 現代文藝社, 1986.

石源華·金俊燁(共編), 『申圭植·閔弼鎬와 韓中關係』, 서울: 나남출판, 2003.

鮮于基聖, 『韓國靑年運動史』, 서울: 錦文社, 1973.

薛義植, 『解放以後』, 서울: 東亞日報社, 1947.

薛義植, 『獨立前夜』, 서울: 새한민보社, 1948. 7.

薛義植, 『統一祖國』, 서울: 새한민보社, 1948. 11.

成樂寅, 『프랑스憲法學』, 서울: 法文社, 1995.

宋南憲, 『解放 三年史 Ⅰ 1945-1948』, 서울: 까치, 1985.

宋南憲, 『解放 三年史 Ⅱ 1945-1948』, 서울: 까치, 1985.

송석윤, 『위기시대의 헌법학: 바이마르 헌법학이 본 정당과 단체』, 서울: 正宇社, 2002.

송 우(編), 『韓國憲法改正史』, 서울: 集文堂, 1980.

申相俊, 『美軍政期의 南韓行政體制』, 淸州: 韓國福祉行政硏究所, 1997.

沈之淵, 『韓國民主黨硏究Ⅰ: 정치적 성장과정과 정치이념 및 관계자료』, 서울: 풀빛, 1982.

沈之淵, 『韓國現代政黨論: 韓國民主黨硏究Ⅱ』, 서울: 創作과批評社, 1984.

심지연, 『미-소공동위원회 연구』, 서울: 청계연구소, 1989.

안 진, 『미군정기 억압기구 연구』, 서울: 새길, 1996.

안 진, 『미군정과 한국의 민주주의』, 파주: 한울, 2005.

안태정, 『조선노동조합전국평의회』, 서울: 현장에서 미래를, 2002.

양동안, 『대한민국 건국사: 해방 3년의 정치사』, 서울: 현음사, 2001.

염인호, 『김원봉 연구』, 서울: 창작과비평사, 1993.

유광호·민경국·박광작·정중재, 『한국 제1·2공화국의 경제정책』, 성남: 한국정신문화연구원, 1999.

維民先生華甲紀念論文集編纂委員會(編), 『法學의 諸問題: 維民 洪璡基 先生 華甲紀念論文集』, 서울: 中央日報·東洋放送, 1977.

유영익(편), 『이승만 연구: 독립운동과 대한민국 건국』, 서울: 연세대학교 출판부, 2000.

兪鎭午, 『憲法解義』, 서울: 明世堂, 1949.

兪鎭午, 『憲政硏究 第一集: 憲法의 基礎理論』, 서울: 一潮閣, 1950.

兪鎭午, 『新稿 憲法解義』, 서울: 一潮閣, 1953.

兪鎭午, 『憲政硏究 第二集: 憲法의 理論과 實際』, 서울: 一潮閣, 1954.

윤민재, 『중도파의 민족주의운동과 분단국가』, 서울: 서울대학교출판부, 2004.

이강수, 『반민특위 연구』, 서울: 나남출판, 2003.

李康勳, 『大韓民國臨時政府史』, 서울: 瑞文堂, 1975.

李基奉, 『人間 金日成 그의 全部』, 서울: 吉韓文化社, 1989.

李起夏, 『韓國政黨發達史』, 서울: 議會政治社, 1961.

이동현, 『한국 신탁통치 연구』, 서울: 평민사, 1990.

李延馥, 『大韓民國臨時政府 30年史』, 서울: 國學資料院, 1999.

이영록, 『우리 헌법의 탄생: 헌법으로 본 대한민국 건국사』, 파주: 서해문집, 2006.

이영록, 『유진오 헌법사상의 형성과 전개』, 파주: 한국학술정보, 2006.

이완범, 『한국해방 3년사(1945-1948)』, 파주: 태학사, 2007.

이정식, 『대한민국의 기원』, 서울: 일조각, 2006.

이정식, 『여운형: 시대와 사상을 초월한 융화주의자』, 서울: 서울대학교출판부, 2008.

李昌洙, 『大韓民國憲法大意』, 서울: 東邦文化社, 1948. 10.

임송자, 『대한민국 노동운동의 보수적 기원: 1945년 해방-1961년까지』, 서울: 선인, 2007.

林鍾輝·朴秀哲·林松鶴·朴章皓·李信雨(共著), 『立法過程論』, 서울: 博英社, 1998.

林鍾輝·朴秀哲(共著), 『立法過程論』, 서울: 博英社, 1998/ 2006.

鄭用大, 『大韓民國臨時政府外交史』, 城南: 韓國精神文化硏究院, 1992.

정병준, 『우남 이승만 연구』, 서울: 역사비평사, 2005.

정용욱, 『해방 전후 미국의 대한정책: 과도정부 구상과 중간파 정책을 중심으로』, 서울: 서울대학교출판부, 2003.

정용욱, 『미군정 자료 연구』, 서울: 선인, 2003.

정용욱·김수자·유광호·이길상, 『『주한미군사』와 미군정기 연구』, 서울: 백산서당, 2002.

鄭泰秀, 『(광복3년)韓國敎育法制史: 1945-48』, 서울: 叡智閣, 1995.

鄭泰秀, 『(韓國)敎育基本法制 成立史』, 서울: 叡智閣, 1996.

曹圭河·李庚文·姜聲才, 『南北의 對話』, 서울: 고려원, 1987.

趙庸中, 『美軍政下의 韓國政治現場』, 서울: 나남, 1990.

중앙일보 특별취재반, 『(秘錄)조선민주주의인민공화국』, 서울: 中央日報社, 1992.

중앙일보 현대사연구팀, 『발굴자료로 쓴 한국 현대사』, 서울: 중앙일보사, 1996.

천관우, 『자료로 본 대한민국 건국사』, 서울: 지식산업사, 2007.

최상룡, 『미군정과 한국민족주의』, 서울: 나남, 1988.

崔鍾庫, 『韓國의 西洋法受容史』, 서울: 博英社, 1982.

崔鍾庫, 『法學人名辭典』, 서울: 博英社, 1987.

崔鍾庫, 『韓國의 法學者』, 서울: 서울大學校出版部, 1989.

崔鍾庫, 『한국의 법률가像』, 서울: 吉安社, 1995.

崔鍾庫, 『韓國法思想史』, 서울: 서울대학교출판부, 1989/ 2001.

崔貞泰, 『한국의 官報: 朝鮮朝에서 大韓民國 政府樹立 以前까지』, 서울: 亞細亞文化社, 1993.

韓國公法學會(編), 『美國憲法과 韓國憲法』, 서울: 大學出版社, 1989.

한국근현대사학회(편), 『대한민국임시정부수립80주년기념논문집 (상)』, 서울: 國家報勳處, 1999.

한국근현대사학회(편), 『대한민국임시정부수립80주년기념논문집 (하)』, 서울: 國家報勳處, 1999.

韓國法學敎授會(編), 『法學의 諸問題: 蕙南 高秉國 博士 還曆記念』, 서울: 慶熙大學校 出版局, 1969.

한국정신문화연구원 현대사연구소(편), 『한국현대사의 재인식 1: 해방정국과 미소군정』, 서울: 오름, 1998.

한국정신문화연구원 현대사연구소(편), 『한국현대사의 재인식 2: 정부수립과 제헌국회』, 서울: 오름, 1998.

한국정신문화연구원(편), 『한국현대사의 재인식 17: 한국현대사인물연구 2』, 서울: 백산서당, 1999.

한국정치외교사학회(엮음), 『한국정치와 헌정사』, 서울: 한울, 2001.

韓太壽, 『韓國政黨史』, 서울: 新太陽社, 1961.

韓泰淵·葛奉根·金孝全·金範柱·文光三(共著), 『韓國憲法史(上)』, 서울: 高麗苑, 1988.

韓泰淵·丘秉朔·李康爀·葛奉根(共著), 『韓國憲法史(下)』, 서울: 高麗苑, 1991.

허 종, 『반민특위의 조직과 활동: 친일파 청산, 그 좌절의 역사』, 서울: 선인, 2003.

洪善熹, 『趙素昻의 三均主義 연구』, 서울: 한길사, 1982.

洪一植(편), 『玄民 兪鎭午 선생 탄신 100주년 기념 학술논집: 知性의 길』, 서울: 韓國人文社會研究院, 2007.

黃苗嬉, 『重慶 大韓民國臨時政府史』, 서울: 景仁文化社, 2002.

2) 번역본

國會圖書館 法制資料室(編), 『外國의 法制資料 第5輯: 佛蘭西憲法史』, 서울: 大韓民國 國會圖書館, 1973.

문광삼·김수현(옮김), 『프랑스 헌법과 정치사상』, 부산: 해성, 2003.

박종현(옮김), 『中華民國史』, 서울: 신서원, 2000.

신복룡·김원덕(옮김), 『한국분단보고서(상)』, 서울: 풀빛, 1992.

신복룡·김원덕(편역), 『한국분단보고서(하)』, 서울: 풀빛, 1992.

이승만(지음)·정인섭(옮김), 『이승만의 전시중립론』, 서울: 나남출판사, 2000.

3. 논문

1) 일반논문

葛奉根, 「韓國憲法上의 違憲法律審査制度의 變遷過程」 『東亞法學』 第6號, 1988. 6.

姜京根, 「韓國의 政治와 公法學」 『亞·太公法硏究』 第3輯, 1994. 12.

강경근, 「근대 국민국가 체제의 막을 올린 건국헌법」 『時代精神』 가을 통권 36호, 2007. 9.

강정민, 「제헌헌법의 자유주의 이념적 성격」 『정치사상연구』 제11집 2호, 2005. 11.

계희열, 「현민 유진오의 사상과 헌법제정에서의 역할」 『건국 60주년 기념 심포지엄: 대한민국 헌법의 제정과 현민 유진오』, 고려대학교 법학연구원, 2008. 7. 15.

고지훈, 「駐韓美軍政의 占領行政과 法律審議局의 活動」 『韓國史論』 44, 2000. 12.

丘秉朔, 「우리 憲法史의 回顧와 展望」 『韓國憲法의 回顧와 展望』, 서울: 법문사, 1991.

權寧卨, 「國家와 經濟: 經濟秩序의 憲法的 基礎」 『公法硏究』 第16輯, 1988. 6.

권영설, 「제헌헌법상 기본권보장과 그 평가」 『國會報』 통권 345호, 1995. 7.

權寧卨, 「韓國憲法 50年의 발자취」 『憲法學硏究』 第4輯 第1號, 1998. 6.

권영설, 「이승만과 대한민국 헌법」, 유영익(편), 『이승만 연구: 독립운동과 대한민국 건국』, 서울: 연세대학교 출판부, 2000.

金光俊, 「人權擁護와 自由의 限界」 『國會報』 第二號, 1950. 5.

金南植, 「政府樹立 前後 重要政黨의 政綱政策 硏究: 南韓篇」 『國史館論叢』 第11輯, 1990. 7.

김백유, 「독일 바이마르공화국의 탄생과 의원내각제 헌법논쟁」『公法硏究』第29輯 第2號, 2001. 2.

김백유, 「第1共和國 憲政史: 統治構造上의 憲法論爭(制定·改正)을 中心으로」『민족문화』제13집, 2002. 2.

金聖容, 「南朝鮮 臨時憲法 批判」, 國史編纂委員會(編), 『北韓關係史料集 27』, 1997.

金秀坤·李周浩, 「勞使關係와 人力開發政策」, 車東世·金光錫(編), 『韓國經濟半世紀: 歷史的 評價와 21世紀 비전』, 서울: 韓國開發硏究院, 1995.

金壽用, 「1920년 체코슬로바키아공화국 헌법에 관한 연구」『公法硏究』第36輯 第2號, 2007. 12.

金壽子, 「미군정기 통치기구와 관료임용정책: 중앙행정기구 개편과 행정관료의 사회적 배경을 중심으로」『한국근현대사연구』제5집, 1996. 12.

김수자, 「1948년 이승만의 초대 내각구성의 성격」『梨花史學硏究』第23·24合輯, 1997. 12.

金榮秀, 「臨時政府憲法의 특성과 制憲憲法」『考試界』第29卷 第8號, 1984 .7

金榮秀, 「大韓民國臨時政府憲法과 그 正統性」『憲法學硏究』第1輯, 1995. 11.

金榮秀, 「우리나라 憲法과 三均主義思想」『三均主義硏究論集』第16輯, 1996. 2.

金龍根, 「立法議院議員選擧法에 關하야」『民主朝鮮』1, 2, 1947. 12.

金龍根, 「立法議院議員選擧法에 關하야」『法政』第三卷 第一號, 1948. 1.

김일영, 「농지개혁, 5·30선거, 그리고 한국전쟁」『한국과 국제정치』제11권 제1호, 1995. 6.

김일영, 「한국의 역대 헌법에 나타난 '국가-사회' 관계」『韓國政治學會報』第三十四輯 第二號, 2000. 8.

金昌祿, 「1948년 憲法 제100조: 4·3계엄령을 통해 본 日帝法令의 효력」『法學硏究』第39卷 第1號, 1998. 12.

金哲洙, 「美國憲法이 韓國憲法에 미친 影響序說」『서울대학교 法學』제26권4호, 1985. 12.

金哲洙, 「兪鎭午의 憲法草案에 나타난 國家形態와 政府形態」『韓國史 市民講座』제17집, 1995. 8.

金哲洙, 「[資料] 兪鎭午의 基本權論」, 韓國法學敎授會(編), 『法學敎育과

　　　　法學硏究: 故 鄭光鉉 博士 追慕 論文集』, 서울: 吉安社, 1995.

金哲洙, 「制憲憲法의 經濟條項의 解釋: 美國辯護士의 見解」, 典岡 李鍾元
　　　　博士古稀紀念論文集 刊行委員會(編), 『法과 經濟(下)』, 서울: 日新
　　　　社, 1996.

金澤泳, 「朝鮮民主主義人民共和國 憲法解說(一)」, 國史編纂委員會(編), 『北
　　　　韓關係 史料集 XIV』, 1992.

김행선, 「미소공동위원회 재개를 전후한 우익진영의 동향과 양면전술」, 『漢城
　　　　史學』 第十四輯, 2002. 3.

金炯盛, 「韓國憲法의 經濟秩序」, 『社會科學論文集』 第11卷 第2號, 1992. 9.

김형성, 「제헌헌법의 논의과정에 나타난 쟁점에 관한 소고」, 『成均館法學』 第
　　　　12號, 2000. 10.

김형성, 「경제헌법과 경제정책의 헌법적 한계」, 『저스티스』 제37권 제3호,
　　　　2004. 6.

金惠水, 「1946년 이승만의 사설정보조사기관 설치와 단독정부수립운동」, 『한
　　　　국근현대사연구』 제5집, 1996. 12.

김홍우, 「제헌국회에서의 정부형태론 논의」, 『의정연구』 제3권 제1호, 1997. 8.

김홍우, 「제헌국회에서의 정부형태론 논의 연구」, 한국정치외교사학회(엮음),
　　　　『한국정치와 헌정사』, 서울: 한울, 2001.

金孝全, 「韓國憲法과 바이마르 憲法」, 『公法硏究』 第14輯, 1986. 8.

도진순, 「1945-1946년 미국의 대한정책과 우익진영의 분화」, 『역사와 현실』
　　　　제7호, 1992. 6.

도진순, 「해방전후 신익희의 노선과 활동」, 한국정신문화연구원(편), 『한국현
　　　　대사의 재인식 17: 한국현대사인물연구 2』, 서울: 백산서당, 1999.

馬碩漢, 「바이마르 공화국 헌법」, 『實學思想硏究』 12輯, 1999. 8.

문준영, 「미군정기 법원조직법의 입법과정: 미국립문서관 법원조직법관계문서
　　　　철의 소개와 분석」, 『法史學硏究』 第32號, 2005. 10.

민경국, 「제헌헌법과 경제질서」, 유광호·민경국·박광작·정중재, 『한국 제1·2
　　　　공화국의 경제정책』, 성남: 한국정신문화연구원, 1999.

閔京植, 「11月 革命과 社會化를 위한 鬪爭: 바이마르時代의 社會化에 關한
　　　　硏究(Ⅰ)」, 『硏究論集』 第5輯, 1986. 2.

閔京植, 「바이마르時代의 社會化 立法: 바이마르時代의 社會化에 관한 硏
　　　　究(Ⅱ)」, 『法政論叢』 第25卷, 1986. 1.

閔京植, 「바이마르共和國憲法에 있어서의 社會化에 관한 硏究: 바이마르時

代의 社會化에 관한 研究(Ⅲ)」『法學論文集』第10輯, 1986. 2.

閔京植, 「社會憲法 序說」『法學論文集』第18輯, 1993. 12.

박광주, 「헌법제정과정과 대통령선거」, 한국정신문화연구원 현대사연구소(편), 『한국현대사의 재인식 2: 정부수립과 제헌국회』, 서울: 오름, 1998.

박명림, 「한국의 국가형성, 1945-48: 시각과 해석」『韓國政治學會報』第二十九輯 第一號, 1995. 10.

박명림, 「한국의 초기 헌정체제와 민주주의: '혼합정부'와 '사회적 시장경제'를 중심으로」『韓國政治學會報』第三十七輯 第一號, 2003. 5.

박명림, 「헌법, 국가의제, 그리고 대통령 리더십: '건국 헌법'과 '전후 헌법'의 경제조항 비교를 중심으로」『國際政治論叢』제48집 1호, 2008. 3.

박수철, 「憲法의 制定·改正過程」, 林鍾輝·朴秀哲·林松鶴·朴章皓·李信雨(共著), 『立法過程論』, 서울: 博英社, 1998.

박진희, 「해방 직후 정치공작대의 조직과 활동」『역사와 현실』제21호, 1996. 9.

박찬표, 「제헌국회 선거법과 한국의 국가형성」『한국정치학회보』제29집 제3호, 1996. 1.

박태균, 「해방 직후 한국민주당 구성원의 성격과 조직개편」『國史館論叢』第58輯, 1994. 11.

朴泰均, 「1945-1946년 미군정의 정치세력 재편계획과 남한 정치구도의 변화」『韓國史研究』74, 1991. 9.

백운선, 「제헌국회 소장파의 활동과 역사적 재평가」『역사비평』계간22호, 1993. 5.

徐源錫, 「초대 정부조직 편제와 구성: 중앙정부조직을 중심으로」『한국현대사연구』제1권 제2호, 1998. 12.

徐仲錫, 「해방후 주요 정치세력의 국가 건설 방안」『大東文化研究』第27輯, 1992. 12.

서희경, 「대한민국 건국기의 정부형태와 운영에 관한 연구: '대통령 권한의 통제'에 관한 논쟁을 중심으로」『韓國政治學會報』第三十五輯 第一號, 2001. 6.

서희경, 「헌법의 제정과 운영: 대한민국 건국기의 정부형태에 관한 논쟁을 중심으로」『韓國政治研究』제10집, 2001. 12.

徐希慶, 「대한민국 건국헌법의 기초와 수정: 정부형태에 관한 논의를 중심으로」『公法研究』第31輯 第4號, 2003. 5.

서희경, 「韓國制憲國會의 政治勢力 形成에 관한 연구: 일제 식민지 시기의 社會勢力과의 연관성을 중심으로」『韓國政治外交史論叢』第26輯 1號, 2004. 8.

서희경, 「대한민국 건국헌법의 역사적 기원(1898-1919): 만민공동회·3.1운동·대한민국임시정부헌법의 '민주공화'정체 인식을 중심으로」『한국정치학회보』제40집 제5호, 2006. 12.

서희경, 「현대 한국헌정과 국민통합, 1945-1948: '단정파'와 '중도파'의 정치노선과 헌정 구상」『한국정치외교사논총』제28집 2호, 2007. 2.

서희경·박명림, 「민주공화주의와 대한민국 헌법 이념의 형성」『정신문화연구』제30권 제1호, 2007. 3.

서희경, 「남한과 북한 헌법 제정의 비교 연구(1947-1948): 한국 근대국가와 입헌주의의 탄생, '진정한 민주주의'를 향한 두 가지의 길」『한국정치학회보』제41집 제2호, 2007. 6.

서희경, 「시민사회의 헌법 구상과 건국헌법에의 영향(1946-1947): 해방후 시민사회헌법안·미소공위답신안 제정을 중심으로」『동양정치사상사』제6권 2호, 2007. 9.

성낙인, 「한국헌법상 권력구조의 변천」『國會報』통권 345호, 1995. 7.

성낙인, 「권력의 민주화와 정부형태: 한국형 이원정부제(반대통령제)」『법과사회』통권 제15호, 1997. 12.

成樂寅, 「韓國憲法과 二元政府制(半大統領制)」『憲法學硏究』第5輯 第1號, 1999. 5.

成樂寅, 「프랑스의 二元政府制(半大統領制)」『考試界』통권 562호, 2003. 11.

孫世一, 「大韓民國 臨時政府의 政治指導體系: 臨時憲法 改定過程을 中心으로」, 高在旭(編), 『三·一運動 50周年 紀念論集』, 서울: 東亞日報社, 1969.

송기춘, 「미군정기 및 대한민국 건국 초기의 종교관련제도의 정립과 관련한 헌법적 논의: 입법의원과 제헌국회에서의 논의를 중심으로」『법과사회』통권 제24호, 2003. 6.

송석윤, 「서독기본법의 제정과정: 연합국의 영향과 관련하여」『法史學硏究』第29號, 2004. 4.

송석윤, 「'우리 헌법의 탄생'을 읽고」『法史學硏究』第34號, 2006. 10.

신동운, 「제정형법의 성립경위」『刑事法硏究』제20호, 2003. 12.

신복룡, 「해방 정국에서의 민주의원 연구」『政正』제10집, 1997. 12.

신용옥, 「대한민국 제헌헌법의 주권원리와 경제질서」『韓國史學報』 제17호, 2004. 7.

신용옥, 「우파세력의 單政 立法 시도와 조선임시약헌 제정의 정치적 성격」『韓國史學報』 제28호, 2007. 8.

신용옥, 「조선임시약헌의 경제체제 구상」『韓國史研究』 140, 2008. 3.

辛容玉, 「8·15 후 좌우세력의 헌법 제정 시도에 대한 사실 관계 해석과 그 정치적 성격: 민주주의민족전선, 비상국민회의, 민주의원을 중심으로」『歷史敎育』 第106輯, 2008. 6.

신용옥, 「제헌헌법 기초 주체들의 헌법 기초와 그 정치적 성격」『건국 60 주년 기념 심포지엄: 대한민국 헌법의 제정과 현민 유진오』, 고려대학교 법학연구원, 2008. 7. 15.

신우철, 「헌정사연구(抄): 건국헌법에서 현행헌법까지」『嶺南法學』 제9권 제1호, 2002. 12.

신우철, 「중국의 제헌운동이 상해 임시정부 헌법제정에 미친 영향: 임시헌장 (1919. 4. 11)과 임시헌법(1919. 9. 11)을 중심으로」『法史學研究』 第29號, 2004. 4.

신우철, 「중국의 제헌운동이 상해 임시정부 헌법개정에 미친 영향: 1920년대의 헌법개정 과정에 나타난 정치제도의 규범과 현실」『법과사회』 통권 제27호, 2004. 12.

신우철, 「헌법본질론 소묘: '타협의 결과물'로서의 헌법」『嶺南法學』 제10권 제2호, 2004. 12.

신우철, 「임시약헌(1927. 3. 5) 연구: 제정 경위, 구조와 내용, 위원제 정부형태」『法史學研究』 第31號, 2005. 4.

신우철, 「임시약헌(1940. 10. 9) 연구: 가려진 '정치적 의도'의 발굴」『法史學研究』 第37號, 2008. 4.

申宇澈, 「건국강령(1941. 10. 28) 연구: '조소앙 헌법사상'의 헌법사적 의미를 되새기며」『中央法學』 제10집 제1호, 2008. 4.

신우철, 「임시헌장(1944.4.22) 연구: 독립운동, 권력투쟁 그리고 '헌법'」『법과사회』 통권 제34호, 2008. 6.

신우철, 「해방기 헌법초안의 헌법사적 기원: 임시정부 헌법문서의 영향력 분석을 통한 '유진오 결정론' 비판」『公法研究』 第36輯 第4號, 2008. 6.

沈之淵, 「해방후 주요 정치집단의 통치구조와 정책구상에 대한 분석: 미소공동위원회 답신안을 중심으로」『韓國政治學會報』 第二十輯 第二號,

1986. 12.

안병도, 「건국시기 국내정치세력의 해방인식 고찰(Ⅰ): 한국민주당의 건국노선을 중심으로」『韓國政治學會報』第二十六輯 第二號, 1993. 4.

야가사키 히데노리, 「일본국 헌법제정 경위에 관한 연구」『韓國政治學會報』第三十七輯 第五號, 2003. 12.

梁東安, 「朝鮮總督府의 韓國人에 대한 治安權 移讓過程에 관한 硏究」『정신문화연구』제15권 제2호, 1992. 6.

양상열, 「바이마르 共和國의 憲法守護 情神: 특히 바이마르 初期 憲法制定審議過程을 중심으로」『慶南法學』第17輯, 2002. 8.

梁彰洙, 「民法案의 成立過程에 관한 小考」『서울대학교 法學』제30권 3·4호, 1989. 12.

梁彰洙, 「〈자료〉法典編纂委員總會 議事錄(抄)」『서울대학교 法學』제35권 2호, 1994. 10.

梁彰洙, 「우리나라 最初의 憲法裁判論議: 妻의 行爲能力 制限에 관한 1947년 大法院判決에 대하여」『서울대학교 法學』제40권 2호, 1999. 8.

양창수, 「대한민국 헌법의 정체성: 제헌헌법의 기초·심의 과정을 통하여 본」『본질과 현상』봄호 통권 11호, 2008. 3.

吳東錫, 「지방자치제의 형성과정: 해방 후부터 지방자치법 제정까지」『公法研究』第31輯 第4號, 2003. 5.

오동석, 「일제하 '지방자치' 관련 법제의 변화」『法史學研究』第30號, 2004. 10.

오유석, 「한국 '보수' 지배 세력 연구: 대한독립촉성국민회를 중심으로」, 한국사회사학회(편), 『해방 후 정치세력과 지배구조』, 서울: 문학과지성사, 1995.

오향미, 「독일 바이마르 공화국의 국가건설사상: 연방제와 의회민주주의 원칙」『國際政治論叢』第43輯 4號, 2003. 12.

유병용, 「광복 후 중경임시정부의 통일전선운동」, 金喜坤·韓相禱·韓詩俊·兪炳勇, 『대한민국임시정부의 좌우합작운동』, 서울: 한울, 1995.

柳瑢鉉, 「第一共和國 憲法制定過程」『韓國의 社會와 文化』第7輯, 1986. 10.

유숙란, 「광복 후 국가건설과정에서의 성불평등구조 형성: 보통선거법과 제헌헌법 작성과정을 중심으로」『韓國政治學會報』, 第三十九輯 第二號, 2005. 6.

유영익, 「대한민국 헌법의 탄생: 이승만 국회의장의 역할을 중심으로」『한국
　　사시민강좌』제38집, 2006. 2.

柳永益, 「李承晩 國會議長과 大韓民國 憲法 制定」『歷史學報』第189輯,
　　2006. 3.

兪鎭午, 「獨逸國家學의 最近動向: 所謂「指導者國家」에 對하야 ①-④」『東
　　亞日報』, 1938. 8. 16.-19., 3면.

兪鎭午, 「社會와 法律」(9월 11일)『法政』第一卷 第二號, 1946. 10. 25.

兪鎭午, 「權力分立制度의 檢討: 特히 美國 憲法을 中心으로 하야」(1947년
　　1월 23일)『法政』第二卷 第四號, 1947. 4.

兪鎭午, 「우리 憲法의 輪廓: 十八世紀憲法과 二十世紀憲法」(1947년 8월 1
　　일)『法政』第二卷 第九號, 1947. 9.

兪鎭午, 「人民의 基本權」『經商學報』創刊號, 高麗大學校, 1947. 10.

兪鎭午, 「法과 힘」『高大新聞』, 1947. 11.

兪鎭午, 「選擧의 基本觀念」『自由新聞』, 1948. 3.

兪鎭午, 「國家의 社會的 機能 (一)」『法政』第三卷 第三號, 1948. 3.

兪鎭午, 「國家의 社會的 機能 (二)」『法政』第三卷 第四號, 1948. 4.

兪鎭午, 「國家의 社會的 機能 (三·完)」『法政』第三卷 第六號, 1948. 6.

兪鎭午, 「憲法制定의 精神 (一)」『法政』第三卷 第八號, 1948. 8.

兪鎭午, 「憲法制定의 精神 (二·完)」(2월 15일)『法政』第四卷 第三號,
　　1949. 3.

兪鎭午, 「憲法理念의 具體化過程」(8월 1일)『法政』第四卷 第九號, 1949. 9.

윤병석, 「대한민국임시정부서설-임시의정원문서를 중심으로」『한국사와 역사
　　의식』, 서울: 인하대학교출판부, 1989.

李剛秀, 「反民族行爲特別調査委員會의 組織과 構成」『國史館論叢』第84
　　輯, 1999. 6.

이경주, 「건국헌법의 제정과정: 미군정사료 등을 중심으로」『憲法學硏究』第
　　4輯 第3號, 1998. 10.

이경주, 「미군정기의 과도입법의원과 조선임시약헌」『法史學硏究』第23號,
　　2001. 4.

李京柱, 「미군정사료와 헌정사」『公法硏究』第31輯 第4號, 2003. 5.

이국운, 「해방공간에서 사법기구의 재편과정에 관한 연구」『법과사회』통권
　　제29호, 2005. 12.

李起夏, 「政府樹立 前後 重要政黨의 政綱政策 硏究: 北韓의 各 政黨·社會

團體組織과 政綱政策을 中心으로」『國史館論叢』第11輯, 1990. 7.

李相敦, 「左右合作의 民主性과 非民主性」『再建』第一卷 第一號, 1947. 1.

李相敦, 「中間路線派를 解剖함」『再建』第一卷 第三號, 1947. 5.

李相冕, 「國際法關聯 憲法 規定의 制定 經緯와 그 意義」『서울대학교 法學』 제39권 4호, 1999. 2.

李相泳, 「解放後 韓國法制 變遷史」『법제연구』통권 제14호, 1998. 6.

李聖德, 「制定地方自治法의 立法過程에서 나타난 主要爭點과 支配的인 視角에 관한 연구」『東亞論叢』第33輯, 1996. 12.

이승억, 「임시정부의 귀국과 대미군정 관계(1945. 8-1946. 2)」『역사와 현실』 제24호, 1997. 6.

이승우, 「建國憲法 以前의 韓國憲政史」『憲法學硏究』제13권 제2호, 2007. 6.

이영록, 「兪鎭午의 法哲學思想: 헌법학과의 관련을 중심으로」『法史學硏究』 第22號, 2000. 10.

이영록, 「'헌법 및 정부조직법 기초위원회'(1948)의 정치적·사상적 역학관계 에 관한 분석」『憲法學硏究』제7권 4호, 2001. 12.

이영록, 「제헌국회의 '헌법 및 정부조직법 기초위원회'에 관한 사실적 연구」 『法史學硏究』第25號, 2002. 4.

이영록, 「대한민국헌법의 제정과정: 불안한 입헌주의의 출발」『法學論叢』第 8輯, 2002. 8.

이영록, 「「권승렬안」에 관한 연구」『법과사회』통권 제24호, 2003. 6.

이영록, 「제헌과정에서의 권력구조 논의에 나타난 대립의 전개과정과 결과에 관한 연구」『法史學硏究』第28號, 2003. 10.

이영록, 「제1공화국 헌법위원회제도의 형성: 사법제도 형성의 한 단면」『憲法 學硏究』제11권 제2호, 2005. 6.

이영록, 「한국헌법의 역사적 이념적 기초와 헌법개혁: 민주주의 이념의 한국적 유산과 한계, 그리고 모색」『憲法學硏究』제12권 제3호, 2006. 9.

이영록, 「우리 헌법은 어떻게 제정되었나?」, 조지형·강원택·김종철·송석윤· 오호택·이영록·홍성방, 『헌법개정의 필요성과 방향(I)』, 서울: 미래 한국재단, 2006.

李庸起, 「1945-48년 臨政勢力의 정부수립 구상과 '臨政法統論'」『韓國史論』 38, 1997. 12.

이창호, 「중화인민공화국 헌법 제정사」『法學硏究』第13輯, 2005. 2.

이헌환, 「미군정기 식민잔재청산 법제 연구」『法史學硏究』第30號, 2004. 10.

이헌환, 「해방후 남한정부의 친일잔재 청산: 법제도적 측면에서」『世界憲法研究』第7號, 2003. 5.

李興在, 「이익균점권의 보장과 우촌(牛村) 전진한(錢鎭漢)의 사상 및 역할: 우촌의 사회법사상 궤적의 탐색을 위한 '초심곡(初心曲)'」『서울대학교 法學』제46권 제1호, 2005. 3.

李興在, 「노동조합법제정사의 법사회학적 조명: 그 제정배경과 전진한(錢鎭漢)의 역할 및 법인식의 탐조(探照)」『서울대학교 法學』제46권 제2호, 2005. 6.

장동진, 「대한민국 제헌과정에 나타난 자유주의: 정부형태, 기본권, 경제제도를 중심으로」『정치사상연구』제11집 2호, 2005. 11.

장영수, 「1948년 헌법 제정의 역사적 의미」『건국 60주년 기념 심포지엄: 대한민국 헌법의 제정과 현민 유진오』, 고려대학교 법학연구원, 2008. 7. 15.

전광석, 「헌법학자 유진오」『延世法學硏究』第2輯, 1992. 8.

全光錫, 「解放後 3년간의 憲法構想」, 韓國憲法判例研究會(編), 『憲法判例研究 [5]』, 서울: 博英社, 2003.

전광석, 「제헌의회의 헌법구상」『법학연구』제15권 제4호, 2005. 12.

全光錫, 「兪鎭午와 大韓民國 憲法」『高麗法學』제48호, 2007. 4.

전수연, 「프랑스 제3공화국의 헌법 개정, 1875-1889」『프랑스사 연구』제2호, 1999. 12.

田鉉秀, 「蘇聯의 美蘇共委 대책과 韓國臨時政府 수립 구상」, 金容燮敎授停年紀念韓國史學論叢刊行委員會(編), 『韓國 近現代의 民族問題와 新國家建設』, 1997.

정병준, 「해방정국의 미공작원들」『월간 말』10월호, 1992.

정병준, 「주한미군정의 '임시한국행정부' 수립 구상과 독립촉성중앙협의회」『역사와 현실』제19호, 1996. 3.

정병준, 「이승만의 정치고문들」『역사비평』통권 43호, 1998. 5.

정병준, 「해방 직후 각 정파의 정부수립 구상과 그 특징: 제2차 미소공위 답신안 분석을 중심으로」『統一問題研究』第10卷 2號, 1998. 10.

정상우, 「대한민국임시정부 헌법과 1948년헌법」『법과사회』통권 제32호, 2007. 6.

정상우, 「제2차 미소공동위원회 시기의 「조선민주주의임시정부 헌장안」에 관한 연구」『憲法學研究』제14권 제2호, 2008. 6.

정용욱, 「미군정의 임정 관계 보고서」『역사비평』계간22호, 1993. 5.

정인섭, 「大韓民國의 수립과 舊法令의 승계: 制憲憲法 제100조 관련 판례의 분석」, 서울國際法研究院(編), 『國際判例研究』, 서울: 博英社, 1999.

鄭宗燮, 「「憲法」이라는 用語의 淵源」『憲法研究 4』, 서울: 博英社, 2003.

鄭宗燮, 「1948年 國會의 法的 性格」『憲法研究 5』, 서울: 博英社, 2005.

鄭宗燮, 「國務總理制度의 淵源」『憲法研究 5』, 서울: 博英社, 2005.

鄭泰秀, 「臨時政府의 建國綱領이 韓國敎育法制에 미친 影響: 韓國敎育法의 正統性의 論證을 中心으로」『論文集』第20輯, 1987. 1.

鄭泰秀, 「미 군정기「敎育自治 3法」의 초안자와 입법의도 및 추진과정」『敎育法學研究』第3·4號 統合號, 1992. 8.

趙東杰, 「海公 申翼熙의 臨時政府 活動」『韓國學論叢』第18輯, 1996. 2.

趙東杰, 「대한민국임시정부의 建國綱領」『韓國近現代史의 理解와 論理: 韓國民族主義의 성장과 獨立運動史研究』, 서울: 지식산업사, 1998.

조동걸, 「대한민국임시정부의 헌법과 이념」, 한국근현대사학회(편), 『대한민국임시정부수립80주년기념논문집 (상)』, 서울: 國家報勳處, 1999.

조동걸, 「조소앙의 생애와 민족운동: 삼균주의와 사회민주주의 사상의 형성을 중심으로」, 한국정신문화연구원(편), 『한국현대사의 재인식 17: 한국현대사인물연구 2』, 서울: 백산서당, 1999.

趙東杰, 「趙素昻의 三均主義와 社會民主主義 思想의 形成」『三均主義研究論集』第21輯, 2000. 2.

趙凡來, 「韓國國民黨 研究」『한국독립운동사연구』제4집, 1990. 11.

조소영, 「미군정의 점령정책으로서의 언론정책과 언론법제의 고찰」『법과사회』통권 제24호, 2003. 6.

조소영, 「미 군정청 사법부(the Department of Justice)의 기능과 역할에 관한 실증적 연구: 사법부 유권해석선집(Selected Legal Opinions of the Department of Justice) 제1부의 정리와 자료를 중심으로」『法史學研究』第30號, 2004. 10.

趙憲泳, 「右翼陣營의 行動統一을 强調함」『再建』第一卷 第三號, 1947. 5.

陳德奎, 「헌법기초위원회와 헌법제정 과정」『한국논단』통권 제30호, 1992. 2.

陳德奎, 「金九의 臨政을 거부한 미군정」『한국논단』통권 제33호, 1992. 5.

崔京玉, 「日本國憲法의 制定過程과 特徵」『憲法學研究』제8권 제2호, 2002. 8.

崔京玉, 「制憲國會의 成立史: 美軍政 法令과 관련하여」『公法研究』第31

輯 第5號, 2003. 6.

崔京玉, 「美軍政下의 司法部와 制憲憲法의 成立過程: Ernst Frankel의 論評과 관련하여」 『公法硏究』 第34輯 第2號, 2005. 12.

최양수, 「제헌국회의 성격과 활동에 관한 연구」 『法律行政論集』 第13卷, 2006. 2.

崔鍾庫, 「韓國法의 近代化와 韓美法律交流」 『法史學硏究』 第10號, 1989. 12.

崔鍾庫, 「現代 韓國法制의 形成過程考」 『서울대학교 法學』 제32권 1·2호, 1991. 8.

崔鍾庫, 「解放 後 韓國基本法制의 整備」, 朴秉濠 敎授 還甲紀念論叢 發刊委員會(編), 『朴秉濠敎授還甲紀念(Ⅱ): 韓國法史學論叢』, 서울: 博英社, 1991.

崔鍾庫, 「解放後 基本法制의 制定過程」 『법제연구』 통권 제8호, 1995. 6.

韓炳玉, 「南朝鮮 過渡立法議院의 反動性」, 國史編纂委員會(編), 『北韓關係 史料集 ⅩⅢ』, 1992.

韓相範, 「現代 韓國의 法制와 日本帝國主義의 殘滓」 『法學論叢』 第十二輯, 2000. 2.

한상범, 「자유주의와 제헌헌법」, 신일철·한상범·최병선 외, 『제도연구시리즈 3: 자유주의와 한국사회』, 서울: 한국경제연구원, 2001.

한상희, 「전시체제에서의 헌법형성(1948-1954)」 『서울대학교 法學』 제41권 2호, 2000. 9.

韓詩俊, 「大韓民國臨時政府의 光復후 民族國家 建設論: 大韓民國建國綱領을 중심으로」 『한국독립운동사연구』 제3집, 1989. 11.

韓詩俊, 「趙素昻의 三均主義」 『韓國史 市民講座』 제10집, 1992. 2.

韓詩俊, 「대한민국임시정부의 환국」 『한국근현대사연구』 제25집, 2003. 6.

한시준, 「대한민국임시정부와 민주공화제의 확립 발전」, 국가보훈처(편), 『나라사랑 독립정신』, 서울: 국가보훈처, 2005.

韓詩俊, 「海公 申翼熙와 대한민국임시정부」 『한국근현대사연구』 제41집, 2007. 6.

韓鐵鎬, 「朝鮮人民은 亡國'國會'를 絶對否認한다」, 國史編纂委員會(編), 『北韓關係史料集 28』, 1997.

한철호, 「대한민국임시정부의 대통령제」, 한국근현대사학회(편), 『대한민국임시정부수립80주년기념논문집 (상)』, 서울: 國家報勳處, 1999.

韓泰淵, 「大韓民國憲法의 神秘: 兪鎭午敎授의 見解와 關聯하여」 『考試』 第2卷 第10號, 1953. 12.

韓泰淵, 「韓國憲法의 發展過程: 韓國憲法史를 위한 小描」 『法政』 九月號, 1968. 9.

韓泰淵, 「制憲憲法의 神話: 理想과 安協과 錯覺의 심포니」 『東亞法學』 第6號, 1988. 6.

한홍수, 「정부수립과 제헌국회: 연구서설」, 한국정신문화연구원 현대사연구소, 『한국현대사의 재인식 2: 정부수립과 제헌국회』, 서울: 오름, 1998.

咸尙勳, 「美蘇共委와 우리 態度」 『再建』 第一卷 第四號, 1947. 8.

許 宗, 「1947년 남조선과도입법의원의 「친일파 처벌법」 제정과 그 성격」 『한국근현대사연구』 제12집, 2000. 3.

홍기태, 「해방후의 헌법구상과 1948년 헌법 성립에 관한 연구」 『법과사회』 창간호, 1989. 8.

黃東駿, 「議會制度論 (一): 議會의 本質과 機能」 『法政』 第二卷 第八號, 1947. 8.

黃東駿, 「議會制度論 (二): 議會의 本質과 機能」 『法政』 第二卷 十號, 1947. 10.

黃東駿, 「議會制度論 (三): 議會의 權限 (1)」 『法政』 第二卷 第十二號, 1947. 12.

黃東駿, 「議會制度論 (四): 議會의 權限 (2)-政府의 監視監督에 關한 權限」 『法政』 第三卷 第一號, 1948. 1.

黃東駿, 「議會制度論 (五·完): 議院에 關한 制度」 『法政』 第三卷 第五號, 1948. 5.

黃東駿, 「憲法과 兩院制: 主로 評論的으로」 『法政』 第四卷 第一號, 1949. 1.

황승흠, 「제헌헌법상의 근로자의 이익균점권의 헌법화과정에 관한 연구」 『公法研究』 第31輯 第2號, 2002. 12.

黃承欽, 「제헌헌법 '제6장 경제' 편의 형성과정과 그것의 의미」 『法史學研究』 第30號, 2004. 10.

「特輯: 농지개혁의 역사적 의의를 재조명한다」 『근현대사강좌』 제3호, 1993.10.

2) 학위논문

姜聲天, 「1947-1948年 'UN 朝鮮臨時委員團'과 '統一政府' 問題」, 碩士學

位論文, 서울大學校 大學院, 1994. 8.

姜仁壽, 「韓國 制憲國會의 敎育法 制定過程 硏究」, 碩士學位論文, 高麗大學校 大學院, 1981.

高知薰, 「駐韓美軍政의 占領行政과 法律審議局의 活動」, 碩士學位論文, 서울大學校 大學院, 1999.

金得中, 「制憲國會의 構成過程과 性格」, 碩士學位論文, 成均館大學校 大學院, 1994.

金珉成, 「南朝鮮過渡立法議院의 活動과 性格에 關한 硏究」, 碩士學位論文, 東國大學校 大學院, 1995.

金甫穎, 「大韓獨立促成國民會의 組織과 活動」, 碩士學位論文, 漢陽大學校 大學院, 1994.

金壽用, 「逮捕·拘束適否審査制度에 관한 憲法史的 硏究: 해방이후 1948년 헌법의 제정 때까지의 입법배경과 법적 논의를 중심으로」, 碩士學位論文, 서울大學校 大學院, 2004.

김수자, 「美軍政期(1945-1948) 統治機構와 官僚任用政策: 中央行政機構 改編과 行政官僚의 社會的 背景을 중심으로」, 석사학위논문, 이화여자대학교 대학원, 1994. 8.

金榮美, 「미군정기 南朝鮮過渡立法議院의 성립과 활동」, 碩士學位論文, 서울大學校 大學院, 1993.

金日洙, 「徐相日의 政治·經濟 理念과 活動」, 博士學位論文, 成均館大學校 大學院, 2001. 8.

金一榮, 「李承晩 統治期 政治體制의 性格에 關한 硏究」, 博士學位論文, 成均館大學校 大學院, 1991.

金赫東, 「「南朝鮮過渡立法議院」의 設置背景과 運營實態에 관한 硏究」, 博士學位論文, 檀國大學校 大學院, 1995.

金昌綠, 「日本에서의 西洋 憲法思想의 受容에 관한 硏究: 「大日本帝國憲法」의 制定에서 「日本國憲法」의 '出現'까지」, 博士學位論文, 서울大學校大學院, 1994. 8.

南光圭, 「解放 初期 中間派 弱化와 左·右對決의 激化(1945. 8-1946. 2)」, 博士學位論文, 高麗大學校 大學院, 2002.

文聖棹, 「令狀主義의 導入과 形成에 관한 硏究: 1954年 刑事訴訟法의 成立을 中心으로」, 博士學位論文, 서울大學校 大學院, 2001.

문지영, 「한국에서 자유주의: 정부수립 후 1970년대까지 그 양면적 전개와 성격에 관한 연구」, 박사학위논문, 서강대학교 대학원, 2003.

閔京植, 「西獨基本法에 있어서의 社會化에 관한 硏究」, 博士學位論文, 서울大學校 大學院, 1987.

朴元浩, 「右派勢力과 南朝鮮過渡立法議院: 한민당세력의 전략적 잠식과정을 중심으로」, 碩士學位論文, 서울大學校 大學院, 1997.

朴泰均, 「1945년-1946년 미군정의 정치세력 재편계획과 남한 정치구도의 변화」, 碩士學位論文, 서울大學校 大學院, 1991.

裵慶植, 「'反韓獨黨勢力'의 重慶臨時政府改造運動과 解放後 過渡政權樹立構想」, 碩士學位論文, 成均館大學校 大學院, 1996.

백운선, 「제헌국회내 '소장파'에 관한 연구」, 박사학위논문, 서울대학교 대학원, 1992. 8.

徐希慶, 「大韓民國 建國期의 政府形態와 政府運營에 관한 論爭 硏究: 制憲國會의 特別會期(1948.5.31-12.19)를 중심으로」, 博士學位論文, 서울大學校 大學院, 2001.

孫榮男, 「美軍政期 南朝鮮過渡政府의 活動: 中央行政府를 중심으로」, 碩士學位論文, 서울大學校 大學院, 2001.

孫熙斗, 「美軍政의 對韓政策과 議會制度에 관한 硏究」, 博士學位論文, 韓國精神文化硏究院 韓國學大學院, 1993. 8.

송은경, 「제헌국회 의원들이 구성한 '국가'와 '국민'의 의미화 분석: 제헌국회 제1회 본회의 회기(1차-86차)를 중심으로」, 석사학위논문, 이화여자대학교 대학원, 2005.

宋陳赫, 「美軍政과 制憲憲法 制定過程에 關한 硏究」, 碩士學位論文, 成均館大學校 大學院, 1990.

辛秀炅, 「制憲國會와 政治 葛藤: 國定監査制度 導入과 運用」, 碩士學位論文, 梨花女子大學校 大學院, 1998. 8.

辛容玉, 「大韓民國 憲法上 經濟秩序의 起源과 展開(1945-54年): 헌법 제·개정 과정과 국가자본 운영을 중심으로」, 博士學位論文, 高麗大學校 大學院, 2007.

兪東勳, 「韓末 渡日留學生의 文明開化論과 法思想 硏究」, 碩士學位論文, 延世大學校 大學院, 2001.

柳孝植, 「美軍政期 政府樹立過程에 있어서 臨政勢力의 역할에 관한 硏究: 金九의 韓獨黨을 中心으로」, 碩士學位論文, 高麗大學校 大學院, 1987. 8.

尹慶燮,「1948年 北韓憲法의 制定背景과 그 成立」, 碩士學位論文, 成均館
　　大學校 大學院, 1996.

李京柱,「日韓の占領管理体制の比較憲法的考察: 憲法と軍事條約との關
　　係を中心に」, 博士學位論文, 一橋大學 大學院, 1997.

李萬熙,「美軍政期 司法改革에 관한 硏究」, 碩士學位論文, 高麗大學校 大
　　學院, 1989. 8.

李相勳,「해방후 대한독립촉성국민회의 국가건설운동 연구」, 碩士學位論文,
　　延世大學校 大學院, 2002.

李映錄,「兪鎭午 憲法思想의 形成과 展開」, 博士學位論文, 서울大學校 大
　　學院, 2000. 8.

李庸起,「1945-48년 臨政勢力의 '法統政府' 수립운동」, 碩士學位論文, 서울
　　大學校 大學院, 1996. 8.

李載鎬,「美・蘇 共同委員會 硏究」, 碩士學位論文, 建國大學校 大學院,
　　1991.

李憲煥,「우리나라 憲政史에서의 議院內閣制 小考」, 碩士學位論文, 서울大
　　學校大學院, 1985.

任松子,「美軍政期 大韓獨立促成勞動總聯盟에 關한 硏究」, 碩士學位論
　　文, 成均館大學校 大學院, 1994.

鄭秉峻,「1946-1947년 左右合作運動의 전개과정과 성격변화」, 碩士學位論
　　文, 서울大學校 大學院, 1992. 8.

鄭相宇,「美軍政期 中間派의 憲政構想에 관한 硏究」, 博士學位論文, 서울
　　大學校大學院, 2007.

丁海龜,「남북한 분단정권 수립 과정 연구: 1947. 5-1948. 9」, 博士學位論文,
　　高麗大學校 大學院, 1995. 8.

鄭希珍,「해방 전후 헌법구상에 관한 연구: 朝鮮臨時約憲案을 중심으로」, 碩
　　士學位論文, 誠信女子大學校 大學院, 2006.

崔要燮,「1947-1948년 유엔한국임시위원단의 성립과 활동」, 碩士學位論文,
　　서울大學校 大學院, 2005.

洪起台,「해방후의 헌법구상과 1948년 헌법성립에 관한 연구」, 碩士學位論
　　文, 서울大學校 大學院, 1986.

洪定完,「정부수립기 大韓獨立促成國民會의 국민운동 연구」, 碩士學位論
　　文, 延世大學校 大學院, 2006.

黃秉周,「제1차 美蘇共同委員會와 우익정치세력의 동향」, 碩士學位論文,

漢陽大學校 大學院, 1996.

黃儀釟, 「해방 후 左右合作運動에 관한 연구」, 博士學位論文, 東國大學校
大學院, 1996.

II. 외국문헌

1. 1차 자료

國立國會圖書館 調査立法考査局(編), 『戰後の各國憲法』, 1948. 11.

國務院總務廳情報處(編), 『滿洲國大系(日文) 第十三輯: 滿洲帝國組織法』,
1934. 5.

美濃部達吉(譯), 『歐洲諸國 戰後の新憲法』, 東京: 有斐閣, 1922.

民國立法院編譯處(編), 『中華民國憲法草案』, 北平, 1936.

阿部照哉·佐藤幸治·宮田豊(編), 『憲法資料集』, 東京: 有信堂, 1966.

外務省歐米局第一課(編), 『「ソヴィエト」社會主義共和國聯邦法令集(1): 「ソ
ヴィエト」社會主義共和國聯邦憲法』, 東京, 1931. 12.

外務省臨時調査部(編), 『「チェッコ, スロヴァキア」共和國憲法(美濃部達
吉 譯)』, 東京, 1920. 12.

立法院 編譯處(編), 『中華民國憲法草案(英法意文譯本)』, 발행일 미상(1936
년 추정)

朱匯森(主編)·繆全吉(編著), 『中國制憲史資料彙編: 憲法編』, 臺北: 國史
館, 1989.

中村義孝(編譯), 『フランス憲法史集成』, 京都: 法律文化社, 2003.

中華民國開國五十年文獻編纂委員會(編), 『中華民國開國五十年文獻 第二
編: 辛亥革命與民國建元-第二册 開國規模』, 1962.

拓務大臣官房文書課(編), 『滿洲國法令集 第一編』, 東京, 1933.

土橋友四郎(譯), 『日本憲法 比較對照 世界各國憲法』, 東京: 有斐閣, 1925.

波蘭公使舘(編), 『ポ-ランド共和國憲法』, 東京.[1]

『Die Verfassung des Deutschen Reichs. vom 11. August 1919: Textausgabe mit
Sachregister.』, Berlin und Leipzig, 1919.

---

[1] 1921년 3월에 시행된 폴란드공화국헌법에 대하여 일본어로 번역한 것으로 발행
연도가 기재되어 있지 않다.

Berlia, Georges(L. Duguit·H. Monnier·R. Bonnard), 『Les constitutions et les principales lois politiques de la France depuis 1789(7. éd.)』, Paris: Librairie Générale de Droit et de Jurisprudence, 1952.

Debbasch, Charles·Pontier, Jean-Marie, 『Les Constitutions de la France』, Paris: Dalloz, 1989.

Duguit, Léon·Monnier, Henry, 『Les constitutions et les principales lois politiques de la France depuis 1789: Collationnées sur les Textes Officiels, précédées de Notices historiques et suivies d'une Table Analytique détaillée(4. éd.)』, Paris: Librairie Générale de Droit et de Jurisprudence, 1925.

Duverger, Maurice, 『Constitutions et documents politiques』, Paris: Presses Universitaires de France, 1992.

McBain, Howard Lee·Rogers, Lindsay, 『The New constitutions of Europe』, New York: Doubleday, Page & Company, 1922.

井出菊江(譯)/ McBain, Howard Lee·Rogers, Lindsay(著), 『歐洲新憲法論序說』, 東京: 大鐙閣, 1929.

Mirkine-Guetzevitch, Boris, 『Les constitutions de l'Europe nouvelle』, Paris: Librairie Delagrave, 1928.

2. 단행본

高橋勇治, 『中華民國憲法』, 東京: 有斐閣, 1948.

高橋貞三, 『滿洲國基本法』, 東京: 有斐閣, 1943. 8.

尾上正男, 『滿洲國基本法大綱』, 東京: 郁文社, 1940.

謝扶民(編), 『民國叢書 第五編(26): 中華民國立法史(1948)』, 上海: 上海書店(영인본), 1996.

山本桂一(編), 『フランス第三共和政の研究: その法律·政治·歷史』, 東京: 有信堂, 1966.

上杉愼吉, 『比較各國憲法論』, 東京: 有斐閣·東亞公司, 1906.

楊幼炯, 『民國叢書 第一編(29): 近代中國立法史(1936)』, 上海: 上海書店(영인본), 1989.

吳經態·黃公覺, 『民國叢書 第四編(27): 中國制憲史』, 上海: 上海書店(영인본), 1992.

吳宗慈(編), 『中華民國憲法史 前編(1923)』, 台北: 台聯國風出版社(영인본), 1973.

吳宗慈(編), 『中華民國憲法史 後編(1923)』, 台北: 台聯國風出版社(영인본), 1973.

原武(編), 『中華民國憲法』, 大連: 南滿州鐵道株式會社, 1929.

殷嘯虎, 『近代中國憲政史』, 上海: 上海人民出版社, 1997.

日高已雄, 『滿洲國公法大意: 第一分冊 憲法篇』, 東京: 松山房, 1933.

張溶西·岑德彰, 『中華民國憲法史料(1933)』, 台北: 台聯國風出版社(영인본), 1973.

張晋藩·曾憲義, 『中國憲法史略』, 北京: 北京出版社, 1979.

陳茹玄(編), 『中國憲法史』, 上海: 世界書局, 1933.

杜斯溫, 『中華民國憲法概論』, 臺北: 帕米爾書店, 1953.

石川忠雄, 『中國憲法史』, 東京: 慶應通信, 1952/ 1958.

Chung, Henry, 『Korea and the United States Through War and Peace 1943-1960』, Seoul: Yonsei University Press, 2000.

Fraenkel, Ernst, 『Gesammelte Schriften: Band 3 Neuaufbau der Demokratie in Deutschland und Korea』, Baden-Baden: Nomos Verlagsgesellschaft, 1999.

Headlam-Morley, Agnes, 『The New democratic constitutions of Europe: a comparative study of post-war European constitutions with special reference to Germany, Czechoslovakia, Poland, Finland, the Kingdom of the Serbs, Croats & Slovenes and the Baltic states』, London: Oxford University Press, 1928.

山之內一郎(譯)/ Headlam-Morley, Agnes(著), 『歐洲新憲法論』, 東京: 有斐閣, 1932.

Oppler, Alfred Christian, 『Legal Reform in Occupied Japan: A Participant Looks Back』, Princeton, New Jersey: Princeton Univ. Press, 1976.

Strong, Charles Frederick, 『Modern Political Constitutions: An Introduction to the Comparative Study of their History and Existing Form』, London: Sidgwick & Jackson, 1930.

Wade, Emlyn Capel Stewart and Phillips, George Godfrey, 『Constitutional Law: an outline of the law and practice of the constitution, including english local government, the constitutional relations of the british empire and the church of england(2nd ed.)』, London: Longmans, Green & Co., 1935.

Williams, Justin, 『Japan's Political Revolution under MacArthur: A Participant's Account』, Athens: The University of Georgia Press, 1979.

Young, James Thomas, 『The new American government and its work(4th ed.)』, New York: The Macmillan Company, 1940.

3. 논문

國分典子,「韓國憲法思想の淵源: 第一共和國憲法制定における兪鎭午の民主主義觀を中心に」『靑丘學術論集』第20集, 2002. 3.

李京柱,「占領管理體制下における韓國憲法の制定」『一橋論叢』第百十八卷 第一號, 1997. 7.

Arato, Andrew,「FORMS OF CONSTITUTION MAKING AND THEORIES OF DEMOCRACY」『CARDOZO LAW REVIEW』Vol. 17 No. 2, 1995. 11.

Rothermund, Dietmar,「Constitution Making and Decolonization」『Diogenes』 Vol. 53 No. 4, 2006. 11.

Thoma, Richard,「Grundrechte und Polizeigewalt」, Triepel, Heinrich(編), 『Verwaltungsrechtliche Abhandlungen: Festgabe zur Feier des Fünfzigj-ährigen Bestehens des Preußischen Oberverwaltungsgerichts 1875-20. November 1925』, Berlin: Carl Heymanns Verlag, 1925.

부록: 연표와 헌법안

1. 연표

1943년 11월 27일: 미국·영국·중국, 카이로선언을 함

1945년 7월 26일: 미국·영국·중국, 포츠담선언을 함

1945년 8월 15일: 해방, 조선건국준비위원회가 결성됨

　　　　9월 3일: 대한민국임시정부, 임시정부당면정책 14개항을 발표함

　　　　9월 6일: 조선건국준비위원회, 조선인민공화국의 수립을 선언함

　　　　9월 7일: 미군 선발대, 인천에 상륙함. 조선에 군정청 설치, 군정장관 임명[1]

　　　　9월 8일: 미군, 조선에 상륙함[2]

　　　　9월 15일: 조선총독부 법무국장 일본인 早田福藏이 해임됨

　　　　9월 16일: 한국민주당 창당

　　　　9월 18일: 우돌(Emery J. Woodall), 법무국장에 임명됨

　　　　9월 24일: 미군정청, 관보(Official Gazette)를 부정기적으로 발행하기 시작함

　　　　10월 5일: 미군정, 행정고문회의 설치, 김성수 등 11명을 행정고문에 임명함

　　　　10월 9일: 임명사령 제9호로 법무국 내 조선법전편찬부장 장후영, 형무과장 최병석, 특별범죄조사위원회 회장 전규홍이 임명됨

　　　　10월 10일: 아놀드 군정장관, 조선인민공화국을 부인하는 성명을 함

　　　　10월 11일: 미군정, 해임사령 제14호로 38도선 이남의 일본인 판·검사 전원을 면직하고 임명사령 제12호로 한국인 판·검사(대법원 재판장 김용무, 검사총장 김찬영 등)를 임명함

　　　　10월 16일: 이승만, 귀국함

　　　　10월 25일: 독립촉성중앙협의회가 결성됨

　　　　11월 12일: 조선인민당 창당

　　　　11월 19일: 임명사령 제36호로 법무국 내에 국립법률도서관이 설치됨

---

　1) 『在南朝鮮美軍政廳年鑑』(1945년 9월 7일-1946년 12월 31일), 발행처·발행일 미상, 1쪽.

　2) 『在南朝鮮美軍政廳年鑑』(註 1), 1쪽.

11월 20일: 임명사령 제37호로 테일러(M. Taylor)가 법무국장에 임명됨

11월 21일: 법무국, 총무국으로부터 분리됨[3]

11월 23일: 대한민국임시정부 요인 제1진이 귀국함

11월 25일: 군정청 법무국에 법률도서과가 설치됨

12월 1일: 대한민국임시정부 요인 제2진이 목포비행장에 도착함

12월 2일: 대한민국임시정부 요인 제2진이 서울에 도착함

12월 3일: 대한민국임시정부, 귀국 후 최초의 국무회의를 오전 11시
부터 개최함

12월 6일: 대한민국임시정부, 제2차 국무회의를 오전에 개최함

12월 7일: 대한민국임시정부, 제3차 국무회의를 오전 11시부터 개최함

12월 10일: 대한민국임시정부, 제4차 국무회의를 오전 9시부터 개최함
김영희, 임명사령 제56호로 법무국장 대리에 임명됨

12월 12일: 하지, 조선인민공화국의 정부행세는 비합법적이라는 성명
을 함

12월 28일: 모스크바 삼상회의의 결정내용이 국내에 전해짐. 대한민국
임시정부, 신탁통치반대국민총동원위원회를 결성함

12월 31일: 대한민국임시정부 내무부, 국자 제1호와 제2호를 발표함

1946년 1월 5일: 재조선미군정청이 공식적으로 설치됨[4]

1월 10일-14일(?): 행정연구위원회, 헌법구상과 헌법기초요강을 작성함

1월 14일-30일: 최하영, 행정연구위원회안을 작성함

1월 16일-2월 6일: 제1차 미소공동위원회 예비회담 개최

1월 20일: 이종성, 대법원 검사총장에 취임

2월 7일: 굿펠로(Preston Goodfellow), 좌우합작사무에 있어 미군사
령관을 대신함[5]

2월 8일: 대한독립촉성국민회가 발족됨

2월 9일: 북조선임시인민위원회가 수립됨

2월 14일: 남조선대한국민대표민주의원이 개원함

2월 19일: 조선헌법기초위원회가 설치됨[6]

2월 28일: 장후영·홍진기·이호·구자관·유영윤·김윤근·오승근, 법무

---

3) 『在南朝鮮美軍政廳年鑑』(註 1), 6쪽.
4) 『在南朝鮮美軍政廳年鑑』(註 1), 9쪽.
5) 『在南朝鮮美軍政廳年鑑』(註 1), 12쪽.
6) 『在南朝鮮美軍政廳年鑑』(註 1), 12쪽.

국 임명사령 제14호로 사법요원양성소 시험위원에 임명됨

3월 1일: 행정연구위원회, 행정연구위원회안에 대한 토의를 완료함

3월 20일-5월 6일: 제1차 미소공동위원회가 개최됨

3월 29일: 법령 제64호(조선정부 각 부서의 명칭)로 법무국이 사법부
로 승격됨

4월 2일: 동아일보, 민주의원안이 마련되었다고 보도함. 법령 제67
호로 총무처 법제서가 사법부로 이관됨. 우돌, 임명사령 제
83호로 사법부장에 임명됨

4월 3일: 사법부장 테일러와 대법원장 김용무가 사임함

4월 10일: 대한독립촉성국민회, 제1회 전국대표대회를 개최함

5월 16일: 러취 군정장관, 김용무 대법원장을 유임하기로 결정함

5월 17일: 우돌, 사법부장직을 그만 둠. 코넬리(John W. Connelly,
Jr.)가 대리함

5월 18일: 사법부 임명사령 제3호로 사법부 감찰국장 이태희, 총무국
장 김용월이 임명됨

5월 22일: 퍼글러(Charles Pergler), 사법부 미국인부장에 취임함[7]

5월 24일: 사법부 임명사령 제2호로 법제차장 권승렬, 법무차장 한근
조, 행정차장 전규홍, 사제차장 김영희, 변호사국장 강병순,
법원국장 이종성, 검사국장 서기홍, 대법원검사총장 이인이
임명됨

6월 3일: 이승만, 정읍에서 남한단독정부수립론을 주장함

6월 10일: 대한독립촉성국민회, 제2회 전국대표대회를 개최함

6월 28일: 이승만, 민족통일총본부를 설치함

7월 5일: 민복기, 사법부 임명사령 제7호로 법률기초국장에 임명됨

7월 12일: 김병로, 사법부장에 임명됨

8월 29일: 대한민국국민대회가 개최되어 대한민국임시정부를 추대함

9월 7일: 대한독립촉성국민회, 제3회 전국대표대회를 개최함

9월 29일: 프랑스 제4공화국 헌법이 의회에서 가결됨

10월 19일: 신익희, 대한독립촉성국민회 한성시 지부 위원장으로 선임
됨

10월 27일: 프랑스 제4공화국 헌법이 공포됨

11월 3일: 일본국헌법이 공포됨

---

7) 『在南朝鮮美軍政廳年鑑』(註 1), 19쪽.

11월 9일: 한미법학협회(Korean-American Legal Academy)가 조직됨
11월 19일: 김갑수, 사법부 임명사령 제13호로 법률조사국장에 임명됨
11월 27일: 헌법에 관한 소책자가 조선인에게 배부됨[8]
12월 2일: 이승만, 미국을 방문하기 위하여 출국함
12월 12일: 남조선과도입법의원이 개원함
12월 20일: 남조선과도입법의원 제1차 본회의가 시작됨
12월 25일: 중화민국헌법, 국민대회를 통과됨
1947년 1월 1일: 국민정부, 중화민국헌법을 공포함
1월 20일: 제12차 입법의원 본회의, 신탁통치반대 결의안이 가결됨
1월 22일: 민통·독촉국민회·비상국민회 등 3단체통합을 위한 연석회
의가 개최됨
1월 24일: 반탁독립투쟁위원회가 결성됨
2월 5일: 안재홍, 초대 민정장관에 임명됨
2월 7일: 이승만, 워싱턴에서 남한과도정부수립을 발표함
2월 14일-17일: 비상국민회의, 제2차 전국대의원대회를 개최함
2월 15일: 코넬리, 사법부 해임사령 제101호로 사법부장직에서 해임됨
2월 27일: 제23차 입법의원 본회의, 신익희에 의해 행정조직법기초위
원회안(5장 57개조)이 상정되어 제1독회(설명)를 함
3월 10일: 제28차 입법의원 본회의, 행정조직법기초위원회안 제1독
회(질의·응답)를 마치고 법제사법위원회에 회부하여 심사
보고를 하도록 함
3월 11일: 제29차 입법의원 본회의, 남조선과도약헌안(6장 45개조)에
대하여 제1독회(설명, 질의·응답)를 한 뒤, 그 안을 법제사
법위원회·임시헌법기초위원회·행정조직법기초위원회 연석
회의에 넘겨서 심사보고를 하도록 함
3월 31일: 김붕준, 임시헌법기초위원회안(7장 67개조)을 입법의원 의
장에게 보고함. 김규식 의장에게 수정안이 제출됨
4월 17일: 제53차 입법의원 본회의, 수정안이 상정됨
4월 21일: 제56차 입법의원 본회의, 임시헌법기초위원회안과 수정안
을 함께 법제사법위원회와 임시헌법기초위원회의 연석회의
에 부쳐 하나의 헌법안(절충안)을 작성하여 1주일 이내에 보
고하도록 결정함. 이승만, 미국 방문일정을 마치고 귀국함

---

8) 『在南朝鮮美軍政廳年鑑』(註 1), 33쪽.

4월 22일: 제57차 입법의원 본회의, 민족반역자 부일협력자 전쟁범죄
자급간상배에 대한 특별조례초안(수정안)이 상정됨

5월 3일: 일본국헌법이 시행됨

5월 8일-9월 1일: 이상기·이호·장경근·강병순·전규홍, 미국 사법계
를 시찰하기 위하여 미국을 방문함

5월 10일: 사법부 법률조사국, 각국헌법총집을 발간함

5월 13일: 제72차 입법의원 본회의, 보통선거법 수정안이 상정됨

5월 17일: 군정법령 제141호로 미군정청 한국인기관이 남조선과도정
부로 불리게 됨

5월 21일-10월 18일: 제2차 미소공동위원회가 개최됨

6월 27일: 제100차 입법의원 본회의, 보통선거법을 통과시킴

6월 30일: 남조선과도정부, 행정명령 제3호로 사법부 안에 법전기초
위원회의 설치근거가 마련됨

7월 2일: 제102차 입법의원 본회의, 민족반역자·부일협력자·간상배
에 대한 특별조례(11월 27일 인준보류)의 제2독회를 마침.
제3독회는 생략하기로 함

7월 5일: 미소공동위원회 공동결의 제5호, 제6호 자문에 대한 답신
서 최종제출일

7월 7일: 제103차 입법의원 본회의, 절충안(7장 57개조)이 상정됨

7월 10일: 한국민족대표자대회가 개최됨

7월 16일-8월 6일: 입법의원 본회의, 조선임시약헌(7장 57개조)에 대
한 제2독회를 함

8월 21일: 군정장관 러취, 보통선거법 공포식을 금주 내로 할 예정이
라고 기자회견을 함

8월 27일: 쉬띄꼬프(Terentyi Shitykov), 남조선헌법초안을 살펴 봄

9월 2일: 미군정, 제3독회를 생략하고 자구를 수정한 조선임시약헌
(7장 58개조)을 이날 발표하기로 하기로 하였으나, 연기함

9월 23일: UN총회에서 한국문제토의가 미국 측의 제의로 가결됨

10월 20일: 법전기초위원회, 제2차 회의를 개최하고 각 기초분과위원
회 위원을 임명함

11월 14일: UN총회에서 한국총선거안이 가결됨

11월 20일: 헬믹 군정장관 대리, 입법의원에 조선임시약헌의 인준보류
에 관한 서한을 전달함

12월 25일: 중화민국헌법이 시행됨

1948년 1월 7일: UN, 한국임시위원단을 파견함
　　　　2월 23일: 제206차 입법의원 본회의, 남한총선거 촉진결의안이 가결됨
　　　　2월 26일: UN소총회에서 선거가능지역에 대한 선거실시건이 가결됨
　　　　3월 17일: UN한국임시위원단, 미군정당국에게 자유로운 선거분위기
　　　　　　　　　를 조성하는 내용의 권고안을 제출함. 국회의원선거법이
　　　　　　　　　공포됨
　　　　3월 20일: 형사소송법이 개정됨
　　　　4월 20-28일: 법전기초위원회, 제3차 회의를 개최하고 개별기본법률에
　　　　　　　　　대한 요강 제출과 제출된 요강을 결정함
　　　　5월 4일: 과도정부법령 제192호(법원조직법, 6월 1일부터 시행)가
　　　　　　　　　공포됨
　　　　5월 10일: 국회의원 총선거일
　　　　5월 14일-31일: 공동안이 심의, 작성됨
　　　　5월 20일: 입법의원이 해산됨
　　　　　　　20-24일: 법전기초위원회, 헌법 등 개별법률의 초안을 제출하기
　　　　　　　　　로 함
　　　　5월 22일: 국회준비회의가 구성됨
　　　　5월 26일: 제2차 국회준비회의가 개최됨
　　　　5월 27일: 제1차 국회의원예비회의가 개최됨, 국회임시준칙이 마련됨
　　　　5월 29일: 민주의원이 해산됨
　　　　5월 31일: 1948년 국회 개원, 초대 국회의장에 이승만, 부의장에 신
　　　　　　　　　익희, 김동원이 선출됨
　　　　6월 1일: 국회 본회의, 헌법 기초위원을 선발할 전형위원을 선출함
　　　　6월 3일: 국회 본회의, 헌법 및 정부조직법 기초위원 30명을 선출함
　　　　　　　　　국회 헌법기초위원회, 위원장과 부위원장 호선 및 전문위원
　　　　　　　　　선임
　　　　6월 3일-6일: 국회 헌법기초위원회, 헌법안 제1독회를 함
　　　　6월 4일: 유진오, 공동안을 제출함
　　　　6월 5일: 권승렬, 국회 헌법기초위원회에 헌법안을 제출함[9]
　　　　6월 7일-22일: 국회 헌법기초위원회, 헌법안 제2독회를 함
　　　　6월 10일: 국회 본회의, 국회법안이 통과됨
　　　　6월 22일: 국회 헌법기초위원회, 헌법안 제3독회를 함

---

9) 「民議, 參議 兩院制: 土地는 農民에게 分配」『서울신문』(1948. 6. 6), 1면.

6월 23일: 국회 본회의에 헌법안(국회 헌법기초위원회안)이 상정됨

6월 26일-30일: 국회 본회의, 헌법안 제1독회를 함

7월 1일-7일: 국회 본회의, 헌법안 제2독회를 함

7월 12일: 국회 본회의, 헌법안 제3독회로 대한민국헌법이 제정됨

7월 16일: 국회 본회의, 정부조직법안이 통과됨

7월 17일: 대한민국헌법이 공포됨

7월 20일: 국회, 초대 대통령에 이승만, 부통령에 이시영을 선출함

7월 24일: 정·부통령 취임식

7월 27일: 국회, 이윤영에 대한 국무총리 임명 승인을 부결함

7월 31일: 이승만, 이범석을 국무총리로 임명함

8월 2일: 국회, 이범석에 대한 국무총리 임명 승인을 가결함

8월 4일: 국회의장 이승만의 대통령 취임으로 인한 국회의장 보선에 신익희 의원, 부의장 보선에 김약수 의원이 피선됨. 유진오, 법제처장에 임명됨

8월 5일: 국회, 김병로 초대 대법원장의 임명을 승인함. 대한민국정부, 제1차 국무회의를 개최함

8월 15일: 대한민국정부의 수립이 선포됨

9월 13일: 대한민국, 미군정으로부터 행정권 이양을 완료함

10월 2일: 개정된 국회법이 공포됨

10월 31일: 권승렬, 초대 검찰총장에 취임함

12월 12일: UN총회에서 대한민국을 승인함

2. 자료: 헌법안

〈자료 1〉 「民主議院案 ①」[1]

第一章 總綱

第一條 大韓民國은 民主共和國으로 함

第二條 大韓民國의 主權은 國民全體에 屬함

第三條 大韓民國은 大韓人民으로 組織함

第四條 大韓民國의 疆土는 京畿道·忠淸北道·忠淸南道·全羅北道·全羅南道·慶尙北道·慶尙南道·黃海道·平安南道·平安北道·江原道·咸鏡南道·咸鏡北道의 十三道로 함

第二章 國民의 權利義務

第五條 大韓民國 國民은 左記各項政策의 確立에 依하여 生活均等權을 享有함

一. 國民의 基本生活을 確保할 計劃經濟의 樹立

二. 主要한 生活必需品의 統制管理와 合理的 物價政策의 樹立

三. 稅制의 整理와 累進率의 强化

四. 土地私有의 制限과 農民本位의 耕作權 確立

五. 大規模의 主要工業及鑛山의 國營 又는 國家管理

六. 勞働者의 生活을 安定 爲한 最低賃金制의 確立

七. 工場의 經營·管理에 勞働者代表 參與

八. 俸給者의 生活을 安定 爲한 家族給與制의 確立

九. 重要工場 內에 保健·衛生·敎育及娛樂施設의 完備

十. 失業保險·廢疾保險 其他 社會保險制度의 實施

第六條 大韓民國 國民은 左記各項政策의 確立에 依하여 文化及厚生의 均等權

---

1) 민주의원에서 작성한 헌법안 중 하나로, 명칭은 「大韓民國臨時憲法」으로 되어 있다. 이 연구에서는 이것을 작성한 기관명에 따라 민주의원안이라고 칭한다. 현재 민주의원안은 고려대학교 박물관 소장본과 조소앙 자료본이 남아 있는데, 전자를 「민주의원안 ①」이라고 하고, 후자를 「민주의원안 ②」라고 한다. 「민주의원안 ①」은 제74조까지만 존재하고 그 이후는 존재하지 않는다. 첫 표지에 '33'이라는 숫자가 쓰여져 있다.

을 享有함
一. 義務敎育制의 實施와 職業敎育의 擴充
二. 有能者 特別敎育의 擴充과 敎育費의 國庫負擔
三. 主要文化機關及娛樂機關의 公營
四. 體育施設의 適正分布와 公營
五. 醫療機關의 適正分布와 公營의 擴充
六. 助産院·託兒所·養老院의 公營
七. 少年·婦人의 夜間勞働及危險作業 禁止
第七條 大韓民國은 左記各項의 自由權을 享有함
一. 法律에 依치 아니한 逮捕·拘禁·審問·處罰을 받지 아니할 自由
二. 法律에 依치 아니한 家宅의 侵入 又는 搜索을 받지 아니할 自由
三. 法律에 依치 아니한 居住及移徙의 制限을 받지 아니할 自由
四. 法律에 依치 아니한 言論·著作·刊行及集會·結社의 制限을 받지 아니
할 自由
五. 法律에 依치 아니한 信書秘密의 侵犯을 받지 아니할 自由
六. 法律에 依치 아니한 財産及營業의 侵犯을 받지 아니할 自由
七. 安寧·秩序를 妨害치 아니하는 信敎의 自由
第八條 大韓民國 國民은 國家機關에 對하여 左記各項의 要求權을 享有함
一. 議會에 請願할 權利
二. 大統領及行政官署에 陳訴할 權利
三. 違法行政處分에 對한 行政裁判을 要求할 權利
四. 法院에 提訴하며 法官의 審判을 받을 權利
第九條 大韓民國 國民은 左記各項의 參政權을 享有함
一. 法律의 定한 바에 依하여 考試에 應하며 官公職에 任할 權利
二. 法律의 定한 바에 依한 選擧及被選擧의 權利
第十條 大韓民國 國民은 左記各項의 義務에 服從함
一. 法律의 定한 바에 依한 敎育의 義務
二. 法律의 定한 바에 依한 納稅의 義務
三. 法律의 定한 바에 依한 兵役의 義務

第三章 立法權
第十一條 大韓民國의 立法權은 國民議會에 屬함

第十二條 國民議會는 各道·市·府·郡·島로부터 選出된 議員으로 此를 組織함
그 員數는 各府·郡·島에 各 一人으로 하되 市는 人口 每十萬人에 一
人 十萬人을 超過할 時는 每十萬人에 一人式으로 함 但 端數 五萬人
을 超過할 時는 一人의 單位로 看做함
議員은 大韓民國 公民資格이 有한 男女로 하되 年齡 二十五歲 以上임
을 要함

第十三條 國民議會 議員의 選擧는 法律로써 別定함

第十四條 國民議會의 職權은 左와 如함

　一. 法律案의 提出

　二. 法律의 議決

　三. 法律에 代할 命令及法律의 執行에 關한 命令의 制定 發布를 行政機關
　　에 委任하는 議決

　四. 豫算의 議決

　五. 決算의 審査

　六. 國債의 募集及國庫負擔될 契約의 議決

　七. 條約締決及宣戰媾和에 對한 同意

　八. 大赦·特赦·減刑及復權에 對한 同意

　九. 國務總理及行政各部總長에 對한 不信任의 議決

　十. 政府에 對한 建議

　十一. 請願의 受理

　十二. 議員의 資格審査及懲罰

　十三. 議事規程의 制定

第十五條 國民議會는 大統領이 召集함
大統領은 國民議會에 對하여 十日 以內에 停會 又는 解散을 命함을
得함

第十六條 大統領이 議會를 解散한 時는 二個月 以內에 議員을 選擧하고 三個
月 以內에 議會를 召集함을 要함

第十七條 國民議會는 總議員 過半數의 出席으로 開會하고 議事는 出席議員의
過半數으로써 決함

第十八條 議會의 議事는 公開함 但 政府의 要求 又는 院議로써 公開를 禁止
함을 得함

第十九條 議員은 內亂·外患에 關한 犯罪 又는 現行犯 以外에는 開會 中 逮

捕·審問을 받지 아니함

議員은 院內에서 行한 發言及表決에 對하여 院外에서 責任을 負치 아니함

第四章 行政權

第一節 大統領, 副大統領

第二十條 大統領은 國民議會에서 此를 選擧함

前項의 選擧는 總議員 三分의 二以上의 出席으로 無記名投票에 依하여 出席員數의 三分의 二以上된 者로써 當選을 決함

但 前項의 投票에 依하여 當選된 者가 無할 時는 그 最高點者 二人에 對하여 決選投票를 行하여 多數○決함

第二十一條 副大統領의 選擧는 前條의 規定에 準함

第二十二條 大統領은 就任에 際하여 國民議會에서 嚴肅히 左의 宣誓를 行함을 要함

「나는 힘을 다하여 大韓民國의 憲法을 守護하여 誠實히 大統領의 職務를 執行할 것을 盟誓함」

第二十三條 大統領은 行政權을 統轄하고 左의 權限이 有함

一. 法律案의 提出

二. 法律의 裁決及公布

三. 委任命令及執行命令의 發布

四. 陸海空軍의 統轄

五. 條約締結及宣戰媾和

六. 外國 大使公使及領事의 接受

七. 文武官의 任免

八. 勳章及其他榮轉의 授與

九. 大赦·特赦·減刑及復權의 命令

十. 法律의 定한 바에 依한 戒嚴의 宣布

十一. 議會의 召集·停會及解散

第二十四條 大統領은 內亂外患의 犯罪以外에는 在職 中 刑事上의 訴追를 받지 아니함

第二十五條 副大統領은 大統領을 輔佐하고 大統領이 有故한 時는 그 職權을 代行함

第二節 國務員·國務會議·國務會議 秘書長

第二十六條 國務會議는 大統領·副大統領·國務總理及國務員으로써 組織하고 大統領 議長이 됨

第二十七條 國務總理及國務員은 大統領의 推薦으로 議會에서 選舉함

國務員은 九人 以上으로 함

第二十八條 國務會議는 一般國策과 政務에 關하야 審議決定함

第二十九條 國務會議 秘書長은 議案을 整理하며 議事日程과 順序를 作成하며 文書의 收發·飜譯·編存及其他 庶務·會計 等 事宜를 掌理함

第三節2) 國務總理·行政會議

第三十條 國務總理는 行政各部總長과 共히 大統領을 輔佐하고 議會에 對하야 그 一切의 責任을 負함

第三十一條 大統領이 署名한 法律及命令의 公布·條約의 發表 其他 國務에 關한 文書에는 國務總理及行政各部總長 又는 當該 主務總長이 副署함을 要함

第三十二條 行政會議는 國務總理及行政各部總長으로써 組織하고 國務總理가 議長이 됨

行政會議는 行政各部 主要政務의 企劃及連絡에 關한 事項을 決定함

第三十三條 國務總理는 行政各部總長·行政會議 秘書長及地方長官을 監督하며 各部行政과 地方行政의 政策을 統一하기 爲하여 行政의 企劃及連絡에 關한 事宜를 掌理함

第三十四條 國務總理는 國民議會에 出席하야 意見을 陳述함을 得함

第三十五條 行政會議 秘書長은 國務總理에 直屬하여 文書의 接受·發送·飜譯·保管及官報圖書의 取扱 其他 所屬 庶務·用度에 關한 一切 事宜를 掌理함

第四節 法制長官·監察長官·考試長官

第三十六條 法制長官은 大統領及國務會議의 顧問으로 法律·命令案의 起案·審査 又은 修正을 加하며 大統領에게 具陳하고 司法·行政·法律制度

---

2) 원문에는 '章'으로 표기되어 있으나, 문맥상 '節'이 타당하다.

及法官·監察官의 任免에 關한 事項에 對하여 大統領及國務會議에 意見을 陳述함을 得함

第三十七條 監察長官은 大統領及國務會議 顧問으로 官公務에 從事하는 職員의 違法行爲를 調査하여 大統領에게 具陳하고 政府의 財政處理及歲出·歲入의 決算을 檢査하여 그 結果를 大統領及國民議會에 報告함을 要함

第三十八條 考試長官은 大統領及國務會議의 顧問으로 官公務에 從事할 一般職員의 格試驗·任免의 詮考及轉職轉任의 審査·俸給·賞與에 關한 一切 事宜를 掌理하고 意見을 大統領及國務會議에 具陳함을 要함

第三十九條 法制長官·監察長官·考試長官은 國務會議及國民議會에 出席하여 意見을 陳述함을 得함

第五節 行政各部總長

第四十條 行政部는 左記各部各局으로 構成함

但 大統領이 必要로 認할 時는 國務會議의 決議로 各部各局의 增減을 行함을 得함

一. 內務部 總務局
　　地方局
　　警務局
　　土木局

二. 外務部 總務局
　　外交局
　　通商局
　　移民局
　　情報局

三. 國防部 總務局
　　軍務局
　　軍敎局
　　軍需局
　　調査情報局

四. 商工鑛部 總務局
　　鑛務局

　　　工務局
　　　勞務局
　　　商事局
　　　特許局
　五. 農林部　總務局
　　　林産局
　　　水産局
　　　農産局
　六. 財務部　總務局
　　　銀行局
　　　貨幣局
　　　稅務局
　　　司計局
　　　專賣局
　　　保險局
　七. 郵政部　總務局
　　　郵政局
　　　電信電話局
　八. 交通部　總務局
　　　鐵道局
　　　船舶局
　　　公路局
　　　航空局
　　　簡易運輸局
　九. 文敎部　總務局
　　　高等學務局
　　　普通學務局
　　　社會敎育局
　　　編修圖書局
　十. 厚生部　總務局
　　　保健局
　　　衛生局

　　厚生局
十一. 法務部　總務局
　　民事局
　　刑事局
　　法制圖書局
十二. 公報部　總務局
　　情報局
　　輿論調査局
第四十一條　行政各部總長은 國務總理를 輔佐하며 各部所屬職員을 指揮監督
　　하고 所屬事宜를 掌理함
第四十二條　內務總長은 地方行政警察及其他 內務에 關한 一切 事宜를 掌理하
　　며 所屬職員을 指揮監督함
第四十三條　外務總長은 外交通商移民 其他 外務에 關한 一切 事宜를 掌理하
　　며 所屬職員을 指揮監督함
第四十四條　國防總長은 軍政軍務에 關한 一切 事宜를 掌理하며 所屬 職員을
　　指揮監督함
　　　國防總長은 各軍官學校에 關한 一切 事宜를 掌理하며 所屬 職員을 指
　　揮監督함
第四十五條　商工鑛總長은 商事 工業 鑛山 保險 貿易 勞務及特許에 關한 一切
　　事宜를 掌理하며 所屬 職員을 指揮監督함
第四十六條　農林總長은 農産·林産·水産·畜産·蠶絲及其他 農政에 關한 一切
　　事宜을 掌理하며 所屬 職員을 指揮監督함
第四十七條　財務總長은 租稅·貨幣·銀行·信託·國有財産及豫算·決算에 關한
　　一切 事宜를 掌理하며 所屬 職員을 指揮監督함
第四十八條　郵政總長은 郵便·電信·電話及無線電信에 關한 一切 事宜를 掌理
　　하며 所屬 職員을 指揮監督함
第四十九條　交通總長은 鐵道·公路·船舶·航空·電車·自動에 關한 一切 事宜를
　　掌理하며 所屬 職員을 指揮監督함
第五十條　文敎總長은 高等敎育·普通敎育·社會敎育, 宗敎及編修圖書에 關한
　　一切 事宜를 掌理하며 所屬 職員을 指揮監督함
第五十一條　厚生總長은 醫療機關·醫療藥○○○○3)에 關한 事宜及病源의 豫
　　防 其他公衆의 保健·衛生에 關한 事宜를 掌理하며 所屬 職員을 指揮

監督함

第五十二條 法務總長은 法制의 調査·立案·圖書及司法에 關한 一切 事宜를 掌理하며 所屬 職員을 指揮監督함

第五十三條 公報總長은 情報機關의 連絡·調整及情報의 蒐集宣布 其他 輿論調査에 關한 一切 事宜를 掌理하며 所屬 職員을 指揮監督함

第五十四條 行政各部 總長은 國民議會에 出席하여 意見을 陳述함을 得함

第五十五條 行政各部 次長은 總長을 輔佐하며 總長이 有故할 時는 其職을 代理함

第六節 地方行政-道長官

第五十六條 道長官은 內務總長의 命令에 從하여 所管地方行政에 關한 一切 事宜를 掌理하고 所屬 職員을 指揮監督함

第五十七條 道長官은 所管地方行政事務에 關한 意見을 國務總理에게 具陳하며 主要한 行政事務의 處理를 遲滯없이 內務總長에게 報告함을 要함

第五十八條 道長官은 所管地方自治制度의 發展에 努4)力하며 自治機關의 行政事務를 監督함

第五十九條 道行政會議는 道長官及道行政各部々長으로써 組織하여 各部 行政의 企劃及連絡에 關한 主要事項을 決定함

第六十條 道行政各部 長은 道長官을 補佐하며 各部所屬 事宜를 掌理하고 所屬 職員을 指揮監督함

第七節 文武官 任免

第六十一條 法制長官·監察長官·考試長官及國務會議 秘書長은 大統領의 推薦으로 行政各部 總長은 國務總理의 推薦으로 國務會議를 經하여 大統領이 任免하되 議會의 同意를 要함

第六十二條 行政會議 秘書長·行政各部次長·各道長官은 各 該長官의 推薦으로 國務會議를 經하여 大統領이 任免함

第六十三條 行政各部局長·道行政各部長은 各 該長官의 意見을 徵하여 國務總理가 任免함

第六十四條 郡長·市長·府長·島長은 道長官의 意見을 徵하여 內務總長이 任

---

3) 3-4개의 글자가 더 존재했던 것 같다. 현재 원본에는 존재하지 않는다.

4) '勞'인지, '努'인지 불분명하다.

免함

第六十五條 各科長 以下 各 職員은 各 該長官이 任免하고 곧 國務總理에게
報告함을 要함

第五章 司法權

第六十六條 司法權은 大統領이 任命한 法官으로써 組織된 法院에서 此를 行
함 法院의 構成及法官의 資格은 法律로써 此를 定함

第六十七條 法院은 法律에 依하여 民事, 刑事 其他 一切 爭訟을 審判함 但 憲
法 其他 法律로써 定할 行政訴訟及特別訴訟은 此限에 不在함

第六十八條 法院은 法令의 適用에 關하여 法令이 憲法에 違反되고 아니 됨을
審査할 權利가 有함

第六十九條 法院의 審判은 公開함 但 公序良俗을 妨害할 것으로 認할 時는
公開를 禁止함을 得함

第七十條 法官은 刑의 宣告 又는 懲戒處分에 依함이 아니면 免職함을 不得함

第七十一條 法官은 在職 中 左의 行爲를 行함을 不得함

一. 政黨關與 其他 公然한 政治行爲

一. 公共團體의 議員 營利會社의 役員 其他 財産上의 利益을 目的으로 하
는 業務

第六章 會計

第七十二條 租稅의 種目及稅率은 法律로써 定함

第七十三條 政府는 每年 國家의 歲出·歲入, 豫算案을 編成(하여) 議會에 提出
함을 要함

第七十四條 豫算의 款項에 超過한 金額 又는 豫算外의 金額을 支出… (이후
부분은 존재하지 않음: 저자 보충설명)

〈자료 2〉「民主議院案 ②」[5]

大韓民國臨時憲法

第一章 總綱
第一條 大韓民國은 民主共和國으로 함

第二條 大韓民國의 主權은 國民全體에 屬함

第三條 大韓民國은 大韓人民으로 組織함

第四條 大韓民國의 疆土는 京畿道·忠清北道·忠清南道·全羅北道·全羅南道·
　　　　慶尙北道·慶尙南道·黃海道·平安南道·平安北道·江原道·咸鏡南道·咸
　　　　鏡北道의 十三道로 함

第二章 國民의 權利義務
第五條 大韓民國 國民은 左記各項政策의 確立에 依하여 生活均等權을 享有함

　　一. 國民의 基本生活을 確保할 計劃經濟의 樹立

　　二. 主要한 生活必需品의 統制管理와 合理的 物價政策의 樹立

　　三. 稅制의 整理와 累進率의 强化

　　四. 土地私有의 制限과 農民本位의 耕作權 確立

　　五. 大規模의 主要工業及鑛山의 國營 又는 國家管理

　　六. 勞働者의 生活을 安定 爲한 最低賃金制의 確立

　　七. 工場의 經營·管理에 勞働者代表 參與

　　八. 俸給者의 生活을 安定 爲한 家族給與制의 確立

　　九. 重要工場 內에 保健·衛生·敎育及娛樂施設의 完備

　　十. 失業保險·廢疾保險 其他 社會保險制度의 實施

第六條 大韓民國 國民은 左記各項政策의 確立에 依하여 文化及厚生의 均等權
　　　　을 享有함

　　一. 義務敎育制의 實施와 職業敎育의 擴充

　　二. 有能者 特別敎育의 擴充과 敎育費의 國庫負擔

---

5) 민주의원에서 작성한 헌법안 중 하나로, 명칭은 「大韓民國臨時憲法」으로 되어
　있다. 원문은 國學振興硏究事業推進委員會(編), 『韓國獨立運動史資料集: 趙
　素昻篇(三)』(城南: 韓國精神文化硏究院, 1997), 263-290쪽에 수록되어 있다.

　　三. 主要文化機關及娛樂機關의 公營

　　四. 體育施設의 適正分布와 公營

　　五. 醫療機關의 適正分布와 公營의 擴充

　　六. 助産院·託兒所·養老院의 公營

　　七. 少年·婦人의 夜間勞働及危險作業 禁止

第七條　大韓民國은 左記各項의 自由權을 享有함

　　一. 法律에 依치 아니한 逮捕·拘禁·審問·處罰을 받지 아니할 自由

　　二. 法律에 依치 아니한 家宅의 侵入 又는 搜索을 받지 아니할 自由

　　三. 法律에 依치 아니한 居住及移徙의 制限을 받지 아니할 自由

　　四. 法律에 依치 아니한 言論·著作·刊行及集會·結社의 制限을 받지 아니
　　　　할 自由

　　五. 法律에 依치 아니한 信書秘密의 侵犯을 받지 아니할 自由

　　六. 法律에 依치 아니한 財産及營業의 侵犯을 받지 아니할 自由

　　七. 安寧·秩序를 妨害치 아니하는 信教의 自由

第八條　大韓民國 國民은 國家機關에 對하여 左記各項의 要求權을 享有함

　　一. 議會에 請願할 權利

　　二. 大統領及行政官署에 陳訴할 權利

　　三. 違法行政處分에 對한 行政裁判을 要求할 權利

　　四. 法院에 提訴하며 法官의 審判을 받을 權利

第九條　大韓民國 國民은 左記各項의 參政權을 享有함

　　一. 法律의 定한 바에 依하여 考試에 應하며 官公職에 任할 權利

　　二. 法律의 定한 바에 依한 選擧及被選擧의 權利

第十條　大韓民國 國民은 左記各項의 義務에 服從함

　　一. 法律의 定한 바에 依한 教育의 義務

　　二. 法律의 定한 바에 依한 納稅의 義務

　　三. 法律의 定한 바에 依한 兵役의 義務

第三章　立法權

第十一條　大韓民國의 立法權은 國民議會에 屬함

第十二條　國民議會는 各道·市·府·郡·島로부터 選出된 議員으로 此를 組織함
　　　　　　그 員數는 各府·郡·島에 各 一人으로 하되 市는 人口 每十萬人에 一
　　　　　　人 十萬人을 超過할 時는 每十萬人에 一人式으로 함 但 端數 五萬人

을 超過할 時는 一人의 單位로 看做함

議員은 大韓民國 公民資格이 有한 男女로 하되 年齡 二十五歲 以上임을 要함

第十三條 國民議會 議員의 選擧는 法律로써 別定함

第十四條 國民議會의 職權은 左와 如함

一. 法律案의 提出

二. 法律의 議決

三. 法律에 代할 命令及法律의 執行에 關한 命令의 制定 發布를 行政機關에 委任하는 議決

四. 豫算의 議決

五. 決算의 審査

六. 國債의 募集及國庫負擔될 契約의 議決

七. 條約締決及宣戰媾和에 對한 同意

八. 大赦·特赦·減刑及復權에 對한 同意

九. 國務總理及行政各部總長에 對한 不信任의 議決

十. 政府에 對한 建議

十一. 請願의 受理

十二. 議員의 資格審査及懲罰

十三. 議事規程의 制定

第十五條 國民議會는 大統領이 召集함

大統領은 國民議會에 對하여 十日 以內에 停會 又는 解散을 命함을 得함

第十六條 大統領이 議會를 解散한 時는 二個月 以內에 新議員을 選擧하고 三個月 以內에 議會를 召集함을 要함

第十七條 國民議會는 總議員 過半數의 出席으로 開會하고 議事는 出席議員의 過半數로써 決함

第十八條 議會의 議事는 公開함 但 政府의 要求 又는 院議로써 公開를 禁止함을 得함

第十九條 議員은 內亂·外患에 關한 犯罪 又는 現行犯 以外에는 開會 中 逮捕·審問을 받지 아니함

議員은 院內에서 行한 發言及表決에 對하여 院外에서 責任을 負치 아니함

第四章　行政權

第一節　大統領, 副大統領

第二十條　大統領은 國民議會에서 此를 選擧함

　　　　前項의 選擧는 總議員 三分의 二以上의 出席으로 無記名投票에 依하
　　　　여 出席員數의 三分의 二以上된 者로써 當選을 決함

　　　　但 前項의 投票에 依하여 當選된 者가 無할 時는 그 最高點者 二人에
　　　　對하여 決選投票를 行하여 多數 決함

第二十一條　副大統領의 選擧는 前條의 規定에 準함

第二十二條　大統領은 就任에 際하여 國民議會에서 嚴肅히 左의 宣誓를 行함
　　　　을 要함

　　　　「나는 힘을 다하여 大韓民國의 憲法을 守護하여 誠實히 大統領의 職
　　　　務를 執行할 것을 盟誓함」

第二十三條　大統領은 行政權을 統轄하고 左의 權限이 有함

　　一. 法律案의 提出

　　二. 法律의 裁決及公布

　　三. 委任命令及執行命令의 發布

　　四. 陸海空軍의 統轄

　　五. 條約締結及宣戰媾和

　　六. 外國 大使公使及領事의 接受

　　七. 文武官의 任免

　　八. 勳章及其他榮典의 授與

　　九. 大赦·特赦·減刑及復權의 命令

　　十. 法律의 定한 바에 依한 戒嚴의 宣布

　　十一. 議會의 召集·停會及解散

第二十四條　大統領은 內亂外患의 犯罪以外에는 在職 中 刑事上의 訴追를 받
　　　　지 아니함

第二十五條　副大統領은 大統領을 輔佐하고 大統領이 有故한 時는 그 職權을
　　　　代行함

第二節　國務員·國務會議·國務會議 秘書長

第二十六條　國務會議는 大統領·副大統領·國務總理及國務員으로써 組織하고
　　　　大統領이 議長이 됨

第二十七條　國務總理及國務員은　大統領의　推薦으로　議會에서　選擧함

　　　　　國務員은　九人　以上으로　함

第二十八條　國務會議는　一般國策과　政務에　關하야　審議決定함

第二十九條　國務會議　秘書는　議案을　整理하며　議事日程과　順序를　作成하며

　　　　　文書의　收發·飜譯·編存及其他　庶務·會計　等　事宜를　掌理함

第三節　國務總理·行政會議

第三十條　國務總理는　行政各部　總長과　共히　大統領을　輔佐하고　議會에　對하

　　　　여　그　一切의　責任을　負함

第三十一條　大統領이　署名한　法律及命令의　公布·條約의　發表　其他　國務에　關

　　　　　한　文書에는　國務總理及行政各部總長　又는　當該　主務總長이　副署함

　　　　　을　要함

第三十二條　行政會議는　國務總理及行政各部總長으로써　組織하고　國務總理가

　　　　　議長이　됨

　　　　　行政會議는　行政各部　主要政務의　企劃及連絡에　關한　事項을　決定함

第三十三條　國務總理는　各部總長·行政會議　秘書長及地方長官을　監督하며　各

　　　　　部行政과　地方行政의　政策을　統一하기　爲하여　行政의　企劃及連絡에

　　　　　關한　事宜를　掌理함

第三十四條　國務總理는　國民議會에　出席하여　意見을　陳述함을　得함

第四節　法制長官·監察長官·考試長官·行政會議　秘書長

第三十五條　法制長官은　大統領及國務會議의　顧問으로　法律·命令案의　起案·

　　　　　審査　又은　修正을　加하여　大統領에게　具陳하고　司法·行政·法律制度

　　　　　及法官·檢察官의　任免에　關한　事項에　對하여　大統領及國務會議에　意

　　　　　見을　陳述함을　得함

第三十六條　監察長官은　大統領及國務會議　顧問으로　官公務에　從事하는　職員

　　　　　의　違法行爲를　調査하여　大統領에게　具陳하고　政府의　財政處理及歲

　　　　　出·歲入의　決算을　檢査하여　그　結果를　大統領及國民議會에　報告함을

　　　　　要함

第三十七條　考試長官은　大統領及國務會議의　顧問으로　官公務에　從事할　一般

　　　　　職員의　格試驗·任免의　詮考及轉職轉任의　審査·俸給·賞與에　關한　一

　　　　　切　事宜를　掌理하고　意見을　大統領及國務會議에　具陳함을　要함

第三十八條 法制長官·監察長官·考試長官은 國務會議及國民議會에 出席하여
　　　　意見을 陳述함을 得함
第三十九條 行政會議 秘書長은 國務總理에 直屬하여 文書의 接受·發送·飜
　　　　譯·保管及官報圖書의 取扱 其他 所屬 庶務·用度에 關한 一切 事宜를
　　　　掌理함6)

第五節 行政各部 總長
第四十條 行政部는 左記各部 各局으로 構成함
　　　　但 大統領이 必要로 認할 時는 國務會議의 決議로 各部各局의 增減을
　　　　行함을 得함
　　一. 內務部 總務局
　　　　地方局
　　　　警務局
　　　　土木局
　　二. 外務部 總務局
　　　　外交局
　　　　通商局
　　　　移民局
　　　　情報局
　　三. 國防部 總務局
　　　　軍務局
　　　　軍教局
　　　　軍需局
　　　　調査情報局
　　四. 商工鑛部 總務局
　　　　鑛務局
　　　　工務局
　　　　勞務局
　　　　商事局
　　　　特許局

---

6)「민주의원안 ①」에서는 제35조에서 규정되어 있다.

五. 農林部 總務局
　　　林産局
　　　水産局
　　　農産局
六. 財務部 總務局
　　　銀行局
　　　貨幣局
　　　稅務局
　　　司計局
　　　專賣局
　　　保險局
七. 郵政部 總務局
　　　郵政局[7]
八. 交通部 總務局
　　　鐵道局
　　　船舶局
　　　公路局
　　　航空局
　　　簡易運輸局
九. 文敎部 總務局
　　　高等學務局
　　　普通學務局
　　　社會敎育局
　　　編修圖書局
十. 厚生部 總務局
　　　保健局
　　　衛生局
　　　厚生局
十一. 法務部 總務局
　　　民事局

---

7)「민주의원안 ②」에서는「민주의원안 ①」과 달리 電信電話局이 누락되어 있다.

　　刑事局

　　法制圖書局

十二. 公報部　總務局

　　情報局

　　輿論調査局

第四十一條　行政各部總長은 國務總理를 輔佐하며 各部所屬職員을 指揮監督
　　하고 所屬事宜를 掌理함

第四十二條　內務總長은 地方行政警察及其他 內務에 關한 一切 事宜를 掌理하
　　며 所屬職員을 指揮監督함

第四十三條　外務總長은 外交通商移民 其他 外務에 關한 一切 事宜를 掌理하
　　며 所屬職員을 指揮監督함

第四十四條　國防總長은 軍政軍務에 關한 一切 事宜를 掌理하며 所屬 職員을
　　指揮監督함

　　國防總長은 各軍官學校에 關한 一切 事宜를 掌理하며 所屬 職員을 指
　　揮監督함

第四十五條　商工鑛總長은 商事 工業 鑛山 保險 貿易 勞務及特許에 關한 一切
　　事宜를 掌理하며 所屬 職員을 指揮監督함

第四十六條　農林總長은 農産·林産·水産·畜産·蠶絲及其他 農政에 關한 一切
　　事宜을 掌理하며 所屬 職員을 指揮監督함

第四十七條　財務總長은 租稅·貨幣·銀行·信託·國有財産及豫算·決算에 關한
　　一切 事宜를 掌理하며 所屬 職員을 指揮監督함

第四十八條　郵政總長은 郵便·電信·電話及無線電信에 關한 一切 事宜를 掌理
　　하며 所屬 職員을 指揮監督함

第四十九條　交通總長은 鐵道·公路·船舶·航空·電車·自動에 關한 一切 事宜를
　　掌理하며 所屬 職員을 指揮監督함

第五十條　文敎總長은 高等敎育·普通敎育·社會敎育, 宗敎及編修圖書에 關한
　　一切 事宜를 掌理하며 所屬 職員을 指揮監督함

第五十一條　厚生總長은 醫療機關·醫療藥品의 團束에 關한 事宜及病源의 豫
　　防 其他公衆의 保健·衛生에 關한 事宜를 掌理하며 所屬 職員을 指揮
　　監督함

第五十二條　法務總長은 法制의 調査·立案·圖書及司法에 關한 一切 事宜를 掌
　　理하며 所屬 職員을 指揮監督함

第五十三條 公報總長은 情報機關의 連絡·調整及情報의 蒐集宣布 其他 輿論
　　　　調査에 關한 一切 事宜를 掌理하며 所屬 職員을 指揮監督함
第五十四條 行政各部 總長은 國民議會에 出席하여 意見을 陳述함을 得함
第五十五條 行政各部 次長은 總長을 輔佐하며 總長이 有故할 時는 其職을 代
　　　　理함

第六節 地方行政-道長官
第五十六條 道長官은 內務總長의 命令에 從하여 所管地方行政에 關한 一切
　　　　事宜를 掌理하고 所屬 職員을 指揮監督함
第五十七條 道長官은 所管地方行政事務에 關한 意見을 國務總理에게 具陳하
　　　　며 主要한 行政事務의 處理를 遲滯없이 內務總長에게 報告함을 要함
第五十八條 道長官은 所管地方自治制度의 發展에 協力하며 自治機關의 行政
　　　　事務를 監督함
第五十九條 道行政會議는 道長官及道行政各部々長으로써 組織하여 各部 行
　　　　政의 企劃及連絡에 關한 主要事項을 決定함
第六十條 道行政各部 長은 道長官을 補佐하며 各部所屬 事宜를 掌理하고 所
　　　　屬 職員을 指揮監督함

第七節 文武官 任免
第六十一條 法制長官·監察長官·考試長官及國務會議 秘書長은 大統領의 推薦
　　　　으로 行政各部 總長은 國務總理의 推薦으로 國務會議를 經하여 大統
　　　　領이 任免하되 議會의 同意를 要함
第六十二條 行政會議 秘書長·行政各部次長·各道長官은 各 該長官의 推薦으
　　　　로 國務會議를 經하여 大統領이 任免함
第六十三條 行政各部局長·道行政各部長은 各 該長官의 意見을 徵하여 國務
　　　　總理가 任免함
第六十四條 郡長·市長·府長·島長은 道長官의 意見을 徵하여 內務總長이 任
　　　　免함
第六十五條 各科長 以下 各 職員은 各 該長官이 任免하고 곧 國務總理에게
　　　　報告함을 要함

第五章 司法權

第六十六條 司法權은 大統領이 任命한 法官으로써 組織된 法院에서 此를 行함 法院의 構成及法官의 資格은 法律로써 此를 定함

第六十七條 法院은 法律에 依하여 民事, 刑事 其他 一切 爭訟을 審判함 但 憲法 其他 法律로써 定할 行政訴訟及特別訴訟은 此限에 不在함

第六十八條 法院은 法令의 適用에 關하여 法令이 憲法에 違反되고 아니 됨을 審査할 權利가 有함

第六十九條 法院의 審判은 公開함 但 公序良俗을 妨害할 것으로 認할 時는 公開를 禁止함을 得함

第七十條 法官은 刑의 宣告 又는 懲戒處分에 依함이 아니면 免職함을 不得함

第七十一條 法官은 在職 中 左의 行爲를 行함을 不得함

　一. 政黨關與 其他 公然한 政治行爲

　一. 公共團體의 議員 營利會社의 役員 其他 財産上의 利益을 目的으로 하는 業務

第六章 會計

第七十二條 租稅의 種目及稅率은 法律로써 定함

第七十三條 政府는 每年 國家의 歲出·歲入, 豫算案을 編成하여 議會에 提出함을 要함

第七十四條 豫算의 款項에 超過한 金額 又는 豫算外의 金額을 支出한 時는 議會의 事後承認을 求함을 要함

第七十五條 特別한 必要에 依하여 年限을 定한 繼續費를 算定코자한 時는 議會의 議決을 求함을 要함

第七十六條 左記各項의 歲出은 政府의 同意가 無히 議會에서 此를 廢除 又는 削減함을 不得함

　一. 法律上 國家의 義務에 屬한 支出

　二. 法律의 規定上 必要한 支出

　三. 條約의 履行上 必要한 支出

　四. 繼續費의 支出

第七十七條 內亂, 外患 其他 非常災害로 因하여 緊急한 支出을 要할 時에 議會를 召集키 不能한 境遇에는 政府는 財政上 要한 處分을 行함을 得함 前項의 處分은 次期 議會에 提出하여 承諾을 求함을 要함

第七十八條 議會에서 豫算을 議定치 않거나 又는 豫算이 成立되지 않을 時는
　　　政府는 前年度의 豫算을 施行함
第七十九條 國家의 歲出, 歲入決算은 監察長官의 審査를 받은 後 政府는 審査
　　　報告과 함께 此를 議會에 提出함을 要함

第七章 補則

第八十條 本 憲法의 條項은 國民議會 總議員 三分의 二 以上의 出席으로 出
　　　席議員 三分의 二 以上이 아니면 改定함을 不得함
第八十一條 臨時政府組織은 國民代表民主議院에서 次를 行함
第八十二條 臨時大統領 就任 後 六個月 內에 本 憲法에 依한 臨時國民議會를
　　　召集하고 此臨時國民議會가 召集될 때까지는 非常國民會議가 臨時國
　　　民議會의 職能을 代行하고 此臨時國民議會가 召集된지 一年 以內에
　　　國民投票에 依한 正式國民議會를 召集함
第八十三條 本 憲法은 頒布日부터 施行함

〈자료 3〉「民主主義民族戰線案」[8]

朝鮮民主共和國臨時約法(試案)

一九四六年 月 日 民主主義民族戰線全國大會決議

第一章 總綱

第一條 朝鮮民主共和國은 朝鮮民族의 民主主義統一國家임을 宣言함.

第二條 朝鮮民主共和國은 世界民主主義 諸國과 友好親善을 圖謀함.[9]

第三條 國家의 全權力은 全朝鮮人民에게 屬함.

第四條 모든 國家機關은 人民의 機關이며 合議制를 大原則으로 함.
　　　 決議는 過半數決을 原則으로 함.

第五條 모든 國家機關 所屬員은 人民의 機關員으로서 活動하고 人民의 利益
　　　 에 背反하야 行動할 수 없음.

第六條 모든 國家施設은 人民의 總有에 屬하고 全人民에게 均等하게 活用됨.

第二章 人民의 基本的權利及義務

第七條 全朝鮮人民은 男女를 勿論하고 모든 法律앞에 一切 平等함.

第八條 朝鮮人民은 法律이 制定한 限度 以上의 强制와 禁止를 받지 않음.

第九條 滿十八歲에 達한 朝鮮人民은 性, 階級, 身分, 職業, 宗敎의 區別이 없
　　　 이 平等하게 選擧權과 被選擧權을 享有함. 이 權利는 오로지 法律에
　　　 依하는 外에는 制限할 수 없음.

第十條 朝鮮人民은 言論, 出版, 集會, 結社, 行動의 自由를 享有함. 이에 對한
　　　 制限은 오로지 法律에 依함을 要함.

第十一條 朝鮮人民은 國家機關이 人民의 利益에 背反되는 行爲를 할 때에는

---

8) 민주주의민족전선에서 임시정부를 수립하기 위하여 작성한 헌법안으로, 명칭은
「朝鮮民主共和國臨時約法(試案)」으로 되어 있다. 원문은 현재 고려대학교 박물
관에 소장되어 있다. 겉표지에 '一九四六年 第一回 美蘇共委에 提出하라고 準
備되었든 民戰側「朝鮮民主共和國臨時約法」試案'이라고 적혀 있는데, 유진오
가 적은 것으로 보인다. 제일 첫 장에는 '朝鮮民主共和國, 臨時國家組織略圖'
가 그려져 있다. 총 26쪽으로 되어 있다.

9) 처음에 "朝鮮民主共和國은 世界民主主義의 路線에 따라 成長 發展됨"이라고
규정되었다가 본문과 같이 수정되었다.

　　　　　이에 關하야 請願, 訴願 乃至 訴訟할 權利를 享有함.

第十二條 朝鮮人民은 居住, 移轉, 信書秘密의 自由를 享有하며, 法律에 制定
　　　　　된 境遇 以外에는 侵入, 搜索, 制限을 받지 않음.

第十三條 朝鮮人民은 身體의 自由를 享有하며 法律에 制定된 境遇 以外에는
　　　　　逮捕, 監禁, 審問, 處罰 當하지 않음.

第十四條 朝鮮人民은 國家秩序와 人民의 利益에 背反되지 않은 限 信仰의 自
　　　　　由를 享有함.

第十五條 朝鮮人民은 國家負擔으로 最小限 初等敎育을 받을 權利를 享有함.

第十六條 法律에 依하야 權利와 自由를 剝奪 當한 者 以外의 모든 朝鮮人民
　　　　　은 平等하게 政治, 經濟, 文化, 社會生活의 全領域에 나아갈 權利를 享
　　　　　有함.

第十七條 朝鮮人民은 財産私有의 權利, 契約, 營業의 自由를 享有하며 法律에
　　　　　依한 外에는 이를 侵奪할 수 없음.

第十八條 朝鮮人民은 半封建的 土地關係로부터 解放될 權利가 法律로서 保障
　　　　　됨.[10]

第十八條의 一 朝鮮人民의 中小個人資本은 企業經營의 自由가 法律로서 保障
　　　　　됨.

第十八條의 二 朝鮮人民의 勞動力은 그 保護가 法律로서 保障됨.

第十九條 朝鮮人民은 法律에 依하야 納稅의 義務를 負함.

第二十條 朝鮮人民은 法律에 依하야 兵役의 權利와 義務가 有함.

第二十一條 朝鮮人民은 法律과 多數人民의 要求가 있을 때에는 그 精神力, 肉
　　　　　體力을 公職, 公共事業에 活用할 義務를 負함.

第三章 民主主義民族戰線(民戰)

第二十二條 朝鮮人民은 民主主義民族戰線에 總集結함.

第二十三條 民主主義民族戰線은 안으로 朝鮮人民의 總意를 表示하고 밖으로
　　　　　朝鮮民族의 統一的 最高意思를 發表함.

第二十四條 民主主義民族戰線은 朝鮮臨時民主政府가 樹立된 後 一年 以內에
　　　　　正式 全國人民代表大會를 召集할 義務를 負함

---

10) 제18조는 처음에 "朝鮮人民은 肉體的及精神的 勞動力을 保護받을 權利가 保
　　障됨"이라는 한 조문으로 규정되었다가 본문과 같이 3개 조문으로 수정되었다.

人民代表選擧에 關한 法律은 別途 規定함.

第二十五條 「民戰」全國大會(略稱 全國大會)는 朝鮮人民이 그 當時 可能한 最
大限의 民主主義的 方法에 依하야 選出한 民主主義的 各政黨의 代表,
大衆團體, 社會團體, 學術文化團體의 代表, 地方居住者의 代表及 當該
社會層을 代表할 만한 無所屬 個人으로서 構成됨.

構成員의 數는 壹千名을 超過함을 要함.

第二十六條 全國大會 構成員은 連選連任될 수 있음.

構成員은 全人民에게 責任을 負하고 違法 又는 人民의 利益에 背反되
는 行爲가 있을 때에는 所屬 政黨, 團體, 出身地方 又는 中央常任議員
會에서 이를 除名, 召還함.

第二十七條 全國大會는 中央常任議員會의 發意 又는 全地方議會(民戰支部)의
三分之一 以上의 要求에 依하야 隨時召集 함.

大會期間은 五日 以上으로 함.

第二十八條 全國大會는 左記事項을 處理함.

一. 臨時約法의 制定, 修正.

二. 臨時約法이 必要로 하는 諸法律의 立法.

三. 政治, 經濟, 社會, 文化에 關한 重要法律의 立法.

四. 國際條約 通商條約 外交的 諸協定의 批准.

五. 對內政策及 對外政策의 一般的 路線決定.

六. 土地政策, 勞働政策, 産業政策의 根本方針 決定.

七. 國有財産의 取得, 變更, 處分의 原則 決定

八. 國營企業의 經營에 關한 根本方針 決定

九. 國家豫算及決算의 承認.

十. 租稅의 賦課及國家에 對한 人民의 財政上 義務 設定.

十一. 中央議員, 大統領, 副大統領, 政務委員, 大審院長, 檢事總長, 政治法
院長, 政治 監察院長, 軍事委員 會計檢査院長의 選任及 罷免

十二. 選擧權, 被選擧權 政治的 自由의 制限原則 決定.

十三. 政治的 大赦의 宣佈

十四. 政治的 請願의 受理.

十五. 軍備, 組織 軍事行政, 軍令의 根本方針 決定.

十六. 外國人 權利의 設定.

十七. 領土의 變更及國境에 關한 問題의 決定

十八. 其他 法律에 依하야 委任된 事項.

十九. 構成員及國家諸機關의 提議事項 討議.

第二十九條 全國大會는 自己속에서 中央議會를 造出하야, 大會休會 中 自己
　　　　　權限을 이에 委任[11]할 있음. 但, 左記事項은 全國大會에 專屬함.

一. 約法의 根本原則의 批准, 修正.

二. 第二十八條, 第二號, 第三號 立法의 根本原則 批准.

三. 外交原則, 國際條約의 批准.

四. 大統領, 副大統領의 選任及罷免.

五. 第二十八條의 第九號及第十七號.

第三十條 全國大會는 公開함. 大會構成員은 大會期間 中 發言, 發表, 身體의
　　　　　自由를 享有하며 現行犯을 除한 外는 大會의 許可없이 逮捕할 수 없음.

第四章 人民議會及常任議員會

第三十一條 人民議會는 中央議會와 地方議會로 함.
　　　　　地方議會는 「民戰」의 地方支部로서 中央議會의 指示를 받음.

第三十二條 中央議會는 全國大會에서 選出된 三百名 以下의 中央議員으로서
　　　　　構成됨.
　　　　　地方議會는 各々 그 地方事情에 빛어 可能한 最大限의 民主主義的 方
　　　　　法으로서 選出된 地方議員으로서 構成됨.

第三十三條 中央議會는 立法의 中心體가 되며, 第二十九條의 規定에 依하야
　　　　　全國大會으로부터 委任事項을 處理함.

第三十四條 中央議會는 急速한 期間 內에 日本帝國主義의 法律을 撤廢하고
　　　　　朝鮮人民을 爲한 國家的, 政治的, 經濟的, 社會的 諸法律을 制定할 權
　　　　　利와 義務가 有함.

第三十五條 모든 法律은 中央議會를 通過함으로서만 成立되고 行政上 財政上
　　　　　諸命令은 一切 法律과 矛盾될 수 없음.

第三十六條 中央議會는 年 四回 以上 必要에 應하야 中央常任議員會가 이를
　　　　　召集하고 會期는 十日 以上으로 함.
　　　　　地方議會는 地方常任議員會가 隨時 이를 召集함.

第三十七條 地方議會는 左記事項을 處理함.

---

11) 원문에는 '委員'으로 되어 있으나, 문맥상 '委任'의 오기로 보인다.

一. 地方人民委員의[12] 選任 罷免.

二. 地方的 性質을 갖인 諸般政策의 一般的 決定.

三. 地方豫算及決算의 承認.

四. 地方人民委員會及地方議員이 提議한 事項.

第三十八條 人民議會는 總議員의 三分之二 以上 出席으로서 成立됨.

會議는 公開를 原則으로 하고 出席員 四分之三 以上의 同意가 있을 때에는 秘密會을 成立식힐 수 있음

第三十九條 人民議員의 任期는 一年으로 하되 連選連任될 수 있음.

任期 中 違法 或은 人民의 利益에 背反되는 行爲가 있는 境遇에는 全 國大會 又는 中央常任議員會의 三分之二 以上의 決議로서 罷免 又는 補選할 수 있음. 但 罷免 前에 所屬 政黨, 團體 又는 出身地方에 報告 함을 要함.

第四十條 人民議員은 會期 中 現行犯 以外에는 人民議會의 許可없이 逮捕할 수 없음.

第四十一條 中央議會及地方議會는 各々 必要한 數의 常任議員을 選出하야 常 任議員會을 構成함.

常任議員은 各々 嚴格한 選擧方法에 依하야 選任되고 議會의 四分之 三 以上의 決議가 없이는 罷免, 召還할 수 없음.

第四十二條 常任議員會는 各々 人民議會의 休會 中 左記事項을 處理함.

一. 次期(人民)議會의 議事準備.

二. 人民議會가 決定한 事項의 執行에 對한 監督·指導.

三. 人民議會의 이름으로서 外部와의 交涉.

四. 其他 人民議會가 委任한 事項.

第四十三條 中央常任議員會에는 左記事項이 專屬함.

一. 正式憲法의 起草.

二. 中央議會에 提出할 法律案 作成. 但 同一事項에 關하야 第 條 第一號 政務委員會 法律案과 兩立提出될 수 있음.

三. 制定된 法律의 公布.

四. 全國大會 構成母體의 審査.

五. 政務委員의 補選.

---

12) 원문에는 '이'로 표기되어 있으나, 문맥상 '의'의 오기로 보인다.

六. 臨時約法 國際條約의 疑義解決.

七. 政治的 請願의 審査.

第四十四條 中央常任議員은 國家機關의 다른 公職을 一切 兼할 수 없고 地方 常任議員은 地方人民委員을 兼할 수 없음.

第四十五條 常任議員은 各々 首都及地方行政機關의 中心地에 常時駐在하야 事務를 掌理함.

第五章 臨時大統領及臨時民主政府.

第四十六條 朝鮮民主共和國의 元首를 臨時大統領으로 하고 中央政府를 臨時 民主政府으로 함.

第四十七條 大統領은 國內行政을 統攬하고, 國外에 對하야 國家及政府를 代 表함.

第四十八條 副大統領은 大統領을 輔佐代理함.

其數는 二人으로 함.

第四十九條 大統領은 반다시 副大統領全部와 合議하고 모든 執行은 三人一致 된 決定에만 依함.

第五十條 大統領은 如何한 境遇에도 人民議會를 解散할 수 없음.

第五十一條 大統領, 副大統領은 政務委員會의 決議에 對하야 決裁 拒否權을 行使할 수 있음.

前項 拒否權은 政務委員會가 三分之二의 多數로서 이것을 排除할 때 에는 無効함.

第五十二條 大統領은 政務委員會가 法律의 限度 內에서 決議한 行政上 重要 命令(大統領令)을 決裁 公布함.

모든 大統領令은 政務委員會 議長及副議長의 副署를 必要로 함.

第五十三條 大統領[13]은 法律에 依하야 自己 權限에 屬하는 國家機關員을 任 命하고 罷免함.

第五十四條 大統領은 政務委員會의 決議에 依하야 條約締結權을 行使함.

第五十五條 大統領은 政務委員會의 決議에 依하야 戒嚴及解嚴을 宣布함.

第五十六條 大統領은 法律에 依하야 刑事上의 特赦, 減刑, 復權의 權利를 行 使함.

---

13) 원문에는 '大統令'으로 표기되어 있으나, '大統領'의 오기로 보인다.

第五十七條 大統領及副大統領의 選任及罷免은 全國大會의 三分之二 以上의
　　　　決議를 必要로 함.

第五十八條 政務委員會는 左記事項을 議決함.

　一. 中央議會에 提出할 法律案.

　二. 國家豫算案.

　三. 大赦案

　四. 大統領令[14)의 草案

　五. 條約案 其他 重要國際事項.

　六. 戒嚴案.

　七. 大統領이 任免하는 重要한 行政人事의 具體的 提案(推薦).

　八. 各行政部의 下級局, 課 責任者의 任免及罷免.

　九. 各部에 共通되는 事項.

　十. 大統領及副大統領이 付議하는 事項.

　十一. 各政務委員이 提議하는 重要行政 問題.

第五十九條 政務委員會는 第五十二條 以外에 必要한 重要行政上 問題에 關하
　　　　야 法律과 矛盾되지 않은 命令(政務委員會令)을 決議公布함.

第六十條 政務委員會는 政務委員 中에서 議長 一人, 副議長 一人을 互選함.

第六十一條 政務委員會는 政務委員 五人 以上의 要求에 依하야 議長 或은 副
　　　　議長이 適當한 方法으로 召集함.

第六十二條 大統領, 副大統領及政務委員은 各々 中央常任議員會, 中央議會及
　　　　全國大會에 出席하야 質問에 答辯할 權利와 義務가 有함.

第六十三條 大統領은 政務委員會의 議長及副議長을 各々 國務總理及副總理
　　　　에 任命함.

第六十四條 大統領은 政務委員會의 推薦에 依하야 政務委員 中에서 各行政各
　　　　部及 그에 準하는 行政部署의 責任者 二名 以上을 任命하고 罷免함.

第六十五條 國務總理는 國內行政의 首班이며 人民에 對하야 政府를 代表함.

第六十六條 副總理는 모든 行政事務에 있어 國務總理와 合議하고 이를 輔佐
　　　　代理함.

第六十七條 各行政部及 그에 準하는 行政部署에서는 各々 擔當行政에 關하
　　　　야 必要한 命令을 發布할 수 있음. 但 法律 或은 上部命令에 矛盾될

---

14) 원문에는 '슈'이 존재하지 않는데, 누군가 연필로 써 넣었다.

수 없음.

第六十八條 各行政部는 部長, 次長及下級各局長으로서 當該部委員會를 構成
하야 重要行政事項을 合議決定함.

第六十九條 大統領 副大統領及政務委員의 任期는 各々 一年으로 함.

大統領, 副大統領은 一期만 再選될 수 있고 政務委員은 連選連任될
수 있음.

任期 內에 違法 或은 人民에 背反되는 行爲가 있는 境遇에는 各々 權
限機關은 不信任의 決議로서 罷免하고 補選할 수 있음.

第七十條 大統領, 副大統領及政務委員은 各々 그 政治上의 모든 責任을 全國
大會에 負함.

第六章 司法

第七十一條 모든 司法機關은 國家의 法律에 準據하는 外에 全然 獨立한 地位
에서 人民의 이름으로서 裁判하고 檢察함.

第七十二條 裁判機關은 裁判所及政治法院 檢察機關은 檢事及政治監察院
各々 二種으로 함.

各 其組織은 法律로서 制定함.

第七十三條 裁判所及檢事는 民事上及刑事上 모든 訴訟을 取扱함.

第七十四條 裁判所는 大審院 地方裁判所及人民裁判所로 함.

大審院은 左記事項을 專屬取扱함.

一. 國家法律의 解釋上 發生하는 爭訟.

二. 下級裁判所의 裁判上 意見의 差異로서 發生한 爭訟.

第七十五條 政治法院及政治監察院은 左記事項을 取扱함.

一. 行政命令의 解釋上 發生하는 爭訟.

二. 一切 國家機關 所屬員의 彈劾15)及審判.

三. 一切 國家機關 行政訴訟.

四. 親日派 民族叛逆者의 檢索及審判.

五. 國家叛逆者 其他 一切의 政治犯의 檢察及裁判.

第七十六條 全國大會가 選出한 國家機關員의 犯罪及違法에 對한 判決은 罷免
의 權限을 갖인 機關에 報告하고 그 承認을 얻은 後에 執行함.

---

15) 원문에는 '彈効'로 표기되어 있으나, 문맥상 '彈劾'의 오기로 보인다.

第七十七條 大審院長 檢查總長 政治法院長 政治監察院長은 各々 司法權運用
　　　　의 一般的方策에 關하야 全國大會에 責任을 負함.

第七十八條 前條 四機關의 任期는 各々 一年으로 하되 連選連任될 수 있음.
　　　　前項 四機關의 罷免은 오로지 法律에 定한 境遇에만 限하고 罷免機關
　　　　이 補選함.

第七十九條 司法에 當한 모든 機關員은 法律에 定한 資格을 갖인 者 中에서
　　　　大統領이 이를 任命함.
　　　　前項 機關員은 法律에 制定된 바에 該當되는 以外에는 罷免할 수 없음.

第八十條 모든 裁判의 對審判決은 반다시 公開하고 被告는 辯論의 權利가 保
　　　　障됨.

第八十一條 모든 事件의 審理에는 人民에 依하야 選出되고 合議權을 갖인 陪
　　　　審員을 陪席케 함. 但 輕微한 犯罪는 法律로서 除外할 수 있음.
　　　　前項 陪審制度는 法律로서 制定함.

第八十二條 一切의 檢察及行刑에 있어 被告及犯人의 人格은 尊重되고 拷問,
　　　　桎梏 等 封建的 惡刑은 一切 撤廢함.

第八十三條 外國人이 犯한 犯罪로서 그 性質이 仝一할 때에는 朝鮮人民에게
　　　　適用함과 同一한 法律을 適用함.

第七章 軍事

第八十四條 全國大會에서 選任된 軍事委員은 軍事委員會를 組織하고 全國大
　　　　會에 責任을 負함

第八十五條 軍事委員會는 國軍을 創建, 組織, 敎育, 命令, 動員하는 最高機關
　　　　으로 함.
　　　　軍隊의 徵募及編制는 法律로써 制定함.

第八十六條 軍隊는 朝鮮人民으로서 組織되고 國家의 存立, 民族의 榮譽, 人民
　　　　의 安寧을 守護할 任務를 負함.
　　　　軍人의 權利及義務는 法律로써 制定함.

第八十七條 모든 階級의 士官은 兵卒代表大會의 選擧及彈劾에 依하야 軍事委
　　　　員會가 이를 任命하고 罷免함. 但 主計士官에는 例外를 둘 수 있음.

第八十八條 憲軍의 組織及權限은 法律로써 詳細히 定함.

第八十九條 軍事裁判權의 行使及軍事裁判機關의 組織은 반다시 法律로써 制
　　　　定함.

第九十條 軍事費는 一切 國庫에서 支出하고 其額數及士官兵卒의 員數는 每年 豫算에 이를 確定함.

第九十一條 國內에 私兵의 養成은 一切 禁止함.

第八章 財政

第九十二條 國家各級機關의 財政 收支系統 會計는 法律로써 制定함.

第九十三條 國家의 歲出歲入은 年度 總豫算을 編成하야 반다시 全國大會에 提出함을 要함.

第九十四條 國稅는 法律의 制定함에 依하고 地方稅는 地方議會의 承認을 얻어 賦課할 수 있음.

第九十五條 不可避의 豫算不足 又는 豫算外 支出을 爲하야 豫備金을 設定함. 政府豫算의 項目 新設 或은 變更과 아울너 豫備金의 支出은 반다시 中央 或은 地方常任議員會의 承認을 要함.

第九十六條 各行政部 其他 各機關에 割當된 豫算 內의 項目變更 又는 豫備金 支出은 部委員會及機關委員會의 決議에 依하야 行할 수 있음. 但 반다시 常任委員會及政務委員會의 追認을 要함.

第九十七條 모든 費用의 支出은 機關의 高低에 따라 責任支出額制度를 法律 或은 命令에 依하야 設定하야 事業의 機敏한 運用에 支障이 없도록 함.

第九十八條 左記事項은 中央 或은 地方常任議員會의 議決을 要함.

一. 行政上의 手數料 其他 强制收納金.

二. 公債의 募集 其他 國庫 地方庫의 負擔이 되는 契約.

三. 公營, 專賣, 獨占, 其他 營利性을 갖인 事業의 設定及取消.

第九十九條 外債募集, 外資利用은 반다시 法律의 制定한 바에 依함을 要함.

第百條 國家의 歲出歲入의 決算은 每年會計算度 經了 後 最短期間 內에 會計檢查院이 이를 檢事確定하야 中央常任議員會에 提出함을 要함.

會計檢查院의 組織及權限은 法律로써 定함.

第百一條 會計檢查院長의 任期는 二年으로 하되 連選連任될 수 있음.

會計檢查院長은 全國大會에 責任을 負하고 任期 內에는 法律에 定한 바에 該當하는 境遇以外에는 罷免할 수 없음.

第百二條 會計檢查院은 法律에 定한 資格을 갖인 者 中에서 大統領이 이를 任命하되 法律에 定한 바에 該當하는 境遇以外에는 罷免할 수 없음.

第九章 約法修正

第百三條 이 約法의 修正은 全國大會 構成員 四分之一 以上으로부터 提議되
　　　　고 그 四分之三 以上이 出席하야 出席員의 三分之二 以上의 決議가
　　　　없이는 行할 수 없음.

〈자료 4〉「臨時憲法起草委員會案」16)

第一章 總綱

第一條 朝鮮은 民主共和國임

第二條 朝鮮의 主權은 國民 全體에 屬함

第三條 朝鮮의 國民은 國籍法에 規定한 國籍을 가진 者임

第二章 國民의 權利義務

第四條 朝鮮의 國民은 左記 各項 政策의 確立에 依하야 生活均等權을 享有함

　一. 國民의 基本生活을 確保할 計劃經濟의 樹立

　二. 主要한 生活必需品의 統制管理의 合理的 物價政策의 樹立

　三. 稅制의 整理와 累進率의 强化

　四. 土地私有制限과 農民 本位의 耕作權 確立

　五. 大規模 主要工業及鑛山의 國營 又는 國家管理

　六. 勞働者의 生活을 安定키 爲한 最低賃金制의 確立

　七. 工場의 運營管理에 勞働者代表 參與

　八. 俸給者의 生活을 安定키 爲한 家族給與制의 實施

　九. 重要 工場 內에 保健 衛生 敎育及娛樂施設의 整備

　十. 失業保險 廢疾保險 其他 社會保險制度의 實施

第五條 朝鮮國民은 左記 各項 政策의 確立에 依하야 文化及厚生의 均等權을 享有함

　一. 義務敎育制의 實施와 職業敎育의 擴充

　二. 有能者 特別敎育의 擴充과 敎育費의 國庫 負擔

---

16) 김붕준이 입법의원에 제출한 헌법안으로 제안자의 이름에 따라 「金朋濬案」으로 알려져 있다. 당시 신문에서는 「朝鮮民主臨時約憲草案」, 「朝鮮民主臨時憲法案」, 「朝鮮民主約憲案」, 「臨時民主憲法案」, 「臨時憲法草案」, 「臨時約憲」 등으로 보도되었다. 이 연구에서는 헌법안을 작성한 위원회의 명칭에 따라 「임시헌법기초위원회안」이라고 칭한다. 아직까지 원문은 발굴되지 않고 있다. 따라서 이 내용은 『自由新聞』(1947년 4월 2일과 3일의 1면), 『서울신문』(1947년 4월 2일, 3일, 5일, 6일의 1면), 『朝鮮日報』(1947년 4월 2일 1면, 8일 2면과 3면)에 수록되어 있는 내용을 가지고 복원한 것으로, 완전하지는 못하다.

三. 主要 文化機關及娛樂機關의 公營

四. 體育施設의 適正分布와 公營

五. 醫療機關의 適正分布와 公營의 擴充

六. 助産院 託兒所 養老院의 公營

七. 少年婦女의 夜間勞働及危險工作 禁止

第六條 朝鮮國民은 左記 各項의 自由權을 享有함

一. 法律에 依치 아니한 逮捕 拘禁 審問 處罰을 밧지 아니할 自由

二. 法律에 依치 아니한 家宅의 侵入 又는 捜査를 밧지 아니할 自由

三. 法律에 依치 아니한 居住及移徙의 制限을 밧지 아니할 自由

四. 法律에 依치 아니한 言論 著作 刊行及集會 結社의 制限을 밧지 아니할 自由

五. 法律에 依치 아니한 信書秘密의 侵犯을 밧지 아니할 自由

六. 法律에 依치 아니한 財産及營業의 侵害를 밧지 아니할 自由

七. 安寧秩序를 妨害치 아니하는 信教의 自由

第七條 朝鮮國民은 國家機關에 對하야 左記 各項의 要求權을 享有함

一. 議會에 請願할 權利

二. 大統領及行政官署에 陳訴할 權利

三. 違法行政處分에 對한 行政裁判을 要求할 權利

四. 法院에 提訴하며 法官의 審判을 바들 權利

第八條 朝鮮國民은 左記 各項의 参政權을 享有함

一. 法律의 定한 바에 依하여 考試에 應하며 官公職에 任할 權利

二. 法律의 定한 바에 依한 選擧及被選擧의 權利

第九條 朝鮮國民은 左記 各項의 義務에 服從함

一. 法律의 定한 바에 依한 教育의 義務

二. 法律의 定한 바에 依한 納税의 義務

第三章 立法權

第十條 朝鮮立法權은 國民議會에 屬함

第十一條 國民議會는 各府郡島로부터 直接秘密自由投票로 選出된 議員으로 此를 組織함 그 員數는 各府郡島에 各 一人으로 하되 人口 每十萬人에 一人 十萬을 超過할 時는 每十萬人에 一人式으로 함 但 端數 五萬人을 超過할 時는 一人의 單位로 看做함 議員은 大韓民國 公民資格

이 有한 男女로 하되 年齡 二十五歲 以上임을 要함

第十二條 國民議會員의 選擧는 法律로써 別定함

第十三條 國民議會의 職權은 左와 如함

一. 法律案의 提出

二. 法律의 議決

三. 法律에 代할 命令及法律의 執行에 關한 命令의 制定發布를 行政機關
에 委任하는 議決

四. 豫算의 議決

五. 決算의 審査

六. 國債의 募集及國庫負擔될 契約의 議決

七. 條約締結及宣戰講和에 對한 同意

八. 大赦特赦減刑及復權에 對한 同意

九. 國務總理及行政各部總長에 對한 不信任의 議決

十. 政府에 對한 建議

十一. 請願의 受理

十二. 議員의 資格審査及懲罰

十三. 議事規程의 制定

第十四條 國民議會는 院이 自行 召集함

第十五條 國民議會는 總議員 過半數의 出席으로 開會하고 議事는 出席議員의
過半數으로써 決함

第十六條 議會의 議事는 公開함 但 政府의 要求 又는 院議로써 公開를 禁止
함을 得함

第十七條 議員은 內亂外患에 關한 犯罪 又는 現行犯 以外에는 開會 中 逮捕
審問을 밧이지 아니함

議員은 院內에서 行한 發言及票決에 對하여 院外에서 責任을 負치 아
니함

第四章 行政權

第一節 大統領 副大統領

第十八條 大統領은 國民議會에서 選擧함

前項의 選擧는 總議員 三分之二 以上의 出席으로 無記名投票에 依하
야 出席議員數 三分之二 以上된 者로써 當選을 決定함 但 前項의 投

票에 依하야 當選된 者가 無할時는 그 最高點者 二人에 對하야 決選
投票를 行하야 多數로 決함

第十九條 副大統領의 選擧는 前條의 規定에 準함

第二十條 大統領은 就任에 際하여 國民議會에서 嚴肅히 左의 宣誓를 行함을
要함

「나는 힘을 다하여 大韓民國의 憲法을 守護하여 誠實히 大統領의 職
務를 執行할 것을 盟誓함」

第二十一條 大統領은 行政權을 統轄하고 左의 權限이 有함

一. 法律案의 提出

二. 法律의 裁決及公布

三. 委任命令及執行命令의 發布

四. 陸海空軍의 統轄

五. 條約締結及宣戰講和

六. 大使公使及領事의 接受

七. 文武官의 任免

八. 勳章及其他 榮典의 授與

九. 大赦特赦減刑及復權의 命令

十. 法律의 定한 바에 依한 戒嚴의 宣布

第二十二條 大統領은 內亂外患의 犯罪 以外에는 在職 中 刑事上의 訴追를 받
지 아니함

第二十三條 副大統領은 補佐하고 大統領이 有故한 時는 그 職權을 代行함

第二節 國務員 國務會議

第二十四條 國務會議는 大統領 副大統領 國務總理及國務員으로써 組織하고
大統領이 議長이 됨

第二十五條 國務總理及國務員은 大統領의 推薦으로 議會에서 選出함 國務員
은 九名 以上으로 함

第二十六條 國務會議는 一般國策과 政務에 關하야 審議決定함

第二十七條 國務員에 任務는 國務會議의 一員으로 國策을 議決하는 外에 國
策과 法律이 正當한 施行을 監視함

第三節 國務總理 行政會議

第二十八條 國務總理는 行政各部總長과 共히 大統領을 補佐하고 議會에 對하
　　　 야 그 一切의 責任을 負함
第二十九條 大統領이 署名한 法律及命令의 公布 條約의 發表 其他 國務에 關
　　　 한 文書에는 國務總理及行政各部總長 又는 當該 主務總長이 副署함
　　　 을 要함
第三十條 行政會議는 國務總理及行政各部總長으로써 組織하고 國務總理가
　　　 議長이 됨 行政會議는 各部 主要政務의 企劃及連絡에 關한 事項을 決
　　　 定함
第三十一條 國務總理는 各部總長 行政會議 秘書長及地方長官을 監督하며 各
　　　 部行政과 地方行政에 政權을 統一하기 爲한 行政의 企劃及連絡에 關
　　　 한 事宜를 掌理함
第三十二條 國務總理는 國民議會에 出席하여 意見을 陳述함을 得함

第四節 法制長官 監察長官 考試長官
第三十三條 法制長官은 大統領及國務會議에 顧問으로 法律命令案과 起案審
　　　 査 又는 修正을 加하야 大統領에게 具陳하고 司法行政 法律制度及法
　　　 官檢察官의 任免에 關한 事項에 對하야 大統領及國務會議에 意見을
　　　 陳述함을 得함
第三十四條 監察長官은 大統領及國務會議 顧問으로 官公務에 從事하는 職員
　　　 의 違法行爲를 調査하여 大統領及國務會議에 具陳하고 政府의 財政
　　　 處理及歲出歲入의 決算을 檢査하야 그 結果를 大統領及國務會議에
　　　 報告함을 要함
第三十五條 考試長官은 大統領及國務會議 顧問으로 官公務에 從事할 一般職
　　　 員이 資格試驗 任免의 詮考及轉職轉任의 審査俸給賞與에 關한 意見
　　　 을 大統領及國務會議에 具陳함을 要함
第三十六條 法制長官 監察長官 考試長官은 國務會議에 出席하야 意見을 陳述
　　　 함을 得함

第五節 行政各部總長次長
第三十七條 行政部는 左記 各部各局으로 構成함
　　　 但 大統領이 必要로 認할 時는 國務會議의 決議로 各部各局의 增減을
　　　 行함을 得함

一. 內務部
    總務局
    地方局
    警務局
    土木局
二. 外務部
    總務局
    外交局
    通商局
    移民局
    情報局
三. 國防部
    總務局
    軍務局
    軍敎局
    軍需局
    調査情報局
四. 商工鑛部
    總務局
    鑛務局
    工務局
    勞務局
    商事局
    特許局
五. 農林部
    總務局
    林産局
    水産局
    農産局
六. 財務部
    總務局
    銀行局

　　　　貨幣局
　　　　稅務局
　　　　司計局
　　　　專賣局
　　　　保險局
　七. 郵政部
　　　　總務局
　　　　郵政局
　　　　電信電話局
　八. 交通部
　　　　總務局
　　　　鐵道局
　　　　船舶局
　　　　公路局
　　　　航空局
　　　　簡易運輸局
　九. 文教部
　　　　總務局
　　　　高等學務局
　　　　普通學務局
　　　　社會敎育局
　　　　編修圖書局
　十. 厚生部
　　　　總務局
　　　　保健局
　　　　衛生局
　　　　厚生局
　十一. 法務部
　　　　總務局
　　　　民事局
　　　　刑事局
　　　　法制圖書局

十二. 公報部
　　　總務局
　　　情報局
　　　輿論調査局

第三十八條 行政各部總長은 國民議會에 出席하여 意見을 陳述함을 得함

第三十九條 行政各部次長은 總長을 補佐하며 總長이 有故할 時는 其職務를 代理함

第六節 地方行政-道長官

第四十條 道長官은 內務總長의 命令에 從하여 所管地方行政에 關한 一切 事宜를 掌理하고 所屬 職員을 指揮監督함

第四十一條 道長官은 所管地方行政事務에 關한 意見을 內務總長에게 具陳하여 主要한 行政事務의 處理를 遲滯없이 內務總長에게 報告함을 要함

第四十二條 道長官은 所管地方自治制度의 發展에 協力하며 自治機關의 行政事務를 監督함

第四十三條 道行政會議는 道長官及道行政各部部長으로써 組織하야 各部行政의 企劃及連絡에 關한 主要事項을 決定함

第四十四條 道行政各部長은 道長官을 補佐하며 各部所屬事務를 掌理하고 所屬職員을 指揮監督함

第七節 文武官任免

第四十五條 法制長官 監察長官 考試長官及國務會議 秘書長은 大統領의 推薦으로 行政各部總長은 國務總理의 推薦으로 國務會議를 經하야 大統領이 任免하되 議會의 同意를 要함

第四十六條 行政會議 秘書長 行政各部次長 各道長官은 各 該當 長官의 推薦으로 國務會議를 經하야 大統領이 任免함

第四十七條 行政各部局長 道行政各部長은 各 該長官의 意見을 徵하야 國務總理가 任免함

第四十八條 郡長市長府長島長은 各道長官의 意見을 徵하야 內務總長이 任免함

第四十九條 各科長 以下 各 職員은 各 該長官이 任免하고 곧 內務總長에게 報告함을 要함

第五章 司法權

第五十條 司法權은 大統領이 任命한 法官으로써 組織된 法院에서 此를 行함
　　　　法院의 構成及法官의 資格은 法律로써 此를 定함

第五十一條 法院은 法律에 依하야 民事, 刑事 其他 一切 爭訟을 審判함
　　　　但 憲法 其他 法律로써 定할 行政訴訟及特別訴訟을 此限에 不在함

第五十二條 法院은 法令의 適用에 關하야 法令이 憲法에 違反되고 아니됨을
　　　　審査할 權利가 有함

第五十三條 法院의 審判은 公開함 但 公序良俗을 妨害할 것을 認할 時는 公
　　　　開를 禁止함을 得함

第五十四條 法官은 刑의 宣告 又는 懲戒處分에 依함이 아니면 免職함을 不得
　　　　함

第五十五條 法官은 在職 中 左의 行爲를 行함을 不得함
　　一. 政黨關與 其他 公然한 政治行爲

第六章 會計
第七章 補則

第六十四條 本憲法의 條項은 國民議會 總議員 三分之二 以上의 出席으로 出
　　　　席議員 三分之二 以上이 아니면 改定함을 不得함

第六十五條 臨時政府組織은 立法議院에서 此를 行함

第六十六條 臨時大統領 就任 後 六個月 內에 本約憲에 依한 臨時國民議會를
　　　　召集하고 此 臨時國民議會가 召集될 때까지는 本 立法議院이 臨時國
　　　　民議會의 職能을 代行하고 此 臨時國民議會가 召集된지 一年 以內에
　　　　國民投票에 依한 正式國民議會를 召集함

第六十七條 本憲法은 頒布日부터 施行함

〈자료 5〉「朝鮮臨時約憲」[17]

第一章 總綱

第一條 朝鮮은 民主共和政體임

第二條 朝鮮의 主權은 國民全體에 屬함

第三條 朝鮮의 國民은 別로이 定하는 法律에 依하여 國籍을 가진 者

第二章 國民의 權利義務

第四條 國民은 左記各項政策의 確立實施에 依하여 生活均等權을 享有함

　一. 國民의 基本生活을 確保할 計劃經濟의 樹立

　二. 主要한 生活必需品의 統制管理와 合理的 物價政策의 樹立

　三. 稅制의 整理와 累進率의 强化

　四. 農民本位의 土地再分配

　五. 大規模의 主要工場及鑛山의 國營 또는 國家管理

　六. 勞働者의 生活을 安定키 爲한 最低賃金制의 確立

　七. 主要企業의 經營管理에 從業員代表參與

　八. 俸給者의 生活을 安定시키기 爲한 家族給與制의 確立

　九. 重要工場內에 保健衛生敎育及娛樂施設의 整備

　十. 失業保險 廢疾保險 其他 社會保險制의 實施

第五條 國民은 左記各項政策의 確立實施에 文化及厚生의 均等權을 享有함

　一. 義務敎育制의 實施와 職業敎育의 擴充

　二. 有能者, 特別敎育의 擴充과 敎育費의 國庫負擔

　三. 主要文化機關及娛樂機關의 公營

　四. 體育施設의 適正分布와 公營

　五. 醫療機關의 適正分布와 公營의 擴充

　六. 助産院 託兒所 孤兒[18]院及養老院의 公營

---

17) 입법의원에서 제3독회를 생략하고 자구를 수정한 이후의 조선임시약헌으로, 현재 고려대학교 박물관에 소장되어 있는 「朝鮮臨時約憲 全文(昨年 九月 二日 發表, 立議 通過分)」, 中央廳公報部輿論局 政治敎育課(編), 『民主朝鮮』 第六號(1948. 5. 1), 40-45쪽에 수록되어 있다.

18) 원문에는 '立'으로 되어 있으나, '兒'의 오기로 보인다.

七. 少年婦女의 夜間勞働及有害 또는 危險한 工作의 禁止

第六條 國民은 左記各項에 依하여 自由權을 享有함

一. 法律에 依하지아니한 逮捕 拘禁 審問 處罰을 받지 않는[19] 自由

二. 法律에 依하지아니한 家宅의 侵入 또는 搜索을 받지 않는[20] 自由

三. 法律에 依하지아니한 居住及移轉의 制限을 받지 않는 自由

四. 法律에 依하지아니한 言論 著作 刊行 集會及結社의 制限을 받지 않는 自由

五. 法律에 依하지아니한 信書秘密의 侵犯을 받지 않는 自由

六. 法律에 依하지아니한 財産及營業의 侵害를 받지 않는 自由

七. 安寧秩序를 妨害하지 않는 信敎의 自由

第七條 朝鮮國民은 國家機關에 對하여 左記各項의 要求權을 享有함

一. 立法議院에 請願하는 權利

二. 政府主席及行政機關에 許願하는 權利

三. 違法行政處分에 對한 裁判을 要求하는 權利

四. 法院에 提訴하며 法官의 審判을 받는 權利

第八條 朝鮮國民은 左記各項의 參政權을 享有함

一. 法律이[21] 定하는 바에 依하여 考試에 應하며 官公職에 就任하는 權利

二. 法律이 定한 바에 依한 選擧及被選擧의 權利

第九條 國民은 左記各項의 義務에 服從하여야 함

一. 法律이 定한 바에 依한 敎育의 義務

二. 法律이 定한 바에 依한 納稅의 義務

三. 法律이 定한 바에 依한 兵役의 義務

四. 法律이 定한 바에 依한 勞働의 義務

第三章 立法權

第十條 立法議院은 別로이 定하는 選擧法에 依하여 普通 平等 直接 無記 名 投票의 方法으로 公選된 議員으로써 組織함

第十一條 議員의 任期는 三年으로 함

第十二條 立法議院은 國權의 最高機關이며 唯一한 立法機關으로서 左의 權限

---

19) 원문에는 '은'으로 되어 있으나, '는'의 오기로 보인다.
20) 원문에는 '은'으로 되어 있으나, '는'의 오기로 보인다.
21) 원문에는 '의'로 되어 있으나, '이'의 오기로 보인다.

을 行함

一. 法律의 制定

二. 豫算의 議定

三. 決算의 審査

四. 國債의 募集及國庫負擔이 될 契約의 議決

五. 條約締結及宣戰媾和에 對한 同意

六. 大赦 特赦 減刑及復權에 對한 同意

七. 政府主席 副主席 國務總長及國務委員에 對한 彈劾의 議決

八. 政府에 對한 建議

九. 請願의 受理

十. 議員의 資格審査及懲罰

十一. 議事規則의 制定

第十三條 立法議院에서 成立된 法律은 政府主席에게 送附하여야하며 政府主
席은 그 送附를 받은 後 十五日以內에 此를 公布하여야 함

政府主席은 前項의 期間內에 理由를 附한 異議書로써 立議院에 對하
여 그 再議를 求할 수 있음

再議를 求하였음에도 不拘하고 立法議院이 出席議員 三分之二以上의
贊成으로 原案대로 議決한 境遇에는 다시 再議를 求할 수 없음

第十四條 政府主席 副主席 國務總長及國務委員에 對한 彈劾이나 議員의 除名
은 在籍議員 三分之二以上의 出席과 出席議員 三分之二以上의 贊成이
있어야 함

第十五條 立法議院의 召集開會休會及閉會는 院이 스스로 行함 但 議員總選舉
後 最初의 召集은 政府主席이 行함

立法議院 定期會는 每年一回 十二月 中에 議長이 召集하되 그 會期는
三十日로 함

但 臨時會는 在籍議員 四分之一 以上의 要求나 또는 政府主席의 要請
에 依하여 議長이 召集함

第十六條 立法議院은 本法에 다른 規定이 없는 限 在籍議員 過半數의 出席으
로 開會하고 議事는 出席議員 過半數로써 決함

第十七條 立法議院의 議事는 公開함 但 政府의 要求 또는 院議로써 秘密會로
할 수 있음

第十八條 議員은 內亂外患에 關한 犯罪 또는 現行犯以外에는 會期 中 院의

許諾이 없이 逮捕審問을 받지 아니함 議員은 院內에서 行한 發言及表決에 對하여 院外에서 責任을 지지 아니함

第四章 行政權

第一節 政府主席及副主席

第十九條 政府主席及副主席은 別로이 定하는 法律에 依하여 國民投票로써 選擧함

但 本法 施行 後 最初의 政府主席及副主席은 立法議院에서 選擧함
前項 但書의 規定에 依한 選擧는 在籍議員 三分之二以上의 出席으로 無記名投票에 依하여 出席議員 三分之二以上의 得票者로써 當選을 決함 但 三分之二以上의 得票者 없을 때에는 最多点者 順位로 二人에 對하여 選擧投票를 行함

第二十條 政府主席及副主席의 任期는 四年으로 함 但 最初의 政府主席及副主席의 任期는 國民投票로써 次期 主席及副主席이 選出될 때까지로 함

第二十一條 政府主席은 就任에 際하야 立法議院에서 嚴肅히 左의 宣誓를 함
「余는 힘을 다하여 朝鮮臨時約憲을 守護하고 誠實히 政府主席의 職務를 執行할 것을 盟誓함」

第二十二條 政府主席은 國家를 代表하고 行政權을 統轄하며 左의 權限을 行함

一. 法律案의 提出

二. 法律의 公布

三. 法律에서 一定한 範圍를 定하야 委任을 받은 命令及法律執行에 必要한 命令의 制定 公布

四. 職制及俸給基準의 制定

五. 陸海空軍의 統轄

六. 條約締結及宣戰媾和

七. 外國大使公使及領事의 接受

八. 本法 其他 法律이 定하는 바에 依한 公務員의 任免及監督

九. 勳章 其他 榮典의 授與

十. 大赦, 特赦 減刑及復權의 命令

十一. 法律이 定한 바에 依한 戒嚴의 宣布

第二十三條 政府主席은 內亂外患에 관한 犯罪以外에는 在職 中 刑事上의 訴

追를 받지 아니함

第二十四條 副主席은 政府主席을 輔佐하고 主席이 事故가 있을 때에는 그 職
　　　　　權을 代行함

第二節 國務會議

第二十五條 國務會議는 國務總長及國務委員으로써 組織함

第二十六條 國務總長及國務委員은 政府主席이 任命하되 立法議院의 認准을
　　　　　要함
　　　　　國務委員 十人以上 十五人以內로 함

第二十七條 政府主席은 國務總長의 推薦에 依하여 國務委員 中에서 行政各部
　　　　　長을 任命함 行政各部의 組織及權限은 法律로써 定함

第二十八條 國務總長은 國務委員의 首班으로서 國務會議의 議長이 되며 行政
　　　　　各部長을 統轄함

第二十九條 左의 事項은 國務會議의 議決을 臨하여야 함
　一. 法律案 委任命令案 執行命令案及豫算案
　二. 戒嚴案 解嚴案及恩赦案
　三. 條約案 其他 重要한 國際事案
　四. 立法議院에서 回付된 事案
　五. 行政各部間의 連絡事項及權限爭議
　六. 五等級 以上의 公務員의 任免에 關한 事項
　七. 其他 重要한 政策의 樹立 運營에 關한 事項

第三十條 政府主席이 署名한 法律 命令及條約의 發表 其他 國務에 關한 文書
　　　　　에는 國務總長及各國務委員 또는 主務行政部長이 副署하여야 함
　　　　　副署로써 立法議院에 對하여 責任을 짐

第三節 法制委員長 考試委員長及監察委員長

第三十一條 法制委員長 考試委員長及監察委員長은 政府主席이 任命하되 立
　　　　　法議院의 認准을 要함

第三十二條 法制委員은 政府主席을 輔佐하여 法令案 職制案 其他 俸給案의
　　　　　起草 또는 審査에 關한 事項을 管理하고 國務會議에 列席하여 意見을
　　　　　陳述함

第三十三條 考試委員長은 政府主席을 輔佐하여 公務員의 資格考試及詮敍에

關한 事項을 管理하고 國務會議에 列席하여 意見을 陳述함

第三十四條 監察委員長은 政府主席을 輔佐하여 官公務員의 彈劾及懲戒에 關한 事項과 政府의 會計監査에 關한 事項을 管理하고 國務會議에 列席하여 意見을 陳述함

第三十五條 法制委員長 考試委員長[22]及監察委員長에 直屬하는 機構는 法律로써 定함

第四節 地方制度[23]

第三十六條 地方行政區域은 道市(府) 郡面(邑)으로 區分함

　　　道市郡面에는 各其 長을 둠

第三十七條 道長은 道議會에서 選擧한 三人의 候補者[24] 中에서 政府主席이 任命함

　　　郡長은 道長이 道常任委員會의 同意로 推薦하여 政府主席이 任命함

　　　市長은 市議會에서 選擧한 三人의 候補者 中에서 政府主席이 任命함

　　　面長은 面議會에서 選擧한 三人의 候補者 中에서 道長이 任命함

第三十八條 道長 市長 郡長 面長은 法令을 執行하며 所管行政事務를 處理하고 管下地方自治行政을 監督함

第三十九條 道, 市, 面은 地方自治團體임

第四十條 地方自治團體의 區域組織及權限은 法律로써 定함

第五章 司法權

第四十一條 司法權은 法官으로써 組織된 法院이 此를 行함

　　　法院의 組織及法官의 資格은 法律로써 此를 定함

第四十二條 法官은 法律에 依하야 良心에 비취워 獨立하여 審判함

第四十三條 最高法院長은 政府主席이 任命하되 立法議院의 認准을 要함 最高法院院長及其法官以外의 法官은 最高法官의 推薦에 依하여 政府主席이 任命함

第四十四條 法官은 刑의 宣告 또는 法律에 依한 懲戒處分에 依하지 아니하면 意見에 反하여 免官할 수 없음

---

22) 원문에는 '長'이 누락되어 있다.
23) 원문에는 이 절의 제목이 누락되어 있다.
24) 원문에는 '者'가 누락되어 있다.

第四十五條 法官의 任期는 十年으로 하되 連任할 수 있음 但 法律이 定한 年
　　　齡에 達한 때에는 退官함

第四十六條 法官은 在職 中 政治에 干與하거나 다른 公職을 兼하거나 營利에
　　　關한 業務에 從事하지 못함

第四十七條 最高法院은 法令의 適用에 關하여 該法令이 本法에 違反與否를
　　　審査할 權限이 있음

第四十八條 最高法院은 法院內部規律及司法事務處理에 關한 事項에 依하여
　　　規則을 定함 檢察官은 最高法院이 定한 規則에 服從하여야 함

第四十九條 法院의 對審判決은 此를 公開함
　　　但 公秩序良俗에 害가 된다고 認할 時에는 法院은 對審의 公開를 禁
　　　止할 수 있음

第六章 財政

第五十條 租稅의 種目及稅率은 法律로써 此를 定함

第五十一條 政府主席은 每年 豫算을 編成하여 立法議院의 議決을 얻어야 함

第五十二條 內亂外患 其他 非常災害로 因하여 緊急한 支出을 要하며 立法議
　　　院의 議決을 기다릴 餘裕가 없을 때에는 政府主席은 財政上 必要한
　　　處分을 行할 수 있음
　　　前項의 處分은 次回의 立法議院에 提出하여 承諾을 求하여야 함

第五十三條 立法議院에서 豫算을 議定하지 않거나 또는 豫算이 成立되지 않
　　　은 때에는 政府主席은 前年度의 豫算을 施行함

第五十四條 政府主席은 歲出歲入의 決算을 監察委員長의 審査를 바든 後에
　　　그 審査報告와 함게 此를 立法議院에 提出하여야 함

第七章 附則

第五十五條 本法의 修理는 政府主席이나 또는 立法議院 在籍議員 三分之一以
　　　上의 提議로 在席議員 三分之二以上의 出席과 出席議員 三分之二以上
　　　의 贊成이 있어야 함

第五十六條 本法은 公布 後 三十日부터 施行함

第五十七條 現行法令은 本法의[25] 規定에 依한 法令이 制定實施될 때까지 本

---

25) 원문에는 '에'로 되어 있으나, '의'의 오기로 보인다.

法에 抵觸되지 않는 限 그 效力을 存續함

第五十八條 本法 施行 時에 現 在職公務員으로서 그에 相應한 地位가 本法에
規定되어 있는 者는 本法에 依하여 後任者가 選擧 또는 任命될 때까
지 繼續 在職함

〈자료 6〉「朝鮮臨時約憲」[26]

第一章 總綱

第一條 朝鮮은 民主共和政體임

第二條 朝鮮의 主權은 國民全體에 屬함

第三條 朝鮮의 國民은 別로이 定하는 法律에 依하여 國籍을 가진 者임

第二章 國民의 權利義務

第四條 國民은 左記各項政策의 確立에 依하여 生活均等權을 享有함

　一 國民의 基本生活을 確保할 計劃經濟의 樹立

　二 主要한 生活必需品의 統制管理와 合理的 物價政策의 樹立

　三 稅制의 整理와 累進率의 强化

　四 農民本位의 土地再分配

　五 大規模의 主要工場及鑛山의 國營 또는 國家管理

　六 勞働者의 生活을 安定키 爲한 最低賃金制의 確立

　七 主要企業의 經營管理에 從業員代表參與

　八 俸給者의 生活을 安定시키기 爲한 家族給與制의 確立

　九 重要工場內에 保健衛生敎育及娛樂施設의 整備

　十 失業保險 廢疾保險 其他 社會保險制의 實施

第五條 國民은 左記各項政策의 確立實施에 依하여 文化及厚生의 均等權을 享有함

　一 義務敎育制의 實施와 職業敎育의 擴充

　二 有能者 特別敎育의 擴充과 敎育費의 國庫負擔

　三 主要文化機關及娛樂機關의 公營

　四 體育施設의 適正分布와 公營

　五 醫療機關의 適正分布와 公營의 擴充

　六 助産院 託兒所 孤兒院及養老院의 公營

---

26) 입법의원에서 제3독회를 생략하고 자구를 수정한 이후의 조선임시약헌으로, 현재 고려대학교 박물관에 소장되어 있는 「立議서 通過된 朝鮮臨時約憲全文」『韓國民主黨特報(二十三號)』, 檀君紀元四二八○年九月五日, 2면에 수록되어 있다. 원문에는 띄어쓰기 등이 되어 있지 않다.

　七 少年婦女의 夜間勞働及有害 또는 危險한 工作의 禁止

第六27)條 國民은 左記各項에 依하여 自由權을 享有함

　一 法律에 依하지아니한 逮捕 拘禁 審問 處罰을 받지 않는 自由

　二 法律에 依하지아니한 家宅의 侵入 또는 搜索을 받지 않는 自由

　三 法律에 依하지아니한 居住及移轉의 制限을 받지 않는 自由

　四 法律에 依하지아니한 言論 著作 刊行 集會及結社의 制限을 받지 않는
　　自由

　五 法律에 依하지아니한 信書秘密의 侵犯을 받지 않는 自由

　六 法律에 依하지아니한 財産及營業의 侵害를 받지 않는 自由

　七 安寧秩序를 妨害하지 않는 信敎의 自由

第七條 朝鮮國民은 國家機關에 對하여 左記各項의 要求權을 享有함

　一 立法議院에 請願하는 權利

　二 政府主席及行政機關에 訴願하는 權利

　三 違法行政處分에 對한 裁判을 要求하는 權利

　四 法院에 提訴하며 法官의 審判을 받는 權利

第八條 朝鮮國民은 左記各項의 參政權을 享有함

　一 法律이 定하는 바에 依하여 考試에 應하며 官公職에 就任하는 權利

　二 法律이 定하는 바에 依한 選擧及被選擧의 權利

第九條 國民은 左記各項의 義務에 服從하여야 함

　一 法律이 定하는 바에 依한 敎育의 義務

　二 法律이 定하는 바에 依한 納稅의 義務

　三 法律이 定하는 바에 依한 兵役의 義務

　四 法律이 定하는 바에 依한 勞働의 義務

第三章 立法權

第十條 立法議院은 別로이 定하는 選擧法에 依하여 普通平等直接無記名投票
　　의 方法으로 公選된 議員으로써 組織함

第十一條 議員의 任期는 三年으로 함

第十二條 立法議院은 國權의 最高機關이며 唯一한 立法機關으로서 左의 權限
　　을 行함

---

27) 원문에는 '八'로 되어 있으나, '六'의 오기로 보인다.

一 法律의 制定

二 豫算의 議定

三 決算의 審査

四 國債의 募集及國庫負擔이 될 契約의 議決

五 條約締結及宣戰媾和에 對한 同意

六 大赦, 特赦, 減刑及復權에 對한 同意

七 政府主席 副主席 國務總長及國務委員에 對한 彈劾의 議決

八 政府에 對한 建議

九 請願의 受理

十 議員의 資格審査及懲罰

十一 議事規則의 制定

第十三條 立法議院에서 成立된 法律은 政府主席에게 送附하여야하며 政府主席은 그 送附를 받은 後 十五日以內에 此를 公布하여야 함

政府主席은 前項의 期間內에 理由를 附한 異議書로써 立議院에 對하여 그 再議를 求할 수 있음

再議를 求하였음에도 不拘하고 立法議院이 出席議員 三分之二以上의 贊成으로 原案대로 議決한 境遇에는 다시 再議를 求할 수 없음

第十四條 政府主席 副主席 國務總長及國務委員에 對한 彈劾이나 議員의 除名은 在籍議員 三分之二以上의 出席과 出席議員 三分之二以上의 贊成이 있어야 함

第十五條 立法議院의 召集開會休會及閉會는 院이 스스로 行함 但 議員總選擧 後 最初의 召集은 政府主席이 行함

立法議院 定例會는 每年一回 十二月 中에 議長이 召集하되 그 會期는 六十日로 함

立法議院 臨時會는 在籍議員 四分之一 以上의 要求나 또는 政府主席의 要請에 依하여 議長이 召集함

第十六條 立法議院은 本法에 다른 規定이 없는 한 在籍議員 過半數의 出席으로 開會하고 議事는 出席議員 過半數로써 決함

第十七條 立法議院의 議事는 公開함 但 政府의 要求 또는 院議로써 秘密會로 할 수 있음

第十八條 議員은 內亂外患에 關한 犯罪 또는 現行犯以外에는 會期 中 院의 許諾이 없이 逮捕審問을 받지 아니함 議員은 院內에서 行한 發言及表

決에 對하여 院外에서 責任을 지지 아니함

第四章 行政權

第一節 政府主席及副主席

第十九條 政府主席及副主席은 別로이 定하는 法律에 依하여 國民投票로써 選舉함 但 本法 施行 後 最初의 政府主席及副主席은 立法議院에서 選舉함

前項但書의 規定에 依한 選舉는 在籍議員 三分之二以上의 出席으로 無記名投票에 依하여 出席議員 三分之二以上의 得票者로써 當選을 決함 但 三分之二以上의 得票者가 없을 때에는 最多点者 順位로 二人에 對하여 決選投票를 行함

第二十條 政府主席及副主席의 任期는 四年으로 함 最初의 政府主席及副主席의 任期는 國民投票로써 次期 主席及副主席이 選出될 때까지로 함

第二十一條 政府主席은 就任에 際하야[28] 立法議院에서 嚴肅히 左의 宣誓를 함

「余는 힘을 다하여 朝鮮臨時約憲을 守護하고 誠實히 政府主席의 職務를 執行할 것을 盟誓함」

第二十二條 政府主席은 國家를 代表하고 行政權을 統轄하며 左의 權限을 行함

一 法律案의 提出

二 法律의 公布

三 法律에서 一定한 範圍를 定하야[29] 委任을 받은 命令及法律執行에 必要한 命令의 制定 公布

四 職制及俸給基準의 制定

五 陸海空軍의 統轄

六 條約締結及宣戰媾和

七 外國大使公使及領事의 接受

八 本法 其他 法律이 定하는 바에 依한 公務員의 任免及監督

九 勳章 其他 榮典의 授與

十 大赦, 特赦, 減刑及復權의 命令

---

28) 원문에는 '야'로 되어 있다.
29) 원문에는 '야'로 되어 있다.

十一 法律이 定한 바에 依한 戒嚴의 宣布

第二十三條 政府主席은 內亂外患에 관한 犯罪以外에는 在職 中 刑事上의 訴
　　　　 追를 받지 아니함

第二十四條 副主席은 政府主席을 輔佐하고 主席이 事故가 있을 때에는 그 職
　　　　 權을 代行함

第二節 國務會議

第二十五條 國務會議는 國務總長及國務委員으로써 組織함

第二十六條 國務總長及國務委員은 政府主席이 任命하되 立法[30]議院의 認准
　　　　 을 要함

　　　　 國務委員 十人以上 十五人以內로 함

第二十七條 政府主席은 國務總長의 推薦에 依하여 國務委員 中에서 行政各部
　　　　 長을 任命함

　　　　 行政各部의 組織及權限은 法律로써 定함

第二十八條 國務總長은 國務委員의 首班으로서 國務會議의 議長이 되며 行政
　　　　 各部長을 統轄함

第二十九條 左의 事項은 國務會議의 議決을 臨하여야 함

　一 法律案 委任命令案 執行命令案 豫算案

　二 戒嚴案 解嚴案及恩赦案

　三 條約案 其他 重要한 國際事案

　四 立法議院에서 回付된 事案

　五 行政各部間의 連絡事項及權限爭議

　六 五等級 以上의 公務員의 任免에 關한 事項

　七 其他 重要한 政策의 樹立運營에 關한 事項

第三十條 政府主席이 署名한 法律, 命令及條約의 發表 其他 國務에 關한 文書
　　　　 에는 國務總長及各國務委員 또는 主務行政部長이 副署하여야 함

　　　　 副署로써 立法議院에 對하여 責任을 짐

第三節 法制委員長 考試委員長及監察委員長

第三十一條 法制委員長 考試委員長及監察委員長은 政府主席이 任命하되 立

---

30) 원문에는 '准'으로 되어 있으나, '法'의 오기로 보인다.

法議院의 認准을 要함

第三十二條 法制委員은 政府主席을 輔佐하여 法令案 職制案 其他 俸給基準案의 起草 또는 審査에 關한 事項을 管理하고 國務會議에 列席하여 意見을 陳述함

第三十三條 考試委員長은 政府主席을 輔佐하여 公務員의 資格考試及詮叙에 關한 事項을 管理하고 國務會議에 列席하여 意見을 陳述함

第三十四條 監察委員은 政府主席을 輔佐하여 官公務員의 彈劾及懲戒에 關한 事項과 政府의 會計監査에 關한 事項을 管理하고 國務會議에 列席하여 意見을 陳述함

第三十五條 法制委員長 考試委員長及監察委員長에 直屬하는 機構는 法律로써 定함

第四節 地方制度[31]

第三十六條 地方行政區域은 道市(府)郡面(邑)으로 區分함

道市郡面에는 各其 長을 둠

第三十七條 道長은 道議會에서 選擧한 三人의 候補者 中에서 政府主席이 任命함

郡長은 道長이 道常任委員會의 同意로 推薦하여 政府主席이 任命함

市長은 市議會에서 選擧한 三人의 候補者 中에서 政府主席이 任命함

面長은 面議會에서 選擧한 三人의 候補者 中에서 道長이 任命함

第三十八條 道長 市長 郡長 面長은 法令을 執行하며 所管行政事務를 處理하고 管下地方自治行政을 監督함[32]

第三十九條 道 市 面은 地方自治團体임

第四十條 地方自治團體의 區域組織及權限은 法律로써 定함

第五章 司法權

第四十一條 司法權은 法官으로써 組織된 法院이 此를 行함

---

31) 원문에는 이 절의 제목이 누락되어 있다.

32) 1947년 8월 6일 제2독회를 마친 조선임시약헌 제37조에 있던 내용이다. 金壽用, 「逮捕·拘束適否審査制度에 관한 憲法史的 研究: 해방이후 1948년헌법의 제정 때까지의 입법배경과 법적 논의를 중심으로」(碩士學位論文, 서울大學校 大學院, 2004), 274쪽.

法院의 組織及法官의 資格은 法律로써 此를 定함

第四十二條 法官은 法律에 依하야[33] 良心에 비취워 獨立하여 審判함

第四十三條 最高法院長은 政府主席이 任命하되 立法議院의 認准을 要함[34] 最高法院々長級其法官以外의 法官은 最高法院의 推薦에 依하여 政府主席이 任命함

第四十四條 法官은 刑의 宣告 또는 法律에 依한 懲戒處分에 依하지 아니하면 意思에 反하여 免官할 수 없음

第四十五條 法官의 任期는 十年으로 하되 連任할 수 있음 但 法律이 定한 年齡에 達한 때에는 退官함

第四十六條 法官은 在職 中 政治에 干與하거나 다른 公職을 兼하거나 營利에 關한 業務에 從事하지 못함

第四十七條 最高法院은 法令의 適用에 關하여 該法令이 本法에 違反與否를 審査할 權限이 있음

第四十八條 最高法院은 法院內部規律及司法事務處理에 關한 事項에 對[35]하여 規則을 定함

檢察官은 最高法院이 定한 規則에 服從하여야 함

第四十九條 法院의 對審判決은 此를 公開함 但 公序良俗에 害가 된다고 認할 時에는 法院은 對審의 公開를 禁止할 수 있음

第六章 財政

第五十條 租稅의 種目及稅率은 法律로써 此를 定함

第五十一條 政府主席은 每年 豫算을 編成하여 立法議院의 議決을 얻어야 함

第五十二條 內亂外患 其他 非常災害로 因하여 緊急한 支出을 要하며 立法議院의 議決을 기다릴 餘裕가 없을 때에는 政府主席은 財政上 必要한 處分을 行할 수 있음

前項의 處分은 次回의 立法議院에 提出하여 承諾을 求하여야 함

第五十三條 立法議院에서 豫算을 議定하지 않거나 또는 豫算이 成立되지 않은 때에는 政府主席은 前年度의 豫算을 施行함

第五十四條 政府主席은 歲出歲入의 決算을 監察委員長의 審査를 바든 後에

---

33) 원문에는 '야'로 되어 있다.
34) 원문에는 '한'으로 되어 있으나, 문맥상 '함'의 오기로 보인다.
35) 원문에는 '依'로 되어 있으나, '對'의 오기로 보인다.

그 審査報告와 함께 此를 立法議院에 提出하여야 함

第七章 補則

第五十五條 本法의 修改는 政府主席이나 또는 立法議院 在籍議員 三分之一以
上의 提議로 在席議員 三分之二以上의 出席과 出席議員 三分之二以上
의 贊成이 있어야 함

第五十六條 本法은 公布 後 三十日부터 施行함

第五十七條 現行法令은 本法의 規定에 依한 法令이 制定實施될 때까지 本法
에 抵觸되이지 않는 限 그 效力을 存續함

第五十八條 本法 施行 時에 現 在職公務員으로서 그에 相應한 地位가 本法에
規定되어있는 者는 本法에 依하여 後任者가 選擧 또는 任命될 때까지
繼續 在職함

〈자료 7〉 「憲法改正要綱」[36)]

第一章 總綱
第一條　國號及國體
第二條　主權의　所在
第三條　國民
第四條　領土
第五條　國旗
第六條　社會機構

第二章 人民의　權利義務(日本, 첵코스로바키야, 瑞西, 中國, 蘇聯, 美國)
一. 平等權(人種, 信條, 性別, 身分, 財産)
　1 生活均等權
　　最低生活, 勞働, 休息, 生活保障, 社會保險, 婦女子
　2 文化, 厚生均等權
一. 自由權
　1 身體
　2 財産
　3 住所
　4 言論, 出版-街頭行列及示威
　5 集會, 結社-勞働者組織
　6 教育, 學問, 思想, 良心
　7 信教
　8 職業選擇
　9 婚姻及家族
　10 秘密通信
一. 要求權
　1 請願權

---

36) 사법부 법전기초위원회에서 헌법안을 작성하기 위하여 마련한 요강이다. 원문은
『법정』[編輯部, 「【法政資料】朝鮮法制編纂委員會起草要綱(一): 憲法改正
要綱」『法政』第三卷 第六號(1948. 6.), 39쪽과 28쪽]에 수록되어 있다.

　　2 賠償請求權(對 國家, 公共團體)

一. 正當한 裁判을 받는 權

　　1 裁判請求權

　　2 刑事被告人의 權利

　　3 令狀, 辯護人

　　4 押收, 搜索

　　5 拷問

　　6 刑罰制限

　　7 一事不再理

　　8 法律不遡及

一. 參政權

　　1 選擧權

　　2 被選擧權

　　3 公務에 就할 權

　　4 公務員召換權

一. 義務

　　1 納稅

　　2 敎育

　　3 勞働

　　4 兵役

第三章 立法權(日本, 푸로시야, 蘇聯, 中國, 美國, 폴랜드)

一. 立法權의 所在

一. 一院制(傳來의 貴族도 없고 利害相反하는 바도 없음 勢力均衡은 좋으나
　　二院制는 難局에 紛爭)

一. 選擧權

一. 被選擧權

一. 人口比例

一. 選擧方法에 關한 規定은 法律로서

一. 議員任期, 特權, 報酬

一. 他職兼任如何(議員37)內閣制가 아니면 內閣員의 出席發言權)

一. 國會召集, 會議, 議決, 停會, 解散

一. 國會의 權限

　1 法律案(憲法違反立法, 公民의 權利, 義務에 關한 立法)

　2 豫算決算(國債募集, 其他 國有不動産)

　3 條約, 宣戰, 媾和의 認准

　4 訴願, 請願提案

　5 審査, 懲戒

　6 彈劾

一. 法律制定手續

一. 大統領拒否權과 國會의 拒否克服

一. 國會의 經費

第四章 行政權(中國, 日本)

第一節 大統領

一. 大統領, 副大統領의 選擧, 被任資格

一. 任期

一. 宣誓

一. 大統領의 權限

　1 元首, 國家代表

　2 陸海空軍統轄

　3 法令의 公布

　4 命令의 制定 公布

　5 宣戰媾和條約

　6 戒嚴令, 緊急命令

　7 赦免權(大赦, 特赦, 減刑, 復權)

　8 職制俸給基準

　9 文武官員 任命權

　10 榮典授與

　11 全權委任, 大公使 信任狀, 外國大公使의 接受

　12 國會召集, 解散, 總選擧公布

---

37) 『법정』에는 '員'으로 되어 있으나, 내용상 '院'의 오기로 보인다.

第二節 國務會議
一. 國務會議
一. 國務總理及國務委員의 任命, 定數(國會議員 兼任問題)
一. 各部長 任命(無所屬 國務委員數)
一. 國務總理의 權限
　　1 內閣代表
　　2 各部 指導, 監督
　　3 議案提出
　　4 外交關係問題
一. 國務會議議決事項
　　1 法律案, 委任命令案, 執行命令案
　　2 豫算案
　　3. 戒嚴案, 解散案, 恩赦案
　　4 條約案 其他 國際事項
　　5 大統領, 國會, 國務總理의 付議事項
　　6 行政各部門의 共同關係事項
　　7 等級 以上 公務員의 任免에 關한 事項
　　8 委任提議事項
　　9 其他 重要한 政策의 運營에 關한 事項
一. 行政組織은 法律로서
一. 副署
一. 內閣總辭職

第三節 法制委員長 考試委員長及監察委員長
一. 任命身分(內閣員!)
一. 法制委員長의 職務
一. 考試委員長의 職務
一. 監察委員長의 職務
一. 機構는 法律로

第四節 地方制度
一. 區分

一. 地方長官
一. 地方制
一. 區域, 組織 權限은 法律로

第五章 司法權(日本)
一. 司法權의 所在
一. 法院의 組織及法官의 資格은 法律로
一. 法官의 獨立(法과 良心에 依한 裁判)
一. 法官의 任命
一. 法官의 身分保障
一. 法官의 任期
一. 法官의 制限
一. 法院의 司法的 審査
一. 最高法院은 訴訟手續 法院內部規律 司法事務處理에 關한 事項에 對하야
　　規則을 定함
一. 檢察官은 最高法院이 定한 規定에 服從
一. 對審及判決은 公開

第六章 財政
一. 租稅種目及稅率
一. 大統領(國務總理?)은 每年 豫算을 編成하여 國會의 議定을 얻음
一. 緊急支出
一. 國會에서 豫算을 認定치 않을 때
一. 歲入歲出의 審査

第七章 國民經濟
一. 民生主義
一. 生計의 均等
一. 領域 內 土地는 國民 全體에 屬함
一. 所有權 法律에 依하야 保護制限
一. 徵稅, 徵收
一. 土地使用義務

一. 鑛物, 天然力-國家所有
一. 土地價格制限
一. 土地所有權制限
一. 土地分配及整理原則-自作農
一. 私人財産, 私營事業에 制限
一. 生産事業及對外貿易-獎勵, 指導, 保護
一. 國家公營事業-獨占性 緊急時
一. 勞工保護政策(失業)-婦女, 未成年 等
一. 勞資問題
一. 農産對策
一. 救濟撫卹
一. 稅務, 公債, 公營, 專賣-法律
一. 貨物流通-關稅

第八章 教育
一. 教育의 宗旨
一. 機會均等
一. 國家의 監督
一. 義務基本教育
一. 補習教育(學費免除)
一. 國立大學
一. 教育經費의 最底限度(豫算總額의 割)
一. 獎勵 又는 補助하는 教育

第九章 憲法의 改正
第十章 附則

〈자료 8〉「兪鎭午案」[38]

第一章 總綱
第一條 朝鮮은 民主共和國이다.

第二條 國家의 主權은 人民에게 있고 모든 權力은 人民으로부터 發한다.

第三條 朝鮮國民의 要件은 法律로써 定한다.

第四條 朝鮮民主共和國의 領土는 朝鮮半島와 鬱陵島, 濟州島 其他의 附屬島嶼로 하다.

第五條 朝鮮民主共和國은 政治, 經濟, 社會, 文化의 모든 領域에 있어서 個人의 自由平等과 創意를 尊重하고 保障하며 公共福祉의 向上을 爲하야 此를 保護하고 調整하은 義務를 진다.

第六條 朝鮮民主共和國은 國策의 手段으로서의 모든 侵略的인 戰爭을 否認하고 抛棄한다. 國防軍은 國土防衛의 神聖한 義務를 遂行함을 使命으로 한다.

第七條 正式으로 批准公布된 條約과 一般으로 承認된 國際法規는 國內法으로서의 效力을 갖는다.

第二章 人民의 基本的 權利義務
第八條 모든 人民은 法律 앞에 平等이며 政治的, 經濟的, 社會的 生活의 모든 領域에 있어서 差別을 받지 않는다.

男子와 女子는 原則的으로 同等한 權利를 갖고 義務를 진다.

身分上의 特權的 地位는 一切 認定되지 않으며 將來 永久히 如何한 形態로도 此를 創設하지 못한다.

勳章, 學位 其他 榮典의 授與는 오로지 各人의 榮譽에 關한 것이며 此에 限하야 如何한 身分上 特權도 創設되는 것이 아니다.

第九條 모든 人民은 身體의 自由를 갖는다. 法律에 依하지 아니하고는 逮捕,

---

38) 원문은 현재 고려대학교 박물관에 소장되어 있다. 헌법안의 겉표지에 '憲法草案'으로 되어 있다. 그리고 유진오가 쓴 것으로 보이는데, '一九四八年 五月 司法部에 提出한 案'이 적혀 있다. 총 17쪽으로 되어 있다. 『국회보』에 실린 유진오 안과 비교할 때, 오자가 많이 존재한다. 그러나 원문을 복원한다는 의미에서 그대로 두었다. 참고로 헌법안의 용지는 17×24.6cm 정도로 되어 있다.

搜索, 拘禁, 審問, 處罰되지 않는다.

犯罪의 嫌疑 其他의 理由로 逮捕, 拘禁을 받은 者는 그 理由와 正當한 權限의 根據을 卽時 通告받을 權利가 있다.

第十條 모든 人民은 居住와 移轉의 自由를 갖는다.

法律에 依하지 아니하고는 住居에 侵入 또는 搜索을 받지 않는다.

第十一條 모든 人民은 法律에 依하지 아니하고는 通信의 秘密을 侵害받지 않는다.

第十二條 모든 人民은 信仰과 良心의 自由를 갖이며 信仰의 差異로 因하야 社會上 및 法律上 何等의 差別도 받지 않는다.

國敎는 存在하지 않으며, 宗敎는 政治로부터 分離된다.

第十三條 모든 人民은 法律에 依하지 아니하고는 言論, 出版, 集會, 結社의 自由를 制限받지 않는다.

第十四條 모든 人民은 學問과 藝術의 自由를 갖는다.

著作者, 發明家와 美術家의 權利는 法律로써 保護된다.

第十五條 財産權은 憲法에 依하야 保障된다. 그 內容과 限界는 法律로써 規定한다.

財産權의 行使는 公共福祉에 適合하도록 하여야 한다.

公共必要에 依하야 人民의 財産權을 收用 使用 또는 制限함은 法律이 定하는 바에 依하며 相當한 補償을 支拂함으로써 行한다.

第十六條 모든 人民은 平等하게 敎育을 받을 權利가 있다. 初等敎育은 義務的이며 無償으로 한다. 모든 敎育은 國家의 監督을 받으며 敎育制度는 法律로써 定한다.

宗敎敎育의 目的으로 하는 學校 以外의 學校에서는 宗敎에 關한 學科를 强制로 課하지 못한다.

第十七條 모든 人民은 勤勞의 權利와 義務를 갖는다.

勤勞條件의 基準은 法律로써 定한다.

女子와 少年의 勤勞는 特別한 保護를 받는다.

第十八條 勤勞者의 團結, 團體交涉과 團體行動의 自由는 法律의 範圍 內에서 保障된다.

第十九條 老令 病弱 其他 勤勞能力의 喪失로 因하야 生活을 維持할 能力이 없는 者는 法律이 定하는 바에 依하야 國家의 保護를 받을 權利가 있다.

第二十條 모든 人民은 國家 各 機關에 對하야 文書로써 請願을 할 權利가 있다.

請願에 對하야 國家는 此를 審査할 義務를 진다. 請願에 關한 節次는 法律로써 定한다.

第二十一條 모든 人民은 法律이 定한 法官에 依하야 法律에 依한 審判을 받을 權利가있다.

第二十二條 모든 人民은 行爲時의 法律에 依하야 犯罪를 構成하지 아니하는 行爲에 對하야 訴追를 받지 아니하며 또 同一한 犯罪에 對하야 두 번 處罰되지 아니한다.

第二十三條 刑事被告人은 相當한 理由가 없는 限 遲滯없이 公開裁判을 받을 權利가있다. 拷問과 殘酷한 刑罰은 禁한다.

第二十四條 모든 人民은 法律이 定하는 바에 依하야 公務員을 選擧할 權利가 있다.

第二十五條 모든 人民은 法律이 定하는 바에 依하야 公務를 擔任할 權利가 있다.

第二十六條 公務員은 主權을 갖인 人民의 受任者이며 人民에 對하야 責任을 진다. 人民은 不法行爲를 한 公務員의 罷免을 請願할 權利가 있다. 公務員의 職務上 不法行爲로 因하야 損害를 받은 者는 國家[39] 또는 公共團體에 對하야 賠償을 請求할 수가 있다. 但 公務員 自身의 民事上과 刑事上의 責任이 免除되는 것은 아니다.

第二十七條 法律은 秩序維持와 公共福祉를 爲하야 必要한 境遇 以外에는 人民의 自由을 制限하지 못한다.

第二十八條 모든 人民은 法律이 定하는 바에 依하야 納稅의 義務를 진다.

第二十九條 모든 人民을 法律이 定하는 바에 依하야 國土防衛의 義務를 진다.

第三章 國會

第三十條 國會는 代理院과 參議院으로써 構成된다.

第三十一條 代議員은 普通, 直接, 平等, 秘密選擧에 依하야 公選된 議員으로써 組織한다.

---

39) 고려대학교 박물관본, 유진오 회고록본[兪鎭午, 『憲法起草回顧錄』(서울: 一潮閣, 1980), 184쪽], 국회보본[國會報編輯委員會(編), 『國會報』 第20號(서울: 大韓民國民議院事務處, 1958. 7), 65쪽] 모두 '國會'로 되어 있다. 그러나 전체 내용과 유진오가 최초로 작성한 헌법안[兪鎭午, 『憲法起草回顧錄』(서울: 一潮閣, 1980), 127쪽]을 고려하면, '國家'의 오기로 보인다.

第三十二條 代理院議員의 選擧와 參議院의 組織에 關한 事項은 法律로써 定
한다.

第三十三條 參議院은 左의 議員으로써 組織하고 그 定員은 代議院議員定員數
의 三分之一 以上 二分之一 以下의 範圍 內로 함

一. 地方議會議員에 依하야 選擧된 議員

二. 經濟, 敎育, 宗敎, 社會, 勞働, 文化의 各界에서 選任된 議員

三. 國家에 功勞가 있는 者 또는 學識德望이 있는 者 中에서 選任된 議員
前項 第二號와 第三號의 議員總數는 第一號의 議員定員數의 三分之二
를 超過하지 못한다

第三十四條 代議院議員의 任期는 四年으로 한다.

參議院議員의 任期는 六年으로 하고 三年마다 議員의 半數를 改選한다.

第三十五條 定時國會는 每年 一回 十二月 二十日에 集合한다. 十二月 二十日
이 日曜日인 때에는 그 翌日에 集合한다.

會議는 九十日로 한다. 但 代議院의 在籍議員 過半數의 議決로써 此
를 延長할 수 있다.

延長日數는 總計 十五日을 超過하지 못한다.

第三十六條 臨時國會에는 臨時緊急의 必要가 있을 때 大統領 또는 어느 代議
院의 在籍議員 三分之一 以上의 要求로 大統領이 召集한다.

臨時國會의 會期는 十五日을 超過하지 못한다.

第三十七條 參議院의 會期는 代議院의 會期와 同時에 始終한다.

代議院이 解散된 때에는 參議會는 閉會된다.

第三十八條 國民議會가 解散된 때에는 解散된 날로부터 六十日 以內에 總選
擧를 行하야 選擧日로부터 十五日을 經過한 後에 오는 第一 月曜日에
新國會는 集合한다.

第三十九條 兩議院은 各 議長 一人 副議長 一人을 둔다.

參議院議長은 副大統領이 此에 任한다.

兩議員合同會議에 있어서는 各院 議長이 交替하야 議長이 된다.

第四十條 兩院은 議事를 準備하기 爲하야 法律이 定하는 바에 依하야 各々
常任委員會 其他 委員會를 構成할 수 있다.

第四十一條 兩議院은 憲法에 特別한 規定이 없는 限 各々 在籍議員의 過半數
의 出席과 出席議員의 過半數로써 議決을 行한다.

議長은 議決에 있어서 表決權 以外에 可否同數의 境遇에는 採決權을

갖는다.

第四十二條 國會의 議事는 公開한다. 但 院의 議決에 依하야 秘密會를 열 수 있다.

第四十三條 法律의 提案權은 大統領과 兩院議員이 갖는다.

第四十四條 代議院에서 議決된 法律案이 參議院으로 廻付되면 參議院은 그 날부터 國會 休令 中의 期間을 除하고 三十[40])日 內에 議決함을 要한다. 參議院의 議決이 代議院의 議決과 다를 때에는 此를 代議院의 再議에 付한다. 再議의 結果 在籍議員의三分之二 以上의 多數로써 다시 前과 同一한 議決을 하는 때에는 代議院의 議決이 國會의 議決이 된다.

參議院에서 指定된 期日 內에 議決을 하지 않은 때에도 또한 같다.

第四十五條[41]) 國會는 豫算案을 審議決定한다.

豫算案은 먼저 代議員에 提出하여야 한다.

豫算案에 關하야 參議院이 代議院과 다른 議決을 한 때 또는 豫[42]算案이 廻付된 날로부터 二十日 以內에 議決을 하지 아니할 때에는 兩議院協會를 연다. 協議가 成立되지 아니할 때에는 代議院의 議決을 國會의 議決로 한다.

第四十六條 國會는 國際組織에 關한 條約, 講和條約, 通商條約, 國家 또는 國民에게 財政的 負擔을 지우는 條約, 立法律項에 關한 條約의 批准과 宣戰布告에 對하야 同意를 한다.

前項의 境遇에는 前條 第三項의 規定을 準用한다.

第四十七條 兩議院은 國政[43])을 監査하기 爲하야 必要한 書類를 提出케 하며

---

40) 고려대학교 박물관본, 유진오 회고록본[兪鎭午(註 39), 186쪽], 국회보본[國會報編輯委員會(編)(註 39), 66쪽] 모두 '三'으로 되어 있다. 전체 내용과 유진오가 최초로 작성한 헌법안[兪鎭午(註 39), 139쪽]을 고려하면, '三十'의 오기로 보인다. 원래 유진오는 '六十日'로 했다가 '三十日'로 수정하였다.

41) "第四十五條 國會는 豫算案을 審議決定하며 其他 憲法에 依하야 賦與되는 財政的 權限을 行한다.
前項의 境遇에는 前條 第二項의 規定을 準用한다. 但 六十日의 期間은 二十日로 短縮되고"라는 내용이 6쪽에 있으나, 파란 싸인펜으로 지웠다.

42) 원문에는 '豫'가 누락되어 있다.

43) 원문에는 '際'로 되어 있었으나, 펜으로 지우고 '政'으로 고쳤다.

證言 또는 意見의 陳述을 要求할 수 있다.

第四十八條 國務總理 其他 國委員과 政府委員은 兩議院에 出席하야 意見을 陳述하고 質問에 應答할 수 있으며 또 各 議院의 要求가 있을 때에는 出席答辯하여야 한다.

第四十九條 兩議院[44]은 各 議員의 資格을 審査하고 議事에 關한 規則을 制定하고 議員의 懲罰을 決定할 수 있다.

議員을 除名하여 在籍議員 三分之二 以上의 決議가 있어야 한다.

第五十條 大統領, 副大統領, 國務總理, 國務委員과 法官이 그 職務遂行에 關하야 憲法 또는 法律에 違背할 때에는 代議院이 彈劾의 訴追를 議決하고 參議院이 審判한다.

彈劾의 判決은 公職으로부터 罷免하는 以上으로 미치지 못한다. 但 彈効의 判決은 民事上이나 刑事上의 責任을 免除하는 것은 아니다.

第五十一條 國會議員은 同時에 兩議院의 議員을 兼할 수 없으며 또 地方議會의 議員을 兼할 수 없다.

第五十二條 國會議員은 現行犯을 除外한 外에는 會期 中 그 議院의 同意없이 逮捕 또는 拘禁되지 아니하며 會期 前에 逮捕되였을 때에는 그 議院의 要求가 있으면 會期中 釋放된다.

第五十三條 國會議員은 議院 內에서 發表한 意見과 表決에 關하야 外部에 對하야 責任을 지지 아니한다.

第四章 政府

第一節 大統領

第五十四條 大統領은 行政權의 首班이며 外國에 對하야 國家를 代表한다

第五十五條 大統領이 事故로 因하야 그 職務를 行할 수 없을 때에는 副大統領이 그 權限을 代行하고 大統領, 副大統領 共히 事故로 因하야 그 職務를 行할 수 없을 때에는 國務總理가 그 權限을 代行한다.

第五十六條 大統領과 副大統領은 國會 兩議院合同會議에서 無記名投票로써 選擧한다.

---

44) 고려대학교 박물관본, 유진오 회고록본[俞鎭午(註 39), 186쪽], 국회보본[國會報編輯委員會(編)(註 39), 67쪽] 모두 '兩委員'으로 되어 있다. 전체 내용과 유진오가 최초로 작성한 헌법안[俞鎭午(註 39), 142쪽]을 고려하면, '兩議院'의 오기로 보인다.

前項의 選擧는 在籍議員 三分之二 以上의 出席과 出席議員 三分之二 以上의 贊成投票로써 當選決定한다 但 三分之二 以上의 得票者가 없는 때에는 最高點者 二人에 對하야 決選投票를 行하야 全 投票의 過半數를 얻은 者를 當選者로 한다.

大統領과 副大統領은 國會議員을 兼하지 못한다.

第五十七條 大統領은 就任에 際하야 國會兩院合同會議에서 左의 宣誓를 行한다.

「나는 誠實히 國法을 遵守하고 힘을 다하야 國家를 保衛하며 國利民福을 增進하야 大統領의 職務를 遂行할 것을 國民에게 對하야 嚴肅히 宣誓한다.」

第五十八條 大統領과 副大統領의 任期는 六年으로 한다.

但 再選에 依하야 一次 重任할 수 있음.

第五十九條 大統領 又는 副大統領의 地位가 缺員이 된 때에는 國會는 卽時 再院合同會議를 열고 新大統領을 選擧한다.

前項의 會議에서 副大統領이 大統領으로 選擧된 때에는 再院合同會議는 繼續하여야 副大統領의 選擧를 行한다.

第六十條 大統領의 公布를 命한다.

前項의 公布는 國會에서 制定된 法律이 大統領에게 廻付된 後 二十日 以內에 行하여야 한다.

第六十一條 大統領은 代議院의 停會와 解散을 命하며 代議院이 解散된 때에 新代議院의 總選擧를 命한다

第六十二條 戰時 또는 非常事變에 際하야 公共安寧秩序를 維持하기 爲하야 緊急한 處分을 할 必要가 있는 때에는 大統領은 臨時國會를 召集할 수 없는 때에 限하야 法律의 效力을 가진 命令을 發하야 必要한 處分을 할 수가 있다

前項의 命令은 次期 國會에 提出하야 그 承認을 얻어야 한다.

第六十三條 大統領은 法律에서 一定한 範圍를 定하야 委任을 받은 事項과 法律을 實施하기 爲하야 必要한 事項에 關하야 命令을 發한다.

第六十四條 大統領은 立法, 外交, 財政, 經濟, 國防 其他 重要한 基本政策에 關하야 敎書로써 國會와 連絡한다.

第六十五條 大統領은 國防軍을 統率하고 指揮한다 國防軍의 組織과 編成을 法律로써 定한다.

第六十六條 大統領은 條約을 締結하고 批准하고 戰爭을 宣布하며 外國의 大使와 公使를 接受한다.

第六十七條 大統領은 憲法 其他 法律이 定하는 바에 依하야 公務員을 任免하고 監督한다.

第六十八條 大統領은 勳章 其他 榮典을 授與한다.

第六十九條 大統領은 法律에 依하야 赦免, 減刑及復權을 命한다.

第七十條 大統領은 法律의 定하는 바에 依하야 戒嚴을 宣布한다.

第七十一條 大統領의 國務에 關한 모든 文書에는 國務總理와 關係國務委員의 副署를 要한다. 軍事에 關한 것도 또한 같다
　　　　副署로써 國務總理와 國務委員은 國會에 對하야 責任을 진다.

第七十二條 大統領은 國家에 對한 叛逆罪의 境遇 以外에는 訴追되지 아니한다.

第二節 內閣

第七十三條 內閣은 國務總理와 國務委員으로써 組織되는 合議體로서 大統領의 國務遂行에 對하야 同意를 주고 國會에 對하야 責任을 진다.

第七十四條 國務總理는 國民議會의 堤薦으로 國務委員은 國務總理의 堤薦으로 大統領이 任命함.
　　　　軍人은 現役을 免한 後가 아니면 國務委員이 될 수 없음.

第七十五條 國務總理 國務委員의 首班으로서 內閣會議의 議長이 되며 內閣의 統一性을 維持하기 爲하야 國務各委員을 統轄한다.

第七十六條 內閣會議의 議決은 過半數로써 行한다.
　　　　可否同數인 때에는 議長이 裁決한다.
　　　　國務總理는 內閣會議의 決議에 服從하지 안는 國務委員의 罷免을 大統領에게 提請할 수 있다

第七十七條 國會에 對한 內閣의 責任은 連帶的이다 國務各委員의 個別的 行動에 對한 責任은 委員 各者가 진다.

第七十八條 國民議會에서 內閣에 對한 不信任決議案이 可決된 때에는 七日 以內에 內閣은 總辭職하거나 大統領의 命令에 依하야 國民議會가 解散되거나 한다. 但 國民會議는 同一한 事件에 關하야 繼續하야 두 번 解散되지 안는다.
　　　　內閣에 對한 不信任決議는 公開投票로써 行한다.

第七十九條 左의 事項은 內閣會議의 議決을 經하여야 한다.

一. 行政의 基本的 計劃과 政策

二. 憲法改正案, 法律案, 大統領令案

三. 豫算案과 決算案

四. 戒嚴案

五. 條約案, 宣戰講和 其他 重要한 對外政策에 關한 事項

六. 行政各部門의 連絡事項과 權限의 劃定

七. 國家 各機關으로부터 回付된 請願

八. 豫備費의 支出

九. 外交官, 大法官, 各部次長, 國立大學總長 重要國營企業의 管理者 其他 法律에 依하야 指定된 公務員의 任免에 關한 事項

十. 其他 行政各部의 重要한 政策의 樹立과 運營에 關한 事項

第三節 行政各部

第八十條 國務委員은 行政各部長을 兼한다 但 行政部長을 擔任하지 안는 國務委員을 둘 수 있다 國務總理는 行政各部에 分擔되지 않은 行政事務를 擔任한다.

第八十一條 行政各部長은 內閣會議에서 決定된 一般方針에 準據하야 各其 擔任한 職務를 遂行하고 國會에 對하야 責任을 진다.

第八十二條 行政各部長은 그 擔任한 職務에 關하야 職權 또는 特別한 委任에 依하야 部令을 發할 수 있다.

　　　　國務總理는 그 擔任하는 行政事務에 關하야 總理令을 發할 수 있다.

第八十三條 行政各部의 種類 그 職務의 範圍의 構成은 法律로써 定한다.

第五章 司法[45]

第八十四條 司法權은 法官으로써 組織된 法院이 行한다.

　　　　法院의 組織과 法官의 資格은 法律로써 定한다.[46]

---

45) 고려대학교 박물관본에는 이 장의 제목이 누락되어 있다.

46) 국회보본 제84조에는 "軍의 規律 및 拿捕에 關한 事項을 除外하고는 다른 裁判機關을 設할 수 없다"는 내용도 존재한다[國會報編輯委員會(編)(註 39), 68쪽]. 그러나 그 내용은 유진오가 최초로 작성한 헌법안[兪鎭午(註 39), 162쪽], 고려대학교 박물관본, 유진오 회고록본[兪鎭午(註 39), 190쪽] 어디에도 없다. 다만 권승렬안 제92조에 존재한다. 따라서 이 내용은 장경근이 소장하고 있던 헌법안

第八十五條 法官은 憲法과 法律에 依하야 獨立하야 審判한다.

第八十六條 最高法院長인 法官은 參議院의 同意로써 大統領이 任命한다.

第八十七條 法官의 任期는 十年으로 하되 法律이 定하는 바에 依하야 連任할
　　　　 수 있다.

　　　　 (鄭委員留保意見. 本條는 削除)

第八十八條 法官은 彈劾에 依하는 外에는 刑罰 또는 懲戒處分에 依하지 아니
　　　　 하면 罷免 停職 또는 減俸되지 아니한다

第八十九條 法院은 法律이 定하는 바에 依하야 모든 種類의 命令과 處分이
　　　　 憲法과 法律에 違背되는 與否를 審査할 權限이 있다.

　　　　 法律이 憲法에 違背되는 與否가 判決의 前提가 되는 때에는 法院은
　　　　 憲法委員會에 提請하야 그 決定에 依하야 判決한다.

　　　　 憲法委員會는 大統領을 議長으로 하고 大法院長, 國會兩院議長과 參
　　　　 議院의 同意로써 大統領이 任命하는 三人의 委員으로 構成된다.

　　　　 憲法委員會의 審査節次는 法律로써 定한다.

　　　　 (鄭委員留保意見. 法院은 모든 種類의 法律 命令及處分이 憲法 또는
　　　　 法律에 違背되는 與否를 審査할 權限이 있다. 二項 以下 削除)

第九十條 最高法院은 法院의 內部規律과 司法事務處理에 關한 事項에 關하여
　　　　 規則을 定한 權限이 있다.

第九十一條 法院의 對審과 判決은 公開한다. 但 安寧秩序를 妨害하거나 風俗
　　　　 을 害할 念慮가 있는 때에는 法院의 決定으로써 公開를 아니할 수가
　　　　 있다.

第九十二條 檢察官의 資格과 懲戒에 關한 事項은 法律로써 定한다

第六章　經濟制度

第九十三條 朝鮮民主共和國의 經濟秩序는 모든 人民에게 生活의 基本的 需要
　　　　 를 充足할 수 있게 하는 社會正義의 實現과 均衡있는 民族經濟의 發
　　　　 展을 期함을 基本으로삼는다.

　　　　 各人의 經濟上 自由는 이 限界 內에서 保障된다.

第九十四條 鑛物, 石炭 其他 重要한 地下資源 水力 其他 經濟上 利用할 수 있

　　　　 을 국회보에 옮겨 적는 과정에서 실수로 권승렬안 제92조의 내용이 첨가된 것으
　　　　 로 보인다.

는 모-든 自然力은 國有로 한다. 公共必要에 依하야 그 開發 또는 利用을 特許하거나 또은 特許를 取消함은 法律이 定하는 바에 依하야 此를 行한다.

第九十五條 土地는 農民에게 分配함을 原則으로 하며 그 分配의 方法 土地所有의 限度 土地所有權의 內容과 限界는 法律로써 定한다.

第九十六條 運輸 交通 通信 金融 水道 電氣 까스 其他 獨占性 또는 公共性을 가진 企業은 國營으로 한다

公共必要에 依하야 그 公營 또는 私營을 特許하거나 또는 그 特許를 取消함은 法律이 定하는 바에 依하야 此를 行한다. 對外貿易은 國家의 監督下에 둔다.

第九十七條 從來 日本政府와 日本人의 所有에 屬하였든 모든 財産은 國有로 한다. 公共必要에 依하야 此를 拂下하거나 또는 그 使用을 特許함은 法律이 定하는 바에 依하야 此를 行한다.

第九十八條 公共必要에 依하야 私企業을 國有 또는 公有로 移轉하거나 또는 그 經營을 統制管理함은 法律이 定하는 바에 依하야 行한다.

前項의 境遇에는 第十五條 第三項47)의 規定을 準用한다.

第九十九條 中小商工業은 立法과 行政에 있어서 保護를 받고 法律에 依하지 아니하면 그 自由를 制限받지 안는다.

第百條 國民經濟會議는 經濟와 社會問題에 關한 基本政策에 關하야 內閣의 諮問에 應하며 또 그 立案한 바를 內閣에 對하야 採用하도록 提案한다.

國民經濟會議々長은 內閣會議에 列席하야 意見을 陳述한다

第百一條 國民經濟會議의 組織은 法律로써 定한다

第七章 財政

第百二條 租稅의 種目과 稅率은 法律로써 定한다.

第百三條 國家의 豫算은 每年 政府로부터 國會에 提出되어 그 議決을 얻어야 한다.

特別한 必要가 있는 때에는 一定한 年限繼續되는 支出을 議決할 수 있다.

---

47) 원문에는 '第十七條 第二項'으로 되어 있으나, '第十五條 第三項'의 오기로 보인다. 兪鎭午(註 39), 120쪽.

國會는 政府가 提出한 歲出豫算 各項의 金額을 增加하거나 또 新貴目을 設할 수 없다.

第百四[48]條 豫測할 수 없는 豫算分이 支出 또는 豫算超過支出에 充當하기 爲한 豫備費는 미리 議會의 議決을 얻어야 한다.

豫備費의 支出인 次期 國會에 提出되어 그 承認을 얻어야 한다.

第百五條 公債를 募集하고 國家의 負擔이 될 契約을 締結함은 國會의 議決을 要한다.

第百六條 會計年度가 始作될 때까지에 豫算이 議決되지 아니할 때에는 그것이 議決될 때까지 內閣은 前年度의 豫算을 施行한다.

第百七條 決算은 審計委員會에서 檢査確定된다.

審計委員會에서 確定된 決算은 內閣의 責任解除를 爲하야 國會에 提出된다.

審計委員會의 組織과 權限은 法律로서 定한다

第八章 地方制度

第百八條 地方行務區域은 道, 市, 郡及面으로 區分한다.

第百九條 道, 市及面은 國家와 行政區域인 同時에 自治團體로써 財産을 管理하며 法令의 範圍 內에서 그 固有의 行政事務와 法律에 依하야 委任된 事務를 處理하며 自治規定(條例)을 制定한다.

第百十條 地方自治團體에는 各々 議會를 둔다.

各級地方議會의 組織과 權限及議員의 選擧는 法律로써 定한다.

第九章 憲法改正

第百十一條 憲法改正의 提案은 大統領의 命令 또는 國會兩議院의 在籍議員 各 三分之一 以上의 贊成으로써 行한다

憲法改正의 議決은 兩院合同會議에서 在籍議員 三分之二 以上의 出席과 出席議員三分之二 以上의 贊成으로써 行한다

憲法改正은 大統領에 依하야 公布된다.

---

48) 원문에는 ‘第百條’로 되어 있으나, ‘第百四條’의 오기로 보인다.

第十章 補則

第百十二條 이 憲法은 公布日로부터 施行된다.

　　　　但 이 憲法規定 中 法律의 制定 公布가 없이는 實現될 수 없는 것은 그 法律이 施行되는 날부터 施行된다.

第百十三條 現行法令은 이 憲法에 抵觸되지 않는 限 그 效力을 갖는다

第百十四條 이 憲法을 制定한 國民議會는 이 憲法에 依한 參議會가 成立될 때까지 國會로서의 權限을 行하며 그 任期가 다할 때까지 이 憲法에 規定된 國民議會로써의權限을 行한다.

第百十五條 이 憲法 施行 時에 在職해 있는 公務員은 이 憲法에 依하야 任命 또는 選擧된 者가 그 職務를 繼承할 때까지 繼續하야 職務를 行한다.

〈자료 9〉 「權承烈案」49)

憲法草案次序

第一章 總則

第一條 大韓民國은 民主共和國이다

第二條 大韓民國의 主權은 國民에 있고 모든 權力은 國民으로부터 發한다

第三條 大韓民國의 國民되는 要件은 法律로써 定한다

---

49) 원문은 현재 고려대학교 박물관에 소장되어 있다. 헌법안의 겉표지에 '憲法草案 法典編纂委員會 憲法起草分科委員會案'이라고 되어 있다. 그리고 유진오가 쓴 것으로 보이는데, '兪鎭午'와 憲法草案 옆에 '所謂「權承烈案」'이 쓰여져 있다. '所謂「權承烈案」'은 잉크상태로 보아 '兪鎭午' 보다 나중에 써넣은 것으로 보인다. 이 헌법안은 장의 목차와 내용으로 되어 있는데, 내용은 총 25쪽으로 되어 있다. 26쪽에 해당하는 곳에 '中央廳謄寫室印刷 五層四三○号室電五四七'이 기재되어 있다. 그 다음 27쪽에 해당하는 곳에 正誤表(點을 字數로 計算함)가 있다. 참고로 헌법안의 용지는 17.7×25.1cm로 되어 있다.

50) 헌법안의 쪽수이다.

51) 이 부분은 손으로 써넣었다.

第四條 大韓民國의 領土는 京畿道·忠淸北道·忠淸南道·全羅北道·全羅南道·
　　　慶尙北道·慶尙南道·黃海道·平安南道·平安北道·江原道·咸鏡南道·咸
　　　鏡北道이다

第五條 大韓民國은 道義의 彰明을 建國의 精神으로 하고 侵略的 戰爭을 否認
　　　한다

第六條 大韓民國은 政治, 經濟, 社會及文化의 모든 方面에 있어 國民의 自由,
　　　平等과 創意를 尊重하며 公共의 福利를 爲하야 此를 保護調整한다

第七條 批准公布된 國際條約과 一般的으로 承認된 國際法規는 國內法과 同一
　　　한 效力이 있다

第二章 國民의 權利義務

第八條 國民은 法律앞에 平等이며 政治的, 經濟的, 社會的 理由로 差別을 받
　　　지 않는다
　　　男子와 女子는 同等의 權利와 義務가 있다

第九條 社會的 特殊階級의 制度는 一切 認定되지 않는다,[52] 그리고 如何한
　　　形態로도 此를 創設하지 못한다
　　　勳章과 其他 榮典의 授與는 오로지 그 받은 者의 榮譽에 限한 것이며
　　　如何한 特權도 創設되지 않는다

第十條 法律은 秩序의 維持와 公共의 福利를 爲하야 必要한 境遇以外에는 國
　　　民의 自由를 制限하지 못한다
　　　制裁法規의 效力은 그 施行 前에 遡及하지 못한다

第十一條 自由와 權利의 行使는 公共의 福利에 適合하고 善良한 風俗에 違背
　　　되지 않은 範圍에서 可能하다

第十二條 國民은 身體의 自由를 享有한다, 法律에 依하지 아니하면 逮捕, 拘
　　　禁, 搜索, 審問, 處罰 및 强制勞役을 받지 않는다, 逮捕, 拘禁, 搜索에
　　　는 法官의 令狀이 있어야 한다, 그러나 犯罪의 現行, 犯人의 逃避 又
　　　는 證據湮滅의 念慮가 있을 때는 搜査機關은 法律의 定한 바에 依하
　　　야 事後에 令狀의 交付를 請求할 수 있다

第十三條 國民은 住居와 移轉의 自由를 享有한다, 法律에 依하지 아니하면 住
　　　居의 侵入, 搜索과 移轉自由의 制限을 받지 않는다

---

52) 고려대학교 박물관본에 ','으로 되어 있다. 이하에서도 마찬가지이다.

第十四條 國民은 信仰의 自由를 享有한다, 信仰의 差異로 因하야 社會上 및
　　　　法律上 差別을 받지 않는다
　　　　國敎는 存在하지 않으며 宗敎는 政治로부터 分離된다
第十五條 國民은 法律에 依하지 아니하면 通信의 秘密을 侵害받지 않는다
第十六條 國民은 法律에 依하지 아니하면 言論, 出版, 集會, 結社의 自由를
　　　　制限받지 않는다
第十七條 國民은 公共의 福利와 善良한 風俗을 害하지 않는 範圍에서 學問과
　　　　藝術의 自由를 享有한다
　　　　著作者, 發明家, 美術家의 權利는 法律로써 保護한다
第十八條 國民은 公共의 福利와 善良한 風俗을 害하지 않는 範圍에서 職業選
　　　　擇의 自由가 있다
第十九條 財産權은 此를 保障한다, 그 內容과 限界는 法律로써 定한다
　　　　公共의 必要에 依한 私有財産의 收用, 使用 制限 又는 그 補償方法은
　　　　法律로써 定한다
第二十條 國民은 勤勞의 權利와 義務가 있다
　　　　勤勞條件의 基準은 法律로써 定한다
　　　　女子와 少年의 勤勞는 特別한 保護를 받는다
第二十一條 勤勞者의 團結, 團體交涉 其他 團體行動을 取하는 權利는 此를 保
　　　　障한다
第二十二條 國民은 政府 各 機關에 對하야 平穩하게 文書로써 請願하는 權利
　　　　가 있다, 請願에 關한 節次는 法律로써 定한다
第二十三條 國民은 法律의 定하는 바에 依하야 法官의 審判을 받는 權利가
　　　　있다
第二十四條 國民은 刑事訴追를 받은 때 相當한 理由가 없으면 遲滯없이 公開
　　　　裁判을 받을 權利가 있다
　　　　國民은 同一한 犯罪에 對하야 두 번 處罰받지 아니한다
　　　　公務員의 拷問과 殘虐한 行爲는 禁止한다
第二十五條 國民은 拘禁된 後 無罪의 裁判을 받은 때는 法律의 定한 바에 依
　　　　하야 政府에 補償을 받을 權利가 있다
第二十六條 國民은 公務員의 職務遂行에 關한 不法行爲에 因하야 損害를 받
　　　　은 때는 政府 又는 公共團體에 그 賠償을 請求하는 權利가 있다
　　　　公務員 自身의 民事 및 刑事의 責任은 이와 關聯이 없다

第二十七條 國民은 法律의 定한 바에 依하야 公務員을 選擧하는 權利가 있다

第二十八條 國民은 法律의 定한 바에 依하야 公務員이 되는 權利가 있다

第二十九條 老齡, 疾病 其他 勤勞能力의 喪失로 因하야 生活維持의 能力이 없
는 者는 法律의 定한 바에 依하야 政府가 此를 保護한다

第三十條 國民은 法律의 定한 바에 依하야 納稅의 義務가 있다

第三十一條 國民은 法律의 定한 바에 依하야 國家의 防衛와 勞務에 就하는
義務가 있다

第三十二條 國民은 法律의 定한 바에 依하야 그 保育하는 兒童에게 國民敎育
을 받게 하는 義務가 있다

第三章 立法

第三十三條 國會는 國權의 最高機關이다, 立法權은 오로지 國會에서 行使한다
豫算, 戒嚴, 大赦, 宣戰, 講和, 條約과 其他 重要한 涉外事項은 國會에
서 議決한다
戒嚴, 宣戰은 國會에서 大統領에게 委任할 수 있다

第三十四條 國會는 代議院과 參議院으로써 構成한다
代議院과 參議院의 組織에 關한 事項은 法律로써 定한다

第三十五條 代議院은 普通, 直接, 平等, 秘密選擧에 依하야 公選된 國民代表
인 議員으로써 組織한다
議員의 定數와 選擧에 關한 事項은 法律로써 定한다

第三十六條 參議院은 道別 地方代表와 經濟, 法律, 醫藥, 敎育, 宗敎, 勞働, 文
化 其他 社會 各界의 職業別 代表인 議員으로써 組織한다
議員의 定數와 選擧에 關한 事項은 法律로써 定한다

第三十七條 代議院議員의 任期는 四年으로 한다
參議院議員의 任期는 六年으로 하고, 三年마다 議員의 半數를 改選한다

第三十八條 國會議員은 兩議院의 議員이나, 地方議會의 議員을 兼할 수 없다
國務員 其他 政府職員은 國會의 議員을 兼할 수 없다

第三十九條 國會議員은 法律의 定한 바에 依하야 國庫로부터 相當한 歲費를
받는다

第四十條 國會議員은 內亂, 外患에 關한 罪를 犯하였거나 現行犯이 아니면 國
會의 會期 中 그 議院의 同意없이 逮捕, 拘禁되지 않는다
國會의 會期 前에 逮捕된 議員은 그 議院의 要求가 있는 때는 會期

中 이를 釋放하여야 한다

第四十一條 兩議院의 議員은 議會에서 發表한 意見과 表決에 關하야 院外에
　　　　　서 責任을 지지 않는다

第四十二條 國會의 常會는 每年 十二月 中에 開會한다
　　　　　議會는 大統領이 이를 召集한다

第四十三條 國會의 會期는 三個月로 한다, 그러나 議員의 在籍議員 過半數의
　　　　　決議로써 二十日을 超過하지 않는 期間 此를 延長할 수 있다

第四十四條 國會의 臨時會議는 緊急한 必要가 있을 때 大統領이 이를 召集한다
　　　　　어느 議院이던지 在籍議員 三分之一 以上의 要求가 있을 때는 반드시
　　　　　이를 召集하여야 한다
　　　　　臨時會議의 會期는 二十日을 超過하지 못한다

第四十五條 兩議院의 會期는 同時에 始終한다
　　　　　代議院이 解散되는 때는 參議院은 閉會한다

第四十六條 代議院이 解散된 때는 解散의 翌日부터 六十日 以內에 總選擧를
　　　　　行하고 選擧日로부터 三十日 以內에 議會를 召集한다

第四十七條 兩議院은 各々 議長 一人, 副議長 一人을 둔다
　　　　　參議院의 議長은 副大統領이 이에 任한다
　　　　　兩議院聯席會議에 있어서는 各 議院의 議長이 交替하야 議長이 된다

第四十八條 兩議院은 議事를 準備하기 爲하야 議院法의 定한 바에 依하야 各
　　　　　委員會을 설치할 수 있다

第四十九條 參議院은 議會閉會 中 또는 代議院 解散 後 新議會 開會까지의
　　　　　期間 中 外交 其他 國權行使의 緊急事項을 議決하기 爲하야 常任委員
　　　　　會를 設置한다
　　　　　前項의 決議事項은 다음 議會 開會 後 十日 以內에 代議院에 提出하
　　　　　야 同意를 求하여야 한다
　　　　　代議院에서 同意하지 않는 때는 그 效力을 喪失한다

第五十條 兩議院은 議院法에 特別한 規定이 없는 때는 各々 在籍議員 過半數
　　　　　의 在席으로써 議事를 開始하고 在席議員 過半數로써 議事를 決定한
　　　　　다
　　　　　議長은 議決에 있어53) 可否同數인 境遇에 採決權이 있다, 議員이 않

---

53) '表決權 以外에'를 삽입하려고 하였다가 빨간 색연필로 지웠다.

인 議長은 表決權이 없다

第五十一條 國會의 議事는 公開한다, 그러나 議院의 決議로써 秘密會議를 열
수 있다

第五十二條 法律의 議案은 大統領 又는 兩院의 議員이 議會에 提出한다
議員이 提出하는 때는 議員 三十人 以上이 連署하여야 한다

第五十三條 豫算의 議案은 大統領이 議會에 提出한다, 豫算의 議案은 代議院
에 先議權이 있다

第五十四條 法律案 又는 豫算案에 關하야 參議院이 代議院과 다른 決議를 한
때는 兩議院聯席會議를 여러 各 在籍議員 半數 以上의 出席으로 議事
를 開始하고 出席議員三分之二 以上으로써 議決한다54)

第五十五條 法律案 又는 豫算案이 代議院에서 參議院에 廻付된 後 二十日 內
에 議決되지 않는 때는 兩議院聯席會議를 여러 各 在籍職員 半數 以
上의 出席으로 議事를 開始하고 出席議員 過半數로써 議決한다55)

第五十六條 議會에서 否決된 法律案은 同一 會期 中에 再次 提出하지 못한다

第五十七條 兩議院은 國務에 關한 事項을 調査하며, 必要한 때는 證人의 出席
과 書類의 提出을 政府에 要求할 수 있다

第五十八條 國務總理, 其他 國務員 및 政府委員은 兩議院에 出席하야 意見을
陳述하며 質問에 應答할 수 있다
議院에서 要求하는 때는 이에 出席하야 答辯하여야 한다

第五十九條 兩議院은 議員의 資格을 審査하며, 議事에 關한 規則을 制定하며,
議員의 懲罰을 決定한다
議員을 除名하는 決議에는 在席議員의 三分之二 以上의 贊同이 있어
야 한다

第六十條 大統領, 副大統領, 國務總理, 國務員 및 法官이 職務遂行에 關하야
國法에 違反한 때는 代議院에서 彈劾의 訴追를 決定할 수 있다

第六十一條 代議院에서 前條의 訴追를 議決한 때는 參議院이 이를 審判한다
彈劾審判의 效力은 官職의 罷免에 그치고, 民事 又는 刑事責任에는
關聯이 없다

---

54) 처음에 "第五十四條 代議院에서 議決한 議案이 參議院에 廻付된 때는 그 翌日
부터 三十日 以內에 이를 議決하여야 한다"로 하였다가 본문처럼 수정하였다.
55) 처음에 "第五十五條 議案에 對하야 代議院과 參議院의 議決이 各々 다른 때는
兩院의 聯席會議를 여러 이를 議決한다"로 하였다가 본문처럼 수정하였다.

彈劾에 關한 事項은 法律로써 定한다

第四章 行政

第一節 大統領

第六十二條 大統領은 行政權을 統轄하며 外國에 對하야 國家를 代表한다
　　　　　大統領이 事故로 因하야 職務를 行할 수 없는 때는 副統領이 그 職務
　　　　　를 代行하고, 大統領 및 副統領이 事故로 因하야 職務를 行할 수 없는
　　　　　때는 國務總理가 그 職務를 代行한다

第六十三條 大統領 및 副統領은 兩議院聯席會議에서 秘密投票로써 選擧한다
　　　　　前項의 選擧는 在籍議員 三分之二 以上의 出席으로 出席議員 三分之
　　　　　二 以上의 得票으로서 當選을 決定한다, 三分之二 以上의 得票가 없
　　　　　을 때에는 高點者 二人에 對하야 決選投票를 行하야 過半數의 得票者
　　　　　를 當選者로 한다

第六十四條 大統領 및 副統領의 任期는 五年으로 한다
　　　　　再選에 依하야 一次 重任할 수 있다

第六十五條 大統領은 就任에 際하야 兩議院聯席會議에서 左의 宣誓를 行한다
　　　　　나는 誠實히 國憲을 遵守하고 職務를 勵行하야 國家를 保衛하며 國民
　　　　　의 福利를 增進하야 國民의 信望에 違背치 않기를 嚴肅히 盟誓한다

第六十六條 大統領 및 副統領은 國會議員을 兼하지 못한다

第六十七條 大統領은 內亂 又는 外患의 罪를 犯한 境遇를 除한 外에는 彈劾
　　　　　에 依하야 罷免되지 않는다
　　　　　大統領은 罷免 又는 解任 後가 아니면 刑事上 訴追를 받지 않는다

第六十八條 大統領은 職務遂行에 關하야 行政上 責任을 지지 않는다
　　　　　大統領의 國務에 關한 文書에는 國務總理 및 主管國務員의 副署가 있
　　　　　어야 한다

第六十九條 大統領은 重要한 國務에 關하야 敎書로써 國會와 連絡한다

第七十條 大統領은 國會에서 廻付된 法律에 對하야 異見이 있는 때는 廻付된
　　　　　法律을 接受한 날로부터 十日 以內에 國會에 對하야 그 再議를 要求
　　　　　할 수 있다
　　　　　前項의 境遇에 兩院聯席會議에서 出席議員 三分之二 以上으로서 可
　　　　　決한 때는 大統領은 다시 再議를 要求할 수 없다

第七十一條 大統領은 法律을 公布한다

法律의 公布는 國會에서 廻付된 날부터 二十日 以內에 하여야 한다

第七十二條 大統領은 國會의 十日 以內의 停會 又는 代議院의 解散을 할 수 있다

第七十三條 大統領은 法律에 定한 바에 依하야 文武官을 任免하며 勳章 其他 榮典을 授與한다

　　　　大統領은 政府 各 機關의 長官에게 所管 官吏의 任命權을 委任할 수 있다

第七十四條 大統領은 國軍을 統帥한다

　　　　國軍의 組織 및 編成은 法律로서 定한다

第七十五條 大統領은 條約을 締結하고, 國會의 承認을 얻어 이를 批准한다

　　　　大統領은 國會의 承認을 얻어 宣戰, 講和를 行한다

第七十六條 大統領은 外交使節을 信任하며, 이를 接受한다

第七十七條 大統領은 法律에 定한 바에 依하야 大赦, 特赦, 減刑 및 復權을 行한다

第七十八條 大統領은 法律의 施行에 必要한 事項 又는 法律의 委任한 事項에 關하야 命令을 發한다

第七十九條 大統領은 國會의 承認을 얻어 戒嚴을 宣布한다

　　　　戒嚴에 關한 事項은 法律로서 定한다

第八十條 國家의 緊急事變 又는 經濟上 重大한 危機에 際하야 急速處分을 要하는 境遇에 國會의 議決을 얻기 不能한 때는 大統領은 國務會議의 議決로서, 法律과 同一한 效力있는 緊急命令을 發할 수 있다

　　　　前項의 緊急命令은 다음 國會에 提出하야 追認을 얻지 못한 때는 爾後 그 效力을 喪失한다

第二節 國務會議

第八十一條 國務會議는 國務總理 其他 國務員으로써 組織한다

　　　　國務會議는 大統領을 補佐하며, 國務에 關한 重要事項을 決定한다

第八十二條 國務에 關한 文書에 副署한 國務總理 및 主管國務員은 代議院에 對하야 責任을 진다

第八十三條 國務員總理는 國務員의 首班이며, 國務會議의 議長이 된다

第八十四條 國務會議의 議事는 國務員의 過半數로써 決定하고, 可否同數인 때는 議長이 採決한다

議決된 事項은 大統領의 決裁를 얻어야 한다

第八十五條 國務總理 其他 國務員은 參議院의 承認을 얻어 大統領이 이를 任免한다

國務員의 任免은 國務總理의 提議에 依한다

現役軍人은 國務總理 其他 國務員이 되지 못한다

第八十六條 代議院에서 國務總理 其他 國務員에 對한 不信任案이 可決된 때는 不信任을 받은 者는 辭職하여야 한다56)

第八十七條 左의 事項은 國務會議의 議決을 經하여야 한다

一. 行政의 基本的 計劃 및 政策

二. 憲法改正案, 法律案 및 命令案

三. 豫算, 決算 및 豫備費의 支出

四. 戒嚴, 宣戰, 講和, 條約 및 對外政策에 關한 重要事項

五. 大赦, 特赦, 減刑 및 復權에 關한 事項

六. 國會의 停會 및 代議院의 解散에 關한 事項

七. 國會에 對한 法律再議의 要求에 關한 事項

八. 政府 各 機關으로부터 廻付된 請願

九. 大法官, 檢察總長, 大使, 公使, 軍司令官, 軍參謀長, 各部 次長, 國立大學總長, 重要國營企業의 管理者, 其他 法律에 依하야 國務會議의 議決을 要하는 公務員의 任免에 關한 事項

十. 行政各部門의 重要政策의 樹立 및 運營에 關한 事項

十一. 其他 國務에 關한 重要事項

第三節 行政各部57)

第八十八條 行政各部의 長官은 國務員으로써 敍任한다

行政各部에 屬하지 않이한 行政事務는 國務總理 이를 擔當한다

第八十九條 國務總理 및 行政各部의 長官은 法令 및 國務會議의 決議에 從하야 그 職務를 行한다

第九十條 國務總理 및 行政各部의 長官은 그 職務에 關하야 職權 又는 法律의 委任에 依하야 命令을 發할 수 있다

第九十一條 行政各部의 組織, 그 職能 및 任務는 法律로써 定한다

---

56) 이 부분은 국회보본의 내용과 비교하면, 차이가 많이 난다.

57) 원문(16쪽)에는 이 절의 제목이 누락되어 있다.

第五章　司法

第九十二條　司法權은 오로지, 法官으로써 組織된 法院에서 行使한다

　　　　　　法院의 組織 및 法官의 資格은 法律로써 定한다

　　　　　　軍의 規律 및 拿捕에 關한 事項을 除하고는 다른 裁判機關을 創設할 수 없다

第九十三條　法官은 憲法 및 法律에 依하야 獨立하야 審判한다

第九十四條　最高法院의 法官은 參議院의 承認을 얻어 大統領이 任命한다

第九十五條　法官은 彈劾, 自由刑의 宣告 및 懲戒處分에 依하지 아니하면 罷免, 停職 又는 減俸되지 아니한다

第九十六條　法官은 裁判에 있어 事實에 準據되는 命令, 規則 및 處分이 法律에 違反되는 與否를 判斷할 수 있다

　　　　　　最高法院은 裁判에 있어 事實에 準據되는 法律이 憲法에 違反되는 與否를 審判할 수 있다

第九十七條　最高法院은 法院의 規律 및 司法事務處理에 關한 規則을 定할 수 있다

第九十八條　裁判의 對審 및 判決은 公開한다, 그러나 安寧秩序와 善良한 風俗을 害할 念慮가 있는 때는 公開 아니할 수 있다

第六章　財政

第九十九條　國家의 財務는 國會의 議決에 依하야 處理된다

第百條　租稅의 種目과 課稅 및 稅率은 法律로써 定한다

第百一條　政府는 會計年度마다 歲入, 歲出의 豫算을 編成하야 國會의 議決을 받어야 한다

　　　　　年度를 繼續 支出할 國費는 미리 年限을 定하야 繼續費로 國會의 議決을 받어야 한다

第百二條　國債 其他 國庫負擔이 될 債務는 國會의 議決을 받어야 한다

第百三條　旣定한 歲出, 法律上 支出을 要하는 歲出 및 法律上 義務에 屬하는 歲出은 政府의 同意없이 國會에서 廢止 又는 削減하지 못한다

　　　　　國會는 政府의 同意없이 政府의 提出한 歲出 豫算費目의 金額을 增加하거나 新費目을 設定하지 못한다

第百四條　歲出豫算에는 豫見치 못한 不可避의 豫算不足과 豫算外의 必要한 支出에 充當하기 爲하야 豫備費를 設定한다

豫備費의 支出은 次後國會에서 承認을 받어야 한다

第百五條 國家의 緊急事變 又는 經濟上 重大한 危機에 際하야 急速處分을 要하는 境遇에 國會를 召集하기 不能한 때는 大統領은 國務會議의 議決로써 財政上 必要한 措置를 할 수 있다

前項의 境遇에는 다음 國會에서 追認을 받어야 한다

第百六條 會計年度가 開始될 때까지 國會에서 豫算이 議決되지 아니하거나 豫算이 成立되지 않는 때는 政府는 豫算 成立될 때까지 前年度의 豫算을 施行한다

第百七條 歲入, 歲出의 決算은 每年 審計院에서 檢査確定한다

政府는 審計院의 檢査報告와 함께 決算書를 國會에 提出하야 審査를 받는다

決算書 承認의 議決이 있는 때에는 政府의 責任이 解除된다

審計院의 組織, 職能 및 任務는 法律로써 定한다

第七章 經濟制度

第百八條 經濟機構는 모든 國民에게 基本生活의 需要를 充足할 수 있는 發展을 期하고, 社會正義의 昻揚과 經濟均等의 實現을 圖함을 基本으로 한다

第百九條 鑛物 其他 重要한 地下資源 및 公共經濟에 利用할 수 있는 水力 其他 自然力은 國有이다

國民經濟의 必要에 依하야 開發 又는 利用의 許可 又는 繳消는 法律의 定한 바에 依한다

第百十條 農地는 農民에게 分配한다, 그 分配의 方法 및 所有의 限度는 法律로써 定한다

第百十一條 運輸, 通信, 水道, 電氣, 까스, 金融, 保險, 其他 公共性을 가진 企業은 國營 또는 公營으로 한다

國民經濟의 必要에 依하야 私營의 許可 又는 그 繳消는 法律의 定한 바에 依한다

第百十二條 公共의 必要에 依하야 私營企業을 國營 又는 公營으로 하거나 그 統制, 管理, 制限은 法律의 定한 바에 依한다

第八章 敎育

第百十三條 敎育機關은 모든 國民이 均等하게 敎育을 받을 機會가 있도록 施
設하여야 한다

第百十四條 敎育의 宗旨는 民族精神을 昂揚하고 國民道德을 涵養하며 自治能
力을 訓練하고 生活智能을 增進하야 健全한 國民을 育成함에 있다

第百十五條 敎育機關은 國營, 公營, 私營을 勿論하고 國家敎育政策에 順應하
여야 한다

第百十六條 國民은 누구든지 基本敎育을 받으며 基本敎育을 받지 못한 者는
成人敎育을 받는다

基本敎育 및 成人敎育에 關한 費用은 國家가 負擔한다

基本敎育에 關한 事項은 法律로써 定한다

第百十七條 中等 및 高等敎育機關은 各 地域의 需要에 應하야 施設의 均衡을
期하여야 한다

中等 및 高等敎育에 關한 事項은 法律로써 定한다

第百十八條 科學에 對한 才能이 優秀하고 品性이 高尙한 者에 對하야는 國費
의 給與으로써 이를 奬勵助成하여야 한다

前項에 關한 事項은 法律로써 定한다

第九章 地方制度

第百十九條 地方公共團體의 制度는 法律로써 定한다

第百二十條 地方公共團體의 自治區域은 國家의 行政區劃에 依한다

第百二十一條 地方公共團體에는 議事機關으로 地方議會를 두고, 그 執行機關
으로 公共團體의 長을 둔다

地方議會의 議員 및 公共團體의 長은 그 區域 內의 住民이 이를 選擧
한다

選擧에 關한 事項은 法律로써 定한다

第百二十二條 地方公共團體는 그 財産을 管理하며 法令의 範圍 內에서 地方
自治에 關한 事務를 處理하며 法令에 依하야 委任된 國家의 行政事務
를 執行한다

第百二十三條 地方公共團體는 法律의 範圍 內에서 그 自治規則으로서 條例를
制定할 수 있다

條例制定에 關한 事項은 法律로써 定한다

第百二十四條 地方公共團體의 條例는 法律, 命令 又는 그 上級地方公共團體
　　　　의 條例에 違反되는 때는 此를 無效로 한다

第十章 補則

第百二十五條 代議院은 議員 三分之一 以上의 同意로써 憲法의 修正을 提議
　　　　할 수 있다

　　　　大統領은 兩議院議員 各 三分之一 以上의 同意를 얻어 憲法의 修正을
　　　　提議할 수 있다

　　　　憲法修正의 提議는 大統領이 이를 公告하여야 한다

　　　　前項의 公告期間은 三個月 以上으로 한다

第百二十六條 憲法修正案은 兩議院聯席會議에서 審議한다

　　　　前項의 聯席會議는 各 議院 在籍議員 四分之三 以上의 出席으로 開始
　　　　하고, 出席議員 三分之二 以上의 贊成으로 議決한다

第百二十七條 憲法의 修正이 議決된 때는 大統領이 이를 公布한다

第百二十八條 本憲法을 制定한 國會는 憲法에 規定된 代議院으로 看做하며
　　　　現國會議員은 檀紀 四千二百八十三年 五月 三十日까지 憲法에 規定된
　　　　代議院 議員의 職能을 行한다

第百二十九條 參議院은 政府 成立 後 一年 以內에 創設하여야 한다

　　　　代議院은 參議院이 成立될 때까지 憲法에 規定된 參議院의 職能을 兼
　　　　行한다

第百三十條 憲法規定 中 法律의 制定施行이 없이 實施될 수 없는 條項은 그
　　　　法律이 施行되는 日부터 實施된다

第百三十一條 現行法令은 憲法에 依한 法令이 制定實施될 때까지 諸般法律關
　　　　係에 準據된다

第百三十二條 憲法實施 前의 叛逆行爲에 對하야는 法律로써, 그 行爲 當時에
　　　　遡及하야 處罰할 수 있다

第百三十三條 本憲法을 制定한 國會의 會期는 第四十三條의 制限을 받지 않
　　　　는다

第百三十四條 第百十一條 第一項에 該當한 企業으로서 憲法施行 當時의 私營
　　　　企業은 同條 第二項에 依하야 許可된 걷으로 看做한다

第百三十五條 本憲法은 國會議長이 公布하면, 公布日로부터 施行한다

正誤表(點을 字數로 計算함)

頁	行	字數	正	誤	備考(條)
一	十一	二十二	이	此	六條
二	三	四	이	此	九條
三	十三	九	이	此	十九條
四	三	三十	이	此	二十一條
四	七	十三-十四	한	하는	二十三條
五	四	十七	이	此	二十九條
五	十三	十三	媾	講	三十三條
五	十三	十八	(削除)	과	三十三條
七	八	十七	이	此	四十三條
八	三	九	(削除)	大	四十七條
八	十二	十三-十四	爾後	(二字揷入)	四十九條
八	十四	二	出	在	五十條
八	十四	十四	出	在	五十條
九	十	二十九-三十	議	(揷入)	五十五條
十	大	十二	出	在	五十九條
十	八	十	(削除)	大	六十條
十一	十	五	써	서	六十三條
十二	三	十	任	望	六十五條
十二	十五	二十七	써	서	七十條
十三	六	十二	의	에	七十三條
十三	十	十三	써	서	七十四條
十三	十二	十六	媾	講	七十五條
十三	十四	十二	의	에	七十七條
十四	四	十二	써	서	七十九條
十四	七	一	써	서	八十條
十四	十五	八	(削除)	員	八十三條
十五	九	五	(削除)	을	八十六條
十五	九	八-九	十日 內에 代議院이 解散되지 않으면-(揷入)		八十六條
十五	十-十一		解散 後 成立된 國會에서 다시 不信任案이 可決된 때는 辭職하여야 함-(一行 揷入)		八十六條
十五	十一	八	(削除)	的	八十七條1.
十五	十四	九	媾	講	八十七條4.
十六	一	五-六	召集	(揷入)	八十七條6.
十六	七	八	(削除)	門	八十七條10.
十八	四	九	賦課	課稅	百條
十九	二	九	다음	次後	百四條 二項
二十三	四	十二	이	此	百二十四條

〈자료 10〉 「國會 憲法起草委員會 內閣責任制憲法案」[58]

第一章 總綱

第一條 大韓民國은 民主共和國이다

第二條 大韓民國의 主權은 國民에게 있고 모든 權力은 國民으로부터 發한다

---

58) 원문은 현재 고려대학교 박물관에 소장되어 있다. 헌법안의 첫 겉표지에 '國會憲
法起草委員會에서 趙憲泳議員이 가지고 쓰던 草案 趙芝薰 敎授로부터 借用'
이라고 쓰여져 있다. 총 24쪽으로 이루어져 있다. 곳곳에 연필로 조문을 수정한
흔적이 존재한다. 마지막 겉표지(26쪽에 해당)에 '中央廳謄寫室 印刷 五層四三
〇號室 電五四七番'라고 되어 있다. 참고로 헌법안의 용지는 15.7×21.9cm 정도
로 되어 있다.

[저자 보충설명] 이 헌법안은 원래 한민당의 조헌영 의원이 가지고 쓰던 것으로
유진오가 그의 아들인 조지훈 교수로부터 얻은 것이다[兪鎭午(註 39), 76쪽, 84
쪽]. 헌법안에는 당시 조헌영 의원이 연필로 헌법조문 내용을 가감·삭제한 흔적
이 남아 있다.

그렇다면 이 헌법안은 어느 단계에서 사용된 것일까? 우선 조헌영 의원이 연필로
가감·삭제하기 전의 헌법안은 국회 헌법기초위원회의 18일 제2독회가 끝난 후에
인쇄된 것으로 보인다. 그 이유는 첫째, 18일 회의에서 김광준 의원이 "이 법을
제정한 국회는 8·15 이전에 악질적인 반민족적 행위자를 처벌하는 특별법을 제
정하여야 함"이라는 조문을 헌법에 넣자고 주장하였지만 보류되었다[「憲法明日
遂上程: 非公開全院委員會召集乎」『東亞日報』(1948. 6. 20), 1면]. 이 헌법안
제103조에는 이 조문에 대한 보류표시가 남아있다. 그리고 연필로 "이 憲法을
制定한 國會는 檀紀 四二七八年 八月 十五日 以前의 惡質的인 反民族行爲를
處罰하는 特別法을 制定할 수 있다"고 적혀 있다. 둘째, 이 헌법안은 제105조까
지 인쇄가 되어 있다. 그런데 제105조는 18일에 원안 제108조를 축조심의하여
기초한 조문이다. 따라서 이 헌법안은 18일 회의가 끝난 후에 인쇄된 것으로 볼
수 있다. 그리고 최초의 헌법안 위에 연필로 가감·삭제한 흔적은 21일 저녁 김성
수 집에서 대통령제 정부형태로 변경한 내용과 제3독회에 참석하여 자구를 수정
한 것으로 생각된다. 즉, 그는 18일 제2독회가 끝난 후에 인쇄된 유인물을 가지
고 21일 저녁 김성수 집에서의 정부형태 변경모임과, 제3독회에 참석하였음을
알 수 있다. 따라서 이것은 국회 헌법기초위원회의 제2독회와 제3독회 때 수정된
내용을 알 수 있게 하는 중요한 헌법안이다.

이 연구에서는 최초의 원문이 내각책임제정부형태로 되어 있기 때문에, 「국회 헌
법기초위원회 내각책임제헌법안」이라고 칭한다.

第三條 大韓民國의 國民되는 要件은 法律로써 定한다

第四條 大韓民國의 領土는 韓半島와 그 附屬島嶼로 한다

第五條 大韓民國은 政治, 經濟, 社會, 文化의 모든 領域에 있어서 個人의 自由, 平等과 創意를 尊重하고 保障하며 公共福祉59)의 向上을 爲하여 此를 保護하고 調整하는 義務를 진다

第六條 大韓民國은 모든 侵略的인 戰爭을 否認한다 國防軍은 國土防衛의 神聖한 義務를 遂行함을 使命으로 한다

第七條 批准公布된 國際條約과 一般的으로 承認된 國際法規는 國內法과 同一한 效力이 있다

第二章 國民의 權利義務

第八條 모든 國民은 法律앞에 平等이며 性別, 信仰 또는 社會的 身分에 依하여 政治的, 經濟的, 社會的 生活의 모든 領域에 있어서 差別을 받지 않는60)다

社會的 特殊階級와 制度는 一切 認定되지 않는다.61) 그리고62) 如何한 形態로도 이를 創設하지 못한다

勳章과 其他 榮典의 授與는 오로지 그 받은 者의 榮譽에 限한 것이며 如何한 特權도 創設되지 않는다

第九條 모든 國民은 身體의 自由를 享有한63)다. 法律에 依하지 아니하면64) 逮捕, 拘禁, 搜索, 審問, 處罰 및65) 强制勞役을 받지 않는66)다. 逮捕, 拘禁, 搜索에는 法官의 令狀이 있어야 한다. 그러나67) 犯罪의 現行, 犯人의 逃避 又68)는 證據湮滅의 念慮가 있을 때는69) 搜査機關은 法律

---

59) 원문에는 '祉'로 되어 있었으나, 연필로 '利'로 고쳤다.
60) 원문에는 '않는'으로 되어 있었으나, 연필로 '아니한'으로 고쳤다.
61) 원문에는 ','로 되어 있다. 문맥상 '.'가 타당하므로 이 부분은 '.'로 고쳤다.
62) 원문에는 '않는다. 그리고'로 되어 있었으나, 연필로 '아니하며'로 고쳤다.
63) 원문에는 '향유한'으로 되어 있었으나, 연필로 '가진'으로 고쳤다.
64) 원문에는 '면'으로 되어 있었으나, 연필로 '고는'으로 고쳤다.
65) 원문에는 '및'으로 되어 있었으나, 연필로 '과'로 고쳤다.
66) 원문에는 '않는'으로 되어 있었으나, 연필로 '아니한'으로 고쳤다.
67) 원문에는 '그러나'로 되어 있었으나, 연필로 '但'으로 고쳤다.
68) 원문에는 '又'로 되어 있었으나, 연필로 '또'로 고쳤다.
69) 원문에는 '때는'으로 되어 있었으나, 연필로 '때에는'으로 고쳤다.

의[70] 定하는 바에 依하야[71] 事後에 令狀의 交付를 請求할 수 있다
前項의[72] 逮捕, 拘禁을 받은 때에는 卽時 辯護人의 助力을 받을 權利
와 그 當否의 審査를 法院에 請求할 權利가 保障된다

第十條 모든 國民은 法律에 依하지 아니하고는 居住의 移轉의 自由를 制限받
지 아니하며 住居에 侵入 또는 搜索을 받지 않는다[73]

第十一條 모든 國民은 法律에 依하지 아니하고는 通信의 秘密을 侵害받지 않
는다[74]

第十二條 모든 國民은 信仰과 良心의 自由를 가진다
國敎는 存在하지 않으며[75] 宗敎는 政治로부터 分離된다

第十三條 모든 國民은 法律에 依하지 아니하고는 言論, 出版, 集會, 結社의
自由를 制限받지 않는다[76]

第十四條 모든 國民은 學問과 藝術의 自由를 가진다 著作者, 發明家와 美[77]
術家의 權利는 法律로써 保護한다

第十五條 財産權은 保障된다 그 內容과 限界는 法律로써 定한다
財産權의 行使는 公共福祉[78]에 適合하도록 하여야 한다
公共必要에 依하여 國民의 財産權을 收用, 使用 또는 制限함은 法律
의 定하는 바에 依하여 相當한 補償을 支拂함으로써 行한다

第十六條 모든 國民은 均等하게 敎育을 받을 權利가 있다 初等敎育은 義務的
이며 無償으로 한다
모든 敎育機關은 國家의 監督을 받으며 敎育制度는 法律로써 定한다

第十七條 모든 國民은 勤勞의 權利와 義務를 가진다
勤勞條件의 基準을[79] 法律로써 定한다
女子와 少年의 勤勞는 特別한 保護를 받는다

---

70) 원문에는 '의'로 되어 있었으나, 연필로 '이'로 고쳤다.
71) 원문에는 '야'로 되어 있었으나, 연필로 '여'로 고쳤다.
72) 원문에는 '前項의'로 되어 있었으나, 연필로 삭제하였다.
73) 원문에는 '않는다'로 되어 있었으나, 연필로 '아니한다.'로 고쳤다.
74) 원문에는 '않는다'로 되어 있었으나, 연필로 '아니한다.'로 고쳤다.
75) 원문에는 '않으며'로 되어 있었으나, 연필로 '아니하며'로 고쳤다.
76) 원문에는 '않는다'로 되어 있었으나, 연필로 '아니한다.'로 고쳤다.
77) 원문에는 '美'로 되어 있었으나, 연필로 '藝'로 고쳤다.
78) 원문에는 '祉'로 되어 있었으나, 연필로 '利'로 고쳤다.
79) 원문에는 '을'로 되어 있었으나, 연필로 '은'으로 고쳤다.

第十八條 勤勞者의 團結, 團體交涉과 團體行動의 自由는 法律의 範圍 內에서
　　　　保障된다

第十九條 老齡, 疾病 其他 勤勞能力의 喪失로 因하여 生活維持의 能力이 없는
　　　　者는 法律의 定하는 바에 依하여 政府가 이를 保護한다[80]

第二十條 모든 國民은 國家 各 機關에 對하여 文書로써 請願을 할 權利가 있다
　　　　請願에 對하여 國家는 此를[81] 審査할 義務를 진다

第二十一條 모든 國民은 法律이 定한 裁判[82]官에 依하여 法律에 依한 裁判을
　　　　받을 權利가 있다

第二十二條 모든 國民은 行爲時의 法律에 依하여 犯罪를 構成하지 아니하는
　　　　行爲에 對하여 訴追를 받지 아니하며 또 同一한 犯罪에 對하여 두 번
　　　　處罰되지 아니한다

第二十三條 刑事被告人은 相當한 理由가 없는 限 遲滯없이 公開裁判을 받을
　　　　權利가 있다
　　　　刑事被告人으로서 拘禁되였든 者가 無罪判決을 받은 때에는 法律의
　　　　定한 바에 依하여 國家에 對하여 補償을 請求할 수 있다

第二十四條 모든 國民은 法律의 定하는 바에 依하여 公務員을 選擧할 權利가
　　　　있다

第二十五條 모든 國民은 法律의 定하는 바에 依하여 公務를 擔任할 權利가
　　　　있다

第二十六條 公務員은 主權을 가진 國民의 受任者이며 언제든지 國民에 對하
　　　　여 責任을 진다 國民은 不法行爲를 한 公務員의 罷免을 請願할 權利
　　　　가 있다
　　　　公務員의 職務上 不法行爲로 因하여 損害를 받은 者는 國家 또는 公
　　　　共團體에 對하여 賠償을 請求할 수 있다 但 公務員 自身의 民事上이
　　　　나 刑事上의 責任이 免除되는 것은 아니다

第二十七條 國民의 모든 自由와 權利는 憲法에 列擧되지 아니한 理由로써 輕
　　　　視되지는 않는다[83]

---

80) 원문에는 '政府가 이를 保護한다'로 되어 있었으나, 연필로 '國家의 保護를 받는
　　다.'로 고쳤다.
81) 원문에는 '此를'로 되어 있었으나, 연필로 삭제하였다.
82) 원문에는 '裁判'으로 되어 있었으나, 연필로 '法'으로 고쳤다.
83) 원문에는 '않는다'로 되어 있었으나, 연필로 '아니한다.'로 고쳤다.

國民의 自由와 權利를 制限하는 法律의 制定은 秩序維持와 公共福祉[84]를 爲하여 必要한 境遇에 限한다

第二十八條 모든 國民은 法律의 定하는 바에 依하여 納稅의 義務를 진다

第二十九條 모든 國民은 法律의 定하는 바에 依하여 國土防衛의 義務를 진다

第三章 國會

第三十條 立法權은 國會가 行한다

第三十一條 國會는 普通, 直接, 平等, 秘密選擧에 依하여 公選된 議員으로써 組織한다

民議院[85]議員의 選擧와 參議院의 組織[86]에 關한 事項은 法律로써 定한다

第三十二條 國會議員의 任期는 四年으로 한다

第三十三條 國會의 定期會는 每年 一回 十二月 二十日에 集會한다 當該日이 公休日인 때에는 그 翌日에 集會한다

第三十四條 臨時緊急의 必要가 있을 때에는 大統領 또는 國會의 在籍議員 四分之一以上의 要求에 依하여 議長은 國會의 臨時會의 集會를 公告한다

國會閉會 中에 大統領 또는 副統領의 選擧와 國務總理의 任命에 對한 承認을[87] 行할 事由가 發生한 때에는 國會는 遲滯없이 當然히 集會한다

第三十五條 國會가 解散된 때에는 解散된 날로부터 六十日 以內에 總選擧를 行하여 選擧日로부터 二十日을 經過한 後의 第一 月曜日에 國會는 集會한다[88]

第三十六條 國會는 議長 一人 副議長 二人을 選擧한다

第三十七條 國會는 憲法 또는 國會法에 特別한 規定이 없는 限 그 在籍議員의 過半數의 出席과 出席議員의 過半數로써 議決을 行한다

議長은 議決에 있어서 表決權 以外에 可否同數인 境遇에는 決定權을 가진다

---

84) 원문에는 '祉'로 되어 있었으나, 연필로 '利'로 고쳤다.
85) 원문에는 '民議院'으로 되어 있었으나, 연필로 '國會'로 고쳤다.
86) 원문에는 '…와 參議院의 組織'으로 되어 있었으나, 연필로 삭제하였다.
87) 원문에는 '…와 國務總理의 任命에 對한 承認을'로 되어 있었으나, 연필로 '를'로 고쳤다.
88) 이 조항 전체를 연필로 삭제하였다.

第三十八條 國會의 會議는 公開한다 但 國會의 決議에 依하여 秘密會로 할 수 있다

第三十九條 國會議員과 政府는 法律案을 提出할 수 있다

第四十條 國會에서 議決된 法律案은 政府로 移送되어 政府의 異議가 없는 限 移送된지 十五日 以內에 大統領이 公布한다 萬一 異議가 있는 때에는 大統領은 異議書를 附하여 國會로 還付하고 國會는 再議에 附한다 再議의 結果 國會의 在籍議員 三分之二 以上의 出席과 出席議員 三分之二 以上의 贊成으로 前과 同一한 議決을 할89)때에는 그 法律案은 法律로써 確定된다

法律案이 政府로 移送된 後 十五日 以內에 公布 또는 還付되지 아니하는 때에도 그 法律案은 法律로써 確定된다

大統領은 本條에 依하여 確定된 法律을 遲滯없이 公布하여야 한다

法律은 特別한 規定이 없는 限 公布日로부터 二十日을 經過함으로써 效力을 發生한다

第四十一條 國會는 豫算案을 審議決定한다

第四十二條 國會는 國際組織에 關한 條約, 媾90)和條約, 通商條約, 國家 또는 國民에게 財政的 負擔을 지우는 條約, 立法事項에 關한 條約의 批准과 宣戰布告에 對하여 同意를 한다

第四十三條 國會는 國政을 監査하기 爲하여 必要한 書類를 提出케 하며 證人의 出頭과 證言 또는 意見의 陳述을 要求할 수 있다

第四十四條 國務總理, 國務委員과 政府委員은 國會에 出席하여 意見을 陳述하고 質問에 應答할 수 있으며 國會의 要求가 있을 때에는 出席答辯하여야 한다

第四十五條 國會는 議員의 資格을 審査하고 議事에 關한 規則을 制定하고 議員의 懲罰을 決定할 수 있다

議員을 除名함에는 在籍議員 三分之二 以上의 贊成이 있어야 한다

第四十六條 大統領, 副統領, 國務總理, 國務委員, 審計院長, 裁判91)官 其他 法律이 定하는 公務員이 그 職務遂行에 關하여 憲法 또는 法律에 違背한 때에는 國會는 彈劾의 追訴92)를 決議할 수 있다

---

89) 원문에는 '할'로 되어 있었으나, 연필로 '한'으로 고쳤다.
90) 원문에는 '媾'로 되어 있었으나, 연필로 '講'로 고쳤다.
91) 원문에는 '裁判'으로 되어 있었으나, 연필로 '法'으로 고쳤다.

    國會의 彈劾訴追의 發議는 議員 五十人 以上의 連書가 있어야 하며
    그 決議는 在籍議員 三分之二 以上의 出席과 出席議員 三分之二 以上
    의 贊成이 있어야 한다

第四十七條 彈劾事件을 審判하기 爲하여 法律로서 彈劾裁判所를 設置한다
    彈劾裁判所는 副統領이 裁判長의 職務를 行하고, 大法官 五人과 國會
    에서 選任한93)國會議員 五人이 審判官이 된다. 但 大統領과 副統領을
    審判할 때에는 大法院長이 裁判長의 職務를 行한다
    彈劾事件의94) 判決은 審判官 三分之二 以上의 贊成이 있어야 한다
    彈劾判決은 公職으로부터 罷免함에 끄친다 但 此에 依하여 民事上이
    나 刑事上의 責任이 免除되는 것은 아니다

第四十八條 國會議員은 同時에 地方議員의 議員을 兼할 수 없다

第四十九條 國會議員은 現行犯을 除外95)한 外에는 會期 中 國會의 同意없이
    逮捕 또는 拘禁되지 아니하며 會期 前에 逮捕 또는 拘禁되였을 때에
    는 國會의 要求가 있으이면 會期 中 釋放된다

第五十條 國會議員은 國會 內에서 發表한 意見과 表決에 關하여 外部에 對하
    여 責任을 지지 않는다96)

第四章 政府

第一節 大統領

第五十一條 大統領은 行政權의 首班이며 外國에 對하여 國家를 代表한다

第五十二條 大統領이 事故로 因하여 職務를 遂行할 수 없을 때에는 副統領이
    그 權限을 代行하고 大統領, 副統領 모다 事故로 因하여 그 職務를
    遂行할 수 없을 때에는 國務總理가 그 權限을 代行한다

第五十三條 大統領과 副統領은 國會에서 無記名投票로써 各別히97) 選擧한다
    前項의 選擧는 在籍議員 三分之二 以上의 出席과 出席98)議員 三分之

---

92) 원문에는 '追訴'로 되어 있었으나, 연필로 '訴追'로 고쳤다.
93) 원문에는 '國會에서 選任한'이 존재하였으나, 연필로 삭제하였다.
94) 원문에는 '事件의'가 존재하였으나, 연필로 삭제하였다.
95) 원문에는 '外'가 존재하였으나, 연필로 삭제하였다.
96) 원문에는 '않는다'로 되어 있었으나, 연필로 '아니한다.'로 고쳤다.
97) 원문에는 '別히'로 되어 있었으나, 연필로 '各'으로 고쳤다.
98) 원문에는 '席'이 누락되어 있다.

二 以上의 贊成投票로써 當選을 決定한다 但 三分之二 以上의 得票者
가 없는 때에는 二次 投票을 한다 二次 投票에도 三分之二 以上의 得
票者가 없을 때에는 最高得票者 二人에 對하여 決選投票를 行하여 全
投票의 過半數 得票者를 當選者로 한다

大統領과 副統領은 國務總理 또는 國會議員을 兼하지 못한다

第五十四條 大統領은 就任에 際하여 國會兩議院合同會議[99]에서 左의 宣誓를
行한이다[100]

第五十五條 大統領과 副統領의 任期는 五[101]年으로 한다 但 再選에 依하여
一次 重任할 수 있다

副統領은 大統領 在任 中 在任한다

第五十六條 大統領, 副統領의 任期[102] 滿了되는 때에는 그 任期가 滿了되기 느
저도 三十日 前에 國會에서 後任 大統領 反 副大統領을[103] 選擧한다

大統領 또는 副統領이 關任[104]된 때에는 卽時 國會兩議院合同會
議[105]에서 大統領 또는 副統領을 選擧한다

第五十七條 大統領은 國會의 解散을 命할 수 있다 但 同一한 事由로 因한 解
散은 一回에 限한다[106]

第五十八條 戰時 또는 非常事態에 際하여 公共의 安寧秩序를 維持하기 爲하
여 緊急한 措置를 할 必要가 있는 때에는 大統領은 國會의 集會를 기
다릴 餘裕가 없는 境遇에 限하여 法律의 效力을 가진 命令을 發하거
나 또는 財政上 必要한 處分을 할 수 있다

前項의 命令 또는 處分은 遲滯없이 國會에 報告하여 承認을 얻어야
한다

万一 國會의 承認을 얻지 못한 때에는 그때부터 效力을 喪失하며 大
統領은 遲滯없이 此를 公布하여야 한다

---

99) 원문에는 '兩議院合同會議'가 존재하였으나, 연필로 삭제하였다.
100) 그러나 원문(11-12쪽)에는 左의 宣誓내용이 존재하지 않는다.
101) 원문에는 '五'로 되어 있었으나, 연필로 '四'으로 고쳤다.
102) 원문에는 '가'가 존재하지 않았는데, 연필로 첨가하였다.
103) 원문에는 '大統領 反 副大統領을'로 되어 있었으나, 연필로 '者를'로 고쳤다가
     최종적으로 '大統領, 副統領을'로 고쳤다.
104) 원문에는 '任'으로 되어 있으나, 연필로 '位'로 고쳤다.
105) 원문에는 '兩議院合同會議'가 존재하였으나, 연필로 삭제하였다.
106) 이 조항 전체를 연필로 삭제하였다.

第五十九條 大統領은 法律에서 一定한 範圍를 定하여 委任을 받은 事項과 法律을 實施하기 爲하여 必要한 事項에 關하여 命令을 發할 수 있다

第六十條 大統領은 條約을 締結하고 批准하며 宣戰布告의 媾107)和를 行하고 外交使節을 信任接受한다108)

第六十一條 大統領은 國防軍을 統帥한다
　　　　　國防軍의 組織과 編成은 法律로써 定한다

第六十二條 大統領은 憲法과 法律이 定하는 바에 依하여 公務員을 任免한다

第六十三條 大統領은 法律이 定하는 바에 依하여 赦免 減刑과 復權을 命한다
　　　　　一般赦免을 命함에는 國會의 同意를 얻어야 한다

第六十四條 大統領은 法律이 정하109)는 바에 依하여 戒嚴을 宣布한다

第六十五條 大統領은 勳章 其他 榮譽를 授與한다

第六十六條 大統領의 國務에 關한 行爲는 文書로 하여야 하며 모든 文書에는 國務總理와 關係國務委員의 副署가 있어야 한다 軍事에 關한 것도 또한 같다

第六十七條 大統領은 內亂 또는 外患의 罪를 犯한 때 以外에는 在職 中 刑事上의 訴追를 받지 아니한다

第二節　國務院

第六十八條 國務院은 國務總理와 國務委員으로써 組織되는 合議體로서 大統領의 國務遂行에 對하여 同意하며 國會에 對하여 責任을 진다110)

第六十九條 國務總理는111) 大統領이 任命하고 國會의 承認을 받아야 한다112)
　　　　　國務委員은 國務總理任命에 對한 國會의 承認이 있은 後 國務總理의 堤薦으로 大統領이 任命한다113)

---

107) 원문에는 '媾'로 되어 있으나, 연필로 '講'으로 고쳤다.
108) 원문 第六十條 뒤에 "大統領은 重要한 國務에 關하여 國會에 出席하여 發言하거나 또는 書翰으로 連絡한다"를 제61조로 첨가하려고 연필로 표시해 두었다.
109) 원문에는 '한'으로 되어 있으나, 오기로 보인다.
110) 원문의 第六十八條를 "國務院은 大統領과 國務總理 其他의 國務委員으로 組織되는 合議體로서 大統領의 權限에 屬한 重要國策을 議決한다"로 고치려고 했던 것 같다. 이 내용을 연필로 적어 두었다.
111) 원문에는 '는'으로 되어 있었으나, 연필로 '와 國務委員은'으로 고쳤다.
112) 원문에는 '…命하고 國會의 承認을 받아야 한다'로 되어 있었으나, 연필로 '…免한다'로 고쳤다.

國務委員의 總數는 國務總理를 合하여 八人 以上 十五人 以內로 한다

軍人은 現役을 免한 後가 아니면 國務總理 또는 國務委員에 任命될 수 없다

第七十條 國務總理는 國務院의 首班으로서 國務會議의 議長이 되며 國務院의 統一을 維持하기 爲하여 國務委員을 統理한다[114]

第七十一條 國務會議[115]의 議決은 過半數로써 行한다 議長은 議決에 있어서 表決權 以外에 可否同數인 境遇에는 決定權을 가진다

國務總理는 國務會議의 決議에 服從하지 않커나 또는 國務院의 統一을 阻害하는 國務委員을 大統領에게 提請하여 罷免할 수 있다[116]

第七十二條 國務總理와 國務委員은 國務院의 一般政策에 關하여는 連帶的으로 國會에 對하여 責任을 진다

第七十三條 國會에서 國務院에 對한 不信任決議案이 可決된 때에는 國務院이 總辭職하여야 한다 但 七日 以內에 國會가 解散된 때에는 例外로 한다

國務院에 對한 不信任決議는 記名投票로써 行한다

國務院에 對한 不信任決議를 할 때에는 議員 三十人 以上의 發議에 依하여 在籍議員 過半數의 贊成이 있어야 한다

第七十四條 左의 事項은 國務會議의 議決을 經하여야 한다

一. 國政의 基本的 計劃과 政策

二. 條約案, 宣戰媾[117]和 其他 重要한 對外政策에 關한 事項

三. 憲法改正案, 法律案, 命令[118]案

四. 豫算案, 決算案, 財政上의 緊急處分案, 豫備費支出에 關한 事項

五. 臨時國會의 集會要求와 國會解散[119]에 關한 事項

六. 戒嚴案, 解嚴案

七. 軍事에 關한 重要事項

---

113) 이 항목은 연필로 삭제하였다.

114) 원문의 第七十條를 " 大統領은 國務會議의 議長이 된다 國務總理는 大統領을 補佐하며 國務會議의 副議長이 된다"로 고치려고 했던 것 같다. 이 내용을 연필로 적어 두었다. 이 부분은 여러 번 고쳤던 흔적이 존재한다.

115) 원문에는 '議'가 존재하지 않았으나, 연필로 첨가하였다.

116) 이 항목은 연필로 삭제하였다.

117) 원문에는 '媾'로 되어 있었으나, 연필로 '講'으로 고쳤다.

118) 원문에는 '命令'으로 되어 있었으나, 연필로 '大統領'으로 고쳤다.

119) 원문 중 '…와 國會解散'을 연필로 삭제하였다.

八. 榮譽授與, 赦免, 減刑, 復權에 關한 事項

九. 行政各部門의 連絡事項과 權限의 劃定

十. 國務院에 提出 또는 廻付된 請願의 審査

十一. 大法官, 檢察廳長, 審計院長, 國立大學總長, 大使, 公使, 軍司令官, 軍 參謀長, 其他 法律에 依하여 指定된 公務員과 重要國營企業의 管理者 의 任免에 關한 事項

十二. 行政各部의 重要한 政策의 樹立과 運營에 關한 事項

十三. 其他他120) 國務總理 또는 國務委員이 提出하는 事項

第三節 行政各部

第七十五條 行政各部長은 國務委員 中에서 國務總理의 提請으로121) 大統領 이 任命한다

國務總理는122) 行政各部長을 指揮123)監督하며 行政各部에 分擔되지 않은 行政事務를 擔任한다

第七十六條 國務總理 또는 行政各部長은 124)擔任한 職務에 關하여 職權 또는 特別한 委任에 依하여 院125)令 또는 部令을 發할 수 있다

第七十七條 行政各部의 組織과 職務範圍는 法律로써 定한다

第五章 法院

第七十八條 司法權은 法官으로써 組織된 法院이 行한다

最高法院인 大法院과 下級法院의 組織은 法律로써 定한다

法官의 資格은 法律로써 定한다

第七十九條 法官은 憲法과 法律에 依하여 獨立하여 審判한다

第八十條 大法院長인 法官은 大統領이 任命하고 國會의 承認을 얻어야126) 한다

第八十一條 法官의 任期는 十年으로 하되 法律이 定하는 바에 依하여 重任할

---

120) '他'를 연필로 삭제하였다.

121) '國務總理의 提請으로'를 연필로 삭제하였다.

122) '國務總理는' 다음에 '大統領의 命을 承하여'의 문구를 연필로 삽입하였다.

123) 원문에는 '指揮'로 되어 있었으나, 연필로 '統理'로 고쳤다.

124) '그'를 연필로 삽입하였다.

125) 원문에는 '院'으로 되어 있었으나, 연필로 '總理'로 고쳤다.

126) '…하고 國會의 承認을 얻어야'를 연필로 삭제하였다.

수 있다

第八十二條 法官은 彈劾에 依하는 外에는 刑罰 또는 懲戒處分에 依하지 아니
하고는 罷免 停職 또는 減俸되지 아니한다

第八十三條 大法院은 法律이 定하는 바에 依하여 命令, 規則과 處分이 憲法과
法律에 違反되는 與否를 最終的으로 審査할 權限이 있다

法律이 憲法에 違反되는 與否가 裁判의 前提가 되는 때에는 法院은
憲法委員會에 提請하여 그 決定에 依하여 裁判한다

第三項 挿入(保留)

第八十四條 大法院은 法院의 內部規律과 司法[127]事務處理에 關한 事項에 關
한 規則을 制定할 수 있다

第八十五條 裁判의 對審과 判決은 公開한다. 但 安寧秩序를 妨害하거나 風俗
을 害할 念慮가 있는 때에는 法院의 決定으로써 公開를 아니할 수 있다

第六章 經濟

第八十六條 大韓民國의 經濟秩序는 모든 國民에게 生活의 基本的 需要를 充
足할 수 있게 하는 社會正義의 實現과 均衡있는 國民經濟의 發展을
期함을 基本으로 삼는다 各人의 經濟上 自由는 이 限界 內에서 保障
된다

第八十七條 鑛物 其他 重要한 地下資源, 水力 및 經濟上 利用할 수 있는 自然
力은 國有로 한다 公共必要에 依하여 一定한 期間 그 開發 또는 利用
을 特許하거나 또는 特許를 取消함은 法律이[128] 定하는 바에 依하여
此를[129] 行한다

第八十八條 農地는 農民에게 分配함을 原則으로 하며 그 分配의 方法, 所有의
限度, 所有權의 內容과 限界는 法律로써 定한다

第八十九條 重要한 運輸, 通信, 金融, 保險, 電氣, 水道, 까스 및 公共性을 가
진 企業은 國營 또는 公營으로 한다 公共必要에 依하여 私營을 特許하
거나 또는 그 特許를 取消함은 法律이[130] 定하는 바에 依하여 行한다
對外貿易은 國家의 統制下에 둔다

---

127) '司法'을 연필로 삭제하였다.
128) 원문에는 '이'로 되어 있었으나, 연필로 '의'로 고쳤다.
129) '此를'을 연필로 삭제하였다.
130) 원문에는 '이'로 되어 있었으나, 연필로 '의'로 고쳤다.

第九十條 國防上 또는 國民生活上 緊切한 必要에 依하여 私營企業을 國有 또는 公有으로 移轉하거나 또는 그 經營을 統制, 管理함은 法律이 定하는 바에 依하여 行한다

第九十一條 第八十七條 乃至 第九十條에 依하여 特許를 取消하거나 權利를 收用, 使用 또는 制限하는 때에는 第十五條 第三項의 規定을 準用한다

第七章 財政

第九十二條 租稅의 種目과 稅率은 法律로써 定한다

第九十三條 國家의 總收入과 總支出은 各 會計年度마다 總務院이[131] 豫算으로[132] 編成하여 國會의 議決을 얻어야 한다

特別히 繼續支出의 必要가 있을 때에는 年限을 定하여 繼續費로서 國會의 議決을 얻어야 한다

國會는 國務院[133]의 同意없이는 國務院가 提出한 支出豫算 各項의 金額을 增加하거나 또는 新費目을 設置할 수 없다

第九十四條 國債를 募集하거나 豫算外에 國家의 負擔이 될 契約을 함에는 國會의 議決을 얻어야 한다

第九十五條 豫測할 수 없는 豫算外의 支出 또는 豫算超過支出에 充當하기 爲한 豫備費는 미리 國會의 議決을 얻어야 한다

豫備費의 支出은 次期國會의 承認을 얻어야 한다

第九十六條 會計年度가 開始될 때까지에 豫算이 議決되지 아니한 때에는 國務院은 前年度의 豫算을 實行한다

第九十七條 國家의 收入支出의 決算은 每年 審計院에서 檢査한다

國務院[134]는 審計院의 檢査報告와 함께 決算을 次年度의 國會에 提出하여 責任解除을 얻어[135]야 한다

審計院의 組織과 權限은 法律로써 定한다

第八章 地方自治

第九十八條 地方自治團體는 財産을 管理하며 法令의 範圍 內에서 固有의 行

---

131) 원문에는 '總務院이'로 되어 있었으나, 연필로 '政府가'로 고쳤다.
132) 원문에는 '으로'로 되어 있었으나, 연필로 '을'로 고쳤다.
133) 원문에는 '國務院'으로 되어 있었으나, 연필로 '政府'로 고쳤다.
134) 원문에는 '國務院'으로 되어 있었으나, 연필로 '政府'로 고쳤다.
135) '責任解除를 얻어'를 연필로 삭제하였다.

政事務와 法律에 依하여 委任된 行政事務를 處理한다

地方自治團體는 法令의 範圍 內에서 自治規程을 制定할 수 있다

第九十九條 地方自治團體의 組織과 運營에 關한 事項은 法律로써 定한다

地方自治團體에는 各々 議會를 둔다

地方議會의 組織, 權限과 議員의 選擧는 法律로써 定한다

第九章 憲法改正

第百條 憲法改正의 提案은 大統領 또는 國會의 在籍議員 三分之一 以上의 贊成으로써 한다

憲法修正의 提議는 大統領이 이를136) 公告하여야 한다

前項의 公告期間은 二個月137) 以上으로 한다

憲法改正의 議決은 國會에서 在籍議員 三分之二 以上의 贊成으로써 한다

憲法改正이 議決된 때에는 大統領은 卽時 公布한다

第十章 附則

第百一條 이 憲法은 이 憲法을 制定한 國會의 議長이 公布한 날로부터 施行한다 但 法律의 制定이 없이는 實現될 수 없는 規定은 그 法律이 施行되는 때부터 施行된다

第百二條 現行法令은 이 憲法에 抵觸되지 않는138) 限 效力을 가진다

第百三條 (保留)139)

第百四條 이 憲法을 制定한 國會는 이 憲法에 依한 國會로서의 權限을 行하며 그 議員의 任期는 國會開會日로부터 二年으로 한다

第百五條 이 憲法施行 時에 在職해140) 있는 公務員은 이 憲法에 依하여 選擧 또는 任命된 者가 그 職務를 繼承할 때까지 繼續하여 職務를 行한다

---

136) ‘이를’을 연필로 삭제하였다.

137) 원문에는 ‘二個月’로 되어 있었으나, 연필로 ‘三十日’로 고쳤다.

138) 원문에는 ‘않는’으로 되어 있었으나, 연필로 ‘아니하는’으로 고쳤다.

139) 원문의 第百三條를 “이 憲法을 制定한 國會는 檀紀 四二七八年 八月 十五日 以前의 惡質的인 反民族行爲를 處罰하는 特別法을 制定할 수 있다”로 고치려고 했던 것 같다. 이 내용을 연필로 적어 두었다.

140) 원문에는 ‘해’로 되어 있었으나, 연필로 ‘하고’로 고쳤다.

찾아보기

2. 사항색인

김 수 용 金壽用

경남 산청에서 태어나 진주와 서울 등에서 수학하였고, 서울대학교에서 법학
박사학위를 취득하였다. 현재 한국법제연구원에서 입법평가제도에 대한 연구
를 하고 있다. 주요 관심사는 우리나라 전통법과 근대법의 관계, 국가와 헌법
의 문제, 법학에서 근대의 의미 등이다.

건국과 헌법

값 27,000원

2008년 9월 22일	초판 인쇄	
2008년 9월 30일	초판 발행	
	저 자 :	김 수 용
	발 행 인 :	한 정 희
	발 행 처 :	경인문화사
	편 집 :	신 학 태
		서울특별시 마포구 마포동 324 - 3
		전화 : 718 - 4831~2, 팩스 : 703 - 9711
		이메일 : kyunginp@chol.com
		홈페이지 : http://www.kyunginp.co.kr
		: 한국학서적.kr
	등록번호 :	제10 - 18호(1973. 11. 8)

ISBN : 978-89-499-0582-2 93360